LES MÉTAMORPHOSES

LES MÉTAMORPHOSES

Dans la même collection

CÉSAR, *La Guerre des Gaules.*

CICÉRON, *De la République – Des lois*

HORACE, *Œuvres*

LUCRÈCE , *De la nature*

MARC-AURÈLE, *Pensées pour moi-même,* suivi de *Manuel d'Épictète*

OVIDE, *Les Métamorphoses*

PÉTRONE, *Satyricon*

PLAUTE, *L'Aululaire – Amphitryon – Le Soldat fanfaron*

SAINT AUGUSTIN, *Les Confessions*

SALLUSTE, *Conjuration de Catilina – Guerre de Jugurtha – Histoires*

SUÉTONE, *Vies des douze Césars*

TACITE, *Annales*

TITE-LIVE, *Histoire romaine : Livres I à V et XXI à XXX*

TÉRENCE, *Héautontimorouménos – Les Adelphes – Phormion*

VIRGILE, *Énéide – Les Bucoliques – Les Géorgiques*

OVIDE

LES MÉTAMORPHOSES

Traduction, introduction et notes

par

Joseph Chamonard

GF-Flammarion

ISBN 2-08-070097-9

INTRODUCTION

Nous devons à Ovide lui-même les renseignements les plus circonstanciés sur sa vie. Dans l'exil où il passa ses dernières années, il se reportait volontiers au souvenir de sa jeunesse, de ses études et de ses voyages, de ses premiers succès chez les rhéteurs, de la faveur qui avait accueilli ses débuts de poète bientôt célèbre et familier de personnages illustres, de la brutale disgrâce, enfin, qui le relégua sur les bords inhospitaliers du Pont-Euxin. Nous ne donnerons pas ici le récit de cette existence si longtemps heureuse et comblée * mais nous n'en retiendrons que ce qui intéresse les *Métamorphoses*.

Ce poème, l'un des plus longs que nous ait laissé l'antiquité, — quinze livres, plus de douze mille vers, — commencé en 756/2 de notre ère, achevé en 762/8, à la veille de l'exil du poète, était peut-être l'œuvre de prédilection d'Ovide, celle sur laquelle il comptait le plus pour

* Rappelons simplement que P. Ovidius Naso était né en 711/43 av. notre ère à Sulmone, dans le Samnium. Il avait fait ses études à Sulmone, puis à Rome, à l'école de déclamateurs connus. Il occupa dans la magistrature des charges assez modestes, semble-t-il. Poète avant tout, ses premiers recueils, les *Amours*, les *Héroïdes*, l'*Art d'aimer*, le *Remède d'amour*, lui avaient acquis une rapide célébrité. La quarantaine venue, dans la force de l'âge, abandonnant la poésie érotique, il écrivit ses *Métamorphoses*, en quinze livres, et entreprit ses *Fastes*, où il se proposait de tracer le tableau poétique du calendrier religieux de Rome, en douze livres, dont il n'acheva que six. Une disgrâce subite, sur la cause de laquelle il ne s'est pas expliqué clairement et qui reste pour nous mystérieuse, l'exila, en 762/8 de notre ère, à Tomes, sur le Pont-Euxin (aujourd'hui Costanza). Il y mourut en 771/17, sans avoir pu fléchir Auguste ni son successeur Tibère. Les lettres écrites de Tomes à sa femme et à ses amis, sous la forme d'élégies, furent réunies sous les titres de *Tristes* et de *Pontiques*. Ovide avait aussi, dans sa jeunesse, commencé un poème sur la *Gigantomachie* et écrit une tragédie, *Médée*, qui ne fut jamais représentée. Ces deux œuvres sont perdues.

assurer la gloire de son nom. Dans l'épilogue qui le termine (XV, 871 et suiv.), il se flatte que ni le feu, ni le fer, ni l'usure du temps ne sauraient prévaloir contre lui, ni même la colère de Jupiter! Présomption sacrilège, ou fière allusion au ressentiment d'un prince dont la foudre allait, il le pressentait, le frapper, l'avait peut-être déjà frappé ? On penche pour la seconde interprétation quand on lit l'avis au lecteur qu'Ovide exilé priait un de ses amis de placer en tête de l'ouvrage : « Qui que tu sois qui touches ces volumes privés de leur père, qu'il leur soit du moins réservé une place dans votre ville. Et pour que ta faveur leur soit mieux acquise, dis-toi qu'ils n'ont pas été édités par leur auteur, mais qu'ils furent comme arrachés à sa tombe... »

Orba parente suo quicumque volumina tangis,
His saltem vestra detur in urbe locus.
Quoque magis faveas, haec non sunt edita ab ipso,
Sed quasi de domini funere rapta sui.

(*Tristes*, I, 7, v. 333 et suiv.)

Le poète ajoute même que le temps ne lui fut pas donné pour corriger toutes les imperfections de son œuvre :

Quidquid in his igitur vitii rude carmen habebit,
Emendaturus, si licuisset, (eram. Ibid.)

Rien ne permet de supposer, comme on l'a fait, qu'il ne soit pas sincère. De ces imperfections, les critiques modernes ont relevé quelques-unes : ordre anachronique de succession de certains épisodes, contradictions, répétitions de procédés; d'autres, dont l'auteur était le seul juge, concernant le style, ne lui tenaient pas moins à cœur. Les premières, qui auraient demandé la refonte de quelques parties du poème, ont subsisté. Mais, pour les secondes, les variantes des manuscrits sont peut-être la preuve qu'Ovide, n'avait pas renoncé à les corriger. Quoi qu'il en soit, elles sont peu sensibles et, même en admettant que l'œuvre eût été un peu trop précipitamment publiée, sans recevoir les suprêmes retouches, le succès n'en fut pas amoindri.

Ce succès était dû, certes, pour une bonne part, au talent du poète, mais aussi au choix du sujet. Comment Ovide fut-il conduit à le traiter ? Nous sommes ici ramenés à la question de sa formation littéraire. On sait que sa vocation de poète s'était éveillée de bonne heure, assez mal vue, comme il convient, par un père peu disposé à la prendre au sérieux. De nos jours, au jeune homme tenté par la carrière des lettres, on impose un stage à l'Ecole de droit, qui l'acheminera vers le Palais, comme avocat ou comme magistrat; libre à lui, sa situation assurée, de se distraire alors à sa guise et, s'il réussit, de renoncer au bénéfice de la sécurité que lui avait assurée la prévoyance paternelle. A Rome, il se mettait à l'école des déclamateurs célèbres, où il apprenait moins le droit, semble-t-il, que l'art de plaider. Docilement, Ovide se conforma à l'usage. Optant, si l'on peut dire, pour la magistrature, il devait être *centumvir* et *triumvir, monetalis* ou *capitalis*, on ne sait, et peu importe. Il avait gardé son goût pour les lettres et la poésie, certainement encouragé par ses maîtres, dont l'art en était nourri. Langue et littérature grecques lui étaient devenues familières; il ne lui restait, pour les mieux comprendre, qu'à connaître la Grèce elle-même; et son père lui permit généreusement, à dix-huit ans, ce voyage, complément traditionnel de l'éducation des jeunes Romains de bonne famille, mais qui, pour la plupart, se bornait à un séjour à Athènes, sur les bancs d'autres écoles. Ovide le fit, en pèlerin que l'on s'imagine aisément passionné, en compagnie d'un ami, Cn. Pompeius Macer, poète comme lui, d'origine grecque, qui devait ses glorieux prénom et nom à la faveur dont Pompée avait honoré son grand-père, Théophane de Mitylène, — et qu'il ne faut pas confondre avec l'Æmilius Macer dont il sera parlé plus loin. Les souvenirs d'enfance et de jeunesse sont les plus vivaces. Dans une lettre à ce compagnon qui avait été son guide, Ovide évoquait encore, quelque trente-cinq ans plus tard, les contrées parcourues ensemble, si différentes du pays des Gètes (*Pont.*, II, 10). Les deux voyageurs avaient visité la Grèce, l'Archipel, la Troade, les « cités magnifiques d'Asie », la Crète, s'étaient attardés en Sicile. La mémoire fidèle d'Ovide avait gardé la vision de ces villes et de ces paysages, et les souvenirs accumulés au cours de près de deux années d'absence, inutilisés dans ses premières œuvres, faute d'occasions favorables, devaient alimenter les *Métamorphoses*, qui nous transportent successivement dans toutes les parties du monde grec. Ce n'est pas toujours à la précision de ses connaissances géographiques que l'on reconnaît l'homme qui a visité les lieux : nous aurons l'occasion de relever chez ce voyageur quelques erreurs ou incohérences. Toutefois, qu'il suppose que Thésée revenant de Calydon, devait, pour rentrer à Athènes, traverser l'Achéloos (VIII, 549), qu'il nous montre Médée, pour se rendre par les airs d'Iolcos à Corinthe, suivant, à travers la Thessalie, l'Asie, l'Archipel, un itinéraire déconcertant (VII, 351 et suiv.), que la description du vol de Dédale et d'Icare, partis de Crète, témoigne de quelque incertitude sur la répartition des îles dans la mer Egée (VIII, 220 et suiv.), qu'il situe à Pallène, en Chalcidique, un lac de Thrace (XV, 536) et peut-être aussi en Macédoine Pharsale, ville de Thessalie (XV, 824-25), aucune de ces inadvertances n'est bien grave. En revanche, on peut attribuer à sa familiarité avec le pays cette érudition qui lui suggère, comme dans l'histoire de Phaéton, de trop copieuses énumérations de fleuves, de montagnes, ou, ce qu'il est permis de préférer, çà et là une rapide notation topographique, un paysage servant de cadre à l'aventure qu'il conte. Mais surtout, en visitant villes, sanctuaires, lieux célèbres pour toutes sortes de raisons, sa curiosité juvénile n'avait pu manquer de se renseigner sur les légendes locales, de se faire expliquer le sens de telle cérémonie qu'il n'avait vu célébrer nulle part ailleurs, de telle scène représentée sur un monument. Cette recherche des causes, des *Aitia*, pour employer le mot que Callimaque avait donné comme titre à une œuvre dont Ovide s'inspira, sans aucun doute, par endroits, le jeune voyageur avait pu la refaire pour son propre compte en cours de route. On s'est évertué à retrouver les modèles des *Métamorphoses :* peut-être a-t-on trop négligé cette source d'informations personnelles, et comme de première main, que l'auteur avait recueillies sur place. Tout aussi vraisemblablement que de quelque ouvrage grec perdu, dont on s'efforce, par conjecture, de déceler les traces dans son poème, pourquoi n'aurait-il pas, de ce fonds, tiré telle légende à laquelle il a seul fait allusion, comme la métamorphose du roi de Calaurie et de son épouse en oiseaux (VII, 384) ou même le célèbre et touchant épisode de Philémon et Baucis, dont nul autre auteur que lui n'a parlé ?

Tous ces souvenirs devaient se réveiller lorsque Ovide fit choix du sujet des *Métamorphoses*. Il avait consacré sa jeunesse à célébrer l'amour. Il l'avait chanté tantôt, dans ses *Amores*, pour son propre compte, en complaisant évocateur de ses plaisirs, et même de ses exploits galants, tantôt, dans ses *Héroïdes*, par personnes interposées, si l'on peut dire, en poète lettré, familier avec la Fable, tantôt enfin, dans son *Ars amatoria* et son *Remedium amoris*, en théoricien fort de son expérience. Il ne se flattait pas d'avoir été, dans ce genre, original. A plusieurs reprises il cite, non seulement ses modèles, mais ses prédécesseurs et ses émules latins, qui furent aussi ses amis, Gallus, Tibulle, Properce, et ne s'assigne modestement que la quatrième place, tout au moins dans le temps. La maturité venue, à quarante-cinq ans, époux d'une femme qu'il aimait, — la troisième, — père, deux fois grand-père, reçu à la cour d'Auguste, ami de personnages considérables, il eut, sans doute, à la fois la sagesse de comprendre que son âge s'accommodait mal désormais d'effusions amoureuses, dont la source était, au reste, probablement un peu tarie, et l'ambition d'être, en quelque genre plus relevé, le premier. Son génie ne le portait pas à la poésie épique où, parmi ses contemporains, il ne se serait, il le savait, classé, après Virgile, que le second. La tragédie, où il s'était essayé avec *Médée*, ne lui parut, sans doute, pas propre à lui fournir l'œuvre de longue haleine où son fécond génie aurait libre carrière, ni à lui assurer le grand public qu'il souhaitait atteindre. En quête d'un sujet, il en trouva deux, entre lesquels il ne balança pas et qu'en bon poète, sûr de soi, il entreprit de traiter l'un et l'autre : celui des *Fastes*, vraiment neuf, et proprement romain, qui devait lui permettre de faire à son tour, sans s'exposer à de dangereuses comparaisons, figure de poète national, et celui des *Métamorphoses*, déjà abondamment traité par les Grecs, mais à peine défloré à Rome, et qui seul nous intéresse ici.

La croyance aux changements de forme que peuvent subir les êtres désarmés devant la redoutable puissance occulte d'un dieu courroucé, ou même bienveillant, d'un sorcier malfaisant, d'une magicienne, ou d'une fée capricieuse, est de tous les temps et de tous les pays. Conviction religieuse sincère, qui voit là l'exercice légitime du droit souverain de la divinité, — doctrine philosophique, prônée par un Pythagore (la métamorphose n'est-elle pas la forme brusquée de la métempsycose ?) qui en fait une loi de la perpétuelle renaissance, — crédulité irraisonnée du primitif, terrorisé par le sorcier de la tribu, — jeu charmant de l'imagination, à demi-conscient chez l'enfant, délibéré chez le poète, quel que soit le mobile profond qui nous y incline, autant de formes diverses de notre goût inné pour le merveilleux. A la vérité, la métamorphose n'a trouvé chez nous un dernier asile que dans certaines superstitions populaires, comme celle du loup-garou et, plus poétiquement, dans ces contes où l'on voit les citrouilles devenir carrosses et les lézards laquais. Nos religions modernes l'ont rayée du barème des peines et des récompenses divines, et les dernières traces qu'on en relève, dans la *Légende dorée* sont, tout au plus, la transformation soudaine, aux yeux d'un saint homme compatissant, de quelque sordide mendiant en personnage céleste, éclatant de jeunesse et de beauté, ou, dans un ordre d'idées tout voisin, le renouvellement du prodige d'Orphée, entendu des rochers et des bêtes. C'est, pour nous, une forme du miracle périmée.

C'en était au contraire, ou c'en avait été, si l'on veut, pour les Grecs, une des formes les plus habituelles. Si l'on excepte la condamnation sévère à d'ingénieux supplices infernaux, il n'était pas à leurs yeux de mode plus fréquent d'intervention de la divinité pour venger la morale violée, châtier l'outrecuidance humaine ou les offenses personnellement ressenties. Quelle part faut-il faire, dans ces croyances, à la foi sincère, à l'imagination, au désir d'expliquer les vertus d'une source, la forme d'un rocher, les particularités des mœurs d'un animal, du plumage d'un oiseau, du feuillage d'une plante ? Quelles réflexions inspirait aux esprits les plus libres la constatation que l'ère des métamorphoses était décidément close et que tous les récits qu'on en faisait les reportaient à une période révolue des relations des dieux et des hommes ? Peu importe. Nous n'avons à constater que la faveur avec laquelle écrivains et artistes avaient, de tout temps, accueilli ces fables. Qui ne se rappelle les compagnons d'Ulysse transformés en pourceaux par la magicienne Circé, dans l'*Odyssée ?* le récit fait de ses malheurs par la génisse vagabonde qui fut Io, fille de l'Inachos, dans le *Prométhée* d'Eschyle ? L'aventure d'Actéon figurait sur les fresques de Polygnote, dans la lesché de Delphes, celle des pirates tyrrhéniens, sur la frise du monument de Lysicrate, à Athènes. Et un peu partout, dans les poètes de l'époque classique, multiples sont les allusions à des légendes de cet ordre. Leur nombre, leur variété ne pouvaient manquer d'inspirer à quelque poète l'idée de leur consacrer tout un ouvrage. Elle ne vint pas à un seul, mais à plusieurs, à partir de l'époque alexandrine.

Grâce à un obscur compilateur de la fin du second ou du début du troisième siècle de notre ère, Antoninus Liberalis, nous en connaissons quelques-uns. Dans un mince recueil, il avait, d'après divers ouvrages de cette sorte, résumé platement et sèchement, en prose grecque — on ne sait ni pour qui ni pourquoi — quarante et un courts récits de métamorphoses. Œuvre médiocre, sans grande valeur pour nous, si un manuscrit ne portait en marge le nom des auteurs et le titre des ouvrages mis à contribution. Entre plusieurs autres poètes, amenés incidemment à traiter un sujet de ce genre ou simplement à y faire allusion, comme Hésiode (récit XXIII), Corinne (XV), Phérécyde (XXXIII), Hermésianax de Colophon (XXXIX), Apollonios de Rhodes (XXIII), ou historiens rapportant une légende locale, comme Athanadas, auteur d'*Ambracica* (IV), et Ménécratès de Xanthe, auteur de *Lyciaca* (XXXV), quatre noms retiennent l'attention : ceux de Didymarchos, d'Antigonos de Carystos, de Nicandros de Colophon et de Boios, auteurs respectivement, les trois premiers de *Metamorphoseis*, d'*Alloioseis*, d'*Heteroioumena* en plusieurs livres (trois titres que nous traduirions également par *Métamorphoses*), le quatrième d'une *Ornithogonia*, où il n'était question que de métamorphoses en oiseaux. Encore, les deux premiers ne sont-ils cités qu'une fois (XXIII), alors que sont résumés vingt-trois récits de Nicandros et dix de Boios.

Sont-ils tous des prédécesseurs, et, par suite, des inspirateurs possibles d'Ovide ? Ecartons Antigonos de Carystos (en Eubée), qui n'est pas l'auteur, du même nom, des *Vies des philosophes* (lequel vécut sous Attale Ier, au IIIe s. av. notre ère), mais qui est peut-être celui d'un médiocre recueil d'*Histoires merveilleuses* et probablement un contemporain de notre poète, s'il a vécu, comme on le suppose, sous Auguste et sous Tibère. Ecartons Didymarchos, contemporain, sans doute, d'Antoninus Liberalis, lui-même. Des deux autres, l'un, Boios, est un inconnu : peut-être même ce nom n'est-il qu'un pseudonyme, dérivé de celui d'une prêtresse légendaire de Delphes, Boio, à laquelle on attribuait un recueil portant le même titre que le sien, antérieur en tout cas à Ovide, puisque un ami de celui-ci, Æmilius Macer, avait traduit l'*Ornithogonia*. Nicandros, par chance, nous est, en revanche, bien connu : c'est le poète Nicandre de nos manuels de littérature, auteur des *Theriaca*, sur le venin des animaux, et des *Alexipharmaca*, sur les contre-poisons, contemporain d'Attale Ier de Pergame, et dont un décret de proxénie delphique permet, s'il s'agit bien de lui, comme il est vraisemblable, de reporter la date vers le milieu du IIIe siècle avant notre ère.

A ces noms, ajoutons ceux d'un Théodore de Colophon, qu'un commentateur de Virgile, Probus, nous cite comme l'un des modèles d'Ovide, et celui de Parthénios de Nicée. Ce dernier, auteur lui-même de *Metamorphoseis*, était pour Ovide un prédécesseur immédiat, son aîné de quelque cinquante ans, puisqu'il avait été amené en Italie en 73, après la prise de Nicée par Lucullus. Fixé à Rome, ami de Cornélius Gallus, il avait écrit pour celui-ci un petit recueil en prose de trente-cinq touchantes aventures amoureuses, *Erotica pathemata*, à l'usage des poètes élégiaques. Mais, dans ces récits, les métamorphoses ne jouent presque aucun rôle. Nous pouvons cependant supposer qu'Ovide les a lus avec intérêt.

La supposition est encore plus vraisemblable pour les *Aitia* de l'un des poètes les plus connus de la cour des Ptolémées au IIIe siècle, Callimaque. Sous ce titre de *Causes*, il avait, en quatre livres, expliqué, pour les esprits curieux d'histoire ou de légende, les origines d'usages, de traditions, de cérémonies restées obscures pour eux. Nul doute qu'Ovide n'ait fait une intéressante moisson dans cet instructif poème.

A Rome même, dans cette dernière moitié du Ier siècle avant notre ère, où la curiosité des écrivains avait exploré tout le domaine littéraire grec, le séduisant sujet des métamorphoses n'avait pu manquer d'en tenter quelques-uns. Si nul, avant Ovide, ne l'avait traité dans toute son ampleur, certaines fables avaient déjà trouvé leur poète. Cicéron avait chanté Céyx et Alcyoné dans un poème, les *Alcyons*, dont on peut douter qu'il rivalisât avec l'émouvant récit d'Ovide. Helvius Cinna, l'ami de Catulle, avait retracé la triste histoire de Smyrna et de son amour incestueux pour son père. Et l'on a longtemps attribué à Virgile un court poème, intitulé *Ciris*, œuvre peut-être de Gallus, où est contée la métamorphose en aigrette de Scylla, qui trahit son père et sa patrie pour l'amour de Minos, et qui en fut si mal récompensée. Enfin Ovide lui-même nous apprend (*Tristes*, IV, 10, 43) que son ami Æmilius Macer, son aîné, — *grandior aevo*, — le traducteur des poèmes pharmacologiques de Nicandre, lui avait souvent lu ses *Oiseaux*, — *suas Volucres*, — qui étaient la traduction de l'*Ornithogonia* de Boios.

Tant chez les Grecs qu'à Rome, Ovide, lorsqu'il entreprit ses *Métamorphoses*, comptait donc plusieurs devanciers et des émules. Que leur doit-il ? L'ingéniosité de la critique moderne s'est exercée à le démêler. Mais, pour répondre utilement à la question, de quels éléments disposons-nous ? De l'*Ornithogonia* de Boios, il ne reste rien. Des *Heteroioumena* de Nicandre, nous avons deux vers, cités par des grammairiens. Nous ne connaissons, de l'ouvrage de Théodore de Colophon, pas même le titre, et des *Métamorphoseis* de Parthénios, que le titre. Nous sommes donc réduits à juger Nicandre et Boios d'après les médiocres et secs résumés d'Antoninus Liberalis. Pour Parthénios, ses petits récits à Gallus, d'un agrément moins contestable, n'ont (hormis le quinzième, l'histoire de Daphné) aucun rapport avec les métamorphoses et sont des aventures bien humaines, qui se terminent le plus ordinairement par le suicide ou la folie. Des *Aitia* de Callimaque, enfin, si quelques importants fragments nous ont été rendus par les papyri découverts récemment en Egypte, aucun ne traite de légendes qu'Ovide ait à son tour développées.

Quant aux œuvres latines, nous ne sommes pas plus heureux. Les *Alcyons* de Cicéron, la *Smyrna* d'Helvius Cinna sont perdus, comme l'est aussi la traduction de Boios faite par Æmilius Macer. Pour la *Ciris*, nous n'en connaissons pas l'auteur. Tout ce que nous savons, c'est qu'il est un contemporain d'Ovide; et si nous relevions entre les deux œuvres quelques similitudes, il ne serait pas téméraire d'en conclure plutôt que les deux poètes avaient un modèle commun; mais nous n'en relevons guère d'autre que le sujet.

Parler, à propos de tous ces poètes, des modèles d'Ovide serait donc assez aventuré, l'opinion que l'on peut se faire sur la nature de son imitation restant conjecturale.

Réservons ce nom aux écrivains avec lesquels, comme on le verra plus loin, il est permis de faire des rapprochements occasionnels que le poète a comme provoqués volontairement, bien qu'ils aient traité des genres tout différents. Tout au plus pouvons-nous ici parler de sources.

Mais, sur ce point encore, il convient d'être prudent. L'ouvrage de Boios avait probablement trois livres, et celui de Nicandre cinq. Antoninus Liberalis n'a extrait de l'un que dix récits, de l'autre que vingt-trois, peut-être vingt-huit, si l'on joint aux premiers, comme le veulent certains critiques, cinq fables dont la provenance n'est pas indiquée : au total, et au plus, pour les deux ouvrages, trente-huit légendes. Or toutes ne se retrouvent pas dans Ovide, et c'est pour une trentaine de sujets seulement qu'on peut avec certitude faire un rapprochement entre lui et ses prédécesseurs; c'est peu, les *Métamorphoses* développant ou mentionnant plus de deux cents légendes (Lactantius Placidus, qui les a résumées, en compte 231). Encore ce rapprochement se borne-t-il au sujet seul, car tantôt Ovide le traite si succinctement en quelques vers, comme les légendes d'Ascalabus, de Typhoeus, ou se borne à une si rapide allusion, en trois vers, par exemple, pour celles de Ctésylla (qu'il ne nomme d'ailleurs pas) ou de Cérambus, voire un seul, pour celle de Cragaleus, qu'il dépasse de beaucoup Antoninus Liberalis lui-même en brièveté; tantôt au contraire, comme pour les légendes de Byblis, de Myrrha, de Céphale et Procris, il le développe au point qu'étant donné la sécheresse du résumé d'Antoninus Liberalis, il est impossible de savoir dans quelle mesure l'invention du détail appartient au modèle ou à l'imitateur présumé. C'est pourtant ce qui nous intéresserait le plus, car, à parler franc, Liberalis eût-il résumé les poèmes entiers de Nicandre et de Boios, eussions-nous des analyses du même genre pour ceux de Parthénios et de Théodore de Colophon, nous posséderions certes des recueils de documents du plus grand prix pour l'historien des religions, mais, du point de vue littéraire, notre information y gagnerait peu. Ces légendes, en effet, si la curiosité des auteurs les avait rassemblées, l'invention ne leur en appartenait pas. Elles formaient un corps de traditions populaires ou religieuses, groupées autour d'un sanctuaire ou d'un héroon, rattachées aux origines d'une cité, aux souvenirs d'une migration, d'une guerre, tantôt nationales, patrimoine de toute une race ou de tout un peuple, tantôt locales, inconnues au-delà des limites d'une ville ou même d'un village, parfois enfin, comme celles qui nous transportent à Babylone, qui mettent en scène Bélos ou Sémiramis, expression d'une curiosité, ou, si l'on veut, d'une crédulité qui les accueillait avec l'habituelle *major e longinquo reverentia.* Transmises de siècle en siècle, embellies, déformées, accrues de détails nouveaux au cours de cette transmission, surtout orale, elles avaient sans doute fini par faire partie de ce lot de connaissances acquises, sans qu'on sache bien comment, par les enfants dès leur plus jeune âge, comme chez nous se forme dans les jeunes têtes toute une littérature merveilleuse où voisinent les épisodes de la légende des saints, les anecdotes historiques et les péripéties des contes des *Mille et une nuits.* Elles se fixaient pour le public ou pour la postérité quand un poète, dont la version ferait désormais foi, s'avisait de les mentionner ou d'en tirer, par exemple, un sujet de tragédie; quand un voyageur les rapportait (de quelle utilité nous sont Hérodote et Pausanias, pour éclaircir ou préciser telle allusion rapidement faite par Ovide à une fable peu connue!), ou quand, enfin, un érudit, moins soucieux de faire œuvre littéraire que de satisfaire sa propre curiosité ou celle d'autrui, les rassemblait en une utile et commode compilation. C'est évidemment à des ouvrages de ce dernier genre, qui lui fournissaient une abondante matière, que, faute de temps, de moyens ou de goût pour une enquête sur place, recourait un Nicandre, en vue de suppléer à l'insuffisance de sa documentation personnelle. Et lorsqu'un Liberalis le résumait, il ne faisait guère que ramener les légendes à la forme sommaire qu'elles devaient avoir chez l'informateur de son poète. Or, ces recueils, Ovide les avait, lui aussi, à sa disposition; il y pouvait puiser à son tour, sans qu'il soit nécessaire de supposer un intermédiaire.

Nous pouvons nous faire une idée exacte de ce qu'ils étaient, car il en subsiste. Tel celui d'un certain Conon, reproduit par Photios dans sa Bibliothèque (cod. 186), et qui contient cinquante courts récits dédiés à un roi de Macédoine ou de Cappadoce, Archélaos Philopator, vers la fin du Iᵉʳ siècle avant notre ère. Faire à Conon grief de la platitude et de l'embarras de son style, ou de sa brièveté, serait injuste, Photios ayant transposé l'ouvrage sous forme de notes prises au cours de sa lecture et le plus souvent en style indirect, peut-être en l'abrégeant. La matière importe donc seule. Nous trouvons là des apologues, comme celui du Cheval et du Cerf, conté par Stésichore aux habitants d'Himère (récit 42), des anecdotes édifiantes, où la vertu est récompensée, comme l'est la piété filiale d'Anapias et d'Amphinomos, lors d'une éruption de l'Etna (43), ou la déloyauté punie, malgré son ingéniosité, comme celle du dépositaire infidèle, qui, priant son ami de tenir un instant le bâton creux où il avait enfermé le dépôt nié, se trouvait à l'aise pour jurer solennellement de lui avoir remis ce dépôt en mains propres (37). Mais la plupart des récits sont empruntés à la légende héroïque ou divine, qui est la matière des *Métamorphoses*, et nous y retrouvons, quelquefois avec des variantes intéressantes, des thèmes longuement développés par Ovide, comme l'histoire de Caunos et Byblis (2), de Térée, Progné et Philomèle (31), d'Andromède et Persée (40), d'Orphée (45). Un autre recueil analogue, mais plus didactique encore, si l'on peut dire, latin celui-là et postérieur à Ovide, mais bien caractéristique des ouvrages de ce genre qu'il a pu consulter, est le recueil de 277 *Fabulae*, dont l'auteur, Hygin (longtemps confondu avec l'ami d'Ovide de ce nom, préfet de la Bibliothèque du Palatin), vécut probablement au temps de Marc-Aurèle. Sous la forme la plus aride, souvent celle d'une simple énumération, il est bien le type du manuel pour écoliers ou pour poètes, sorte de catéchisme mythologique répondant à toutes les questions embarrassantes : découpé en courts chapitres consacrés, les uns à une aventure fabuleuse, les autres à la généalogie d'un dieu ou d'un héros, d'autres enfin au groupement de fables analogues, de personnages ayant eu un sort identique, ou même à de sèches, mais copieuses listes de noms peu connus ou inconnus, il remédiait, en effet, aux hésitations, bien pardonnables en pareille matière, d'une mémoire défaillante, ou suggérait rapprochements et comparaisons dont un poète pouvait se faire honneur.

C'est, il est permis de le penser, dans ces précieux répertoires que, sans doute, déjà dès l'époque alexandrine, se sont approvisionnés de légendes les auteurs de *Métamorphoses*, pour le moins autant que chez les poètes leurs prédécesseurs. Ovide en fit autant et nous le prenons, en plus d'un endroit, en flagrant délit d'emprunts que trahit l'intempérance même de son information : ainsi, lorsqu'il nous énumère les noms de trente-quatre chiens d'Actéon (III, 206 et suiv.), ceux des compagnons de chasse de Méléagre à Calydon (VIII, 301 et suiv.), il est difficile de faire honneur de cette érudition, dans le premier cas à son invention, dans le second à sa mémoire; il s'était simplement renseigné dans quelque ouvrage auquel devait recourir à son tour Hygin, qui nous donne (*Fab.* 181 et 173) les mêmes listes, plus copieuses encore. Et que l'on compare chez l'un et chez l'autre la légende concernant Tirésias et le débat entre Zeus et Héra (Ovide, III, 315 et suiv., Hygin, *Fab.* 75) : les données identiques supposent une source commune, hypothèse que les exemples précédents autorisent de préférence à celle que le mythographe se serait renseigné chez le poète.

N'oublions pas, enfin, que l'éducation d'Ovide l'avait de bonne heure familiarisé avec nombre de ces légendes et de ces personnages; qu'au cours d'un long voyage, il avait pu, on l'a dit, satisfaire sur place sa curiosité. La question de savoir quelles sont ses sources est donc de celles auxquelles il est difficile de répondre avec précision. Elle n'a d'ailleurs, avouons-le, ni grand sens, ni grand intérêt. Il a puisé dans le trésor des fables grecques, exploité déjà par tant d'auteurs d'épopées, de tragédies, d'élégies, avant même que poètes ou mythographes leur eussent consacré des ouvrages entiers. Quelle que soit la provenance de celles dont il a fait choix pour ses *Métamorphoses*, qu'elles lui fussent familières de longue date ou qu'il les eût trouvées dans Homère, Hésiode ou quelque auteur dramatique; qu'il les eût empruntées à un devancier, comme Nicandre, Boios, Parthénios ou Callimaque, ou à un compilateur du genre de Conon, qu'il les eût enfin lui-même recueillies dans quelque ville ou sanctuaire de Grèce ou d'Asie Mineure, de la bouche d'un hôte ou d'un prêtre, ce qui importe surtout, c'est le parti qu'il en a tiré.

Il est tout d'abord permis de se demander si le sujet même en tant que sujet de poème, était bien choisi, et d'en douter. Signalons, sans trop insister, mais signalons cependant l'inconvénient qu'il avait, pour un public romain, d'être à peu près purement grec. La fable et la mythologie latines n'offraient, en effet, que peu de ressources en pareille matière. Ovide, qui proclame bien haut son dessein de pousser son œuvre jusqu'à son temps, — *ad mea tempora*, — a dû, soyons-en sûrs, explorer les légendes du Latium. Il n'y a fait qu'une assez pauvre récolte : dans les XIVe et XVe livres, consacrés à l'Italie, il ne rapporte guère que les métamorphoses de Picus, roi des Laurentins, en pivert (XIV, 320 et suiv.), des soldats de Turnus en oiseaux de mer (*ibid.*, 496 et suiv.), des vaisseaux d'Enée en nymphes marines (*ibid.*, 546 et suiv.), de la ville d'Ardée en héron (*ibid.*, 574 et suiv.), du javelot de Romulus en cornouiller (XV, 560 et suiv.), le prodige des cornes poussant sur le front du préteur romain Cipus (*ibid.*, 565 et suiv.), l'ascension de Romulus enlevé par Mars (*ibid.*, 820 et suiv.), celle de César et sa transformation en comète (*ibid.*, 843 et suiv.). Et le plus charmant récit peut-être de ces deux derniers livres, celui de la séduction de Pomone par Vertumne (XIV, 623 et suiv.), si le cadre et les personnages en sont spécifiquement latins, est, par le détail, d'inspiration toute grecque : encore est-il, pour la moitié, occupé par la légende cypriote d'Anaxarété et d'Iphis. Convenons donc que la part faite aux prodiges romains pouvait paraître à certains des lecteurs d'Ovide un peu trop restreinte. On peut penser, il est vrai, que, pour la plupart, le merveilleux n'avait pas de patrie.

Plus grave, semble-t-il, était le défaut d'unité. Ecrire un poème de douze mille vers sans solution de continuité, — *carmen perpetuum* (I, 4), — où trouveraient place plus de deux cents légendes diverses, était tâche malaisée. Nous ignorons quel plan avaient adopté les devanciers d'Ovide. On en peut supposer plusieurs : groupement par type de métamorphose (en oiseaux, en reptiles, en plantes, en pierres...); groupement par provenance des légendes (athéniennes, thébaines, thessaliennes, asiatiques...); groupement suivant les divinités dont les héros des fables furent les victimes (Zeus, Héra, Apollon, Artémis, Hermès, Léto...); plans également factices, qui ne remédiaient pas à la difficulté de relier les légendes les unes aux autres, et, d'autre part, mode de groupement qui risquait d'engendrer la monotonie; plans, en un mot, de poèmes didactiques, comme l'étaient peut-être ceux de Nicandre et de Parthénios, mais comme ne l'était certainement pas, dans l'intention de son auteur, celui d'Ovide. Reste le plan, tout naturel dans une épopée, mais ici paradoxal, dont l'ordonnance respecterait la succession des temps. Ovide semble n'avoir pas craint de l'adopter. Il nous déclare, dès les premiers vers, qu'il chantera les métamorphoses des corps depuis le commencement du monde jusqu'à son propre temps. Mais ne prenons pas à la lettre cette ambitieuse déclaration et ne donnons pas au mot *perpetuum* un sens trop rigoureux de suite logique d'événements historiquement ou légendairement consécutifs; entendons que le poète se propose de chanter les prodiges les plus surprenants qu'ait vus le monde depuis la création jusqu'à Auguste. Sur les points de départ et d'arrivée, il n'a pas trompé ses lecteurs. Le début du poème est bien consacré à une véritable Genèse, inspirée par la philosophie grecque, et qui, en quatre cents vers environ, nous conte la création du monde, tiré par une volonté divine de la masse informe du chaos, éclairé par le soleil et les astres, peuplé d'êtres vivants; celle de l'homme, né d'un germe divin; la vie primitive de l'humanité au Paradis terrestre que fut la terre à l'âge d'or; l'insupportable arrogance de la créature, qui oblige Jupiter à anéantir par un déluge une humanité trop vite corrompue; le repeuplement, enfin, par un couple de justes, seuls épargnés, Deucalion et Pyrrha. Et si nous nous transportons à la fin du poème, nous constatons que, mieux encore, Ovide s'y est conformé à son propos. Car, dès qu'au début du XIIe livre, parvenu aux confins de la légende et de l'histoire, il a saisi le fil conducteur de la guerre de Troie, il est tout naturellement, en le suivant, conduit à Enée, aux origines de Rome, à César, à Auguste. Mais, du milieu du Ier livre à la fin du XIe, dans plus des deux tiers du poème, les légendes s'ordonnaient plus malaisément. En dépit de son habileté, Ovide n'a pas triomphé de la difficulté. Par endroits, il trouve bien l'occasion de grouper un certain nombre de ces légendes : c'est ainsi qu'après en avoir conté, dans la deuxième partie du Ier livre et tout le second, quelques-unes, assez mal reliées entre elles, celles d'Io, de Phaéton et des Héliades, de Callisto, de Coronis, d'Aglauros, l'enlèvement d'Europe l'amène à mettre en scène son frère Cadmus, qui, conduit en Béotie par un oracle, y fonde Thèbes. Du IIIe livre au premier tiers du Ve, Ovide développe alors le cycle des légendes thébaines, cycle familial de légendes cependant variées à souhait, puisque, à celles de Cadmus lui-même, de ses filles Sémélé et Ino, de ses petits-fils Actéon, Bacchus, Penthée, Mélicerte, sont ingénieusement mêlées celles des filles de Minyas, de Danaé, de Persée. Mais, dans les livres suivants, toute tentative de groupement logique des légendes serait, il faut l'avouer, assez vaine. Les plus artificielles transitions sont impuissantes à établir un lien entre celles d'Arachné, de Niobé, de Térée, au VIe livre, de Médée et d'Eaque, au VIIe, de Minos et Dédale, de Méléagre, de Philémon et Baucis, d'Erysichthon, au VIIIe, d'Hercule, de Byblis, au IXe, d'Orphée, de Myrrha, d'Adonis, d'Atalante, au Xe, de Midas, de Pélée, de Céyx et Alcyoné, au XIe, et même, au XIIe, de la guerre de Troie et du combat des Centaures et des Lapithes, qui nous transportent d'Attique en Béotie, de Colchide à Salamine ou en Crète, d'Acarnanie en Phrygie, de Tirynthe à Milet, de Thrace en Cypre, de Troade en Thessalie. Encore ne citons-nous que les légendes les plus développées. Entre elles, incorporées à elles, toute une poussière de fables, non pas toujours de moindre importance, mais reléguées par la fantaisie du poète au second plan, quelquefois simplement mentionnées au passage, ajoutent encore à l'impression d'une diversité qui peut être variété, mais n'est trop souvent que disparate.

Ovide a, de son mieux, pallié ce défaut. Un de ses procédés favoris les plus heureux, consiste à intercaler dans le développement d'une légende le récit, fait par l'un des personnages, d'une ou de plusieurs autres fables. Procédé traditionnel, qui autorise une complète liberté dans le choix de ces récits annexes et dont, sans fatigue pour le lecteur, ont usé tous les conteurs, de l'*Odyssée* aux *Mille et une nuits*, d'Apulée à Lesage. Il n'est guère de livre des *Métamorphoses* où on ne le trouve employé. Ce sont, par exemple, au IVe livre, les filles de Minyas contant tour à tour à leurs compagnes l'aventure de Pyrame et Thisbé, les amours de Mars et de Vénus, celles de Salmacis et d'Hermaphrodite; au Ve, à propos de la contestation entre les Muses et les Piérides, l'une de celles-ci décrivant la guerre des Géants contre les dieux, puis Calliope chantant l'enlèvement de Proserpine par Pluton, les courses errantes de Cérès et, à cette occasion, les métamorphoses de Cyané, d'Ascalaphus, des Sirènes, et l'histoire d'Aréthuse; au Xe, Orphée distrayant sa douleur en évoquant successivement les histoires de Ganymède, d'Hyacinthe, des Cérastes, de Pygmalion, de Myrrha, d'Adonis, d'Atalante et Hippomène; au XIIe, Nestor passant de celle de Cæneus à la description de la lutte des Centaures et des Lapithes, à laquelle ce héros avait pris part. On pourrait multiplier les exemples. Mais l'abus même de ce procédé risque de fatiguer. L'artifice en devient trop visible.

Ce défaut de composition était imputable à la multiplicité des légendes qu'Ovide avait eu comme la coquetterie d'accumuler; elle le rendait inévitable. Il est encore souligné par la disproportion déjà signalée du développement que l'on constate entre elles. On comprend que, dans certains cas, le poète n'ait pas voulu interrompre le mouvement de son récit et se soit borné à de rapides allusions, comme lorsque, décrivant le voyage de Médée par les airs, d'Iolcos à Corinthe, il indique, à propos de chacune des contrées survolées par la magicienne, les légendes qu'elles évoquent, et dont il énumère dix-sept en quarante-quatre vers (VII, 350-393). On comprend aussi qu'il n'ait pas éprouvé le besoin de reprendre un thème qu'il avait déjà traité ailleurs, sous une autre forme : telle, dans cette même énumération de légendes, celle, à laquelle, à propos du passage de Médée à Céos, il fait une simple allusion, sans même en nommer les héros, d'Hermocharès et de Ctésylla, dont Nicandre avait conté l'aventure (Antoninus Liberalis, 1) et qu'il avait lui-même fait longuement correspondre entre eux dans ses *Héroïdes* (20 et 21), sous les noms, empruntés aux *Aitia* de Callimaque, d'Acontios et de Cydippé. Mais, en revanche, que de fables écourtées, traitées sèchement et comme par acquit de conscience, sans que la raison de ce dédain apparaisse. Ainsi, au VIIIe livre, à propos du Minotaure et du Labyrinthe, la description attendue de la victoire de Thésée, de la complicité et de la fuite d'Ariadne, de son enlèvement et de son abandon, tient en sept vers (170-176), où les deux amants ne figurent que sous les vagues appellations de « fille de Minos » et de « fils d'Egée ». Ailleurs, c'est par prétérition qu'Ovide mentionne quelques fables auxquelles il ne lui plaît pas de s'attarder. Lorsque, au IVe livre, l'une des filles de Minyas, Alcithoé, prend après ses sœurs la parole, elle déclare à ses compagnes qu'elle ne parlera ni des amours de Daphnis, changé en rocher, ni de Sithon, au sexe ambigu, ni de Celmis, changé en *adamas*, ni des Curètes, nés de la pluie, ni de Crocus et Smilax, changés en fleurs : elle veut, en effet, dit-elle, retenir leur attention par le charme de la nouveauté. Simple prétexte, car, autant que nous en pouvons juger, ces légendes ne devaient pas être très connues; plusieurs d'entre elles ne le sont même de nous que par cette allusion. Or, ces légendes, en quelque sorte sacrifiées, aux plus favorisées desquelles le poète consacre tout au plus une trentaine de vers, comptent pour plus des trois quarts dans le nombre de celles qu'il évoque. C'est à quelques-unes seulement, une cinquantaine, qu'il a donné tous ses soins. Encore, sur ce nombre, à peine une trentaine sont-elles développées en plus de cent vers, une quinzaine seulement en plus de deux cents.

On ne peut donc, à propos des *Métamorphoses*, parler, comme pour l'*Enéide* par exemple, de plan, d'ordonnance régulière, de proportions savamment observées. Ce qu'Ovide savait le mieux, c'était, comme l'autre, son commencement; c'était aussi et, peut-être même mieux encore, en bon courtisan, sa fin. Entre les deux, il a pris pour unique règle sa fantaisie; et s'il est excusable — car on ne voit pas quelle autre aurait pu le guider — d'avoir assez mal ordonné la suite de ses légendes, peut-être l'est-il moins d'avoir si capricieusement, à notre sentiment tout au moins, réparti entre elles ses développements. Son mérite n'est pas là.

Ne le cherchons pas davantage dans sa fidélité aux promesses du titre de son ouvrage. En bien des cas, de métamorphose, ou il n'est pas question, ou la rapide mention qui en est faite prouve qu'elle n'est aux yeux du poète qu'une simple justification. L'histoire de Phaéton, au IIe livre, pouvait se passer, comme conclusion, de la métamorphose de ses sœurs, les Héliades, en peupliers, et de son ami Cygnus en cygne. Au long débat au cours duquel Ajax et Ulysse se disputent les armes d'Achille (XIII) et que termine le suicide d'Ajax, nul besoin n'était d'ajouter l'éclosion d'une fleur de pourpre, née de son sang, portant sur ses pétales des signes rappelant son nom, fleur, au reste, utilisée déjà par Ovide pour Hyacinthe (X). La métamorphose de Byblis en source (IX) n'ajoute rien au pathétique de son aventure; celle de Cæneus en oiseau ne fournit qu'un prétexte bien factice à la description, en deux cent cinquante vers, du combat des Centaures et des Lapithes (XII); l'épisode du renard de Thèbes changé en rocher, ne fait que ralentir le récit des amours de Céphale et Procris (VII); et l'histoire touchante de Pyrame et Thisbé (IV) se suffirait à elle-même : peu nous importe qu'elle explique pourquoi certains mûriers portent des baies rouges. Enfin, le long exposé des origines de Rome qui termine le poème (XIV et XV), ne mentionne, on vient de le dire, exception faite des apothéoses de Romulus et de César, que de rares prodiges, sans grand rapport avec des métamorphoses.

De ces libertés prises délibérément par Ovide avec son sujet, de ce traitement de faveur réservé à certaines fables, de cette visible indifférence à l'égard de leur appropriation exacte à son dessein avoué, pour tout dire, de ce médiocre souci de l'ensemble et de cette complaisance pour le détail, que conclure, sinon que le souffle lui manquait, et probablement aussi la persévérance, pour un poème de longue haleine; qu'il confondait peut-être fécondité et inspiration; que, comme à beaucoup de ses contemporains et des poètes alexandrins, leurs modèles, la forme lui importait plus que le fond; que rien n'avait à ses yeux plus de prix qu'un morceau d'une perfection achevée ? C'est bien là qu'éclate sa maîtrise.

Louons-le, tout d'abord, de son éclectisme. Les parties de son œuvre les plus longuement développées présentent, à première vue, une telle variété pour le ton et le sujet, qu'on ne sait où vont ses préférences, ni même s'il en a. Nous y trouvons des exposés philosophiques, comme le récit de la création du monde (I) et le tableau que fait Pythagore de sa doctrine (XV); de grandes légendes cosmiques, si l'on peut dire, comme celles de Deucalion (I) et de Phaéton (I et II); des exemples de la vengeance que les dieux outragés ont tirée des mortels : Jupiter, du cruel et inhospitalier Lycaon (I); Junon, de ses rivales, Io (I), Callisto, Sémélé (III); Bacchus, de ses contempteurs, Penthée (III), les filles de Minyas (IV), Athamas et Ino (IV); Diane, de l'indiscret Actéon (III); Minerve, de la présomptueuse Arachné (VI); Latone, de l'arrogante Niobé (VI), des inhumains paysans de Lycie (VI); Cérès, de l'impie Erysichthon (VIII); Mercure, de la jalouse Aglauros (II); Vénus, de Leucothoé et de Clytié, amantes du Soleil, qui avait fait d'elle la risée de l'Olympe (IV). Ce sont encore des récits d'aventures héroïques : exploits de Cadmus, vainqueur du dragon de Mars (III); de Persée, vainqueur de la Gorgone, libérateur d'Andromède (IV et V); de Méléagre, vainqueur du sanglier monstrueux (VIII); de Jason, conquérant de la Toison d'or (VIII); exploits et mort d'Hercule (IX); descente aux Enfers et mort d'Orphée (X et XI); combat des Centaures et des

Lapithes (XII). Ce sont aussi des scènes mi-légendaires, mi-historiques, empruntées à la guerre de Troie (XII et XIII), aux voyages d'Ulysse et d'Enée (XIII et XIV). C'est, enfin, la série de ces histoires d'amour, perles du poème, dont quelques-unes ont immortalisé les noms de leurs héros : histoires de Pyrame et Thisbé (IV), de Térée, Progné et Philomèle (VI), de Médée (VII), de Céphale et Procris (VIII), de Philémon et Baucis (VIII), de Scylla (VIII), de Byblis (IX), d'Iphis (IX), de Myrrha (X), de Céyx et Alcyoné (XI), d'Acis et Galathée (XIII), de Vertumne et Pomone (XIV). Si Ovide a voulu montrer qu'il était capable de prendre tous les tons, de celui du poème épique ou philosophique à celui de l'élégie, il l'a brillamment prouvé.

Et c'est ici, beaucoup plutôt qu'à propos du choix du sujet et de la composition de son ouvrage, de ses prédécesseurs dans le genre, de ses dettes à leur égard, que nous pouvons parler, en meilleure connaissance de cause, de ses modèles. Ce n'est pas tant, en réalité, à des auteurs de *Métamorphoses*, dont il se serait inspiré plus ou moins servilement ou librement, qu'il faut donner ce nom. C'est à des écrivains avec lesquels le déroulement de son œuvre l'amenait à se mesurer, poètes philosophiques, épiques, dramatiques, bucoliques, élégiaques, que la diversité du ton des épisodes, au cours de ses quinze livres, lui permettait d'affronter l'un après l'autre. Sur ces modèles, en même temps que ces rivaux, nous sommes heureusement mieux renseignés que sur ses prédécesseurs ou émules. Ils portent les plus grands noms des littératures grecque et latine; leurs œuvres nous sont, pour une bonne part, connues, et nous pouvons ainsi savoir comment Ovide en usa à leur endroit.

Aux Ier et XVe livres, c'est, évidemment, avec Lucrèce qu'il a voulu rivaliser. La publication du *de Natura rerum* datait d'une cinquantaine d'années. On est tenté de penser qu'Ovide a été moins sensible à la beauté de la forme, dont l'âpreté et la rudesse lui semblaient peut-être simplement archaïsme rugueux, qu'à la difficulté vaincue d'un exposé poétique de doctrine abstraite. Il a sans doute voulu renouveler la prouesse dans une langue plus souple. Il y a réussi, mais, entraîné par le sujet, il ne s'en est pas moins haussé à la gravité et au ton de son modèle, et l'écho, par endroits, est assez fidèle pour qu'on puisse hésiter sur l'attribution à l'un ou l'autre poète de certains vers détachés de l'ensemble. Il ne manque que cette sorte d'ardeur concentrée d'apôtre prêchant son irréligion dont Ovide ne pouvait, évidemment, être animé. Quant au fond, la diversité des doctrines lui épargnait la tentation d'une imitation trop servile.

Il en va autrement avec les récits épiques, inspirés d'Homère, d'Apollonios de Rhodes, de Virgile : contant les mêmes exploits qu'eux, il s'exposait à des comparaisons malveillantes. Il s'en est tiré habilement. Des épisodes qu'il a retenus de la guerre de Troie, par exemple, ceux qui figurent dans l'*Iliade* ne sont rappelés que par allusions, dans les discours d'Ajax et d'Ulysse; ceux qu'il développe, ou n'y figurent pas, comme le combat d'Achille et de Cygnus, ou sont postérieurs à la période chantée par Homère, comme la mort de Memnon, la mort d'Achille, l'attribution de ses armes, la prise de Troie, le meurtre de Polyxène et de Polydore, la mort misérable d'Hécube. Il est vrai qu'il put, pour tous ces épisodes, s'inspirer des poèmes cycliques, aujourd'hui perdus, l'*Ethiopide*, l'*Amazonie*, la *Prise d'Ilion* d'Arctinos de Milet, la *Petite Iliade* de Leschès de Lesbos, les *Chants cypriens* de Stasinos de Cypre. Cependant, que, désireux d'éviter le reproche de double emploi, il se soit très librement comporté à l'égard de ses modèles, il semble qu'on puisse le penser, d'après l'épisode de Circé qu'il emprunte à l'*Odyssée*. Il ne s'y évertue ni à amplifier l'aventure d'Ulysse et de ses compagnons, ni à la diversifier par des détails nouveaux. Il se borne à résumer Homère, et même avec quelque sécheresse. Mais, rattachant ingénieusement cet épisode à l'histoire d'Enée, par le même artifice qu'avait employé Virgile pour celui du Cyclope, il exécute par surcroît des variations nouvelles sur le personnage de l'inflammable et vindicative magicienne, dont il conte les tentatives pour détourner Glaucus de l'amour de Scylla, Picus de celui de Canens. Il procède donc par juxtaposition plus que par transposition.

Rien ne peut mieux le montrer que le long développement d'un millier de vers dans lequel, à la fin du XIIIe livre et au début du XIVe, reprenant le thème de l'*Enéide*, il ne s'est pas caché de suivre pas à pas Virgile. Il fait du poème un résumé fidèle, mais la matière proprement virgilienne ne lui a fourni, tout au plus, que le quart du récit dont, systématiquement, dirait-on, il abrège les épisodes les plus célèbres : quatre vers, par exemple, lui suffisent pour décrire l'escale en Crète; cinq, pour la rencontre avec Hélénus et Andromaque, à Bouthrote; quatre, pour l'épisode de Didon, qui n'est même pas nommée; vingt, pour la descente aux Enfers. Mais, chemin faisant, tout prétexte est bon à ses yeux pour broder quelque légende nouvelle sur ce canevas d'emprunt. A Délos, Anius conte à Enée l'histoire de ses filles, lui offre un cratère où est ciselée celle des filles d'Orion, et qui est décrit. L'arrivée des Troyens sur les côtes de Sicile est l'occasion de conter la légende de Scylla, sur laquelle se greffent celles d'Acis et Galatée, de Glaucus et Circé, si bien que, pendant trois cents vers, nous perdons de vue Enée et ses amis. A Cumes, en revenant des Enfers, la Sibylle confie à Enée l'amour que conçut jadis Apollon pour elle. A Caiète, au récit que fait Achéménide des dangers qu'il courut chez Polyphème, Macareus réplique par celui de son aventure chez Circé. Ovide n'était donc pas, comme d'autres parmi ses contemporains, un imitateur de propos délibéré; il avait le sens de l'appropriation à son sujet d'un thème emprunté à autrui et le goût de l'invention personnelle.

Cette invention ne va pas, cependant, jusqu'à innover. Elle était, dans les parties de son œuvre qui ressortissaient à l'épopée, limitée par les traditions du genre. Ovide a respecté ces traditions et s'y est plié, non sans un secret plaisir de montrer avec quelle intelligence il se les était assimilées. Tout aussi brillamment que les plus réputés spécialistes, il a excellé dans les descriptions de combats : ceux de Cadmus contre le dragon (III), de Persée contre le monstre marin (IV), puis contre Phineus et ses partisans (V), de Pirithoos et de ses amis contre la horde des Centaures (XII), sont des tableaux achevés, où les traditionnels exploits sont relevés de quelques touches d'un réalisme auquel Ovide se complaît volontiers, et qui sont sa marque. Aussi bien qu'un autre, il a su faire vivre des abstractions, comme l'Envie qui torture Aglauros (II) et la Faim qui épuise Erysichthon (VIII); prêter à des guerriers comme Ajax et Ulysse se disputant les armes d'Achille (XIII) un langage digne d'eux et des maîtres qui lui avaient, dans sa jeunesse, enseigné l'éloquence; peindre enfin, en termes vigoureux, comme fait Eaque décrivant la peste d'Athènes (VII), un peuple décimé par un impitoyable fléau. Il hausse sans peine le ton jusqu'à celui d'Homère et de Virgile.

Toutefois, plus que de prouesses chevaleresques, d'allégories, de discours et de descriptions pathétiques, on le sent curieux de sentiments. Aussi, même lorsqu'il met en scène dieux ou héros, le voit-on souvent se tourner vers les poètes dramatiques. Les rapprochements que l'on peut faire entre certains de ses récits et des tragédies qui nous ont été conservées, celui de la mort d'Hercule (IX) avec *les Trachiniennes* de Sophocle, des histoires de Penthée (III), de Médée (VII), d'Hécube (XIII), d'Hippolyte (XV), avec les *Bacchantes*, la *Médée*, l'*Hécube*, l'*Hippolyte* d'Euripide, permettent de constater ce qu'il devait à ces œuvres célèbres. Et si nous possédions encore, pour ne citer, parmi les tragédies perdues, que celles dont le titre évoque des légendes longuement développées par lui, la *Dispute des armes* entre Ajax et Ulysse d'Eschyle, la *Niobé*, le *Térée*, l'*Athamas*, l'*Andromède*, la *Procris* de Sophocle, le *Phaéton*, le *Méléagre*, le *Cadmos* d'Euripide, si nous avions le théâtre alexandrin, dont nous ne savons rien, les comparaisons ne seraient, sans doute, pas moins instructives. Il arrive bien encore ici à Ovide de recourir au procédé qu'il emploie avec Virgile : dans l'histoire de Penthée, il conte l'aventure de Dionysos et des pirates tyrrhéniens, qui ne figure pas dans les *Bacchantes*. Mais c'est peut-être simple souci d'introduire dans le sujet un récit de métamorphose. Il se sent certainement plus libre. Il n'a plus à craindre que le parallélisme de la narration l'expose, comme avec les grands conteurs épiques, au reproche d'un excès de présomption ou de servilité. Il se prête plus hardiment à une comparaison qui peut tourner à son avantage (plutôt qu'Euripide, c'est lui qu'a choisi comme modèle Racine décrivant la mort d'Hippolyte). Ce que le théâtre lui offrait, ce n'était plus la trame d'un récit, c'était l'étude et l'expression de sentiments, de passions, de caractères, sentiments et passions qui, dans l'œuvre d'Euripide et, nous pouvons en être certains, des Alexandrins, s'étaient, même chez les dieux et les héros, humanisés, et pour lesquels Apollonios avec sa Médée, Virgile avec sa Didon, avaient déjà montré, dans l'épopée, la prédilection croissante des poètes.

Parmi ces sentiments, il en était un avec lequel Ovide était familier de longue date, qui avait été le thème presque exclusif de toute son œuvre de jeunesse, l'amour. Que d'occasions de le peindre dans ces aventures de dieux, de nymphes, épris de mortels qui payaient d'une métamorphose ce dangereux honneur! Dès le Ier livre, Cupidon, piqué au vif par le dédain d'Apollon, proclame sa toute-puissance, et sa première victime est le dieu qui l'a bravé. Par la suite, Jupiter, Mercure, Vénus, Mars, le Soleil, d'autres Olympiens encore, éprouvent tour à tour son pouvoir. Mais si leurs transports, leur jalousie, leur dépit, leur pitié les rapprochent de l'humanité, la partie n'en reste pas moins, entre eux et l'objet de leur passion, livré sans défense à leur poursuite, trop inégale pour que le poète y trouve matière aux délicates analyses de la passion partagée ou déçue. Aussi, au tableau des amours divines, est-il permis de préférer les récits dont les personnages sont de simples mortels, ces histoires d'amants victimes de tragiques erreurs, comme Pyrame et Thisbé ou Procris et Céphale, d'une sorte de Némésis, comme Céyx et Alcyoné, d'une illusion, comme Narcisse; égarés par la jalousie, comme Médée, par une passion, sans espoir, comme Scylla, adultère, comme Térée, incestueuse, comme Byblis et Myrrha; de couples parmi lesquels rares sont ceux qui, comme Vertumne et Pomone, vivent, ou, comme Philémon et Baucis, meurent heureux. C'est dans ces contes qu'Ovide excelle. N'eussions-nous conservé des *Métamorphoses* qu'un mince recueil de ces *Erotica pathemata* (ce titre, celui du recueil de Parthénios, lui eût bien convenu), que nous aurions encore la partie la plus exquise de l'œuvre, et l'on peut le penser, la plus originale.

Ce n'est pas que les modèles en ce genre aient manqué à Ovide. Les poètes alexandrins, qui l'avaient cultivé avec prédilection, lui en fournissaient; et nous pouvons être assurés que les sujets mêmes dont nous ignorons la provenance, comme celui de Philémon et Baucis, ne sont pas de son invention. Certains d'entre eux avaient même été plusieurs fois traités. L'histoire de Byblis, éprise de son frère Caunos, nous est contée par Antoninus Liberalis (XXX) d'après Nicandre, par Parthénios (XI) d'après Aristocritos de Milet et Apollonios de Rhodes et par Conon (II); Hygin la cite (*Fab.* 243); elle était donc bien connue. Celles de Myrrha, de Céphale et Procris, sont aussi résumées par Antoninus Liberalis (XXXIV et XLI), celles de Narcisse et de Térée par Conon (XXIV et XXXI).

Mais ces analyses, on l'a dit, ne nous apprennent rien sur la conduite du récit chez ces prédécesseurs d'Ovide. D'autre part, si nous possédons de Callimaque quelques fragments de ses *Aitia* relatifs à l'aventure d'Acontios et de Cydippé, si nous pouvons supposer que la description de l'accueil fait à Thésée, à Marathon, par la vieille Hécalé, dans le poème de ce nom, avait inspiré celle de l'accueil fait aux dieux par Baucis, les points de comparaison entre Ovide et lui nous font défaut : Ovide s'est, en effet, borné, on l'a dit, à une allusion aux amants de Céos, et les fragments conservés de l'*Hécalé* n'ont pas trait à l'épisode qui nous intéresserait. Il est cependant possible de constater, ici encore, qu'Ovide ne suivait pas servilement ses modèles. Dans le résumé que fait Antoninus Liberalis, probablement aussi d'après Nicandre, de l'histoire de Céphale et Procris, figurent des détails qu'il a modifiés ou supprimés : dans les *Métamorphoses*, c'est Céphale lui-même, et non un envoyé, qui tente, sous un déguisement, la vertu de Procris; d'autre part, du singulier service rendu par Procris à Minos, et qui lui valut le don du javelot merveilleux, de l'épreuve que, déguisée en garçon, elle fait à son tour subir à Céphale, des complaisances qu'elle exige de lui pour le prix de ce même javelot, qu'il convoite, il n'est pas question; le pathétique, dans le premier cas, le goût, dans le second, y ont gagné.

Nous ne sommes pas, d'ailleurs, réduits à de simples observations de cette sorte. Il nous est possible, en quelques cas, de comparer en ce genre aussi, comme pour les épisodes épique, de Circé, dramatique, de la mort d'Hippolyte, le texte d'Ovide à celui d'un modèle. Les plaintes de Polyphème épris de Galatée, les reproches qu'il adresse à la nymphe insensible (XIII, 789 et suiv.) sont imités du *Cyclope* de Théocrite (*Id.*, XI); que l'on rapproche les deux morceaux : on constatera que, si l'esprit, le mouvement sont les mêmes, Ovide a eu la coquetterie de traiter le sujet sans emprunter au poète grec autre chose que le thème; les variations brillantes, et, par endroits même plus riches que dans son modèle, sont bien de lui.

Les présomptions sont donc en sa faveur et, dans l'incertitude où nous sommes le plus souvent de ce dont il est redevable à d'autres, mieux vaut ne pas chercher à diminuer, par de trop hypothétiques suppositions, son mérite. Ne savons-nous pas d'ailleurs, par ses autres ouvrages, qu'il était poète ingénieux et délicat, passé maître dans l'expression des sentiments les plus subtils ? Les *Métamorphoses* ne nous apportent-elles pas à chaque page les preuves d'une invention coulant, en quelque sorte, de source, où l'on ne sent jamais ni timidité, ni gêne, ni application ? Croyons-en notre impression et soyons persuadés que, lorsqu'il rivalisait avec quelque modèle, Ovide n'en a jamais été l'esclave. Pour nous en tenir à cette catégorie de récits que l'on peut bien qualifier de familiers, par opposition aux grands tableaux épiques ou mythologiques, nous y sentons, à l'abondance du développement, à la justesse des proportions, à la délicatesse de la touche, l'aisance d'un poète qui travaille librement sur une donnée traditionnelle, sans aucun souci d'éluder ou de provoquer les comparaisons. L'accent personnel est sensible, par exemple, dans la peinture des aspects divers de l'amour et du désir : émoi voluptueux de Salmacis, assistant cachée aux gracieux ébats d'Hermaphrodite; soudaine et sauvage ardeur qui enflamme Térée à la vue de Philomèle; passion désespérée chez Narcisse, épris de sa propre image et qui le sait, chez Iphis, réduit, par l'indifférence d'Anaxarété, au suicide; amour confiant et partagé chez Pyrame et Thisbé, sincère, mais exposé à la fragilité humaine, chez Céphale et Procris, sciemment criminel et traversé de remords, mais irrésistible, chez Scylla, Byblis, Myrrha; tendresse touchante et craintive chez Alcyoné, dont nous admirons encore le reflet chez La Fontaine, qui a ingénieusement transposé la scène des adieux à Céyx, dans ses *Deux pigeons*. Il ne l'est pas moins dans la pénétration et, par endroits, la vigueur avec lesquelles Ovide sait traduire ces sentiments quand il en confie l'analyse aux personnages eux-mêmes, clairvoyants et impitoyables pour leur propre faiblesse, dans des discours, monologues, lettres, où le pathétique ne le cède pas à celui du théâtre. Il l'est, enfin, dans des descriptions célèbres, tantôt d'un réalisme presque agressif, comme celle de l'attentat brutal de Térée, tantôt dramatiques à souhait, comme celle de la tempête où périt Céyx, tantôt enfin d'un charme pénétrant, comme celle du repas offert aux dieux par Baucis et Philémon.

Que cette aisance à prendre tous les tons, à s'identifier avec tous les personnages, ces dons de conteur aimable, pittoresque, touchant, aient été développés chez Ovide, pour une bonne part, à l'école d'un M. Porcius Latro ou d'un Arellius Fuscus, fréquentée par lui dans sa jeunesse, ce que nous dit de ces maîtres, alors célèbres, le Sénèque des *Controversiae* ne permet guère d'en douter. L'art de convaincre, d'émouvoir, de discuter ou de plaider éloquemment une cause, la pratique des *suasoriae*, des *controversiae*, des *declamationes*, l'avait rendu familier au futur poète au cours de son apprentissage d'orateur. Mais il serait injuste de ne pas faire la part de son génie propre, dont ce même Sénèque, qui avait entendu le jeune Naso déclamer chez Arellius Fuscus, a donné une définition si juste en le qualifiant d'égal, plein de tact et séduisant, *constans et decens et amabile* (*Contr.*, II, 10). Il faut aussi faire celle de ces dons de poète qui, dès son enfance, le faisaient s'exprimer en vers et qui donnaient à son discours, toujours au témoignage de Sénèque *(ibid.)*, l'allure d'un poème en prose, *solutum carmen.* Le charme de la forme ajoute encore à l'agrément de ces récits, qui n'est pas tout entier dans le sujet seul. Pour en découvrir le secret, une étude attentive de la langue et des procédés d'Ovide serait aussi nécessaire. Ce n'est pas ici le lieu de la faire. Bornons-nous à deux observations, dont l'intérêt est de nous montrer chez Ovide plus et mieux que le poète de cabinet, facile, abondant, peu curieux de nouveauté, dont son nom évoque habituellement l'image.

L'une est qu'il était poète dans toute l'acception du terme grec et que, peu satisfait des ressources d'une langue dont s'étaient cependant contentés un Cicéron ou un Virgile, il s'ingéniait à créer des mots nouveaux. Le nombre de ceux que l'on voit apparaître pour la première fois avec les *Métamorphoses* est considérable : dans le seul épisode de Céyx et Alcyoné, on en a relevé une douzaine. Ce qu'il faut en retenir, ce n'est pas cette liberté prise avec une langue que rien, à Rome, n'interdisait aux écrivains d'enrichir, mais qui avait suffi à d'autres pour écrire des chefs-d'œuvre; c'est plutôt le besoin que sentait Ovide de cet enrichissement pour rendre les nuances de sa pensée ou donner plus d'éclat à son vers. En quoi il était fidèle aux enseignements de son maître Arellius Fuscus qui déclarait, au dire encore de Sénèque *(Contr.*, II, *Praef.)* que, dans les descriptions, toute liberté était laissée, hors de toute règle, pour les mots, à la condition qu'ils eussent de l'éclat, *in descriptionibus extra legem omnibus verbis, dummodo niterent, permissa libertas.* Est-il nécessaire de dire quel accent personnel devait, pour ses lecteurs, donner à son œuvre cet emploi de termes dont nul n'avait usé avant lui ?

Une autre des qualités les plus originales du style d'Ovide est le caractère plastique, souvent signalé, de ses descriptions. Pour lui, comme pour tout véritable poète, les impressions visuelles étaient une source précieuse d'inspiration. Or, au cours de ses voyages, ou même à Rome, dans les riches collections particulières, réunies, trop souvent, il faut le dire, grâce au pillage après une victoire heureuse ou un proconsulat sans scrupules, il avait eu cent fois l'occasion de contempler des œuvres de peintres ou sculpteurs célèbres, représentant des personnages, des scènes qu'il décrivait lui-même dans ses *Métamorphoses.* Fresques des portiques ou peintures décoratives des somptueuses demeures, comme quelques-unes de celles que nous ont révélées Herculanum et Pompéi, frises, métopes et frontons des temples, bas-reliefs et statues, s'étaient fixés dans sa mémoire comme d'admirables témoignages du parti que l'art peut tirer de la légende. Comment résister à la tentation de donner à un personnage, à un groupe, l'attitude, le geste, l'expression, le mouvement consacrés par un Polygnote, un Apelle, un Phidias, un Scopas, ou d'autres, moins illustres ? La plupart de ses modèles en ce genre aussi ont disparu et rares sont les cas où nous pouvons rapprocher un passage des *Métamorphoses* de l'œuvre qu'il évoque. Mais il suffit que nous puissions le faire par endroits, pour que l'impression suggérée par tant d'autres vers ait chance d'être juste. Quand Ovide, par exemple, nous montre Pallas représentant sur sa tapisserie les Olympiens assis de part et d'autre de Jupiter, avec une auguste gravité (VI, 72), comment ne pas penser aux dieux et déesses rangés de même sur la frise orientale du Parthénon, où ils attendent le cortège des Panathénées, et sur celle du Trésor des Siphniens, à Delphes, où ils assistent à la lutte des Grecs et des Troyens ? Quand on lit la description de la grande mêlée qui met aux prises Lapithes et Centaures, celle des combats singuliers qu'ils se livrent (XII, 210 et suiv.), le souvenir ne se reporte-t-il pas aussitôt à Olympie et au fronton occidental du temple de Zeus, à Athènes et aux métopes du Parthénon ? Sur le fronton oriental du temple d'Athéna Aléa, à Tégée, Scopas avait réuni autour du sanglier de Calydon et d'Ancaios blessé, laissant tomber sa hache, dix-sept des personnages qui figurent dans le récit d'Ovide (VIII, 391 et suiv.); Ovide ne s'était-il pas inspiré de ce groupe en décrivant la scène ? La métamorphose des pirates tyrrhéniens en dauphins figurait à Athènes, sur la frise du monument chorégique de Lysicrate, et le poète s'est plu, comme le sculpteur, à représenter les coupables se précipitant éperdument à la mer, encore à demi hommes et déjà à demi dauphins. Le geste de Niobé couvrant « de tout son corps et de tous ses vêtements » la dernière de ses filles (VI, 298), est précisément — la réplique conservée au Musée de Florence en fait foi — celui du personnage central du groupe des Niobides, dû au ciseau de Praxitèle ou de Scopas, et qu'Ovide avait pu voir à Rome, où il avait été transporté de son temps même. Le costume, l'attitude, l'expression de Phœbus jouant de la cithare devant Midas (XI, 165 et suiv.) sont exactement ceux de la fameuse statue d'Apollon citharède du Musée du Vatican. De telles réminiscences n'autorisent-elles pas la supposition que, même lorsque nous ignorons son modèle, Ovide était souvent guidé par un souvenir ? N'est-ce pas à un peintre que fait penser la description, en trois vers, d'Europe sur le taureau (II, 873-875), celle de Lucine veillant à la porte d'Alcmène (IX, 298-299) ? Sa familiarité avec les œuvres les plus célèbres avait éveillé chez le poète le sens de la description pittoresque faite par des procédés empruntés à l'art plastique ou inspirés de lui.

Tout n'est cependant pas à louer dans le style des *Métamorphoses*. De même que notre goût moderne fait des réserves sur la composition du poème, il en fait aussi quelques-unes sur certains des modes d'expression d'Ovide. Enflure et rhétorique, préciosité qui détonne parfois, vu la gravité du sujet, virtuosité trop visible, qui se plaît aux énumérations fastidieuses, facilité qui entraîne un peu de mollesse, tels sont les reproches qu'on lui adresse le plus habituellement. Le lecteur verra qu'ils sont souvent fondés. L'excuse d'Ovide est de n'avoir pas traité le sujet avec toute la ferveur qu'il aurait comportée quelques siècles plus tôt. Ces aventures, où la faveur ou le courroux des dieux avaient pour les mortels de si enviables ou si terribles effets, ne trouvaient plus de son temps créance, tout au moins chez des hommes comme lui, et l'on ne pouvait exiger du poète qui les chantait le sens religieux et la sincérité. Ovide est, à l'exemple de ses modèles alexandrins, trop détaché de toute cette mythologie. Il lui arrive même de nous montrer une mortelle, Arachné, victime non de son impiété, mais de l'irritation d'une déesse, Pallas, qui ne trouve rien à reprendre à l'ouvrage de sa rivale et n'obéit qu'à la rancune de se voir égalée (VI, 129 et suiv.); et cette tapisserie, rageusement déchirée par les mains divines, il nous la décrit longuement : elle représentait tous les abus de pouvoir commis par les dieux et que réprouvait ou condamnait la morale ou la justice humaine. En faisant dans ses *Métamorphoses* œuvre de poète et non de croyant, Ovide restait un homme de lettres, moins soucieux de religion que d'art, s'inspirant de conceptions esthétiques plus que de convictions édifiantes. En quoi il était lui-même, et de son temps. Peut-on le lui reprocher ?

Il conviendrait plutôt de lui en savoir gré. En faisant œuvre d'art plutôt qu'œuvre de foi, il parlait un langage que la postérité, malgré tous les changements survenus dans les croyances, devait continuer à comprendre. Grâce à son détachement, les *Métamorphoses* ont pris place non pas parmi les témoignages réservés au seul historien des religions, mais surtout dans la série des contes merveilleux ou touchants auxquels, de tout temps et en tout pays, ont pris plaisir aussi bien les lettrés que le grand public avide d'aventures fabuleuses. Aussi, comme Ovide se l'était promis, sans en prévoir certainement la vraie raison, elles ont traversé les siècles. Les poèmes homériques mis à part, aucune œuvre antique n'a été plus populaire, et l'intérêt respectueux que l'on prenait à la lecture des plus grands parmi les conteurs de légendes historiques ou mythologiques, Eschyle, Sophocle, Virgile, pour ne les considérer que comme tels, n'approche pas de la curiosité toujours éveillée par les *Métamorphoses*. Popularité attestée par le nombre des manuscrits qui nous en sont parvenus; par les traductions qu'avant même le regain de vogue dont elles devaient jouir à partir de la Renaissance, on en donnait en allemand, en grec; par les emprunts que lui ont faits, au Moyen Age, nos poètes qui lui doivent quelques belles histoires, comme Benoit de Sainte-Maure celle de Jason et Médée, Guillaume de Lorris celle de Narcisse, Jean de Meung celle de Pygmalion, Marie de France son lai d'Orphée; par la constante familiarité, enfin, dans laquelle, depuis le seizième siècle, nous avons vécu avec ses héros. Car, il n'est pas exagéré de le dire, c'est grâce à

Ovide que tant de fables, tant de personnages de la mythologie et de la légende antiques nous sont mieux connus que nombre d'épisodes de notre histoire et leurs acteurs. Qu'on se remémore les noms cités au cours de cette étude : il en est peu qui n'éveillent encore une image précise dans l'esprit d'un homme cultivé, ou même d'un bon écolier de nos jours. D'autres auteurs peuvent avoir parlé de ces personnages; mais tenons pour certain que, sans Ovide, ils ne hanteraient plus guère aujourd'hui que le cerveau des érudits.

L'art s'est fait, il est vrai, le complice du poète. Grâce à lui, pour une part, se perpétue notre intimité avec les héros et les scènes des *Métamorphoses*, souvent associés dans notre esprit moins au poème qu'aux œuvres célèbres qu'il a inspirées. La victoire de Persée sur la Gorgone, la métamorphose de Daphné, l'enlèvement d'Europe ou de Ganymède, la mort de Procris, les rencontres de Vertumne et Pomone dans les délicieux vergers de la nymphe, par exemple, évoquent avant tout pour nous le bronze de Benvenuto Cellini, le marbre du Bernin, les tableaux de Paul Véronèse, du Corrège, de Piero di Cosimo, la suite des belles tentures des ateliers de Bruxelles dont chacune porte, comme une justification, un hémistiche du poète. Nos collections publiques et privées, nos palais nationaux, nos jardins et promenades, multiplient sous nos yeux les statues, groupes, toiles, fresques, tapisseries dont le sujet a été tiré de ce répertoire inépuisable d'épisodes héroïques ou galants. En face de presque chaque page du poème, on pourrait placer une illustration signée d'un nom fameux. C'est par Ovide, dirait-on, que les artistes, à partir de la Renaissance, ont repris contact avec l'Antiquité. Est-il plus flatteur hommage à la force évocatrice de ses peintures et témoignage plus convaincant de sa persistante popularité ?

La présente traduction des *Métamorphoses* est entièrement nouvelle. Elle a été faite avec le souci qui est aujourd'hui le nôtre d'une fidélité aussi entière que possible au texte de l'auteur. On l'a accompagnée de notes où l'on s'est efforcé de donner au lecteur toutes les indications nécessaires concernant les personnages, leur généalogie, les légendes, pour lesquelles l'auteur se borne à des allusions, les précisions géographiques, le rappel, le cas échéant, des sources d'Ovide; il est peu de poètes dont l'œuvre exige un aussi constant commentaire de ce genre *.

LES MANUSCRITS

Les manuscrits des *Métamorphoses* sont, on l'a dit, exceptionnellement nombreux. On en a catalogué plus de cent cinquante, datant du IXe au XVe siècle, la plupart, il est vrai, incomplets ou même réduits à quelques fragments. Hugo Magnus, qui en a fait une étude attentive et qui en a réuni, dans sa grande édition critique, les variantes essentielles, les classe en deux familles, désignées par les lettres O et X. Bornons-nous à citer les plus importants.

Au premier groupe O appartient un précieux manuscrit sur parchemin du XIe siècle, le *Codex Marcianus florentinus* 225 *(M)*, qui, de la bibliothèque du couvent dominicain de Saint Marc, a passé à la Bibliothèque Laurentienne de Florence. Il y manque les vingt derniers vers du XIVe livre et le XVe livre entier. Malgré son orthographe incertaine, ce manuscrit, reconnu le plus sûr, est celui qu'ont suivi les meilleurs éditeurs modernes.

Le *Codex Neapolitanus (N)*, qui date, comme le précédent, du XIe siècle, et auquel manquait aussi le XVe livre, a été complété, à une date postérieure. Sa valeur est assez voisine de celle du *Marcianus* 225.

Le manuscrit le plus important du second groupe X est le *Codex Marcianus florentinus* 223 *(F)*, de même provenance que *M* et qui se trouve aussi, aujourd'hui, à la Laurentienne. Il contient, outre les *Métamorphoses*, les *Tristes*. La rédaction primitive en remonte à la fin du XIe ou au début du XIIe siècle. Une partie des feuillets ayant disparu, le manuscrit fut complété par deux mains différentes, probablement au XIVe siècle. Moins sûr que les précédents, il est cependant une de nos meilleures sources pour le XVe livre.

Le texte d'Ovide est accompagné, dans les manuscrits du groupe O, par des résumés en prose, attribués, sans

* Indiquons ici le parti auquel on s'est arrêté pour la transcription des noms propres. On sait qu'il est, en cette matière, impossible de suivre une règle stricte. Nombre de noms ont depuis longtemps été francisés, tandis que d'autres, moins familiers, ont gardé leur forme ancienne : il est reçu d'écrire Neptune, Europe, Phaéton, Pythagore, mais aussi Cygnus, Thisbé, Phlégéthon, Protagoras. On s'est conformé pour les premiers à l'usage, en conservant pour les seconds l'orthographe et la désinence latine ou grecque adoptées par Ovide.

preuve certaine, à un certain Lactantius Placidus, qu'un manuscrit nomme aussi Caelius Firmianus Lactantius. Résumés fidèles, mais où rien n'a passé du charme du poème et qui, si nous ne possédions qu'eux, ne nous renseigneraient pas plus sur sa valeur littéraire que ne font les résumés d'Antoninus Liberalis sur celle des œuvres de Boios et de Nicandre.

Signalons encore les services que peut rendre, dans le choix des variantes, la traduction fidèle faite en prose grecque, vers la fin du XIIIe siècle, par le moine byzantin Planude; il ne semble pas cependant à H. Magnus qu'il ait eu sous les yeux, comme l'ont pensé certains critiques, un manuscrit de la valeur de *M*.

L'établissement du texte des *Métamorphoses* est rendu délicat non seulement par les difficultés habituelles qui proviennent de la corruption inévitable d'un texte à la suite de transcriptions successives, mais aussi par l'incertitude où nous sommes des conditions véritables de leur publication. Nous avons dit qu'Ovide se plaignait de n'avoir pu mettre la dernière main à son œuvre. D'autre part, on relève, par endroits, dans les manuscrits, comme juxtaposés, des vers, des groupes de vers qui sont l'expression d'une même idée sous deux formes différentes et qui semblent être des rédactions successives, dont l'une devait, sans doute, disparaître. Ou bien, c'est un développement de quelques vers qui manque dans certains manuscrits. On a donc été conduit à penser qu'Ovide n'avait pas renoncé à retoucher son poème, et que ses corrections, communiquées à ses amis de Rome, transcrites par eux dans les marges de leur exemplaire, avaient fini par être intercalées dans le texte, sans qu'aucune suppression correspondante y fût faite. Cette opinion est cependant combattue par les critiques les plus autorisés, comme H. Magnus, dont l'avis est que si, en certains cas, l'hésitation est permise, le plus souvent il s'agit d'interpolations tardives. R. Merckel, qui représente le parti le plus intransigeant, a, dans son édition, proposé et même pratiqué de nombreuses suppressions.

ÉDITIONS

Les éditions des *Métamorphoses* ont été, depuis les deux premières, parues la même année, en 1471, à Parme et à Rome, innombrables. L'étude de la valeur comparative des manuscrits donne une importance particulière aux éditions modernes. Parmi celles-ci, nous citerons surtout, à l'étranger, celles de R. Merckel (Leipzig, Teubner, 1851, 2e éd. 1875), de M. Haupt, revue par R. Ehwald (Berlin, Weidmann, 1915), dont la base est le *Marcianus* 225, et celle de H. Magnus (Berlin, Weidmann, 1914), où se trouvent réunies toutes les variantes essentielles des différents manuscrits. Parmi les nombreuses éditions françaises, citons-en deux : l'une, simple *Recueil de morceaux choisis*, par P. Lejay (A. Colin, 1925), bien que destinée à l'Enseignement secondaire, doit, pour les passages édités, à la connaissance approfondie du texte d'Ovide qu'avait l'auteur toute la valeur d'une édition critique originale; l'autre, accompagnée d'une traduction, a été donnée par G. Lafaye à la Société des Belles-Lettres (Collection Guillaume Budé, Paris, 1928), et établie d'après le *Marcianus* 225, dont l'éditeur eut une reproduction photographique intégrale à sa disposition.

Notre traduction a été faite sur le texte de Merckel, contrôlé et complété d'après ceux des autres éditeurs cités.

LES MÉTAMORPHOSES

LIVRE PREMIER

Origine du monde. — L'homme. — Les quatre âges du monde. — Les Géants. — Lycaon. — Le déluge. — Deucalion et Pyrrha. — Python. — Daphné. — Io, Argus, Syrinx. — Phaéton.

J'ai formé le dessein de conter les métamorphoses des êtres en des formes nouvelles. O dieux (car ces transformations furent, elles aussi, votre œuvre), favorisez mon entreprise et guidez le déroulement ininterrompu de mon poème depuis l'origine même du monde jusqu'à ce temps qui est le mien [1].

LES ORIGINES DU MONDE

Avant qu'existassent la mer et la terre, et le ciel qui couvre l'univers, la nature sur toute l'étendue du monde, n'offrait qu'une apparence unique, ce qu'on a appelé le Chaos [2], masse informe et confuse qui n'était encore rien que poids inerte, amas en un même tout de germes disparates des éléments des choses, sans liens entre eux. Aucun Titan [3] ne dispensait encore au monde la lumière, et Phœbé n'épaississait pas d'une progression continue son croissant, chaque jour nouveau. La terre n'était pas suspendue, baignant dans l'air, équilibrée par son propre poids; Amphitrite [4] n'avait pas encore allongé ses bras le long des rivages terrestres. A la terre, la mer et l'air partout étaient confondus. Aussi, la terre manquait de consistance, la mer de fluidité, l'air de lumière : rien ne conservait sa forme propre. Les principes s'opposaient entre eux, car, dans une masse unique, le froid combattait la chaleur, l'humidité la sécheresse, la mollesse la dureté, la légèreté la pesanteur.

Un dieu [5], aidé du progrès de la nature, mit fin à ce conflit en séparant du ciel la terre, de la terre l'eau, en dissociant de l'éther fluide l'air dense [6]. Ces éléments une fois démêlés et arrachés à la confusion de la masse, il établit entre eux, en assignant à chacun sa place distincte, l'harmonie et la paix. Le feu vivace et impondérable de la voûte céleste s'alluma au sommet même de l'édifice du monde. L'air, presque aussi léger, est son voisin le plus proche; la terre, plus dense que l'un et l'autre, entraîna les éléments consistants et se tassa par son propre poids. L'eau, enveloppant le tout, occupa la place restante et emprisonna l'orbe de la masse solide [7].

Quand le dieu, quel qu'il fût, eut divisé et ordonné de la sorte cet amas informe et, la division faite, donné la cohésion à ses parties, tout d'abord, pour éviter que la terre ne présentât une inégalité sur quelque côté, il lui donna la forme arrondie d'un immense disque. Puis, sur son ordre, le flot des mers s'épancha, se souleva au souffle des vents rapides, et fit une ceinture aux rivages terrestres. Il compléta son œuvre avec les sources, les étangs sans limites, les lacs, et enferma la déclivité du lit des fleuves entre les talus de leurs rives; différents suivant les lieux, les uns sont engloutis par la terre même [8], les autres arrivent jusqu'à la mer et, se perdant en cette nappe d'eau plus librement épandue, vont battre, au lieu de rives, des rivages. Sur son ordre encore, les plaines s'étalèrent, les vallées se creusèrent, les forêts se couvrirent de feuillage, les montagnes soulevèrent leurs croupes rocheuses. Et, de même que le ciel est découpé en zones, deux à droite, autant à gauche, une cinquième entre ces groupes, plus brûlante qu'aucun d'eux, de même, la masse pesante de la terre qu'il enveloppe fut, par les soins du dieu, divisée en autant de zones correspondant en nombre égal sur le sol à celles qui les surplombent. Celle du milieu est rendue inhabitable par la chaleur; la neige en recouvre deux d'une couche profonde; deux autres, placées entre ces extrêmes, furent dotées d'un climat où le froid se combine avec la chaleur [9].

Au-dessus plane l'air : autant il l'emporte en légèreté sur la pesanteur de la terre, sur celle de l'eau, autant il l'emporte en poids sur le feu. C'est dans l'air que le dieu assigna leur siège aux brumes et aux nuages, aux tonnerres destinés à jeter l'émoi dans l'esprit des hommes, aux vents qui produisent, avec la foudre, les éclairs [10]. Mais l'architecte du monde ne livra pas aux caprices de ces vents le royaume de l'air : c'est à peine déjà si, maintenant même, quand ils dirigent chacun dans un sens différent son souffle, on peut les empêcher de mettre en pièces le monde; si grande est la discorde entre ces frères [11] ! Eurus fit sa retraite du côté de l'Aurore et des royaumes Nabatéens, de la Perse et des chaînes montagneuses dont les rayons matinaux éclairent la cime. L'étoile du soir et les rivages que tiédit le soleil couchant sont les voisins de Zéphyr. Le glacial Borée régna en maître en Scythie et du côté du Septentrion; tout à l'opposé, la terre est détrempée par d'éternels nuages et par la pluie qu'apporte Auster. Sur le tout, le dieu plaça, fluide, impondérable, l'éther dépouillé de toute impureté terrestre. A peine avait-il ainsi séparé et fixé les éléments chacun dans ses limites, que les astres, longtemps cachés sous cette masse qui les accablait, commencèrent à fourmiller dans tout le ciel. Et, pour qu'aucune partie du monde ne fût frustrée de sa part d'êtres vivants, les astres occupent la plaine céleste, en compagnie des dieux pourvus d'un corps [12]; les poissons aux luisantes écailles établirent leur demeure dans les ondes, la terre s'appropria les bêtes encore sauvages, l'air mobile les oiseaux.

L'HOMME

Un être manquait encore, plus marqué du sceau divin, dépositaire plus qualifié d'une intelligence pénétrante, et qui pût exercer sa domination sur le reste de la création. L'homme naquit, soit que le dieu créateur, auteur d'un monde meilleur, l'eût formé de la semence divine, soit que la terre dans sa nouveauté, récemment dégagée des couches profondes de l'éther, eût conservé quelque germe de son frère le ciel, et que cette terre, le fils de Japet [13], en la mélangeant aux eaux de pluie, l'ait façonnée à l'image des dieux, modérateurs de toutes choses. Et, tandis que les autres animaux, penchés vers le sol, n'ont d'yeux que pour lui, à l'homme il donna un visage tourné vers le ciel, dont il lui proposa la contemplation, en l'invitant à porter vers les astres ses regards levés sur eux. Et c'est ainsi que la terre, naguère encore masse grossière et indistincte, prit forme et se modela en figures nouvelles d'êtres humains.

LES QUATRE AGES

L'âge d'or fut le premier âge de la création [14]. En l'absence de tout justicier, spontanément, sans loi, la bonne foi et l'honnêteté y étaient pratiquées. Le châtiment et la crainte étaient ignorés; on ne lisait pas sur les murs des menaces gravées dans le bronze [15]; et la foule suppliante des plaideurs ne tremblait pas devant le visage de son juge : sans justicier, tous étaient en sûreté. En ce temps, le pin, coupé sur ses montagnes, n'était pas encore descendu jusqu'à la plaine liquide, pour ses pérégrinations à travers le monde, et les mortels ne connaissaient d'autres rivages que les leurs. En ce temps, les fossés à pic ne ceinturaient pas les forteresses. Ni le tube d'airain allongé de la trompette, incurvé du cor, ni les casques, ni l'épée n'existaient. Sans recours au soldat, les peuples, en sécurité, poursuivaient leur existence douce et paisible. La terre elle-même, aussi, libre de toute contrainte, épargnée par la dent du hoyau, ignorant la blessure du soc, donnait sans être sollicitée tous ses fruits; satisfaits d'aliments produits sans nul effort, les hommes cueillaient les baies de l'arbousier et les fraises de la montagne, les cornouilles et les mûres adhérant aux buissons épineux, et les glands tombés de l'arbre touffu de Jupiter. Le printemps était éternel, les tranquilles zéphyrs caressaient de leur souffle tiède les fleurs nées sans semence. Bientôt même la terre, sans l'intervention de la charrue, se couvrait de moissons, et le champ, sans aucun entretien, blanchissait de lourds épis; c'était l'âge où coulaient des fleuves de lait, des fleuves de nectar, où le miel blond, goutte à goutte, tombait de la verte yeuse [16].

Ensuite, lorsque Saturne eut été précipité dans les ténèbres du Tartare, et que Jupiter fut le maître du monde [17], ce fut le tour d'une génération d'argent, d'un prix moindre que l'or, mais plus grand que le bronze aux reflets fauves. Jupiter réduisit la durée du printemps d'autrefois, et, avec l'hiver, l'été, le capricieux automne, et le printemps écourté, régla en quatre saisons le cours de l'année. C'est alors que, pour la première fois, l'air, à la flamme des souffles desséchés, s'embrasa, que, congelées par la bise, s'allongèrent les stalactites de glace. C'est alors que, pour la première fois, les hommes se réfugièrent dans des demeures; et ces demeures furent des grottes, des buissons touffus, des abris de branchages reliés par de l'écorce; pour la première fois, les semences, dons de Cérès, furent enfouies dans les longs sillons, et le poids du joug fit gémir les jeunes taureaux.

A cette génération en succéda une troisième, de bronze, de tempérament plus rude, plus prompte à recourir à l'horreur des armes, ignorant cependant le crime. La dernière fut de fer, dont elle a la dureté. Du coup, ce fut l'invasion, dans un âge d'un pire métal, de tout ce que réprouvent les dieux, la déroute de l'honneur, de la franchise, de la loyauté; à leur place s'installèrent la tromperie, la ruse, le piège insidieux, la violence, le criminel appétit de la possession. Le navigateur ouvrait ses voiles aux vents, sans bien les connaître encore; et les pins, si longtemps dressés sur les hautes montagnes, devenus navires, bondirent sur les flots inconnus. Le sol, jusqu'alors bien commun, comme la lumière du soleil et l'air même, fut, par le défiant arpenteur, marqué du long tracé des limites. Et ce n'est pas seulement des moissons et une nourriture légitime que l'on exigea de la richesse de la terre, mais on pénétra jusque dans ses entrailles; et les trésors qu'elle avait enfouis et cachés jusqu'au voisinage des ombres du Styx sont arrachés de ses profondeurs, sources empoisonnées de tous les maux. Le fer malfaisant, et plus malfaisant encore que le fer, l'or, en étant extraits, avec eux en sort aussi la guerre, qui use de l'un et de l'autre pour combattre et qui, de sa main teinte de sang, entrechoque les armes bruissantes. On vit de rapt; l'hôte n'est pas en sécurité auprès de son hôte, ni le gendre auprès de son beau-père; entre frères mêmes, la bonne entente est rare. L'époux est une menace pour la vie de son épouse, l'épouse pour celle de son mari; les redoutables marâtres mêlent aux breuvages les livides poisons; le fils, devançant la date fatale, complote contre la vie du père [18]. La piété gît vaincue, et, la dernière des hôtes célestes, la vierge Astrée a abandonné la terre ruisselante de sang [19].

LES GÉANTS

Et pour que l'éther, pourtant presque inaccessible, n'offrît pas plus de sécurité que la terre, les Géants, dit-on, prétendirent à la conquête du royaume céleste [20], entassant montagnes sur montagnes, jusqu'à la hauteur des astres. Alors, le maître tout-puissant, lançant la foudre, fracassa l'Olympe et renversa Pélion du sommet d'Ossa qui lui servait de piédestal. Et comme ces corps monstrueux gisaient écrasés sous la masse entassée par leurs propres mains, la Terre, baignée dans les flots du sang de ses fils, en fut imprégnée, dit-on, et insuffla la vie à ce sang encore chaud; et, pour qu'il restât quelque trace de ceux dont elle avait fait souche, elle donna à ces êtres face humaine. Mais cette lignée, elle aussi, se montra pleine de mépris pour les dieux, passionnée de cruauté et de meurtre; nul n'aurait pu ignorer qu'elle était née dans le sang.

LYCAON

Quand le maître des dieux, fils de Saturne, vit du haut de sa demeure ce spectacle, il en gémit et, repassant dans son esprit — le fait récent n'était pas encore divulgué — l'affreux banquet servi à la table de Lycaon [21], il en conçoit une violente colère, digne de Jupiter, et convoque l'assemblée des dieux. Tous, sans retard, se rendent à son appel.

Il est au-dessus de nous, une voie bien visible par ciel serein; elle a nom voie lactée, et sa blancheur même permet d'en suivre le parcours. C'est par cette route que les dieux se rendent au palais où réside le maître suprême du tonnerre. A droite et à gauche, les demeures de la noblesse céleste s'offrent, portes ouvertes, à la foule qui les assiège. La plèbe divine habite dispersée en divers lieux [22]. C'est dans cette région du ciel que ceux de ses habitants qui ont le privilège de la puissance et de la gloire ont installé leurs pénates. C'est le lieu que, si l'audace dans les mots est permise, je ne craindrais pas d'appeler le Palatin du ciel [23].

Donc, dès que les dieux eurent pris place à l'écart dans leur salle de marbre, Jupiter, qui les dominait de sa place, appuyé sur son sceptre d'ivoire, secoua à trois et quatre reprises cette chevelure qui répand l'effroi, et dont les mouvements ébranlèrent la terre, la mer et les astres. Puis sa bouche épancha son indignation en ces termes : « Non, je n'ai pas, pour moi, éprouvé plus d'angoisse pour la possession du sceptre du monde, au temps où les monstres anguipèdes s'apprêtaient à emprisonner le ciel chacun de ses cent bras [24]. Car, si sauvage que fût l'ennemi, en cette guerre, les assaillants étaient de race unique, avaient un but unique. Aujourd'hui, il me faut, sur tout l'orbe du monde qu'enveloppent de leur bruissement les flots de Nérée, perdre la race des mortels. J'en fais serment par les fleuves infernaux, qui coulent sous terre dans le bois du Styx [25], j'ai commencé par tout essayer pour guérir le mal. Il est sans remède, et l'épée doit trancher dans le vif, si l'on ne veut pas que la partie saine soit entraînée à sa perte. J'ai sous mon sceptre des demi-dieux, j'ai des divinités rustiques, des Nymphes, des Faunes, des Satyres, des Silvains, hôtes des montagnes [26]; puisque nous ne les jugeons pas encore dignes des honneurs du ciel, rendons du moins pour eux la terre, que nous leur avons assignée, habitable. Or, pensez-vous, hôtes du ciel, qu'ils y soient en sécurité, lorsque moi, le maître de la foudre, moi, votre maître et votre roi, j'ai été exposé aux embûches d'un monstre réputé pour sa férocité, Lycaon ? »

Tous frémirent, et brûlant de zèle, demandent le châtiment de celui qui fut coupable d'une telle audace. De même, quand une main impie tenta, dans sa fureur, de noyer le nom de Rome dans le sang de César, la stupeur frappa d'effroi le genre humain soudainement menacé d'une telle catastrophe, et le monde entier frissonna d'horreur [27]. Et le pieux attachement de ton peuple, Auguste, ne fut pas plus doux à ton cœur que celui des dieux à Jupiter. Quand celui-ci eut, de la voix et du geste, réprimé les murmures, tous gardèrent un profond silence. Une fois leur clameur apaisée sous l'empire de l'autorité du maître, Jupiter, rompant le silence, reprit en ces termes la parole :

« Ce monstre — chassez sur ce point tout souci — a été, à la vérité, châtié. Mais quel fut son crime, quel en est le châtiment, je veux vous l'apprendre. La réputation de ce siècle dépravé était venue jusqu'à mes oreilles; je la souhaitais fausse; c'est pourquoi, me laissant choir du haut de l'Olympe, tout dieu que je fusse, je vais, sous l'apparence d'un homme, parcourir la terre. Trop longue serait l'énumération de tout ce que j'ai découvert en tous lieux de criminel : cette infâme réputation était elle-même encore au-dessous de la vérité. J'avais traversé le Ménale, redoutable repaire des bêtes féroces, et, après le Cyllène, les forêts de pin du frais Lycée [28]. J'entre alors dans les terres et sous le toit inhospitalier du tyran d'Arcadie, à l'heure où, le soir venu, le crépuscule amène la nuit. J'annonçai, par des signes, l'arrivée d'un dieu, et l'humble peuple s'était déjà mis en prières. Lycaon commença par tourner en dérision ces pieuses dévotions, puis il déclare :

« Je vais bien voir, si ce soi-disant dieu n'est pas un mortel : l'expérience sera décisive. On ne pourra mettre en doute la vérité. » Il médite, la nuit, quand le sommeil appesantirait mes membres, ma perte et ma mort par surprise : tel est le moyen par lequel il veut faire éclater la vérité. Et cette perfidie ne lui suffit pas : le peuple Molosse [29] lui avait envoyé des otages; de son épée, il ouvre la gorge de l'un d'eux; puis de ses membres pantelants faisant deux parts, il détrempe l'une dans l'eau bouillante, fait rôtir l'autre au feu. Au moment même où ce mets parut sur sa table, moi, d'une flamme vengeresse, sur le maître et les pénates dignes de lui, je fis crouler sa demeure. Lui-même terrifié s'enfuit, et, réfugié dans le silence de la campagne, il pousse de longs hurlements, fait de vains efforts pour retrouver la parole; c'est de tout son être qu'afflue à sa bouche la rage; son goût habituel du meurtre se tourne sur les bêtes et maintenant encore, sa jouissance est de verser le sang. Ses vêtements se muent en poils, en pattes ses bras; il devient loup, mais il garde encore des vestiges de sa forme première : même couleur grisâtre du poil, même furie sur ses traits, mêmes yeux luisants; il reste l'image vivante de la férocité. Une seule demeure est tombée; mais ce n'est pas une seule demeure qui méritait sa perte : sur toute l'étendue de la terre règne la cruelle Erinys [30]; c'est, croirait-on, la conjuration du crime. Il faut que rapidement tous (c'est là ma décision inébranlable) subissent le châtiment qu'ils ont mérité. »

A ces paroles de Jupiter, les uns, parmi les dieux, donnent une pleine approbation, et stimulent encore sa colère frémissante, les autres se bornent à un assentiment. Et pourtant, la perte du genre humain est pour tous une vraie douleur, et ils demandent à quoi ressemblera la terre privée des mortels, qui viendra sur les autels apporter l'encens, si Jupiter se dispose à livrer la terre aux bêtes féroces pour la ravager. A toutes ces questions, le roi des dieux répond qu'il prend la responsabilité de tout; il interdit de vaines alarmes et promet qu'une race toute différente de celle qui peuplait auparavant la terre naîtra miraculeusement.

Il se disposait déjà à couvrir des traits de sa foudre toute la superficie de la terre, mais il craignit de voir l'éther sacré, au contact de tous ces feux, s'enflammer, et le monde s'embraser d'un pôle à l'autre. Il se rappelle aussi que, suivant le destin, un jour doit venir où la mer, où la terre, où le ciel, demeure divine, à son tour envahi par les flammes, brûleront, où la masse du monde, édifiée avec tant d'art, s'écroulera [31]. Il repose ses carreaux fabriqués par les mains des Cyclopes [32]. Un châtiment tout différent lui sourit : il va consommer sous les eaux la perte du genre humain et, de tous les points du ciel, faire crever les nuages.

LE DÉLUGE

Aussitôt, il enferme l'Aquilon dans les antres d'Eole [33], et avec lui tous les vents qui mettent en déroute les nuages pris dans leurs tourbillons; puis il lâche le Notus. Sur ses ailes humides, le Notus s'envole, son visage terrifiant couvert d'une obscurité de poix; sa barbe est alourdie de pluie, l'eau coule de ses cheveux blancs, sur son front séjournent les brouillards, ses ailes, son sein ruissellent. Et quand, de sa main étendue, il pressa les nuages en suspens, avec fracas s'épanchent du haut de l'éther les cataractes qu'il enfermait. La messagère de Junon, vêtue de couleurs chatoyantes, attire et recueille les eaux dont elle alimente les nuages [34]. Les blés sont déversés; sous les yeux du cultivateur éploré tous ses espoirs gisent à terre, et le labeur d'une longue année, devenu vain, est anéanti. Mais la colère de Jupiter ne se borne pas aux limites du ciel, son domaine. Son frère, roi des flots azurés, vient à son aide et lui apporte le secours de ses eaux. Il convoque les fleuves. Dès qu'ils eurent pénétré dans la demeure de leur maître : « De longues exhortations sont », dit-il, « en ces circonstances, inutiles. Donnez libre cours à votre violence : c'est là ce qu'on vous demande. Ouvrez vos réservoirs et, renversant vos digues, lâchez sans contrainte les rênes à vos flots. » Ses ordres donnés, ils reviennent à leur demeure et ouvrent toutes grandes les bouches de leurs sources. Leur flot déchaîné prend sa course et roule vers les mers. Le dieu, de son côté, de son trident, a frappé la terre. Elle a tremblé, et la secousse a ouvert une large route aux eaux. Libres, les fleuves s'élancent hors de leur lit à travers les plaines ouvertes, entraînant tout ensemble avec les moissons, les arbres et les bêtes, les hommes et les maisons, les sanctuaires avec leur mobilier sacré. Si quelque demeure est restée debout et a pu résister, sans être renversée, à ce cataclysme, l'onde plus haute encore en recouvre cependant le toit, et les tours englouties disparaissent dans le gouffre des eaux. Entre la mer et la terre, nulle différence n'apparaissait plus : tout n'était plus qu'une plaine liquide, et cette plaine n'avait même pas de rives. L'un se réfugie sur une colline, l'autre, installé dans une barque aux flancs incurvés, se guide à la rame là où il avait labouré naguère; celui-là navigue au-dessus de son champ de blé ou du toit de sa ferme submergée; celui-ci prend un poisson au sommet d'un orme; c'est dans une verte prairie, si le hasard l'a voulu, que s'enfonce l'ancre, ou bien, de leur quille les barques courbes [35] écrasent les vignes qu'elles surnagent. Et là où naguère les maigres chèvres broutèrent le gazon, maintenant les phoques informes viennent se poser [36]. Les Néréides sous l'eau contemplent avec étonnement des parcs, des villes, des maisons. Les dauphins sont les hôtes des forêts, ils se jettent contre les branches et se heurtent aux chênes que le choc ébranle. Le loup nage au milieu des brebis. L'onde charrie des lions fauves, charrie des tigres. Sa force foudroyante n'est plus d'aucun secours pour le sanglier, non plus que la rapidité de sa course pour le cerf entraîné par le flot. Et, après avoir longtemps cherché une terre où pouvoir se poser, l'oiseau errant, les ailes fatiguées, tombe à la mer. Sous cet immense débordement de la plaine liquide, les hauteurs avaient disparu; les flots insolites battaient les sommets des montagnes. Les êtres vivants, pour la plupart, sont emportés par l'onde; ceux que l'onde a épargnés, succombent à un long jeûne, faute de nourriture [37].

DEUCALION ET PYRRHA

La Phocide sépare les Aoniens des champs où se dresse l'Œta [38]; terre féconde tant qu'elle fut une terre, mais, en ces conjonctures, simple partie de mer, vaste plaine d'eaux soudainement assemblées. Un mont, en cet endroit, pointe ses deux sommets escarpés vers les astres; il se nomme Parnasse, et son faîte dépasse les nuages. Lorsque Deucalion, en ce point — car l'eau avait recouvert le reste du monde —, monté sur une frêle barque, avec celle qui partageait sa couche [39], eut abordé, tous deux adressent leur hommage aux nymphes Coryciennes [40], aux divinités de la montagne, à Thémis [41], interprète du destin, qui était alors maîtresse de l'oracle. Jamais homme ne fut plus que lui vertueux, ni plus ami de la justice, jamais femme plus qu'elle pénétrée de la crainte des dieux.

Quand Jupiter vit que le monde n'était plus qu'une nappe liquide et stagnante, que, de tant de milliers d'hommes vivant naguère, il n'en restait qu'un, que de tant de milliers de femmes, il n'en restait qu'une, tous deux honnêtes, tous deux pleins de dévotion pour la divinité, il dispersa les nuages, et, le rideau de pluie écarté par l'aquilon, il rend au ciel la vue de la terre, à la terre, celle de l'éther. La colère de la mer, elle non plus, ne persiste pas. Déposant son arme à triple pointe, le dieu qui gouverne les flots apaise les eaux et, comme de la surface du gouffre amer émergeait, les épaules couvertes de la pourpre qui y naquit, le céruléen Triton [42], il l'appelle, lui ordonne de souffler dans sa conque sonore, et de donner maintenant aux flots et aux fleuves le signal de la retraite. Triton saisit sa trompe creuse, enroulée sur elle-même et qui va s'élargissant depuis le bas de sa spirale, sa trompe dont les accents, dès que, du centre de la mer, il l'a animée de son souffle, vont remplir les rivages que contemple Phœbus aux deux points extrêmes de sa course. En ce jour aussi, dès qu'elle eut touché la bouche du dieu, toute ruisselante de sa barbe humide et, docile à son souffle, eut sonné, suivant l'ordre, la retraite, elle fut entendue de toutes les eaux de la terre et de la plaine liquide, et toutes les eaux qui l'entendirent subirent sa contrainte. Les fleuves baissent, on voit les collines surgir des eaux; la mer a retrouvé ses rivages; rentrés dans leur lit, les fleuves y coulent à pleins bords; le sol reparaît, la surface s'en accroît à mesure que décroissent les eaux. Puis, après de longs jours, les forêts montrent leurs cimes défeuillées, retenant le limon resté dans leurs branches.

Le monde était rendu à sa forme première. Quand il le vit désert et la terre, ravagée, plongée dans un profond silence, Deucalion, les yeux pleins de larmes, s'adresse en ces termes à Pyrrha : « O ma sœur, ô mon épouse, ô la seule femme qui survive, toi, dont la communauté de la race et celle de l'origine, nos pères étant frères, toi dont le partage d'une même couche enfin a uni le sort au mien, le péril même, aujourd'hui, nous unit. Sur la terre, aussi loin que porte le regard du soleil couchant ou levant, nous sommes, à nous deux, toute la population; le reste appartient aux flots. Mais cette assurance même que nous avons de survivre n'est pas suffisamment encore solide. La terreur, en ce moment même, obscurcit mon esprit. Quel courage, si, sans moi, tu avais été arrachée aux destins, aujourd'hui, pauvre femme, aurais-tu ? Comment, seule, pourrais-tu résister à la peur ? qui t'aurait raffermi dans tes épreuves ? Car, pour moi, crois-m'en, si le flot t'avait aussi engloutie, je te suivrais, ô mon épouse, et, à mon tour, le flot m'engloutirait. Oh! s'il m'était possible de repeupler le monde grâce aux moyens qu'employa mon père, et d'insuffler une âme à la terre façonnée par mes mains! Aujourd'hui, c'est en nous deux seuls que survit la race des mortels, — ainsi en ont décidé les dieux, — et nous restons les seuls exemplaires de l'humanité. »

Il se tut. Leurs larmes coulaient. Ils résolurent d'implorer la divinité céleste et de demander son aide en interrogeant les oracles sacrés. Sans retard, ils se rendent ensemble sur les bords du Céphise [43] dont les eaux, sans avoir recouvré toute leur limpidité, coulaient maintenant dans la tranchée de leur lit familier. Alors, après y avoir puisé une onde purificatrice dont ils arrosèrent leurs vêtements et leur tête, ils tournèrent leurs pas vers le sanctuaire de la sainte déesse, dont le faîte était honteusement terni par la moisissure et dont l'autel se dressait sans feu. Dès qu'ils eurent posé le pied sur les degrés du temple, ils tombent tous deux à genoux, courbés jusqu'à terre; et, tremblants, ils baisèrent la froide pierre. Puis : « Si, vaincues, dirent-ils, par des prières respectueuses des rites prescrits, les divinités détendent leur rigueur, si la colère des dieux se laisse fléchir, dis-nous, Thémis, par quel moyen peut être réparé le dommage subi par notre race, et porte secours, ô toi qui es toute bonté, au monde plongé dans l'abîme. » La déesse fut émue et rendit cet oracle : « Eloignez-vous du temple, voilez votre tête et dénouez la ceinture de vos vêtements; et, derrière votre dos, lancez à pleines mains les os de votre grande mère. »

Ils restèrent longtemps frappés de stupeur, et Pyrrha, la première, rompant le silence, parle de refuser d'obéir aux ordres de la déesse; elle demande, d'une voix tremblante de crainte, qu'on lui pardonne de n'oser offenser, en lançant ses os, l'ombre maternelle. Cependant ils réfléchissent aux termes obscurs, au mystérieux sens caché de l'oracle rendu, ils les retournent en eux-mêmes et entre eux. Enfin le fils de Prométhée, d'une voix calme, rassure la fille d'Epiméthée : « Ou notre sagacité est en défaut, dit-il, ou l'oracle respecte la loi divine et n'exige de nous aucun sacrilège. Notre grande mère, c'est la terre; les pierres sont, j'en suis sûr, dans le corps de la terre ce qu'il appelle ses os; c'est elles qu'on nous ordonne de jeter derrière notre dos. »

Bien que cette interprétation de son époux eût ébranlé la fille du Titan, pourtant elle doute encore du résultat, tant ils se défient tous deux du sens des avis célestes. Mais que leur en coûtera-t-il d'essayer ? Ils descendent, se voilent la tête, dénouent la ceinture de leurs tuniques et, suivant l'ordre reçu, lancent des cailloux derrière eux, tout en marchant. Les pierres — qui le croirait, si l'antique tradition n'en était garante ? — commencèrent à perdre leur inflexible dureté, à s'amollir peu à peu et, une fois amollies, à prendre forme. Bientôt, quand elles eurent grandi et qu'elles eurent reçu en partage une nature plus douce, on put voir apparaître, bien qu'encore vague, comme une forme humaine, comparable aux ébauches taillées dans le marbre et toute semblable aux statues encore inachevées et brutes. Cependant, la partie de la pierre qui est comme imprégnée d'humidité et participe de la terre, se convertit en chair; ce qui est solide et rigide se change en os; ce qui naguère était veine, subsista sous le même nom. C'est ainsi qu'en un court espace de temps, par la volonté des dieux, les pierres lancées par les mains de l'homme prirent la figure d'hommes, et des pierres lancées par la femme naquit de nouveau la femme. Et depuis lors nous sommes une race dure, à l'épreuve du labeur, et nous montrons de façon probante de quelle origine nous sommes issus.

PYTHON

Pour le reste des animaux aux diverses formes, la terre d'elle-même les enfanta, après qu'à la longue l'eau se fut échauffée jusqu'en ses profondeurs aux feux du soleil, que la boue et les marécages détrempés eurent fermenté sous l'action de la chaleur, et que les fécondes semences des êtres, nourries dans un sol vivifiant comme dans le sein d'une mère, eurent grandi en prenant forme peu à peu. Ainsi, lorsque le Nil aux sept bouches s'est retiré des champs imprégnés de ses eaux et a repris son cours dans son lit primitif, quand le limon qu'il vient de déposer a été chauffé par l'astre céleste, les agriculteurs découvrent en retournant la glèbe, des animaux en grand nombre, parmi lesquels ils en voient certains à peine au début de leur formation, saisis presque à l'heure de leur naissance, certains encore incomplets et dépourvus de leurs organes essentiels; et, dans le même corps, souvent une moitié est vivante et l'autre moitié n'est qu'informe limon [44]. Car, dès que l'humidité et la chaleur se sont combinées, elles engendrent la vie, et toutes choses sortent de l'union de ces deux principes; et, bien que le feu combatte l'eau, l'air enflammé, chargé d'humidité, crée tous les êtres, et l'heureuse combinaison d'éléments discordants favorise la génération [45]. Donc, dès que la terre transformée en boue par le récent déluge se fut réchauffée sous l'action des rayons célestes et de la chaleur bienfaisante, elle donna naissance à d'innombrables espèces, et, pour une part, reproduisit les anciennes formes, pour une part, en créa de nouvelles, inconnues. Ah! certes, elle aurait préféré ne pas le faire, mais c'est alors qu'elle t'enfanta, toi aussi, ô prodigieux Python [46], qui étais pour les neuves populations, être rampant de forme inconnue, un objet de terreur, tant était grande la place que tu occupais sur la montagne. Ce monstre, le dieu qui porte l'arc, et qui jamais n'avait auparavant pour d'autres que les daims et les chevreuils prompts à la fuite usé de telles armes, l'accablant de mille traits, au point de vider presque son carquois, le tua; à flots son venin coula par les noires blessures. Et, pour que le temps ne pût effacer la renommée de son exploit, le dieu institua des jeux sacrés, aux compétitions acclamées par la foule, appelés Pythiens, du nom du serpent mis à mort par lui. Là, quiconque des jeunes hommes avait, à la lutte, à la course, en char, remporté la victoire, recevait pour récompense une couronne en feuillage de chêne [47]. Le laurier n'existait pas encore, et Phœbus ceignait ses tempes charmantes, à la longue chevelure, des dépouilles du premier arbre venu [48].

DAPHNÉ

L'objet du premier amour de Phœbus fut Daphné, fille du Pénée [49]; cet amour ne naquit pas de l'aveugle hasard, mais de l'implacable colère de Cupidon. Le dieu de Délos, enorgueilli de sa victoire sur le serpent, l'avait aperçu occupé à courber les extrémités de son arc en y ajustant la corde : « Qu'as-tu donc, espiègle enfant, à faire avec des armes de héros ? » avait-il dit. « Celle que tu portes, c'est à mes épaules qu'elle convient, c'est à moi qui suis capable, d'une main sûre, de blesser une bête fauve, de blesser un ennemi, à moi qui naguère, par d'innombrables flèches, abattis le Python gonflé de venin, et dont le ventre, suant le poison, écrasait le sol sur une si grande surface! Mais toi, contente-toi donc, avec ta torche, de suivre à la piste je ne sais quelles amours, et n'aspire pas à des louanges qui nous reviennent! » Alors le fils de Vénus : « Que ton arc atteigne tous ses buts, soit, Phœbus; le mien, c'est toi qu'il atteindra! lui répondit-il; et sache qu'autant qu'un dieu l'emporte sur tous les êtres vivants réunis, autant l'éclat de notre renom efface celui du tien. » Il dit, et battant l'air à coups d'ailes redoublés, intrépide, il alla se poser sur la cime ombreuse du Parnasse; puis, du carquois contenant ses flèches, il tira deux traits, destinés à deux besognes tout opposées : l'un met en fuite, l'autre fait naître l'amour. Celui qui le fait naître est barbelé et sa pointe aiguë resplendit, celui qui le met en fuite est émoussé et sa hampe de roseau n'est armée que de plomb. De celui-ci, le dieu atteignit la nymphe fille du Pénée; mais, du premier, il blessa Apollon, traversant ses os jusqu'aux moelles. Aussitôt, l'un aime; l'autre fuit le nom d'amante, ne se plaisant qu'aux retraites obscures des forêts, aux dépouilles des bêtes féroces capturées, rivale de la vierge Phœbé. Une bandelette retenait sa chevelure disposée sans art. Nombreux étaient ceux qui l'avaient recherchée, mais elle, repoussant leur recherche, rebelle à l'époux qu'elle ignore, parcourt les impénétrables forêts, et de ce que sont l'hymen, l'amour, le mariage, elle n'a cure. Souvent son père lui a dit : « C'est un gendre, ma fille, que tu dois me donner. » Souvent son père lui a dit : « Tu dois me donner, mon enfant, des petits-fils. » Pour elle, repoussant avec horreur, comme criminelle, la pensée des torches nuptiales, son beau visage se couvre d'une pudique rougeur, et se suspendant, de ses bras caressants, au cou de son père : « Accorde-moi, père chéri, dit-elle, la joie d'une éternelle virginité. Son père l'a bien accordée jadis à Diane. » Lui se rend à sa prière. Mais toi, Daphné, ton charme même interdit ce que tu souhaites, et ta beauté s'oppose à tes vœux. Phœbus aime; il a vu Daphné et désire s'unir à elle, et ce qu'il désire, il l'escompte, et ses propres oracles le trompent. Ainsi que brûle le chaume léger, une fois les épis coupés, ainsi que prennent feu les buissons au contact du tison que le voyageur, par hasard, soit en a trop approché, soit, au lever du jour, a laissé derrière lui, ainsi le dieu s'embrasa, ainsi de toute son âme il brûle et son espoir entretient un amour stérile. Au spectacle de la chevelure de la nymphe pendant sans apprêts sur son cou : « Que serait-ce, si elle l'apprêtait! » dit-il. Il voit ces yeux brillants, semblables à des astres; il voit cette bouche exquise, dont la vue ne suffit pas à son désir; il loue les doigts, les mains, les poignets, les bras plus qu'à moitié nus; et, ce qui lui est caché, il l'imagine encore plus beau. La nymphe fuit, plus rapide qu'un souffle léger, et ne s'arrête pas aux accents du dieu qui la rappelle :

« O nymphe, fille du Pénée, je t'en supplie, reste! je ne te poursuis pas en ennemi, ô nymphe, reste! Tu fuis comme la brebis fuit le loup, la biche le lion, comme les colombes fuient l'aigle d'une aile tremblante, chacune devant son ennemi. C'est l'amour qui me lance à ta poursuite, malheureux que je suis! Ne tombe pas à terre, que les ronces ne laissent pas leur marque sur ces jambes que doit épargner toute blessure, que je ne sois pour toi la cause d'aucune douleur. Rudes aux pieds sont les lieux par où tu précipites

tes pas. Modère, je t'en supplie, ta course, arrête ta fuite, je modérerai ma poursuite moi-même. Celui qui t'aime, cherche cependant à le connaître. Je ne suis pas un habitant des montagnes, ni un pasteur, ni un hirsute gardien de bœufs et de moutons. Tu ne sais pas, imprudente, tu ne sais pas qui tu fuis, et c'est pourquoi tu fuis. C'est moi que la terre delphique et Claros et Ténédos et le royal palais de Patara reconnaissent pour maître [50]. Jupiter est mon père. C'est grâce à moi que l'avenir, le passé, le présent sont dévoilés; grâce à moi, les cordes de la lyre accompagnent harmonieusement les vers. La flèche que je lance, certes, atteint sûrement son but; mais, cependant, il est une flèche, une seule, plus sûre encore que la mienne, celle qui est venue blesser un cœur inoccupé. La médecine est une découverte de moi, le nom de secourable est celui qu'on me donne à travers le monde, et les vertus des plantes sont en mon pouvoir [51]. Hélas! mon malheur est qu'aucune plante ne peut guérir l'amour, et elle n'est d'aucun profit pour son maître, cette science dont tous tirent profit. »

Il allait en dire davantage, mais la fille du Pénée, apeurée, se déroba et le laissa là, lui et son discours inachevé; elle offrait alors encore le spectacle d'une grâce décente. Les vents dévoilaient son corps, leur souffle qu'elle affrontait agitait ses vêtements qu'elle offrait de face à leurs assauts, et la brise légère repoussait en arrière ses cheveux; la fuite l'embellissait encore. Mais le jeune dieu ne peut se résigner plus longtemps à se dépenser vainement en tendres propos, et, mû par l'amour même, d'un pas précipité il suit ses traces. De même, quand un chien gaulois [52] a, dans un champ moissonné, aperçu un lièvre, luttant de vitesse, ils n'ont qu'un but, l'un sa proie, l'autre le salut; le premier, qui semble toujours sur le point de l'atteindre, à tout instant se voit déjà saisissant le fuyard qu'il serre de près, le museau tendu; le second se demande s'il sera pris, s'arrache à la dent même du chien et échappe à cette gueule qui l'effleure. Ainsi du dieu et de la vierge; leur course est précipitée, pour lui par l'espoir, pour elle par la crainte. Pourtant, le dieu, porté dans sa poursuite sur les ailes de l'amour, est le plus prompt; infatigable, il frôle déjà le dos de la fugitive sur la nuque de laquelle les cheveux épars se soulèvent à son souffle. A bout de forces, elle a pâli et, succombant à la fatigue de cette fuite rapide, tournant les yeux vers les eaux du Pénée : « Secours-moi, mon père, dit-elle, si vous, les fleuves, vous avez un pouvoir divin, et fais-moi perdre, en la transformant, cette apparence qui m'a valu de trop plaire [53] ! »

A peine sa prière achevée, voici qu'une pesante torpeur envahit ses membres; sa tendre poitrine est enveloppée d'une mince écorce, ses cheveux s'allongent en feuillage, ses bras en rameaux, son pied, tout à l'heure si rapide, est retenu au sol par d'inertes racines; son visage, à la cime, disparaît dans la frondaison. Seul subsiste en elle l'éclat de son charme. Telle, Phœbus l'aime encore, et sa main posée sur le tronc sent le cœur qui continue à battre sous la neuve écorce. Entourant de ses bras, comme des membres, les branches, il couvre de baisers le bois; mais le bois se dérobe à ces baisers.

Alors le dieu : « Eh bien! puisque tu ne peux être mon épouse, tu seras du moins, dit-il, mon arbre. Toujours c'est de toi que ma chevelure, de toi que ma cithare, ô laurier, de toi que mon carquois s'orneront. Tu seras à l'honneur avec les chefs latins, lorsque de joyeuses voix chanteront le triomphe et que le Capitole verra se dérouler les longs cortèges. A l'entrée de la demeure d'Auguste, c'est encore toi qui, comme le plus fidèle des gardiens, te dresseras devant la porte; et tu seras la sauvegarde du chêne placé entre deux de tes arbres [54]. Et de même que ma tête conserve, avec sa chevelure respectée des ciseaux, toute sa jeunesse, toi, de ton côté, en toute saison, porte toujours la parure de tes feuilles. » Pæan [55] avait cessé de parler. Des branches qui venaient de lui pousser, le laurier fit un signe d'assentiment; et l'on eût dit qu'il avait, comme une tête, remué sa cime.

IO, ARGUS, SYRINX

Il est, au pays de l'Hémonie, une région boisée que de tous côtés ferment des pentes abruptes couvertes de forêts; on l'appelle Tempé [56]. Le Pénée, qui prend naissance au pied du Pinde, y roule ses ondes écumantes, l'eau de ses lourdes chutes se condense en nuages mouvants de légères vapeurs et retombe en gouttelettes qui arrosent la cime des forêts, et leur fracas assourdissant va retentir bien au-delà des lieux voisins. C'est la demeure, c'est le séjour, c'est le sanctuaire du grand fleuve. C'est là que, siégeant au fond d'une grotte taillée dans le roc, il rendait ses arrêts pour les ondes et les nymphes habitant ses ondes. Là se rassemblent d'abord les fleuves du pays, ignorant encore s'ils doivent féliciter ou consoler un père, le Sperchios nourricier de peupliers, l'Enipeus toujours bouillonnant, le vieil Apidanus, le calme Amphrysos et l'Æas [57], puis d'autres cours d'eau qui, chacun suivant l'élan qui l'entraîne, portent à la mer leurs ondes fatiguées d'une course errante. L'Inachus [58], seul, manque, et, caché au fond de son antre, grossit de ses larmes son flot; il pleure, au comble de la misère, sa fille Io, qu'il considère comme perdue. Il ne sait si elle goûte encore les joies de la vie ou si elle est chez les Mânes. Celle qu'il ne trouve nulle part, elle n'est nulle part, pense-t-il, et son esprit conçoit les pires craintes. Comme elle revenait des bords du fleuve son père, Jupiter l'avait vue et : « O vierge digne de Jupiter, et qui feras le bonheur de celui — quel sera-t-il ? — que tu admettras à ta couche, viens goûter l'ombre des hautes forêts », lui avait-il dit en lui montrant les forêts et leurs ombres, « à l'heure où règne la chaleur, où le soleil, à moitié de sa courbe, est à son plus haut point. Si tu crains de pénétrer seule dans les retraites des bêtes sauvages, c'est sous la protection d'un dieu qu'en sécurité tu entreras dans les solitudes des bois, et non pas d'un dieu de la plèbe divine, mais de celui — c'est moi! — qui, de sa puissante main, tient le sceptre du ciel, de celui qui, à travers le monde, lance la foudre. Ne me fuis pas! » Elle fuyait en effet. Déjà elle avait laissé derrière elle les pâturages de Lerne et les champs plantés d'arbres de Lyrcéion [59], quand le dieu, recouvrant au loin la terre d'une épaisse nuée, l'obscurcit, arrêta la fuite de la nymphe, et lui ravit son honneur.

Cependant, Junon, du ciel, jeta les yeux au milieu d'Argos, et, surprise que de rapides nuages eussent transformé en nuit l'éclat brillant du jour, elle vit bien qu'ils n'émanaient pas du fleuve, qu'ils ne montaient pas de la terre mouillée; et, tout autour d'elle, elle cherche des yeux son époux, en épouse qui aurait déjà découvert la ruse d'un mari si souvent pris en faute. Quand elle l'eut vainement cherché dans le ciel : « Ou je me trompe, ou je suis offensée », dit-elle, et, se laissant glisser du haut de l'éther, elle se posa sur la terre et donna l'ordre aux nuages de se dissiper. Jupiter avait deviné l'arrivée de son épouse et transformé la fille de l'Inachus en une génisse aux flancs luisants. Génisse, elle reste encore belle. La fille de Saturne loue, bien qu'à contre-cœur, la beauté de la vache, et demande d'où elle vient, à qui et à quel troupeau elle appartient, comme si elle ignorait la vérité. Jupiter assure mensongèrement qu'elle est fille de la terre, pour couper court à toute enquête sur son origine. La fille de Saturne demande qu'on lui en fasse présent. Que faire ? Livrer l'objet de son amour était cruel; refuser de le faire, suspect. D'un côté l'honneur le persuade d'acquiescer, de l'autre l'amour l'en dissuade. L'honneur aurait été vaincu par l'amour; toutefois refuser ce don sans valeur d'une génisse à celle à qui l'unissait la communauté du sang et de la couche pouvait faire croire que ce n'était pas une génisse. Sa rivale reçue en présent, la déesse ne bannit pas aussitôt toute crainte; elle redoutait encore Jupiter et resta anxieuse de se voir enlever sa victime, jusqu'à ce qu'elle l'eut confiée à la garde du fils d'Arestor, Argus [60].

Argus avait la tête ceinte de cent yeux; aussi, deux par deux, tour à tour, se livraient-ils au repos, pendant que tous les autres, vigilants, restaient en faction. Quelle que fût son attitude, il regardait du côté d'Io, il avait Io sous les yeux, lui tournât-il le dos. Pendant le jour, il la laisse paître. Lorsque le soleil est caché dans les profondeurs de la terre, il l'enferme et passe un lien autour de son cou déshonoré. C'est de feuilles d'arbres et d'herbe amère qu'elle se repaît. Comme lit, c'est sur la terre, souvent même dépourvue de gazon, que se couche la malheureuse; c'est à des eaux bourbeuses qu'elle s'abreuve. Et quand, suppliante, elle voulait, vers Argus, tendre ses bras, elle n'avait pas de bras à tendre à Argus; elle s'efforça d'exhaler ses plaintes; c'est un mugissement qui sortit de sa bouche, le son l'en remplit de crainte, et sa propre voix la terrifia. Elle vint aussi aux bords de l'Inachus, où souvent elle avait coutume de jouer; lorsqu'elle aperçut dans l'onde son mufle et ses cornes nouvelles, elle eut peur, et, consternée, elle se fuit elle-même. Les Naïades ignorent, l'Inachus ignore lui-même qui elle est. Elle, cependant, suit son père, suit ses sœurs, elle se laisse toucher, elle s'offre à leur admiration surprise. Le vieil Inachus lui avait tendu des herbes coupées par lui; elle lèche les mains, baise les paumes paternelles et ne retient pas ses larmes; et, si seulement les mots pouvaient les suivre, elle demanderait secours, elle parlerait, dirait son nom, ses malheurs. A défaut de mots, les caractères que son pied a tracés dans la poussière ont été la triste révélation de sa métamorphose. « Malheureux que je suis! » s'exclame son père Inachus, et, se pendant aux cornes de la gémissante génisse et à son cou de neige : « Malheureux que je suis, répète-t-il, est-ce toi, ma fille, que j'ai cherchée sur toute l'étendue de la terre ? Perdue, tu étais pour moi un sujet d'affliction moins lourd que retrouvée. Tu te tais; en réponse à mes paroles, tu n'en profères aucune de ton côté, tu soupires seulement du plus profond de ta poitrine, et tout ce que tu peux faire, c'est, quand je te parle, de répondre en mugissant. Et moi, ignorant, je préparais pour toi la chambre et les torches nuptiales, je nourrissais l'espoir, d'abord d'un gendre, ensuite de petits-enfants. C'est d'un troupeau, maintenant que tu dois attendre un mari, d'un troupeau que tu dois attendre un fils. Et je ne puis, par la mort, mettre fin à une si grande douleur; c'est un sort funeste que d'être un dieu, et, la porte du trépas fermée devant moi, la durée de mon deuil sera donc éternelle. » Ainsi se lamentaient-ils. Argus, constellé d'yeux, survenant, les sépare, et, l'arrachant à son père, entraîne la fille au pâturage. Puis il gagne au loin la cime élevée d'une montagne et, de ce point où il s'installe, son regard attentif porte de toutes parts.

Cependant, le souverain maître des dieux ne peut supporter davantage que tant de maux accablent la petite-fille de Phoroneus [61]. Il appelle le fils qu'une fille lumineuse de Pleioné avait enfanté [62] et lui donne l'ordre de faire périr Argus. En un instant, celui-ci a attaché à ses pieds ses ailes, saisi dans sa main puissante la baguette qui dispense le sommeil et mis son couvre-chef. Ces dispositions prises, le fils de Jupiter, du haut du ciel paternel, bondit sur la terre; là, il enleva son couvre-chef, détacha ses ailes; il ne garda que sa baguette. Il s'en sert, comme un pasteur, pour pousser à travers champs des chèvres qu'il a, en venant, détournées, tout en jouant sur des pipeaux qu'il a assemblés. Ces accents nouveaux charment le gardien préposé par Junon. « Eh! toi, qui que tu sois, tu pourrais t'asseoir avec moi sur ce rocher », dit Argus, « car nulle part il n'est d'herbe plus grasse pour les bêtes, et l'ombre, tu le vois, est faite pour les bergers. » Le petit-fils d'Atlas s'assit, et, loquace, occupa le jour qui s'écoulait en conversations; puis, en jouant sur ses roseaux ajustés ensemble, il tente de fermer les yeux vigilants. Argus cependant lutte pour vaincre l'amollissement et le sommeil, et, bien que l'assoupissement ait gagné une partie de ses yeux, une partie, pourtant, veille encore. Il demande aussi — car l'invention des pipeaux était toute récente — comment fut faite cette invention.

Alors le dieu : « Dans les froides montagnes d'Arcadie, dit-il, parmi les hamadryades du Nonacris [63], il était une naïade, la plus connue de toutes; les nymphes l'appelaient Syrinx. Plus d'une fois elle avait déjoué les poursuites des satyres eux-mêmes et des dieux de toute sorte, hôtes de la forêt ombreuse et de la campagne féconde. Tous ses vœux s'adressaient à la déesse d'Ortygie pour qui sa virginité même était un hommage. La tunique retenue par une ceinture, suivant la coutume de Diane, elle aurait fait illusion et l'on aurait pu la prendre pour la fille de Latone, si son arc n'eût été de corne, si l'arc de la déesse n'eût été d'or. Même ainsi, l'erreur était possible. Comme elle revenait des hauteurs du Lycée, Pan [64] la voit, et, la tête hérissée d'une couronne de pin, il lui adresse ces paroles... Il restait à Mercure à rapporter ces paroles, à raconter la fuite de la nymphe, dédaigneuse des prières de Pan, jusqu'à ce qu'elle atteignît le Ladon [65], dont les eaux coulent paisiblement sur son lit de sable; comment là, les ondes arrêtant sa course, elle avait prié les nymphes des eaux, ses sœurs, de la métamorphoser; et comment Pan, qui se croyait déjà maître de Syrinx qu'il venait de saisir, au lieu du corps de la nymphe n'avait plus tenu que des roseaux palustres; comment, alors qu'il exhalait ses regrets, le roseau, au souffle du vent, avait rendu un son ténu, tout semblable à une plainte. Le dieu, charmé par la nouveauté de cet art et la douceur de ces accents : « C'est ainsi que mon entretien avec toi, avait-il dit, se perpétuera. » Et c'est ainsi que, grâce aux roseaux inégaux, assemblés entre eux et retenus par la cire, il avait conservé le nom de la jeune fille.

Comme il s'apprêtait à ce récit, le dieu né sur le Cyllène vit que tous les yeux d'Argus avaient succombé au sommeil, fermant leurs paupières. Aussitôt, il cesse de parler, et rend plus profond encore ce sommeil en touchant les yeux assoupis de sa baguette enchantée. Sans plus attendre, de son glaive recourbé, il frappe la tête inclinée d'Argus au point où elle rejoignait le cou. Puis il la jette tout ensanglantée du haut du rocher, souillant de ce sang la pierre, au flanc du précipice. Argus, tu gis inanimé. Toute ta lumière pour tant de prunelles est éteinte, et sur tes cent yeux s'appesantit une même nuit. La fille de Saturne les recueille et les place sur les plumes de son oiseau, dont elle couvre la queue d'une constellation de pierreries [66].

Aussitôt enflammée de colère, elle n'en différa pas les effets et proposa aux yeux, à l'esprit de sa rivale argienne, une effrayante Erinys : tout au fond de sa poitrine elle cacha un invisible aiguillon, la forçant, fugitive, à promener sa terreur à travers le monde entier. Tu restais, ô Nil, l'étape dernière de cette interminable et épuisante course. Dès qu'elle atteignit le fleuve, elle tomba à genoux au bord de sa rive, et dressant la tête, le cou renversé, levant au ciel ses regards, que seuls elle pouvait lever, avec des gémissements, des larmes, de déchirants mugissements, on eût dit qu'elle adressait ses plaintes à Jupiter et le suppliait de mettre fin à ses maux. Le dieu, jetant ses bras autour du cou de son épouse, la supplie de mettre enfin un terme au châtiment et : « A l'avenir, bannis toute crainte, dit-il, jamais elle ne sera pour toi une cause de douleur », et il ordonne aux marais du Styx d'entendre sa promesse. Une fois la déesse apaisée, Io reprend son apparence première, redevient ce qu'elle était. Les poils tombent de son corps, ses cornes diminuent peu à peu, ses yeux arrondis s'allongent, l'ouverture de sa bouche se réduit, elle recouvre ses épaules et ses mains, son sabot tombe et fait place à cinq ongles. De la génisse, il ne reste rien en elle, sinon l'éclat de sa beauté. La nymphe, qui n'a plus besoin que du secours de deux pieds, se redresse; elle hésitait à parler, dans la crainte de mugir comme une génisse, et c'est timidement qu'elle s'essaie de nouveau à proférer des mots dont elle a perdu l'habitude. Aujourd'hui, déesse au renom universel, elle reçoit les hommages de la foule vêtue de lin [67].

PHAÉTON

C'est d'elle enfin qu'Epaphus naquit, engendré, croit-on, par la semence du grand Jupiter, Epaphus qui, dans les villes, occupe des temples contigus à ceux de sa mère [68]. De même caractère et de même âge que lui était le fils du Soleil, Phaéton. Comme un jour, plein de jactance, Phaéton refusait de lui céder, tout fier de son père Phœbus, le petit-fils d'Inachus, à bout de patience : « Insensé, dit-il, qui crois tout ce que te dit ta mère, et qui te gonfles de vanité à l'idée que tu te fais d'un père supposé. » Phaéton rougit, et par point d'honneur contint sa colère; et il rapporta à Clyméné, sa mère [69], les injures d'Epaphus : « Et ce qui doit ajouter à ta douleur, dit-il, c'est que moi, qui suis franc, moi qui suis fier, je me suis tu. Je suis honteux que ces propos insultants pour nous aient pu être tenus sans pouvoir être réfutés. Mais toi, si seulement je suis, par ma naissance, de souche céleste, donne une marque d'une si haute origine et confirme mes droits au ciel! » Il dit et entoura de ses bras le cou de sa mère, et, par sa propre tête, par celle de Mérops, par les torches nuptiales de ses sœurs [70], il la supplia de lui faire connaître, par un signe, son véritable père. Clyméné (fut-elle émue par les prières de Phaéton ou plus encore poussée par la colère de se voir accusée, on ne sait), tendit au ciel ses deux bras, et les yeux sur le disque lumineux du Soleil : « Par cet astre brillant, dit-elle, qui nous éblouit de l'éclat de ses rayons, qui nous entend et qui nous voit, mon fils, je te le jure, c'est de ce Soleil que tu contemples, de celui qui est l'ordonnateur du monde, que tu es né. Si je mens, qu'il me refuse lui-même de le voir désormais, et que sa lumière frappe aujourd'hui mes yeux pour la dernière fois. Il ne te faut, d'ailleurs, ni beaucoup de temps, ni beaucoup de peine pour connaître les pénates paternels. La demeure d'où il s'élève est contiguë à notre terre. Si seulement tu le désires, va, et interroge-le lui-même [71]. »

Aussitôt tout joyeux, quand sa mère lui eut ainsi parlé, Phaéton bondit. Il se voit déjà dans l'éther. Et, traversant le pays des Ethiopiens, son peuple, et celui des Indiens exposés aux rayons du soleil, il se rend sans retard au lieu d'où son père s'élance.

LIVRE DEUXIÈME

Phaéton (suite). — Les Héliades. — Cygnus. — Callisto. — Arcas. — Coronis. — Ocyrhoé. — Battus. — Aglauros. — Europe.

PHAÉTON *(suite)*

Le palais du Soleil s'élevait porté par de hautes colonnes, tout brillant du scintillement de l'or et du pyrope aux reflets de flamme; l'ivoire luisant en recouvrait, tout en haut, le faîte; les doubles battants des portes rayonnaient de l'éclat de l'argent. Mais l'art l'emportait encore sur la matière. Car Mulciber [72] y avait ciselé les eaux entourant les terres placées au milieu, l'orbe du monde et le ciel, suspendu sur le monde. L'onde a ses dieux, de la couleur des flots : le sonore Triton, Protée aux formes changeantes, et Ægæon appesantissant ses bras sur l'énorme échine des baleines, Doris et ses filles, dont on voit les unes nager, d'autres, assises sur un enrochement, sécher leur verte chevelure, certaines se faire porter à dos de poisson. Elles n'ont pas toutes même visage, sans être cependant dissemblables, ainsi qu'il convient à des sœurs. La terre porte des hommes et des villes, des forêts et des bêtes, des fleuves et des nymphes et d'autres divinités rustiques. Au-dessus de ces représentations est placée l'image du ciel resplendissant, et les signes du zodiaque, six sur le battant de droite, autant sur celui de gauche [73].

Dès que, suivant la pente du sentier, le fils de Clyméné fut arrivé au palais et entré sous le toit du dieu dont il doutait d'être né, sans tarder, il dirige ses pas en présence de son père et s'arrête à distance, car, de plus près, il n'en pouvait supporter l'éclat. Drapé dans un vêtement de pourpre, Phœbus était assis sur un trône resplendissant des feux des émeraudes. A droite et à gauche, étaient le Jour, le Mois, l'Année, les Siècles et, placées à des intervalles réguliers, les Heures. Là se tenait aussi le Printemps, la tête ceinte d'une couronne de fleurs; là, l'Eté, nu, portant une guirlande d'épis; là, l'Automne barbouillé du jus des grappes foulées, et l'Hiver de glace, à la chevelure blanche en désordre. Alors, placé au milieu d'eux, le Soleil, de ses yeux qui voient tout, aperçut le jeune homme, effrayé par la nouveauté du spectacle, et : « Pour quelle raison as-tu fait ce voyage ? dit-il. Qu'es-tu venu chercher dans ce palais, Phaéton, ô fils dont je ne saurais renier la paternité ? » Phaéton répond : « O toi qui luis pour tous sur le monde immense, Phœbus, mon père, si tu me permets d'employer ce nom, et si Clyméné ne dissimule pas sa faute sous une mensongère allégation, donne-moi un gage, toi qui m'as engendré, grâce à quoi nul ne doute que je sois de ta lignée, et délivre mon esprit de cette incertitude. »

Il avait dit. Son père enleva les rayons qui brillaient tout autour de sa tête, et le pria de s'avancer plus près. Puis, après l'avoir embrassé : « Tu ne mérites certes pas toi-même que je te renie pour mon fils, dit-il, et Clyméné t'a fait connaître ta véritable origine. Et, pour que tu n'en doutes plus, demande-moi la faveur qu'il te plaira; je veux que tu l'obtiennes de moi. Que soit témoin de ma promesse le marais par lequel jurent les dieux, et que mes yeux n'ont jamais vu. » A peine avait-il fini de parler que Phaéton demande le char de son père et, pendant tout un jour, la faveur d'être le maître et le conducteur des chevaux aux pieds ailés.

Le père se repentit de son serment. A trois et quatre reprises secouant sa tête lumineuse : « Tes paroles, dit-il, prouvent toute la témérité des miennes. Que ne m'est-il permis de ne pas tenir ma promesse! Je l'avoue, c'est la seule chose, mon fils, que je te refuserais. Je peux, du moins, te la déconseiller. Ce que tu veux n'est pas sans danger. C'est une grande faveur que tu demandes, Phaéton, disproportionnée à tes forces et à ton âge, enfant que tu es. Ton sort est celui d'un mortel : ce n'est pas l'affaire d'un mortel, ce que tu souhaites. C'est même à plus qu'il n'est licite aux dieux d'obtenir que, dans ton inconscience, tu prétends. Chacun d'eux peut avoir de soi une haute opinion; c'est son droit. Aucun cependant n'est capable de se tenir sur le char qui porte le feu, moi seul excepté. Celui même qui règne sur le vaste Olympe, qui lance de sa droite terrible la foudre indomptée, ne conduirait pas mon char. Et qu'avons-nous de plus grand que Jupiter ? Pour commencer, la route est montante et dure, au point que, le matin, frais encore, les chevaux aient peine à la gravir. Au milieu du ciel, elle passe à de telles hauteurs que moi-même, à voir de là la mer et la terre, souvent je prends peur et mon cœur bat, tremblant d'épouvante. A la fin, la route descend et il faut une main ferme pour retenir les coursiers. A ce moment, Téthys [74] elle-même, qui m'accueille dans ses ondes au bas de la pente, craint toujours pour moi une chute vertigineuse. Ajoute que le ciel est mû sans arrêt par une révolution qui entraîne les astres du firmament en un rapide tourbillon. Moi, je suis une route inverse; cet élan a raison de tout le reste, mais non de moi, et mon char m'emporte en sens contraire de cette irrésistible giration [75]. Suppose que je te confie ce char, que feras-tu ? seras-tu capable de lutter contre la rotation des pôles, pour que ne t'entraîne pas aussi le mouvement rapide de l'axe du monde ? Et peut-être t'imagines-tu qu'il y a dans le ciel des bois, des villes habitées par les dieux, des sanctuaires enrichis par les dons ? Non, on chemine à travers les embûches et des bêtes féroces. Et tiendrais-tu la bonne route, sans t'égarer, il te faudra cependant braver au passage les cornes du Taureau menaçant, l'arc du Sagittaire d'Hémonie, la gueule du Lion féroce, le Scorpion arrondissant ses pattes largement infléchies, et le Crabe, arrondissant aussi, mais autrement, ses pinces [76]. Quant aux chevaux, animés par le feu qui brûle dans leur poitrail et qu'ils soufflent par la bouche et les naseaux, les conduire n'est pas pour toi entreprise facile. A peine me supportent-ils, dès que s'est échauffée leur indomptable vigueur, et leur cou tolère mal les rênes. Ah! mon fils prends bien garde que je ne te dispense une funeste faveur, et, puisqu'il en est temps encore, forme un vœu plus raisonnable. Pour être persuadé que tu es né de notre sang, tu demandes un gage certain ? Eh bien! ce gage certain, mes craintes te le donnent et mes alarmes paternelles sont la preuve que je suis ton père. Regarde bien en face mon visage. Oh! si tu pouvais de ton regard fouiller dans ma poitrine, et surprendre en moi mes paternels soucis! Pour en finir, jette autour de toi les yeux sur toutes les richesses du monde, et, parmi tant et de si grands biens qu'offrent le ciel, la terre, la mer, demande ce que tu veux. Tu ne souffriras aucun refus. Je ne te supplie de renoncer qu'à cette seule chose, dont le vrai nom est châtiment, et non honneur. C'est un châtiment, Phaéton, que tu demandes comme une faveur. Pourquoi enlacer mon cou, insensé, de tes bras caressants ?

Ne crains rien, il te sera accordé — je l'ai juré par les ondes du Styx! — tout ce que tu auras souhaité. Mais montre en tes souhaits plus de sagesse. »

Tels étaient ses avertissements. Phaéton cependant ne veut rien entendre. Il insiste sur son projet et brûle du désir d'obtenir le char. Son père donc, après avoir autant qu'il put retardé ce moment, conduit le jeune homme au char imposant, don de Vulcain. D'or était l'essieu, le timon d'or, d'or la jante courbe, entourant la roue, d'argent la série des rayons. Le joug, couvert de topazes et de pierres précieuses alignées, renvoyait à Phœbus le reflet de son éclatante lumière. Et, tandis que l'ambitieux Phaéton plein d'admiration examine en détail ce chef-d'œuvre, voici que la vigilante Aurore ouvrit, à l'orient, les portes empourprées et les atriums jonchés de roses. Les étoiles se dispersent, Lucifer [77] rassemble leurs cohortes et quitte le dernier son poste dans le ciel. Dès qu'il l'eut vu gagner la terre, et le monde se teinter de rose, et le croissant de la lune à son dernier quartier comme s'évanouir, le Titan donne aux Heures rapides l'ordre d'atteler ses chevaux. Les déesses, avec promptitude, accomplissent cet ordre, amènent de leur magnifique écurie, gorgés du suc de l'ambroisie, les coursiers qui soufflent le feu, et leur passent les mors retentissants. Alors le père enduisit le visage de son fils d'un onguent divin et le mit à l'épreuve de la flamme dévorante, nimba sa chevelure de rayons et, tirant encore de sa poitrine anxieuse des soupirs pleins de la prescience de son deuil, il dit :

« Si tu peux du moins obéir à mes recommandations paternelles, n'use pas, mon enfant, de l'aiguillon, et tiens plutôt d'une main forte les rênes. D'eux-mêmes, ces chevaux accélèrent leur course; la difficulté est de maîtriser leur fougue. Et ne t'avise pas de traverser en droite ligne les cinq régions de la voûte céleste : une route les coupe obliquement, décrivant une large courbe et, sans dépasser les limites de trois des zones, évite le pôle austral et l'Ourse associée aux Aquilons [78]. Passe par là. Tu verras les traces très nettes de la roue. Et pour que le ciel et la terre supportent une chaleur égale, ni ne descends, ni ne t'efforce dans ta course d'atteindre les hautes régions de l'éther. Si tu t'égares, trop haut, tu incendieras les demeures célestes, trop bas, la terre; c'est au milieu que tu feras route en toute sécurité. Garde que, déviant trop à droite, ton char ne te détourne du côté du Serpent tortueux, ou, trop à gauche, ne te mène trop bas, à l'Autel [79]; reste à égale distance des deux. C'est sur la Fortune que, pour le reste, je me repose. Je souhaite qu'elle te favorise et, mieux que toi-même, veille sur toi. Mais, tandis que je parle, la nuit humide a touché les bornes qui jalonnent le rivage d'Hespérie [80]. Nous ne pouvons tarder davantage. On nous réclame : les ténèbres dissipées, l'Aurore luit. Prends en main les rênes! Ou, si ta résolution n'est pas immuable, use de mes conseils, non de mon char, pendant que tu le peux et que tu es encore là, debout en terrain solide, pendant que tu n'es pas encore, guide inexpérimenté, monté sur ce char, objet de tes souhaits malencontreux! Pour la voir sans courir de danger, laisse-moi dispenser la lumière à la terre. »

Mais Phaéton prend possession du char bien léger sous son jeune corps; il s'y dresse, tout à la joie de toucher de ses mains les rênes qu'on lui a remises, et rend grâces à son père dont le cœur se serre d'angoisse. Cependant les coursiers ailés du Soleil, Pyroïs, Eoüs, Æthon et Phlégon [81], le quatrième, emplissent les airs de leurs hennissements aux jets de flamme et, du sabot, frappent la barrière. Quant Téthys, ignorante du destin de son petit-fils, l'eut ouverte, et qu'ils eurent le champ libre à travers le monde immense, ils s'élancèrent sur la route; de leurs pieds battant l'air ils fendent les nuages massés devant eux, et, soulevés par leurs ailes, ils devancent les Eurus qui se sont levés au même point qu'eux de l'horizon. Mais la charge était légère, telle que les chevaux du Soleil ne pouvaient la reconnaître, et le joug ne pesait pas de la lourdeur accoutumée. Et, de même que les navires aux flancs courbes, dépourvus du lest nécessaire, dansent sur les flots et sont emportés à travers la mer, instables parce que trop légers, ainsi le char allégé de son poids habituel bondit dans les airs, ballotté de haut en bas, comme un char vide. Dès qu'il le sentit, l'attelage s'emporte, abandonne la route battue et s'écarte de la direction suivie d'ordinaire. Phaéton prend peur. De quel côté tirer sur les rênes remises entre ses mains, il ne sait, ni par où faire route; et, le sût-il, il ne pourrait faire obéir ses coursiers. Alors, pour la première fois, les Sept Trions [82] de la région de glace connurent l'ardeur des rayons du Soleil et tentèrent vainement de plonger dans l'onde qui leur est interdite. Et le Serpent, proche voisin du pôle glacé, engourdi jusqu'alors par le froid et que nul n'avait à redouter, s'échauffa et la chaleur fit naître en lui une rage insolite. Et toi aussi, rapporte-t-on, tu t'enfuis plein de trouble, Bouvier, si lent que tu fusses à te mouvoir et bien que prisonnier de ton chariot [83].

Cependant, dès que, du haut de l'éther, l'infortuné Phaéton vit sous ses pieds la terre gisant tout au fond d'un gouffre, il pâlit et ses genoux se mirent à trembler de peur; et sur ses yeux, au sein de tant de lumière, s'étendirent les ténèbres. Il préférerait maintenant n'avoir jamais touché aux chevaux de son père; maintenant il regrette d'avoir connu son origine et vu ses instances victorieuses; maintenant, ne souhaitant plus que de passer pour le fils de Mérops [84], il est emporté comme le vaisseau qu'entraîne Borée déchaîné, et dont son pilote a renoncé à ralentir la marche, s'en remettant aux dieux et aux prières de l'équipage. Que faire ? Il a, derrière son dos, laissé un vaste espace de ciel; devant ses yeux il y en a plus encore. Par la pensée, il mesure les deux distances. Tantôt, il regarde en avant le couchant que le destin ne lui permet pas d'atteindre; par instants, en arrière, le levant. Que faire ? il l'ignore et demeure stupide; il ne lâche pas les rênes, mais il est incapable de les tenir ferme, et il ignore les noms des chevaux. Il voit aussi les prodiges disséminés çà et là dans le ciel aux aspects changeants et, tout tremblant, contemple des formes de bêtes monstrueuses. En un endroit, le Scorpion arrondit ses pattes en un double arc et de sa queue, de ses pinces recourbées de part et d'autre, il occupe, avec ses membres étalés, la place de deux signes. Quand le jeune homme le vit, tout moite du suintement d'un noir venin, menacer de le blesser de son dard incurvé, perdant la tête et, glacé de terreur il lâcha les rênes. Dès que, flottant sur leur échine, elles la touchèrent, les chevaux s'emballent, et personne ne les retenant, ils fendent les airs d'une région inconnue; partout où leur fougue les emporte, ils se ruent sans retenue; ils font irruption dans les constellations fixées aux hauteurs de l'éther; ils entraînent le char hors des chemins tracés. Tantôt, ils montent au haut du ciel, tantôt, suivant des routes en pente et pleines de précipices, leur élan les rapproche de la terre. Et la Lune voit, surprise, les coursiers de son frère poursuivre leur course plus bas que les siens. Sous l'action du feu, les nuages s'évaporent. Sur terre, les plus hauts sommets sont les premiers la proie des flammes. Le sol se fend, sillonné de crevasses et, toutes eaux taries, se dessèche. Les prés blanchissent, l'arbre est consumé avec son feuillage, et les blés desséchés fournissent eux-mêmes un aliment au feu qui les anéantit. Et je ne déplore que les moindres dégâts. De grandes cités périssent avec leurs murailles; des nations entières avec leurs peuples sont, par l'incendie, réduites en cendre. Les forêts brûlent avec les montagnes. L'Athos brûle, et le Taurus de Cilicie, et le Tmolus et l'Œta et l'Ida, devenu aride, mais jusqu'à ce moment tout ruisselant de sources, et l'Hélicon, séjour des sœurs vierges, et l'Hæmos, qui n'était pas encore le mont d'Œagros [85]. L'Etna vomit, ses feux redoublés, des flammes démesurées, et le Parnasse aux deux sommets, l'Eryx, le Cynthe, l'Othrys, et le Rhodope, qui va se voir enfin débarrassé de ses neiges, le Mimas, le Dindyme, le Mycale et le Cithéron, prédestiné au culte d'un dieu [86]. La Scythie ne tire aucun avantage de son glacial climat; le Caucase brûle, et l'Ossa avec le Pinde, et l'Olympe, plus haut que tous deux, et les Alpes aux cimes aériennes et l'Apennin, couronné de nuages [87].

Mais alors Phaéton voit, de toutes parts, le monde en flammes; la chaleur lui est, à pareil point, intolérable; il aspire par la bouche un air embrasé, comme des profondeurs d'une fournaise; et il sent son char chauffé à blanc; il ne peut plus supporter les cendres et la chaude poussière partout projetée; il est enveloppé de toutes parts d'une fumée brûlante : où va-t-il, où est-il ? dans l'obscurité de poix où il est plongé, il l'ignore, et les chevaux ailés le ballottent à leur gré. C'est alors, croit-on, que les peuples d'Ethiopie, par l'effet de leur sang attiré à la surface du corps, prirent la couleur noire. C'est alors que la Libye, toutes ses eaux taries par la chaleur, devint aride. Alors les nymphes, les cheveux épars, pleurèrent la perte des sources et des lacs. La Béotie cherche en vain Dircé; Argos, Amymoné; Ephyré, les ondes de Pirène [88]. Et les fleuves mêmes à qui le sort a donné des lits aux rives distantes ne sont pas à l'abri du fléau. La fumée s'éleva du milieu des ondes du Tanaïs, du vieux Pénée, du Caïque de Teuthranie, du rapide Isménos, ainsi que de l'Erymanthe qui arrose Phégia, du Xanthe, qui devait une seconde fois être livré aux flammes, du Lycormas aux eaux jaunes, du Méandre qui se joue aux sinuosités de ses ondes, du Mélas de Mygdonie, de l'Eurotas laconien [89]. L'Euphrate babylonien brûla aussi; comme brûla l'Oronte, le Thermodon rapide, et le Gange, et le Phase, et l'Hister [90]. L'Alphée bouillonne, les rives du Sperchios s'enflamment, et l'or que roule le cours du Tage, coule en fusion [91]; et les hôtes ailés du fleuve qui de leurs chants animaient les rives de

Méonie périrent brûlés au milieu du Caystre [92]. Le Nil épouvanté s'enfuit au bout du monde, dérobant aux yeux sa source, qui reste encore aujourd'hui cachée; dans ses sept bouches poudreuses, l'eau manque; les sept vallées sont à sec. Subissant le même sort, au pays de l'Ismaros, l'Hèbre avec le Strymon se dessèche, ainsi que les fleuves d'Hespérie, le Rhin, le Rhône, le Pô, et celui auquel fut promis l'empire du monde, le Tibre [93].

Le sol se fend sur toute sa surface, la lumière pénètre par les crevasses dans le Tartare, terrifiant le roi des Enfers et son épouse. La mer diminue de volume; une plaine de sable sec s'étend où naguère s'étalait le flot; les montagnes que recouvraient les eaux profondes surgissent et le nombre augmente des Cyclades éparses [94]. Les poissons gagnent le fond des mers et les dauphins courbés en arc n'osent plus, au-dessus des eaux, risquer en l'air leurs bonds accoutumés. Les phoques flottent sur le dos à la surface des mers, inanimés [95]. Nérée lui-même, dit-on, avec Doris et ses filles [96], se cacha dans ses antres, tièdes aussi. Trois fois Neptune avait osé élever au-dessus des eaux ses bras avec son visage menaçant, trois fois il renonça, au souffle embrasé de l'air.

Cependant, la Terre nourricière des êtres, entourée qu'elle était par les flots, placée entre les eaux de la mer et les sources de tous côtés presque taries et qui s'étaient réfugiées dans l'obscurité des entrailles maternelles, leva, jusqu'au cou, épuisée par la sécheresse, sa tête accablée, porta la main à son front, et, avec une grande secousse, qui ébranla le monde, s'affaissa un peu au-dessous de son niveau habituel, puis, de sa voix sacrée, elle parla en ces termes : « Si telle est ta volonté, et si je l'ai mérité, pourquoi ta foudre tarde-t-elle, ô dieu suprême! Si je dois périr par la violence du feu, que ce soit du moins par tes feux, et laisse-moi cette consolation dans ce désastre, de t'en savoir l'auteur. J'ai peine à faire même passer par ma gorge ces paroles; » — l'air enflammé lui coupait la respiration; — « vois ma chevelure brûlée, vois cet amas de cendres dans mes yeux et sur mon visage. Est-ce là le fruit, est-ce la récompense que je reçois de toi pour ma fertilité et mes services, pour souffrir les blessures de la charrue recourbée et du hoyau, pour subir l'effort de la culture toute l'année, pour fournir au bétail des feuillages, et, douce nourriture, les moissons au genre humain, à vous aussi de l'encens ? Admettons pourtant que j'aie mérité de périr; qu'ont fait les eaux, qu'a fait ton frère ? Pourquoi le niveau des mers, dont le sort lui a donné l'empire, décroît-il ? pourquoi leur distance de l'éther augmente-t-elle ? Que si tu ne t'attendris en faveur ni de ton frère ni de moi, du moins prends pitié de ton ciel. Regarde les deux pôles; de tous deux s'échappe la fumée. Et si le feu les endommage, vos palais s'écrouleront. Vois! Atlas lui-même est à bout de forces; il a peine à supporter sur ses épaules le monde incandescent [97]. Si les mers, si la terre, si la royale demeure du ciel périssent, nous retombons dans la confusion de l'antique chaos. Soustrais aux flammes ce qui peut encore subsister et veille à sauver l'univers. »

Ainsi avait parlé la Terre; mais elle ne put supporter plus longtemps l'air embrasé ni en dire plus, et elle ramena sa tête dans son propre sein et dans des antres plus proches du séjour des Mânes. Alors le père tout-puissant, ayant pris à témoin les dieux et celui-là même qui avait prêté son char, que, s'il ne lui porte secours, le monde entier périrait victime d'un funeste sort, gagne au sommet du ciel le point élevé d'où il a coutume d'envelopper de nuages l'étendue des terres, d'où il met en mouvement le tonnerre et brandit et lance la foudre. Mais il n'avait alors ni nuages dont il pût envelopper la terre, ni pluies qu'il pût déverser du ciel. Il tonne, et brandissant la foudre, de la hauteur de l'oreille droite, il la lança sur le cocher auquel il fit perdre du même coup la vie et l'équilibre, et de ses feux redoutables il arrêta l'incendie. Les chevaux s'abattent et, d'un soubresaut tentant de se redresser, ils arrachent leur cou au joug et échappent aux sangles rompues. Ici traînent d'un côté les rênes, là l'essieu détaché du timon, ailleurs les rayons des roues brisées, et les débris du char mis en pièces sont épars au loin.

Quant à Phaéton, ses cheveux rutilants en proie aux flammes, il roule sur lui-même dans le gouffre, laissant dans l'air au passage une longue traînée, tout de même que parfois une étoile, du haut du ciel serein, donna, bien qu'elle ne soit pas tombée, l'illusion de l'être. Loin de sa patrie, à l'autre bout du monde, le très grand Eridan [98] le reçoit et lave son visage fumant. Les Naïades d'Hespérie ensevelissent ce corps fumant encore de l'atteinte de la flamme aux trois pointes et gravent sur le rocher ces vers : « Ci-gît Phaéton, qui conduisit le char paternel. S'il ne put le diriger, du moins périt-il victime d'une noble audace. » Le père, bien digne de pitié dans son deuil douloureux, avait voilé et caché son visage; et, s'il faut en croire la légende, un jour entier se serait écoulé sans soleil. L'incendie, pourtant, éclairait le monde, et ce grand désastre servit du moins à quelque chose.

Pour Clyméné, après avoir tenu le langage qui devait être tenu dans un pareil malheur, traînant son deuil, l'esprit égaré et le sein déchiré, elle parcourut le monde entier à la recherche, d'abord des membres inanimés, bientôt des ossements de son fils. Elle découvrit cependant ces ossements ensevelis sur une rive étrangère. Elle se prosterna sur ce sol et inonda de ses larmes le nom qu'elle lut sur le marbre, puis, découvrant sa poitrine, elle l'y réchauffa [99].

LES HÉLIADES

Le deuil des Héliades [100] n'est pas moins grand et elles offrent à la mort, vains présents, leurs larmes; la poitrine déchirée par leurs propres mains, nuit et jour elles appellent Phaéton, qui n'entendra pas leurs pitoyables plaintes; elles se couchent sur son tombeau. La Lune avait quatre fois, rejoignant les pointes de son croissant, complété son disque; elles s'étaient suivant leur habitude — car l'habitude était née de la répétition — épanchées en lamentations. L'une d'elles, Phaétusa, l'aînée des sœurs, voulant se prosterner à terre, se plaignit de sentir ses pieds raidis. en essayant de la rejoindre, la blanche Lampétié fut retenue au sol par une racine soudainement poussée. Comme la troisième s'apprêtait à s'arracher les cheveux, il lui resta dans les mains des feuilles. L'une sent ses jambes retenues par un tronc, l'autre ses bras se muer douloureusement en longues branches. Et, toutes surprises encore de ce prodige, voici que l'écorce entoure leurs flancs et graduellement leur enveloppe le ventre, la poitrine, les épaules, les mains; seule leur restait libre la bouche pour appeler leur mère. Que pouvait faire la mère, sinon, suivant l'élan qui l'emporte, d'aller de l'une à l'autre, et, pendant qu'il en est temps encore, d'échanger avec elles des baisers ? Ils ne lui suffisent pas : elle tente d'arracher aux troncs leurs corps et de ses mains brise les tendres rameaux. Mais il en coule, comme d'une blessure, des gouttes de sang. « Pitié, ma mère, je t'en supplie », s'écrient-elles, à mesure qu'elle les blesse. « Pitié, je t'en supplie! C'est notre corps qui, avec l'arbre, est déchiré. Et maintenant, adieu! » L'écorce vient étouffer leurs dernières paroles. Il en coule des pleurs et, goutte à goutte, au soleil se solidifie l'ambre, né des rameaux nouveaux. Le fleuve transparent le recueille et l'emporte aux femmes latines qui s'en pareront [101].

CYGNUS

A ce prodige assista le fils de Sthénélus, Cygnus, qui, bien que le sang maternel l'unît à toi, était encore, ô Phaéton, plus proche de toi par le cœur [102]. Cygnus, après avoir abandonné le pouvoir — car il avait été le roi des peuples de Ligurie et de grandes cités — avait fait retentir de ses plaintes les rives verdoyantes et le lit de l'Eridan [103] et la forêt accrue de tes sœurs; soudain, sa voix s'affaiblit, des plumes blanches cachent ses cheveux, son cou s'allonge, à distance de sa poitrine, ses doigts rougissent et des membranes les relient, un plumage vêt ses flancs, sa bouche est pourvue d'un bec sans pointe. Cygnus devient un oiseau nouveau; il ne se fie ni au ciel ni à Jupiter, car il se rappelle que le feu fut injustement lancé par lui; il gagne les étangs, les vastes lacs, et, plein de l'horreur du feu, pour séjour il choisit les fleuves, ennemis de la flamme.

Cependant, le père de Phaéton, décoloré, renonçant lui-même à son propre éclat, tel qu'il a coutume de se montrer lorsqu'il fait défaut au monde [104], n'a que haine pour la lumière, pour soi, pour le jour, et s'abandonne à son deuil, et ce deuil redouble sa colère; il refuse ses bienfaits au monde... « Mon sort, dit-il, depuis le commencement des siècles, fut de trop peu connaître le repos! J'en ai assez de m'épuiser en efforts sans fin, sans récompense. Qu'un autre — qui l'on voudra — conduise le char qui porte la lumière! S'il n'est personne, si tous les dieux s'avouent impuissants à le faire, que Jupiter le conduise lui-même; du moins, tandis qu'il s'essaiera à tenir nos rênes, il faudra bien qu'il pose un temps sa foudre, bonne à enlever les enfants à leur père. Il saura alors, quand il aura éprouvé les forces des chevaux aux pieds de feu, qu'il ne méritait pas la mort, celui qui ne sut pas les diriger. » Tandis qu'il tient ce discours, toutes les divinités entourent le Soleil, et, d'une voix suppliante, le conjurent de renoncer à plonger le monde dans les ténèbres. Jupiter, de son côté, se justifie d'avoir dû lancer sa foudre et, en souverain, il accompagne ses prières de menaces. Phœbus rassemble ses chevaux affolés et encore en proie à la terreur; plein de sa douleur, de l'aiguillon et du fouet il les châtie; car il leur reproche leur conduite à l'égard de leur maître et de son fils et les rend responsables de tout.

CALLISTO

Cependant, le père tout-puissant fait le tour de l'immense enceinte céleste et, dans la crainte que, par quelque endroit, ébranlée par la violence de l'incendie, elle ne s'écroule, il l'examine. Quand il a constaté qu'elle est solide et n'a rien perdu de sa résistance, il jette ses regards pénétrants sur la terre et les épreuves des hommes. Le souci de sa chère Arcadie [105] lui tient cependant surtout à cœur. Il rétablit le cours des sources et des fleuves qui n'osaient pas encore couler, rend le gazon à la terre, le feuillage aux arbres et fait reverdir les forêts maltraitées. Au cours de ses multiples allées et venues, une vierge du Nonacris [106] fixa ses regards et le feu allumé en lui l'échauffa jusqu'aux os. Elle n'était pas femme à s'occuper à assouplir la laine en l'étirant ou à varier l'ordonnance de sa chevelure. Une fois son vêtement fixé par une agrafe, ses cheveux en désordre retenus par une bandelette blanche, sa main armée, tantôt d'un léger javelot, tantôt d'un arc, elle était un soldat de Phœbé. Jamais vierge plus chère à la déesse des carrefours ne foula le Ménale [107]. Mais nul crédit n'est de longue durée.

Le soleil, haut dans le ciel, avait dépassé la moitié de sa course lorsqu'elle entra dans le bois dont le temps n'avait abattu aucun arbre. Là, après avoir déchargé son épaule du carquois, détendu son arc flexible, sur le sol tapissé d'herbe elle reposait couchée, la nuque appuyée sur son carquois aux couleurs éclatantes placé sous elle. Quand Jupiter la vit, lasse et sans protection : « Voici une aventure que mon épouse ignorera, se dit-il, ou, si elle l'apprend — ah! certes, cela vaut bien une querelle! » Aussitôt il prend l'apparence et les atours de Diane et dit : « O jeune fille, qui fais partie de mes compagnes, sur quelles crêtes as-tu chassé ? » La jeune fille se soulève de sa couche de gazon et : « Salut, dit-elle, ô déesse, plus grande, à mon sens — je consens qu'il m'entende lui-même — que Jupiter. » Lui, rit en l'entendant, tout heureux de se voir préféré à lui-même et l'embrasse. Baisers trop passionnés et tels que ne saurait en donner une vierge! Elle s'apprête à lui conter dans quelle forêt elle a chassé; il l'en empêche par son étreinte, et il se trahit, et non sans crime. Elle, de son côté, autant du moins que le peut une femme — que ne la voyais-tu, fille de Saturne ? Tu en serais moins courroucée —, elle résiste; mais de quel homme pourrait triompher une enfant, et de Jupiter, quel dieu ? Lui, vainqueur regagne le ciel. Elle, n'a que haine pour ce bois, pour la forêt complice; en la quittant, peu s'en fallut qu'elle n'oubliât d'emporter son carquois avec ses traits et l'arc qu'elle avait suspendu à une branche.

Mais voici que, accompagnée du chœur de ses compagnes, Dictynna [108], s'avançant sur les hauteurs du Ménale, toute fière du gibier massacré, la voit et, l'ayant vue, l'appelle. A ces appels, la jeune fille recule prête à fuir : elle a craint, au premier abord, que Jupiter ne se cachât sous les traits de la déesse. Mais quand elle eut vu les nymphes dont le cortège l'accompagnait, elle comprit qu'il n'y avait pas là de piège et elle vint grossir leur nombre. Hélas! qu'il est difficile de ne pas trahir sur son visage un acte coupable. Elle lève à peine les yeux du sol; elle ne marche pas comme à son ordinaire, au côté de la déesse, en tête de toute la troupe; mais elle garde le silence et sa rougeur révèle son déshonneur. Si elle n'était vierge, Diane aurait pu, à mille indices, s'apercevoir de la faute! Les nymphes, dit-on, s'en aperçurent. Le croissant de la lune pour la neuvième fois renaissant se dessinait sur son disque quand la déesse en chasse, fatiguée par la chaleur des rayons fraternels, rencontra un bois plein de fraîcheur d'où, suivant sa pente, coulait, avec un murmure, un ruisseau dont les eaux agitaient le sable fin. Elle loua l'endroit, et, du pied, effleura la surface de l'onde; ayant aussi loué cette eau : « Nous sommes à l'abri, dit-elle, de tout témoin, plongeons nos corps nus dans ces eaux limpides qui les baigneront. » La nymphe de Parrhasie [109] rougit. Toutes déposent leurs voiles; seule, elle cherche à retarder ce moment. Comme elle résiste, on lui enlève sa robe, et, quand elle l'eut quittée, sur son corps nu, manifeste apparut sa faute. Frappée de stupeur, elle cherche avec ses mains à dissimuler son ventre : « Loin d'ici! lui dit la déesse du Cynthe [110], et ne souille pas la source sacrée, » et elle lui ordonna de quitter son cortège.

Depuis longtemps, l'épouse du Maître du tonnerre savait tout. Elle avait différé jusqu'au moment propice le lourd châtiment. Nulle raison de tarder davantage; maintenant, le petit Arcas — événement cruellement ressenti par Junon — était né de sa rivale [111]. Dès que la déesse eut tourné de ce côté, avec ses regards, sa fureur : « Il ne manquait plus vraiment, fille adultère, dit-elle, que de te voir féconde, de voir l'outrage qui m'est fait rendu public par ta maternité, et la conduite honteuse de mon époux

Jupiter ainsi attestée! Tu en porteras la punition. Je t'enlèverai cette beauté où tu te complais et par où, fille malencontreuse, tu plais à notre époux! » Elle dit, puis, se dressant devant elle, et la saisissant par les cheveux, sur le front, elle l'étendit face contre terre. La malheureuse, suppliante, tendait les bras : ses bras commencent à se hérisser de poils noirs; ses mains se replient, s'allongent en griffes recourbées et lui servent pour marcher; sa bouche, naguère louée par Jupiter, devient une gueule hideuse démesurément ouverte. Et pour que ni ses prières, ni ses supplications ne pussent faire naître la pitié, la parole lui est enlevée; une voix chargée de colère et de menace, pleine d'accents terrifiants, sort de son gosier. Cependant, toute sa lucidité de jadis subsiste encore dans l'ourse qu'elle est devenue; ses gémissements continus témoignent de sa douleur; elle lève ses mains — quelles mains! — vers le ciel et les astres et ressent, puisqu'elle ne peut l'exprimer, toute l'ingratitude de Jupiter. Ah! que de fois, n'osant se reposer dans la forêt solitaire, elle vint errer devant sa demeure et dans les champs qui furent jadis siens! Ah! que de fois elle fut poursuivie à travers les rochers par les aboiements des chiens, et, chasseresse, s'enfuit en proie à la terreur que lui inspiraient les chasseurs! Souvent, à la vue des bêtes féroces, elle se cacha, oubliant ce qu'elle était, et, ourse, elle frissonna en apercevant dans les montagnes des ours, et redouta les loups, bien que son père fût l'un d'eux [112]!

ARCAS

Et voici que l'enfant que la fille de Lycaon, Arcas, sans connaître sa mère, a grandi, comptant près de quinze anniversaires de son jour natal. Lancé à la poursuite des bêtes féroces, choisissant les meilleurs replis de la montagne, un jour qu'il entoure des mailles de ses filets les forêts de l'Erymanthe, il tombe sur sa mère. Celle-ci, à la vue d'Arcas, s'arrêta : elle semblait le reconnaître. Lui recula et se prit à trembler, sans savoir pourquoi, devant l'animal qui tenait obstinément ses yeux immobiles fixés sur lui. Et, comme la bête faisait mine d'approcher, il allait lui transpercer la poitrine d'un trait meurtrier. Le dieu tout-puissant ne le permit pas, et, du même coup, les enlevant eux-mêmes et empêchant le crime, il les emporta à travers les airs sur les ailes d'un vent rapide et les plaça dans le ciel, où il en fit deux astres voisins [113].

Junon fut outrée de colère, quand, parmi les astres, resplendit l'éclat de sa rivale. Elle descendit rejoindre dans la mer la blanche Téthys et le vieil Océan, auxquels les dieux ont souvent témoigné un respect ému. Et, comme ils s'informaient des raisons de sa visite : « Vous voulez savoir, commence-t-elle, pourquoi moi, la reine des dieux, quittant ma demeure éthérée, je suis venue ici ? C'est qu'une autre occupe ma place dans le ciel. Traitez-moi de menteuse si, lorsque la nuit aura fait l'obscurité sur la terre, vous ne voyez pas, depuis peu placées avec honneur au plus haut du ciel — et c'est là ce qui me blesse, — des étoiles, en ce point où le dernier cercle, celui qui embrasse le moindre espace, entoure l'extrémité de l'axe du monde. Alors, pourquoi se refuserait-on à offenser Junon, et pourquoi craindrait-on, offensée, sa colère, quand je suis la seule qui, en voulant nuire, rende service ? Ah! j'ai fait de belle besogne! et mon pouvoir est vraiment prodigieux! Je lui ai interdit de garder figure humaine et la voilà devenue déesse! Tel est le châtiment que j'inflige aux coupables, telle est l'étendue de ma puissance! Qu'elle recouvre son ancienne forme, que Jupiter la délivre de son aspect de bête, comme il l'a fait déjà pour l'Argienne, petite-fille de Phoroneus [114]! Et pourquoi ne l'épouserait-il pas, chassant Junon, ne l'installerait-il pas dans ma propre couche, ne prendrait-il pas pour beau-père Lycaon ? Vous, du moins, si vous touche le mépris où l'on tient votre fille adoptive [115] offensée, interdisez le gouffre céruléen aux Sept Trions, et cet astre accueilli dans le ciel, pour prix de l'adultère, chassez-le, afin qu'une créature coupable ne se baigne pas dans vos ondes pures [116]. »

CORONIS

Les dieux de la mer ayant consenti, la fille de Saturne, sur son char docile à sa main, s'élance dans l'éther fluide, emportée par ses paons aux vives couleurs; par ses paons aussi récemment parés, après la mort d'Argus, de vives couleurs que récemment tu t'étais vu, corbeau bavard, de blanc que tu étais auparavant, mué soudainement en oiseau aux ailes noires. Car ce fut jadis un oiseau d'argent, aux plumes de neige, si bien qu'il rivalisait avec les colombes entièrement sans tache, et qu'il ne le cédait ni aux oies, dont le cri vigilant devait sauver le Capitole, ni au cygne, ami des fleuves. Sa langue le perdit; par la faute de cette langue trop loquace, sa couleur jadis blanche est aujourd'hui le contraire du blanc.

Nulle n'était plus belle que Coronis de Larissa, dans toute l'Hémonie[117]. Elle te plut, dieu de Delphes, du moins tant qu'elle fut chaste ou que nul ne l'épia. Mais l'oiseau de Phœbus surprit l'adultère et, pour lui dénoncer la faute cachée, délateur impitoyable, il allait rejoindre son maître. La bavarde corneille vole à tire-d'aile à sa poursuite, pour tout savoir; et quand elle apprit la cause de son voyage : « Tu ne prends pas, dit-elle, une route où tu trouveras profit; ne méprise pas les prédictions de ma langue. Vois ce que je fus, ce que je suis, demande-toi quel fut mon salaire; tu découvriras que ma fidélité fut ma perte. Car, certain jour, Pallas avait enfermé Erichthonius, enfant né sans mère, dans une corbeille tressée en osier de l'Acté[118]; puis elle l'avait confié aux trois jeunes filles nées de Cécrops, le héros à double forme, avec l'interdiction de regarder ce qui était son secret[119]. Cachée sous le léger feuillage, du haut d'un orme touffu, j'épiais ce qu'elles faisaient. Deux veillent loyalement sur le dépôt confié, Pandrosos et Hersé. Seule Aglauros traite ses sœurs de timides et, de sa main, délie les nœuds. Dans la corbeille, elles voient l'enfant et un serpent allongé près de lui. Je rapporte ce qu'elles ont fait à la déesse. Toute la récompense que j'en recueille est de m'entendre dire que Minerve me retire sa protection et d'être placée après l'oiseau de nuit. Mon châtiment peut être pour les oiseaux un avertissement de ne pas, en parlant trop, s'exposer à des risques. Mais peut-être, qui sait ? n'est-ce pas d'elle-même qu'elle s'en est prise à moi, et sans que je demande rien de tel ? Informe-toi, si tu veux, auprès de Pallas elle-même; quelle que soit sa colère, elle n'ira pas, dans sa colère, jusqu'à nier. Car c'est Coroneus, illustre sur la terre de Phocide — ce que je dis là est bien connu, — qui m'engendra. J'étais, moi, une fille de roi, et de riches prétendants, — ne me traite pas avec dédain, — me recherchaient. Ma beauté me perdit. Car, un jour que, le long du rivage, à pas lents, suivant ma coutume, je me promenais sur le sable, le dieu de la mer me vit et s'enflamma. Après avoir perdu son temps en prières accompagnées de mots caressants, il veut me faire violence et me poursuit. Je fuis, je quitte le sol ferme du rivage et m'épuise en vains efforts dans le sable inconsistant. Alors je fais appel aux dieux et aux hommes, mais ma voix n'arriva aux oreilles d'aucun mortel. Une vierge s'émut pour sauver une vierge et vint à mon secours. Je tendais les bras au ciel; mes bras commencèrent à se couvrir d'un noir duvet. J'essayais de rejeter ma robe de mes épaules, mais elle était devenue un plumage qui avait poussé dans ma peau de profondes racines. Je m'efforçais de frapper mon sein nu avec mes mains; je n'avais plus ni mains, ni sein nu. Je courais; le sable ne retenait plus, comme auparavant, mes pieds, mais, soulevée, j'effleurais le sol. Bientôt, entraînée dans les airs, je m'élève, et je fus donnée comme compagne innocente de toute faute à Minerve. Cependant, quel profit en tiré-je, si Nyctiméné, devenue oiseau en punition de son crime affreux, a pris ma place enviée ? L'aventure, qui a fait tant de bruit dans tout Lesbos, n'est-elle pas parvenue à tes oreilles ? celle de Nyctiméné qui souilla le lit paternel [120] ? Elle est oiseau à la vérité, mais le remords de sa faute lui fait fuir les regards et la lumière et cacher dans les ténèbres sa honte; et par tous elle est chassée de toute l'étendue des airs. »

A ce discours de la corneille : « Puissent à toi-même, je le souhaite, répondit le corbeau, porter malheur tes invites à rebrousser chemin. Moi, je dédaigne un vain présage. » Il ne se détourne pas de sa route; et il rapporte à son maître qu'il a vu Coronis couchée avec un jeune homme d'Hémonie. A la nouvelle du crime, le dieu amoureux laissa tomber sa couronne de laurier; son visage change, en même temps que le plectre échappe de ses doigts et qu'il pâlit. Et, le cœur tout bouillant de la colère qui le transporte, il saisit son arme familière, plie son arc par les deux extrémités, le tend et, d'un trait infaillible, il transperce cette poitrine qu'il serra si souvent contre sa poitrine. Coronis frappée poussa un gémissement et, quand elle arracha le fer de son corps, elle inonda de sang pourpré ses membres blancs. Puis : « J'aurais pu, dit-elle, subir, Phœbus, le châtiment que tu m'infliges, mais auparavant être mère. Nous mourrons deux maintenant de ma mort. » Ce fut tout, et sa vie s'écoula en même temps que son sang. Son corps inanimé fut envahi par le froid de la mort.

Son amant se repent, hélas! trop tard, de ce châtiment cruel. Il se prend en haine, pour avoir prêté l'oreille et s'être ainsi enflammé de colère; il prend en haine l'oiseau qui l'avait forcé à connaître le crime qui cause sa douleur; il hait son arc, et sa main, et, avec sa main, les traits imprudents, ses flèches. Il tente de réchauffer Coronis qui gît inanimée, et s'efforce, en lui portant un secours tardif, de vaincre le destin; il met en œuvre les ressources de la médecine; vainement. Après toutes ces tentatives inutiles, quand il vit les apprêts du bûcher et ces membres qui allaient disparaître, consumés par la flamme, alors — puisque les visages des dieux ne peuvent se baigner de larmes — il poussa un gémissement tiré du fond de sa poitrine, tout de même que la génisse, lorsque, sous ses yeux, le maillet, brandi de la hauteur de l'oreille droite, d'un coup sonore, fracassa la tempe creuse du veau encore à la mamelle. Cependant, lorsqu'il eut répandu sur le sein de Coronis des parfums sans agrément pour elle, qu'il l'eut étreinte et qu'il eut à cette mort imméritée achevé de rendre les honneurs mérités, Phœbus ne put supporter que le germe qu'elle portait de lui fût réduit avec elle en cendres; arrachant son fils aux flammes et au sein de sa mère, il le porta dans l'antre de Chiron, l'être biforme [121]. Et le corbeau, qui espérait se voir récompenser pour sa langue véridique, se vit exclure par lui du groupe des oiseaux blancs.

OCYRHOÉ

Cependant, le centaure demi-bête était heureux d'avoir un nourrisson de souche divine, et à la charge se mêlait un honneur qui le comblait de joie. Mais voici que survient, les épaules couvertes du manteau de ses cheveux roux, la fille du centaure que jadis la nymphe Chariclo, qui la mit au monde sur la rive d'un fleuve rapide, nomma Ocyrhoé [122]. Elle ne se contentait pas de ce que lui avait appris son père : elle dévoilait aussi les secrets du destin. Donc, dès que le délire prophétique se fut emparé de son esprit et qu'elle s'échauffa sous l'empire du dieu enfermé dans son sein [123], elle aperçoit l'enfant et : « Enfant, qui portes en toi le salut du monde entier, grandis, dit-elle; les corps des mortels souvent te devront la santé; il te sera même accordé de leur rendre leur âme déjà ravie; et, pour l'avoir osé une fois, à la grande indignation des dieux, le pouvoir de dispenser une seconde fois ce bienfait te sera enlevé par la flamme de ton aïeul; de dieu, tu deviendras un corps exsangue, puis dieu de nouveau, de corps mortel que tu étais, et deux fois tu renouvelleras ta destinée [124]. Et toi aussi, père chéri, maintenant immortel, et, en vertu de la loi même de ta naissance, créé pour vivre dans tout le cours des siècles, tu souhaiteras de pouvoir mourir, le jour où te torturera le sang d'un serpent cruel, répandu dans tes membres blessés [125]; d'immortel, les dieux te rendront sujet à la mort, et les trois déesses briseront le fil de ta vie. » Il lui restait encore une part d'avenir à dévoiler. Des soupirs montent du fond de sa poitrine, et ses yeux se remplissent de larmes qui coulent sur ses joues, puis : « Les destins, dit-elle, m'empêchent de poursuivre; il m'est interdit d'en dire davantage, et voici que l'usage de la parole m'est retiré. Je ne faisais pas tant de cas de ma science, qui a amassé sur moi la colère divine; je préférerais avoir ignoré l'avenir. Et déjà je sens que l'on me ravit les traits humains; déjà, pour nourriture, l'herbe m'attire, déjà mon élan m'emporte à galoper dans les vastes plaines. Changée en cavale, je prends le corps de ma famille. Mais pourquoi tout entier ? Mon père n'est bien qu'à demi-animal ! »

Comme elle parlait ainsi, la fin de ses plaintes devint inintelligible; ce ne furent plus que des mots confus. Bientôt ce ne fut plus des mots, ni encore le cri d'une cavale : on eût dit l'imitation de ce cri. Puis, au bout de peu de temps, elle poussa de vrais hennissements et marcha avec ses bras dans l'herbe. Alors ses doigts se rejoignent, un léger sabot réunit ses cinq ongles dans une masse cornée, sa tête et son cou s'allongent; la plus grande partie de sa longue robe devient une queue, et ses cheveux épars, répandus tels quels sur son cou, se muèrent en crinière retombant sur le côté droit. Sa voix et son aspect sont, du même coup, entièrement changés. Elle tira même un nom de ce prodige [126].

BATTUS

Tout en pleurs, le héros fils de Philyra implorait, ô dieu de Delphes, ton secours; vainement, car tu ne pouvais enfreindre les ordres du grand Jupiter, et, aurais-tu pu les enfreindre, tu n'étais alors pas là. Tu fréquentais l'Elide et les champs de Messénie. C'était le temps où tu portais la toison du berger, où ta main gauche était chargée d'un bâton coupé dans la forêt, tandis que l'autre l'était de pipeaux inégaux faits de sept roseaux. Et, tandis que l'amour est ton seul souci, que tes pipeaux charment ta peine, mal gardées, tes génisses, raconte-t-on, pénétrèrent dans les champs de Pylos [127]. Le fils de l'Atlantide Maia [128] les voit et, les ayant détournées avec son habileté coutumière, les cache dans la forêt. Personne ne s'était aperçu du larcin, hormis un vieillard connu dans cette contrée agreste, et que tout le voisinage appelait Battus. Il était préposé à la garde des bois, des pâturages herbeux du riche Néleus et des troupeaux de ses nobles cavales. Mercure se défia de lui et, d'une main persuasive, l'attira à l'écart : « Qui que tu sois, étranger, lui dit-il, si par hasard quelqu'un s'enquiert de ce troupeau, dis que tu ne l'as pas vu; et, pour que ce service soit payé de retour, prends donc comme récompense, une grasse génisse. » Et il la lui donna. Battus la prit et lui répondit : « Etranger, va sans crainte. Cette pierre dénoncera avant moi ton larcin. » Et il lui montre une pierre. Le fils de Jupiter feint de s'éloigner et revient bientôt, la voix et l'apparence changées également : « Paysan, si tu as vu sur ce sentier, dit-il, passer des génisses, viens à mon aide et romps le silence sur ce larcin; je te donnerai une génisse accompagnée de son taureau. » Alors le vieillard, voyant la récompense doublée : « Elles doivent être, dit-il, au pied de cette montagne. » Elles étaient en effet au pied de la montagne. Le petit-fils d'Atlas se mit à rire : « C'èst à moi-même, perfide, que tu me dénonces ? Tu me dénonces à moi-même ? » dit-il, et il change le cœur parjure en une dure pierre, qui aujourd'hui encore est appelée l'Indicatrice; et un vieux renom d'opprobre pèse sur cette pierre bien innocente [129].

AGLAUROS

Le dieu porteur du caducée s'était envolé de ces lieux au battement égal de ses ailes et, tout en volant, considérait au-dessous de lui les champs de Munychie, la terre chère à Minerve, et les arbres des jardins du Lycée [130]. Ce jour-là, il se trouva que, suivant la coutume, de chastes jeunes filles, sur leurs têtes, portaient à la citadelle en fête de Pallas, dans des corbeilles couronnées de fleurs, les saints objets destinés au culte [131]. Comme elles en revenaient, le dieu ailé les aperçoit; il ne poursuit pas son vol en droite ligne, mais il l'infléchit, décrivant un cercle, toujours le même. Tel que le milan aux ailes rapides, qui a vu les entrailles des victimes, tant qu'il a peur et qu'autour du sacrifice se tient le groupe dense des prêtres, tourne en rond, sans oser s'éloigner davantage, et, les ailes battantes, plane, avide, d'un vol circulaire autour de l'objet de sa convoitise; ainsi l'agile dieu du Cyllène, au-dessus de la citadelle de l'Acté, inclinant son vol, trace dans l'air toujours un même cercle. Autant en éclat l'emportent sur les autres astres les feux de Lucifer, et sur toi, Lucifer, la lumière d'or de Phœbé, autant Hersé surpassait les autres vierges dans le cortège, ornement de la procession et de ses compagnes. Sa beauté frappa de surprise le fils de Jupiter, et, suspendu dans l'air, il s'échauffa comme le plomb lancé par la fronde baléare, qui vole, devient brûlant dans sa course et, sous les nuages, se charge de feux qu'il n'avait pas en lui. Il change sa route, abandonne le ciel pour gagner la terre, sans se transformer, tant est grande la confiance qu'il a dans sa beauté. Bien que cette confiance soit justifiée, cependant il ajoute encore à cette beauté par le soin qu'il en prend : il lisse ses cheveux, il dispose sa chlamyde de façon qu'elle tombe en plis harmonieux, que la bordure, que l'or des broderies se voient en entier; il veut que la baguette qui suscite ou écarte les songes [132] soit bien polie dans sa main droite, qu'à ses pieds nets brillent ses talonnières.

La partie retirée de la demeure comportait trois chambres ornées d'ivoire et d'écaille. Tu occupais, Pandrosos, celle de droite, Aglauros celle de gauche, Hersé celle du milieu. Celle qui occupait la chambre de gauche, la première remarqua l'arrivée de Mercure et osa demander au dieu son nom et le motif de sa venue. Il lui répondit en ces termes : « Je suis le petit-fils d'Atlas et de Pleioné, et c'est moi qui porte à travers les airs les ordres de mon père; et mon père est Jupiter en personne. Je ne forgerai pas de prétextes; pour toi, accepte seulement d'être dévouée à ta sœur et de porter le nom de tante de ma descendance. C'est pour Hersé que je viens. Je te demande de favoriser mes amours. » Aglauros le regarde des mêmes yeux qu'elle avait naguère regardé les secrets cachés de la blonde Minerve, et, pour prix de son entremise, elle demande un monceau d'or; cependant, elle l'oblige à sortir de la maison.

La déesse guerrière tourna vers elle son œil menaçant et, violemment émue, tira du fond d'elle-même des soupirs à faire tressaillir, avec sa poitrine, l'égide qui revêt cette poitrine robuste. Il lui revient à l'esprit que cette femme, d'une main sacrilège, avait dévoilé son secret lorsqu'elle avait, au mépris du pacte juré, jeté ses regards sur l'enfant, né sans mère, du dieu habitant Lemnos [133]; et cette femme allait gagner la reconnaissance du dieu, celle de sa propre sœur, et la richesse, quand elle aurait reçu l'or que, dans son avidité, elle avait demandé. Aussitôt Minerve se rend à la demeure, toute souillée de noir venin, de l'Envie. Son séjour est caché au fond d'une vallée; on n'y voit jamais le soleil; aucun vent ne la traverse; la tristesse, le froid engourdissant y règnent; là, jamais de feu, toujours d'épaisses ténèbres. Quand la redoutable vierge guerrière fut arrivée là, elle s'arrêta devant la maison, car il ne lui est pas permis de pénétrer sous ce toit, et elle frappe la porte de l'extrémité de sa lance. Au choc, les battants s'ouvrirent tout grands. Elle voit à l'intérieur, dévorant des chairs de vipère dont elle nourrit ses vices, l'Envie, et, à cette vue, elle détourne les yeux. Mais l'Envie se dresse paresseusement du sol, laisse là les corps de serpents à demi dévorés, et s'avance d'un pas nonchalant. Quand elle vit la déesse imposante par sa beauté et ses armes, elle gémit et accorda ses traits grimaçants aux soupirs qu'elle poussait. La pâleur couvre son visage, son corps est décharné, son regard ne se porte droit nulle part, ses dents sont ternies par le tartre, son sein est verdi par la bile, sa langue baigne dans le poison; elle ignore le sourire, sauf celui qu'excite la vue de la douleur; elle ne goûte pas le sommeil, toujours tenue en éveil par de vigilants soucis; mais elle assiste avec dépit, et ce spectacle la ronge, aux succès des hommes; en déchirant les autres, elle se déchire elle-même, et c'est là son supplice. Malgré son aversion pour elle, la déesse du Triton [134] s'adressa brièvement à elle en ces termes : « Va infecter de ta bave l'une des filles de Cécrops. Il le faut. C'est Aglauros. » Sans en dire davantage, elle fuit, laissant l'empreinte de sa lance sur le sol qu'elle repoussa.

L'Envie, suivant d'un regard oblique la déesse qui s'enfuyait, murmura sourdement. La pensée du succès que va remporter Minerve la remplit de douleur. Elle prend son bâton, que, du haut en bas, garnissaient des lanières hérissées de pointes, et, à l'abri d'une noire nuée, partout sur son passage, elle écrase sous ses pieds les fleurs dans les champs, fane les herbes et abat les têtes qui se dressent. Son souffle souille les peuples, les villes, les maisons. Enfin, elle arrive en vue de la citadelle de la déesse du Triton, où fleurissent l'art, la richesse, la paix et son cortège de fêtes. Elle retient avec peine ses larmes, car elle ne voit rien qui incite aux larmes. Mais, lorsqu'elle eut pénétré dans la chambre de la fille de Cécrops, elle exécute l'ordre reçu; elle pose sur son sein une main teinte de rouille et perce son cœur de pointes barbelées, lui insuffle un virus pernicieux, fait courir dans ses os et répand en plein dans ses poumons un noir poison. Et, pour éviter que s'égarât trop loin la recherche des vraies causes du mal, elle met sous ses yeux sa sœur, l'union fortunée de cette sœur, l'image séduisante du dieu, en exagérant tout. Irritée par ce qu'elle voit, la fille de Cécrops sent la morsure d'une douleur secrète; angoissée, nuit et jour elle gémit, et, au comble de la misère, elle fond lentement, comme fond la glace sous les traits d'un pâle soleil; le bonheur d'Hersé la consume doucement, comme un fagot de plantes épineuses, sous lequel on a placé un tison, brûle sans donner de flammes, à petit feu. Souvent elle voulut mourir, pour ne plus voir un tel spectacle; souvent elle voulut tout dénoncer, comme un crime, à son père inflexible. Enfin, elle s'assit sur le seuil, décidée à affronter le dieu et à l'écarter à sa venue. Comme il lui prodiguait les cajoleries, les prières, les paroles les plus douces : « Assez, lui dit-elle, je ne bougerai pas d'ici que je ne t'aie chassé. » — « Observons donc, dit l'agile dieu du Cyllène, ce pacte de ton choix. » Et, de sa baguette, il ouvrit les portes ciselées. Elle essaya de se dresser; mais tous les membres qu'en nous asseyant nous fléchissons, paresseux et alourdis sont incapables de tout mouvement. Elle fait effort pour se mettre sur pieds, redresser son torse; mais la jointure de ses genoux s'ankylose et le froid la pénètre. Elle retombe, et ses veines, où le sang se coule plus, se décolorent. Et de même que le cancer, mal incurable, se propage et gagne les parties encore saines après celles qu'il a infectées, ainsi un froid mortel envahit peu à peu sa poitrine, coupant les routes où circule la vie et les voies respiratoires. Elle ne tenta pas de parler; l'eût-elle tenté, la voix ne passait plus. Son cou était déjà pétrifié, son visage durci : ce n'était plus qu'une statue exsangue, assise. Et la pierre n'était même pas blanche : son âme l'avait salie [135].

EUROPE

Le petit-fils d'Atlas, ayant ainsi châtié les propos et l'âme de la sacrilège, quitte la terre à qui Pallas a donné son nom et gagne l'éther à tire d'ailes. Son père l'appelle à l'écart. Et, sans avouer que la raison de cette mission est l'amour : « Fidèle exécuteur de mes ordres, dit-il, mon fils, ne perds pas un instant et, en hâte, descends sur terre de ton train accoutumé; le pays qui, de ce côté gauche, voit au firmament ta mère [136], et que ses habitants nomment terre de Sidon, gagne-le; et le troupeau royal que tu vois, paissant au loin l'herbe dans la montagne, ramène-le au rivage. » Il dit et, à l'instant, les jeunes taureaux, chassés de la montagne, gagnent le rivage indiqué, où la fille du puissant roi du pays avait l'habitude de venir jouer en compagnie des vierges de Tyr. Majesté et amour ne font pas bon ménage et n'ont pas même demeure. Déposant le sceptre qui charge sa main, le père et le maître des dieux, celui dont la dextre est armée de la foudre aux trois pointes, qui d'un signe de la tête ébranle le monde, revêt l'aspect d'un taureau et, mêlé au troupeau, mugit et, dans l'herbe tendre, promène sa beauté. Sa robe est, en effet, de la couleur de la neige qu'aucun pied dur n'a encore foulée et que l'Auster pluvieux n'a pas amollie. Sur son cou, font saillie les muscles; son fanon pend jusqu'aux épaules; ses cornes sont petites, il est vrai, mais telles qu'on les pourrait prétendre faites de main d'homme, et plus diaphanes qu'une gemme d'eau pure. Rien de menaçant sur son front, de terrifiant dans son regard : tous ses traits respirent la paix. La fille d'Agénor [137] l'admire d'être si beau, de ne donner aucun signe d'humeur menaçante et combative; mais, malgré cette douceur, elle n'osa pas d'abord le toucher. Bientôt, elle s'approche et tend des fleurs au mufle blanc. Le dieu amoureux est tout joyeux et, en attendant la volupté qu'il espère, il couvre ses mains de baisers. Il a peine maintenant, il a peine à différer le reste. Et tantôt il folâtre et bondit dans l'herbe verte, tantôt il couche son flanc de neige sur le sable fauve; et peu à peu, toute crainte disparue, il offre, tantôt son poitrail aux caresses de la main virginale, tantôt ses cornes aux chaînes des guirlandes de fleurs fraîches. La vierge, fille de roi, osa même, sans savoir sur quel dos elle se posait, s'asseoir sur l'échine du taureau. Alors le dieu, quittant insensiblement la terre et le rivage sec, effleure perfidement des pieds l'eau du bord, puis de là avance plus loin et emporte sa proie en pleine mer. Prise de peur, la jeune fille regarde derrière elle le rivage qu'elle quitte; de sa main droite, elle se tient à une corne, de l'autre elle s'appuie sur la croupe; la brise fait onduler ses vêtements frissonnants [138].

LIVRE TROISIÈME

Cadmus. — Actéon. — Sémélé. — Tirésias. — Narcisse. — Echo. — Penthée. — Acætès.

CADMUS

Et maintenant, le dieu, ayant dépouillé sa trompeuse apparence de taureau, avait avoué qui il était, et se trouvait dans les campagnes du Dicté [139]. C'est alors que le père, ignorant le sort de sa fille, commande à Cadmus de rechercher sa sœur enlevée; son châtiment, s'il ne la retrouvait pas, serait l'exil, ajouta-t-il, témoignant tout ensemble de sa tendresse paternelle et de sa dureté. Après avoir parcouru le monde — qui pourrait, en effet, découvrir un larcin de Jupiter ? — le fils d'Agénor [140] s'exile, pour fuir sa patrie et la colère paternelle et va consulter en suppliant l'oracle de Phœbus, auquel il demande quelle terre il doit habiter. « Tu rencontreras, lui dit Phœbus, dans des champs solitaires, une génisse qui n'a jamais subi le joug ni traîné la charrue au soc courbe. Suis la route où elle te guidera, et, dans les champs herbeux où elle se reposera, jette les fondations d'une enceinte à qui tu donneras le nom de Béotienne [141]. » A peine Cadmus était-il descendu de l'antre de Castalie [142], qu'il voit, sans nul gardien, cheminer lentement une génisse dont le cou ne portait aucune trace de servitude. Il suit pas à pas ses traces, et silencieusement adore Phœbus qui lui a indiqué la route à suivre. Il avait déjà franchi le gué du Céphise [143] et les champs de Panope; la génisse s'arrêta et, levant vers le ciel son front orné de hautes cornes, emplit l'air de mugissements; puis, se retournant pour jeter un regard aux compagnons qui la suivaient par-derrière, elle se coucha et se vautra dans l'herbe tendre. Cadmus rend grâces au dieu, colle sa bouche à la terre étrangère et salue ces montagnes et ces champs inconnus. Il se dispose à sacrifier à Jupiter et donne à ses serviteurs l'ordre d'aller puiser à une source vive l'eau destinée aux libations.

En ces lieux s'élevait une antique forêt que n'avait jamais violée la hache; au centre, une caverne, encombrée d'un fouillis de branches aux rejets flexibles; l'assemblage des pierres y dessinait une voûte basse; une source y déversait ses eaux à flots. Là, caché dans l'antre, était un serpent né de Mars [144], et que distinguait une crête d'or; le feu brille dans ses yeux; son corps est tout gonflé de venin; il darde une triple langue, et sa gueule a trois rangées de dents. Dès que les voyageurs partis du pays Tyrien eurent, pour leur malheur, foulé le sol de ce bois et que le vase plongé dans l'eau eut résonné au choc, le serpent aux reflets d'azur allongea la tête du fond de la caverne avec d'horribles sifflements. Les vases s'échappèrent de leurs mains; le sang ne coule plus dans leur corps, et un tremblement subit agite leurs membres frappés de terreur. Le monstre déroule avec de souples replis ses anneaux écailleux, et, par bonds, se recourbe en arcs immenses; et, se dressant de plus de la moitié de sa taille dans l'air léger, il voit au-dessous de lui tout le bois; son corps occupe autant de place que le dragon, si on le considère tout entier, qui sépare les deux Ourses [145]. Sans tarder, il se jette sur les Phéniciens, qui se disposaient soit à lancer leurs traits, soit à fuir, ou même que la peur empêchait de prendre l'un ou l'autre parti. Ils périssent, les uns de ses morsures, les autres enlacés dans ses longs replis, d'autres au souffle mortel de son haleine empestée de venin.

Le soleil, au zénith, avait maintenant raccourci les ombres. Le fils d'Agénor se demande avec inquiétude ce qui peut bien retarder ses compagnons et suit les traces de ses hommes. Il avait pour vêtement la dépouille d'un lion, pour armes une lance au fer resplendissant, un javelot, et son courage qui valait encore mieux que toutes les armes. Dès qu'il fut entré dans le bois et qu'il eut vu les cadavres, et sur eux leur ennemi vainqueur étalant son corps immense et occupé à lécher de sa langue teinte de sang leurs pitoyables blessures : « Ou je vengerai votre mort, corps de mes fidèles compagnons, ou je partagerai votre sort », dit-il. Et, soulevant de sa main droite un bloc de pierre, avec une force énorme il lance l'énorme masse. Au choc, de hautes murailles avec leurs tours élevées auraient été ébranlées; le serpent ne fut pas blessé; défendu, comme par une cuirasse, par ses écailles et la dureté de sa sombre peau, il résista grâce à cette peau à la violence du coup. Mais cette même dureté ne le défendit pas contre le javelot, qui resta planté au milieu de la courbe de la souple échine, le fer pénétrant tout entier dans ses entrailles. Le serpent, rendu furieux par la douleur, tourna la tête vers son dos, regarda sa blessure, et enfonça ses dents dans la hampe fixée à son flanc. Puis, après l'avoir, de toute sa force, secouée dans tous les sens, il l'arracha avec effort de sa croupe : mais le fer resta planté dans les os. Alors, une cause nouvelle venant exciter sa fureur habituelle, son gosier se gonfla, à pleines veines, une écume blanchâtre coula tout le long de sa bouche pestilentielle, il fauche de sa queue écailleuse la terre qui en résonne, et l'haleine qu'exhale sa gueule infernale infecte l'air qu'elle empoisonne. Tantôt il se love, ses anneaux formant un cercle immense; par moments, il s'étire plus droit qu'une longue poutre, ou bien, d'un élan prodigieux, tel un fleuve dont les pluies hâtent le cours, il se lance et du poitrail renverse les arbres qui s'opposent à son passage. Le fils d'Agénor recule un peu; de la dépouille du lion, il repousse les assauts, et il tient en respect la gueule menaçante, de sa lance pointée en avant. Le monstre furieux tente en vain d'entamer le fer résistant et plante dans la pointe ses dents. Et déjà le sang commençait à couler de son palais venimeux, et les éclaboussures en avaient teint l'herbe verte. Mais la blessure était légère, car il se dérobait au contact, ramenait en arrière son cou, empêchait, en reculant, le fer meurtrier de se fixer et ne le laissait pas pénétrer plus avant. C'est alors que le fils d'Agénor, lui ayant plongé le fer dans la gorge, sans répit continua sa poursuite et son effort jusqu'à ce qu'un chêne arrêtât le recul du serpent, et transperça, en même temps que le bois, le cou de la bête. Sous le poids du serpent, l'arbre plia et, fouetté par l'extrémité de la queue, son tronc craqua plaintivement [146].

Tandis que le vainqueur considérait les dimensions gigantesques de son ennemi vaincu, une voix, tout à coup, se fit entendre, il était malaisé de savoir d'où, mais se fit entendre : « Pourquoi, fils d'Agénor, contemples-tu ce serpent mort ? Toi aussi, tu seras un serpent que l'on contemplera [147] ! » Cadmus, longtemps en proie à la terreur, avait perdu à la fois ses esprits et ses couleurs, et ses cheveux se raidissaient de l'épouvante qui le glaçait. Et voici que la protectrice du héros, descendue du ciel par les airs, Pallas, lui apparaît, et lui ordonne d'ouvrir la terre et d'y enfouir les dents de serpent, d'où doit naître un peuple futur. Il obéit et, à mesure qu'il a, appuyant sur la charrue, ouvert un sillon, il répand dans la terre, selon l'ordre reçu, les dents, d'où sortiront des mortels. Alors, prodige qui dépasse toute croyance, les mottes commencèrent à se soulever et, sortant des sillons, apparurent d'abord une pointe de lance, bientôt des casques couvrant des têtes qui se balancent sous les panaches de couleur; puis ce sont des épaules, une poitrine, des bras chargés de traits, et toute une moisson pousse de guerriers avec leurs boucliers. Ainsi, lorsque au théâtre, un jour de fête, sur le rideau qui se relève, les personnages peints se dressent montrant d'abord leur visage, puis peu à peu le reste, et, surgis d'un mouvement lent et continu, apparaissent tout entiers, et prennent pied sur le bord de la scène[148] . Effrayé par ces nouveaux ennemis, Cadmus se disposait à saisir ses armes. « Laisse-là tes armes, s'écrie l'un des guerriers de ce peuple que la terre venait de créer, et n'interviens pas dans cette guerre civile. » Ce disant, d'un coup droit de son épée, il frappe à ses côtés un de ses frères nés de la terre. Lui-même tombe atteint d'un trait lancé de loin. Celui même qui lui avait donné la mort ne lui survit pas et exhale le souffle qu'il venait de recevoir. Suivant leur exemple, toute la troupe devient furieuse, et ces frères soudainement nés succombent sous leurs coups mêmes, aux blessures qu'ils se font mutuellement. Et maintenant tous ces jeunes hommes, à qui le sort avait accordé quelques courts instants d'existence, heurtaient de leur poitrine tiède encore leur mère couverte de leur sang. Cinq restaient seuls, dont l'un fut Echion [149]. Sur l'avis de la déesse du Triton [150], il jeta à terre ses armes et demanda à ses frères une paix loyale, qu'il leur accorda lui-même. L'étranger venu de Sidon les eut pour collaborateurs lorsqu'il fonda la ville prescrite par l'oracle de Phœbus [151].

Et voici que Thèbes était debout. Voici que tu pouvais sembler, Cadmus, heureux grâce à l'exil : pour beaux-parents, la fortune t'avait donné Mars et Vénus [152]; ajoute la postérité née d'une épouse de si noble origine, tant de fils, de filles et, gages chéris, de petits-enfants, à leur tour déjà adolescents. Il est vrai; mais l'homme doit toujours attendre le dernier jour, et nul ne doit être appelé heureux avant le trépas et les suprêmes honneurs funèbres.

ACTÉON

La première cause de deuil pour toi, au sein de tant de bonheur, Cadmus, fut un petit-fils, la ramure insolite qui crut sur son front, et vous, chiens, qui vous repûtes du sang de votre maître. Mais, à bien considérer les choses, on ne trouverait là qu'une occasion d'accuser le sort, et non un crime. En quoi, en effet, une erreur était-elle un crime ?

Il était une montagne tout ensanglantée du massacre de bêtes de toutes sortes. Déjà le jour à demi écoulé avait raccourci les ombres des objets et le soleil était à égale distance des deux points qui bornent sa course. Alors le jeune héros de la race d'Hyas [153], d'une voix tranquille, appelle ses compagnons de chasse errant à l'aventure à travers les taillis : « Nos filets, camarades, et nos épieux ruissellent du sang des bêtes sauvages, et nous avons eu assez de bonheur aujourd'hui. Quand l'Aurore prochaine, sur son char aux roues dorées, ramènera la lumière, nous reprendrons notre besogne. Maintenant, Phœbus est à égale distance des deux termes de sa carrière et l'ardeur de ses feux crevasse les champs. Arrêtez votre présent travail et ramassez les filets aux nœuds multiples. » Ils exécutent l'ordre du héros et interrompent leurs besogne.

Il était une vallée aux fourrés denses de pins et de cyprès aigus, nommée Gargaphié [154], consacrée à Diane, la chasseresse court vêtue. Dans sa plus lointaine retraite est un antre forestier, dont l'aménagement ne doit rien à l'art : la nature, par son seul génie, y avait donné l'illusion de l'art, car, avec la pierre ponce vive et le tuf léger, elle avait tracé la courbe d'une voûte naturelle. Une source transparente, à droite, fait entendre le bruit d'un filet d'eau, et remplit un large bassin entouré d'une ceinture de gazon. La déesse des forêts, après les fatigues de la chasse, avait coutume d'y venir baigner d'eau limpide son corps virginal. Quand elle y fut entrée, elle remit à l'une de ses nymphes, qui a la charge de ses armes, son javelot, son carquois et son arc détendu; une seconde reçut sur ses bras la robe qu'elle y déposa; deux autres délacent les sandales qui emprisonnent ses pieds. Mais, plus experte qu'elles, c'est Crocalé, fille de l'Isménus, qui réunit en les nouant les cheveux épars sur le cou de la déesse, bien qu'elle les portât elle-même dénoués. Néphélé, Hyalé, Rhanis, Psécas, Phialé [155] puisent l'eau et la versent des urnes aux larges flancs. Tandis qu'en ce lieu la fille du Titan fait couler sur ses membres l'onde accoutumée, voici que le petit-fils de Cadmus, qui avait pour un certain temps délaissé tout travail, errant à pas incertains à travers la forêt inconnue, parvient à la partie sacrée; c'est le destin qui le guidait.

Dès qu'il eut pénétré dans l'antre tout ruisselant d'eaux vives, les nymphes, nues comme elles l'étaient, à l'apparition d'un homme, se frappèrent la poitrine et de leurs cris perçants emplirent soudain tout le bois; groupées autour de Diane, elles lui firent un rempart de leurs corps. Cependant la déesse elle-même, plus grande qu'elles, domine leur groupe de toute la tête. La même teinte dont se colorent les nuages frappés de face par les rayons du soleil, ou l'aurore aux tons de pourpre, colora le visage de Diane surprise sans voile. Et, bien que la troupe de ses compagnes se serrât autour d'elle, cependant elle présenta, de biais, son côté et tourna la tête en arrière; elle aurait souhaité avoir ses flèches à portée de la main; elle prit ce qu'elle avait, puisa de l'eau et en inonda le visage du jeune homme. Et, tout en versant sur sa chevelure l'onde vengeresse, elle ajouta ces mots annonciateurs de l'infortune qui allait l'accabler : « Et maintenant, libre à toi d'aller raconter, si tu le peux, que tu m'as vue sans voile! » Sans ajouter d'autres menaces, elle dote sa tête qu'elle vient d'arroser de la ramure d'un cerf promis à de longues années [156], étire son cou, effile en pointe le haut de ses oreilles, change ses mains en pieds, ses bras en longues jambes et revêt tout son corps d'un pelage tacheté; par surcroît, elle le rend craintif. Le héros, fils d'Autonoé, s'enfuit, et tout en courant s'étonne de se sentir si rapide. Mais lorsqu'il vit dans l'eau sa face et ses bois : « Malheureux que je suis! » allait-il dire; mais aucun mot ne sortit de sa bouche; il gémit, ce fut là son langage; les larmes coulèrent sur ce visage qui n'était plus le sien. De son ancien état, seule lui resta la raison. Que faire ? Regagner sa demeure et le toit du roi son père ? Ou se cacher dans les forêts ? Par honte il n'ose prendre le premier parti, par crainte, le second. Comme il hésite, ses chiens l'ont vu; les premiers, Mélampus [157] et le subtil Ichnobatès par leurs aboiements le signalèrent, Ichnobatès, venu de Gnosse, Mélampus, de race spartiate. Alors les autres se précipitent, plus prompts que le vent rapide, Pamphagus, Dorceus, Oribasus, tous de race arcadienne, et le vaillant Nébrophonus et, en compagnie du sauvage Théron,

Lælaps, Ptérélas, utile pour sa rapidité, Agré, pour son flair, le combatif Hylæus, naguère victime d'un sanglier, et Napé, que sa mère conçut d'un loup, Pœmenis, jadis gardienne de troupeaux, Harpyia, accompagnée de ses deux petits, Ladon, le Sicyonien, aux flancs amaigris, Dromas et Canacé, Sticté, Tigris et Alcé, Leucon au pelage de neige, Asbolus au poil noir, Lacon, fort entre tous, Aëllo inlassable à la course, et Thoüs, et la rapide Lyciscé en compagnie de son frère le Cypriote, Harpalos reconnaissable à une marque blanche au milieu de son front noir, Mélaneus, Lachné au poil hérissé, Labros et Agriodus, nés d'un père du Dicté et d'une mère de Laconie, Hylactor aux abois perçants, et tous ceux dont l'énumération serait trop longue. Cette meute, emportée par le désir de la proie, à travers rocs, éboulis de pierres, escarpements d'un abord impraticable, par des routes à peine tracées ou même hors de toute route, prend en chasse Actéon. Il fuit à travers ces lieux si souvent parcourus à leur suite, il fuit, hélas! à son tour devant ses propres serviteurs. Il voulait crier : « Je suis Actéon, c'est moi! Reconnaissez votre maître! » Les mots trahissent ses intentions. L'air résonne des aboiements. La première, Mélanchætès le blessa dans le dos; aussitôt après, Théridamas; Oresitrophus s'accrocha à son épaule. Ils étaient partis en retard, mais par les raccourcis de la montagne ils avaient devancé les autres. Tandis qu'ils retiennent leur maître, le reste de la meute s'assemble et tous à la fois lui plantent leurs crocs dans le corps. La place manque bientôt pour les blessures. Actéon gémit; ses accents, bien qu'ils ne soient pas d'un homme, ne sont pas ceux que peut proférer un cerf; il remplit ces montagnes familières de ses plaintes déchirantes. Tombé sur les genoux, en suppliant comme pour une prière, il porte tout autour de lui sa face muette, faute de pouvoir tendre ses bras. Cependant ses compagnons, dans leur ignorance, excitent de leurs encouragements accoutumés la meute dévorante; ils cherchent Actéon des yeux, et, comme s'il n'était pas là, à l'envi ils crient : « Actéon! » A son nom, lui, tourne la tête; ils le plaignent d'être absent et, dans son indifférence, de manquer le spectacle de la proie qui leur est offerte. Lui voudrait être loin, mais il est là! il voudrait être le spectateur, et non plus la victime des féroces exploits de ses propres chiens. De tous côtés dressés, ils l'entourent, et, le museau enfoncé dans son corps, ils déchirent leur maître caché sous l'apparence trompeuse d'un cerf. Et ce fut seulement lorsqu'il perdit la vie par d'innombrables blessures que fut, dit-on, satisfaite la colère de Diane, la déesse au carquois [158].

SÉMÉLÉ

L'opinion hésite à se prononcer : aux uns, la déesse a paru dans sa cruauté dépasser l'équité, les autres la louent et déclarent qu'elle fut digne de son austère virginité. De part et d'autre on trouve de bonnes raisons. Seule, l'épouse de Jupiter ne parle pas tant de l'incriminer ou de l'approuver, qu'elle ne se réjouit du malheur qui s'abat sur la maison issue d'Agénor, et elle étend la haine amassée contre sa rivale tyrienne à tous ceux de sa race. Et voici qu'à son premier grief s'en ajoute un autre récent. Elle voit avec douleur Sémélé [159] grosse de la semence du grand Jupiter. Au moment de donner libre cours à sa langue querelleuse : « Qu'ai-je gagné, dit-elle, à chercher tant de fois des querelles ? Il faut que je m'en prenne à cette femme elle-même, et, si c'est à bon droit que l'on m'appelle la très grande Junon, si je mérite de tenir dans ma droite le sceptre orné de gemmes, si je suis reine, sœur et épouse de Jupiter, — sa sœur, tout au moins, — je la perdrai. Mais, qui sait ? peut-être s'est-elle contentée de furtives rencontres et l'outrage fait à notre couche fut-il éphémère ? Elle a conçu ! il ne manquait que cela ! Son ventre fécondé étale la preuve manifeste de son crime et, honneur qui m'est à peine échu à moi-même, elle veut n'être mère que du fait du seul Jupiter. Telle est sa confiance en sa beauté ! Je saurai faire en sorte qu'elle soit déçue; et je ne suis pas la fille de Saturne, si elle ne va pas, noyée des mains de son Jupiter, plonger dans les ondes du Styx.

A ces mots elle se lève de son trône et, cachée dans une fauve nuée, elle se rend à la demeure de Sémélé. Elle n'écarta pas la nuée avant d'avoir pris l'apparence d'une vieille femme; elle voila ses tempes de cheveux blancs, sillonna sa peau de rides et, toute courbée, chemina d'un pas tremblant; elle prit la voix aussi d'une vieille femme; c'était Béroé elle-même, la nourrice, originaire d'Epidaure, de Sémélé. Donc, lorsque après des propos insidieux et un long discours, elles en vinrent à prononcer le nom de Jupiter, elle soupire et : « Je souhaite que ce soit Jupiter, dit-elle, et cependant je crains tout. Que de gens usurpant le nom des dieux, se sont introduits dans de chastes couches. Il ne suffit pas, pourtant, que ce soit Jupiter; qu'il te donne un gage de son amour, si c'est vraiment lui; demande qu'environné de la même puissance et sous les mêmes traits qu'aux jours où il est accueilli par la noble Junon, il te prodigue ses étreintes, et qu'il commence par revêtir les marques de sa grandeur. »

C'est par de tels propos que Junon avait amené à ses desseins l'ignorante fille de Cadmus. Celle-ci demande une faveur à Jupiter, sans dire laquelle : « Choisis, lui dit le dieu, tu n'éprouveras aucun refus. Et, pour que tu aies plus de confiance, que soient mes témoins les divinités du Styx, de ce fleuve que les dieux craignent et révèrent. » Joyeuse d'une funeste promesse, tenant de la complaisance de son amant un excès de puissance qui va causer sa perte : « Tel, dit Sémélé, que tu t'offres aux étreintes de la fille de Saturne quand vous unissent les liens de Vénus, tel viens te donner à moi. » Le dieu voulut arrêter les paroles sur ses lèvres, mais elles s'étaient déjà rapidement propagées dans les airs. Il gémit, car il n'est plus en leur pouvoir de n'avoir fait, ni elle son souhait, ni lui son serment. Rempli de tristesse il gagna donc les hauteurs de l'éther, d'un regard assembla à sa suite les nuages, y ajouta les tempêtes, les éclairs mêlés aux vents, le tonnerre et la foudre que nul n'évite. Et cependant, dans la mesure où il le peut, il tente d'amoindrir sa propre puissance, et ce n'est pas du feu avec lequel il avait abattu le monstre aux cent mains, Typhoeus [160], qu'il arme son bras : ce feu a de trop terribles effets. Il est une autre foudre, plus légère, dans l'alliage de laquelle la main des Cyclopes a fait entrer moins de fureur, de flamme, de colère. Les dieux l'appellent la foudre de second ordre. Il la prend, pénètre dans la demeure d'Agénor. Le corps d'une mortelle ne put supporter le tumulte céleste, et Sémélé périt dans les flammes, dons de son époux. L'enfant, à peine formé, est arraché du sein de sa mère et, tendre encore, — si ce prodige mérite créance, — cousu dans la cuisse de son père, où il achève le temps de la gestation maternelle. Encore au berceau, c'est sa tante Ino [161] qui l'élève en grand secret; puis, confié aux nymphes de Nysa [162], elles le cachèrent dans leurs grottes et le nourrirent de lait [163].

TIRÉSIAS

Tandis que se passent sur terre ces événements, régis par la loi du destin, et que la sécurité du berceau de

Bacchus, deux fois mis au jour, est assurée, on raconte qu'un jour Jupiter, mis en gaieté par le nectar, délaissa ses graves occupations et se livra à de plaisants badinages avec Junon, alors de loisir : « Sans aucun doute, aurait-il dit, la volupté que vous éprouvez est plus grande que celle que ressent l'homme. » Junon le nie. Ils décidèrent de demander l'avis du docte Tirésias. Celui-ci connaissait bien les plaisirs de Vénus chez l'un et l'autre sexe. Il avait, en effet, d'un coup de bâton, troublé l'accouplement, dans une verte forêt, de deux grands serpents. D'homme transformé alors, ô prodige! en femme, il avait ainsi passé sept automnes. Le huitième venu, il revit ces mêmes serpents et : « Si vraiment, dit-il, telle est la puissance d'un coup reçu par vous qu'il change en sort contraire le sort de celui qui le donne, je vais vous frapper encore maintenant. » Au coup qu'il porta aux serpents, il reprit sa forme première et la figure qu'il avait à sa naissance. Tirésias donc, pris pour arbitre, dans ce plaisant débat, corrobore ce que dit Jupiter. La fille de Saturne en conçut, dit-on, plus de dépit qu'il n'était juste et que ne le méritait le sujet; et elle condamna les yeux de son juge à la nuit éternelle. Mais le père tout-puissant — car il n'est permis à aucun dieu de détruire l'œuvre d'un dieu, — en compensation de la perte de la lumière, lui accorda de connaître l'avenir et adoucit le châtiment par cette faveur [164].

NARCISSE. ÉCHO

Tirésias, dont la célébrité s'était répandue à travers les villes d'Aonie [165], donnait au peuple qui le consultait des réponses infaillibles. La première qui fit l'expérience de sa véracité et vit se confirmer ses dires fut Liriopé, la nymphe azurée, que jadis le Céphise [166] enlaça dans les replis de son cours et qu'une fois prisonnière de ses eaux, il violenta. Merveilleusement belle, elle devint grosse et mit au monde un enfant capable, dès sa naissance, d'être aimé des nymphes, et lui donne le nom de Narcisse. Consulté à son sujet, — l'enfant verrait-il des longues années d'une vieillesse prolongée ? — « Oui, s'il ne se connaît pas, » dit le devin interprète du destin. Longtemps la parole du prophète parut dénuée de sens. Elle fut justifiée par la façon dont tournèrent les choses, par la manière dont mourut Narcisse et l'étrangeté de sa folie. Car le fils du Céphise avait à trois lustres ajouté une année, et il pouvait sembler un enfant aussi bien qu'un jeune homme.

Nombre de jeunes hommes, nombre de jeunes filles le désirèrent, mais — tel était l'inflexible dédain dont s'accompagnait sa beauté délicate! — nul jeune homme, nulle jeune fille ne le toucha. Un jour qu'il chassait vers ses filets les cerfs apeurés, la nymphe à la voix sonore, qui ne sais ni répondre par le silence à qui lui parle, ni prendre elle-même la parole la première, Echo, qui renvoie le son, le voit. Echo avait alors un corps et n'était pas une simple voix; et pourtant, déjà bavarde, elle usait de sa bouche, tout de même qu'aujourd'hui, pour s'évertuer à répéter, d'une phrase, les derniers mots. Junon en était cause. Car, lorsqu'elle avait l'occasion de surprendre les nymphes souvent couchées aux côtés de son Jupiter, dans la montagne, Echo retenait habilement la déesse par de longs discours, jusqu'à ce que les nymphes se fussent enfuies. Quand la fille de Saturne s'en aperçut : « Avec cette langue, dit-elle, qui fut pour moi trompeuse, il ne te sera donné d'exercer qu'un faible pouvoir, et tu ne feras plus de la parole qu'un très bref usage. » Et elle met effectivement à exécution ses menaces. Echo ne peut, lorsqu'on a fini de parler, que redoubler les sons et répéter les paroles entendues.

Donc, lorsqu'elle vit Narcisse errant à l'aventure dans la campagne et se fut enflammée pour lui, elle suit ses traces à la dérobée. Plus se prolonge la poursuite, plus elle s'échauffe à la chaleur plus proche de cette flamme, tout de même que le soufre sensible dont on enduisit l'extrémité des torches brûle à l'approche du feu. Oh! que de fois elle voulut s'approcher avec des mots caressants, lui adresser de tendres prières! Sa nature s'y oppose et ne lui permet pas de parler la première. Mais, et cela elle le permet, la nymphe est prête à attendre les sons et à leur renvoyer ses propres paroles.

Par hasard, l'enfant, séparé de la troupe fidèle de ses compagnons, avait dit : « N'y a-t-il pas ici quelqu'un ? » — « Si, quelqu'un », avait répondu Echo. Narcisse stupéfait porte ses regards de tous côtés : « Viens », crie-t-il à pleine voix. A son appel répond un appel d'Echo, il regarde derrière lui et reprend, personne ne venant : « Pourquoi, dit-il, me fuis-tu ? » Et il lui revient autant de mots qu'il en avait dit. Il insiste et, trompé par l'illusion d'une voix répondant à la sienne : « Viens ici, dit-il, réunissons-nous! » A nul son la nymphe n'était prête à jamais répondre plus volontiers : « Unissons-nous! » lui renvoya Echo. Elle appuie en personne son invite, et, sortant de la forêt, elle s'avançait pour jeter ses bras autour de ce cou, objet de son désir. Narcisse fuit, et, tout en fuyant : « Bas les mains, pas d'étreinte! Je mourrai, dit-il, avant que tu n'uses de moi à ton gré! » Écho ne répéta seulement que : « Use de moi à ton gré! »

Dédaignée, elle se cache dans les bois et voile de feuillages son visage couvert de honte, et depuis ce jour elle vit dans des antres solitaires. Et, cependant, son amour est tenace et s'accroît de l'amertume du refus. Les soucis qui hantent ses veilles rongent son corps pitoyable. La maigreur plisse sa peau, toute l'essence même de son corps se dissipe dans les airs. Il ne lui reste que la voix et les os. La voix est intacte. Les os, dit-on, ont pris l'apparence de la pierre. Aussi se cache-t-elle dans les forêts et ne la voit-on dans aucune montagne. Mais elle est entendue de tous; c'est le son qui est encore vivant en elle [167].

Ainsi Echo, ainsi d'autres nymphes, nées dans les ondes ou les montagnes, avaient été déçues par Narcisse, ainsi avant elles nombre de jeunes hommes. Alors, une des victimes de ses dédains, levant les mains au ciel, s'était écriée : « Qu'il aime donc de même à son tour et de même ne puisse posséder l'objet de son amour! » La déesse de Rhamnonte exauça cette juste prière [168].

Il était une source limpide aux eaux brillantes et argentées, que ni les bergers, ni les chèvres qu'ils paissent sur la montagne, ni nul autre bétail n'avait jamais approchée, que n'avait troublée nul oiseau, nulle bête sauvage, nul rameau tombé d'un arbre. Elle était entourée de gazon qu'entretenait la proximité de l'eau; et la forêt empêchait le soleil de jamais réchauffer ces lieux. C'est là que l'enfant, fatigué par l'ardeur de la chasse et par la chaleur, vint s'étendre, attiré par l'aspect du lieu et par la source. Mais, tandis qu'il tente d'apaiser sa soif, une autre soif grandit en lui. Pendant qu'il boit, séduit par l'image de sa beauté qu'il aperçoit, il s'éprend d'un reflet sans consistance, il prend pour un corps ce qui n'est qu'une ombre. Il reste en extase devant lui-même, et, sans bouger, le visage fixe, absorbé dans ce spectacle, il semble une statue faite de marbre de Paros. Il contemple, couché sur le sol, deux astres, ses propres yeux, et ses cheveux, dignes de Bacchus, dignes aussi d'Apollon, ses joues imberbes, son cou d'ivoire, sa bouche charmante, et la rougeur qui colore la blancheur de neige de son teint. Il admire tout ce par quoi il inspire l'admiration. Il se désire, dans son ignorance, lui-même.

Ses louanges, c'est à lui-même qu'il les décerne. Les ardeurs qu'il ressent, c'est lui qui les inspire. Il est l'aliment du feu qu'il allume. A combien de reprises il prodigua de vains baisers à l'onde trompeuse! Que de fois, pour saisir le cou aperçu, il plongea dans l'eau ses bras, sans les refermer sur soi. Que voit-il donc ? Il l'ignore; mais ce qu'il voit l'embrase, et la même erreur qui abuse ses yeux excite leur convoitise. Crédule enfant, à quoi bon ces vains efforts pour saisir une fugitive apparence ? L'objet de ton désir n'existe pas! Celui de ton amour, détourne-toi, et tu le feras disparaître. Cette ombre que tu vois, c'est le reflet de ton image. Elle n'est rien par elle-même, c'est avec toi qu'elle est apparue, qu'elle persiste, et ton départ la dissiperait, si tu avais le courage de partir!

Mais ni le souci de Cérès [169], ni celui du repos ne peut l'arracher de là; étendu dans l'herbe épaisse, il contemple, sans en rassasier ses regards, la mensongère image, et par ses propres yeux se fait lui-même l'artisan de sa perte. Et, légèrement soulevé, tendant ses bras vers les forêts qui l'entourent : « Personne, ô forêts, dit-il, éprouva-t-il jamais plus cruellement l'amour ? Car vous le savez, et pour nombre d'amants vous fûtes un opportun refuge. En est-il un, puisque depuis tant de siècles se prolonge votre existence, qu'au cours de cette longue durée vous vous rappeliez avoir langui comme moi ? Je suis séduit, je vois, mais ce que je vois et qui me séduit, je ne puis le saisir; si grande est l'erreur qui m'abuse dans mon amour. Et, pour ajouter encore à ma douleur, ni l'immensité de la mer ne nous sépare, ni une longue route, ni des montagnes, ni des murailles aux portes closes : une mince couche d'eau est tout ce qui empêche notre union. Il aspire lui-même à mon étreinte; car, chaque fois que j'ai tendu les lèvres à ces ondes limpides, lui, chaque fois, de sa bouche renversée, il a cherché à atteindre la mienne. On croirait qu'on peut le toucher, bien faible est l'obstacle entre nos ardeurs. Qui que tu sois, sors, viens! Pourquoi, enfant sans pareil, te joues-tu de moi ? Quand je te cherche, quelle est ta retraite ? Certes, je ne suis ni d'un air ni d'un âge à te faire fuir! Des nymphes m'ont aimé, moi aussi. Sur ton visage chéri tu me laisses lire je ne sais quel espoir, et, quand je te tends les bras, tu me les tends de ton côté; à mon sourire répond ton sourire, et souvent aussi j'ai vu couler tes larmes quand j'en versais; d'un signe de tête tu réponds aussi à mes signes; et, autant que je le devine au mouvement de ta bouche charmante, tu me renvoies des mots qui n'arrivent pas à mes oreilles! — Tu n'es autre que moi-même, je l'ai compris; je ne suis plus dupe de ma propre image. C'est pour moi que je brûle d'amour, et cette ardeur, je la provoque à la fois et la ressens. Que faire ? Etre sollicité ou solliciteur ? Et que solliciter désormais ? Ce que je désire, je le porte en moi-même, mon dénûment est venu de ma richesse. Oh! si je pouvais me dissocier de mon propre corps! Souhait insolite chez un amant, ce que j'aime, je voudrais en être séparé. Et voici que la douleur m'enlève mes forces; il ne me reste plus longtemps à vivre et je m'éteins à la fleur de mon âge. Mais mourir ne m'est pas à charge, puisqu'en mourant je déposerai le fardeau de ma douleur. Pour celui qui est l'objet de ma tendresse, j'aurais souhaité une plus longue vie. Maintenant, tous deux, unis de cœur, nous exhalerons ensemble notre dernier souffle. »

Il dit, et, insensé, revint encore à sa contemplation. Mais ses larmes troublèrent les eaux et, dans l'étang agité, l'image devint indistincte. Quand il la vit s'évanouir : « Où te réfugies-tu ? Reste encore et ne m'abandonne pas, cruel, moi qui t'aime! » s'écria-t-il. « Ce que je ne puis toucher, qu'il me soit permis d'en repaître mes yeux, et d'en nourrir ma misérable folie! » Et, tout en se lamentant, il écarta, depuis le haut, son vêtement et frappa son sein nu de la paume de ses mains de marbre. Sous les coups, sa poitrine se teinta de rose, tout de même que font les fruits qui, en partie blancs, rosissent en partie, ou comme, sur les grappes tavelées, le grain, encore vert, se colore de pourpre. Quand il le vit dans l'eau redevenue limpide, il n'en put supporter davantage; mais, comme on voit fondre la cire blonde à la douce chaleur de la flamme ou la rosée matinale à la tiédeur du soleil, ainsi, épuisé par l'amour, il dépérit et peu à peu un feu secret le consume. Maintenant, son teint n'offre plus sa blancheur mêlée d'incarnat. Il a perdu sa vigueur et ses forces, et tout ce qui naguère en lui séduisait les yeux; rien ne reste de ce corps qu'avait jadis aimé Echo. A ce spectacle, bien que son ressentiment n'eût rien oublié, la nymphe fut pénétrée de douleur, et tous les « Hélas! » qu'avait poussés le malheureux enfant, elle les redoublait d' « Hélas! » que répétait sa voix. Et, quand il avait de ses mains frappé ses bras, elle renvoyait à son tour fidèlement le son des coups. La dernière parole de Narcisse, les yeux plongés dans cette eau devenue familière, fut : « Hélas! enfant chéri, mon vain amour! » et le site en renvoya tous les mots. Et, quand il dit : « Adieu! » — « Adieu! » dit aussi Echo. Puis il posa sa tête fatiguée sur l'herbe verte, et la nuit ferma ces yeux emplis d'admiration pour la beauté de leur maître. Et, même quand il eut été reçu dans l'infernal séjour, il se contemplait encore dans l'eau du Styx. Ses sœurs les Naïades [170] firent retentir leurs pleurs et déposèrent sur la tombe de leur frère leurs cheveux coupés. Les Dryades le pleurèrent aussi. Le son de ces pleurs est redoublé par Echo. Et déjà elles préparaient le bûcher, les torches que l'on secoue [171], la civière; mais le corps avait disparu. A sa place, elles trouvent une fleur jaune safran dont le cœur est entouré de feuilles blanches.

PENTHÉE. ACŒTÈS

L'événement connu avait rapporté au devin [172] une réputation méritée à travers les villes de l'Achaïe [173] et son renom d'augure était grand. Pourtant, seul entre tous, lui témoigne du mépris le fils d'Echion, Penthée, contempteur des dieux; il n'a que dérision pour les prophéties du vieillard et lui jette à la face les ténèbres où il vit et le malheur qui l'a privé de la lumière. Tirésias, secouant sa tête aux tempes blanchies : « Quel serait ton bonheur, s'il t'arrivait, à toi aussi, d'être privé de cette lumière, dit-il, pour t'épargner de voir les mystères de Bacchus! Car un jour viendra, que je prédis n'être pas éloigné, où paraîtra ici, dieu nouveau, le fils de Sémélé, Liber [174]; et, si tu n'as pas daigné l'honorer en lui élevant des temples, les membres déchirés, épars en mille lieux, tu souilleras de ton sang les forêts, et ta mère et les sœurs de ta mère. Ce jour viendra! Car tu dédaigneras d'honorer la divinité et tu déploreras alors que du fond de mes ténèbres, je n'aie vu que trop clair! » A ce discours, le fils d'Echion chasse injurieusement le devin.

Ces paroles reçoivent bientôt confirmation et la prédiction du devin se réalise. Liber paraît et dans les champs grondent les hurlements qui le célèbrent; la foule se rue; pêle-mêle hommes, matrones, jeunes épousées, peuple et grands, se pressent aux mystères inconnus. « Quelle fureur, race issue du dragon, descendance de Mars, a frappé de folie vos esprits! dit Penthée. Le choc du bronze contre le bronze, le son de la flûte courbe et évasée [175], les impostures de la magie ont-ils un tel effet que, des hommes à qui ni l'épée dans les batailles, ni la trompette guerrière, ni les bataillons hérissés de piques n'inspirèrent de terreur, des voix de femmes, l'égarement né dans le vin, un impudique troupeau, des tambourins creux, aient raison ? A qui doit aller ma surprise ? Est-ce à vous, vieillards, qui, après une longue navigation ayant sur cette terre transporté Tyr, choisi ce sol pour y établir vos pénates, fugitifs, vous laissez aujourd'hui faire prisonniers, sans combat ? Est-ce à vous, dont l'âge est plus bouillant, jeunes hommes, et plus proche du mien, qui êtes mieux faits pour brandir des armes que des thyrses, pour vous coiffer du casque que pour vous couronner de feuillages ? Rappelez-vous, je vous en supplie, de quelle souche vous êtes sortis et armez-vous du courage de ce dragon qui, seul, causa la perte de nombre d'adversaires ! Lui, c'est pour sa source et son bassin qu'il a péri. Mais vous, c'est pour votre renommée qu'il faut vaincre ! Lui, il a mis à mort des braves ; vous, chassez d'ici des lâches et soyez les gardiens fidèles de l'honneur de vos pères ! Si les destins refusaient à Thèbes une longue durée, puissent ses murs crouler sous l'effort des machines et des guerriers, au cliquetis du fer, au crépitement du feu ! Notre malheur ne nous attirerait aucun blâme, nous pourrions nous plaindre de notre sort, sans nous cacher, et nos larmes couleraient sans honte. Mais aujourd'hui, c'est un enfant désarmé qui s'emparera de Thèbes ; il n'a pour lui ni armée, ni traits, ni cavalerie, mais une chevelure tout humide de myrrhe, de flexibles couronnes, la pourpre et l'or dont est tissé son vêtement brodé. Eh bien ! j'irai, moi, sans retard — écartez-vous seulement de lui — le forcer à avouer que, son père, il se l'est faussement attribué, et que ses cérémonies ne sont que mensonges. Eh quoi ! quand Acrisius [176] a le courage de mépriser ce faux dieu et de fermer à son approche les portes d'Argos, cet étranger inspirerait la terreur à Penthée et, avec lui, à Thèbes entière ? Allez vite, commande-t-il à ses serviteurs, allez et amenez-moi ici, chargé de chaînes, le chef de cette bande ! Exécutez mes ordres sur-le-champ, sans hésitation. »

Alors son aïeul, alors Athamas [177] et le reste des siens l'apostrophent violemment et cherchent vainement à le retenir. Les remontrances l'excitent, toute entrave stimule sa rage et l'augmente et tout retard l'empire. Tel j'ai vu un torrent, là où nul obstacle n'arrêtait son cours, descendre mollement la pente avec un simple murmure ; en revanche, partout où quelque tronc ou quelque rocher obstruait son lit, écumeux et bouillonnant, l'obstacle précipitait furieusement sa course. Mais voici que, souillés de sang, les envoyés reviennent, et à la question de leur maître : « Où est Bacchus ? » ils répondent que, Bacchus, ils ne l'ont pas vu. « Voici, dirent-ils, cependant un de ses compagnons, un des célébrants de son culte, que nous avons pris. » Et ils lui livrent, les mains liées derrière le dos, un homme de race tyrrhénienne [178], un des fidèles du culte du dieu.

Penthée le considère avec des yeux que la colère avait rendus terribles, et, bien qu'il en coûte de différer l'heure du supplice : « O toi, qui vas périr, dit-il, et par ta mort donner une leçon aux autres, dis-moi ton nom, le nom de tes parents, ta patrie, et pourquoi tu t'es affilié à ce culte d'un genre nouveau. » L'homme, sans éprouver aucune crainte : « Mon nom, dit-il, est Acœtès; ma patrie est la Mæonie [179]; mes parents sont d'une humble classe. Mon père ne m'a laissé ni champs que puissent cultiver de robustes taureaux, ni troupeaux porteurs de laine, ni une tête de bétail. Pauvre lui-même, il s'occupait à surprendre, avec un fil et des hameçons, et, à tirer de l'eau, avec un roseau, les poissons frétillants. Son métier était toute sa fortune. Comme il m'enseignait ce métier : « Reçois, me dit-il, toi qui continueras ma besogne et en hériteras, reçois toutes les richesses que je possède. » Et, en mourant, il ne me légua rien que les eaux. C'est là tout ce que je peux appeler mon patrimoine. Bientôt, pour ne pas rester toujours accroché aux mêmes rochers, j'appris par surcroît à diriger la marche d'une barque que gouvernait ma main, et mon œil nota l'astre de la Chèvre d'Olénos, signe de pluie, Taygété, les Hyades, l'Ourse [180], et les régions des vents, et les ports accueillants aux navires. Un jour, gagnant Délos, j'aborde aux côtes de la terre de Chios. Ramant du côté droit, je me range le long du rivage, et, d'un bond léger, je saute sur le sable humide. La nuit écoulée, l'aurore commençait à teinter le ciel de rose; je me lève, j'envoie chercher de l'eau fraîche, montrant la route vers l'aiguade; moi-même, du haut d'un tertre, je regarde au large pour voir ce que promet la brise, j'appelle mes compagnons et je retourne au bateau. « Nous voici! » dit le premier qui arrive de mes camarades, Opheltès. Et, butin, croit-il, trouvé dans un champ désert, il amène le long du rivage un enfant beau comme une jeune fille. Alourdi par le vin et le sommeil, l'enfant semble tituber et avoir peine à le suivre. Je considère son costume, son aspect, sa démarche; rien qu'on pût croire d'un mortel ne s'y offrait à mes yeux. J'en eus le sentiment, et dis à mes camarades : « Quel dieu habite ce corps, je n'en sais rien; mais un dieu l'habite. Qui que tu sois, oh! sois-nous favorable, et assiste-nous dans notre travail; et pardonne aussi à ces gens. » — « Ne te mêle pas de prier pour nous », déclare Dictys, le plus agile de tous pour grimper aux vergues, au sommet des mâts et s'en laisser glisser en se tenant à un cordage. Libys d'abord, puis le blond Mélanthus, le guetteur de proue, puis Alcimédon approuvent, et celui qui, de la voix, marquait aux rameurs l'arrêt ou le rythme de la nage, qui leur donnait du cœur au travail, Epopeus, puis tous les autres; tant les aveugle la convoitise du butin. « Non, je ne supporterai cependant pas sur ce navire le sacrilège d'embarquer un fardeau sacré, dis-je, ici, c'est moi qui ai le plus de droits. » Et, posté à l'entrée, je résiste. La fureur emporte le plus audacieux de la bande, Lycabas, qui, chassé d'une ville d'Etrurie [181], payait de l'exil un effroyable meurtre. Comme je m'obstine, de son poing juvénile il me coupa la respiration; et, du coup, il m'eût envoyé à la mer si je n'avais pas tenu bon, bien qu'étourdi, cramponné à un cordage. La troupe impie applaudit son geste. Alors enfin Bacchus, — car c'était Bacchus, — comme si le tumulte des voix l'avait tiré de sa torpeur et que, son ivresse dissipée, il recouvrait ses sens : « Que faites-vous ? quels sont ces cris ? dit-il. De quelle manière suis-je arrivé ici ? Où comptez-vous m'emmener ? » — « Ne crains rien, dit Proreus [182], et dis-nous quel port tu veux atteindre : on te débarquera sur le rivage que tu souhaites. » — « A Naxos, dit Liber; naviguez dans cette direction. C'est là ma demeure; la terre vous y sera hospitalière. » Les perfides jurent par la mer, par tous les dieux, qu'il sera ainsi fait, et me disent de livrer aux voiles la carène peinte. Naxos était à tribord [183]. Comme je mettais à la voile à tribord :

« Que fais-tu, insensé ? Quelle folie... ? » dit Opheltès.

Chacun craint pour son compte [184]. « Gouverne à babord. » La plupart me font, d'un signe de tête, connaître leur volonté, d'autres me la chuchotent à l'oreille. Interdit : « Qu'un autre prenne le gouvernail », dis-je, et je quittai mon poste où mon art eût été complice d'un crime. Je suis par tous accablé d'invectives et tout l'équipage murmure contre moi. L'un d'eux, Æthalion, déclare : « Vraiment, c'est donc sur toi seul que repose notre salut à tous! » Et il prend ma place lui-même et remplit mon office; et, abandonnant Naxos, il gouverne dans la direction opposée. Alors le dieu, ironique, comme s'il venait seulement enfin de s'apercevoir de leur perfidie, de la poupe recourbée examine la mer au large, et feignant de pleurer : « Ce ne sont pas là, matelots, les rivages que vous m'avez promis, dit-il, ce n'est pas sur cette terre que j'ai demandé d'aborder. Qu'ai-je fait pour mériter ce traitement ? Quelle gloire récolterez-vous, jeunes hommes, à vous jouer d'un enfant, à abuser du nombre contre un seul ? » Je m'étais mis aussi à pleurer. La troupe impie se rit de mes larmes et repousse, au rythme précipité de ses rames, la surface des flots. Et maintenant, par le dieu lui-même — car il n'est pas de dieu plus présent ici que lui — je te jure que mon récit est aussi véridique qu'il semble peu croyable. Le navire s'arrêta sur les flots, comme s'il était à sec sur le chantier. Stupéfaits, ils s'obstinent à frapper l'eau de leurs rames et déploient les voiles et tentent d'avancer avec ce double secours. Le lierre entrave les rames, serpente en flexibles enlacements et colore les voiles de ses lourds corymbes. Le dieu lui-même, couronné de rameaux couverts de grappes, brandit sa lance voilée de pampres. Autour de lui, sont couchés des tigres, des lynx, vaines apparences, de féroces panthères, à la robe tachetée. Mes hommes bondirent hors de leurs bancs, sous l'empire soit de la folie ou de la peur. Le premier, Médon se mit à devenir noir et son dos s'infléchit en courbe saillante. Lycabas commençait à lui dire : « En quel monstre te métamorphoses-tu ? » et, en parlant, sa bouche s'était élargie, les narines évasées, et sa peau durcie, couverte d'écailles. Et Libys, en essayant de retourner les rames immobilisées, en un instant vit ses mains se rétracter : ce n'était déjà plus des mains ; on pouvait maintenant les appeler des nageoires. Un second, qui voulait tirer sur les cordages enlacés par le lierre, se trouva sans bras, et, d'un bond en arrière de son corps tronqué, sauta à la mer ; une queue lui a poussé en forme de faucille, d'une courbe toute semblable à celle du croissant de la demi-lune. De tous côtés, ils sautent dans l'eau qu'ils font abondamment rejaillir autour d'eux, reparaissent à la surface, plongent de nouveau sous les flots ; ils se jouent, comme évoluerait un chœur de danse, bondissent en folâtrant, soufflent par leurs larges narines l'eau de la mer qu'ils ont aspirée. Sur vingt naguère — c'était le nombre que portait le navire — je restais seul. Glacé de terreur, tremblant de tous mes membres, j'avais peine à garder mes esprits, quand le dieu me rassura en me disant :

« Chasse toute crainte de ton cœur et gouverne sur Dia [185]. » Débarqué dans l'île, je fus admis aux mystères et je suis un adepte du culte de Bacchus [186].

« Si nous avons prêté l'oreille, dit Penthée, à ton suspect et interminable récit, c'est pour que notre colère pût, à la longue, se calmer. Serviteurs, à l'instant emmenez cet homme, torturez-le et, par de cruels supplices, plongez-le dans les ténèbres du Styx. » Aussitôt entraîné, le Tyrrhénien Acœtès est enfermé dans une solide prison. Mais, tandis que l'on prépare les cruels instruments de la mort à laquelle il est condamné, le fer et le feu, d'elles-mêmes, dit-on, les portes s'ouvrirent, et de ses bras tombèrent d'elles-mêmes, sans que nul les détachât, ses chaînes.

Le fils d'Echion s'obstine. Il ne donne plus l'ordre d'aller : il va lui-même en ce point où le Cithéron, choisi pour y célébrer les mystères, retentissait des chants et de la voix claire des Bacchantes. Comme un cheval fougueux, quand la trompette guerrière a, dans le bronze sonore, donné le signal, frémit et respire l'ardeur du combat, ainsi Penthée fut excité par les longs hurlements qui frappaient l'air, et sa colère, en entendant ces cris, se ralluma.

Il est à mi-côte de la montagne, bordée d'une ceinture de forêts, dégagée d'arbres, visible de toutes parts, une clairière. Là, comme de ses yeux profanes il contemplait les mystères, la première qui le voit, la première accourue d'une course folle, la première qui outragea son Penthée d'un coup de son thyrse, c'est sa mère. « Io, cria-t-elle! arrivez toutes deux, mes sœurs! Voilà le sanglier monstrueux, qui erre dans nos champs; c'est moi qui veux tuer ce sanglier! » Toute la troupe, prise de folie, se rue sur cet homme, qui est seul. Toutes ces femmes, en troupeau, se mettent à la poursuite du malheureux, tout tremblant : car maintenant il tremble, maintenant il tient des propos moins violents, maintenant il se condamne, maintenant il avoue sa faute. Blessé, cependant : « Au secours, sœur de ma mère, Autonoé! dit-il. Que l'ombre d'Actéon émeuve ton cœur [187]! » Elle, ne sait plus qui est Actéon, et arracha le bras droit du suppliant; Ino déchire l'autre et l'emporte. Le misérable n'a plus de bras à tendre à sa mère; mais montrant les blessures de son tronc dépouillé de ses membres : « Regarde, ô ma mère! » dit-il. A cette vue, Agaué poussa des hurlements, agita la tête en tous sens, secoua dans l'air ses cheveux; et lui arrachant la tête, qu'elle saisit de ses doigts ensanglantés, elle crie : « Io, mes compagnes, cette victoire est notre œuvre! » Le vent n'emporte pas plus vite du sommet de l'arbre les feuilles touchées par le froid de l'automne et tenant à peine, que des mains criminelles n'arrachèrent les membres de Penthée.

C'est averties par de tels exemples que les femmes de l'Isménus sont fidèles au culte nouveau, brûlent de l'encens et honorent les autels sacrés du dieu [188].

LIVRE QUATRIÈME

Les filles de Minyas. — Pyrame et Thisbé. — Vénus et Mars. — Leucothoé. — Clytié. — Salmacis et Hermaphrodite. — Athamas et Ino. — Cadmus et Harmonia. — Persée. — Atlas. — Andromède.

LES FILLES DE MINYAS

Pourtant, Alcithoé, la fille de Minyas [189], se refuse à accueillir les mystères du dieu; obstinée dans sa témérité, elle nie que Bacchus soit le fils de Jupiter, et ses sœurs partagent son impiété. Le prêtre avait donné l'ordre de célébrer la fête. Abandonnant leur travail, servantes et maîtresses devaient se couvrir la poitrine d'une peau de bête, dénouer les bandelettes retenant leur chevelure, pour placer une couronne sur leurs cheveux, et prendre dans leurs mains les thyrses feuillus. Il avait prédit que terrible, en cas d'offense, serait la colère du dieu. Docilement, matrones et jeunes femmes laissent là la toile et les corbeilles et leur tâche inachevée, brûlent l'encens, invoquent Bacchus, sous les noms de Bromius, de Lyæus, de fils du feu, deux fois engendré et, seul, ayant eu deux mères; à ces noms s'ajoutent ceux d'enfant de Nysa, de Thyoneus à la chevelure vierge, de Lénæus, qui lui est donné pour avoir planté la vigne, source de joie, de Nyctélius, d'Eléleus, notre père, d'Iacchus, d'Euhan, sans compter les innombrables noms que tu portes, Liber, à travers les peuples grecs [190]. Car tu possèdes l'immarcescible jeunesse, tu es l'enfant éternel, le plus beau que l'on puisse voir du haut du ciel. Ta tête, quand tu te dresses sans cornes [191], est celle d'une vierge. L'Orient t'est assujetti jusqu'au point extrême où le Gange baigne l'Inde et son peuple au teint mat. C'est toi, ô dieu, à qui nous devons hommage, qui immoles Penthée et Lycurgue [192], armé de la bipenne, deux sacrilèges; toi qui précipites à la mer les Thyrrhéniens [193]; toi qui courbes le cou, orné de rênes aux couleurs éclatantes, de ton attelage de lynx. Les Bacchantes et les Satyres forment ta suite, avec le vieillard ivre qui soutient d'un bâton ses membres titubants et a peine à garder son assiette sur l'échine courbée de son âne [194]. Partout où tu passes, les clameurs des jeunes hommes, accompagnées des voix des femmes, des tambourins vibrant sous les paumes et des cymbales creuses de bronze, retentissent, et chante le long tuyau de la flûte de buis [195]. « Viens à nous, apaisé et plein de mansuétude », implorent les femmes de l'Isménus [196]. Et elles accomplissent les rites prescrits. Seules les filles de Minyas, chez elles, troublant la fête par une intempestive application aux travaux de Minerve, étirent la laine, ou roulent le fil sous leur pouce, ou se penchent sur la toile et stimulent l'ardeur au travail de leurs servantes. L'une d'elles, tout en allongeant sous son pouce léger le fil : « Tandis que les autres chôment et se pressent à célébrer un culte mensonger, nous, de notre côté, que retient ici Pallas, divinité plus assurée, allégeons, dit-elle, l'utile besogne qu'accomplissent nos mains par la diversité de nos propos; et, tour à tour, pour éviter que le temps nous paraisse long, racontons quelque histoire qui occupera nos oreilles oisives. » Approuvant sa proposition, ses sœurs la prient d'en conter une la première. Elle réfléchit : parmi tant de récits, car elle en connaissait un grand nombre, lequel faire ? Elle hésite : contera-t-elle ton histoire, Dercétis la Babylonienne, que les Palestiniens croient, métamorphosée et les membres cachés sous des écailles, avoir causé les remous des étangs [197] ? Ou plutôt dira-t-elle comment sa fille, revêtue de plumes, passa ses dernières années sur de blanches tours [198] ? Ou comment une naïade, par ses incantations et grâce à des herbes trop efficaces, transforma en poissons muets des jeunes hommes, jusqu'au jour où elle subit le même sort [199] ? Ou comment un arbre qui portait des fruits blancs éclaboussé de sang, en porte maintenant de noirs ? Ce dernier sujet lui agrée. Et, comme l'aventure n'est guère connue, elle commença en ces termes, tandis que sous sa main continue à s'allonger la laine.

PYRAME ET THISBÉ

« Pyrame et Thisbé, lui le plus beau des jeunes hommes, elle surpassant toutes les jeunes filles que vit naître l'Orient, habitaient des maisons contiguës, en ces lieux où Sémiramis, dit-on, ceignit une ville de hautes murailles de briques [200]. Ils firent connaissance, et leur amour connut ses premiers progrès grâce à ce voisinage. Avec le temps grandit cet amour. Les torches nuptiales les eussent légitimement unis, si leurs pères ne s'y étaient opposés. Mais — à cela ils ne pouvaient s'opposer — tous deux, le cœur épris, brûlaient d'une même ardeur. En l'absence de tout confident, signes et gestes sont leur langage; et plus il couve, caché, plus brûlant en eux est ce feu. Une mince lézarde, qui s'était produite jadis, au temps de la construction, avait fendu le mur mitoyen de leurs deux maisons. Cette malfaçon, que personne au cours de longs siècles n'avait remarquée, les premiers — de quoi ne s'aperçoit pas l'amour ? — vous la vîtes, amants, et c'est par là que vous fîtes passer votre voix. En toute sûreté, par ce chemin, vous aviez coutume d'échanger, murmurés à voix basse, vos doux propos. Souvent, quand postés, Thisbé d'un côté, Pyrame de l'autre, ils avaient recueilli tour à tour le souffle de leur bouche : « Mur jaloux, disaient-ils, pourquoi dresser ton obstacle entre deux amants ? Que donnerions-nous pour que tu nous permettes de nous étreindre corps à corps ou, si c'était là trop, que tu t'ouvrisses au moins pour les baisers que nous échangerions! Mais nous ne sommes pas des ingrats. Nous te devons — nous en faisons l'aveu — d'avoir donné passage à nos propos jusqu'aux oreilles chéries. » Après avoir ainsi échangé de vaines paroles, chacun de sa place, à la nuit, ils se dirent adieu, prodiguant chacun à sa paroi des baisers qui n'arrivaient pas de l'autre côté. L'aurore du jour suivant avait chassé les astres nocturnes, et le soleil, de ses rayons, séché la rosée sur les herbes; ils se retrouvèrent à leur place accoutumée. Alors, après avoir, à mi-voix, dans un murmure, exhalé longuement leurs plaintes, ils décident d'essayer, dans le silence de la nuit, de tromper leurs gardiens et de franchir les portes; puis, une fois sortis de leur maison, de quitter l'abri même de la ville. Et, pour éviter de s'égarer en errant à travers champs, ils se donnent rendez-vous au bûcher de Ninus [201], où ils se cacheront à l'ombre d'un arbre. Il y avait là un arbre couvert de fruits de neige, un haut mûrier, dans le proche voisinage d'une source fraîche. Ce plan leur agrée, et le jour leur parut bien long à décroître. Le soleil plonge dans la mer, et de ces mêmes eaux surgit la nuit.

« Adroitement, à la faveur des ténèbres, Thisbé a fait

tourner la porte sur ses gonds; elle sort et trompe la vigilance des siens, et, le visage voilé, parvient au tombeau, s'assied sous l'arbre convenu. L'amour la rendait audacieuse. Mais voici qu'une lionne, qui vient d'égorger des bœufs, le mufle tout couvert d'écume, arrive pour étancher sa soif dans l'onde de la source voisine. De loin, aux rayons de la lune, la Babylonienne Thisbé l'a vue et court, toute tremblante, se réfugier dans l'obscurité d'une grotte. En fuyant, elle perdit son voile, tombé de ses épaules. Quand la féroce lionne eut, à longs traits, bu et apaisé sa soif, en rentrant dans les bois, trouvant par hasard, sans sa maîtresse, le léger voile, de sa gueule ensanglantée elle le mit en pièces. Pyrame, sorti plus tardivement, releva dans l'épaisse poussière les traces indubitables de la bête, et la pâleur envahit tout son visage. Mais, quand il découvrit aussi l'étoffe teinte de sang : « Une même nuit, s'écria-t-il, causera la perte de deux amants; des deux, elle était la plus digne d'une longue vie; pour moi, combien je me sens coupable! C'est moi, malheureuse, qui t'ai tuée, en te demandant de venir de nuit dans des lieux où règne la peur, en n'arrivant pas ici avant toi. Déchirez mon corps, faites disparaître sous votre dent féroce ces entrailles criminelles, ô vous, lions, dont cet antre rocheux est la demeure! Mais c'est lâcheté de souhaiter seulement la mort! » Il ramasse le voile de Thisbé et l'emporte avec lui à l'ombre de l'arbre du rendez-vous. Et quand il eut couvert de larmes l'étoffe familière, quand il l'eut couverte de baisers : « Imprègne-toi aussi maintenant, dit-il, de notre sang! » Et, du fer qu'il portait à la ceinture, il se perça le flanc, puis, aussitôt, il le retira, mourant, de sa blessure où le sang bouillonne. Quand il fut tombé étendu sur le dos, un jet de sang jaillit, tout de même que, lorsqu'un tuyau de plomb en mauvais état se coupe, et par l'étroite ouverture, laisse échapper un long jet d'eau qui frappe et fend, avec un sifflement, les airs. Les fruits de l'arbre, couverts d'éclaboussures sanglantes, tournent au noir. Et la racine, arrosée de sang, teint de pourpre sombre les mûres qui pendent aux branches [201].

« Et voici que, mal remise de sa peur, mais craignant d'induire en erreur son amant, Thisbé revient; des yeux et du cœur, elle cherche le jeune homme, brûlant de lui raconter à quels grands périls elle a échappé. Elle reconnaît bien les lieux et, dans l'arbre qu'elle voit, sa forme, mais la couleur des fruits la rend incertaine. Elle hésite :

est-ce bien celui-là ? Comme elle se le demande, elle voit, avec terreur, les soubresauts d'un corps sur le sol baigné de sang; elle recula, et, le visage plus pâle que le buis, elle frissonna d'horreur, comme frémissent les flots lorsqu'une faible brise ride leur surface. Mais, quand, s'étant arrêtée, elle reconnut l'objet de son amour, elle frappe bruyamment à coups redoublés ses bras qui n'en peuvent mais; et, s'arrachant les cheveux, enlaçant le corps adoré, elle combla les blessures de ses larmes et mêla ses pleurs au sang qui en coulait; et, collant ses lèvres au visage déjà glacé : « Pyrame, cria-t-elle, quelle disgrâce t'arracha à mon amour ? Pyrame, réponds-moi; c'est ta chère, si chère Thisbé qui t'appelle. Entends-la et soulève vers elle ton visage abattu ! » Au nom de Thisbé, Pyrame leva ses yeux déjà appesantis par la mort et, quand il l'eut vue, les referma. Elle, lorsqu'elle eut reconnu son voile et vu le fourreau d'ivoire sans épée : « Ta propre main, dit-elle, et l'amour ont causé ta perte, malheureux. Mais j'ai une main, moi aussi, qui aura le courage d'en faire autant, et j'ai un amour qui me donnera la force de me porter ce coup. Je te suivrai dans la mort, et tous diront qu'au comble de la misère, j'ai été la cause et la compagne de ton trépas. Et toi, dont la mort seule, hélas ! pouvait me séparer, tu ne pourras pas, même par la mort, être séparé de moi. Ecoutez, cependant, notre commune prière, ô vous qu'accable le malheur, toi mon père, vous le sien : à ceux qu'un amour profond, à ceux que leur dernière heure ont unis, ne refusez pas d'être ensemble déposés dans le même tombeau. Pour toi, arbre qui de tes branches ne recouvres maintenant qu'un seul corps misérable, qui bientôt en couvriras deux, garde les marques du sang répandu, porte à jamais de sombres fruits, qui conviennent au deuil, en souvenir de notre double trépas. » Elle dit, et après en avoir appliqué la pointe au bas de sa poitrine, elle pesa sur le fer encore tiède de sang. Sa prière cependant fut entendue des dieux, entendue des deux pères. Car la couleur du fruit du mûrier, arrivé à maturité, est noire, et les restes échappés aux deux bûchers reposent dans une même urne. »

VÉNUS ET MARS, LEUCOTHOÉ, CLYTIÉ

La conteuse avait fini. Il se passa un court instant avant qu'à son tour prît la parole Leuconoé. Ses sœurs restèrent silencieuses. « Lui aussi, le dieu dont l'astre, de sa lumière, règle tout dans le monde, le Soleil, a ressenti l'amour; nous raconterons les amours du Soleil. Le premier, croit-on, ce dieu vit l'adultère de Vénus avec Mars [303]. Ce dieu voit tout le premier. Il en fut indigné et dénonça au mari, fils de Junon, l'affront clandestin fait à sa couche et le lieu où il se perpétrait. Vulcain en sentit lui échapper à la fois sa raison et l'objet que tenait sa main sur l'enclume. Sans tarder, à la lime, il façonne de minces chaînes de bronze, un filet, des lacets tels qu'ils fussent invisibles pour l'œil. Les fils les plus ténus ne l'emporteraient pas sur son œuvre, ni la toile que l'araignée suspend à la poutre du plafond; il sait les rendre sensibles aux plus légers contacts, aux moindres mouvements, et les dispose habilement tout autour du lit. Lorsque se rencontrèrent sur la même couche l'épouse et le dieu adultère, grâce à l'art du mari et retenus par ces liens d'un dispositif tout nouveau, tous deux au milieu de leurs embrassements se trouvent immobilisés, prisonniers. L'habitant de Lemnos, aussitôt, ouvrit tout grands les battants d'ivoire et fit entrer les dieux. Les coupables restèrent couchés, piteusement attachés ensemble. Et l'un des dieux, mis en gaîté, souhaite subir la même honte. Les Olympiens se mirent à rire, et l'aventure fut longtemps la fable des habitants du ciel.

« La déesse de Cythère veut tirer une vengeance mémorable de la dénonciation, et blesse à son tour d'un amour tout pareil celui qui a violé le secret de ses amours. De quoi, maintenant, fils d'Hypérion [204], ta beauté, ton éclat, la lumière qu'épanchent tes rayons, te servent-ils ? Voici que toi, qui de tes feux embrases la terre entière, tu t'embrases d'un feu nouveau, et toi, qui dois tout voir, à la vue de Leucothoé, tu n'attaches plus que sur cette vierge seule des regards dus au monde entier. Tantôt tu surgis plus tôt à l'orient dans le ciel, tantôt plus tardivement tu plonges dans les ondes, ou bien, retardé par ta contemplation, tu prolonges les heures d'hiver; parfois, tu as une défaillance et ta lumière se ressent du trouble de ton âme; et, t'obscurcissant, tu terrorises le cœur des mortels. Ce n'est pas que le disque de la lune, plus proche de la terre, s'interpose [205]; si tu pâlis, c'est ton amour qui te décolore. Tu n'aimes qu'elle. Ni Clyméné, ni Rhodos, ni la mère si belle de Circé, l'habitante d'Æa, ne te touchent plus, ni Clytié, qui, bien que dédaignée, souhaitait ta couche, et, dans ce temps même, saignait d'une profonde blessure [206]. Leucothoé t'inspira l'oubli de tant d'amantes, Leucothoé qu'au pays des parfums mit au monde Eurynomé [207], belle entre toutes. Mais, quand sa fille eut grandi, autant la mère l'avait emporté sur toutes les autres, autant l'emporta la fille sur la mère. Son père, Orchamus, était roi des villes Achéménides et figure le septième dans la liste des rois issus du vieux Bélus [208].

« C'est sous le ciel de l'Hespérie que sont les pâturages des chevaux du Soleil. L'ambroisie remplace pour eux le gazon. C'est elle qui nourrit leurs membres fatigués par leur service pendant le jour et répare leurs forces pour leur travail. Tandis qu'en ces lieux ses coursiers broutent la pâture céleste et que la nuit, à son tour, accomplit sa tâche, le dieu pénètre dans la chambre de celle qu'il aime, après avoir pris les traits de sa mère Eurynomé; là, entourée de douze servantes, il voit Leucothoé, à la lampe, étirant le fil lisse qu'elle enroule sur le fuseau. Donc, après que, comme une mère à sa fille chérie, il lui eut prodigué ses baisers : « Il s'agit, dit-il, d'un secret. Servantes, retirez-vous et n'empêchez pas une mère de causer, si cela lui plaît, seule à seule avec sa fille. » Elles avaient obéi, et le dieu, une fois la chambre restée sans témoin : « C'est moi qui suis, dit-il, celui qui, tout au long de l'année, en marque les étapes, celui qui voit tout, par qui la terre voit tout, l'œil du monde. Crois-moi, tu as touché mon cœur. » Elle tremble d'effroi; de crainte ses doigts s'ouvrirent, quenouille et fuseau en tombèrent. La peur même l'embellit. Et lui, sans plus attendre, reprit son aspect véritable et son habituel éclat. Alors la jeune fille, malgré sa terreur à cette apparition inopinée, vaincue par la splendeur du dieu, se laissa faire violence, renonçant à se plaindre.

« La jalousie de Clytié fut mise en éveil, car l'amour du Soleil pour elle n'avait pas connu de bornes; poussée par sa colère contre sa rivale, elle divulgue à tout venant la liaison criminelle et, en termes infamants, la dénonce au père. Celui-ci, blessé dans son honneur et implacable, malgré les prières de sa fille qui tendait les bras vers la lumière du Soleil et répétait : « Il m'a fait violence malgré moi », sans se laisser attendrir, l'enfouit profondément dans la terre et amoncelle au-dessus un lourd tas de sable. De ses rayons, le fils d'Hypérion le disperse et te fraie un passage, infortunée, par où tu puisses rendre au jour ton visage enseveli; mais tu ne pouvais plus, ô nymphe, soulever ta tête asphyxiée sous le poids de la terre, et tu n'étais plus qu'un corps exsangue couché dans la tombe. Jamais, dit-on, le conducteur des chevaux ailés n'avait, depuis l'embrasement de Phaéton, rien contemplé de plus douloureux. Il cherche s'il peut, par la vertu de ses rayons, dans les membres glacés ranimer la chaleur de la vie. Mais, comme le destin s'oppose au succès de si grands efforts, il arrosa le corps et la place d'un nectar parfumé; puis, après s'être épanché en plaintes : « Tu parviendras cependant jusqu'à l'air », dit-il. Aussitôt, imprégné du céleste nectar, le corps en se dissolvant baigna la terre de son parfum, et un plant d'encens, dont peu à peu les racines avaient tracé à travers la glèbe, poussa et de sa pointe perça le tertre.

« Pour Clytié, bien que l'amour pût être l'excuse de son dépit, et son dépit celle de sa dénonciation, le dieu du jour ne la revit plus et désormais renonça aux joies de Vénus en sa compagnie. Depuis ce jour, la nymphe, entraînée par son amour à un acte de folie, dépérit, incapable de rien supporter; et, nuit et jour, elle reste en plein air, assise sur la terre nue, nu-tête, échevelée. Neuf jours de suite, sans boire ni manger, elle nourrit son jeûne de simple rosée et de ses larmes, sans se lever de terre. Elle contemplait seulement la face du dieu et suivait sa course en tournant vers lui son visage. Ses membres, dit-on, adhérèrent au sol; une pâleur livide les décolore en partie et les transforme en tiges exsangues; une partie reste rouge et une fleur toute semblable à la violette cache sa tête. Bien que retenue par sa racine, elle se tourne vers son cher Soleil et, même métamorphosée, elle lui garde son amour[209]. »

SALMACIS ET HERMAPHRODITE

Leuconoé avait achevé, et la merveilleuse aventure avait captivé ses auditrices. Les unes la déclarent invraisemblable, les autres rappellent que tout est possible pour les véritables dieux. Mais Bacchus ne compte pas parmi eux. On sollicite Alcithoé, après que ses sœurs se furent tues. Celle-ci, tout en laissant courir sa navette entre les fils verticaux de sa toile : « Je passe sous silence, dit-elle, les amours souvent contées du berger de l'Ida, Daphnis, que le ressentiment d'une nymphe contre une rivale métamorphosa en rocher[210]; si grands sont les ravages du feu de la douleur chez les amants! Et je ne raconte pas comment, jadis, par une dérogation aux lois de la nature, être ambigu, Sithon fut tantôt homme, tantôt femme [211]. Et de toi non plus, aujourd'hui de fer infrangible, autrefois modèle de fidélité à Jupiter enfant, Celmis, de vous, Curétes, fils d'une abondante pluie, ni de Crocos, changé avec Smilax en petite fleur, je ne dis rien [212]; c'est par une touchante aventure ignorée de vous que je retiendrai votre attention.

« D'où vient que Salmacis soit décriée, pourquoi l'action malfaisante de ses eaux énerve-t-elle et ramollit-elle les membres qu'elles ont touchés ? Apprenez-le. La cause en est ignorée, mais bien connues sont les propriétés de la source. Un enfant étant né de Mercure et de la déesse de Cythère, il fut nourri par les naïades dans les grottes de l'Ida; son visage était tel qu'on y pouvait reconnaître les traits de son père et de sa mère; c'est aussi d'eux qu'il tira son nom [213]. Quand il eut accompli sa quinzième année, il abandonna les montagnes de sa patrie, et, quittant l'Ida qui l'avait nourri, il était tout à la joie d'errer dans des lieux inconnus, de voir des fleuves inconnus; la curiosité lui rendait plus légère la fatigue. Il visite aussi les villes lyciennes et les Cariens, voisins de la Lycie. Là, il voit un étang dont l'eau est transparente jusqu'au fond. Il n'y pousse ni roseaux de marais, ni herbes stériles, ni joncs à la pointe acérée; le regard en traverse l'onde limpide. Pourtant, les confins de l'étang sont bordés de gazon vivace et d'herbes toujours vertes. Une nymphe l'habite, mais peu faite pour la chasse; elle n'est pas de celles qui sont habituées à tendre un arc ou à forcer le gibier à la course; c'est la seule des naïades qui soit inconnue de la rapide Diane. Souvent, rapporte-t-on, ses sœurs lui ont dit : « Salmacis, prends un javelot ou un carquois peint de vives couleurs, et coupe ton oisiveté des dures fatigues de la chasse. » Elle ne prend ni javelot ni carquois aux vives couleurs, et elle ne coupe pas son oisiveté des dures fatigues de la chasse. Mais tantôt elle baigne longuement dans sa propre fontaine ses beaux membres; souvent elle passe un peigne du Cytore [214] dans ses cheveux, et elle consulte sur ce qui lui sied l'eau où elle se mire. Tantôt, le corps enveloppé d'un voile transparent, elle s'étend sur une molle couche de feuilles ou d'herbes. Souvent elle cueille des fleurs. Elle en cueillait aussi par hasard ce jour-là, quand elle vit l'enfant, et, l'ayant vu, elle souhaita de le posséder. Elle ne l'aborda pas cependant, quelle que fût sa hâte de l'aborder, avant d'avoir vérifié sa parure et, d'un regard circulaire, les plis de son voile, d'avoir assuré l'expression de son visage et fait tout ce qu'il fallait pour paraître belle. Elle prit alors la parole en ces termes : « Enfant, digne entre tous qu'on te croie un dieu, si tu es un dieu, tu peux être Cupidon; si tu es un mortel, heureux ceux à qui tu dois le jour, heureux aussi ton frère, bien heureuse certes, si tu en as une, ta sœur, et la nourrice qui t'a donné le sein. Mais, bien plus que tous, bien plus heureuse celle qui est ta fiancée, si tu en as une, la femme, s'il en est une, que tu honoreras de la torche nuptiale. Si tu en as une, je consens à ne prendre de toi qu'un furtif plaisir; si ce n'est aucune autre, que ce soit moi; viens, partageons la même couche. » La naïade se tut alors. La rougeur couvrit le visage de l'enfant; car il ignore ce qu'est l'amour. Mais cette rougeur même lui seyait. C'est la couleur des fruits aux branches d'un arbre exposé au soleil, ou celle de l'ivoire empourpré, ou celle de la lune quand sa blancheur se teinte de rouge, aux moments où résonne vainement le bronze pour lui porter secours [215]. Comme la nymphe lui demandait, avec insistance, tout au moins des baisers de sœur, et déjà portait les mains à son cou d'ivoire : « As-tu fini ? Sinon, je m'en vais et je vous quitte, toi et ton étang! » Salmacis prit peur : « Je te laisse la place libre, ô étranger », dit-elle, et elle feint de s'éloigner en revenant sur ses pas. Non toutefois sans jeter encore un regard derrière elle; puis, elle se dissimula à l'abri d'un épais buisson et s'agenouilla. L'enfant, qui se croit seul dans la prairie et ignore qu'on l'observe, va d'ici de là, et mouille dans l'onde, où se joue la brise, la plante de ses pieds, de la pointe au talon. Et, sans hésiter, séduit par la tiédeur de l'eau qui le caresse, il rejette loin de son corps délicat ses souples vêtements. Salmacis, interdite, s'enflamma de désir pour ce beau corps nu. Les yeux de la nymphe brillent, tout de même que brille de tout son éclat le disque sans tache de Phœbus quand l'image s'en reflète dans un miroir qu'on lui présente. Elle maîtrise mal son impatience, elle a peine à retenir ses transports; elle brûle maintenant de l'étreindre, elle contient mal sa folle ardeur. L'enfant, après s'être donné du creux des mains quelques claques sur le corps, saute à l'eau, et nage d'un mouvement alterné des bras dans l'onde limpide au travers de laquelle il luit, comme les statuettes d'ivoire ou les lis blancs quand on les couvre d'un verre transparent. « Victoire! Il est à moi! » s'exclame la naïade; et rejetant au loin tous ses vêtements, elle s'élance en pleine eau, saisit l'enfant qui se débat, lui arrache, à la faveur de la lutte, des baisers, glisse sous lui ses mains, caresse malgré lui sa poitrine. Le jeune homme se sent enveloppé tantôt d'un côté, tantôt de l'autre; enfin, malgré sa résistance et ses tentatives pour lui échapper, elle l'enlace; ainsi le serpent que retient dans ses serres et emporte dans les airs l'oiseau royal; suspendu, il emprisonne la tête, les pattes du ravisseur, et de sa queue s'enroule autour des ailes éployées; ou tel le lierre enveloppe les grands troncs; ou tel enfin le poulpe, aux profondeurs des mers, immobilise son ennemi prisonnier dans ses tentacules jetés de tous côtés. Le descendant d'Atlas [216] résiste et refuse à la nymphe les voluptés qu'elle se promet. Elle resserre son étreinte, et de tout son corps engagée dans la lutte, elle ne faisait plus qu'un, eût-on dit, avec l'enfant : « Tu peux te débattre, méchant, dit-elle, mais tu ne m'échapperas pas! O dieux, ordonnez que jamais cet enfant ne puisse se détacher de moi, ni moi de lui. » Ces vœux trouvèrent les dieux favorables. Car leurs corps à tous deux sont mêlés dans une intime union et n'ont plus à deux qu'un aspect unique. De même que si l'on rabat la même écorce sur deux rameaux, on les voit, en croissant, se joindre et grandir ensemble comme une même branche, de même, depuis que leurs membres se sont mêlés en une étreinte tenace, ce ne sont plus deux êtres, et pourtant ils participent d'une double nature; et, sans que l'on puisse dire que c'est une femme ni un enfant, l'aspect n'est celui ni de l'un ni de l'autre, en même temps qu'il est celui des deux. Quand donc l'enfant voit que ces eaux limpides, où il était entré homme, ont fait de lui un demi-mâle, que, pour s'y être plongé, la vigueur de ses membres s'est amollie, tendant les mains, mais d'une voix qui n'est déjà plus celle d'un homme, Hermaphrodite s'écrie : « Accordez cette grâce, ô mon père, ô ma mère, à votre fils qui porte vos deux noms : que tout homme qui se sera baigné dans cette fontaine n'en sorte plus qu'un homme à moitié, et, dès qu'il aura touché ces eaux, perde aussitôt sa force. » Emus, ses deux parents exaucèrent le vœu de leur fils désormais à double forme, et diluèrent dans les eaux de la fontaine un philtre aux effets malfaisants [217]. »

Le récit était terminé. Mais les filles de Minyas pressent encore le travail, au mépris du dieu dont elles profanent la fête. Tout à coup éclatèrent les rauques accents de tambourins invisibles, résonne la flûte au pavillon recourbé et tinte l'airain. Une odeur se répand de myrrhe et de safran; et voici que, prodige incroyable, les toiles se mettent à verdir et les étoffes suspendues à se couvrir de feuilles de lierre. Une partie se transforme en vignes, et ce qui était fil naguère se change en sarment. De la chaîne tendue sur le métier, sort du pampre; la pourpre marie son éclat aux vives couleurs des raisins. Et maintenant la journée était révolue, et peu à peu venait le moment que l'on ne pourrait appeler ni ténèbres ni lumière, mais qui cependant, encore lumineux, confine à la nuit encore incertaine. Soudain il semble que la maison soit ébranlée, que des torches baignées d'huile s'allument, et de leurs feux rougeâtres illuminent le palais, que d'illusoires fantômes de bêtes féroces le font retentir de hurlements. A travers la fumée qui emplit la demeure, les sœurs n'ont pas attendu pour courir se cacher, et se sont réfugiées chacune en quelque lieu, pour se soustraire à la flamme et à la lumière. Tandis qu'elles gagnent leur retraite, une membrane s'étend sur leurs membres rapetissés et emprisonne leurs bras dans la mince contexture d'une aile. De quelle manière ont-elles perdu leur ancienne forme ? L'obscurité ne leur permet pas de le savoir. Ce ne sont pas des plumes qui les ont soulevées du sol; et pourtant elles se soutinrent dans l'air avec des ailes transparentes. Elles tentent de parler et n'émettent qu'un son réduit en proportion de leur corps, et leurs plaintes ténues s'achèvent en cri aigu. Ce sont les maisons, non les bois, qu'elles hantent. Elles abhorrent la lumière et volent la nuit, et leur nom est tiré de Vesper, l'étoile de l'heure tardive [218].

ATHAMAS ET INO

En ce temps donc, il n'y avait dans Thèbes tout entière qu'une voix sur la divinité de Bacchus, et sa tante [219] proclame en tous lieux les grands effets de la puissance du nouveau dieu. Parmi tant de sœurs, seule elle n'avait connu de douleur que celle que lui avaient causée ses sœurs. Junon la voit, tout enorgueillie de ses fils, de la couche d'Athamas qu'elle partage, du dieu qui fut son nourrisson. C'en fut trop, et : « Ce fils né d'une rivale, se dit-elle, a pu métamorphoser et plonger dans la mer les matelots de Mæonie, donner les chairs de son fils à déchirer à sa propre mère et emprisonner les trois filles de Mynias dans des ailes d'un genre nouveau; et Junon ne pourra rien, sinon pleurer des affronts impunis ? Et cela me suffit ? Voilà donc tout notre pouvoir ? Il me dicte lui-même ma conduite; on a le droit d'accepter, même d'un ennemi, une leçon. Ce que sont les effets de la fureur, par le meurtre de Penthée il en donne une démonstration suffisante et au-delà. Pourquoi Ino n'en sentirait-elle pas l'aiguillon et ne suivrait-elle pas, par ses propres fureurs, l'exemple de ses proches ? »

Il est une route en pente, qu'obscurcit l'ombre funèbre de l'if; elle conduit, dans un silence que ne rompt aucune voix, à l'infernal séjour. Le Styx aux eaux mortes y exhale ses vapeurs, et par là descendent les ombres des morts récents, les spectres en règle avec le tombeau [220]. La pâleur et le froid détendent leur empire sur ces lieux désolés. Et les Mânes des morts nouveaux ignorent par où ils passent, quelle route conduit à la ville du Styx, où se trouve le palais de l'impitoyable et ténébreux Pluton. La ville, faite pour un peuple innombrable, a mille accès et des portes ouvertes de toutes parts, Et, de même que la mer reçoit les fleuves de la terre entière, ainsi ces lieux reçoivent toutes les âmes, sans être trop petits pour aucun afflux de population ni sentir l'invasion d'aucune foule. Privées de sang, de corps et d'os, des ombres y errent. Les unes hantent le forum, d'autres la demeure du souverain des Enfers, d'autres exercent des métiers, à l'imitation de leur vie d'autrefois, d'autres enfin subissent leur supplice. C'est là que se résout à se rendre, abandonnant sa demeure céleste — tant elle se résignait à faire pour sa haine et sa colère — la fille de Saturne, Junon.

Dès qu'elle y pénétra et que, sous le poids de son corps sacré, le seuil eut gémi, Cerbère leva sa triple gueule et lança à la fois un triple aboiement. Junon appelle les sœurs nées de la Nuit, redoutables et implacables divinités [221]; elles étaient assises devant les portes de la prison aux vantaux d'acier, et peignaient leur chevelure emmêlée d'horribles serpents. Dès qu'elles la reconnurent à travers les ténèbres du brouillard, les déesses se levèrent. Ce séjour se nomme le séjour du crime. Tityos y offrait ses entrailles à déchirer, et de son corps écartelé couvrait neuf arpents. Et toi, Tantale, tu ne peux jamais saisir l'eau, et les branches, au-dessus de ta tête, fuient ta main. Toi, Sisyphe, tu cherches à saisir ou à rouler ton rocher qui va choir. Ixion, sur sa roue, se poursuit lui-même, sans s'atteindre. Et les petites-filles de Bélus, dont la coupable audace ourdit le meurtre de leurs cousins, puisent sans arrêt une eau qu'elles ne pourront retenir [222].

Quand elle les eut tous vus de son œil menaçant, et, le premier de tous, Ixion, ramenant de celui-ci son regard sur Sisyphe : « Pourquoi, dit-elle, entre tous ses frères [223], celui-ci subit-il un châtiment éternel, alors qu'un riche palais est la demeure de l'orgueilleux Athamas, qui, avec son épouse, n'a jamais eu pour moi que mépris ? » Et elle expose les raisons de sa haine et de son voyage, et ce qu'elle voudrait. Ce qu'elle aurait voulu, c'était la ruine du palais de Cadmus et que les trois sœurs entraînassent Athamas au crime. Ordre, promesses, prières, se pressent à la fois dans sa bouche, avec les sollicitations aux déesses. Lorsqu'eut ainsi parlé Junon, Tisiphone, agitant ses cheveux blancs, sans souci de leur désordre, et écartant de sa bouche les couleuvres qui l'empêchaient de parler : « A quoi bon, dit-elle, de longs détours. Considère comme exécutés tous tes ordres; quitte cet odieux royaume et va retrouver l'air du ciel, qui te convient mieux. » Junon repart toute joyeuse. Comme elle s'apprêtait à rentrer dans le ciel, la fille de Thaumas, Iris, fit ruisseler sur elle une eau purificatrice [224].

Sans retard, la cruelle Tisiphone saisit une torche toute mouillée de sang, revêt un manteau rougi dans un bain de sang, d'un serpent enroulé se fait une ceinture et sort de sa demeure. Le Deuil accompagne sa marche, avec la Peur, la Terreur et la Démence au visage inquiet. Elle s'était arrêtée sur le seuil. Les portes du fils d'Æolus [225] tremblèrent, dit-on, la couleur des vantaux d'érable pâlit, et le Soleil s'enfuit de ces lieux. L'épouse fut terrifiée par ces prodiges, et Athamas fut terrifié avec elle. Ils s'apprêtaient à quitter leur toit; la funeste Erinys leur barra la route et s'installa devant la porte, puis, étirant les bras hors des nœuds des vipères qui les enlacent, elle secoua en les éparpillant ses cheveux. Agitées, les couleuvres bruirent; les unes sont allongées sur ses épaules, les autres, qui pendent autour de sa poitrine, sifflent, épanchent leur bave, dardent une langue menaçante. Alors, du milieu de sa chevelure, elle arrache deux serpents et une fois arrachés, de sa main qui sème la contagion, les brandit et les lança. Ils vont ramper sur le sein d'Ino et celui d'Athamas, exhalant leur souffle fétide. Ils ne font aux membres nulle blessure; c'est l'esprit des malheureux qui doit ressentir une affreuse commotion. Elle avait apporté avec elle aussi un horrible liquide empoisonné, fait de la bave de la gueule de Cerbère, et du venin d'Echidna [226], des égarements de la folie, de l'amnésie qui aveugle l'esprit, du crime, des larmes, de la rage, de la soif du meurtre, le tout broyé ensemble, et ce mélange, lié de sang frais, elle l'avait fait cuire dans un récipient de bronze, en l'agitant avec une branche verte de ciguë. Profitant de leur épouvante, dans le sein de ses deux victimes elle verse ce poison qui fera naître en elles la fureur, et les bouleversa jusqu'au fond des entrailles. Alors, de sa torche qu'elle brandit, elle décrit coup sur coup un même cercle, où dans le mouvement rapide, la flamme rejoint la flamme. Après quoi, victorieuse et l'ordre exécuté, elle revient au pays des ombres où règne Pluton, et dénoue le serpent qu'elle avait pris pour ceinture.

Aussitôt le fils d'Æolus, en proie à la folie, au milieu de son palais s'écrie : « Io! camarades, tendez vos filets dans ces forêts! Je viens d'y voir, en compagnie de ses deux petits, une lionne! » Et il se lance, comme sur la piste d'une bête féroce, à la poursuite de son épouse, hors de lui. Du sein de sa mère, il arrache Léarchus, qui lui rit et lui tend ses petits bras, deux ou trois fois le fait tournoyer dans les airs, comme une fronde et fracasse férocement contre un rude rocher la face de l'enfant. Alors, de son côté, la mère, égarée, soit sous l'empire de la douleur, soit par l'effet du poison qui l'a envahie, pousse des hurlements et fuit, les cheveux épars, la raison perdue; et, te portant dans ses bras, tout petit encore, ô Mélicerte, elle clame : « Euhoé! Bacchus! » Au nom de Bacchus, Junon se mit à rire et : « Voilà bien, dit-elle, le genre de profits que tu peux attendre de ton nourrisson! »

Il est, dominant la mer, un rocher dont la base, creusée par les flots, défend contre la pluie les ondes qu'elle abrite. La cime s'en dresse toute droite et offre une falaise à pic sur la mer libre. Ino y monte — la folie lui avait donné des forces — et, sans se laisser arrêter par la peur, se jette à la mer avec son fardeau. L'onde, sous le choc, se blanchit d'écume. Mais Vénus, prise de pitié pour les épreuves imméritées de sa petite-fille, vint cajoler son oncle en ces termes [227] : « Dieu des eaux, toi à qui échut l'empire le plus proche de celui du ciel, j'implore, je le sais, une grande faveur; mais prends en pitié les miens que tu vois à la merci des flots sur l'immensité de la mer d'Ionie, et joins-les à la troupe de tes divinités. Moi-même, je dois quelque gré à la mer, s'il est vrai que jadis je fus une écume qui prit corps dans sa profondeur divine, et que m'en est resté le nom que me donnent les Grecs. » Neptune acquiesça à sa prière, et dépouilla les malheureux de tout attribut mortel; il les revêtit d'une majesté qui leur vaudrait les hommages et changea leur nom en même temps que leur aspect; et, en compagnie de sa mère Leucothée, il fit un dieu du fils, qu'il appela Palæmon [228].

Les Sidoniennes, compagnes d'Ino, autant que possible, avaient suivi les traces de ses pas; elles virent les dernières aux abords du rocher. Persuadées qu'on ne pouvait garder de doute sur sa mort, elles se lamentèrent, en se frappant de leurs propres mains, sur le sort de la maison de Cadmus, arrachant leurs vêtements et leurs cheveux, et donnèrent libre cours à leur haine contre la déesse, à leurs yeux peu équitable et trop cruelle à l'égard d'une rivale. Junon ne put tolérer leurs invectives : « C'est de vous-mêmes, dit-elle, que je ferai les plus mémorables exemples de ma cruauté ! » L'effet suivit la menace. Comme celle qui avait, de toutes, montré le plus d'attachement à Ino, s'étant écriée : « Je suivrai la reine jusqu'au bout dans les flots », s'apprêtait à sauter, elle ne put plus faire un mouvement et resta attachée au rocher. Une autre, qui essaie de se frapper à grands coups, suivant l'usage, la poitrine, sentit en l'essayant que ses bras s'étaient raidis. Celle-là, surprise dans l'attitude de tendre les mains vers les flots de la mer, changée en rocher, continue à tendre les mains aux mêmes flots. Celle-ci faisait le geste de s'arracher à pleines mains les cheveux de la tête; telle on eût pu la voir, ses doigts soudain pétrifiés dans sa chevelure. Chacune fut immobilisée dans l'attitude même où elle fut saisie. Quelques-unes devinrent des oiseaux. Aujourd'hui encore, au-dessus de ces mêmes abîmes, ces filles de l'Isménus effleurent les flots de l'extrémité de leurs ailes.

CADMUS ET HARMONIE

Le fils d'Agénor ignore que sa fille et son petit-fils, si jeune encore, sont des divinités marines. Vaincu par son deuil, par la série de ses malheurs, par les prodiges qui s'étaient multipliés sous ses yeux, le fondateur sort de sa ville, comme si le destin qui l'accablait tenait au pays et non à sa personne. Après avoir longuement erré au gré du sort, le fugitif atteignit avec son épouse les confins de l'Illyrie. Maintenant que le malheur et les ans se sont appesantis sur eux, comme ils récapitulent depuis l'origine les coups dont le destin frappa leur famille et s'entretiennent entre eux de la suite de leurs épreuves : « N'aurait-il pas été sacré, dit Cadmus, ce serpent que j'ai traversé de ma lance, quand, parti de Sidon, j'ai répandu sur le sol, semailles d'un genre nouveau, ses dents de vipère ? Si c'est lui que, des coups assurés de leur colère, les dieux s'acharnent à venger, je forme le vœu d'être, serpent moi-même, étiré en longs anneaux. » Il dit, et, comme un serpent, il s'étire en longs anneaux; il sent sur sa peau durcie pousser des écailles et son corps noir se tacheter de points bleus. Il tombe en avant sur la poitrine, et ses jambes, réunies en une seule, peu à peu s'amincissent en queue arrondie et pointue. Les bras lui restaient encore. Ces bras qui lui restent, il les tend et, avec des flots de larmes sur son visage encore humain : « Approche, ô mon épouse, approche, ô malheureuse, dit-il, et, tandis qu'il reste de moi quelque chose, touche-moi, prends ma main, tandis que j'ai une main, tandis que je ne suis pas tout entier devenu serpent. » Il veut en dire davantage, mais sa langue soudain s'est fendue en deux; et les mots ne se présentent plus quand il parle; et, chaque fois qu'il veut proférer quelque plainte, il siffle : c'est la seule voix que lui ait laissée la nature. Se heurtant de la main nue la poitrine, son épouse se récrie : « Cadmus, demeure, et quitte, malheureux, cette apparence monstrueuse! Cadmus, qu'est-ce là ? Où est ton pied ? Où sont tes épaules, ta main, ton teint, ton visage, et, tandis que je te parle, tout ton être ? Pourquoi, moi aussi, dieux du ciel, ne me changez-vous pas en serpent de même sorte ? » Elle avait dit. Lui, léchait le visage de son épouse et dans son sein chéri, comme s'il le reconnaissait, il s'insinuait, l'enlaçait, gagnait le cou familier. Tous les témoins de cette scène — ses compagnons y assistaient — sont terrifiés; mais elle, caresse le col glissant du serpent couronné d'une aigrette. Et soudain, ce sont deux serpents qui rampent, confondant leurs enroulements, jusqu'à ce qu'ils se fussent glissés pour s'y cacher dans la forêt voisine. Aujourd'hui encore, ils ne fuient point l'homme, ils ne lui font aucune blessure, et, de ce qu'ils furent jadis, dragons inoffensifs, ils gardent la mémoire.

PERSÉE, ATLAS, ANDROMÈDE

Pour tous deux, cependant, la grande consolation de leur métamorphose avait été leur petit-fils, à qui l'Inde domptée rendait un culte et qu'honorait l'Achaïe dans les temples qu'elle lui avait élevés. Il ne reste que le fils d'Abas, issu de la même origine, Acrisius, pour repousser le dieu des murs de la ville d'Argos, porter contre lui les armes et se refuser à le croire de la race de Jupiter. Comme il se refusait aussi à croire fils de Jupiter Persée, que Danaé avait conçu d'une pluie d'or [229]. Bientôt pourtant Acrisius — si fortement s'impose l'évidence de la vérité — se repent, tant d'avoir outragé le dieu que d'avoir méconnu son propre petit-fils; car l'un a déjà pris place dans le ciel; quant à l'autre, rapportant la glorieuse dépouille du monstre à la chevelure de serpents [230], il fendait sans résistance l'air de ses ailes bruissantes. Or, alors que, vainqueur, il survolait les sables de Libye, de la tête de la Gorgone tombèrent des gouttes de sang, dont la terre qui les recueillit, leur donnant la vie, fit des serpents de toutes sortes. De là vient que cette terre est infestée d'innombrables reptiles. Puis, poussé à travers l'espace par les vents soufflant en tous sens, il est emporté tantôt d'un côté, tantôt de l'autre, comme un nuage chargé de pluie, et, du haut des airs à distance, il voit, bien loin au-dessous de lui, la terre dont son vol lui fit parcourir le cercle entier. Trois fois il a vu les Ourses glacées, trois fois les bras du Cancer. Souvent il a été déporté à l'occident, souvent à l'orient. Enfin, à la tombée du jour, n'osant se fier à la nuit, il s'arrêta à la courbe occidentale du monde, en Hespérie, royaume d'Atlas. Il veut prendre un peu de repos, jusqu'à l'heure où Lucifer éveillera les feux de l'Aurore, l'Aurore les coursiers du jour.

Là, vivait le fils d'Iapétus, Atlas, qui l'emportait sur tous les hommes par sa haute taille [231]. Il régnait sur cette terre extrême et sur l'océan qui ouvre ses eaux aux coursiers haletants du Soleil et accueille son char fatigué. Par milliers de têtes, ses troupeaux de brebis, ses troupeaux de bœufs erraient dans ses pâturages; aucun voisinage gênant ne bornait ses terres. Les frondaisons de ses arbres, tout éclatantes du rayonnement de l'or, recouvraient des rameaux d'or et des fruits d'or. « O étranger, lui dit Persée, au cas où tu serais sensible à la gloire d'une haute origine, je tire la mienne de Jupiter; si tu es un admirateur de hauts faits, tu admireras les miens. Je te demande hospitalité et repos. » Atlas se rappelait un ancien oracle; cet oracle, Thémis l'avait rendu sur le Parnasse [232] : « Un jour viendra, Atlas, où ton arbre sera dépouillé de son or, et c'est un fils de Jupiter qui aura la gloire d'emporter ce butin. » Ce que craignant, Atlas avait enclos ses vergers de murs solides, et en avait donné la garde à un énorme dragon; et il interdisait à tous les étrangers de franchir ses frontières. A celui-là aussi : « Eloigne-toi, dit-il, sinon, ni la gloire des exploits dont tu te pares faussement, ni Jupiter ne pèseraient lourd en ta faveur! » Il joint la violence aux menaces et essaie de repousser de ses propres mains Persée, qui hésite et qui relève ses paroles pacifiques de propos énergiques. Moins fort qu'Atlas — qui pourrait être aussi fort qu'Atlas ? — « Eh bien! puisque tu fais si peu de cas de notre amitié, reçois ce présent » dit-il. Et, du côté gauche, se détournant lui-même, il lui tendit la face repoussante de Méduse. Du haut en bas, Atlas est transformé en montagne. Car sa barbe et ses cheveux se changent en forêts, ses épaules et ses mains sont les crêtes; ce qui fut auparavant sa tête est la cime, au sommet de la montagne; ses os deviennent rocher. Alors, ses proportions accrues en tous sens, il grandit démesurément — vous en avez ainsi décidé, ô dieux! — et le ciel, dans toute son étendue, avec tous ses astres, reposa sur lui.

Le fils d'Hippotès [233] avait enfermé dans leur éternelle prison les vents, et l'astre qui rappelle au labeur les humains, déjà dans tout son éclat au plus haut du ciel, Lucifer, s'était levé. Persée reprend ses ailes, les attache de part et d'autre de chaque pied, se ceint de son glaive recourbé, et fend l'air fluide du mouvement de ses talonnières. Laissant tout autour et au-dessous de lui des nations innombrables, il aperçoit les peuples d'Ethiopie et les champs de Cépheus [234]. Là, l'innocente Andromède expiait, sur l'ordre du cruel Ammon, les écarts de langage de sa mère. Aussitôt qu'il la vit, attachée par les bras à de durs rochers, le petit-fils d'Abas — n'eût été la brise légère qui agitait ses cheveux et le tiède flot de larmes qui coulait de ses yeux, il l'eût prise pour une statue de marbre — s'enflamme d'un feu qu'il ignore et reste interdit. Transporté par la vue de cette rare beauté, il en oublia presque de battre l'air de ses ailes. Dès qu'il se fut posé : « O, dit-il, toi qui es faite non pour de pareilles chaînes mais pour celles dont l'amour unit entre eux les amants, accède à ma requête et dis-moi quel est le nom de ce pays et le tien, pourquoi tu portes des liens. » Elle se tait d'abord, et, vierge, n'ose adresser la parole à un homme; et de ses mains elle eût caché son chaste visage si elle n'avait été enchaînée. A ses yeux — c'est tout ce qu'elle put faire — montèrent des larmes qui les remplirent. Il la pressait avec insistance. Comme elle ne voulait pas paraître refuser d'avouer une faute commise par elle, elle lui révèle le nom du pays et le sien et de quelle folle présomption sa propre beauté avait empli sa mère. Elle n'avait pas encore achevé son récit, quand sur l'onde, à grand fracas, arrive une bête monstrueuse qui dresse sa tête sur l'immensité des flots et étale son poitrail sur la vaste étendue de la mer. La jeune fille pousse des cris. Son père en deuil, sa mère à ses côtés, sont là, tous deux misérables, mais elle, à plus juste titre. Ils ne lui apportent avec eux nul secours, mais des larmes et des lamentations bien de circonstance, et étreignent son corps enchaîné. Alors l'étranger parle en ces termes : « Vous pourrez à loisir longuement pleurer votre fille. Pour lui porter secours il ne reste qu'un court instant. Si je vous la demandais, moi Persée, fils de Jupiter et de celle dont, dans sa prison, Jupiter emplit les flancs d'un or fécond, moi Persée, qui eus raison de la Gorgone aux cheveux de serpents, qui osai à travers les souffles de l'air cheminer au mouvement de mes ailes, je serais certes celui que vous préféreriez à tous comme gendre. Ajouter à de si beaux titres un service, pourvu que me favorisent les dieux, je veux le tenter. Qu'elle soit à moi une fois sauvée par ma valeur, et je prends l'engagement de le faire. » Les parents acceptent ses conditions — qui donc aurait pu hésiter ? — l'implorent, lui promettent par surcroît un royaume comme dot.

Mais voici que, comme un navire en marche de l'éperon fixé à sa proue laboure les ondes, sous l'effort des bras en sueur des jeunes hommes, ainsi le monstre, écartant les flots qu'il repousse de son poitrail, n'était plus du rocher qu'à la distance du trajet que la fronde baléare peut parcourir au milieu des airs avec le plomb que l'on a fait tournoyer. Alors, soudain, le jeune héros, ayant du pied repoussé la terre, monta droit dans les nues. Dès qu'à la surface des flots se projeta l'ombre de l'homme, à cette vue, la bête fonce, furieuse, contre cette ombre; et, de même que l'oiseau de Jupiter, lorsqu'il a, dans un champ nu, aperçu un serpent qui chauffe aux rayons de Phœbus son dos livide, le saisit par derrière, et, pour qu'il ne retourne pas sa gueule venimeuse, plante dans le cou écailleux ses serres avides, ainsi se laissant, d'un vol prompt, tomber dans le vide, le descendant d'Inachus vint se poser sur le dos de la bête, et, au défaut de l'épaule droite du monstre frémissant, il enfonça jusqu'à la garde le fer courbe armé d'un crochet [235]. Gravement blessé, l'animal tantôt se dresse debout dans les airs, tantôt plonge sous les eaux, tantôt se tourne et retourne comme un sanglier féroce, terrifié par la meute des chiens aux sonores abois qui l'encercle. Persée, avec ses ailes agiles, échappe aux avides coups de dents; et, partout où se découvrent tour à tour le dos couvert d'une couche de coquillages creux, les côtes des flancs, le point où le corps, réduit à une queue mince, finit comme celui d'un poisson, il frappe à coups redoublés de son épée, recourbée comme une faux. La bête vomit par la gueule l'eau mêlée de sang couleur de pourpre. Les éclaboussements mouillèrent les ailes de Persée, qui s'alourdirent. N'osant plus se fier à ses talonnières imprégnées d'eau, il vit un rocher dont le sommet émerge au-dessus des eaux calmes, mais est recouvert par mer agitée. Prenant appui sur lui, et se retenant de la main gauche à la plus proche arête du rocher, par trois et quatre fois il enfonça, redoublant ses coups, le fer dans les flancs du monstre. Accompagnée d'applaudissements, une clameur emplit le rivage et monte dans le ciel jusqu'aux demeures des dieux. Tout à leur joie, Cassiopé et Cépheus, le père d'Andromède, accueillent Persée comme leur gendre et proclament que leur maison lui doit l'aide et le salut. Délivrée de ses chaînes s'avance la vierge, récompense et cause du périlleux exploit. Le héros puise de l'eau, y lave ses mains victorieuses; et, pour que le sable dur n'endommage pas la tête hérissée de serpents, il adoucit la rudesse du sol grâce à un lit de feuilles, y étend des algues poussées sous les eaux et y dépose, sur la face [236], la tête de Méduse, fille de Phorcys. La tige fraîchement coupée, et qui, grâce à sa moelle spongieuse, garde encore quelque vie, sensible à la vertu du monstre, durcit à son contact; ses branches, ses feuilles furent pénétrées d'une rigidité d'un genre inconnu. Alors les nymphes de la mer font l'épreuve du prodige sur plusieurs autres tiges et, à leur grande joie, il se renouvelle; et le répétant, elles ensemencent l'eau de fragments détachés de ces tiges. Aujourd'hui encore, les coraux ont conservé cette même propriété qu'ils durcissent au contact de l'air et que la tige, flexible dans l'eau, se pétrifie au-dessus de l'eau [237].

Persée dresse pour trois dieux autant d'autels de gazon, celui de gauche pour Mercure, celui de droite pour toi, vierge guerrière; l'autel du milieu est celui de Jupiter. Une vache est immolée à Minerve; au dieu ailé, un veau; un taureau à toi, ô le plus grand des dieux. Et, sans attendre, il entraîne Andromède, prix d'un si haut exploit, sans sa dot; Hyménée et l'Amour agitent devant eux les torches nuptiales; à profusion on répand sur la flamme des flots de parfums, et des guirlandes sont accrochées aux murs; partout la lyre, la flûte, les chants, témoignant du bonheur des cœurs joyeux, retentissent. Ses portes grandes ouvertes, l'atrium brillant d'or apparaît dans toute son étendue; et les grands de la cour de Céphеus prennent place au banquet royal magnifiquement servi [238].

Quand, le repas achevé, les cœurs des convives s'épanouirent sous l'influence des généreux présents de Bacchus, le descendant d'Abas s'informe du degré de civilisation, du caractère du pays. Répondant à ses questions, l'un des convives fait au petit-fils de Lyncée un tableau des mœurs et de l'esprit des habitants [239]. Après l'avoir ainsi instruit : « Et maintenant, ô courageux héros, dis-nous, je t'en prie, Persée, par quel prodige de valeur et par quels moyens tu as pu t'emparer de cette tête à la chevelure de serpents. » Le petit-fils d'Agénor raconte alors qu'au pied de l'Atlas glacé, il est, à l'abri d'un épais et solide rempart, un lieu à l'entrée duquel habitaient deux sœurs, les filles de Phorcys, qui se partageaient l'usage d'un œil unique. A la dérobée, grâce à une ruse habile, au moment où l'une le transmettait à l'autre, substituant sa main à la main tendue, il s'en était emparé. Puis, par des sentiers cachés et des routes détournées, à travers des rochers hérissés de forêts escarpées, il avait atteint la demeure des Gorgones; çà et là, à travers les champs et sur les routes, il avait vu des figures d'hommes et de bêtes féroces qui avaient été, perdant leur forme première, pétrifiés pour avoir vu Méduse. Lui-même, cependant, dans le miroir de bronze du bouclier qu'il portait à sa main gauche, il avait aperçu le hideux personnage de Méduse. Profitant d'un lourd sommeil qui s'était emparé d'elle et de ses serpents, il lui avait détaché la tête du cou; Pégase, à la course ailée, et son frère étaient nés du sang de cette mère [240]. Persée ajouta le récit de son long et vraiment périlleux voyage; il dit quelles mers, quelles terres il avait vues au-dessous de lui du haut des airs, et quels astres il avait frôlés du battement de ses ailes. Décevant l'attente des auditeurs, il se tut cependant. Prenant alors la parole, l'un des nobles lui demande pourquoi, seule parmi ses sœurs, Méduse portait des serpents emmêlés au milieu de ses cheveux. L'hôte répondit : « Le fait dont tu t'informes là mérite d'être rapporté; apprends-en donc la cause, puisque tu la demandes. D'une éclatante beauté, Méduse avait fait naître les espoirs jaloux de nombreux prétendants, et, dans toute sa personne, il n'y avait rien qui attirât plus les regards que ses cheveux. J'ai rencontré un homme qui racontait l'avoir vue. Le maître de la mer la viola, dit-on, dans le temple de Minerve. La fille de Jupiter détourna sa vue et couvrit de son égide son chaste visage. Et, pour que cet attentat ne demeurât pas impuni, elle changea les cheveux de la Gorgone en hideux serpents. Aujourd'hui encore, pour frapper de terreur ses ennemis épouvantés, elle porte, sur le devant de sa poitrine, les serpents nés par sa volonté [241]. »

LIVRE CINQUIÈME

Persée (suite). — Hippocrène. — Les Piérides. — Cérès et Proserpine. — Cyané. — Ascalaphus. — Les Sirènes. — Aréthuse.

PERSÉE *(suite)*

Tandis que le héros, fils de Danaé, au milieu de l'assemblée des Céphéniens rappelle le souvenir de ces événements, l'atrium royal s'emplit d'une foule frémissante. Ce ne sont point les chants de fête de l'hyménée qu'elle fait entendre, mais la clameur annonciatrice des farouches combats. Le banquet est transformé en soudain tumulte; on pourrait le comparer aux flots paisibles que la rage sauvage des vents, soulevant les ondes, couvre de vagues.

En tête de la troupe est Phineus [242], qui, imprudent, déchaîne la guerre. Brandissant une pique de frêne à pointe de bronze : « C'est moi, dit-il, moi qui viens venger le rapt, avant les noces, de mon épouse. Et ni tes ailes, ni Jupiter, avec sa prétendue métamorphose en or, ne te soustrairont à mes coups. » Il essaie de lancer son javelot, mais Cépheus : « Que fais-tu, s'écrie-t-il, mon frère, quelle funeste inspiration te pousse, dans ta fureur, au crime ? Est-ce là, pour un si grand bienfait, la reconnaissance témoignée à notre hôte ? Est-ce le prix dont tu le paies pour avoir sauvé la vie de ma fille ? Ce n'est pas Persée, si tu veux savoir la vérité, qui te l'a enlevée, mais la redoutable volonté des Néréides, mais Ammon au front cornu [243], mais le monstre marin qui venait se repaître de mes entrailles. Elle t'a été ravie à partir du moment même où elle fut exposée à périr; à moins que, dans ta cruauté, ce ne soit cela même que tu exiges, qu'elle meure, et que notre deuil doive faire ta consolation! Vraiment, il ne suffit pas qu'elle ait été, sous tes yeux, enchaînée, et que, toi son oncle et son fiancé, tu ne lui aies porté aucun secours ? Il faudra encore que, quel que soit son sauveur, tu te plaignes et lui arraches sa récompense ? Si elle avait à tes yeux un tel prix, c'est sur ce roc où elle était attachée que tu aurais dû l'aller chercher. Laisse maintenant celui qui y est allé, grâce à qui ma vieillesse ne reste pas solitaire, recueillir le prix dû à ses services et dont nous sommes convenus, et comprends que ce n'est pas à toi qu'on l'a préféré, mais à une mort certaine. »

Phineus ne répond rien; mais, dévisageant alternativement son frère et Persée, il se demande s'il attaquera celui-ci ou celui-là. Après une courte hésitation, brandissant son javelot de toutes les forces que lui donnait la colère, il le lança, mais sans succès, contre Persée. L'arme se planta dans le lit. A ce moment enfin Persée bondit des coussins, et du trait qu'il renvoya, furieux, il eût percé la poitrine de son ennemi, si Phineus ne s'était réfugié derrière l'autel; et — il ne le méritait pas! — le scélérat fut protégé par l'autel. C'est dans le front de Rhœtus cependant que la pointe du trait, qui ne fut pas perdu, se fixa. Quand il fut tombé et le fer arraché de son crâne, il bat le sol de ses talons et arrose de son sang les tables dressées. Mais, à ce moment, la troupe bouillonne d'une colère indomptable. C'est une pluie de traits. Il en est qui déclarent que Céphéus, avec son gendre, doit mourir. Mais Céphéus s'était échappé du palais, attestant la justice, la foi jurée, les dieux de l'hospitalité, que, ce soulèvement, il voulait l'empêcher.

La belliqueuse Pallas est là. Elle protège son frère [244] de son égide et redouble son courage. Il y avait un Indien, Athis [245], que Limnææ, née du fleuve du Gange, avait, croit-on, mis au monde sous les eaux transparentes; d'une beauté merveilleuse, que rehaussaient de riches atours, il était dans la fleur de ses seize ans; il portait une chlamyde tyrienne bordée d'un galon d'or; des joyaux dorés ornaient son cou; un peigne courbe retenait ses cheveux ruisselants de myrrhe. Il avait bien appris à planter dans le but, si distant fût-il, le javelot lancé par sa main, mais il était encore plus exercé à tendre l'arc. Au moment où il en ployait de la main les deux cornes flexibles, Persée, s'armant d'une souche qui fumait, posée au milieu de l'autel, lui assena un coup qui lui broya la face au milieu des os fracassés.

En le voyant agiter dans un flot de sang ce visage tant admiré, l'Assyrien Lycabas, son intime ami, le compagnon qui ne cachait pas son amour sincère pour lui, pleura avec des larmes amères Athis exhalant son dernier souffle sous le coup qui tranche prématurément sa vie; puis, arrachant de sa main l'arc qu'elle avait tendu : « C'est avec moi, dit-il, qu'il te faudra combattre. Tu ne te vanteras pas longtemps de la mort d'un enfant, dont tu retires plus de haine que de gloire. » Il n'avait pas achevé, que la flèche pénétrante jaillit du nerf tendu; Persée l'évita, mais elle resta accrochée aux plis de son vêtement. Le petit-fils d'Acrisius tourne contre Lycabas la harpé éprouvée par le meurtre de Méduse et l'enfonce dans sa poitrine. Sur le point de mourir, les yeux flottant déjà dans la nuit ténébreuse, Lycabas chercha du regard autour de lui Athis et se coucha sur son corps, emportant chez les Mânes la consolation de lui être uni dans la mort.

Mais voici que Phorbas de Syène, fils de Métion, et le Libyen Antimédon, avides d'engager le combat, étaient tombés, glissant dans les flaques de sang tiède qui couvraient tout le sol. Comme ils se relevaient, ils rencontrent l'épée de Persée, qui la plonge dans les côtes du second, dans la gorge de Phorbas. Quant au fils d'Actor, Erytus, qui avait en guise de trait une large bipenne, ce n'est pas de son épée armée du crochet que l'attaque Persée; mais, saisissant à deux mains un grand cratère orné de figures en haut relief, masse énorme et pesante, il le jette à la tête de l'homme [246]. Celui-ci vomit un sang rouge et, tombant à la renverse, de la nuque, moribond, il frappe le sol. C'est ensuite Polydegmon, né du sang de Sémiramis, le Caucasien Abaris, le fils du Sperchius, Lycétus, Hélix, qui ne coupa jamais sa chevelure, Phlégias, Clytus, qu'il abat, et sous ses pieds grossit le monceau de mourants qu'il foule.

Phineus, qui n'avait pas osé se mesurer de près avec son ennemi, lui lance son javelot; mal dirigé, le trait dévia et frappa Idas qui se tenait — vaine précaution — à l'écart de la mêlée et n'avait pris parti pour aucun des adversaires. Fixant sur le cruel Phineus des yeux menaçants : « Puisque je suis entraîné de force dans un camp, dit-il, tu t'es fait toi-même un ennemi, Phineus; garde-le, et, coup pour coup, voici ma riposte. » Mais, comme il se disposait à relancer le trait arraché de son corps, épuisé par la perte de tout son sang, il s'écroula à terre.

A son tour, alors, Hoditès, le premier des Céphéniens après le roi, est étendu d'un coup d'épée par Clyménus; Hypseus transperce Prothoénor; le descendant de Lynceus transperce Hypseus. Parmi eux se trouvait un vieillard, Emathion, respectueux de la justice et révérant les dieux;

comme l'âge lui interdit la lutte, c'est par la parole qu'il combat. Il s'avança et maudit les armes scélérates. Chromis le voit tenant l'autel embrassé de ses mains tremblantes et lui abat la tête d'un coup d'épée. La tête tomba aussitôt sur l'autel et là, animée d'un reste de vie, sa langue proféra encore des malédictions, puis exhala son dernier souffle au milieu des flammes.

Alors deux frères, Brotéas et Ammon, que le ceste [247] eût rendu invincible, si l'épée pouvait être vaincue par le ceste, tombèrent sous les coups de Phineus, avec le prêtre de Cérès, Ampycus, aux tempes ceintes d'une bandelette blanche. Et toi, de ton côté, fils de Lampétos, fait, non pour te mêler à de pareilles luttes, mais plutôt pour faire vibrer, en accompagnant ta voix, les cordes de la cithare, ministère pacifique, on t'avait prié de magnifier le festin et la fête par tes chants. Il se tenait à l'écart, son plectre inoffensif à la main, quand Pettalus, railleur : « Va chanter le reste aux Mânes du Styx! » dit-il, et il lui enfonça la pointe de son épée dans la tempe gauche. L'aède tombe et, de ses doigts mourants, il tente de faire encore résonner les cordes de sa lyre; et sa chute fit de ce chant une pitoyable plainte.

Le farouche Lycormas ne supporte pas que ce meurtre reste impuni, et, arrachant au battant de droite de la porte la solide barre du verrou, il en assène à Pettalus un coup au milieu du crâne. Pettalus s'écroule à terre, comme fait un jeune taureau immolé. Pélatès, venu des bords du Cinyps [248], essayait d'enlever de son côté la barre de chêne du vantail gauche; tout à sa tentative, sa main y fut clouée par la pointe de la lance de Corythus, le Marmaricien, et demeura fixée au bois. Comme il ne pouvait l'en détacher, Abas lui perça le flanc; Pélatès ne tomba pas, mais resta suspendu en mourant au vantail qui retient sa main. Ménaleus aussi est étendu mort, qui s'était rangé du côté de Persée, ainsi que Dorylas, l'homme le plus riche du pays des Nasamons [249], Dorylas, riche en terres : nul autre n'en possédait une étendue plus grande et ne récoltait de plus abondants monceaux d'encens. Le fer lancé pénétra obliquement dans l'aine et s'y fixa; le coup en cet endroit est mortel. Quand l'auteur de la blessure, Halcyoneus de Bactriane, le vit exhalant son dernier souffle dans un râle et les yeux chavirés : « On te laisse, dit-il, de tes immenses domaines, cet espace de terre que tu couvres! » et il abandonna là le corps vidé de son sang.

Pour le venger, le petit-fils d'Abas brandit contre

Halcyoneus la pique arrachée de la blessure encore chaude; entrée par le milieu du nez, elle sortit par la nuque et reste saillante des deux côtés. Puis, tandis que la Fortune guide sa main, Persée abattit Clytius et Clanis, enfants d'une même mère, diversement blessés. Car Clytius eut les deux cuisses traversées par le javelot à hampe de frêne, brandi d'un bras pesant, et les dents de Clanis mordirent le trait entré par sa bouche. Tombent à leur tour Céladon de Mendès, Astreus, de mère Palestinienne, mais dont le vrai père reste ignoré, Æthion, jadis habile à prévoir l'avenir, mais, ce jour-là, égaré par des augures trompeurs, et Thoactès, écuyer du roi, et Agyrtès, déshonoré par le meurtre de son père.

Il reste cependant à Persée plus de besogne encore qu'il n'en a accompli. Car tous sont acharnés à sa seule perte. De toutes parts l'attaquent les bandes conjurées pour défendre la cause du contempteur du bienfait et de la foi engagée. Au parti de Persée vont les vœux de son beau-père, inutilement fidèle, de sa nouvelle épouse et de sa mère, qui remplissent l'atrium de leurs cris prolongés. Mais le fracas des armes et les gémissements des guerriers qui tombent les couvre; Bellone inonde de flots de sang les pénates, une première fois souillés, et ranime le combat et la mêlée. En cercle, autour du seul Persée se pressent Phineus et mille partisans de Phineus. Les traits volent, plus denses que les grêlons en hiver, effleurant ses deux flancs, effleurant ses yeux et ses oreilles. Il s'adosse alors à la pierre d'une grande colonne; protégé ainsi par-derrière, face à la troupe de ses adversaires, il soutient leurs assauts. A gauche l'assaillait Molpeus de Chaonie, à droite, le Nabatéen Ethémon [250]. Comme un tigre exaspéré par la faim, quand il entend, dans des vallons différents, mugir deux troupeaux de bœufs, ne sait de quel côté bondir, et brûle de bondir des deux côtés, ainsi Persée, hésitant s'il se portera à droite ou à gauche, se débarrassa de Molpeus en le blessant d'un trait qui lui traversa la jambe, et le laissa fuir sans lui faire plus de mal; car Ethémon ne lui en donne pas le temps. Plein de fureur, en effet, dans son désir de le blesser au haut du cou, Ethémon, sans calculer la force de son élan, poussant son épée, la rompit sur la surface de la colonne. La pointe brisée rebondit et vint se fixer dans la gorge de son maître. Cependant la force du coup n'était pas suffisante pour causer la mort; Persée, de sa harpé, don du dieu du Cyllène, transperce son adversaire chancelant et tendant en vain ses bras désarmés. Mais, lorsqu'il vit enfin sa valeur près de succomber sous le nombre : « Le secours, dit Persée, puisque vous m'y forcez vous-mêmes, je le demanderai à une ennemie. Détournez votre visage, ô mes amis, s'il en est à mes côtés! » Et il tendit la tête de la Gorgone. « Cherche ailleurs un homme que puissent émouvoir tes sortilèges! » dit Thescélus. Mais, comme sa main se disposait à lancer le trait fatal, il resta, statue de marbre, figé dans cette attitude. Son plus proche voisin, Ampyx, pointe son glaive contre la poitrine au cœur valeureux du descendant de Lynceus; mais la main qui le pointait se raidit, incapable d'un geste ni en arrière ni en avant. Alors Nileus, qui s'était vanté faussement d'avoir pour père le Nil aux sept bouches et qui, sur son bouclier même, avait ciselé sept fleuves, partie en argent, partie en or : « Regarde, Persée, dit-il, l'image de l'origine de notre race! Tu emporteras en mourant une grande consolation au séjour des ombres muettes, à la pensée que tu as péri de la main d'un héros tel que moi! » Les derniers mots furent coupés au moment même où il les proférait, et l'on croirait que la bouche ouverte veut parler, mais les lèvres ne laissent plus passer les paroles. Eryx invective contre eux : « C'est votre lâcheté, dit-il, et non pas la vertu de la Gorgone qui vous paralyse! Courons-lui sus ensemble, et faites mordre la poussière à ce jeune homme qui brandit des armes magiques! » Il allait s'élancer; le sol retint ses pas, et il ne resta de lui, dans son immobilité de pierre, qu'une statue, les armes à la main. Ceux-là reçurent cependant un juste châtiment. Mais il y avait un soldat de Persée, Aconteus, qui, tandis qu'il combat pour lui, son regard ayant rencontré la Gorgone, devint soudain un dur rocher. Persuadé qu'il est encore vivant, Astyagès le frappe de sa longue épée. L'épée tinta et rendit un son aigu. Astyagès, saisi dans sa stupeur, subit le même sort, et sur sa face de marbre reste empreinte l'expression de la surprise. Il serait trop long de donner les noms des combattants sortis de la plèbe vulgaire. Deux cents hommes restaient encore capables de combattre; les deux cents, à la seule vue de la Gorgone, devinrent de pierre.

Alors, Phineus se repent enfin de cette guerre injustement engagée. Mais que faire ? Il voit des statues toutes diverses d'apparence et reconnaît les siens. Il appelle chacun par son nom, demande du secours. Et, mal convaincu, il touche les corps les plus proches de lui;

c'était du marbre. Il se détourne, et, dans cette attitude, suppliant, tendant de côté dans un geste d'aveu ses mains et ses bras : « Tu l'emportes, Persée, dit-il, éloigne ton monstre et, quelle qu'elle soit, enlève cette face de ta Méduse qui change tout en pierre; enlève-la, je t'en supplie. Ce n'est pas la haine ni le désir de régner qui nous ont poussé à combattre : c'est pour une épouse que nous avons pris les armes. Le service rendu plaidait en faveur de ta cause, la priorité en faveur de la mienne. Je me repens de n'avoir pas cédé. Ne m'accorde rien, ô valeureux héros, que la vie; tout le reste je te l'abandonne. » Il prononçait ces paroles sans oser regarder celui que sa voix implorait : « Phineus, le plus pusillanime des hommes, dit Persée, ce qu'il est en mon pouvoir de t'accorder — et la faveur est grande pour un lâche, cesse de trembler —, je te l'accorderai. Tu ne souffriras pas les atteintes du fer. Bien plus, grâce à moi, ton souvenir se perpétuera à travers les âges, et, dans la demeure de mon beau-père, tu resteras en éternel spectacle, pour que mon épouse ait comme consolation l'image de son fiancé. » Il dit, et fit passer la tête de la fille de Phorcys du côté où s'était tourné, le visage empreint de terreur, Phineus. Celui-ci essaya encore de porter ailleurs ses yeux, mais sa nuque se raidit et les pleurs coulant de ses yeux devinrent durs comme le roc. Cependant, la terreur répandue sur les traits, l'expression suppliante du visage, le geste de soumission des mains, l'humilité de l'attitude, restèrent fixés dans le marbre.

Vainqueur, le petit-fils d'Abas franchit, avec son épouse, les murs de sa ville natale. Prenant à son compte, pour la venger, l'offense faite à son aïeul, bien qu'indigne, il attaque Prœtus; car, après avoir, les armes à la main, forcé son frère à fuir, Prœtus était devenu le maître de la citadelle d'Acrisius. Mais ni le secours des armes ni la résistance de la citadelle mal acquise ne purent avoir raison du regard maléfique du monstre aux cheveux de serpents.

Et toi enfin, Polydectès, qui régnais sur la petite Sériphos, ni la valeur du jeune héros, consacrée par tant d'épreuves, ni les maux qui l'avaient assailli ne t'avaient attendri [251]. Mais, sans pitié, tu le poursuis d'une haine inexorable et ton inique colère ne désarme pas. Tu dénigres même ses exploits et tu prétends que le meurtre de Méduse n'est que mensonge. « Je donnerai la preuve qu'il est vérité. Prenez garde à vos yeux! » dit Persée, et, sans verser une goutte de sang, avec la face de Méduse il change en pierre la face du roi.

HIPPOCRÈNE. LES PIÉRIDES

Jusqu'à ce moment, la déesse du Triton [252] s'était faite la compagne de ce frère, né d'une pluie d'or. Alors, s'étant enveloppée dans les flancs d'un nuage, elle abandonne Sériphos et, laissant sur sa droite Cythnos et Gyaros [253], au-dessus de la mer, par la route qui lui parut la plus courte, elle gagna Thèbes et l'Hélicon, séjour des neuf vierges [254]. S'étant posée sur cette montagne, elle s'y arrêta et tint aux doctes sœurs ce langage : « La renommée est parvenue à nos oreilles, d'une source nouvelle, jaillie du sol fendu par le dur sabot du fils ailé de Méduse [255]. C'est là le motif de mon voyage. J'ai voulu voir de mes yeux cette merveille, après l'avoir vu lui-même naître du sang de sa mère. »

Uranie lui répond : « Quel que soit le motif de ta visite dans cette demeure, ô déesse, elle comble d'aise nos cœurs. La renommée, cependant, n'a pas menti, et c'est bien Pégase qui a fait jaillir cette source. » Puis elle conduisit Pallas à l'endroit où coulait l'eau sacrée. Pallas, après avoir longuement admiré ces ondes auxquelles un coup de sabot a donné naissance, considère autour d'elle les taillis sacrés des antiques forêts, les antres et le gazon émaillé de fleurs innombrables, et elle vante le bonheur que doivent à la fois à leurs occupations et à leur séjour les filles de Mnémosyne. L'une des sœurs lui parla alors en ces termes : « O toi qui, si ta valeur ne t'avait appelée à de plus hautes tâches, serais venue prendre place, déesse du Triton, dans notre chœur, tu dis vrai et tu as raison de louer les arts que nous cultivons et notre séjour; et notre sort serait heureux, si seulement nous goûtions la sécurité. Mais — tant il est vrai que le crime ne respecte rien! — tout est motif de terreur pour nos âmes virginales; l'image du cruel Pyréneus me hante, et je n'ai pas encore complètement repris mes esprits. Ce féroce envahisseur, avec ses soldats Thraces, avait occupé Daulis et les champs de la Phocide et y régnait injustement en maître. Nous gagnions les saintes hauteurs du Parnasse; il nous vit nous y rendre, et, avec une expression d'hypocrite respect pour notre divinité : « Filles de Mnémosyne — car il nous avait reconnues —, arrêtez-vous, dit-il, et n'hésitez pas, je vous en prie, à vous abriter sous mon toit contre la fâcheuse influence des astres et contre la pluie — il pleuvait, en effet. Souvent les dieux ont pénétré dans des demeures plus indignes d'eux. » Ce discours, les circonstances, nous persuadèrent d'accepter l'invitation de cet homme, et nous entrâmes dans la première salle de sa demeure. La pluie avait cessé, et, l'Auster vaincu par les aquilons, les nuages sombres fuyaient dans le ciel rasséréné. Nous allions reprendre notre route. Pyréneus ferme les portes de son palais et s'apprête à nous faire violence. Reprenant alors nos ailes, nous échappons à ce danger. Lui-même, comme s'il voulait nous suivre, debout au haut de sa citadelle : « Quelque route que vous preniez, dit-il, je prendrai la même. » Et, dans sa fureur démente, il se jette du sommet de la tour et tombe sur le visage; et, des os de son crâne fracassé, il heurte durement en mourant le sol qu'arrose son sang criminel [256]. »

La Muse parlait encore; on entendit un bruit d'ailes dans les airs et celui de voix saluant la déesse qui venaient du haut des arbres. Levant la tête, et cherchant de quelle bouche articulant si distinctement peuvent provenir ces sons, la fille de Jupiter est persuadée que c'est un être humain qui a parlé. C'était un oiseau. Au nombre de neuf, déplorant leur destin, s'étaient posées sur les branches des pies, qui imitent tout. Comme la déesse manifestait son étonnement, la Muse répliqua : « Il y a peu de temps que ces malheureuses, après une lutte où elles succombèrent, ont grossi le nombre des oiseaux. Le riche Piéros les engendra dans les champs de Pella : la Péonienne Euippé fut leur mère [257]. Elle invoqua la puissante Lucine par neuf fois [258], destinée à enfanter neuf fois. Gonflées d'orgueil par leur nombre, la troupe de ces sœurs stupides, traversant toutes les villes d'Hémonie et toutes celles d'Achaïe, vient ici et nous lance un défi en ces termes : « Cessez donc, par la vaine douceur de vos accents, de tromper la foule ignorante. Si vous avez quelque confiance en vous-mêmes, déesses de Thespies [259], mesurez-vous avec nous. Ni pour la voix, ni pour l'art, nous n'aurons le dessous, et nous sommes aussi nombreuses que vous. Ou bien, vaincues, quittez la source du fils de Méduse et celle d'Aganippé, au pays des Hyantes [260], ou bien ce sera à nous de quitter les champs de l'Hémonie et de retourner au pays neigeux des Péoniens [261]. Que les nymphes soient entre nous juges du combat. » Il était certes humiliant d'accepter ce combat, mais le décliner nous parut plus humiliant encore. Les nymphes choisies pour juges jurent par les fleuves et prirent place sur des sièges faits de roche vive. Alors, sans consulter le sort, la première, celle qui s'était proposée pour la lutte, chante la guerre soutenue par les dieux, exalte mensongèrement le rôle des Géants et rabaisse les hauts faits des dieux : elle conte comment Typhoeus, sorti des entrailles de la terre, inspira aux habitants du ciel une grande terreur; que tous prirent la fuite jusqu'à ce que, fatigués, ils trouvassent un refuge sur la terre d'Egypte et sur les bords du Nil qui se partage en sept bouches. Typhoeus, le fils de la terre, y vint aussi; les dieux se dissimulèrent sous des formes destinées à le tromper. « Jupiter, dit-elle, devient le chef du troupeau : depuis lors, il a pris l'aspect, qu'il a encore aujourd'hui, d'Ammon le Libyen aux cornes recourbées; les dieux se cachèrent sous les apparences, le dieu de Délos d'un corbeau, le fils de Sémélé d'un bouc, la sœur de Phœbus d'une chatte, la fille de Saturne d'une génisse blanche, Vénus d'un poisson; le dieu du Cyllène prit les ailes d'un ibis [262]. » La Piéride avait jusqu'à ce point accompagné sa voix sur la cithare. On nous invite alors, nous, filles de l'Aonie... — mais peut-être n'as-tu pas de loisir ni le temps de prêter l'oreille à nos chants ? » — « Ne t'inquiète pas, et redis-moi, dans le même ordre, ce que vous avez chanté », dit Pallas; et elle s'assit à l'ombre légère du bois. La Muse reprend : « Nous remîmes le soin de la victoire dans cette lutte à l'une seule d'entre nous. Calliope [263] se lève, et, après avoir rassemblé avec une branche de lierre ses cheveux épars, commence par essayer du pouce la sonorité des cordes. Puis, frappant les boyaux tendus, elle accompagne de leurs sons le chant que voici.

CÉRÈS ET PROSERPINE

« La première, Cérès, du soc recourbé de la charrue, fendit la glèbe, la première elle fit porter à la terre des moissons et des plantes rendues, par la culture, propres à la nourriture, la première elle donna des lois; tout est un présent de Cérès. C'est elle que je dois chanter. Puissé-je seulement composer un chant digne de la déesse; la déesse est, du moins, digne d'être chantée.

« La vaste île de Trinacris a été jetée sur les membres d'un Géant [264], et, de sa masse énorme, sous laquelle il gît étendu, elle oppresse Typhoeus dont l'audace conçut l'espoir d'envahir les célestes demeures. Il s'efforce, il lutte souvent pour se redresser; mais sa main droite est prise sous le Péloros, proche de l'Ausonie, sa main gauche, ô Pachynos, sous toi; le poids de Lilybée écrase ses jambes [265]; l'Etna pèse lourdement sur sa tête. Couché à la renverse sous cette montagne, l'arrogant Typhoeus rejette du sable et sa bouche vomit des flammes. Souvent, il fait effort pour soulever la masse pesante de la terre, et libérer sa poitrine par l'écroulement des villes et des hautes montagnes; alors, la terre tremble et le roi des régions silencieuses est lui-même pris de la peur que le sol ne s'entrouvre, qu'une large crevasse n'en révèle les dessous, et que le jour, en y pénétrant, ne jette la terreur chez les ombres alarmées.

« Dans la crainte de cette catastrophe, le souverain était sorti de sa ténébreuse demeure, et, monté sur son char aux noirs chevaux, il faisait par prudence le tour des fondements qui portaient la terre de Sicile. Lorsqu'il eut suffisamment constaté qu'aucun point ne menace ruine, une fois ses craintes apaisées, comme il errait encore, la déesse de l'Eryx [266], résidant sur sa montagne, l'aperçoit. Embrassant son fils ailé : « O mon fils, toi, mes armes, mes mains, l'instrument de mon pouvoir, dit-elle, prends ces traits qui t'assurent la domination sur tous, Cupidon, et lance tes flèches rapides dans la poitrine du dieu à qui échut le dernier lot du triple royaume du monde. Tu domptes les dieux du ciel et Jupiter lui-même, les divinités de la mer, vaincues, et celui même qui règne sur les divinités de la mer. Pourquoi le Tartare est-il rebelle ? Pourquoi n'étends-tu pas l'empire de ta mère et le tien ? Il s'agit du tiers du monde. Et cependant, dans le ciel — c'est bien là l'effet de notre patience! — on nous tient en mépris et, avec le mien, le pouvoir de l'Amour diminue. Ne vois-tu donc pas que Pallas et Diane la chasseresse m'ont reniée [267] ? La fille de Cérès, à son tour, si nous le supportons, restera vierge, car elle nourrit les mêmes espoirs. Mais toi, dans l'intérêt de cet empire que nous exerçons ensemble, si j'ai quelque crédit auprès de toi, unis la déesse à son oncle [268]. » Ainsi parla Vénus. L'Amour détacha son carquois et, pour satisfaire sa mère, entre mille flèches en mit une de côté, mais telle qu'aucune n'est plus pénétrante, moins incertaine, ni plus obéissante à l'arc. Contre son genou il courba l'extrémité flexible et, en plein cœur, du roseau à pointe barbelée, il frappa Pluton.

« Il est, non loin des remparts d'Henna [269], un lac aux eaux profondes, nommé Pergus. Le Caystre n'entend pas, sur ses eaux courantes, de plus nombreux chants de cygne [270]. Une forêt qui entoure de tous côtés ses bords et fait à ses eaux une couronne de son feuillage, comme d'un voile, l'abrite des feux de Phœbus. Ses branches dispensent la fraîcheur, le sol humide est empourpré de fleurs; le printemps y est éternel. Tandis que, dans ce bois, joue Proserpine, qu'elle y cueille des violettes ou des lis blancs, tandis que, avec tout le zèle d'une jeune fille, elle en emplit des corbeilles et les plis de sa robe, qu'elle s'efforce de l'emporter sur ses compagnes dans sa cueillette, presque en un même instant elle fut aperçue, aimée et enlevée par Pluton; telle est la promptitude de l'amour. La déesse, effrayée, appelle avec des cris désespérés sa mère et ses compagnes, mais plus souvent sa mère, et, comme elle avait déchiré depuis le col sa robe, les fleurs cueillies tombèrent de sa tunique dénouée. Et, si grande était l'ingénuité de ses années enfantines, que cette perte aussi chagrina son âme virginale. Le ravisseur pousse son char, excite ses chevaux qu'il interpelle chacun par son nom; sur leurs cous et leurs crinières, il secoue les rênes teintes de sombre rouille, et s'élance à travers les eaux sacrées du lac, les étangs des Paliques aux exhalaisons de soufre et aux eaux bouillonnantes sorties des fissures du sol, et la contrée où les Bacchiades, race issue de Corinthe, la ville aux deux mers, entre des ports inégaux fondèrent leurs murs [271].

CYANÉ

« Entre Cyané et la source Aréthuse, venue de Pise [272], il est une baie où les eaux de la mer se rassemblent, encloses entre deux étroits promontoires. Là, fut le séjour de la plus célèbre entre les nymphes de Sicile, Cyané, de qui un étang a aussi tiré son nom. Du milieu des eaux profondes, elle émergea, le buste dressé jusqu'à la ceinture et reconnut la déesse : « Vous n'irez pas plus loin, dit-elle. Tu ne peux, sans son assentiment, être le gendre de Cérès. Il fallait demander Proserpine et non l'enlever. S'il m'est permis de comparer de petits faits aux grands, moi aussi, je fus aimée, par l'Anapis [273] : cependant, c'est sur ses prières instantes et non sous l'empire, comme celle-ci, de la terreur, que je consentis à l'épouser. » Elle dit, et étendant les bras de chaque côté, elle l'empêcha de passer. Le fils de Saturne ne put contenir davantage sa colère; excitant ses terribles coursiers, il brandit, de son bras robuste, son sceptre royal et le plonge jusqu'au fond des eaux. Le coup lui ouvrit dans la terre un passage jusqu'au Tartare, et le char lancé disparut dans la crevasse. Mais Cyané, pleine de douleur du rapt de la déesse et du mépris témoigné pour les droits de sa source, porte silencieusement en elle-même une inguérissable blessure; elle se consume en larmes, et dans ces eaux dont elle fut naguère la grande divinité, elle se dissout peu à peu. On eût pu voir ses membres s'amollir, ses os s'assouplir, ses ongles perdre leur dureté. Les premières, les parties de sa personne les plus minces, deviennent eau, ses cheveux azurés, ses doigts, ses jambes, ses pieds, car la transformation en ondes fraîches est rapide pour les parties menues du corps. Puis les épaules, le dos, les flancs, la poitrine se dissolvent en minces ruisseaux. Enfin, au lieu de sang vivifiant, dans les veines décomposées, c'est de l'eau qui coule, et il ne reste rien d'elle que l'on pourrait saisir.

« Cependant, remplie d'effroi, la mère vainement par toute la terre, dans tous les gouffres marins, chercha sa fille. Ni l'Aurore aux cheveux humides, à son lever, ni Hespérus ne la virent prendre le moindre repos. De ses deux mains, elle alluma comme torches des pins aux feux de l'Etna et les porta sans répit à travers les ténèbres glacées. Et, quand le jour bienfaisant avait atténué l'éclat des astres, elle continuait à chercher sa fille, de l'occident au levant. Accablée de fatigue, elle était altérée et nulle source n'avait rafraîchi ses lèvres; elle vit alors par hasard une cabane couverte de chaume et frappa à son humble porte. Il en sort une vieille femme; elle voit la déesse et, comme celle-ci lui demandait de l'eau, elle lui donna une boisson douce préalablement recouverte d'une couche de farine d'orge grillée [274]. Tandis qu'elle buvait le breuvage offert, un enfant à l'air dur et impudent se planta devant la déesse et se mit à rire de ce qu'il appelait son avidité. Elle ressentit l'offense et, comme elle n'avait pas achevé de tout boire, la déesse jeta sur lui, pendant qu'il parlait encore, le reste du liquide mélangé à la farine d'orge. Il pénètre dans les pores du visage qui se couvre de taches. L'enfant, un instant avant pourvu de bras, maintenant l'est de pattes; à ses membres transformés s'ajoute une queue; son corps est ramené à des proportions réduites, pour qu'il n'ait pas grande possibilité de nuire, et, dans sa taille amoindrie, ce n'est plus qu'un lézard. Comme la vieille femme surprise et éplorée s'apprête à toucher l'animal né d'un prodige, il la fuit et gagne une cachette. Il porte un nom approprié à la couleur de sa peau et son corps est çà et là constellé de gouttelettes [275].

« Par quelles terres, par quelles mers erra la déesse, il serait trop long de le dire. Dans sa recherche, le monde manqua sous ses pas. Elle regagne la Sicile, et, parcourant au cours de ses allées et venues tout le pays, elle arriva aux bords de Cyané. La nymphe, si elle n'avait été métamorphosée, lui aurait tout conté. Mais la bouche et la langue, quand elle voulait parler, faisaient défaut, et les organes de la parole lui manquaient. Elle fournit cependant des indices manifestes, et elle étale à la surface des eaux la ceinture de Perséphone, bien connue de sa mère, et tombée par hasard, en cet endroit, dans le gouffre sacré. En la reconnaissant, comme si elle apprenait enfin à cet instant le rapt, la déesse arracha ses cheveux dénués de parure, et de ses mains se frappa la poitrine à coups redoublés. Elle ignore encore où est sa fille; et pourtant elle invective contre la terre entière, la traite d'ingrate, indigne du présent des moissons, contre la Trinacrie surtout, où elle a retrouvé les traces de sa fille perdue. Aussitôt donc, d'une main impitoyable, elle brisa les charrues dont le soc retournait la glèbe et, dans sa colère, confondit dans une même mort les laboureurs et leurs compagnons de labour, les bœufs; elle ordonna aux champs de tromper l'espoir du grain reçu en dépôt et corrompit les semences. La réputation de fertilité de ce sol, vantée au loin à travers le monde, n'est plus que mensonge : les moissons à peine levées y meurent en herbe, victimes tantôt d'un excès de soleil, tantôt d'un excès de pluie; les astres et les vents leur sont funestes, les oiseaux avides volent le grain jeté dans les sillons. L'ivraie, les chardons, le chiendent, dont rien ne vient à bout, étouffent le froment des moissons.

« Alors la nymphe aimée de l'Alphée [276] éleva la tête hors de ses eaux venues d'Elide et, rejetant de son front jusqu'à ses oreilles ses cheveux ruisselants : « O mère de la vierge cherchée sur toute la terre, mère des moissons, mets un terme à des épreuves sans mesure et ne t'emporte pas dans ta colère à la violence contre une terre qui t'est fidèle. La terre n'a rien mérité de tel, et ne s'est ouverte que malgré elle pour le rapt. Et ce n'est pas pour ma patrie que je t'implore : je suis venue ici chercher l'hospitalité. Ma patrie c'est Pise [277], et c'est en Elide que j'ai ma source; la Sicile, c'est en étrangère que je l'habite. Mais plus que toute autre, cette terre m'est chère; Aréthuse a ici ses pénates, ma demeure est en ces lieux. O très clémente, épargne-la. Pourquoi je me suis exilée, pourquoi, traversant les flots d'une telle étendue de mer, je viens couler à Ortygie, l'heure opportune viendra pour moi de te faire ce récit, quand tu seras délivrée de tout souci et que plus calme sera redevenu ton visage. La terre s'est entrouverte pour me livrer passage et, emportée dans ses profondeurs à travers ses cavernes souterraines, je viens ici relever la tête et contempler les astres dont j'avais perdu le souvenir. Donc, en coulant sous terre à travers les gouffres du Styx, de mes propres yeux j'y ai vu ta fille Proserpine : triste à la vérité, et le visage encore empreint d'un reste de terreur, mais reine pourtant et souveraine du monde des ténèbres, mais puissante matrone aux côtés du roi des Enfers. »

« La mère, en entendant ces mots, fut envahie par la stupeur, comme changée en pierre, et longtemps sembla frappée de la foudre. Puis, quand le profond désordre de son esprit eut fait place à une profonde douleur, sur son char, elle s'envole pour les régions de l'éther. Là, le visage assombri, debout devant Jupiter, les cheveux épars et respirant la haine : « C'est à la fois pour mon sang que je viens à toi en suppliante, ô Jupiter, dit-elle, et pour le tien. Si la mère n'a aucun crédit auprès de toi, que le sort de la fille du moins t'émeuve. Et que l'intérêt que tu lui portes ne soit pas, je t'en conjure, amoindri parce que c'est moi qui lui ai donné le jour. Voici qu'après de longues recherches, enfin j'ai retrouvé ma fille, si c'est à tes yeux la retrouver que la perdre plus sûrement, ou si, savoir où elle est, à tes yeux c'est la retrouver. Son rapt, j'en prendrai mon parti, pourvu que le ravisseur la rende. Car ta fille ne mérite pas un brigand pour mari, — si maintenant elle n'est plus ma fille. » Jupiter répliqua : « C'est entre nous un gage de tendresse que notre fille, en même temps qu'un souci que je partage avec toi. Mais, s'il faut appeler les choses par leur vrai nom, ce rapt n'est pas un outrage, c'est au contraire une preuve d'amour. Nous n'aurons pas à rougir de ce gendre, pourvu, déesse, que tu l'acceptes. A défaut même d'autres titres, quel privilège d'être le frère de Jupiter ! Que dire donc, puisque d'autres titres ne lui font pas défaut et qu'il ne me cède qu'en vertu d'un arrêt du sort ? Pourtant, si tu pousses si loin le désir de les séparer, Proserpine regagnera le ciel, à une condition formelle, cependant : si, là-bas, elle n'a touché des lèvres aucun aliment, car les Parques en ont, par un arrêt, ainsi décidé. »

ASCALAPHUS. LES SIRÈNES

« Ainsi avait parlé Jupiter. Pour Cérès, elle était bien résolue à ramener sa fille. Le destin ne le permet pas, car la jeune fille avait rompu le jeûne; dans sa simplicité, en errant à travers les jardins bien cultivés, elle avait cueilli à la branche ployée d'un arbre une grenade et, retirant de la pâle écorce sept grains, en avait exprimé le suc dans sa bouche; le seul témoin du fait fut Ascalaphus, que jadis, dit-on, Orphné, l'une certes des nymphes de l'Averne les moins obscures, aimée de l'Achéron, avait mis au monde sous la sombre feuillée. Il la vit, et en la dénonçant, par sa cruauté, lui interdit le retour sur terre. La reine de l'Erèbe s'en lamenta et fit de ce témoin un oiseau de mauvais augure; et, arrosant sa tête de l'eau du Phlégéthon [278], elle lui donna, avec un bec, des plumes, d'énormes yeux, un aspect nouveau. Ainsi privé de sa propre personnalité, il s'enveloppe dans ses ailes fauves; son corps n'est plus qu'une tête, ses ongles allongés, deviennent des serres recourbées. C'est avec peine qu'il meut les plumes poussées sur ses bras paresseux; il devient un oiseau repoussant, annonciateur des deuils futurs, un hibou apeuré, redoutable présage pour les mortels.

« Celui-là peut cependant paraître avoir, pour sa dénonciation et son indiscret bavardage, mérité son châtiment. Mais vous, filles de l'Achéloos, d'où vous sont venues vos plumes, vos pattes d'oiseaux, alors que vous avez des visages de jeunes filles ? La raison est-elle qu'au moment où Proserpine cueillait des fleurs printanières, vous étiez du nombre de ses compagnes, ô doctes Sirènes ? Après l'avoir vainement cherchée sur la terre entière, sans vous en tenir là, pour que la mer connût aussi votre souci, vous avez souhaité pouvoir vous aventurer au-dessus des flots avec des ailes pour rames; vous avez trouvé les dieux propices et vu vos membres se couvrir subitement de plumes fauves. Et, pour que cependant votre chant mélodieux, fait pour les délices des oreilles, pour que le don de si beaux accents ne se perdît pas avec l'usage de la parole, votre visage de vierge et la voix humaine vous sont restés [279].

« Mais Jupiter, partagé entre son frère et sa sœur affligée, divise en deux parties égales le cours de l'année. Désormais, la déesse, divinité commune aux deux royaumes, passe autant de mois avec sa mère qu'avec son époux. En un instant se transforme son aspect, âme et visage. Sur le front de la déesse, où naguère Pluton même pouvait lire la tristesse, éclate la joie, de même que le soleil, caché un instant auparavant sous des nuages chargés de pluie, sort vainqueur de ces nuages.

ARÉTHUSE. TRIPTOLÈME

« Cérès la nourricière, qui a retrouvé la paix depuis qu'on lui a rendu sa fille, veut savoir pour quelle raison tu t'enfuis, Aréthuse, et pourquoi tu es une source sacrée. Les eaux se turent et, du fond de la source, la nymphe leva la tête et, après avoir séché de sa main sa verte chevelure, elle conta les amours anciennes du fleuve d'Elide.

« J'étais l'une des nymphes qui habitent l'Achaïe, dit-elle; nulle autre ne parcourut avec plus d'ardeur les bois, nulle autre avec plus d'ardeur ne tendait les rets. Mais, bien que jamais je n'aie recherché une renommée de beauté, malgré mon courage, c'est d'être belle que j'avais la réputation. Et moi, de cette figure, objet de trop de louanges, je ne tirais aucune vanité et, de ces attraits qui font d'ordinaire la joie des autres, dans mon agreste simplicité je rougissais, et m'imaginais que plaire était un crime. Lasse, je revenais, je m'en souviens, de la forêt de Stymphale [280]. Il faisait chaud et la fatigue redoublait l'accablement de la chaleur. Je trouve sur ma route un fleuve aux eaux coulant sans remous, sans murmure, transparentes jusqu'à leur lit même, au travers desquelles on pouvait, jusqu'au fond, compter tous les cailloux, et dont on aurait eu peine à croire qu'elles coulaient. Des saules au blanc feuillage, des peupliers nourris par l'onde dispensaient aux pentes de ses rives un ombrage dû aux seuls soins de la nature [281]. Je m'approchai et commençai par y baigner la plante de mes pieds, puis ma jambe jusqu'au jarret; cela ne me suffit pas : je dénoue ma ceinture, je dépose mes souples voiles sur la branche courbée d'un saule, et, nue, je me plonge dans l'eau. Tandis que je la bats, la ramène sur moi, la fendant de mille manières, que, les bras hors de l'onde, je les agite en tous sens, il me sembla entendre je ne sais quel murmure venu du milieu du gouffre. Effrayée, je prends pied sur le bord de la rive la plus proche : « Où vas-tu si vite, Aréthuse ? m'avait dit Alphée du sein de ses eaux. Où vas-tu si vite », m'avait-il répété d'une voix rauque. Telle que j'étais, je fuis sans vêtements : c'est sur l'autre rive que je les avais laissés. Il ne m'en poursuit qu'avec plus d'ardeur, brûlant de désirs que, parce que j'étais nue, je lui parus plus prête à satisfaire. Je courais, et lui, sauvagement, me presse, comme, d'une aile tremblante, les colombes fuient l'épervier, comme l'épervier presse les tremblantes colombes. Jusque sous les murs d'Orchomène et de Psophis, jusqu'au Cyllène, aux retraites du Ménale, au frais Erymanthe, à Elis [282], j'eus la force de courir, et il ne me gagna pas de vitesse. Mais, moi, moins résistante, j'étais incapable de soutenir longtemps cette course; lui avait la vigueur nécessaire pour un long effort. Et pourtant, à travers les monts couverts de forêts, les pierres, les rochers, les lieux où nul chemin n'est tracé, je courus. J'avais le soleil dans le dos; je vis devant mes pieds une ombre allongée qui me devançait — à moins que cette vision ne fût née de la peur! — mais, à coup sûr, le bruit des pas d'Alphée me terrifiait, et le souffle puissant de son haleine passait dans les bandelettes de mes cheveux. Brisée par la fatigue de cette fuite : « Je suis prise, viens, m'écriai-je, ô Dictynne [283], à l'aide de celle qui porte tes armes, à qui souvent tu confias la charge de ton arc et des flèches que renferme ton carquois! » La déesse fut émue et, tirant des épais nuages l'un d'eux, le jeta sur moi. Le fleuve va et vient autour du brouillard qui me couvre, et, ne sachant où me prendre, me cherche aux alentours de la nue creuse. Par deux fois il fait, sans le savoir, le tour de la cachette que m'avait ménagée la déesse, et par deux fois il m'appela : « Io Aréthuse, Io Aréthuse! » Quel fut alors, malheureuse, l'état de mon esprit ? N'était-ce pas celui de la brebis, quand elle entend les loups gronder autour des profondes étables, ou du lièvre qui, caché dans un buisson, voit les gueules des chiens ses ennemis et n'ose pas faire un seul mouvement ? Alphée cependant ne s'éloigne pas, car il ne voit au-delà de ce lieu aucune trace de pas; il surveille l'endroit et le nuage. Ainsi assiégée, une sueur glacée couvre mes membres, et des gouttes azurées coulent de tout mon corps; partout où je posai le pied, de leur ruissellement naît une mare, et de mes cheveux coule une rosée; et, en moins de temps que n'en prend le récit où je rappelle pour toi ces événements, je me vois changée en fontaine. Mais le fleuve — car il reconnaît à cette eau l'objet de son amour, — quittant l'apparence humaine qu'il avait prise, reprenant sa propre forme, se change, pour se mêler à moi, en ondes. La déesse de Délos fendit alors le sol, et moi, plongée dans d'obscures cavernes, je suis entraînée jusqu'à Ortygie, que j'aime parce qu'elle porte le surnom de ma chère déesse [284]; ce fut elle qui, la première, me ramena à la surface de la terre, sous les cieux [285]. »

« Ainsi prit fin le récit d'Aréthuse. La déesse de la fertilité attela deux dragons à son char et leur entra de force le mors dans la bouche; et elle fut emportée, fendant l'air entre le ciel et la terre, et conduisit son char léger dans la ville de la déesse du Triton à Triptolème [286], qu'elle chargea de répandre les semences dont elle lui fit don en partie dans le sol vierge, en partie dans le sol rendu, après un long temps, à la culture. Déjà le jeune homme avait été entraîné par les airs au-dessus de l'Europe et de la terre d'Asie. Il dirige sa course vers le pays des Scythes, où régnait Lyncus. Il pénètre dans la demeure du roi. On lui demande par quelle route il arrive, quels sont le motif de son voyage, son nom, sa patrie : « Ma patrie est l'illustre Athènes, dit-il, Triptolème est mon nom, je ne suis venu ni sur un vaisseau par mer, ni à pied par terre : c'est l'éther qui s'est ouvert pour me livrer passage. J'apporte les présents de Cérès, qui, répandus au loin à travers les champs, doivent en retour donner des moissons abondantes en grains et des aliments savoureux. » Le barbare se sent jaloux : pour être lui-même le dispensateur d'un si grand bienfait, il offre à Triptolème l'hospitalité, et, quand son hôte est appesanti par le sommeil, il l'assaille, l'épée à la main. Comme il s'efforçait de lui percer le sein, Cérès le changea en lynx [287]. Puis elle ordonna au jeune homme venu de la ville de Mopsopus [288] de pousser de nouveau à travers les airs la course de son attelage sacré. »

« La plus noble d'entre nous avait achevé son docte chant [289]. Alors les nymphes, d'une voix unanime, proclamèrent victorieuses les déesses habitant l'Hélicon. Les Piérides vaincues nous accablant d'outrages : « Puisque dit Calliope, il ne vous suffit pas d'avoir, pour vous être mesurées avec nous, mérité d'être punies, et qu'à votre faute vous ajoutez des insultes, comme notre patience a des bornes, nous irons plus loin dans le châtiment et nous suivrons la pente de notre colère. » Les filles de l'Emathie n'ont que raillerie et mépris pour ces paroles menaçantes. Elles veulent parler et, à grands cris, porter sur nous leurs mains imprudentes; mais elles virent des ailes sortir par leurs ongles et leurs bras se couvrir de plumes; chacune voit la bouche de sa sœur se durcir en un bec rigide, et, oiseaux d'une nouvelle espèce, elles gagnent les forêts. Dans leurs efforts pour se frapper la poitrine, soulevées par leurs bras qu'elles agitaient, elles restaient suspendues en l'air, devenues, bruyantes hôtesses des bois, des pies. Aujourd'hui, sous leur forme d'oiseaux, elles ont gardé leur ancien caquet, leur rauque jacassement et leur penchant immodéré au bavardage [290]. »

LIVRE SIXIÈME

Pallas et Arachné. — Niobé. — Les Paysans lyciens. — Marsyas. Pélops. — Progné et Philomèle. — Borée, Zéthès et Calaïs.

PALLAS ET ARACHNÉ

Tel fut ce récit. La déesse du Triton y avait prêté l'oreille, approuvant le chant des Aonides [291] et leur juste colère. Alors, en elle-même : « Louer, se dit-elle, ne suffit pas : méritons même louange, et ne laissons pas notre divinité bafouée impunément. » Et son esprit s'applique à la perte de la Méonienne [292] Arachné, qui refusait, lui avait-on dit, de lui reconnaître la supériorité dans l'art de tisser la laine. Elle devait sa célébrité non pas à son rang ni à la famille dont elle tirait son origine, mais à son art. Son père, Idmon de Colophon, teignait avec le murex de Phocée les laines avides [293]. Sa mère était morte; mais, elle aussi, était sortie du peuple et de même condition que son époux. Arachné cependant, à travers les villes de Lydie, avait conquis par son industrie la renommée, bien que, d'obscure naissance, elle habitât l'obscure Hypæpa [294]. Souvent, pour admirer son merveilleux travail, les nymphes abandonnèrent les vignobles de leur Timolus, les nymphes du Pactole abandonnèrent leurs eaux [295]. Et elles se plaisaient non seulement à voir les étoffes une fois faites, mais aussi à les voir faire, tant Arachné savait habilement pratiquer son art. Soit qu'elle commençât par former de la laine brute des pelotons ronds, soit qu'elle la façonnât avec les doigts et que, travaillant les produits de la tonte, semblables à des flocons de nuages, elle les assouplît en les étirant en longs brins, soit que doucement, du pouce, elle fît tourner le fuseau poli, soit qu'elle brodât à l'aiguille, on voyait bien qu'elle avait reçu les leçons de Pallas. Elle n'en veut cependant pas convenir et, froissée qu'on la croie élève d'une telle maîtresse : « Qu'elle rivalise avec moi, dit-elle, il n'est rien à quoi, vaincue, je ne me soumette. »

Pallas se donne l'apparence d'une vieille femme. Sur ses tempes, elle applique de faux cheveux blancs; un bâton soutient ses membres débiles. Alors, elle prit la parole en ces termes : « La vieillesse ne nous apporte pas uniquement des maux que nous souhaitions éviter; l'expérience est, à la longue, le fruit des ans. Ne dédaigne pas mon conseil. Tu peux briguer la réputation d'être, entre les mortelles, la première pour le travail de la laine, mais incline-toi devant une déesse, et demande-lui, téméraire, d'une voix suppliante pardon pour les propos que tu tiens; ce pardon, si tu le demandes, elle te l'accordera. » Arachné la regarde d'un œil farouche et laisse là le fil commencé; retenant avec peine sa main, laissant voir sur son visage sa colère, elle répliqua en ces termes à Pallas, méconnaissable pour elle : « Tu as perdu l'esprit, et ta vieillesse prolongée t'accable. A vivre trop longtemps on ne gagne rien. Tes propos, garde-les pour les oreilles de ta bru, si tu en as une, de ta fille, si tu en as une. Je ne prends conseil que de moi-même : cela me suffit. Avec tes avertissements, ne t'imagine pas que tu aies rien obtenu; ma résolution reste la même. Pourquoi la déesse ne vient-elle pas en personne ? Pourquoi se dérobe-t-elle à cette compétition ? » Alors la déesse : « Elle est venue », dit-elle, et, rejetant son aspect de vieille femme, c'est Pallas qu'elle fit apparaître. Les nymphes et les femmes de Méonie [296] lui rendent hommage. Seule la jeune fille n'éprouva aucune terreur; mais cependant elle sursauta et une rougeur subite envahit malgré elle son visage, et s'évanouit ensuite, tout de même que l'air s'empourpre à la naissance de l'aurore et, bientôt après, blanchit dès que se lève le soleil. Elle s'entête dans son dessein, et son envie de remporter une palme déraisonnable la précipite à sa perte. Car la fille de Jupiter relève le défi et, sans plus s'attarder aux avertissements, accepte, sans la différer, la lutte.

Sans perdre un instant, toutes deux installent, chacune de son côté, leurs deux métiers et y tendent les fils déliés de la chaîne. Les montants du métier sont reliés par la traverse; un roseau maintient séparés les fils de la chaîne. Entre eux, au moyen des navettes aiguës, s'insinue, sous l'impulsion de leurs doigts agiles, le fil de la trame qu'une fois introduit dans la chaîne serrent à petits coups les dents découpées du peigne qui le frappent. Toutes deux travaillent vite et, les manches de leur robe retroussées jusqu'à la poitrine, font mouvoir leurs mains savantes avec une application qui leur fait oublier la fatigue. Dans le tissu entrent la pourpre sortie des cuves de bronze tyriennes et des tons plus foncés que séparent de légères nuances; tel, l'arc qui, au choc de la pluie et des rayons du soleil, dessine sa courbe immense et diaprée dans le ciel : alors que mille couleurs différentes y brillent, la transition elle-même entre elles échappe cependant à l'œil, qui contemple ce spectacle, tant, au point de contact, elles se confondent; et pourtant, entre les plus éloignées, grande est la différence. Il s'y mêle, aux fils, l'or flexible; et, sur la toile, se déroule la représentation d'antiques histoires.

Pallas représente le rocher de Mars dans la citadelle de Cécrops et le débat qui eut lieu jadis pour donner un nom au pays [297]. En deux groupes de six, les dieux du ciel, de chaque côté de Jupiter, sont assis sur de hauts sièges, avec une auguste gravité [298]. Son apparence extérieure désigne chacun des dieux. Pour Jupiter, son image est celle d'un roi. Pallas montre le roi de la mer debout; de son long trident, il frappe le rocher aux rudes aspérités, et, du milieu de l'entaille qu'il a faite au rocher, a jailli le cheval sauvage, gage sur lequel il compte pour revendiquer la ville. Quant à elle-même, elle se représente armée du bouclier, armée d'une lance à la pointe aiguë, armée d'un casque sur la tête; sa poitrine est protégée par l'égide. Elle figure la terre, au choc de sa lance, enfantant un olivier au feuillage argenté et couvert de ses baies, et les dieux témoignant leur admiration; une Victoire complète la scène [299]. Toutefois, pour que celle qui lui dispute sa gloire comprenne par des exemples quel prix elle peut espérer de sa fureur audacieuse, en quatre endroits elle figure par surcroît quatre scènes de compétitions, brillantes de leur coloris propre, distinctes de la première par les dimensions réduites des personnages. L'un des angles est occupé par Rhodopé de Thrace et Hæmus, aujourd'hui montagnes aux cimes glacées, jadis êtres humains, qui s'attribuèrent les noms des plus grands dieux [300]. L'angle correspondant montre le misérable sort de la mère des Pygmées [301] : rivale de Junon, vaincue par elle, la déesse la condamna à devenir grue et à déclarer la guerre à son propre peuple. Elle représenta aussi Antigoné [302], qui osa se mesurer jadis avec celle qui partage le trône du grand Jupiter, et que la royale Junon changea en oiseau; qu'Ilion fût sa patrie et Laomédon son père ne put empêcher que, couverte désormais de plumes, blanche cigogne, elle fût réduite à s'applaudir elle-même avec les claquements de son bec. Dans le seul angle qui reste, est Cinyras, privé des siens [303] : on le voit embrassant les degrés du temple faits des membres de ses filles et pleurant, couché sur la pierre. Pallas, enfin, encadre ces scènes, tout au bord de l'étoffe, de branches pacifiques d'olivier. Elle s'en tient là, et termine son travail par l'image de l'arbre qui est le sien.

La Méonienne dessine Europe trompée par l'image d'un taureau [304] : on croirait voir un taureau véritable, de véritables flots; on la voyait elle-même, les regards tournés vers la terre qu'elle quittait, appeler à grands cris ses compagnes, et, dans la crainte de subir le contact des flots qui l'assaillent, ramener peureusement ses pieds sous elle. Elle représenta aussi Astérié dans les serres d'un aigle qui maîtrise sa résistance; elle représenta Léda couchée sous les ailes d'un cygne. Elle ajouta la scène où Jupiter, caché sous l'apparence d'un Satyre, rendit d'un seul coup deux fois mère la fille, si belle, de Nycteus; celles où, sous les traits d'Amphitryon, il te séduisit, ô reine de Tirynthe; où, changé en or, il trompa Danaé, changé en flamme, la fille de l'Asopus, en berger, Mnémosyne, en serpent tacheté, la fille de Déo. Toi aussi, elle te représenta, Neptune [305], changé en farouche taureau, couvrant la vierge fille d'Æolus; sous l'apparence d'Enipeus, tu engendres les Aloïdes, sous celle d'un bélier, tu trompes la fille de Bisaltès, et c'est encore toi que connut, étalon, la déesse aux bloncs cheveux, la mère bienfaisante entre toutes des moissons; oiseau, la mère aux cheveux de serpents du cheval ailé; dauphin, Mélantho. Tous ces personnages furent rendus sur la toile avec leur aspect propre, comme fut rendu l'aspect des lieux. On y voit Phœbus sous les traits d'un paysan, ou portant, ici le plumage d'un épervier, là la peau d'un lion ou le costume de berger, qu'il prit pour séduire Issé, fille de Macareus [306]; on y voit comment Liber abusa Erigoné sous l'apparence trompeuse d'une grappe [307], comment Saturne, sous celle d'un cheval, engendra Chiron, homme et bête [308]. Au bord de la toile, dans l'étroite bande qui l'encadre, des fleurs sont entrelacées aux tiges flexibles du lierre.

A ce travail, ni Pallas, ni la Jalousie ne pourrait rien reprendre. Ce dépit d'une telle réussite, la vierge guerrière aux blonds cheveux déchira la toile où étaient, en couleurs vives, retracées les coupables aventures des dieux. Et, de sa navette en bois du mont Cytore [309], telle qu'elle la tenait, par trois et quatre fois elle frappa au front la fille d'Idmon, Arachné. La malheureuse ne put supporter l'outrage et, dans sa rage, s'attacha autour de la gorge un lacet et se pendit. Pallas la prit en pitié et allégea le poids, puis : « Conserve la vie, mais cependant reste pendue, impudente, dit-elle; et, pour t'enlever tout espoir dans l'avenir, je veux que la même peine soit irrévocablement prononcée contre ta race et tes plus lointains arrière-neveux. » Après quoi, en s'éloignant, elle l'arrosa des sucs d'une herbe consacrée à Hécate. Tout aussitôt, à peine touchés par le redoutable poison, les cheveux d'Arachné tombèrent, et avec eux son nez et ses oreilles; sa tête devient toute petite, et toutes les proportions de son corps diminuent; à ses flancs se rattachent de grêles doigts au lieu de jambes; tout le reste n'est qu'un ventre d'où cependant elle laisse échapper du fil; et, maintenant, araignée, elle tisse, comme jadis, sa toile.

NIOBÉ

La Lydie tout entière en frémit, et à travers les villes de Phrygie se répand le bruit de l'événement dont on s'entretient dans tout le vaste univers. Avant son mariage, Niobé avait connu Arachné, au temps où, vierge encore, elle habitait la Méonie et le Sipyle [310]. Et pourtant, le châtiment infligé à sa compatriote ne lui apprit pas à céder aux dieux et à tenir des propos plus modestes. Bien des raisons l'enflaient d'orgueil. Mais enfin, ni les talents de son époux, ni leur haute naissance à tous deux, ni la puissance exercée sur un grand royaume [311] ne lui inspiraient, quelque fierté que tout cela lui inspirât, autant de fierté que ses enfants. Et Niobé eût mérité d'être appelée la plus heureuse des mères, si elle ne l'avait pas été à ses propres yeux. Or la fille de Tirésias, Manto, qui connaissait d'avance l'avenir, dans un transport divin qui la poussait, s'était mise à prophétiser à travers les rues : « Femmes de l'Isménus, allez en foule offrir à Latone et aux deux enfants de Latone [312] de l'encens avec de pieuses prières, et ceignez vos cheveux de laurier; par ma bouche, Latone vous l'ordonne. » On obéit, et toutes les femmes de Thèbes ornent leurs fronts du feuillage prescrit, et répandent sur la flamme consacrée l'encens accompagné de leurs prières.

Mais voici que survient Niobé au milieu d'un nombreux cortège qui l'accompagne. Dans sa robe phrygienne tissée d'or, elle attire tous les yeux; belle autant que le permet la colère, secouant avec sa tête imposante ses cheveux répandus sur ses deux épaules, elle s'arrêta et, après avoir d'un air hautain porté tout autour d'elle ses regards orgueilleux : « Quelle est donc cette folie, dit-elle, de mettre les dieux dont on vous parle au-dessus de ceux que vous voyez ? Et pourquoi ce culte et ces autels dressés à Latone, quand ma divinité n'a encore reçu aucun encens ? Mon père, à moi, est Tantale, à qui seul il fut donné de partager le festin des dieux. Ma mère est la sœur des Pléiades. Le grand Atlas est mon aïeul, qui porte le firmament éthéré sur ses épaules. Jupiter est mon autre aïeul. C'est aussi mon beau-père, et je m'en glorifie. Les peuples de Phrygie me redoutent; dans le palais de Cadmus je suis maîtresse, et les murailles assemblées par la lyre de mon époux, avec leur peuple, nous ont, moi et lui, pour rois [313]. Vers quelque partie de ma demeure que je tourne les yeux, d'immenses richesses s'offrent à eux. A cela s'ajoute une beauté digne d'une déesse. Ajoutez-y encore sept filles, autant de jeunes fils, et, bientôt, de gendres et de brus. Cherchez maintenant les causes de notre orgueil, et osez me préférer une fille de Titan, née de je ne sais quel Cœus [314], Latone, à qui la vaste terre, jadis, a refusé fût-ce un coin pour y accoucher [315] ! Ni du ciel, ni de la terre, ni des eaux, votre déesse ne reçut accueil. Elle était exilée du monde lorsque, prise de pitié pour cette vagabonde : « Tu erres, étrangère, sur terre, et moi sur les flots, » lui dit Délos, qui offrit son mouvant asile. Elle devint mère de deux enfants : c'est sept fois moins que n'en ont porté mes flancs. Je suis heureuse : qui donc le nierait ? Heureuse je resterai; cela aussi, qui le mettrait en doute ? Ma sécurité est faite d'une abondance de biens. Je suis trop grande pour que la Fortune puisse me nuire, et, m'enlevât-elle beaucoup, elle m'en laisserait encore bien davantage. Ce que je possède aujourd'hui me met au-dessus de toute crainte. Supposez que puissent m'être enlevés quelques-uns de mon peuple d'enfants, je ne serai cependant pas réduite, ainsi dépouillée, au nombre de deux, celui de la troupe de Latone; y a-t-il tant de différence entre elle et une femme sans enfants ? Eloignez-vous bien vite des sacrifices, et enlevez ce laurier de vos chevelures. » Elles l'enlèvent et laissent là, sans l'achever, le sacrifice. Et, puisque c'est tout ce qui leur est permis, à voix basse adressent, dans un murmure, leur hommage à la divinité.

L'indignation saisit la déesse, et sur la cime du Cynthe

elle s'adressa en ces termes à ses deux enfants : « Voici donc que moi, votre mère, si fière de vous avoir mis au monde, moi qui, hormis Junon, ne le cèderais à aucune des déesses, on met en doute que je sois une déesse. Je suis chassée, ô mes enfants, si vous ne venez à mon secours, des autels où, au cours des siècles, mon culte fut toujours célébré. Et cette douleur n'est pas la seule; à cet acte sacrilège, la fille de Tantale a joint l'insulte : vous, elle a osé vous mettre au-dessous de ses propres rejetons, et moi, elle m'a traitée — que l'imputation retombe sur elle-même! — de femme sans enfants; et, dans ses propos impies, elle s'est montrée digne émule de son père. » Au récit des faits Latone allait joindre des prières : « Cesse, lui dit Phœbus. C'est retarder le châtiment que longuement se plaindre. » Phœbé en dit autant. Et, se laissant rapidement tomber à travers les airs, ils étaient allés, à l'abri d'un nuage, se poser sur la citadelle de Cadmus.

Il y avait au pied des remparts une plaine rase, de vaste étendue, constamment foulée par les chevaux, au sol amolli sur leur passage par les innombrables roues et les durs sabots. Là, quelques-uns des sept fils d'Amphion [316], montés sur de robustes coursiers et solidement assis sur leur dos aux housses teintes de rouge pourpre tyrienne, les font évoluer à l'aide des rênes alourdies d'or. Parmi eux, Isménus, qui jadis avait été le premier porté par sa mère, au moment où il fait décrire dans sa course à son cheval la courbe de la piste, et fait sentir le mors à sa bouche écumante : « Ah! malheur à moi! » s'écrie-t-il. Il porte un trait fiché en pleine poitrine, et, les rênes échappant à sa main mourante, il glisse doucement et tombe sur le côté, au flanc droit de sa monture. Tout près de lui, au bruit qu'il entend d'un carquois dans les airs, Sipylus rendait la bride, comme lorsque, pressentant l'orage, le pilote fuit à la vue d'un nuage et déploie de toutes parts ses voiles pour ne pas perdre le moindre souffle de vent. Il rendait la bride; mais, dans sa fuite, l'inévitable trait le rejoint et au haut de son cou une flèche vibrante est venue se fixer, dont le fer nu sortait, saillant, de la gorge. Surpris dans cette attitude, il roule en avant le long des jambes du cheval en pleine action et de la crinière, et souille le sol de son sang encore chaud. Le malheureux Phædimus et Tantalus, héritier du nom de son aïeul, après en avoir fini avec leur travail accoutumé, étaient passés aux exercices chers à la jeunesse de la palestre où ruisselle l'huile. Et déjà ils étaient aux prises, étroitement enlacés, poitrine contre poitrine, lorsque, lancée par le boyau tendu, dans cette attitude du corps à corps, une flèche les transperça tous deux. Ils poussèrent ensemble un gémissement, ensemble leurs deux corps, tordus par la douleur, se couchèrent sur le sol, ensemble, gisant à terre, ils portèrent une dernière fois leurs regards de tous côtés, ensemble ils exhalèrent leur dernier souffle. A ce spectacle, Alphénor, se déchirant et se frappant à coups redoublés la poitrine, accourt pour étreindre et soulever leurs membres déjà froids; il tombe en remplissant ce pieux devoir, car le dieu de Délos l'a atteint d'un fer mortel qui l'a percé jusqu'au fond du cœur. En retirant le trait, la pointe barbelée arrache une partie du poumon et le dernier souffle de l'enfant se perd dans les airs avec des flots de sang. Par contre, ce n'est pas d'une simple blessure qu'est atteint Damasichthon, dont les cheveux ne sont pas encore tombés sous le ciseau. Il avait été frappé à la naissance de la jambe, au point où le jarret nerveux forme une souple articulation. Et, tandis qu'il essaie avec la main de retirer le funeste trait, une seconde flèche s'enfonça dans sa gorge jusqu'à l'empenne. Le sang la fit ressortir et, jaillissant en un jet violent, en hauteur, tout droit va percer au loin les airs. Le dernier, Ilioneus, avait levé au ciel, suppliant, ses bras qui ne devaient lui être d'aucun secours : « O dieux, vous que j'invoque tous en commun » avait-il dit, ignorant qu'il n'était pas besoin de les implorer tous, « épargnez-moi! » Le divin archer avait été ému, mais le trait ne pouvait déjà plus être rappelé. L'enfant périt cependant d'une blessure légère car le cœur ne fut pas profondément atteint par la flèche.

Le bruit de ces malheurs, la douleur publique, les larmes des siens apprirent une si soudaine catastrophe à la mère, stupéfaite que les dieux eussent eu un tel pouvoir, irritée qu'ils eussent eu une telle audace et que leurs droits fussent à ce point étendus. Pour Amphion, le père, en se plongeant un fer dans le sein, il avait, par le trépas, mis fin à la fois à sa vie et à sa douleur. Hélas! combien différait cette Niobé de la Niobé qui, naguère, avait écarté le peuple des autels de Latone et qui avait porté ses pas, la tête haute, à travers la ville, objet d'envie pour les siens, aujourd'hui objet de pitié, même pour un ennemi! Elle se couche sur les cadavres déjà froids, et prodigue, pour la dernière fois, ses embrassements désordonnés à tous ses fils. Puis, s'arrachant à eux, et dressant vers le ciel ses bras livides : « Repais-toi, cruelle Latone, de notre douleur, repais-toi, dit-elle, et rassasie ton cœur de mon affliction; oui, rassasie, dit-elle, ton cœur sans pitié. Ces sept cortèges funèbres, c'est moi, chaque fois, qu'ils porteront au bûcher. Donne carrière à ta joie, et, victorieuse ennemie, triomphe! Mais pourquoi victorieuse ? Dans mon malheur, il me reste encore plus qu'à toi dans ton bonheur. Après tant de deuils, c'est encore moi qui l'emporte! »

Elle avait dit, et le bruit que fait la corde de l'arc qui se détend résonna, jetant la terreur dans tous les cœurs, hormis celui de la seule Niobé. Elle, le malheur la rend audacieuse. Debout, vêtues de noir, devant les lits où gisaient les frères, se tenaient, les cheveux dénoués, les sœurs. L'une d'elles, en retirant le trait qui s'est fixé dans ses entrailles, défaillit et tomba mourante, le visage sur le corps de son frère. La seconde, qui s'efforçait de consoler sa malheureuse mère, se tut subitement, pliée en deux par une invisible blessure [et ne ferma la bouche que son dernier souffle exhalé [317]]. Celle-ci, en tentant vainement de fuir, s'écroule; celle-là meurt sur le cadavre de sa sœur; l'une se cache; on pourrait voir l'autre en proie à la terreur. Six étaient déjà mortes, succombant à des blessures diverses; il en restait une dernière. La mère, la couvrant de tout son corps, de tous ses vêtements : « Laisse-m'en une, la plus petite! De toutes mes filles, je ne demande que la plus petite, s'écria-t-elle, et une seule! « Mais, tandis qu'elle adresse cette prière, l'objet de sa prière a succombé [318]. Désormais sans famille, elle s'assit au milieu des cadavres de ses fils, de ses filles, de son époux; le malheur l'a rendue insensible. Aucun souffle d'air ne soulève ses cheveux; de son visage décoloré le sang s'est retiré; ses yeux, dans sa face morne, restent fixes. Il n'y a plus, dans toute sa personne, rien de vivant. Sa langue elle-même, dans sa bouche, contre son palais durci, se glace, et ses veines perdent tout pouvoir de battre; son cou ne peut plus fléchir, ses bras ne peuvent plus faire un mouvement, ses pieds, un pas; jusqu'au fond des entrailles, elle est de pierre. Ses pleurs coulent cependant et, enveloppée dans le tourbillon d'un vent violent, elle a été emportée dans sa patrie. Là, immobilisée au sommet d'une montagne, elle fond en eau, et le marbre, encore aujourd'hui, ruisselle de larmes [319].

LES PAYSANS LYCIENS

Dès lors, après cette manifestation de la colère divine, il n'est personne, femme ou homme, qui ne soit saisi de crainte, et c'est avec un redoublement de piété que tous apportent leur hommage à la redoutable puissance de la déesse mère de deux jumeaux. Et, comme il arrive toujours, à l'occasion du fait tout récent revient le récit d'événements antérieurs. L'un dit : « En Lycie aussi, contrée aux champs fertiles, ce n'est pas impunément que les cultivateurs de jadis méprisèrent la déesse. L'aventure est peu connue, en raison de la basse condition de ces hommes, mais cependant merveilleuse. J'ai vu de mes yeux l'étang et les lieux que le prodige a rendus célèbres. Car mon père, alors assez âgé et incapable de supporter le voyage, m'avait chargé de ramener de là-bas des bœufs de choix et, lui-même, quand je partis, donné comme guide un homme de ce pays. Comme en sa compagnie je parcourais les pâturages, voici qu'au milieu d'un lac nous vîmes dressé un vieil autel, noirci par la cendre des sacrifices, entouré de roseaux frémissants. Mon guide s'arrêta et, d'une voix apeurée : « Sois-moi favorable » murmura-t-il, et moi, à son exemple : « Sois favorable » murmurai-je. Je lui demandai cependant si c'était aux naïades ou à Faunus [320] qu'était consacré l'autel, ou à un dieu du pays. Alors, mon hôte me fit le récit que voici :

« Non, dans cet autel, jeune homme, ne réside pas une divinité de la montagne. La déesse qui le revendique comme sien est celle à qui jadis l'épouse du roi du ciel interdit la terre entière, et à qui, cédant à ses prières, seule consentit à donner asile l'errante Délos, au temps où c'était une légère île flottante. C'est là qu'appuyée à un palmier associé avec l'arbre de Pallas [321], elle donna le jour à deux jumeaux, en dépit de leur marâtre. C'est aussi de là que, pour échapper à Junon, elle s'enfuit après ses couches, dit-on, emportant dans ses bras deux dieux, ses enfants. Arrivée au pays qui vit naître la Chimère, sur la terre lycienne, à l'heure où le soleil accablant brûlait les campagnes, la déesse fatiguée par un long effort, la gorge sèche, fut altérée par la chaleur de l'astre du jour; ses enfants avides avaient bu jusqu'à la dernière goutte le lait de ses mamelles. Par hasard, elle aperçut au loin, au fond de la vallée, une nappe d'eau de médiocre étendue. Des paysans cueillaient là de l'osier qui y poussait en touffes, avec des joncs et des ulves qui foisonnent dans les marais. La fille du Titan s'approcha et s'agenouilla à terre pour puiser de l'eau fraîche et la boire. La troupe paysanne le lui défend; la déesse répliqua alors à leur défense : « Pourquoi m'empêchez-vous de puiser de l'eau ? L'usage de l'eau appartient à tout le monde. La nature n'a réservé à personne la propriété du soleil, de l'air, des eaux limpides. Je viens prendre ma part de ce qu'elle a libéralement donné à tous. Cependant, pour l'obtenir de vous, je le demande en suppliante. Je n'avais pas l'intention de laver ici mon corps et mes membres fatigués : je voulais étancher ma soif. Ma bouche est sèche, en vous parlant, mon gosier aride, et c'est avec peine que ma voix s'y fraie un passage. Une gorgée d'eau sera pour moi un nectar, et je reconnaîtrai qu'avec elle vous m'avez rendu la vie, oui, vous m'aurez donné la vie avec un peu d'eau. Laissez-vous aussi attendrir par ces enfants que je porte et qui vous tendent leurs petits bras. » Et le hasard voulut qu'ils tendissent en effet les bras. Quel cœur eût pu résister aux paroles persuasives de la déesse ? Ces hommes, pourtant, s'entêtent à opposer à ses prières un refus; ils y joignent des menaces, si elle ne consent à s'éloigner, et, par surcroît, des injures. Ils ne s'en contentent pas; eux-mêmes, des pieds, des mains, troublèrent l'eau de l'étang, du fond duquel, en le piétinant méchamment, ils firent çà et là monter à la surface la vase molle. La colère l'emporta sur la soif. Aussi la fille de Cœus renonce à supplier des êtres indignes de l'entendre; elle ne supporte pas de tenir plus longtemps un langage au-dessous d'une déesse; et, levant ses mains tournées vers les astres : « A jamais, dit-elle, puissiez-vous vivre dans votre étang! » Le souhait de la déesse s'accomplit. Leur plaisir est de vivre sous l'eau, tantôt de plonger leur corps entier dans les profondeurs du marais, tantôt de sortir la tête hors de l'eau, tantôt de nager à sa surface, souvent de venir se poser sur la rive, souvent de sauter de nouveau dans les ondes froides de l'étang. Mais aujourd'hui encore leur langue sans retenue se dépense en disputes, et, sans vergogne, bien que plongés dans l'eau, dans l'eau même ils s'essayent à l'insulte. Leur voix aussi est maintenant rauque, et leur cou qui se gonfle d'air, enfle; leurs injures mêmes élargissent leur grande bouche béante. Leur dos touche leur tête, et leur cou semble avoir été coupé; leur échine verdit, leur ventre, la partie la plus considérable de leur corps, blanchit. Et, dans les gouffres fangeux, ils sautent maintenant, bêtes nouvelles : ce sont les grenouilles [322]. »

MARSYAS. PÉLOPS

Dès que je ne sais lequel des assistants eut raconté comment finirent ces hommes du pays de Lycie, un second rappelle l'aventure du Satyre, trahi par le roseau qui lui venait de la déesse du Triton [323], et que, vainqueur, le fils de Latone châtia. « Pourquoi m'arraches-tu à moi-même ? dit-il. Ah! quels sont mes remords! Ah! criait-il, une flûte ne vaut pas d'être payée ce prix! » Pendant qu'il criait, on lui arrachait la peau sur tous les membres; son corps n'était plus qu'une plaie. Le sang ruisselle de tous les côtés; ses muscles, mis à nu, sont visibles; on voit ses veines où le sang bat, et qu'aucune peau ne recouvre, tressauter, on pourrait compter les palpitations de ses viscères et, dans sa poitrine, les fibres, entre lesquelles passe le jour. Les Faunes habitants des campagnes, divinités sylvestres, les Satyres ses frères, Olympus qui, même à cette heure, lui reste cher, et les nymphes le pleurèrent, avec tous ceux qui, dans ces montagnes, paissaient les troupeaux de bêtes à laine ou à cornes. La terre fertile fut mouillée de ces larmes, elle en absorba l'humidité dans son sein et les but jusqu'au plus profond de ses veines; quand elle les eut converties en eau, elle les renvoya à l'air libre. De sa source, suivant la pente rapide de ses rives, cette eau va rejoindre la mer sous le nom de Marsyas; des fleuves de Phrygie, c'est le plus limpide [324]. »

Après ces récits, la foule ne tarde pas à revenir à la réalité présente et pleure Amphion disparu avec toute sa lignée. La mère n'excite que haine. Le seul, dit-on, qui versa alors sur elle des larmes fut Pélops, qui, après avoir écarté son vêtement sur sa poitrine, aurait montré l'ivoire de son épaule gauche [325]. Cette épaule, à l'époque de sa naissance, avait même couleur que la droite et était aussi partie intégrante de son corps; bientôt après, ses membres découpés par les mains de son père furent, dit-on, rassemblés par les dieux. Tous les autres furent retrouvés; seul manquait l'os qui est entre le creux de la gorge et la partie supérieure du bras. On lui mit un morceau d'ivoire pour remplir l'office de l'os vainement cherché; et, de ce fait, Pélops fut entier.

PROGNÉ ET PHILOMÈLE

Les princes du voisinage se réunissent, et les villes proches prièrent leurs rois d'aller porter leurs consolations à Thèbes : Argos et Sparte, Mycènes, où régnèrent les Pélopides, et Calydon, que ne poursuivait pas encore la haine de la farouche Diane [326], la fertile Orchomène et Corinthe, célèbre par son bronze, la fière Messène et Patras, la modeste Cléonæ et Pylos, la ville de Néleus [327], et Trézène, qui n'était pas encore celle de Pittheus [328], et toutes les autres cités qui ont pour barrière l'Isthme baigné par deux mers, comme celles que l'on voit au-delà, hors de l'isthme que baignent deux mers. Qui le croirait ? Seule, tu t'abstins, Athènes. L'obstacle à l'accomplissement de ce devoir fut la guerre; de barbares bataillons qu'avait apportés la mer jetaient la terreur dans les murs de Mopsopus [329]. Le Thrace Térée, dont les forces armées avaient secouru la ville, les avait mis en déroute, et sa victoire lui avait valu un glorieux renom. Ce défenseur, puissant par ses richesses et ses ressources en hommes, et qui se trouvait être un descendant du grand Gradivus [330], Pandion [331] se l'attacha en le mariant à Progné. Mais ni Junon, patronne du mariage, ni Hyménée, ni aucune Grâce, par sa présence, ne protège cette couche. Les Euménides tinrent les torches, enlevées à quelque convoi funèbre, les Euménides disposèrent sur le lit les tapis, et, sur le toit, un oiseau sacrilège, un hibou, vint se poser, qui se percha sur le faîte, au-dessus de la chambre nuptiale. C'est sous les auspices de cet oiseau que s'unirent Progné et Térée, sous ses auspices qu'ils eurent un enfant. La Thrace assurément leur témoigna sa reconnaissance, eux-mêmes témoignèrent la leur aux dieux. Et ils ordonnèrent que le jour où avait été donnée au tyran la fille de l'illustre Pandion, comme celui où était né Itys, fût déclaré jour de fête. Tel est notre aveuglement sur notre propre intérêt! Déjà le Titan, ramenant cinq automnes, avait, à autant de reprises, déroulé le cours de l'année, quand Progné, cajolant son époux : « Si j'ai quelque crédit sur toi, dit-elle, laisse-moi aller rendre visite à ma sœur ou laisse ma sœur venir ici; tu promettras à ton beau-père son retour dans peu de temps. Tu ne peux me faire de cadeau qui vaille pour moi de voir ma sœur. » Térée ordonne de mettre à flot des vaisseaux, et, s'aidant de la voile et de la rame, il entre dans le port de Cécrops et aborde aux rives du Pirée.

Dès qu'il put voir son beau-père, leurs mains se joignent, la droite dans la droite, et la conversation s'engage sous d'heureux auspices. Il avait commencé à rapporter, puisque c'était là le motif de son arrivée, la mission dont l'avait chargé son épouse, à promettre le prompt retour de la jeune fille envoyée en Thrace; et voici que survient Philomèle, riche de sa magnifique parure, plus riche encore de sa beauté. Sa démarche est celle que l'on prête d'ordinaire aux naïades et aux nymphes, si du moins on leur suppose semblables atours et semblable parure. Térée s'enflamma à l'aspect de la jeune fille, comme la paille blanchie à laquelle on mettrait le feu, ou comme les feuilles sèches et les herbes entassées sur du foin que l'on brûlerait. Certes, tant de beauté méritait cet émoi, mais aussi Térée est stimulé par l'ardeur de son tempérament, et les hommes dans son pays ont une pente naturelle aux plaisirs de Vénus. Il brûle, victime des instincts pervers de sa race et des siens propres. Son premier mouvement est de corrompre la vigilance des compagnes de Philomèle et la fidélité de sa nourrice, de tenter de la séduire elle-même par de magnifiques présents, d'y dépenser tout l'or de son royaume ou de l'enlever, et de défendre sa prise par une guerre sans merci; il n'est rien dont, en proie à un amour effréné, il ne se sente l'audace, et son cœur ne peut contenir la flamme qu'il enferme. Il est désormais impatient de tout délai, et, en des termes qu'inspire le désir, il revient à la mission que lui donna Progné, sous le couvert de laquelle il poursuit la réalisation de ses propres vœux. L'amour le rendait éloquent; et, chaque fois que sa requête passait la mesure, c'était Progné qui le voulait ainsi, assurait-il. Il alla jusqu'aux larmes, comme si Progné l'avait aussi chargé d'en verser. Ah! dieux, dans quelle ténébreuse ignorance sont plongés les cœurs des mortels! Les efforts mêmes auxquels, pour contenter son criminel désir, se livre Térée font croire à sa tendresse conjugale, et c'est à son crime qu'il doit des louanges. Et que dire de Philomèle, qui forme le même souhait, et, caressante, entoure de ses bras les épaules de son père, pour obtenir d'aller voir sa sœur ? C'est au nom de son bonheur et pourtant contre son bonheur qu'elle le demande. Térée la dévore des yeux; d'avance, du regard, il la caresse; les baisers de sa bouche, le collier de ses bras, tout en elle lui offre un spectacle qui stimule, enflamme, nourrit sa folle passion; et, chaque fois qu'elle embrasse son père, il voudrait être ce père, car ce ne serait pas là se montrer parent moins criminel. Le père se laisse vaincre par les prières de ses deux filles. Philomèle, joyeuse, remercie son père, et l'infortunée regarde comme un succès pour elles deux ce qui n'apportera que deuil à toutes deux.

Il ne restait à Phœbus qu'un médiocre effort à fournir, et le sabot de ses coursiers foulait dans l'espace les déclivités de l'Olympe. Un festin royal est apprêté sur les tables et le jus de Bacchus versé dans les coupes d'or. Puis les convives s'abandonnent chacun à un paisible sommeil. Mais le roi des Odryses [332], malgré sa séparation, brûle du désir que lui inspire Philomèle; se remémorant son visage, ses gestes, ses mains, il se représente, au gré de son imagination, tout ce qu'il n'a pas encore vu d'elle; et il nourrit lui-même sa propre flamme à l'idée fixe qui écarte de lui le sommeil. Etreignant la main de son gendre à l'heure du départ, Pandion, les larmes aux yeux, lui recommande sa compagne : « La voici; cher gendre, puisque de pieux motifs ont eu raison de mes résistances, puisqu'elles l'ont voulu toutes deux, que tu l'as voulu toi-même, Térée, je te la remets. Au nom de la bonne foi, au nom de nos affectueux liens de parenté, au nom des dieux, je t'en conjure, en suppliant : comme un père, prends soin d'elle avec amour, et cette fille qui est la douce consolation de ma vieillesse soucieuse, aussitôt que possible — tout retard sera pour moi bien long! — renvoie-la-moi. Et toi aussi, dès que ce sera possible, — c'est assez déjà que ta sœur soit loin de moi! — si tu as quelque amour pour ton père, reviens-moi, Philomèle. » Ses recommandations étaient coupées de baisers qu'il donnait à sa fille, et des larmes de tendresse coulaient, mêlées à ses instances. Puis, en gage de foi, il leur demanda à l'un et à l'autre leur main droite, et, quand ils les eurent données, les joignit ensemble. Il les prie de ne pas oublier de saluer pour lui sa fille et son petit-fils lointains, et leur dit avec peine, d'une voix pleine de sanglots, un dernier adieu, effrayé par les pressentiments qui hantaient son esprit.

Dès que Philomèle fut embarquée sur le vaisseau peint de vives couleurs, que les rames eurent effleuré les flots et que la terre eut été repoussée : « Victoire! s'écrie Térée. Avec moi, ce navire emporte ce que je convoitais! » Il est transporté d'une joie dont son esprit se résout avec peine à différer les effets, le barbare! Il ne détourne son regard vers aucun autre objet qu'elle; tout semblable au rapace oiseau de Jupiter, lorsqu'il a, de ses serres crochues, déposé un lièvre dans son nid sur la hauteur; aucune fuite n'est possible pour l'animal captif, et le ravisseur rassasie ses yeux de sa proie. Maintenant, le voyage est achevé et déjà les équipages, quittant les vaisseaux fatigués, avaient débarqué au rivage natal, quand le roi entraîne la fille de Pandion dans les profondeurs d'une étable cachée à l'ombre d'antiques forêts. Il l'y enferme, pâle, frémissante, en proie à toutes les terreurs et, les yeux pleins de larmes, demandant où est sa sœur; puis, ne cachant plus ses intentions criminelles, il fait violence à cette vierge, qui est seule, qui vainement, à grands cris, en appelle à son père, à sa sœur, et surtout aux dieux puissants. Elle tremble, comme la brebis effrayée qui, arrachée saignante de la gueule du loup au poil cendré, ne peut encore se croire hors de danger; comme la colombe qui, les plumes humides de son propre sang, garde encore l'horreur et la terreur des serres avides dont elle était prisonnière. Bientôt, quand ses esprits lui revinrent, elle arracha ses cheveux épars, comme si elle menait un deuil, et, les bras meurtris des coups qu'elle se portait, tendant les mains : « O barbare, qui commis cette action exécrable! O cruel, dit-elle, ni les recommandations de mon père accompagnées des larmes que lui arrachait l'amour paternel n'ont donc pu te toucher, ni la sollicitude de ma sœur, ni ma virginité, ni les droits que donne l'hymen ? Tu n'as rien respecté. Nous voici devenus, moi, la rivale de ma sœur, toi, l'époux de deux femmes. Je mérite le châtiment qu'encourt une ennemie. Que ne me prends-tu la vie, pour qu'il ne te reste, perfide, aucun forfait à commettre ? Et plût au ciel que tu l'eusses fait avant l'abominable union où tu m'as contrainte! Mon ombre n'eût été souillée d'aucun crime. Si pourtant les habitants du ciel voient le tien, si la puissance divine est une réalité, si tout n'a pas péri avec moi, quelque jour je te le ferai expier. C'est moi-même qui, foulant aux pieds toute pudeur, dirai ce que tu as fait. Si le moyen m'en est donné, j'aurai recours au peuple; si je suis retenue captive dans ces forêts, de mes plaintes j'emplirai les forêts et saurai émouvoir les rochers mes confidents. Puissent entendre ma voix l'éther et les dieux, s'il en est, ne fût-ce qu'un, qui l'habite. »

Ces imprécations enflammèrent de colère le farouche tyran. Non moins vive est sa crainte; aussi, sous l'empire de ces deux sentiments, il met à nu hors du fourreau l'épée pendue à sa ceinture et, saisissant la jeune fille par les cheveux, il lui replie les bras derrière le dos et l'enchaîne de force. Philomèle tendait la gorge et, à la vue de l'épée, l'espoir de mourir était né en elle. Sa langue protestait encore, continuait à invoquer le nom de son père, faisait effort pour parler; alors Térée, la saisissant avec des pinces, la coupa d'un brutal coup d'épée. La racine en palpite au fond de la bouche; la langue elle-même, jetée sur le sol, agitée d'un tremblement, murmure ses plaintes à la terre qu'elle noircit de son sang. Comme on voit sursauter la queue coupée d'une couleuvre, elle palpite et, avant de mourir, cherche à rejoindre celle à qui elle appartint. Et, même après ce forfait, — c'est à peine si j'ose le croire, — Térée, dit-on, assouvit à plusieurs reprises sa passion sur le corps mutilé. Il a l'audace, après une telle action, de retourner auprès de Progné, qui, en voyant son époux, s'informe de sa sœur. Il pousse alors de feints gémissements, il fait le récit d'une mort dont il invente tout; ses pleurs persuadèrent Progné. Elle arrache de ses épaules ses voiles qui brillent de l'éclat d'une large broderie d'or, revêt de sombres vêtements et élève un sépulcre vide, y apporte les offrandes expiatoires à de faux mânes et verse des larmes, qui ne sont pas celles qu'elle devrait verser, sur le destin de sa sœur.

Le dieu du jour avait, l'année révolue, parcouru les douze signes. Que pouvait faire Philomèle ? Fuir ? Elle est étroitement gardée. Contruits en blocs de rocher, les murs de l'étable se dressent infranchissables. Sa bouche muette ne peut révéler ce qui s'est passé. Mais grande est l'ingéniosité dans la douleur et le malheur inspire la ruse. Sur un métier à la mode barbare, elle tend adroitement des fils et, dans la chaîne de couleur blanche, en caractères de pourpre qu'elle y trama, elle dénonce le crime. La toile achevée, elle la remit à une servante et, par gestes, la charge de la porter à sa maîtresse. Comme elle le demandait, la femme la porta à Progné, sans savoir ce qu'elle lui remet en même temps. La matrone du cruel tyran déroula l'étoffe et lut le pitoyable récit de sa sœur, et — c'est miracle qu'elle l'ait pu ! — se tait. La douleur lui ferma la bouche, et les mots qu'elle cherchait pour exprimer son horreur indignée lui manquèrent. Pleurer, elle n'en a pas le loisir; mais, sans se soucier de distinguer entre ce que permettent et défendent les dieux, elle ne pense qu'à agir, et l'image du châtiment seule occupe tout son esprit.

C'était l'époque de la traditionnelle célébration triennale des mystères de Bacchus par les jeunes femmes de Sithonie [333]; la nuit est la confidente des mystères. Pendant la nuit, le Rhodope résonne du tintement aigu du bronze. La reine choisit sa nuit, sortit de sa demeure dans l'appareil exigé par les rites du culte du dieu et prend en main les armes d'usage dans les orgies. Sa tête est couverte de pampres; à son côté gauche une peau de cerf pend, sur son épaule repose une légère lance. Emportée à travers les forêts en compagnie de la troupe de ses compagnes, Progné, terrible et en proie à la folie de sa douleur, feint, ô Bacchus, celle que tu inspires. Elle arrive enfin à l'étable, à l'écart de toute route, pousse des hurlements, fait résonner les bois d'Euhoé! brise les portes, enlève sa sœur, revêt sa prise des attributs de Bacchus, lui cache le visage sous des feuilles de lierre, et, profitant de sa stupeur, l'entraîne et la conduit dans les murs de son palais. Dès que Philomèle comprit qu'elle avait mis le pied dans la demeure abominable, l'horreur s'empara de l'infortunée, et la pâleur se répandit sur tout son visage. Ayant trouvé un endroit sûr, Progné lui enlève tout son déguisement sacré et dévoile le visage couvert de honte de sa malheureuse sœur; elle veut la prendre dans ses bras. Mais Philomèle, de son côté, n'a pas le courage de lever les yeux, car elle se regarde comme la rivale de sa sœur. Et, le visage baissé vers la terre, elle voudrait jurer, prendre à témoins les dieux, que par violence elle a été contrainte et déshonorée; à défaut de voix, elle s'exprime par gestes. Progné brûle d'une colère qu'elle ne peut plus contenir; elle apostrophe sa sœur en larmes : « Ce n'est pas avec des pleurs que cette affaire, dit-elle, doit être réglée, mais avec le fer, mais, si tu en connais un, par quelque moyen qui vaille encore mieux que le fer. Il n'est pas de crime auquel, pour ma part, ma sœur, je ne sois prête. Ou, de ma propre main, après avoir avec des torches incendié la demeure royale, je précipiterai au milieu des flammes l'artisan de ton malheur, Térée, ou bien cette langue, ces yeux, ces membres qui t'ont ravi l'honneur, je les arracherai avec le fer, ou bien par mille blessures je lui ferai rendre son âme criminelle. Je suis prête à employer les grands moyens : mais lequel, j'hésite encore. » Comme Progné achève ce discours, Itys venait rejoindre sa mère. Le moyen auquel elle peut recourir, ce fut lui qui le lui suggéra. Et, le considérant avec des yeux sans douceur : « Ah! comme tu ressembles à ton père! » dit-elle. Et, sans un mot de plus, elle apprête le sinistre crime, toute bouillonnante d'une silencieuse colère. Dès que son fils, cependant, se fut approché et eut salué sa mère, noué ses petits bras autour de son cou, échangé avec elle des baisers mêlés de caresses enfantines, la mère, en elle, fut, il est vrai, émue, et sa colère brisée subit un temps d'arrêt; malgré eux ses yeux se mouillèrent de larmes qu'elle tente de retenir. Mais, dès qu'elle sentit qu'un excès d'amour maternel faisait chanceler sa résolution, elle se détourna de nouveau de son fils et reporta ses regards vers le visage de sa sœur; et, tour à tour les considérant tous deux : « Pourquoi, se dit-elle, l'un m'accable-t-il de mots caressants, tandis que l'autre, à qui fut enlevée la langue, se tait ? Celle que cet enfant appelle du nom de mère, pourquoi ne l'appelle-t-elle pas, elle, du nom de sœur ? Vois à quel mari le mariage, fille de Pandion, t'a unie. Tu démens ta race! C'est un crime que garder la foi conjugale à l'égard d'un époux comme Térée. »

Sans plus tarder, elle entraîna Itys, comme le tigre, hôte des bords du Gange, entraîne à travers les épais fourrés le faon encore à la mamelle. Et, quand ils se trouvèrent dans une partie reculée de la haute demeure, Progné, bien que l'enfant tendît les bras, prévoyant maintenant le sort qui l'attendait, lui criât : « Mère! mère! » et se jetât à son cou, le frappe d'une épée au point où la poitrine touche au flanc, sans détourner le visage. Une seule blessure suffisait pour que son destin fût accompli : Philomèle, du fer qu'elle tenait, lui trancha aussi la gorge. Puis, ces membres encore palpitants et conservant un souffle de vie, elles les déchirent; bientôt une partie bout dans des chaudrons de bronze, une autre grésille sur des broches; l'appartement ruisselle de sang.

Tel est le festin auquel son épouse fait asseoir, sans qu'il s'en doute, Térée. Alléguant faussement la célébration, suivant un rite de son pays, d'une cérémonie à laquelle seul a le droit de prendre part son époux, elle éloigna de lui compagnons et serviteurs. Térée, assis lui-même, dominant la table, sur le trône de ses ancêtres, mange ces mets, et, dans son ventre, c'est sa propre chair qu'il engloutit. Et, si épaisses sont les ténèbres où est plongé son esprit : « Faites venir ici Itys », dit-il. Progné ne peut dissimuler sa cruelle joie, et, brûlant d'annoncer elle-même la nouvelle de la catastrophe dont elle fut l'ouvrière : « Tu l'as avec toi, celui que tu réclames », dit-elle. Térée regarde autour de soi et demande où il est. A sa demande, à son appel répétés, voici que, telle qu'elle était au sortir du meurtre où elle assouvit sa fureur, les cheveux épars, Philomèle bondit dans la salle et jeta la tête sanglante d'Itys au visage de son père; à aucun moment elle ne souhaita davantage de pouvoir parler et témoigner sa joie par des insultes bien méritées. Le Thrace, avec un grand cri, repousse la table; il appelle à son aide, du fond de la vallée du Styx, les sœurs aux cheveux de vipères et tantôt, dans un transport, il voudrait, s'il était possible, s'ouvrir la poitrine et en rejeter l'effroyable nourriture et les chairs ainsi rendues au jour, tantôt il pleure et se qualifie lui-même de misérable tombeau de son fils. Maintenant il poursuit les deux filles de Pandion, le fer nu à la main. On dirait que les Cécropides ont le corps suspendu à des ailes. Il était bien suspendu à des ailes. L'une d'elles gagne les forêts, l'autre pénètre sous les toits, et, sur sa poitrine, les marques du meurtre ne se sont pas effacées; son plumage est taché de sang [334]. Térée, que sa douleur et la soif de tirer d'elles vengeance font voler sur leurs traces, est changé en un oiseau à aigrette dressée sur la tête, à bec démesuré dont la longue saillie rappelle la pointe du javelot. Cet oiseau s'appelle la huppe, et sa tête semble pourvue d'armes.

BORÉE, ZÉTÈS ET CALAÏS

La douleur qu'il ressentit conduisit prématurément Pendion, avant qu'il eût atteint l'extrême limite de la vieillesse, chez les ombres du Tartare. Le sceptre du pays et la direction des affaires passèrent aux mains d'Erechthée, dont il est permis de se demander si la puissance fut due plus à sa justice ou à la force de ses armes. Il avait engendré quatre jeunes hommes et autant de filles; deux d'entre elles étaient également belles. Tu étais l'une d'elles et l'Æolide Céphale fut ton heureux époux, ô Procris : pour Borée, à qui le souvenir de Térée et des Thraces faisait du tort, longtemps le dieu se vit refuser l'objet de son amour, Orithyie : tant qu'il se borne à implorer et préfère user de la prière plutôt que de la force. Mais quand il voit que, par la persuasion, il n'obtient rien, hérissé de cette colère où se complaît d'ordinaire ce vent et qui ne lui est que trop familière : « Je l'ai bien mérité, dit-il; aussi, pourquoi n'ai-je pas usé de mes armes, la rudesse et la violence, la colère et les dispositions menaçantes, pour faire appel aux prières, dont l'emploi me convient vraiment mal! La violence est faite pour moi : c'est par la violence que je chasse les nuées lugubres, par la violence que j'agite les flots, que je renverse les chênes noueux, que je durcis les neiges, fouette la terre avec la grêle. C'est encore moi, qui, lorsque je rencontre mes frères dans le champ sans limites du ciel — car c'est là que je me donne libre carrière — me dépense à la lutte en de tels efforts que l'éther, entre nous, résonne de nos assauts et que jaillissent au choc, du creux des nuages, les éclairs. Moi encore qui, lorsque je me suis insinué sous les voûtes des galeries creusées dans la terre, et farouche, du dos, arcbouté contre celles des profondes cavernes, jette la terreur par mes secousses chez les Mânes et dans tout l'univers [335]. Voilà avec quelle aide j'aurais dû chercher à conquérir une épouse; c'est en recourant non pas aux prières, mais à la violence, qu'il fallait faire d'Erechthée mon beau-père. »

Ayant parlé en ces termes et même avec plus de fureur encore, Borée secoua ses ailes. A leur battement, un souffle passa sur toute la terre, et la mer, au loin, se hérissa de vagues. Traînant après soi, sur les plus hautes cimes, son manteau de poussière, il balaie le sol; à la faveur de l'obscurité qui le cache, tout à son amour, il enveloppe de ses ailes fauves Orithyie tremblante de peur. Son vol attisa encore, par le mouvement, le feu qui le brûle. Le ravisseur ne pesa pas sur les rênes, dans sa course à travers les airs, avant d'avoir atteint le peuple et les murailles des Cicones [336]. C'est là que la vierge du pays d'Acté, désormais épouse du tyran au souffle glacé, devint mère et enfanta deux jumeaux qui avaient tous les traits de leur mère, hormis les ailes qu'ils tenaient de leur père. Elles ne leur poussèrent cependant pas, dit-on, dès leur naissance, et, tant que, au-dessous de leur chevelure de flamme, leur visage resta imberbe, le petit Calaïs et Zétès n'eurent pas de plumes. Mais bientôt, comme cela se passe chez les oiseaux, des ailes enveloppant leurs deux flancs leur poussèrent, en même temps que de blonds poils sur leurs joues. Donc, dès que, à la période de leur enfance eut succédé la jeunesse, en compagnie des descendants de Minyas ils partirent pour la quête de la toison au poil lustré, aux irradiations d'or, fendant de la première carène les flots d'une mer inconnue [337].

LIVRE SEPTIÈME

Jason et Médée. — Æson. — Pélias. — Thésée. — Eaque. — La peste de Salamine. — Les Myrmidons. — Céphale et Procris.

JASON ET MÉDÉE

Déjà les descendants de Minyas fendaient les flots sur leur navire parti de Pagasæ [338]. Traînant dans une nuit perpétuelle une vieillesse dénuée de tout, Phinée avait reçu leur visite et les jeunes fils de l'Aquilon avaient chassé les oiseaux à tête de femme loin du misérable vieillard qu'ils affamaient [339]; puis, après bien des souffrances, sous la conduite de l'illustre Jason, ils avaient atteint les ondes rapides du Phase limoneux [340]. Tandis qu'ils se rendent auprès du roi et demandent la toison du bélier de Phrixus [341], qu'il leur est imposé une quantité de difficiles épreuves dont le nombre est bien fait pour les effrayer, voici que la fille d'Ææétès [342] sent en elle s'allumer un feu violent. Après une longue lutte, quand elle vit qu'elle ne pouvait par la raison vaincre ses transports : « C'est en vain, Médée, que tu résistes : je ne sais quel dieu s'oppose à tes efforts, se dit-elle; il serait étonnant que ce ne fût pas cela, ou du moins quelque chose qui ressemble à cela, qu'on appelle l'amour. Car pourquoi les ordres de mon père me semblent-ils trop durs ? C'est qu'aussi ils sont trop durs! Pourquoi cette crainte de voir périr un homme que je viens de voir pour la première fois ? D'où peut venir une si grande crainte ? Eteins dans ton cœur virginal la flamme qui s'y est allumée, si tu le peux, malheureuse. Si je le pouvais, je serais plus sensée. Mais, malgré moi, je succombe sous le poids d'une force nouvelle. La passion me conseille une chose, la raison une autre. Je vois le bien et je l'approuve, et c'est au mal que je me laisse entraîner. Pourquoi est-ce pour un étranger, fille de roi, que tu brûles, et rêves-tu d'une union dans un monde autre que le tien ? Cette terre aussi que tu habites peut offrir un aliment à ton amour. La vie, la mort de cet homme sont dans les mains des dieux. Qu'il vive, cependant! Ce vœu, je peux l'exprimer sans y mêler l'amour. Quel crime, en effet, a commis Jason ? Qui donc, s'il n'est foncièrement cruel, ne serait sensible à la jeunesse de Jason, à sa naissance, à sa valeur ? Est-il un homme que, tout le reste lui manquât-il, il ne puisse toucher par sa beauté ? Il a, du moins, touché mon cœur, à moi. Mais, si je ne viens pas à son secours, le souffle brûlant des taureaux le consumera, il subira les assauts de la moisson d'ennemis qu'il aura fait lever de la terre ensemencée par lui, ou sera livré, comme une bête, en proie au vorace dragon [343]. Si, moi, je supporte cela, alors je devrai avouer que je suis née d'une tigresse, que c'est du fer et de la pierre que je porte dans mon cœur. Pourquoi ne pas aussi me donner le spectacle de sa mort, et, de cette vue, souiller mes yeux ? Pourquoi ne pas exciter contre lui les taureaux, les monstres enfantés par la terre, le dragon qui ne connaît pas le sommeil ? Puisse la volonté des dieux se montrer plus favorable! Mais ce n'est pas des prières qu'il faut pour l'obtenir : il me faut agir. Vais-je donc livrer le royaume de mon père et assurer, par mon aide, le salut de je ne sais quel étranger, pour que, sauf grâce à moi, sans moi il livre ses voiles aux vents, pour qu'il soit l'époux d'une autre, tandis que, moi, Médée, abandonnée, j'attendrai le châtiment ? S'il est capable de le faire, s'il l'est d'en préférer une autre à moi, qu'il meure, l'ingrat. Mais non, ni ses traits, ni la noblesse de son âme, ni tant de grâce jointe à la beauté, rien en lui ne me permet de craindre de sa part la perfidie, l'oubli des services rendus. Il m'engagera d'abord sa foi et, je l'y forcerai, notre pacte aura pour témoins les dieux. Tu n'as rien à craindre : pourquoi trembler ? A l'œuvre! Bannis tout retard. C'est à toi qu'à jamais Jason devra tout, c'est à toi qu'à la lueur des torches solennelles de l'hymen il s'unira, et, à travers les villes des Pélasges, tu seras, pour avoir sauvé ces héros, célébrée par la foule des mères. Ainsi donc, sœur, frère, père, mes dieux, mon sol natal, je vais, emportée à la merci des vents, tout abandonner ? Oui, mais, mon père est cruel, mais ma terre est barbare, mon frère encore au berceau; et les vœux de ma sœur s'accordent avec les miens. Le plus puissant des dieux est en moi. Ce que j'abandonnerai est sans grandeur; et quelle grandeur dans ce que je vais gagner par la fuite : la gloire d'avoir sauvé la jeunesse Achéenne, l'occasion de connaître un pays où la vie est plus belle, des villes dont la renommée fait jusqu'ici même briller le prestige, la civilisation, les arts de ces contrées, l'homme enfin pour lequel j'aimerais donner tous les trésors que possède l'univers entier, le fils d'Æson, l'époux dont la possession me fera proclamer heureuse et aimée des dieux, et, de la tête, toucher les astres! Qu'importe ce que l'on dit de je ne sais quelles montagnes qui, en pleine mer, assaillent les navigateurs [344], de Charybde, ennemie des vaisseaux, qui tantôt engloutit les flots, tantôt les rejette, de la vorace Scylla, avec sa ceinture de chiens féroces, qui fait retentir de ses aboiements les gouffres de la mer de Sicile [345] ? En possession de ce que j'aime, étroitement serrée sur la poitrine de Jason, je me laisserai emporter au loin sur les routes des mers. Quand je le tiendrai dans mes bras, je ne redouterai rien; ou, si j'éprouve quelque crainte, cette crainte concernera mon seul époux! — Mais ne parles-tu pas de mariage, et n'est-ce pas là un nom spécieux dont tu masques, Médée, ta faute ? Considère donc plutôt à quel point la passion t'entraîne à enfreindre toute loi divine et, puisque tu le peux encore, fuis le crime! » Elle dit; et devant ses yeux les images de l'honneur, du respect de la famille, de la pudeur s'étaient dressées; et, vaincu, déjà l'Amour prenait la fuite.

Elle se rendait aux antiques autels d'Hécate, fille de Persès [346], que protégeaient l'ombre des bois et les retraites de la forêt. Déjà elle se sentait forte, et son ardeur, refoulée, était près de s'éteindre, quand elle voit le fils d'Æson : aussitôt la flamme assoupie se ralluma. Ses joues se couvrirent de rougeur, tout son visage devint brûlant. De même qu'on voit, alimentée par l'effet du vent, la petite étincelle, cachée sous la cendre qui la recouvre, se propager et la flamme, au souffle qui la ravive, jaillir de nouveau avec toute sa force première, ainsi l'amour engourdi déjà dans le cœur de Médée et qu'on aurait pu croire déjà languissant, à la vue du jeune homme, à qui la présence rendait toute sa séduction, de nouveau s'embrasa. Et le hasard voulut que le fils d'Æson fût encore plus beau que d'ordinaire ce jour-là : son amante était bien pardonnable. Elle le contemple, et, sur ces traits, comme s'il lui était enfin donné de les voir, elle tient ses yeux fixés, et dans son égarement, elle ne peut s'imaginer voir le visage d'un mortel, non plus qu'elle ne peut détacher de lui ses regards. Mais quand l'étranger eut pris la parole et, saisissant sa main droite, imploré son aide d'une voix pleine de douceur, promis enfin sa couche, elle lui dit en fondant en larmes : « Ce que je devrais faire, je le vois bien, et ce n'est pas de l'ignorance de la vraie conduite à tenir que je serai victime, mais de l'amour. Tu seras sauvé, je m'y emploierai : une fois sauvé, tiens tes promesses. » Par les autels de la triple déesse [347], par la divinité dont ce bois pouvait être le séjour, par le dieu qui engendra son futur beau-père [348] et qui voit tout, par le succès de son entreprise et les périls si grands qu'elle entraîne, Jason jure de les tenir. Elle le crut; il reçut aussitôt de sa main les herbes enchantées, en apprit l'usage et, joyeux, se retira chez lui.

Le jour suivant, l'aurore avait chassé les étoiles scintillantes; la population se rassemble sur le champ sacré de Mars et prend place sur les crêtes des collines. Le roi lui-même vint s'asseoir au milieu de ses gardes, vêtu de pourpre, tenant le sceptre d'ivoire, insigne de son autorité. Voici venir, soufflant le feu par leurs naseaux durs comme le fer [349], les taureaux aux sabots de bronze; les herbes touchées par leur souffle embrasé prennent feu. Et, comme dans les forges grondent les fourneaux remplis, ou lorsque, dans un four de terre, la pierre à chaux en se dissolvant bouillonne au contact de l'eau dont on l'arrose, ainsi grondent dans leurs poitrines les flammes captives qui roulent et résonnent dans leurs gosiers brûlés par elles. Cependant le fils d'Æson marche à leur rencontre. Farouches, en le voyant venir, ils tournèrent vers lui leurs faces terribles et leurs cornes aux pointes garnies de fer, battirent la poussière du sol de leur pied fourchu, et remplirent de leurs mugissements, accompagnés de fumée, tout le champ. La peur glaça les descendants de Minyas. Mais Jason s'avance, il ne sent pas leur souffle brûlant — tant est grand le pouvoir des herbes magiques! — D'une main audacieuse il flatte leurs fanons pendants, les oblige, attelés au joug, à tirer le lourd poids de la charrue et à fendre du soc le sol vierge de la plaine. Les Colchidiens sont frappés de surprise. Les descendants de Minyas, par leurs clameurs, redoublent le courage accru de Jason. Dans un casque de bronze, il prend alors les dents du dragon et les sème dans les champs qu'il a labourés [350]. La terre amollit cette semence jadis imprégnée d'un violent poison, et les dents semées poussent et, transformées, deviennent des corps. Et, de même que l'enfant prend forme humaine dans les flancs de sa mère, en qui se fait l'assemblage des parties constitutives de son être propre, et n'en sort que son complet développement achevé, pour respirer l'air commun à tous : ainsi, à mesure que, dans les entrailles de la terre, qui en a nourri le germe, s'est formée une figure humaine, elle se dresse dans le champ qui vient de l'enfanter et, prodige encore plus surprenant, elle brandit des armes sorties du sol avec elle. Quand ils virent ces guerriers se préparer à lancer leurs javelots à la pointe acérée contre la tête du jeune héros de l'Hémonie, les Pélasges furent pris de crainte et baissèrent le front, découragés. La peur étreint aussi celle-là même qui l'avait mis à l'épreuve de tout péril, et quand elle vit le jeune héros exposé seul aux attaques de tant d'ennemis, elle pâlit; et, subitement exsangue, glacée, elle dut s'asseoir. Puis, dans la crainte que les herbes qu'elle lui a données aient une insuffisante vertu, elle y ajoute le secours d'une incantation et fait appel aux secrets de son art. Jason, ayant saisi une lourde pierre, l'a lancée au milieu des ennemis et, détournant de soi leur fureur guerrière, la tourne contre eux-mêmes. Ces frères sortis de la terre périssent des blessures qu'ils se font mutuellement; ils tombent au cours d'une lutte civile. Les Achéens félicitent le vainqueur, qu'ils saisissent, qu'ils pressent à l'envi dans leurs bras. Et toi aussi, ce vainqueur, tu voudrais l'étreindre, ô fille des Barbares! La pudeur s'opposa à ton dessein. Ah! certes, tu l'aurais pris dans tes bras! Mais ce qui te retint de le faire fut la crainte de ce que l'on en dirait. Du moins — et cela t'est permis — tu te sens inondée d'une joie que tu sais taire, et tu rends grâces à tes incantations et aux dieux qui en furent les inspirateurs.

Il reste à endormir par la vertu des herbes le dragon dont la vigilance est toujours en éveil. Attirant tous les regards par sa crête, sa triple langue, ses dents en crocs, il était l'affreux gardien de l'arbre où luit l'or de la toison. Quand Jason eut répandu sur lui le suc d'une plante qui rivalise avec le Léthé et par trois fois prononcé des mots qui dispensent un paisible sommeil, arrêtent le tumulte des flots et l'élan impétueux des fleuves, le sommeil ferma ces yeux qu'il n'avait jamais clos, et le héros, fils d'Æson, s'empare de la toison d'or. Et, fier de ce butin, emmenant avec lui, autre butin, la bienfaitrice à qui il le doit, vainqueur il aborda avec son épouse aux ports d'Iolcos [351].

ÆSON

Les mères de l'Hémonie, les pères chargés d'ans, en reconnaissance du retour de leurs fils, apportent aux dieux des offrandes, font sur la flamme des autels fondre l'encens qu'ils y amoncellent, et la victime aux cornes revêtues d'or est l'expression de leurs vœux. Mais à ce concert d'actions de grâces manque la voix d'Æson, déjà trop proche de la mort et accablé par la vieillesse et les ans. Alors son fils : « O toi, à qui j'avoue devoir mon salut, ô mon épouse, bien que tu m'aies tout donné et que la somme des bienfaits dont je te suis redevable ait déjà dépassé toute croyance, si cependant ils ont aussi ce pouvoir — car jusqu'où ne va pas le pouvoir de tes charmes ? — retranche quelques années du nombre des miennes et, ces années retranchées, ajoute-les à celles de mon père! » Et il ne put retenir ses larmes. Médée fut, à cette demande, émue de tant de piété filiale. A son cœur, si différent en ce point, se présenta l'image d'Æétès abandonné. Sans avouer cependant les sentiments qu'elle éprouve : « Quel vœu criminel, dit-elle, est tombé de tes lèvres, ô mon époux ? Ainsi donc, moi, je suis à tes yeux capable de reporter au compte de quelque autre une part de ta vie ? Hécate m'en garde! Ce que tu demandes, au reste, n'est pas équitable. Mais je vais tenter d'être pour toi plus généreuse encore que tu ne le demandes, Jason. Par mon art, nous essaierons de rajeunir la vieillesse déjà avancée de mon beau-père, sans le faire aux dépens des années que tu as à vivre; puisse seulement la triple déesse m'assister et marquer, par sa présence, son consentement à la grande entreprise que je vais oser! »

Il s'en fallait encore de trois nuits que le croissant de la lune se fermât entièrement pour en compléter le cercle. Quand elle brilla, pleine, de tout son éclat, et regarda la terre sans qu'une ombre obscurcît son disque, Médée sort de sa demeure, vêtue d'une robe sans ceinture, les pieds nus, les cheveux sans lien et flottant librement sur ses épaules; elle porte ses pas errants à l'aventure dans le silence, qu'aucune voix ne trouble, de la nuit à moitié de sa course; nul ne l'accompagne. Hommes, oiseaux, bêtes sauvages, tous les êtres goûtaient la détente d'un profond repos; aucun murmure dans les haies [352]; les feuillages immobiles se taisent, comme se tait l'air humide. Seuls les astres brillent. Tendant vers eux ses bras, trois fois elle tourna sur elle-même, trois fois, de l'eau qu'elle a puisée au fleuve, elle arrosa ses cheveux; elle ouvrit la bouche pour pousser à trois reprises un cri prolongé; puis, fléchissant le genou sur la terre durcie : « O nuit, dit-elle, fidèle dépositaire des secrets, et vous qui, avec la lune, succédez aux feux du jour, astres d'or, et toi, Hécate aux trois têtes, confidente de mon dessein, toi qui viens apporter ton aide aux incantations et à l'art des magiciens, et toi, Terre, qui pourvois ces magiciens d'herbes aux vertus redoutables, souffles de l'air et vents, montagnes, fleuves et lacs, vous tous, dieux des bois, vous tous, dieux de la nuit, assistez-moi; vous, avec l'aide de qui, quand je l'ai voulu, les fleuves, à la stupeur de leurs rives, sont revenus à leur source, grâce à qui, par mes incantations, j'apaise les flots soulevés et soulève les flots apaisés, dissipe les nuages et les amasse, chasse les vents et les appelle, brise, par mes formules magiques la gorge des vipères, anime les rochers, les chênes, les forêts arrachés à leur sol et les mets en mouvement, commande aux montagnes de trembler, au sol de mugir, aux Mânes de sortir des tombeaux. Et toi aussi, Lune, je t'attire sur la terre, quoi que fassent les bronzes de Témèse [353] pour diminuer tes souffrances. Mes charmes font pâlir l'éclat du char même de mon aïeul [354], mes poisons font pâlir l'Aurore. Vous avez, pour moi, rendu inoffensives les flammes des taureaux, chargé leur cou rebelle à tout fardeau du poids de la charrue au soc incurvé, vous avez amené les guerriers, nés des dents du serpent, à tourner contre eux-mêmes leurs féroces assauts, endormi le gardien qui ignorait le sommeil et, trompant son défenseur, envoyé l'or [355] dans les villes de Grèce. Maintenant il me faut des sucs capables de ramener la vieillesse rajeunie à la fleur de l'âge et de lui rendre ses premières années. Et vous me les donnerez. Car ce n'est pas sans raison que les astres ont pris un tel éclat, sans raison que ce char traîné par un attelage de dragons ailés est là, près de moi. » Il y avait auprès d'elle, en effet, un char descendu du ciel. Dès qu'elle eut caressé le cou des dragons attelés, secoué de la main les rênes légères, elle est enlevée dans les airs; elle voit, au-dessous d'elle, s'étendre la vallée thessalienne de Tempé [356] et dirige vers une région déterminée la course des dragons; attentivement, elle examine les herbes poussées sur l'Ossa, sur le haut Pelion, sur l'Othrys et le Pinde et l'Olympe plus imposant encore que le Pinde [357], et, de celles qu'elle a choisies, elle arrache les unes avec la racine, coupe les autres, au pied même, avec la lame d'une faucille de bronze. Son choix se fixa aussi sur bien des plantes des bords de l'Apidanus, de ceux aussi de l'Amphrysus, et tu dus aussi fournir ta part à sa récolte, Enipeus; et le Pénée, les eaux du Sperchius y apportèrent aussi leur contribution, et les rives du Bœbé envahies par les joncs [358]. Elle cueillit aussi à Anthédon, sur le détroit d'Eubée, la plante dont la vertu vivifiante n'était pas encore devenue célèbre par la métamorphose de Glaucus [359]. Et déjà le neuvième jour et la neuvième nuit l'avaient vue parcourant sur son char, et portée par les ailes de ses dragons, les campagnes, lorsqu'elle revint. Les dragons n'avaient, des plantes, été touchés que par l'odeur : elle suffit cependant pour leur faire dépouiller leur peau vieille de nombreuses années.

Elle s'arrêta, en arrivant, debout en deçà du seuil et de la porte, n'ayant au-dessus de sa tête que le ciel; elle évite soigneusement tout contact avec un homme. Elle éleva deux autels de gazon, l'un à droite en l'honneur d'Hécate, l'autre, à gauche, en l'honneur de Juventa [360]. Quand elle eut tout autour tressé des branches et des feuillages agrestes, non loin de là, dans deux fosses creusées dans la terre, elle fait un sacrifice; elle plonge le couteau dans la gorge d'une brebis noire et en répand jusqu'à la dernière goutte le sang dans les fosses béantes [361]. Alors, en même temps qu'elle versait par-dessus des coupes de vin, et versait ensuite des coupes de bronze pleines de lait encore chaud, elle prononça des formules magiques, évoqua les divinités de la terre, et adjure le dieu des ombres et la compagne qu'il enleva de ne pas trop hâtivement retirer des membres du vieillard le souffle qui les animait. Quand elle les eut rendus favorables par ses prières, dans un long murmure, elle fit apporter en plein air le corps épuisé d'Æson, et, après avoir assoupli ses membres en le plongeant, par ses incantations, dans le plus profond sommeil, elle étendit le vieillard, semblable à un cadavre, sur une couche d'herbes. « Loin d'ici », commande-t-elle au fils d'Æson. « Loin d'ici », ordonne-t-elle aux serviteurs; et elle les invite à détourner de ce qui doit rester secret leurs yeux profanes. A son ordre, ils se dispersent. Médée, les cheveux épars, comme font les Bacchantes, tourne autour des autels où s'élève la flamme, prend des torches faites d'un faisceau de brindilles, les plonge dans le sang qui noircit la fosse et, une fois imprégnées, les allume sur les deux autels; puis, trois fois par le feu, trois fois par l'eau, trois fois par le soufre, elle purifie le vieillard. Cependant, un philtre puissant, dans le chaudron de bronze placé sur la flamme, entre en effervescence, bouillonne, et la surface en est blanchie par une mouvante couche d'écume. Elle y fait cuire des racines coupées dans la vallée de l'Hémonie, des graines, des fleurs et des sucs au goût âcre. Elle y joint des pierres ramassées dans l'Extrême-Orient, du sable qu'au bord de l'Océan le reflux de la mer a lavé; elle y ajoute de la rosée recueillie une nuit de pleine lune, et les ailes maudites d'une strige [362], accompagnées de sa chair même, les entrailles d'un loup-garou habitué à changer son apparence d'animal contre celle d'un homme [363]; il n'y manquait ni la mue écailleuse d'un menu chélydre du Cinyps [364], ni le foie d'un cerf à longue vie, auxquels elle ajoute encore le bec et la tête d'une corneille qui avait subi l'épreuve de neuf siècles. Quand, au moyen de ces ingrédients et de mille autres sans nom, la barbare eut tout préparé pour réaliser un projet qui dépasse le pouvoir d'un mortel [365], avec une branche desséchée depuis longtemps d'un olivier greffé elle remua le tout, et mélangea le fond à la surface. Et voici que le vieux rameau agité dans le chaudron brûlant, verdit d'abord, puis en peu de temps, se couvre de feuilles et subitement se trouve chargé d'olives mûres. Et partout où le feu a fait jaillir de l'écume hors du chaudron, où des gouttes brûlantes sont tombées sur la terre, le sol sent les effets du printemps et des fleurs et de moelleux pâturages en surgissent. Dès qu'elle eut constaté le fait, Médée, ayant tiré une épée, ouvre la gorge au vieillard et, après avoir laissé s'écouler le vieux sang, elle remplit les veines de ses sucs. A peine Æson les eut-il absorbés, qu'ils eussent pénétré par la bouche ou par la blessure, sa barbe et ses cheveux, dépouillant leur blancheur, devinrent noirs. La maigreur disparaît, la pâleur et la décrépitude s'évanouissent, les sillons des rides sont comblés par une chair nouvelle, les membres ont retrouvé leur vigueur. Æson s'émerveille : il se revoit tel que jadis, quarante ans auparavant.

Du haut du ciel, Liber avait vu s'accomplir le prodige d'une si merveilleuse transformation. Ainsi avisé que la jeunesse peut être rendue à celles qui l'ont nourri, il est redevable à la Colchidienne de ce bienfait [366].

PÉLIAS

Peu disposée à cesser d'ourdir ses ruses, la fille du Phase simule faussement un dissentiment haineux avec son époux et se réfugie suppliante sur le seuil de Pélias [367]. Ce sont ses filles, car lui-même est accablé par le poids de la vieillesse, qui la reçoivent. L'astucieuse Colchidienne eut tôt fait de les séduire par les dehors d'une mensongère amitié; et, tandis qu'elle raconte, comme l'un des plus grands services rendus par elle, qu'elle a fait disparaître la décrépitude d'Æson, et s'attarde sur ce point, l'espoir se glissa dans le cœur des filles nées de Pélias que par un semblable moyen leur père pourrait retrouver sa verdeur. Et déjà elles implorent Médée et la prient de stipuler elle-même sa récompense, sans lui fixer de limites. Elle reste quelques instants silencieuse et paraît hésiter, laissant en suspens par un feint effort de réflexion l'esprit de ses solliciteuses. Bientôt, la promesse faite : « Pour que votre confiance soit plus grande dans cette faveur, dit-elle, le plus vieux parmi vos moutons des conducteurs de troupeau va, par mes philtres, redevenir un agneau. » Aussitôt est traîné devant elle un bélier laineux, épuisé par des années innombrables, aux cornes recourbées autour de ses tempes creuses; alors la magicienne fouilla la gorge flétrie d'un couteau d'Hémonie, dont à peine un filet de sang tacha le fer, puis aussitôt plonge tout ensemble les membres de la bête et des sucs efficaces dans un chaudron de bronze: le philtre réduit les proportions du corps, détruit les cornes, et, avec les cornes, les années; et, du milieu du chaudron, on entend sortir un timide bêlement. Au même instant, sous les yeux des spectateurs surpris du bêlement, bondit un agneau, qui fuit en gambadant, en quête de mamelles gonflées de lait. La stupeur saisit les filles de Pélias, et, quand elles voient que le miracle promis a démontré la sincérité de Médée, alors plus pressantes se font leurs instances.

Trois fois Phœbus avait délié du joug ses coursiers qui s'étaient plongés dans le fleuve d'Hibérie, et les astres, au cours de la quatrième nuit, brillaient de tout leur éclat radieux, lorsque la perfide fille d'Æétès place sur le feu dévorant de l'eau pure et des herbes sans vertus. Et déjà, semblable à la mort, le sommeil s'était emparé du roi, apportant à ses membres la détente, et, avec leur roi, de ses gardes : effet des incantations de Médée et de la puissance de ses formules magiques. Sur l'ordre de la Colchidienne, les filles du roi avaient avec elle franchi le seuil de sa chambre et entouré son lit : « Pourquoi maintenant hésiter, pourquoi cette inaction ? Tirez, dit-elle, vos épées et versez ce sang vieilli pour que, les veines vidées, je les remplisse de jeune sang ! La vie et l'âge de votre père sont entre vos mains. Si quelque piété filiale vous anime, si vos espoirs ne sont pas vaine agitation de votre esprit, remplissez ce devoir à l'égard d'un père ; par les armes chassez la vieillesse et, d'un fer résolument enfoncé, faites couler ce sang appauvri. » Obéissant à ces exhortations, la plus pénétrée de piété filiale est la première à y manquer, et, dans la crainte d'être criminelle, commet un crime. Pourtant, aucune ne peut supporter la vue des coups qu'elle porte ; les yeux ailleurs, sans regarder, c'est en tournant la tête que, de leurs mains cruelles, elles criblent le vieillard de blessures. Lui, ruisselant de sang, se soulève cependant sur le coude, et, à moitié mutilé, essaie de se redresser sur sa couche ; et, au milieu de tant de glaives brandis autour de lui, tendant ses bras exsangues : « Que faites-vous, mes filles ? Quel motif vous arme contre la vie de votre père ? » dit-il. Leur courage et leurs mains défaillirent. Il voulait parler encore, mais la Colchidienne lui coupa la parole avec la gorge et, après les avoir déchirés, plongea ses membres dans l'onde bouillante.

Si elle ne s'était élancée dans les airs, emportée par ses dragons ailés, elle ne se fût pas soustraite au châtiment. Elle fuit, haut dans le ciel, au-dessus du Pélion ombreux, demeure de Philyra [368], au-dessus de l'Othrys et des lieux rendus célèbres par l'aventure de l'antique Cérambus [369], qui, avec l'aide des nymphes, soulevé sur des ailes dans les airs, au temps où la terre ferme était recouverte par les eaux débordées de la mer, échappa, sans être submergé, au déluge de Deucalion. Sur sa gauche, elle laissa Pitané l'Eolienne [370], et la crête de rochers qui s'allonge semblable à un serpent [371], le bois de l'Ida, où Liber cacha le larcin de son fils, un jeune taureau, sous l'apparence trompeuse d'un cerf [372] ; elle passa par le lieu où le père de Corythus fut enseveli sous un peu de sable [373], par les champs où Mæra, avec ses aboiements comme jamais on n'en entendit, jeta la terreur [374], et par la ville d'Eurypylus, où les matrones de Cos portèrent des cornes lorsque s'éloigna l'armée d'Hercule [375] ; par Rhodes, la ville de Phœbus, et le pays des Telchines, habitant Ialysos, dont Jupiter, dans son indignation, ferma, en les plongeant dans les ondes fraternelles, les yeux dont le seul regard portait malheur [376]. Elle passa au-dessus des murailles de Carthaia dans l'antique Céos, où un père, Alcidamas, devait, avec étonnement, voir que du corps de sa fille avait pu naître une paisible colombe [377]. A ses regards s'offre ensuite le lac d'Hyrié et Tempé, la ville de Cygnus [378], rendus célèbres par le cygne qui subitement y apparut. En cette ville, en effet, Phyllius, docile aux ordres de l'enfant, lui avait amené des oiseaux et un lion féroce apprivoisés. Sommé de vaincre encore un taureau, il l'avait vaincu; mais, irrité de voir son amour à tant de reprises dédaigné, il finissait, Cygnus lui demandant le taureau comme gage suprême, par refuser. Cygnus, hors de lui : « Tu souhaiteras de me le donner! » dit-il, et il sauta du haut d'un rocher. Tous croyaient qu'il était tombé, mais, changé en cygne, il planait dans l'air sur des ailes de neige. Cependant, sa mère Hyrié, ignorant qu'il était sauf, à force de pleurer fondit en eau et forma un étang qui porte son nom. Tout près de là est Pleuron, où, à tire-d'aile, en tremblant, Combé, la fille d'Ophius, chercha un refuge contre les coups de ses enfants [379]. Ensuite, Médée aperçoit les champs de Calaurie, consacrés au fils de Latone, et qui virent la métamorphose en oiseaux d'un roi et de son épouse [380]. A droite est Cylléné, où Ménéphron devait avoir commerce avec sa mère, à la façon des bêtes sauvages [381]. Derrière elle, bien loin de là, elle voit le Céphise pleurant le sort de son petit-fils, changé par Apollon [382] en phoque boursouflé, et la demeure d'Eumélus qui pleure son fils disparu dans les airs [383].

Enfin, sur les ailes de ses dragons, elle atteignit Ephyré, où sourd Pirène [384]. Là, d'après la légende, au premier âge du monde, des mortels vinrent au jour, sortis de champignons qu'avaient fait pousser les pluies [385]. Mais, après que la nouvelle épouse de Jason eut été victime des poisons dévorants de Colchide, que les deux mers eurent assisté à l'incendie de la demeure royale, l'épée impie de Médée est inondée du sang de ses enfants, et la mère, après cette atroce vengeance, se soustrait par la fuite aux armes de Jason [386]. De là, emportée par ses dragons, dons du fils du Titan, elle pénétra dans la citadelle de Pallas qui vous a vus tous deux, toi, qui te montras si juste, Phéné, et toi, vieux Périphas, voler de conserve [387], et qui vit la petite-fille de Polypémon se soutenir dans les airs sur des ailes nouvelles [388]. Egée lui fait bon accueil — c'est la seule action pour laquelle il ait encouru le blâme — et ne se contente pas de lui offrir l'hospitalité : il se l'attache aussi par le lien du mariage [389].

THÉSÉE

C'était le moment où venait d'arriver Thésée, fils encore inconnu de son père, et qui, par sa valeur, avait ramené la paix dans l'isthme baigné par deux mers [390]. Pour le perdre, Médée brasse un breuvage où entre l'aconit qu'elle avait jadis apporté avec elle des rivages de Scythie. Ce poison est, dit-on, sorti des dents du chien né d'Echidna [391]. Il est une caverne obscure dès son entrée béante sur les ténèbres, d'où part une route en pente, par laquelle le héros de Tirynthe traîna au jour, malgré sa résistance, les yeux obstinément détournés de la lumière et des rayons éclatants du soleil, Cerbère, prisonnier de chaînes plus indestructibles que le fer; le monstre, excité par la rage et la colère, emplit les airs de ses triples aboiements simultanés et arrosa la verdure des champs de son écume blanchissante. Cette écume, croit-on, se solidifia et, trouvant un aliment dans le sol riche et fécond, y acquit des vertus nocives. Et, comme elle est devenue une plante vivace qui pousse sur un dur sol rocheux, les paysans la nomment aconit [392]. C'est ce poison qu'à l'instigation d'une perfide épouse, Egée, son père, tendit lui-même à son fils, comme à un ennemi. Thésée, d'une main ignorante du danger, avait déjà saisi la coupe offerte quand son père, sur la poignée d'ivoire de son épée reconnut la marque de la famille [393], et d'un geste rapide écarta de la bouche de Thésée, avec le poison, le forfait. Médée échappa à la mort grâce à un nuage formé par ses charmes.

Le père, malgré sa joie que son fils soit sauf, reste frappé de stupeur en voyant de combien peu il s'en est fallu qu'un crime sacrilège puisse être commis. Il allume le feu sur les autels, comble les dieux d'offrandes; la hache frappe le cou musculeux des bœufs aux cornes liées par des bandelettes. Jamais on ne vit, dit-on, luire jour plus fêté pour la foule des fils d'Erechthée. Les nobles et le commun du peuple témoignent leur joie par des festins. Et, sous l'influence du vin qui les inspire, ils chantent aussi cet hymne : « Tu es, grand Thésée, l'objet de l'admiration de Marathon, arrosé par le sang du taureau de Crète [394]; si le paysan, sans plus rien craindre du sanglier, laboure ses champs à Cromyon, il te le doit et c'est ton ouvrage [395]. La terre d'Epidaure, grâce à toi, a vu succomber le fils de Vulcain, armé de sa massue [396]; les rives du Céphise ont vu succomber l'impitoyable Procruste [397]; Eleusis, sanctuaire de Cérès, a vu la mort de Cercyon [398]. Il a péri, ce Sinis qui fit un si cruel usage de sa rare vigueur, qui pouvait courber les troncs et amenait de leur cime jusqu'à terre les pins destinés à écarteler les corps de ses victimes [399]. Sûre désormais vers Alcathoé aux remparts construits par Lélex, la route, Sciron réduit à l'impuissance, est grande ouverte. Aux os dispersés du brigand, la terre refuse, la mer refuse asile. Et, longtemps ballottés au gré du hasard, à la longue, dit-on, durcis, ils sont devenus rochers; rochers auxquels le nom de Sciron reste attaché [400]. Si nous voulions faire le compte de tes années et de tes titres de gloire, le nombre des exploits l'emporterait sur celui des années. Pour toi, ô très valeureux héros, notre peuple adresse ses vœux aux dieux; en ton honneur nous vidons ces coupes pleines des dons de Bacchus. » Le palais retentit des cris d'approbation du peuple, des prières d'une foule fervente, et, dans la ville entière, il n'est pas un lieu où règne la tristesse.

ÉAQUE

Et cependant — tant il est vrai qu'il n'est pas de satisfaction sans mélange et que quelque inquiétude se glisse toujours dans le bonheur — Egée ne goûte pas en toute tranquillité la joie d'avoir retrouvé son fils, Minos prépare la guerre [401]. Si puissant qu'il soit par son armée, qu'il soit par sa flotte, c'est pourtant sa colère paternelle qui fait sa plus grande force, et c'est la mort d'Androgéos que par les armes il veut, à juste titre, venger [402]. Auparavant cependant, en vue de cette guerre, il s'assure l'appui de forces amies, et, sur la flotte rapide qui a établi le renom de sa puissance, il court en tous sens les mers. Il s'attache Anaphé et le royaume d'Astypalæa, Anaphé par les promesses, le royaume d'Astypalæa par la guerre; puis la modeste Myconos, les champs crayeux de Cimolos, la florissante Syros, Cythnos, la plate Sériphos, Paros, l'île de marbre, Siphnos, livrée par la traîtresse Arné, qui, une fois reçu l'or que son avidité avait réclamé, fut changée en un oiseau, aujourd'hui encore passionné pour l'or, le choucas aux pattes noires, revêtu d'un noir plumage [403]. Mais ni Oliaros, Didymai, Ténos, Andros, Gyaros, ni Péparéthos, qui produit en abondance la luisante olive, ne donnèrent leur aide aux navires de Cnossos. De là, tournant du côté gauche, Minos gagne Œnopia, où règne Eaque. Ce nom d'Œnopia est celui que les anciens lui donnèrent, mais Eaque lui-même l'appela Ægina, du nom de sa mère. La foule se précipite, brûlant de connaître un héros dont la renommée est si grande. A sa rencontre se portent Télamon, le frère cadet de Télamon, Pélée, et le troisième fils du roi, Phocus [404]. Eaque en personne sort du palais, d'un pas ralenti par la vieillesse qui pèse sur lui et s'informe de la raison de la venue de Minos. Ainsi rappelé à la pensée de son deuil paternel, le chef de cent peuples soupire et répond en ces termes : « Je te supplie de prêter ton assistance aux armes que j'ai prises pour venger mon fils et de participer à cette pieuse expédition : je demande une consolation pour un tombeau. » — « Vaine requête, lui répondit le petit-fils de l'Asopus [405], et ma ville ne saurait rien faire de tel, car nulle terre n'a des liens plus étroits avec celle des descendants de Cécrops : si forte, entre nous, est l'alliance. » Minos s'éloigne tristement : « La fidélité à cette alliance, dit-il, te coûtera cher ! » Car il pense que mieux vaut le menacer de la guerre que de la lui faire et d'épuiser à l'avance ses forces en ce pays.

La flotte de Lyctos [406] était encore en vue des remparts d'Œnopia, quand, toutes voiles dehors, un vaisseau athénien se présente et entre dans le port ami. Il portait Céphale [407] avec un message de sa patrie. Les jeunes Eacides, bien qu'ils ne l'eussent pas vu depuis longtemps, reconnurent cependant Céphale, lui tendirent leurs mains et le conduisirent dans la demeure de leur père. Le héros, de fière prestance, et conservant encore des traces de son ancienne beauté, entre; il tient à la main un rameau de l'olivier que vénèrent ses concitoyens; à sa droite et à sa gauche il a, en sa qualité d'aîné, Clytos et Butès, les deux fils, plus jeunes que lui, de Pallas [408]. Une fois échangées les paroles d'usage au début d'une rencontre, Céphale s'acquitte de la mission dont l'a chargé le peuple de Cécrops, implore du secours, rappelle le traité qui les unit et les liens contractés entre leurs pères, et il ajoute que la domination de l'Achaïe tout entière est en jeu. Dès que son éloquence eut ainsi défendu la cause qui lui était confiée, Eaque, la main gauche appuyée sur la poignée de son sceptre : « Ne demande pas du secours, prends-le, dit-il, Athènes; et, sans hésiter, considère comme tiennes les forces dont dispose notre île et toutes les ressources qu'offre l'état où tu peux voir mes affaires [409]; elles ne manquent pas; j'ai plus de soldat qu'il ne m'en faut et qu'il n'en faut contre un ennemi. Grâce aux dieux, nous vivons en d'heureux temps où tout refus serait inexcusable. » — « Ah! qu'il en soit ainsi, dit Céphale, et je souhaite que tes concitoyens voient croître la prospérité de leur ville! Mais, certes, en arrivant tout à l'heure, si j'ai ressenti une vraie joie à voir une si belle jeunesse, où tous sont si semblables par l'âge, venir à ma rencontre, cependant je cherche maintenant bien des visages que j'ai vus jadis lorsque je fus une première fois reçu dans votre ville. » Eaque poussa un gémissement et d'une voix attristée parla ainsi : « Les premiers temps furent pour nous déplorables, une fortune meilleure les a suivis. Je voudrais pouvoir vous parler de celle-ci sans rappeler les premiers. Mais je reprendrai les événements dans leur ordre. Pour ne pas me perdre en détours qui vous sembleraient longs, ils gisent en terre, ossements et cendres, ceux dont s'informe ton cœur fidèle au souvenir. Et pour combien peu comptent-ils dans les pertes que j'ai faites!

LA PESTE D'ÉGINE

« Une terrible épidémie s'abattit sur mes peuples, envoyée par l'injuste colère de Junon, en haine d'une terre qui portait le nom d'une rivale[410]. Tant que le mal parut être de ceux auxquels sont sujets les mortels et que restait ignorée la cause funeste d'un si grand fléau, on le combattit par les moyens qu'offre l'art de la médecine. Mais les pertes défiaient les secours de cet art qui restait vaincu. Au commencement, le ciel noya la terre dans un opaque et lourd brouillard et, de ces ténèbres, fit une fournaise dont la chaleur abattait tout courage. Et durant tout le temps que mit la lune à joindre quatre fois les cornes de son croissant pour compléter son disque et quatre fois, devenue pleine, à réduire de nouveau ce disque par l'atténuation progressive de sa lumière, la chaude haleine de l'Auster répandit des souffles meurtriers. Il est certain que le poison infecta les sources et les lacs et que des serpents, errant par milliers à travers les champs abandonnés sans culture, souillèrent l'eau des fleuves de leur venin. C'est à ses mortels ravages parmi les chiens, les oiseaux, les brebis, les bœufs, c'est à ses effets sur les bêtes sauvages, que fut d'abord reconnue toute la puissance de ce mal soudain. L'infortuné laboureur voit avec stupeur ses taureaux vigoureux s'abattre en plein travail et se coucher dans le sillon à moitié tracé. Les bêtes à laine poussent des bêlements languissants; d'elle-même leur laine tombe, et leur corps se corrompt. Le coursier jadis fougueux et qui s'était illustré dans la poussière de l'hippodrome, déshonore les palmes qu'il remporta et, oublieux de ses anciens succès, gémit devant sa mangeoire, guetté par la mort qui l'emportera dans l'inaction. Le sanglier ne songe plus à entrer en fureur, ni la biche à se fier à sa vitesse, ni les ours à attaquer les troupeaux de bœufs courageux. Tout est en proie à l'abattement; dans les bois, dans les champs, sur les routes gisent des cadavres repoussants; l'air est vicié par leur puanteur. Et ce que je vais dire est surprenant! ni les chiens, ni les oiseaux voraces, ni les loups au poil gris n'y touchèrent. Les corps décomposés se liquéfient, et les miasmes délétères qu'ils exhalent propagent au loin la contagion. Le fléau gagne les malheureux paysans, plus gravement atteints encore, et règne en maître dans les murs de notre grande cité. Tout d'abord les entrailles deviennent brûlantes et le feu caché qui les dévore est révélé par la rougeur de la peau et par une haleine embrasée. La langue est rugueuse et enfle; la bouche desséchée s'ouvre toute grande aux souffles tièdes des vents et n'aspire dans son effort qu'un air empesté. Les malades ne peuvent supporter ni le lit, ni aucune étoffe; ils se couchent sur la terre dure à plat ventre, mais leur corps, au contact du sol n'est pas rafraîchi c'est le sol qui, au contact de leur corps, devient brûlant. Et nul ne peut maîtriser le mal; le redoutable fléau s'en prend à ceux mêmes qui le combattent, et l'exercice de leur art est funeste aux médecins. Plus on approche un malade et plus on le sert avec dévoûment, plus vite on devient victime à son tour de la contagion. Et quand tout espoir de guérison est perdu, quand on ne voit plus à la maladie d'issue que le tombeau, on se laisse aller à ses instincts, sans aucun souci des remèdes! C'est qu'il n'y a pas de remèdes. Pêle-mêle, toute pudeur mise de côté, les malades ne quittent plus les sources, les cours d'eau, les puits profonds, et leur soif n'est éteinte qu'avec leur vie : ils meurent en buvant. Aussi, nombre d'entre eux alourdis, sont incapables de se relever et meurent dans l'eau même. Il se trouve pourtant quelqu'un pour se désaltérer à cette eau. Et tel est le dégoût qu'inspire aux malheureux un lit qui leur fait horreur, qu'ils le quittent d'un bond, ou, si leurs forces ne leur permettent pas de se soutenir, ils se roulent par terre; c'est à qui fuira ses pénates. A chacun sa demeure paraît contaminée; et, comme la cause du mal reste mystérieuse, c'est aux lieux, qui sont connus, que l'on s'en prend. On en pouvait voir qui, à demi morts, erraient dans les rues, tant qu'ils avaient la force de se tenir debout; d'autres pleurant, étendus à terre, et, geste suprême, tournant de côté et d'autre leurs regards las; ils tendent leurs bras vers les astres du ciel qui les perd, expirant ici ou là, au lieu où les avait saisis la mort. Quels furent alors mes sentiments ? Ne furent-ils pas ceux qu'ils devaient être, le dégoût de l'existence, le désir de partager le sort de mon peuple ? Partout où je tournais mes regards, je voyais une couche de cadavres, comme des fruits pourris tombés des branches que l'on a secouées, comme des glands quand on a agité le chêne.

Tu vois en face de nous, sur la hauteur, un temple où conduit une longue suite de degrés. C'est celui de Jupiter [411]. Qui ne porta pas à ces autels un vain encens ? Que de fois un époux, un père, tandis qu'il prononce les mots d'imploration pour son épouse, pour son fils, rendit l'âme au pied de ces autels sourds à sa prière! Que de fois dans sa main fut trouvée une part de l'encens non consumée! Que de fois, amenés aux temples, tandis que le prêtre formule ses vœux et répand entre les cornes le vin pur, les taureaux succombèrent, mais non à la blessure attendue! Moi-même, comme je sacrifiais à Jupiter pour moi, pour ma patrie, pour mes trois fils, la victime poussa d'effroyables mugissements et, s'abattant soudain, sans qu'aucun coup lui eût été porté, ne teignit que d'un peu de sang le couteau dont on l'égorgea. Ses fibres malades avaient perdu leur pouvoir de révéler les signes de la vérité et les volontés des dieux. La funeste maladie pénètre jusqu'aux entrailles. J'ai vu des cadavres exposés devant les portes des sanctuaires; devant les autels mêmes, pour rendre leur trépas plus odieux encore, il en est qui s'étranglent avec un lacet, qui par la mort se libèrent de la terreur de la mort et par leur propre appel hâtent la venue du destin. Les corps de ceux qui ont péri sont emportés sans être accompagnés du cortège funèbre coutumier : car les portes de la ville n'étaient pas suffisantes pour les cortèges. Ou bien, sans avoir été ensevelis, ils s'entassent sur la terre, ou bien ils sont jetés sur de grands bûchers sans les offrandes d'usage. On n'a plus aucun respect; on se bat pour des bûchers; des cadavres brûlent sur le feu allumé pour un autre. Pour les pleurer, il n'est personne. Et, privées de leur tribut de larmes, errent à l'aventure les âmes des fils et des maris, des jeunes gens et des vieillards; la place manque pour les tombes, le bois pour les bûchers [412].

LES MYRMIDONS

« Frappé, comme par la foudre, par la tempête de maux qui m'assaillait : « O Jupiter, m'écriai-je, si ce n'est pas faussement que l'on raconte que tu as connu les embrassements d'Ægina, fille de l'Asopus, et si, père tout-puissant, tu n'éprouves aucune honte à m'avouer pour ton fils, ou rends-moi mon peuple, ou, moi aussi, ensevelis-moi dans la tombe. » Le dieu marqua qu'il m'avait entendu par un éclair et un coup de tonnerre favorable. « J'accepte ces signes, puissent-ils, je t'en conjure, m'annoncer d'heureuses dispositions de ta part! dis-je alors. J'en regarde comme le gage le présage que tu m'envoies. » Tout près de là se trouvait par hasard un chêne au feuillage touffu, de la plus rare espèce, issu d'un gland apporté de Dodone [413]. Sur son tronc, nous vîmes, en longue file, des fourmis ramasseuses de grains, portant dans leur mâchoire exiguë des fardeaux démesurés et se suivant sur le même sentier, le long de la rugueuse écorce. Tout en m'étonnant de leur nombre : « O père très bienveillant, dis-je, donne-moi autant de citoyens et remplis l'enceinte vide de mes remparts! » Le haut chêne eut un frémissement, et ses branches bruirent sans être agitées par aucun souffle. La crainte m'envahit; mes membres avaient frissonné de peur et mes cheveux s'étaient dressés sur ma tête. Cependant je baisai la terre et le chêne; je n'avouais pas mon espoir; j'espérais pourtant et, dans mon cœur, je caressais les vœux que je formais. La nuit survient, et mon corps, accablé par les soucis, succombe au sommeil. Devant mes yeux, il me sembla voir se dresser le même chêne, étendant aussi loin ses branches et portant sur elles autant d'insectes; je crus voir l'arbre frémir pareillement, répandre à son pied, dans les champs, l'armée des porteuses de grains, celles-ci grossir, grandir de plus en plus, se lever de terre, se redresser, le corps droit, perdre leur maigreur, leurs pattes innombrables, leur couleur noire, et leurs membres revêtir une forme humaine. Le sommeil me quitte, je réprouve, une fois éveillé, ma vision, et je déplore que l'on ne trouve chez les dieux aucun secours. Mais le palais se remplissait d'un grand murmure, et il me semblait entendre des voix humaines dont j'avais perdu l'habitude. Comme je les soupçonnais d'être encore une illusion due au sommeil, voici que vient Télamon, d'un pas précipité, et, ayant ouvert la porte : « Tu vas voir, ô mon père, dit-il, quelque chose qui passe toute espérance et toute croyance. Sors! » Je sors; et, tels qu'il m'avait semblé les voir quand je les imaginais dans mon sommeil, j'aperçois et je reconnais, rangés dans le même ordre, des hommes qui s'approchent de moi et me saluent comme leur roi. Je m'acquitte des vœux faits à Jupiter, et je répartis entre cette population nouvelle la ville et les champs vides de leurs anciens cultivateurs. Je leur donne le nom de Myrmidons, par lequel je perpétue le souvenir de leur origine [414]. Tu as vu leurs corps; pour leurs mœurs, ils ont conservé celles d'autrefois : c'est une race sobre, dure au travail, âpre au gain et économe du bien acquis. Ces hommes, tous égaux en âge et en valeur, te suivront à la guerre dès que l'Eurus qui t'a heureusement amené — c'était, en effet, l'Eurus qui l'avait amené — se sera changé en Auster [415]. »

CÉPHALE ET PROCRIS

Avec ces entretiens et d'autres encore ils remplirent une longue journée. La dernière partie de ce jour fut employée à un banquet, la nuit au sommeil. Le soleil d'or, radieux, s'était élevé au-dessus de l'horizon : l'Eurus soufflait encore, empêchant de hisser la voile pour le retour. Les fils de Pallas viennent rejoindre Céphale, leur aîné; puis Céphale et les fils de Pallas se rendent ensemble auprès du roi. Mais le roi dormait encore profondément. Sur le seuil les reçut un des fils d'Eaque, Phocus, car Télamon et son frère enrôlaient les guerriers pour la guerre. Phocus conduisit les Cécropides à l'intérieur du palais et dans les luxueux appartements, où il s'assit lui-même en leur compagnie. Il remarque alors que le petit-fils d'Æolus [416] tient à la main un javelot fait d'un bois qu'il ne connaît pas et dont la pointe est en or. Après quelques propos, au cours de la conversation : « J'aime avec passion, dit-il, courir les forêts et massacrer les bêtes sauvages; pourtant, dans quel bois la hampe du javelot que tu tiens a été taillée, depuis quelque temps je me le demande; certainement, si c'était du frêne, la couleur en serait fauve; si c'était du cornouiller, il y aurait des nœuds. De quoi est-il fait ? je l'ignore. Mais, de mes yeux, je n'ai jamais vu arme de trait plus belle que la tienne. » L'un des deux frères venus de l'Acté prend alors la parole : « A l'usage, tu le trouveras encore plus merveilleux qu'il n'est à le voir, dit-il. Il atteint toujours le but visé; ce n'est pas par le hasard qu'une fois lancé, il est guidé, et il revient par les airs, sans que personne le rapporte, couvert de sang. » Alors le jeune descendant de Nérée [417] demande tous les détails : quels furent l'occasion, la provenance, l'auteur d'un si magnifique présent. A ces questions, Céphale répond. Mais il a honte de raconter en retour de quoi il reçut ce javelot. Il se tait. Puis, au souvenir qui l'émeut de la perte de son épouse, les yeux pleins de larmes, il parle en ces termes : « C'est, fils d'une déesse [418], ce javelot — qui pourrait le croire ? — qui cause mes larmes, et qui les causera longtemps encore si les destins m'accordent de vivre longtemps. C'est lui qui nous a perdus, moi et mon épouse chérie. Plût au ciel que je n'eusse jamais reçu ce présent! Procris était, si par hasard le nom d'Orithyie est plus familier à tes oreilles, la sœur d'Orithyie, qu'enleva Borée [419]. Si l'on voulait comparer la beauté et le caractère des deux sœurs, c'est elle qui était la plus digne d'être enlevée. Son père Erechthée m'unit à elle, et l'amour l'unit à moi. J'avais la réputation d'un homme heureux, et je l'étais. Mon bonheur dut déplaire aux dieux, sinon je le goûterais sans doute encore [420]. Le second mois s'écoulait après les cérémonies de notre union, lorsqu'un matin, comme je tendais mes filets pour capturer les cerfs au front orné de bois, du sommet de l'Hymette toujours émaillé de fleurs [421], l'Aurore vermeille, qui venait de chasser les ténèbres, me voit et, contre mon gré, m'enlève. Qu'il me soit permis de dire la vérité, sans manquer à la déesse. Que son visage aux couleurs de rose charme les yeux, qu'elle soit maîtresse aux confins du jour et de la nuit, qu'elle s'abreuve de rosée, pure comme le nectar, j'en conviens; mais moi, c'est Procris que j'aimais; le nom de Procris était gravé dans mon cœur, je n'avais que lui à la bouche. J'alléguais les droits sacrés de l'hymen, nos étreintes encore toutes nouvelles, notre union récente, les liens pour la première fois contractés dans ce lit que l'on me faisait déserter. La déesse fut irritée et : « Cesse, ingrat, tes plaintes, garde Procris, me dit-elle. Mais, si mon esprit prévoit l'avenir, tu souhaiteras un jour ne pas l'avoir eue pour épouse. » Et, pleine de colère, elle me renvoya à elle.

« Comme je revenais, repassant dans mon esprit les allusions de la déesse, la peur me prit que mon épouse n'eût pas fidèlement observé la loi du mariage. Sa beauté, son âge, poussaient à croire à l'adultère, son caractère m'empêchait d'y croire. Mais pourtant j'avais été absent, mais celle d'auprès de qui je revenais était un exemple de pareille faute, mais tout est pour nous sujet de crainte quand nous aimons. Je décide de faire une enquête, pour mon propre tourment, et de mettre à l'épreuve des présents la vertu et la fidélité de mon épouse. L'Aurore encourage mes craintes et transforme — j'en eus, me semble-t-il, la sensation — mon aspect. J'entre méconnaissable dans Athènes, la ville de Pallas, et je franchis le seuil de ma demeure. Rien, dans la maison même, ne décelait la moindre faute. On y sentait partout la vertu et l'anxiété qu'avait fait naître l'enlèvement du maître. A grand-peine, par mille ruses, j'obtins d'être introduit auprès de la fille d'Erechthée. A sa vue, je restai interdit et je faillis renoncer au projet que j'avais formé d'éprouver sa fidélité. C'est avec peine que je me retins de lui avouer la vérité, de lui prodiguer, comme j'aurais dû le faire, des baisers. Elle était triste; mais nulle femme cependant ne peut être plus belle qu'elle dans sa tristesse, et le regret de l'époux qu'on lui avait ravi la consumait. Essaie, Phocus, de t'imaginer quel était le charme de cette femme, à qui la douleur même donnait ainsi un charme de plus. A quoi bon rappeler combien de fois mes tentatives furent repoussées par sa pudeur, combien de fois elle me dit : « Pour moi, je me garde pour un seul homme; où qu'il soit, c'est pour lui seul que je réserve les joies que je puis donner ? » Quel homme sensé n'eût pas jugé que l'épreuve de sa fidélité avait été poussée assez loin ? Je ne suis pas satisfait et je lutte vraiment pour me faire blesser, quand, en parlant de payer une nuit d'une fortune, en me montrant toujours plus prodigue de présents, je l'amenai à hésiter. Je m'écrie alors : « Par malheur, c'est un faux séducteur que tu as devant toi! Ce prétendu séducteur, c'était, en réalité, moi, ton époux [422]. Je suis moi-même, perfide, le témoin qui te confond! » Elle ne répondit pas. Sans rien dire, vaincue par la honte, elle se borna à fuir, en même temps qu'un époux pervers, une maison où elle était exposée à de telles embûches; et, sa rancune à mon égard lui ayant inspiré la haine de tous les hommes, elle errait dans les montagnes, adonnée aux occupations chères à Diane. Alors, ainsi abandonné, je fus consumé jusqu'aux os par un feu plus violent. J'implorais mon pardon, je convenais que j'avais été coupable, que j'aurais pu me laisser entraîner à pareille faute, moi aussi, par des présents, si l'on m'avait comblé de tels présents. Après cet aveu, comme elle s'était déjà vengée de l'affront fait à son honneur, Procris m'est rendue, et coule à mes côtés, en parfait accord, de douces années. Elle me fait en outre présent, comme si, en se donnant elle-même, elle m'eût fait un faible don, d'un chien à propos duquel, en le lui confiant, sa chère déesse du Cynthe lui avait dit : « A la course, nul ne le dépassera! » Elle me donne en même temps aussi le javelot que j'ai, comme tu le vois, entre les mains. Ce qu'il advint de ce second présent, tu veux le savoir ? Ecoute une étonnante histoire; la nouveauté de l'aventure ne manquera pas de te frapper.

« Le fils de Laïus avait, par sa pénétration, résolu l'énigme restée inintelligible pour ceux qui l'avaient précédé et dans l'abîme gisait la devineresse aux questions obscures, qui s'y était précipitée, renonçant à ses pièges insidieux [423]. [La bienfaisante Thémis ne laisse pas, assurément, de tels actes impunis [424].] Aussitôt s'abat sur Thèbes en Aonie un second fléau, et nombre de paysans, sentant menacée l'existence de leurs troupeaux et la leur, tremblèrent de la peur que leur inspirait un animal sauvage [425]. Nous tous, les jeunes hommes du pays voisin, nous vînmes, et nous entourâmes sur une vaste étendue les champs d'un réseau de filets. L'animal, rapide, d'un bond léger franchissait les rets et passait par-dessus les cordes des panneaux que nous avions tendus. Les chiens sont découplés, mais la bête échappe à leur poursuite, et, avec une rapidité qui ne le cède pas à celle de l'oiseau, se joue de leur meute. On me demande à moi-même, à grands cris, unanimement, mon Lælaps : c'était le nom du chien que j'avais reçu en présent. Depuis longtemps, il se débat pour se débarrasser lui-même des liens qui arrêtent son élan et sur lesquels il tire du cou. A peine avait-il été lâché que nous ne pouvions déjà plus savoir où il était : la poussière échauffée gardait bien les traces de ses pattes, mais lui-même avait disparu à nos yeux. La lance ne s'échappe pas plus rapide de la main, ni la balle, libérée de la courroie tournoyante, de la fronde, ni le roseau léger de l'arc de Gortyne. La cime d'une colline s'élève au milieu des champs qui s'étendent à ses pieds. Je m'y hisse et je suis de là le spectacle d'une course comme on n'en vit jamais, où la bête parut tantôt sur le point d'être prise, tantôt se dérober au moment même d'être blessée. Pleine de ruse, elle ne fuit pas en droite ligne à travers champs, mais, trompant la dent du chien qui la suit, elle décrit un cercle et revient en arrière, pour couper l'élan de son ennemi. Celui-ci la serre de près, la suit à distance toujours égale, semble la tenir, mais ne la tient pas et referme, sans rien saisir, ses crocs sur le vide. Je recourus à l'aide du javelot. Tandis que je l'équilibre dans ma main droite, que j'essaie de passer les doigts dans les courroies [426], je détournai les yeux; puis, comme, les ayant ramenés, je les avais reportés sur le même point, au milieu de la plaine, ô prodige, j'aperçois deux bêtes de marbre, l'une, eût-on dit, fuyant, l'autre aboyant. Assurément, dans cette lutte à la course, un dieu voulut qu'aucun des deux ne remportât la victoire sur l'autre, si vraiment un dieu les assista. » Sur cette réflexion, Céphale se tut. « Mais le javelot lui-même, de quoi l'accuses-tu donc ? » dit Phocus. Ce dont il accusait le javelot, Céphale l'exposa en ces termes :

« C'est mon bonheur, Phocus, qui est à l'origine de ma douleur; c'est lui que je te retracerai d'abord. Avec quelle douceur mon souvenir se reporte, ô fils d'Eaque, à ce temps heureux où, pendant les premières années, nous goûtions une légitime félicité, moi par mon épouse, elle par son mari. Nous étions deux êtres étroitement unis par une mutuelle tendresse et par l'amour. Elle n'aurait pas préféré la couche de Jupiter à mon amour, et moi, il n'était pas de femme qui pût me séduire, non, pas même Vénus si elle était venue s'offrir en personne. Une flamme égale brûlait nos cœurs. A l'heure presque où, de ses premiers rayons, le soleil frappe les cimes, j'avais coutume de partir, plein d'une ardeur juvénile, à la chasse dans les forêts. Je n'acceptais à ma suite ni serviteurs, ni chevaux, ni chiens au nez subtil, ni filets de cordes nouées : j'étais, avec mon javelot, en sécurité. Mais, lorsque ma main avait fait un suffisant massacre de bêtes sauvages, je revenais en quête de fraîcheur et d'ombre, aspirant à la brise dont le souffle s'exhale des froides vallées. La brise, je recherchais sa douceur aux heures les plus chaudes; la brise, je l'attendais, elle était le délassement de mes fatigues. « O brise, viens, avais-je, il m'en souvient, coutume de chanter, et comble-moi d'aise; pénètre, ô brise délicieuse, dans mon sein, et comme tu sais le faire, consens à alléger la chaleur qui me brûle. » Il se peut que j'aie ajouté — c'est mon destin qui m'entraînait — quelques douceurs; peut-être avais-je coutume de dire : « O toi qui es ma grande volupté, tu me rends mes forces, tu es une caresse, c'est toi qui me fais aimer les forêts, la solitude, et ma bouche est toujours prête à capter ta chère haleine. » A ces mots ambigus, je ne sais qui prêta une oreille qu'ils abusèrent, et, supposant que cette brise dont j'invoquais si souvent le nom était une nymphe, croit qu'une nymphe est l'objet de mon amour. Sans tarder, téméraire dénonciateur d'une faute qu'il imagine, il se rend auprès de Procris et lui rapporte à voix couverte ce qu'il a entendu. L'amour est un sentiment crédule. Sur-le-champ, me dit-on, elle tomba évanouie de douleur, et, lorsque après un long moment elle eut repris ses sens, elle se traita de malheureuse, de victime d'un destin inique, elle se plaignit de mon infidélité et, sous le coup de l'émotion d'une accusation sans fondement, elle prit peur de ce qui n'existait pas, elle prit peur d'un nom que ne portait aucun être; elle souffre, l'infortunée, comme si cette rivale existait. Souvent, cependant, elle doute, elle espère, au comble du malheur, qu'on la trompe, elle refuse de croire à la dénonciation et déclare qu'elle ne saurait, si elle ne la constate de ses propres yeux, condamner la conduite coupable de son mari. Le jour suivant, les rayons de l'Aurore avaient dissipé la nuit. Je sors, je gagne la forêt; étendu, après une heureuse chasse, sur l'herbe : « Brise, viens, dis-je, et soulage ma fatigue », et, tout à coup, il me sembla avoir entendu, tandis que je parlais, je ne sais quels gémissements. Comme je poursuivais cependant : « Viens, ô très bienfaisante », j'entendis de nouveau un léger bruissement, causé par la chute d'une feuille; persuadé que c'était un animal sauvage, je lançai mon javelot prompt comme l'oiseau. C'était Procris; atteinte par la blessure en pleine poitrine : « Malheur à moi! » s'écria-t-elle. Dès que je reconnus la voix de ma fidèle épouse, je me précipitai et courus, égaré, du côté d'où venait cette voix. Je la trouve à demi morte, les vêtements en désordre, souillés de son sang, et retirant — ah! comble de misère — de sa blessure l'arme dont elle m'avait elle-même fait don. Ce corps qui m'était plus cher que le mien, doucement je le soulève dans mes bras, et, arrachant une bande de mon vêtement déchiré sur ma poitrine, j'en enveloppe la cruelle blessure et j'essaie d'arrêter le sang. Je la supplie de ne pas m'abandonner, souillé du crime d'avoir causé sa mort. Défaillante, au seuil même de la mort, elle fit effort pour prononcer quelques paroles : « Au nom des liens contractés sur notre couche, au nom des dieux du ciel et de ceux qui me réclament, au nom de tout ce que j'ai pu faire pour mériter ta tendresse, au nom de mon amour, aussi fort, en ce moment même où je succombe, et qui est la cause de ma mort, je t'en prie et t'en supplie, ne souffre pas que cette Brise entre, à titre d'épouse, dans notre chambre conjugale. » Elle dit. Je compris enfin qu'un nom l'avait abusée et lui révélai son erreur. Mais de quel secours pouvait être cette révélation ? Elle défaille, et le peu de forces qui lui restaient fuit avec son sang. Mais, tant que son regard peut encore se fixer sur quelque chose, c'est sur moi qu'il se fixe, et c'est dans mes bras et sur ma bouche que l'infortunée exhale son dernier souffle. Mais sur son visage plus apaisé, on voit qu'elle meurt rassurée. » Ses auditeurs écoutaient en pleurs le héros faire ce récit en versant lui-même des larmes [427]. Mais voici qu'entre Eaque, accompagné de deux de ses fils et des soldats qu'ils viennent de lever. Céphale accueille ces hommes fortement armés.

LIVRE HUITIÈME

Nisus et Scylla. — Le labyrinthe. — La couronne d'Ariadne. — Dédale et Icare. — Perdix. — Le sanglier de Calydon. — Méléagre. — Achélous. — Philémon et Baucis. — Erysichthon.

NISUS ET SCYLLA

A l'heure où Lucifer ouvrait toute grande la route au jour éblouissant et mettait en fuite la nuit, l'Eurus tombe et d'humides nuages montent à l'horizon, les paisibles souffles de l'Auster dirigent la course des soldats d'Eaque et de Céphale sur le chemin du retour; heureusement poussés par eux, ils atteignirent plus tôt qu'ils ne le pensaient le port, but de leur voyage. Pendant ce temps, Minos dévaste les rivages des Lélèges [428] et fait un premier essai des forces de son armée sur la ville d'Alcathous, dont le maître est Nisus. Dans sa blanche chevelure, qui lui attirait le respect de tous, il avait, au milieu de la tête, solidement planté, un cheveu de pourpre éclatante, gage d'un grand règne.

Pour la sixième fois le croissant de la lune à son lever montait de nouveau à l'horizon, et le sort de la guerre était encore indécis; longtemps, d'un camp à l'autre la Victoire vole, d'une aile hésitante. Une tour royale avait été ajoutée aux remparts sonores; le fils de Latone ayant, dit-on, déposé sur eux sa lyre d'or, la pierre s'imprégna de ses accents. La fille de Nisus avait pris l'habitude d'y monter souvent et d'éveiller la sonorité des blocs avec de petits cailloux, au temps où régnait la paix. Pendant la guerre aussi, souvent elle avait coutume de venir assister de là aux combats de l'inflexible Mars. Et déjà, la guerre traînant en longueur, elle avait appris à connaître aussi les noms des chefs, leurs armes, leurs chevaux, leur allure, leurs carquois cydoniens [429]. Elle connaissait entre tous les traits du fils d'Europe [430] qui les commandait, mieux même qu'il n'était bon qu'elle les connût. A son jugement, Minos, s'il avait caché sa tête sous un casque de bronze à aigrette de plumes, était beau, casqué; s'il était armé d'un bouclier tout brillant d'or, il lui seyait d'avoir pris ce bouclier. Avait-il lancé vigoureusement, l'avant-bras collé au corps, un flexible javelot, la jeune fille louait l'habileté qu'il savait joindre à la force. S'il avait, une fois assurée sur la corde la flèche de roseau, largement infléchi son arc, telle était, jurait-elle, l'attitude de Phœbus s'apprêtant à décocher ses traits. Mais quand, enlevant son casque de bronze, il se présentait tête nue, quand, vêtu de pourpre, il montait un cheval blanc à la housse ornée de broderies de couleur, et réglait son allure en agissant sur la bouche écumante, c'est à grand-peine que la fille de Nisus restait maîtresse d'elle-même, avec peine qu'elle conservait sa raison. Heureux, déclarait-elle, le javelot qu'il touchait, heureuses les rênes sur lesquelles sa main pesait. Son ardeur la pousse — ah! si cela était possible — à se rendre, elle, une jeune fille, à l'armée ennemie, la pousse à se jeter, du haut des tours, dans le camp des Cnossiens, ou à ouvrir aux ennemis les portes de bronze, à faire tout ce que voudra Minos. Assise, perdue dans la contemplation des blanches tentes du roi du Dicté [431] : « Dois-je me réjouir, se disait-elle, ou m'affliger que soit faite cette guerre déplorable ? J'hésite : je m'afflige de ce que Minos est mon ennemi, quand je l'aime; mais s'il n'y avait une guerre, l'aurais-je connu ? Il aurait pu, pourtant, renoncer à la guerre, en me prenant pour otage; il aurait en moi une compagne, en moi un gage de paix. Si celle qui t'a mis au monde, ô le plus beau des rois, te ressemblait, il eut bien raison le dieu qui brûla pour elle! O trois fois heureuse si je pouvais me lancer sur des ailes à travers les airs et me poser dans le camp du roi de Cnossos, puis, lui avouant qui je suis et mon amour, lui demander au prix de quelle dot je pourrais acheter le sien, à la seule condition qu'il n'exigeât pas la citadelle de ma patrie. Car périsse mon espoir de partager sa couche plutôt que de l'emporter par la trahison! Bien que souvent la défaite soit devenue pour beaucoup profitable, par la clémence d'un vainqueur bienveillant. Certes, il fait une guerre légitime pour venger son fils mis à mort [432]; il est fort par la cause qu'il défend et par les armes qui soutiennent cette cause; et j'en suis persuadée, nous serons vaincus. Si tel est le destin qui attend la ville, pourquoi les murs de ma patrie lui seraient-ils ouverts par Mars qui le seconde, et non par mon amour ? Il pourra mieux user de sa victoire s'il la remporte sans massacre, sans retard, sans risque de verser son propre sang. Je ne craindrai pas, du moins, que quelque combattant ne transperce ta poitrine, Minos, sans te connaître; car qui serait assez cruel pour avoir l'audace de diriger contre toi, sans l'excuse de l'ignorance, une impitoyable lance ? » Elle s'arrête à ce dessein, et sa résolution est bien prise de se livrer elle-même en apportant avec elle, pour dot, sa patrie, et de mettre fin à la guerre. Mais vouloir ne suffit pas : « Des sentinelles gardent les entrées de la ville; les portes sont verrouillées et mon père y veille. C'est lui seul, infortunée, que je crains; seul il empêche la réalisation de mes vœux. Ah! si les dieux pouvaient faire que je n'eusse pas de père! Mais, en vérité, chacun pour soi-même est un dieu. C'est aux prières des lâches que la Fortune est sourde. Une autre que moi, depuis longtemps, enflammée par une aussi violente passion se serait avec joie résolue à perdre tout ce qui ferait obstacle à son amour. Et pourquoi quelque autre aurait-elle plus de courage que moi ? Je me sens l'audace de traverser les flammes et les glaives. Et, dans cette entreprise, je n'ai besoin de braver ni flammes ni glaives : il ne me faut qu'un cheveu de mon père. Il est pour moi plus précieux que l'or. Cette pourpre est celle qui me rendra heureuse et assurera la satisfaction de mes vœux. »

Comme elle proférait ces paroles, celle qui est la grande nourrice des sentiments poignants, la nuit, survint. Avec les ténèbres, son audace s'accrut. C'était l'heure du premier repos, où les cœurs obsédés par les soucis du jour sont plongés dans le sommeil. Sans bruit, elle entre dans la chambre paternelle et — ô crime affreux! — cette fille arrache à son propre père le cheveu auquel est attaché son destin. Puis, une fois maîtresse de cette dépouille elle emporte à la hâte son criminel butin, et, la porte de la ville franchie, traversant le camp ennemi — si grande est sa confiance dans la reconnaissance qu'elle s'est acquise! — elle parvient auprès du roi. Elle lui adressa alors ces paroles, qu'il écouta avec horreur : « L'amour m'a conseillé un crime; moi, la fille du roi Nisus, Scylla, je te livre les dieux de ma patrie et mes propres pénates. Comme récompense, je ne demande rien d'autre que toi. Prends comme gage d'amour ce cheveu de pourpre et sois bien assuré que ce n'est pas un cheveu que je te livre en ce moment, mais la tête de mon père! » Et sa main lui tendit l'infâme présent. Minos recula devant ce qu'elle lui tendait et, troublé en se représentant l'acte inouï commis par elle, répondit : « Que les dieux te chassent, ô toi, la honte de notre siècle, de l'univers où ils règnent; que la terre, que la mer te soient interdites! Pour moi, du moins, je ne souffrirai pas que le berceau de Jupiter, la Crète, qui est l'univers où je règne, soit souillée par la présence d'un tel monstre! » Il dit, et, dès qu'il eut imposé aux ennemis, une fois prisonniers, les conditions du vainqueur le plus équitable, il ordonna de détacher les amarres de sa flotte et de garnir de leur chiourme ses navires à revêtement de bronze.

Scylla, quand elle vit les carènes mises à flot voguer sur la mer, et leur chef lui refuser le salaire de son crime, après s'être vainement répandue en prières, passe à une violente colère, et, tendant les mains, les cheveux épars, en proie à la fureur : « Où fuis-tu, s'écrie-t-elle, abandonnant ta bienfaitrice, ô toi que j'ai préféré à ma patrie, que j'ai préféré à mon père ? Où fuis-tu, cruel ? toi dont la victoire est à la fois mon crime et mon titre à ta reconnaissance. Ni mes bienfaits, ni mon cœur ne t'ont donc touché, ni la pensée que tous mes espoirs reposaient sur toi seul! Car, abandonnée par toi, où retournerai-je ? Dans ma patrie ? Elle est vaincue et ne se relèvera pas. A supposer même qu'elle subsiste, ma trahison me l'a fermée. Reparaîtrai-je devant mon père, lui que je t'ai livré ? Mes concitoyens me haïssent, et je mérite leur haine; nos voisins redoutent l'exemple que j'ai donné. Je me suis mise au ban de la terre entière, pour que seule la Crète me restât ouverte. Si tu m'en refuses aussi l'entrée, si tu m'abandonnes, ingrat, c'est que tu dois le jour non pas à Europe, mais à la Syrte inhospitalière, aux tigres d'Arménie, à Charybde dont l'Auster agite les flots. Tu n'es pas né de Jupiter, ni ta mère ne fut séduite par lui sous l'apparence d'un taureau; cette légende concernant ta naissance est mensongère : c'est un taureau véritable, sauvage, insensible à l'amour d'aucune génisse, qui t'engendra. Punis-moi, ô Nisus, mon père! Réjouissez-vous de mes malheurs, ô vous, murailles que je viens de livrer! Car, je l'avoue, je les ai mérités et je suis digne de périr. C'est pourtant sous les coups de quelqu'un de ceux dont mon impiété a causé la perte, que je dois périr. Pourquoi, toi qui as vaincu grâce à mon crime, te faire le vengeur de ce crime? Forfait à l'égard de ma patrie et de mon père, c'est, à ton égard, un bienfait. Vraiment, elle est digne d'un époux comme toi, celle qui, adultère, trompa, dans son enveloppe de bois, un taureau farouche et porta dans ses flancs le fruit d'un accouplement contre nature [433]? Mais mes paroles parviennent-elles à tes oreilles? Les mêmes vents n'emportent-ils que des mots vides, qui poussent tes navires? Ah! maintenant il n'y a plus à s'étonner que Pasiphaé t'ait préféré un taureau : tu étais encore plus sauvage que lui! Malheureuse que je suis! Ce lui est une joie que de hâter ta fuite, et l'onde résonne au choc des rames qui la fendent; et, avec moi, mon pays recule à l'horizon. Mais c'est peine perdue! Tu ne gagneras rien à oublier mes bienfaits; je te suivrai malgré toi, et, enlaçant de mes bras ta poupe recourbée, je me laisserai traîner le long des mers. » A peine avait-elle prononcé ces paroles, elle saute dans les ondes à la poursuite des navires, la passion lui donnant des forces, et, compagne qui n'inspirait que l'aversion, se cramponne au navire de Cnossos. Quand son père la vit, — car il planait déjà dans les airs, et venait d'être changé en aigle de mer aux ailes fauves, — il allait déchirer de son bec recourbé la malheureuse ainsi accrochée; prise de peur, elle lâcha la poupe, et, comme elle retombait, on put la croire soutenue par une brise légère qui l'empêchait de toucher les flots; c'était des plumes; grâce à ce plumage, métamorphosée en oiseau, on l'appelle aigrette, et elle a tiré ce nom du cheveu qu'elle avait coupé [434].

LE LABYRINTHE. LA COURONNE D'ARIADNE

Minos acquitta sa dette de reconnaissance à Jupiter en sacrifiant cent taureaux, dès qu'au sortir de son navire il eut mis le pied sur la terre des Curètes [435], et le palais fut décoré des dépouilles ennemies qu'il y fixa. L'être opprobre de sa race avait grandi, et l'ignominieux adultère de la mère éclatait au jour avec l'étrangeté du monstre à double forme [436]. Minos décide d'éloigner de sa demeure cet objet de honte et de l'enfermer dans un logis aux détours multiples et sous un toit inaccessible au jour. Dédale, célèbre entre tous par son talent dans l'art de travailler le métal, est l'architecte de cet ouvrage [437]. Il brouille tous les indices et induit en erreur le regard déconcerté par les détours de voies toutes différentes. Tout de même que, dans les campagnes de Phrygie, se joue le Méandre aux eaux limpides; son cours, hésitant, suit une direction, revient sur lui-même, se porte à la rencontre de ses propres eaux qu'il regarde venir; et tourné tantôt vers sa source, tantôt vers la haute mer, il finit par fatiguer ses flots, incertains du but à atteindre : ainsi Dédale multiplie avec d'innombrables routes les risques de s'égarer; et c'est avec peine qu'il put lui-même revenir jusqu'au seuil, tant la demeure était pleine de pièges [438]. Quand il y eut enfermé l'être ambigu, moitié taureau, moitié jeune homme, et que le monstre, déjà deux fois repu du sang d'Acté, eut été vaincu par l'un de ceux qu'envoyait, pour la troisième fois, le tirage au sort renouvelé tous les neuf ans [439]; quand, avec l'aide d'une vierge, la porte inaccessible et que nulle des précédentes victimes n'avait repassée, eut été retrouvée, grâce au fil enroulé de nouveau, alors, sans retard, le fils d'Egée, enlevant la fille de Minos, cingla vers Dia et, sans pitié, déposa sa compagne sur ce rivage [440]. Abandonnée, comme elle se répandait en plaintes, Liber lui apporta ses étreintes et son secours, et, pour qu'elle brillât de l'éclat durable d'un astre, il lui prit sur son front sa couronne et l'envoya au ciel. Elle s'envole à travers les airs légers, et, dans son vol, les gemmes qui l'ornent se changent en feux brillants et se fixent à la place assignée, tout en conservant l'aspect d'une couronne. L'astre se trouve entre l'Homme à genou et l'Homme qui tient un serpent [441].

DÉDALE ET ICARE

Dédale cependant, à qui pesaient la Crète et un long exil, repris par l'amour du pays natal [442], était retenu prisonnier par la mer. « Minos peut bien, se dit-il, me fermer les chemins de la terre et des ondes, mais, du moins, le ciel me reste ouvert. C'est la route que je prendrai. Fût-il maître de tout, Minos n'est pas maître de l'air. » Il dit, et il tourne son esprit vers l'étude d'un art inconnu, ouvrant de nouvelles voies à la nature. Il dispose, en effet, en ordre régulier, des plumes, en commençant par les plus petites, une plus courte se trouvant à la suite d'une longue, si bien qu'on les eût dites poussées par ordre décroissant de taille : ainsi, jadis les pipeaux rustiques naquirent d'un assemblage de tuyaux insensiblement inégaux. Alors il attache celles du milieu avec du lin, celles des extrémités avec de la cire, et, une fois disposées ainsi, les incurve légèrement, pour imiter les ailes d'oiseaux véritables. Le jeune Icare se tenait à ses côtés et, sans se douter qu'il maniait ce qui devait le mettre en mortel péril, le sourire aux lèvres, tantôt il saisissait au vol les plumes soulevées par un souffle d'air, tantôt, du pouce, il amollissait la cire blonde, et gênait, par ses jeux, le merveilleux travail de son père. Quand il eut mis la dernière main à son œuvre, l'artisan, à l'aide d'une paire d'ailes, équilibra lui-même son corps dans l'air où il resta suspendu en les agitant. Il en munit alors, son fils aussi, et : « Je te conseille, dit-il, Icare, de te tenir à mi-distance des ondes, de crainte que, si tu vas trop bas, elles n'alourdissent tes ailes, et du soleil, pour n'être pas, si tu vas trop haut, brûlé par ses feux : vole entre les deux. Et je te recommande de ne pas regarder le Bouvier, ni l'Hélice, ni l'épée nue d'Orion [443]. Prends-moi pour guide de la route à suivre. » Et, tout en lui enseignant à voler, il ajuste à ses épaules ces ailes que l'homme ignorait. Pendant qu'il travaillait, tout en prodiguant ses conseils, les joues du vieillard se mouillèrent et ses mains paternelles tremblèrent. Il donna à son fils des baisers qu'il ne devait pas renouveler, puis, se soulevant au moyen de ses ailes, il s'envole le premier, anxieux pour son compagnon, comme l'oiseau qui du haut de son nid vient de faire prendre à sa tendre couvée son vol à travers les airs. Il l'encourage à le suivre et l'initie à son art dangereux; il meut lui-même ses propres ailes, l'œil fixé, derrière lui, sur celles de son fils. Quelque pêcheur, occupé à surprendre les poissons au moyen de son roseau qui tremble, un pasteur appuyé sur son bâton ou un laboureur au manche de sa charrue, qui les vit, resta frappé de stupeur et pensa que ces êtres qui pouvaient voyager dans les airs étaient des dieux. Et déjà, sur leur gauche, avaient été laissées Samos, l'île de Junon, Délos et Paros; à leur droite était Lébinthos et Calymné au miel abondant [444], lorsque l'enfant se prit à goûter la joie de ce vol audacieux, abandonna son guide et, cédant au désir d'approcher du ciel, monta plus haut. Le voisinage du soleil dévorant amollit la cire odorante qui retenait les plumes. La cire ayant fondu, l'enfant n'agite plus que ses bras nus, et, manquant désormais de tout moyen de fendre l'espace, il n'a plus d'appui sur l'air; et sa bouche criait encore le nom de son père, quand l'engloutit l'eau céruléenne; c'est de lui qu'elle a tiré son nom. Quant au père infortuné, qui n'était plus père : « Icare, dit-il, où es-tu ? En quel endroit me faut-il te chercher ? » « Icare », répétait-il, quand il aperçut des plumes sur l'eau. Il maudit alors son invention, et enferma le corps dans un sépulcre, et cette terre a pris le nom de celui qui y fut enseveli [445].

PERDIX

Tandis qu'il déposait dans le tombeau le corps de son malheureux fils, la perdrix l'aperçut de loin, d'un fossé bourbeux; elle applaudit en battant des ailes et chanta pour témoigner sa joie. C'était alors le seul oiseau de cette espèce; on n'en avait jamais vu encore de tel, et sa métamorphose en oiseau était récente. Il était pour toi, Dédale, un durable remords. Sa sœur l'avait, en effet, ignorant ce que lui réservait le destin, chargé d'instruire son fils, un enfant dont douze fois déjà l'année avait ramené le jour de naissance et dont l'esprit était fait pour profiter des leçons. C'est lui qui, par exemple, prenant pour modèle l'arête qu'il avait remarquée dans le milieu du corps des poissons, découpa dans le fer aiguisé une suite de dents et inventa l'usage de la scie. Le premier aussi il réunit deux bras de fer, à partir d'une articulation unique, de façon que la distance restant toujours égale entre eux, l'un demeurât fixe pendant que l'autre traçait un cercle. Dédale, jaloux, le précipita du haut de la citadelle sacrée de Minerve, prétendant faussement qu'il était tombé. Mais Pallas, qui favorise le génie, le reçut et fit de lui un oiseau, le couvrant, dans sa chute, en l'air, de plumes. La vigueur de son génie, jadis si prompt, a passé dans ses ailes et dans ses pattes, et le nom qu'il portait auparavant lui est resté. Cet oiseau, cependant, ne s'élève pas très haut et ne fait pas son nid dans les branches et sur la cime des arbres; il volète au ras de terre et dépose ses œufs dans les haies; et le souvenir de son ancienne chute lui fait redouter les hauteurs [446].

LE SANGLIER DE CALYDON. MÉLÉAGRE

Maintenant, la terre où s'élève l'Etna était le séjour de Dédale fatigué, et Cocalus, qui avait pris les armes en faveur du fugitif suppliant, se montrait pour lui bienveillant [447]. Athènes avait maintenant, à la gloire de

Thésée, cessé de payer le lamentable tribut. Les temples sont ornés de guirlandes et l'on invoque Minerve la guerrière, avec Jupiter et les autres dieux, auxquels on offre comme marque d'adoration le sang des victimes promises, des présents et des monceaux d'encens. La renommée avait, dans sa course vagabonde, répandu à travers les villes d'Argolide le nom de Thésée, et les peuples que la riche Achaïe accueillit implorèrent, en grand danger, son aide. Cette aide, Calydon, bien qu'elle possédât Méléagre, la demanda suppliante, avec d'anxieuses prières [448]. La cause de ces prières était un sanglier, serviteur et exécuteur des vengeances de Diane irritée.

On rapporte, en effet, qu'Œneus, en une année d'heureuse abondance, consacra les prémices du blé à Cérès, le vin dont il nous fit don à Lyæus [449], le suc de l'arbre de Pallas à la blonde Minerve. Destiné d'abord aux divinités protectrices des champs, cet hommage recherché monta à l'adresse de tous les dieux du ciel. Seuls, abandonnés sans encens, chômèrent, dit-on, les autels de la fille de Latone oubliée. Les dieux sont accessibles même à la colère. « Du moins ne supporterai-je pas qu'on me fasse cet affront impunément, et l'on pourra dire que j'ai été privée d'honneurs, mais non pas que j'ai renoncé à la vengeance », dit la déesse; et elle envoya, à travers les champs d'Œneus, pour la venger de ses dédains, un sanglier d'une taille telle, que l'Epire aux gras pâturages n'a pas de taureaux plus grands et que la terre de Sicile n'en a que de plus petits. Le sang et le feu font étinceler ses yeux; il porte haut sa nuque aux poils durs, et ses soies se hérissent raides comme des piquets, [et ses soies se tiennent droites comme des pieux, comme de hauts piquets [450]]. Il pousse de rauques grognements, tandis que, brûlante, sur son large poitrail, coule l'écume. Ses dents sont aussi longues que les défenses des bêtes de l'Inde. La foudre sort de sa hure, et le feuillage, à son souffle, se dessèche. Tantôt, au moment de leur croissance, il piétine les blés en herbe, tantôt, quand ils sont mûrs, il fauche avec eux l'espoir du paysan, réduit aux pleurs, et arrête à l'épi les dons de Cérès. Vainement l'aire, vainement la grange attendent les moissons promises. Le sol est jonché des longs sarments aux lourdes grappes, des branches, couvertes de leurs baies, de l'olivier au feuillage éternel. Sa fureur s'en prend aussi aux troupeaux. Le berger ni les chiens ne peuvent rien pour leur défense, non plus que, pour celle des génisses, les farouches taureaux. Les populations s'enfuient de tous côtés et ne se croient en sûreté qu'à l'abri des murailles de la ville, jusqu'au jour où Méléagre survint et, avec lui, une troupe d'élite de jeunes hommes réunis par la passion de la gloire [451] : les jumeaux, fils de Tyndare, célèbres l'un dans les combats du ceste, l'autre dans l'art de dompter les chevaux; le constructeur du premier navire, Jason; puis, avec Pirithous, modèles d'heureuse entente, Thésée; les deux fils de Thestius, les enfants d'Aphareus, Lynceus et le rapide Idas, Cæneus, qui n'est plus une femme [452], le fier Leucippus et Acastus, qui se distingue au lancement du javelot, Hippothous, Dryas et Phœnix, issu d'Amyntor, le couple des fils d'Actor, et Phyleus, qu'envoya l'Elide. Il ne manquait ni Télamon, ni celui qui donna la vie au grand Achille, ni, en compagnie du fils de Phérès et de Iolaus le Béotien, l'intrépide Eurytion et Echion que nul ne vainquit à la course, Lélex de Naryx, Panopeus, Hyleus, et le fier Hippasus, et Nestor, encore dans la fleur de ses ans, et ceux qu'Hippocoon envoya de l'antique Amyclées, le beau-père de Pénélope, avec Ancæus de Parrhasie, le subtil fils d'Ampyx et le fils d'Œcleus, jusqu'à ce jour sans crainte de la part de son épouse [453], et la chasseresse Tégéenne, orgueil des forêts du Lycée [454]. Une fibule polie agrafait le haut de son vêtement; rien ne parait ses cheveux assemblés et noués en une seule masse. A son épaule gauche résonnait le carquois d'ivoire, gardien de ses flèches, et, de la main gauche aussi, elle tenait son arc. Tels étaient ses atours. Quant à ses traits, on eût pu dire, en vérité, qu'ils étaient ceux d'une vierge chez un jeune garçon, ceux d'un jeune garçon chez une vierge. Dès qu'il la vit, au même instant le héros de Calydon la désira et, malgré les dieux, fut embrasé d'une flamme secrète : « Heureux, dit-il, celui que cette femme jugera digne d'être son époux! » Les circonstances, la discrétion ne lui permirent pas d'en dire davantage : une besogne plus importante, celle du grand combat à livrer, le requiert.

Une forêt aux troncs serrés, dont les siècles n'avaient pas éclairci les taillis, prend naissance dans la plaine, et de ses pentes la vue s'étend au loin sur la campagne. Quand les héros furent arrivés là, les uns tendent les filets, découplent les chiens, les autres suivent, aux empreintes qu'elle a laissées, la trace de la bête, et chacun brûle de découvrir avec elle le risque qu'il est venu courir. Il y avait un ravin creux où s'amassait d'ordinaire le ruissellement des eaux de pluie; dans le fond de la dépression croissent le saule flexible, les ulves légères, les joncs palustres, l'osier, et les courtes cannes au pied du haut roseau. C'est de là que le sanglier, débuché, se précipite au milieu de ses ennemis avec l'impétuosité de la foudre jaillissant au choc des nuages. Dans sa course, il couche les taillis, et les arbres, ébranlés sur son passage, se brisent avec fracas. Les jeunes gens poussent des cris, lui présentent la pointe des épieux au large fer étincelant qu'ils tiennent d'une main ferme. La bête se rue, disperse les chiens qui veulent arrêter son élan furieux et, d'un coup de boutoir de côté, les met en déroute au milieu des abois. Un javelot fut lancé tout d'abord par le bras d'Echion, sans résultat, et ne fit qu'une légère entaille au tronc d'un érable. Un second, si le chasseur qui l'envoyait ne lui avait donné trop de force, paraissait devoir se fixer dans le dos de l'animal qu'il visait; il va plus loin. C'est Jason de Pagasæ qui avait lancé ce trait. « O Phœbus, dit le fils d'Ampyx, si j'ai été et suis encore ton fidèle adorateur, accorde-moi d'atteindre sûrement de mon trait le but que je vise! » Dans la mesure où il le put, le dieu exauça sa prière. Son coup porta, mais sans blesser le sanglier : Diane, au vol, avait enlevé son fer au javelot; le bois seul atteignit le but, sans pointe. La colère de la bête fut excitée et éclata avec non moins de violence que la foudre. Le feu jaillit de ses yeux, et c'est aussi du feu que soufflent ses flancs. Et, comme vole le quartier de roc qu'a lancé la corde tendue, lorsqu'il va frapper les murs ou les tours pleines de soldats, ainsi, d'un prodigieux élan, se jette contre les jeunes chasseurs le sanglier meurtrier, qui renverse Eupalamos et Pélagon, chargés de défendre l'aile gauche; incapables de se relever, ils furent emportés par leurs compagnons. Mais Enæsimus, fils d'Hippocoon, n'échappa pas au coup mortel : tremblant, comme il s'apprêtait à fuir, le jarret coupé, ses muscles lui refusèrent tout service. Peut-être le héros de Pylos [455] aurait-il aussi péri avant les temps de la guerre de Troie, mais, prenant appui sur sa lance fichée en terre, il atteignit d'un bond les branches d'un arbre qui se dressait à proximité et, de là, il put, en toute sécurité, regarder à ses pieds l'ennemi auquel il venait d'échapper. Celui-ci, furieux, après avoir aiguisé ses dents sur le tronc d'un chêne, est prêt à l'attaque et au meurtre; confiant dans ses armes neuves, il transperce de sa défense courbe la cuisse du noble fils d'Eurytus [465]. Mais les deux frères jumeaux, qui n'étaient pas encore des astres du ciel [457], tous deux attirant les regards et qui tous deux montaient des chevaux plus blancs que la neige, brandissaient tous deux, d'un geste mal assuré, leur lance dont la pointe tremblait dans les airs. Ils eussent blessé l'animal aux rudes soies, s'il ne s'était enfoncé dans d'épais fourrés impénétrables aux traits comme aux chevaux. Télamon est sur ses traces; et, dans l'ardeur de la poursuite, oubliant toute précaution, il tomba en avant, le pied pris dans une racine d'arbre. Tandis que Pélée le relève, la Tégéenne ajusta sur la corde une flèche rapide et, courbant son arc, la décocha. Le roseau se fixe sous l'oreille de la bête, mais n'effleure que superficiellement le corps et rougit à peine d'un peu de sang les soies. La chasseresse ne fut pas plus fière du succès du coup porté par elle que ne l'était Méléagre. C'est lui qui, le premier, croit-on, vit couler le sang et, le premier, l'ayant vu, le montra à ses compagnons et dit : « Tu as mérité et l'on te décernera le prix de la valeur! » Les hommes rougissent, s'exhortent mutuellement, se donnent du courage à grands cris, lancent en désordre leurs traits. Le trop grand nombre nuit à ceux qu'ils jettent et empêche les coups d'atteindre le but visé.

Mais voici que, plein de fureur, artisan de sa propre perte, l'Arcadien à la double hache [458] s'écria : « Apprenez en quoi les coups d'un homme l'emportent sur ceux d'une femme, ô jeunes gens, et laissez-moi me charger de la besogne! Il se peut que la fille de Latone elle-même emploie ses armes à protéger ce sanglier, et cependant, malgré Diane, il mourra de ma main. » Après avoir avec emphase tenu, gonflé d'orgueil, ce discours, soulevant des deux mains sa hache à double tranchant, il s'était dressé sur la pointe des pieds, le corps penché en avant et en équilibre. Le féroce animal devance l'attaque de l'audacieux et, choisissant l'endroit par où la route est la plus courte pour la mort, il pointa ses deux défenses vers le haut de l'aine. Ancæus tomba, et, d'un bloc, ses entrailles glissent et se répandent, dans un flot de sang qui s'écoule en arrosant la terre. Le fils d'Ixion, Pirithous, marchait contre l'ennemi qui lui fait front; sa main robuste brandissait un épieu. Alors : « N'approche pas, ô toi qui m'es plus cher que moi-même, lui dit le fils d'Egée, toi qui es une part de mon âme, arrête-toi! On peut être courageux de loin; Ancæus a péri victime, malgré sa valeur, de sa témérité. » Il dit, et brandit son lourd javelot de cornouiller à pointe de bronze. Le trait, envoyé d'une main sûre, aurait dû toucher le but visé, mais la branche feuillue d'un arbre arraché lui fit obstacle. Le fils d'Æson lança aussi un trait que le hasard détourna, pour le malheur d'un chien innocent : il l'atteignit aux flancs et, traversant les flancs, alla se ficher en terre. Le fils d'Œneus a la main diversement heureuse. Des deux javelots qu'il lança, le premier alla se planter dans le sol, le second au milieu de l'échine de la bête. Sans perdre un instant, tandis qu'elle exhale sa fureur, qu'elle tourne et retourne en rond et que son sang coule de nouveau avec une écume mêlée de grognements stridents, l'auteur de la blessure est à ses côtés; il pousse au paroxysme la colère de son ennemi et, l'attaquant de front, lui enfonce le fer resplendissant de son épieu au défaut de l'épaule. Ses compagnons témoignent leur joie et le félicitent à grands cris; tous veulent prendre dans leur main la main du vainqueur, et ils contemplent avec stupeur l'énorme bête abattue dont le cadavre tient tant de place. Ils ne jugent pas encore prudent d'y porter la main, mais tous tiennent cependant à tremper leurs traits dans son sang. Méléagre, lui-même, posa le pied sur la tête du monstre qui sema la mort et, la foulant : « Prends, ô vierge du Nonacris [459], dit-il, cette dépouille qui m'appartient de droit; je veux partager la gloire de mon exploit avec toi. » Aussitôt, comme trophée, il lui donne la peau toute hérissée de soies raides et la hure remarquable par ses longues défenses. La jeune fille ressent une vive joie tant du présent que de recevoir ce présent de sa main. Les autres l'envièrent, et toute leur troupe murmurait. Parmi eux, tendant les poings et d'une voix retentissante : « Allons, laisse cela, et ne viens pas, ô femme, nous enlever ces glorieux trophées qui nous reviennent, s'écrient les fils de Thestius [460]. Que ta confiance dans ta beauté ne t'abuse pas; celui qui te les offre, en gage d'amour, pourrait bien être impuissant à te protéger! » Et ils arrachent à l'une le présent reçu, déniant à l'autre le droit de faire ce présent. L'affront parut intolérable au fils de Mars [461], soulevé par la colère, grinçant des dents : « Apprenez, ô ravisseurs de la gloire d'autrui, quelle distance il y a de l'acte à la menace. » Et il plongea un fer meurtrier dans la poitrine de Pleuxippus, qui ne redoutait rien de tel. Toxeus, ne sachant que faire, hésitait, partagé entre le désir de venger son frère et la crainte de subir le même sort; Méléagre coupe court à ses hésitations et son javelot, tout chaud du meurtre du premier, se réchauffa dans le sang du second des frères.

Comme elle portait aux temples des dieux des offrandes en l'honneur de son fils vainqueur, Althæa voit rapporter ses deux frères morts. Elle se frappe la poitrine, remplit la ville de ses cris de désespoir et change ses vêtements tissés d'or contre des vêtements noirs. Mais, dès que fut connu le nom du meurtrier, elle cessa toute manifestation de deuil et, des larmes, passa au violent désir de châtier le coupable. Il y avait une souche qu'à l'époque où la fille de Thestius n'était pas encore relevée de couches, les trois sœurs [462] posèrent sur la flamme; et, tout en filant du pouce qui le pressait le fil du destin : « Ta vie, dirent-elles, aura même durée que ce bois, enfant qui viens de naître, tel est notre arrêt! » Quand, cette prédiction faite, les déesses se furent retirées, la mère enleva vivement du feu le tison embrasé et répandit sur lui de l'eau. Ce tison avait été longtemps caché dans l'endroit le plus retiré de la demeure, et, ainsi sauvé, il t'avait, jeune héros, assuré la vie sauve. La mère l'alla chercher et ordonne de préparer un amas de branches résineuses et de fragments de bois, puis, le foyer préparé, elle y met elle-même le feu qui le consumera. Alors, quatre fois elle voulut poser le tison sur la flamme et quatre fois retint le geste ébauché. En elle se combattent la mère et la sœur; et, à ce double titre, un même cœur se trouve sollicité en deux sens contraires. Par instants la peur du crime qui allait s'ensuivre faisait pâlir son visage; par instants, la colère dont elle brûle se trahit par de rouges lueurs dans ses yeux. Tantôt, sur ses traits, on lisait la menace de je ne sais quelle cruelle résolution, tantôt, aurait-on pu croire, la pitié. Et, quand l'ardeur impitoyable qui la dévorait avait séché ses larmes, elle retrouvait cependant des larmes encore. Et, comme le navire, à la merci du vent et de la vague contraire au vent, subit l'effet de deux forces opposées et obéit à la fois, ballotté entre elles, aux deux, tout de même, la fille de Thestius flotte, au gré de sentiments contradictoires et tour à tour renonce à sa colère, puis, après y avoir renoncé, la ranime.

Cependant, elle commence à se sentir meilleure sœur que mère, et, pour apaiser par son sang les ombres de ceux dont le sang coule dans ses veines, au prix d'une impiété, elle obéit à la piété. Car, lorsque le funeste foyer eut pris toute sa force :

« Voici le bûcher qui brûlera le fruit de mes entrailles! » dit-elle. Et, tenant toujours dans sa main cruelle le bois auquel est attaché un destin, la malheureuse, debout devant les autels funèbres : « O vous, les trois déesses qui présidez aux châtiments, dit-elle, Euménides, tournez vos visages vers ce sacrifice fait pour plaire aux Furies. Je m'acquitte d'une vengeance, mais j'enfreins l'ordre divin. Mort pour mort, c'est la règle de l'expiation, le crime appelle le crime, les funérailles veulent les funérailles. De deuils en deuils accumulés, puisse périr cette maison impie. Œneus goûtera-t-il l'orgueil de la victoire de son fils, quand Thestius n'en aura plus ? Non! Vous pleurerez tous deux : c'est mieux ainsi. Et vous, mânes de mes frères, âmes que l'on vient de priver de corps, soyez seulement sensibles aux devoirs que je vous rends, agréez ce sacrifice funèbre qui me coûte si cher, celui du gage funeste que portèrent mes flancs. Mais jusqu'où me laissé-je emporter ? Pardonnez en frères à une mère! Mes mains défaillent pour cette entreprise. J'avoue qu'il a mérité de périr; mais pour celle qui va causer sa mort, j'éprouve de l'horreur. Ce sera donc pour lui l'impunité ? Il vivra et, vainqueur, gonflé de l'orgueil de son succès même, il régnera sur Calydon ? Et vous, vous ne serez qu'un peu de cendre, ombres glacées dans vos tombeaux ? Non, moi, je ne le souffrirai pas. Périsse le criminel, et que sa mort emporte les espérances de son père, entraîne la ruine du royaume et de sa patrie! Mais oublié-je les sentiments d'une mère, les devoirs que la piété impose aux parents, les dix mois de fatigues que j'ai supportées ? Oh, que n'as-tu vu ta vie consumée, au berceau, avec ce tison, quand on l'alluma, et que ne l'ai-je, moi, laissé brûler! C'est grâce à mon intervention que tu as vécu; tu seras aujourd'hui responsable de ta mort. Récolte le prix de ton acte, et, cette vie que je t'ai donnée deux fois, d'abord en te mettant au monde, puis, aussitôt après, en arrachant ce tison au feu, rends-la, ou ensevelis-moi à mon tour dans la tombe avec mes frères. Je veux agir, et je ne puis. Que faire ? Tantôt se présentent à mes yeux les blessures de mes frères, et l'image d'un si horrible meurtre; tantôt l'amour maternel, ce nom de mère, brisent mon courage. Ah! malheureuse! Triste victoire que celle que vous remporterez, mes frères, mais remportez-la; pourvu que, moi aussi, je vous aille rejoindre, la victime que je vous aurai offerte pour vous apaiser, et vous-mêmes. » Elle dit, et, d'une main tremblante, en détournant la tête, elle jeta au milieu des flammes le brandon funeste. On l'entendit, ou l'on crut l'entendre, pousser un gémissement, ce tison, lorsqu'il s'embrasa au contact du feu qui l'enflamma à regret. Sans savoir pourquoi et malgré son éloignement, Méléagre est brûlé par cette flamme; il sent ses entrailles dévorées par d'invisibles feux et surmonte avec courage d'atroces douleurs. Cependant, à succomber ainsi à une mort sans gloire, sans effusion de sang, il s'afflige, et traite d'heureuses les blessures que reçut Ancæus. Sa bouche, au moment suprême, appelle, avec des gémissements, son père accablé par l'âge, ses frères, ses sœurs dévouées, celle qui partagea sa couche [463], peut-être aussi sa mère. La violence du feu et celle de la douleur croissent, puis s'atténuent de nouveau; l'un et l'autre prennent ensemble fin, et, peu à peu, le souffle de Méléagre se perd dans les airs légers, tandis que, peu à peu, une cendre blanche recouvre la braise du foyer.

Calydon est précipitée du haut de sa joie; jeunes hommes et vieillards se lamentent, peuple et nobles gémissent, et, les cheveux arrachés, sur les rives de l'Euénus [464], les mères de Calydon se frappent la poitrine. Le père du héros, couché sur le sol, souille de poussière ses cheveux blancs et sa face de vieillard : il maudit les trop longues années qu'il a vécues. Car, du châtiment de la mère, c'est la propre main de celle-ci, complice de son acte abominable, qui s'est chargée, en lui plongeant un poignard dans le cœur. Non, fussé-je doué par un dieu de cent bouches retentissantes, d'un vaste génie, de toutes les faveurs de l'Hélicon, je ne saurais rendre les tristes accents des malheureuses sœurs. Oublieuses de leur beauté, elles frappent à coups redoublés leurs poitrines livides, et, tant que le corps subsiste entier, ce corps, elles le réchauffent à l'envi, elles le baisent, elles baisent le lit posé sur le bûcher; et, quand il est réduit en cendres, ces cendres, qu'elles ont recueillies, elles les pressent sur leur poitrine. Prostrées tout de leur long sur son tombeau, enlaçant de leurs bras le nom inscrit sur la pierre, elles arrosent de leurs larmes ce nom. Enfin, la fille de Latone, sa vengeance assouvie par la catastrophe qui frappe la maison de Parthaon [465], fait — sauf pour Gorgé et la bru de la noble Alcmène — pousser des plumes sur leurs corps qu'elles soulèvent, prolonge en ailes leurs bras, fait de leur bouche un bec de corne et, ainsi transformées, les lance dans les airs [466].

ACHÉLOUS

Cependant Thésée, après avoir pris sa part des périls communs, regagnait la ville d'Erechthée et la citadelle de la déesse du Triton [467]. En revenant, il rencontra l'Achélous, qui lui coupa la route et le retarda, gonflé par les pluies [468] : « Entre dans ma demeure, dit-il, illustre descendant de Cécrops, et ne te risque pas à affronter mes eaux qui emportent tout. Elles sont habituées à charrier des arbres entiers et à rouler, à grand fracas, les roches sournoises qui les bravent. J'ai vu, toutes voisines de mes bords, de hautes étables emportées par elles avec leurs troupeaux, et leur force, en ce cas, ne servit de rien aux bœufs, non plus qu'aux chevaux leur vitesse. Et, bien souvent aussi, mon cours torrentueux, à l'époque où les neiges fondues descendent de la montagne, engloutit de jeunes corps dans le gouffre de ses tourbillons. Il est plus sûr pour toi d'attendre tranquillement que mon fleuve ait repris son cours entre ses rives habituelles et que, ses eaux ayant baissé, son lit puisse les contenir. » Le fils d'Egée acquiesça : « J'userai, Achélous, dit-il, de ta demeure et de ton conseil. » Et il usa de l'une et de l'autre. Il pénètre dans un atrium construit en pierres ponces percées de trous et en blocs bruts de tuf; une mousse spongieuse entretenait l'humidité du sol; au plafond, des caissons étaient dessinés par des coquillages alternant avec des murex. Et déjà Hypérion [469] avait parcouru les deux tiers du jour. Thésée et les compagnons de ses travaux se couchèrent sur les lits, d'un côté le fils d'Ixion [470], de l'autre le héros de Trézène, Lélex [471], dont les tempes étaient déjà semées de cheveux blancs, encore rares, et tous les autres, que, tout heureux de recevoir un hôte de telle qualité, le fleuve d'Acarnanie avait jugés dignes d'associer à cet honneur. Aussitôt des nymphes, les pieds nus, garnirent de mets les tables placées devant eux, puis, quand les tables eurent été desservies, y déposèrent des coupes de pierres précieuses remplies de vin. Alors le héros entre tous illustre, regardant au loin les eaux dont la nappe s'étend sous ses yeux : « Quel est, dit-il, cet endroit ? » et il le montre du doigt. « Dis-nous le nom que porte cette île, bien qu'il n'y ait pas là, semble-t-il, une seule île. » A cette question, le fleuve répondit : « Ce que vous voyez ne forme pas un tout. Cinq terres s'étendent là à fleur d'eau; la distance empêche de les distinguer entre elles. Et, pour que tu sois moins étonné de ce qu'a fait Diane dédaignée, apprends que ces îles étaient des nymphes, qui, un jour, après avoir immolé deux fois cinq jeunes taureaux et convié au sacrifice les dieux de la campagne, se livrèrent, pour cette fête, à leurs danses, en m'oubliant. Je me gonflai de colère, et la violence de mon emportement atteint la pire violence où jamais je me fusse porté; et, dans ma fureur, aussi peu maître de moi que de mes eaux, j'arrachai les forêts aux forêts, les champs aux champs, et je roulai jusqu'à la mer, avec le lieu de leur séjour, les nymphes qui se souvenaient enfin de moi. Mes flots et ceux de la mer détachèrent une bande de terre d'un seul tenant, puis la divisèrent en autant de parties que tu aperçois d'Echinades au milieu des ondes [472]. Comme tu le vois cependant toi-même, loin, bien loin, à l'écart, il est une île isolée; elle m'est chère; le matelot l'appelle Périmélé. C'est moi qui, épris d'elle, lui ravis le titre de vierge. Son père Hippodamas en conçut du ressentiment, et, du haut d'un rocher, il poussa dans l'abîme, pour la faire périr, sa fille [473]. Je la recueillis et, la soutenant dans sa nage : « O dieu porteur du trident, qui as reçu en partage le royaume le plus beau après l'empire du monde, celui des eaux mouvantes [474], [où notre cours à nous, fleuves sacrés, vient se perdre, assiste-moi et écoute avec bienveillance, Neptune, ma prière. J'ai causé le malheur de celle que je soutiens. Si son père Hippodamas avait été bon et équitable, s'il avait été moins oublieux de ses devoirs paternels, il aurait dû avoir pitié d'elle, me pardonner]. Sois secourable et, je t'en supplie, accorde à celle que la brutalité d'un père a tenté de noyer, un refuge, ou qu'elle devienne elle-même un refuge [que je pourrai encore entourer de mes bras. » Le roi des eaux acquiesça de la tête, et son geste d'acquiescement ébranla toute la surface des ondes. La nymphe, prise de peur, nageait cependant toujours. Et moi-même, tandis qu'elle nageait, je touchais son sein agité de tressaillements de crainte. Mais, sous ma main qui le caresse, je sentis tout son corps durcir et son cœur disparaître sous une enveloppe de terre]. Et je parlais encore, lorsque ses membres, flottant sur les eaux, se trouvent emprisonnés dans une terre nouvelle, et, ainsi transformée, elle s'allongea, s'alourdit et devint une île. »

PHILÉMON ET BAUCIS

Le fleuve se tut alors. Cette aventure merveilleuse avait ému tous ses hôtes. Le fils d'Ixion se moque de leur crédulité, et, comme il était un contempteur des dieux et d'humeur arrogante : « Ton récit n'est qu'une invention, et tu t'exagères, Achélous, la puissance des dieux, dit-il, si tu crois qu'à leur gré ils donnent ou enlèvent aux êtres leur aspect [475]. » Tous restèrent frappés de stupeur et désapprouvèrent de tels propos; et, prévenant tous les autres, Lélex, plus mûr d'esprit et leur aîné, parla ainsi : « La puissance du ciel n'a ni mesure ni limites, et tout ce que les dieux ont voulu est chose faite. Et, pour que tu ne gardes pas le moindre doute, écoute. Il est, sur les collines de Phrygie, un chêne, voisin d'un tilleul; un mur modeste l'entoure. J'ai vu l'endroit moi-même, car Pittheus m'envoya au pays de Pélops, où jadis régna son père [476]. Non loin de là est un étang; terre autrefois habitable, ses eaux ne sont aujourd'hui fréquentées que par les plongeons et les foulques, hôtes des marais, Jupiter y vint, sous l'aspect d'un mortel, et, en compagnie de son père le petit-fils d'Atlas, le dieu porteur du caducée, qui avait quitté ses ailes. Ils se présentèrent dans mille maisons, demandant un asile où se reposer, et dans mille maisons ils trouvèrent porte close. L'une d'elles, cependant, les accueillit, modeste, à la vérité, couverte de chaume et de roseaux des marais; mais une vieille femme pieuse, Baucis, et Philémon, aussi âgé qu'elle, furent, dans cette humble demeure, unis aux années de leur jeunesse, et c'est là qu'ils ont vieilli; et leur pauvreté, ils l'ont rendue légère en l'avouant, en la supportant d'une humeur égale. A quoi bon chercher là des maîtres ou des serviteurs ? Ils ont, à eux deux, toute la maison, et ce sont les mêmes qui obéissent et qui commandent.

« Donc, aussitôt que les habitants du ciel eurent atteint ces humbles pénates et, baissant la tête, franchi la porte trop basse, le vieillard les invita à reposer leurs membres sur un siège qu'il approcha et sur lequel Baucis, prévenante, jeta un tapis grossier. Puis, écartant les cendres encore tièdes du foyer, elle ranime le feu de la veille, l'alimente avec des feuilles et de l'écorce desséchée et arrive à en tirer, de son faible souffle de vieille femme, des flammes; elle alla chercher dans un réduit des éclats de bois et des brindilles sèches, les brisa menu et les plaça sous une petite marmite. Ensuite, elle dépouilla de leurs feuilles des légumes que son époux était allé cueillir au jardin arrosé par ses soins. Philémon, avec une fourche à deux dents, décroche un dos enfumé de porc, suspendu à une poutre noircie, et, dans ce dos longtemps conservé, il découpe un petit morceau qu'il fait, pour le rendre moins dur, passer à l'eau bouillante. Cependant, ils trompent en conversant les moments d'attente jusqu'à l'heure du repas [et s'ingénient pour que leurs hôtes ne s'aperçoivent pas de la lenteur des apprêts. Il y avait là un baquet de hêtre, suspendu à un clou par une anse résistante. On le remplit d'eau tiède et l'on y fait réchauffer les membres fatigués des voyageurs. Au milieu de la chambre est un matelas d'algues molles, posé sur un lit dont le cadre et les pieds sont de saule [477]]. Ils battent le matelas, fait de molles algues du fleuve, qui garnit le lit au cadre et aux pieds de saule. Ils le recouvrent d'étoffes qu'ils n'avaient coutume d'y étendre qu'aux jours de fête; mais cette étoffe même était de bien peu de prix et vieille, bien assortie à un lit de bois de saule! Les dieux s'y couchèrent. La vieille femme, sa robe retroussée, apporte, en tremblant, la table. Mais le troisième pied de cette table était plus court que les autres [478], elle l'égalise avec un tesson. Quand ce tesson, glissé sous le pied, eut remonté le plateau qui penchait, la table, maintenant de niveau, est essuyée avec des menthes vertes. On y dépose des baies fraîches de Minerve, de deux couleurs [479], et des cornouilles d'automne conservées dans du vinaigre, des endives, du raifort, du fromage de lait pressé, des œufs légèrement retournés sous la cendre tiède, le tout dans de la vaisselle de terre. Après quoi, un cratère, ciselé dans le même argent [480], est posé sur la table avec des coupes fabriquées en bois de hêtre, dont la partie creuse est enduite de cire blonde [481]. L'attente n'est pas longue, et du foyer arrivèrent des mets chauds. Le vin, qui n'est pas bien vieux, est alors retiré à son tour; on l'écarte un peu et il fait place au second service; ce sont des noix, ce sont des figues mêlées à des dattes ridées, des prunes, et, dans des corbeilles évasées, des pommes odorantes et des grappes de raisin cueillies sur la vigne aux feuilles de pourpre. Au milieu est un rayon de miel blanc. A tout cela s'ajoutèrent, plus précieux encore, la bonté qui se lisait sur leurs visages, un empressement et une générosité sincères.

« Cependant, les vieillards voient le cratère, si souvent vidé, de lui-même se remplir, et le niveau du vin remonter de lui-même. Etonnés de ce fait étrange, ils prennent peur et Baucis et le timide Philémon récitent des prières; ils demandent qu'on leur pardonne ces humbles mets, le défaut d'apprêts. Ils n'avaient qu'une oie, gardienne de leur petite demeure rustique [482]; ses maîtres se disposaient à l'immoler en l'honneur des dieux leurs hôtes. L'oiseau, grâce à l'agilité que lui donnent ses ailes, fatigue leur poursuite ralentie par l'âge; il la déjoue longtemps et parut enfin se réfugier auprès des dieux eux-mêmes. Ils défendirent qu'on le tuât. Puis : « Oui, nous sommes des dieux, et vos voisins impies subiront un châtiment mérité, dirent-ils; pour vous, il vous sera accordé d'être exempts de ce malheur. Abandonnez seulement votre demeure, accompagnez nos pas et venez avec nous sur le sommet de la montagne. » Tous deux obéissent, et, appuyés sur leurs bâtons, péniblement, pas à pas, ils gravissent la longue pente [483].

« Ils étaient, du sommet, à la distance que peut, d'un seul jet, parcourir la flèche une fois lancée : ils tournèrent les yeux et voient de loin tout le village englouti dans un étang, à l'exception de leur maison, restée seule debout. Et, tandis qu'ils s'étonnent à cette vue et déplorent le sort de leurs voisins, cette vieille cabane, trop petite même pour ses deux maîtres, est changée en temple [484]. Aux supports fourchus se sont substitués des colonnes [485], le chaume jaunit et prend l'aspect d'un toit doré, les portes se couvrent de ciselures, le sol de dalles de marbre. Alors, d'une voix pleine de douceur, le fils de Saturne parla en ces termes : « Dites-nous, vieillard qui pratiques la justice, et toi, femme digne d'un époux ami de la justice, ce que vous souhaitez. » Après avoir échangé quelques mots avec Baucis, Philémon fait part aux dieux du sort que, d'un commun accord, ils ont choisi : « Etre vos prêtres et les gardiens de votre sanctuaire, telle est notre requête, et, puisque nous avons vécu toujours unis de cœur, faites que la même heure nous emporte, que jamais je ne voie le bûcher de mon épouse, et qu'elle n'ait pas non plus à m'ensevelir. »

« Leurs souhaits furent suivis de réalisation. Ils eurent la garde du temple tant qu'il leur fut donné de vivre. Epuisés par les années et leur grand âge, un jour que, debout devant les degrés sacrés, ils contaient les aventures arrivées en ces lieux, Baucis vit Philémon se couvrir de feuillage, et le vieux Philémon vit le feuillage couvrir Baucis. Et, tandis que déjà, au-dessus de leurs deux visages, croissait une cime, ils échangeaient encore, tant qu'il leur fut possible de le faire, quelques paroles : « Adieu, ô mon époux », se dirent-ils ensemble; et leurs bouches, ensemble, furent recouvertes et cachées par l'écorce. Aujourd'hui encore l'habitant de Cibyra [486] montre en ce lieu des troncs voisins, nés de leurs deux corps. Cette histoire me fut contée par des vieillards véridiques, et qui n'avaient aucune raison de vouloir me tromper. Moi-même j'ai vu les guirlandes suspendues aux branches, et, en en plaçant de fraîches : « Les hommes pieux, ai-je dit, sont chéris des dieux et ceux qui les ont honorés sont à leur tour honorés [487]. »

ÉRYSICHTHON

Lélex avait achevé son récit; et tous les auditeurs avaient été touchés par l'aventure et par celui qui s'en portait garant, Thésée surtout. Comme il souhaitait entendre conter des prodiges accomplis par les dieux, le fleuve de Calydon [488], appuyé sur son coude, s'adresse à lui en ces termes : « Il est, ô le plus courageux des héros, des êtres qui ont été transformés une fois, et pour qui cette forme nouvelle fut définitive; il en est qui ont le privilège de passer par plusieurs aspects; c'est le cas pour toi, habitant de la mer qui étreint la terre, ô Protée [489] : car on t'a vu tantôt jeune homme, tantôt lion; tu étais tour à tour un impétueux sanglier ou un serpent au contact redoutable, ou bien des cornes faisaient de toi un taureau; souvent tu pouvais prendre l'aspect d'une pierre, souvent aussi celle d'un arbre. Certains jours, te transformant à l'image de l'eau fluide, tu étais un fleuve, certains autres, le feu qui combat l'eau.

« L'épouse d'Autolycus, la fille d'Erysichthon [490], n'est pas moins privilégiée. Son père était homme à n'avoir que mépris pour la puissance des dieux et à ne brûler sur les autels aucun encens en leur honneur. On dit aussi qu'il avait, en y portant la hache, violé un bois consacré à Cérès et profané par le fer ses antiques futaies. Il s'y dressait un immense chêne, au tronc séculaire, à lui seul toute une forêt. Des bandelettes, des tablettes commémoratives, des guirlandes lui faisaient une ceinture, autant de témoignages d'un vœu exaucé. Souvent, sous ses branches, les dryades en fête exécutèrent leurs danses; souvent aussi, se donnant la main en une seule file, elles prirent, en l'entourant, la mesure de son tronc, et la circonférence de l'arbre était de quinze brasses pleines. Au-dessous de lui, le reste de la forêt avait la hauteur de l'herbe sous tous les arbres de cette forêt. Cette considération cependant n'empêcha pas le fils de Triopas d'y porter le fer, et il donne à ses serviteurs l'ordre de couper le chêne sacré; et, quand il les vit hésiter à l'exécuter, le scélérat, arrachant aux mains de l'un d'eux sa hache, proféra ces paroles : « Que ce chêne soit non pas seulement l'arbre favori de la déesse mais la déesse elle-même, peu importe! il va toucher la terre de sa cime feuillue! » Il dit, et, tandis qu'il balance son arme pour le frapper de côté, le chêne consacré à Déo [491] frémit et poussa un gémissement; et ses feuilles en même temps que ses glands commencèrent à se décolorer, et ses longues branches perdirent aussi leur couleur. Et, dès que, dans son tronc, la main impie eut fait une blessure, par l'écorce fendue jaillit un jet de sang, tout de même que, lorsque devant les autels s'abat la victime, un énorme taureau, du cou ouvert on voit le sang couler, à flots.

« Tous les assistants restèrent interdits. L'un d'entre eux a l'audace de vouloir s'opposer au sacrilège et retenir la hache impitoyable. Le Thessalien le regarde, et : « Reçois, dit-il, le prix de tes pieuses intentions! » Et, tournant son fer de l'arbre contre l'homme, il lui tranche la tête. Comme, revenu au chêne, il le frappe de nouveau, du milieu du chêne on entendit sortir ces mots : « Je suis, cachée sous ce bois, une nymphe aimée entre toutes de Cérès. Le châtiment de tes actes est proche; c'est moi qui te le prédis en mourant, et c'est là ce qui me console de périr. » Lui, poursuit sa criminelle entreprise; ébranlé enfin par d'innombrables coups, tiré par des cordes, l'arbre tomba et abattit sous son poids tout un pan de forêt.

« Atterrées du dommage que subissent et les bois et elles-mêmes, les dryades, ses sœurs, se rendent toutes ensemble, vêtues de noir et plongées dans l'affliction, auprès de Cérès, et la supplient de punir Erysichthon. Consentante, elle inclina la tête, et, de son geste, la très noble déesse ébranla les champs chargés de lourdes moissons; elle sait trouver un genre de châtiment bien digne d'inspirer la pitié, si Erysichthon ne s'était pas, par ses actes, aliéné la pitié de tous; c'est de le livrer aux tourments de la Faim, fléau terrible. Mais, puisqu'il n'est pas possible à la déesse de se rendre en personne auprès d'elle, — car les destins ne permettent pas la rencontre de Cérès et de la Faim, — elle s'adresse en ces termes à l'une des divinités de la montagne, une agreste oréade : « Il est aux bords extrêmes de la Scythie un lieu glacé, sol désolé, terre stérile, sans moisson, sans arbre; c'est le séjour du Froid engourdissant, de la Pâleur, du Frisson, de la Faim jamais rassasiée. Ordonne à celle-ci de prendre gîte dans les entrailles scélérates du sacrilège. Et que l'abondance de toutes choses n'ait pas raison d'elle; qu'elle triomphe, dans cette lutte, de mes propres forces. Et, pour que la longueur du voyage ne t'effraye pas, prends mon char, prends mes dragons, dont, avec les rênes, tu dirigeras la course dans le ciel [492]. » Elle les lui donna. L'oréade, emportée à travers les airs par le char qui lui a été confié, vient descendre en Scythie; là, sur le sommmet d'une montagne glacée, — on l'appelle le Caucase, — elle délivra du joug le cou des dragons. La Faim qu'elle cherche, elle la voit dans un champ plein de pierres, arrachant avec ses ongles et ses dents les rares herbes. Elle avait la chevelure hirsute, les yeux caves, le visage blême, les lèvres blanchâtres et flétries, la voix rauque et éraillée, une peau dure, à travers laquelle on pouvait voir ses entrailles. Ses os décharnés faisaient saillie sous ses reins arqués; comme ventre, elle n'avait que la place d'un ventre; on pourrait croire que sa poitrine flasque ne tient qu'à l'ossature de l'épine dorsale. La maigreur avait exagéré ses articulations; la rondeur des genoux n'était qu'enflure et les talons ressortaient en une protubérance démesurée. Dès que l'oréade l'eut vue de loin, — car elle n'osa pas s'approcher d'elle, — elle lui fait part du message de la déesse. Bien qu'elle n'eût fait qu'un court arrêt, bien que la distance entre elles fût grande et qu'elle vînt à peine d'arriver, il lui sembla sentir les affres de la faim. Elle tourna donc bride, s'éleva dans les airs et reconduisit les dragons en Hémonie.

« La Faim, bien qu'en tout temps elle contrarie l'œuvre de Cérès, se conforme exactement à ses instructions. A travers les airs, elle fut transportée par le vent jusqu'à la demeure qu'on lui avait désignée. Elle entre aussitôt dans la chambre du sacrilège. Il dormait profondément; — c'était la nuit; — elle le serre entre ses bras, elle s'insuffle elle-même à l'homme, pénètre de son haleine son gosier, sa poitrine, sa bouche, et remplit le vide de ses veines d'une irrésistible fringale. Puis, s'étant acquittée de sa mission, elle abandonne un monde où règne la fécondité et revient à sa demeure dénuée de tout, à son antre familier.

« Un doux sommeil caressait encore Erysichthon de ses ailes paisibles; tout en dormant, son appétit, en rêve, s'éveille. Il remue à vide ses mâchoires, les fatigue dent contre dent, fait avec le gosier l'effort illusoire d'avaler des mets inexistants et, en guise d'aliments, il n'avale, vaine nourriture, que de l'air sans consistance. Mais, dès qu'il eut chassé le sommeil, un appétit furieux le dévore, et sa tyrannie s'exerce sur son gosier avide et ses entrailles dont rien ne comble le vide. Sans retard, tous les produits de la mer, de la terre, de l'air, il les réclame; mais, en présence de la table placée devant lui, il se plaint de mourir de faim, et tout en se gavant de mets, il en réclame d'autres; ce qui pourrait suffire aux besoins de villes, aux besoins d'une population, est insuffisant pour lui seul; il désire d'autant plus de nourriture que dans son ventre, il en engloutit davantage. Et, comme la mer absorbe dans son sein des fleuves venus de la terre entière, sans que leurs eaux étanchent sa soif, comme elle boit jusqu'à la dernière goutte les flots que lui envoient les pays lointains, ou de même que le feu dévorant ne refuse jamais un aliment, brûle des troncs innombrables et réclame d'autant plus de matériaux qu'on lui en fournit davantage, la quantité même qu'il en reçoit redoublant son avidité : ainsi la gloutonnerie de l'impie Erysichthon avale avidement tous les mets et, dans le même temps, en redemande. Toute nourriture lui est un motif pour manger encore, et manger ne fait que lui creuser davantage l'estomac.

« Sa faim, le gouffre sans fond de son ventre avaient déjà consumé une partie des biens qu'il tenait de son père. Mais, sans diminuer, la cruelle faim le consumait toujours, et le feu de son insatiable voracité gardait toute sa violence. Enfin, ayant englouti tout ce qu'il possédait, il lui restait sa fille, qui eût mérité un autre père. Ne possédant plus rien, il la vendit aussi. Mais sa fierté se refuse à servir un maître. Et, tendant les mains au-dessus des flots voisins de la mer : « Arrache-moi à l'esclavage, toi qui as eu le privilège de me ravir ma virginité. » C'est Neptune qui l'avait eu. Le dieu ne repoussa pas sa prière, et, bien que son maître qui la suivait l'eût encore vue un instant auparavant, il la transforme et lui donne l'apparence d'un homme et le costume approprié à l'état de ceux qui pêchent le poisson. Son maître alors, la regardant : « O toi qui caches le bronze de l'hameçon suspendu à ton fil sous un peu d'appât, toi qui te sers habilement du roseau, dit-il, puisse la mer être pour toi toujours aussi calme, le poisson, sous l'onde, toujours aussi crédule et ne sentir l'hameçon qu'une fois pris! La femme qui, il y a un instant, en habits grossiers, les cheveux en désordre se tenait là sur le rivage, — car je l'ai vue se tenir sur le rivage, — dis-moi donc où elle est : les traces de ses pas, en effet, ne vont pas plus loin. » La jeune fille comprit que l'heureux subterfuge du dieu avait réussi, et, toute réjouie que ce fût auprès d'elle-même qu'on s'enquît d'elle, répondit en ces termes à celui qui l'interrogeait : « Qui que tu sois, excuse-moi : je n'ai pas détourné les yeux de cette eau profonde pour regarder ailleurs, et, tout occupé par mon travail, j'ai concentré sur lui mon attention. Et, pour lever tes doutes, je consens que l'aide du dieu des eaux, pour l'exercice de mon métier, ne me soit accordée que dans la mesure où il est vrai que personne, depuis longtemps, ne s'est arrêté sur ce rivage, excepté moi, et en particulier aucune femme. » Son maître la crut, rebroussa chemin sur le sable et s'éloigna déçu. Le dieu rendit à la jeune fille sa forme première. Mais, quand son père s'aperçut que sa fille, la descendante de Triopas, avait le pouvoir de changer de forme, il la livre à plusieurs reprises à des maîtres nouveaux. Mais elle, tantôt jument, tantôt oiseau, tantôt bœuf, tantôt cerf, leur échappait toujours et pourvoyait son père affamé d'aliments mal acquis. Cependant, comme la violence de son mal avait fini par épuiser tout ce qu'il pouvait consommer, elle avait offert à sa terrible maladie une pâture de nouvelle sorte : Erysichthon se mit alors à arracher ses propres membres qu'il déchirait de ses dents, et c'est aux dépens de son corps que le malheureux se nourrissait [493].

« Mais pourquoi m'attarder à des exemples empruntés à d'autres ? Moi aussi j'ai le pouvoir, ô jeunes gens, de prendre des formes différentes, en nombre limité, il est vrai : car tantôt j'ai l'aspect que vous me voyez aujourd'hui, tantôt je suis un serpent tortueux, tantôt, sous l'apparence d'un conducteur de troupeau, je tire toute ma force de mes cornes; de mes cornes, tant que je l'ai pu, car cette arme manque aujourd'hui, d'un côté de mon front comme tu le vois toi-même! » Un gémissement suivit ces paroles.

LIVRE NEUVIÈME

Achélous et Hercule. — Nessus. — Mort d'Hercule. — Alcmène et Galanthis. — Dryopé. — Iolaus. — Byblis. — Iphis.

ACHÉLOUS ET HERCULE

Pourquoi ce gémissement, et cette mutilation du front du dieu [494] ? Le héros de la race de Neptune [495] le lui demande. Alors le fleuve de Calydon [496] commença en ces termes, les cheveux ceints, pour tout ornement, d'une couronne de roseau : « Ta question m'impose une pénible obligation. Quel vaincu, en effet, évoquerait volontiers le souvenir de ses combats ? Je rappellerai cependant les miens exactement. Il y eut, au reste, moins de honte à subir la défaite que d'honneur à soutenir la lutte, et je tire une grande consolation du fait que si grand fut mon vainqueur. Connais-tu Déjanire [497] ? Peut-être son nom est-il parvenu à tes oreilles; c'était jadis une vierge d'une très grande beauté, jalousement convoitée par de nombreux prétendants. En leur compagnie, une fois franchi le seuil de celui que nous souhaitions pour beau-père : « Prends-moi pour gendre, dis-je, ô fils de Parthaon. » L'Alcide [498] en dit autant. Les autres se retirèrent devant ces deux rivaux. Lui, alléguait qu'il offrait à Déjanire l'honneur d'avoir Jupiter comme beau-père [499], la renommée de ses travaux, les victoires remportées en exécutant les ordres de sa marâtre [500]. Et moi, par contre : « Il serait honteux pour un dieu de céder à un mortel », dis-je » — il n'était pas encore dieu. — « Tu vois en moi le roi des eaux dont le cours sinueux arrose ton royaume. Et je ne serai pas un gendre étranger, envoyé de rives lointaines, mais un gendre de ton pays, qui fait comme partie de ce qui t'appartient. Puisse seulement ne pas me nuire que la reine des dieux, Junon, ne me hait pas, et que je ne me suis vu ordonner, comme châtiment, aucun travail. Car Jupiter, dont tu te vantes, fils d'Alcmène, d'être issu, ou bien passe faussement pour ton père, ou, s'il est ton père véritable, c'est par un crime. Tu accuses ta mère d'adultère en le revendiquant pour père. Choisis : préfères-tu avouer que cette paternité de Jupiter est une invention ou devoir ta naissance au déshonneur ? » Je m'exprimai en ces termes. Depuis longtemps il me regarde d'un œil menaçant et, incapable de commander à la colère qui l'échauffe, il répond par ces paroles : « Pour moi, mon bras vaut mieux que ma langue. Il me suffit que le combat me donne la victoire; tu peux garder la supériorité de la parole. » Et il marche sur moi, plein d'arrogance. J'eus honte, après mon discours hautain, de reculer; je dépouillai mon corps de ma robe verte [501], les bras opposés aux siens, les poings un peu écartés de la poitrine, je me mis en garde et me préparai au combat. Lui, il me couvre de poussière ramassée dans le creux de ses mains et, de son côté, jaunit sous une couche de sable fauve [502]. Il essaie de me saisir tantôt par le cou tantôt, malgré leur mobilité, par les jambes, ou du moins il semble l'essayer, et me harcèle de tous côtés. Moi, mon poids me défend; ses attaques n'avaient pas de prise sur moi; de même, un roc qui subit l'assaut mené à grand bruit par les flots : il n'est pas ébranlé, et sa masse pesante suffit à le protéger. Nous nous écartons un peu l'un de l'autre, puis revenons à la lutte corps à corps. Nous étions accrochés au sol, bien décidés à ne pas reculer, pied contre pied, et moi, penché en avant, de toute ma poitrine, je pesais sur les doigts de mon adversaire de mes doigts, sur son front de mon front. Tout de même, j'ai vu de courageux taureaux se jeter l'un sur l'autre quand est mise en jeu, comme prix du combat, l'épouse au poil le plus luisant du pâturage. Le reste du troupeau les regarde, craintif et ne sachant à qui va échoir, avec la victoire, un empire aussi envié. Trois fois, sans succès, l'Alcide voulut repousser loin de soi ma poitrine dont l'effort portait contre la sienne; à la quatrième tentative, il se dégagea de l'étreinte et dénoua mes bras jetés autour de lui; puis, d'une bourrade, — je suis bien décidé à confesser la vérité, — il me fit prestement tourner sur moi-même, et, de tout son poids, se cramponna à mon dos. Si vous voulez m'en croire, — car je ne cherche pas à me faire valoir par l'imposture, — il me semblait être écrasé sous le poids d'une montagne. Cependant, à grand-peine, j'intercalai entre nous mes bras où la sueur ruisselait; à grand-peine, je desserrai la rude étreinte et dégageai ma poitrine. Me voyant à bout de souffle, il devient pressant, m'empêche de reprendre mes forces et me saisit par le cou. Enfin, je tombai, les genoux touchant la terre, et mordis de ma bouche la poussière.

« Je n'étais pas de force pour la lutte; je recours donc à mes moyens familiers et glisse des mains de l'homme, m'étant transformé en un long serpent. Le héros de Tirynthe, quand il me vit dérouler mon corps sinueux en replis onduleux et agiter ma langue fourchue avec un sifflement féroce, se mit à rire, et, tournant en dérision ma ruse : « C'est au berceau que j'ai appris à dompter les serpents [503], dit-il; et, à supposer que tu l'emportes sur les autres dragons, Achélous, pour combien comptes-tu, toi, serpent au corps unique, à côté de l'hydre de Lerne ? Elle renaissait de ses propres blessures et pas une de ses cent têtes n'était coupée impunément, sans que le cou, sur lequel deux autres lui succédaient, en reçût une force nouvelle. Et moi, cette hydre, où, comme des rameaux sur un tronc, le meurtre faisait pousser des serpents, qui gagnait des forces à ses malheurs, je la vainquis, et, une fois vaincue, je l'achevai par le feu [504]. Que comptes-tu donc qu'il pourrait t'arriver, toi qui, après t'être changé en un faux serpent, prétends user d'armes qui te sont étrangères ? toi que cache une forme mal assurée ? » Il dit et me jette comme un collier ses doigts au haut du cou; la respiration coupée, serré à la gorge comme par des tenailles, je me débattais pour délivrer mon gosier pressé par ses pouces. Ainsi vaincu de nouveau sous cette forme, il me restait la ressource d'une troisième, celle d'un farouche taureau. Me changeant en taureau, je reprends le combat. Se plaçant à ma gauche, il me jette alors ses bras autour de l'encolure, et, comme je fonce devant moi, il me suit en me tirant en arrière, d'une pesée sur mes cornes les abaisse jusqu'au sol ferme où il les pique, et me renverse sur le sable profond. Et ce n'était pas encore assez : si dure que fût ma corne, sa main barbare, profitant de ce qu'elle la tient, la brise et l'arrache de mon front désormais mutilé. Les naïades la remplirent de fruits et de fleurs et la consacrèrent à l'Abondance dont la richesse sortit ainsi de ma corne [505]. »

Il avait parlé. L'une des nymphes ses servantes, la tunique haut troussée, à la manière de Diane, les cheveux répandus sur les deux épaules, s'approcha alors et, dans la corne à l'inépuisable richesse, apporta tous les biens de l'automne et les heureux fruits qui formaient le second service. La lumière du jour se glisse à sa suite et, comme les premiers rayons du soleil frappaient les cimes, les jeunes convives se retirent. Ils n'attendent pas, en effet, que le fleuve ait retrouvé son calme et son cours paisible, que toutes les eaux soient rentrées dans leur lit. Achélous, au milieu des ondes, cacha son visage agreste et son front où manque une corne.

NESSUS. MORT D'HERCULE

Achélous, cependant, si la perte de l'ornement qui lui fut enlevé consomma sa défaite, est indemne de tout autre dommage. Et celui que subit son front est dissimulé sous une couronne de feuillage de saule ou de roseau. Toi, en revanche, fier Nessus [506], le feu dont tu brûlais pour la même vierge avait causé ta perte, atteint dans le dos et transpercé par une flèche ailée. Regagnant avec sa nouvelle épouse les murs de sa patrie, le fils de Jupiter avait, en effet, rencontré les eaux rapides de l'Euénus. Plus abondant que de coutume, accru par les orages de l'hiver, le fleuve avec ses innombrables tourbillons était infranchissable. Intrépide pour son propre compte, le héros était en souci pour son épouse. Nessus l'aborde, Nessus aux membres vigoureux et qui connaissait bien les gués : « Je me charge, petit-fils d'Alcæus, de déposer là-bas, sur la rive, celle que voici, dit-il. Toi, tu en as la force, traverse à la nage. » La vierge de Calydon, pâle de peur, redoutait et le fleuve et Nessus lui-même; le héros d'Aonie [507] la lui confia cependant, toute tremblante. Bientôt, tel qu'il était, chargé du carquois et de la dépouille du lion — car il avait lancé sur l'autre rive sa massue et son arc courbe — : « Puisque j'ai commencé, triomphons du fleuve », dit-il. Il n'hésite pas, il ne cherche pas l'endroit où le fleuve coule le plus doucement, il dédaigne de se laisser porter docilement par le courant. Il avait abordé; comme il ramassait l'arc qu'il avait lancé, il reconnut la voix de son épouse : Nessus se disposait à abuser du dépôt confié à ses soins. « Où t'entraîne, lui crie-t-il, une sotte confiance dans la rapidité de ta course, ravisseur ? C'est à toi, Nessus, être à double forme, que je parle. Entends-moi et ne me dérobe pas mon bien. Si tu n'éprouves aucun respect pour moi, du moins la roue où ton père est supplicié [508] aurait pu te détourner d'une union interdite. Mais tu ne m'échapperas pas, quelque confiance que t'inspirent tes qualités de cheval : c'est par une blessure, et non pas à la course que je t'atteindrai. » Cette dernière menace, il la réalise aussitôt, et, d'une flèche qu'il lance, il traverse le dos du fugitif. Le fer recourbé ressortait par la poitrine. Dès qu'il fut arraché, le sang jaillit par les deux orifices, mêlé au poison du sang corrompu de l'hydre [509]; Nessus le recueille : « Non, je ne mourrai pas sans me venger », se dit-il; et, teignant sa tunique de son sang encore chaud, il en fait don à la victime de son rapt comme d'un stimulant pour l'amour.

Puis un long temps, à partir de ce jour, s'écoula. Les exploits du grand Hercule avaient rempli la terre et les conditions imposées par la haine de sa marâtre. Vainqueur, au retour d'Œchalia [510], il préparait le sacrifice promis à Jupiter Cénæus [511], lorsqu'un bruit le précéda, apporté jusqu'à tes oreilles, ô Déjanire, par la renommée prompte à parler, qui se plaît à mêler au vrai le faux et, prenant prétexte du moindre fait, grossit tout par ses mensonges : le fils d'Amphitryon s'était épris passionnément d'Iolé [512]. L'amante le croit et, profondément troublée par l'annonce de ce nouvel amour, elle se laissa d'abord aller aux larmes, et, bien digne de pitié, épancha sa douleur dans les pleurs qu'elle versait. Mais bientôt après : « Pourquoi pleurer ? dit-elle. Ma rivale sera tout heureuse de ces larmes. Puisque son arrivée est proche, il faut me hâter et imaginer quelque chose, pendant que je le peux encore et que l'autre n'a pas pris possession de ma couche. Faut-il me plaindre ou me taire ? Regagner Calydon ou rester ? Sortir de cette maison ? Ou, faute de mieux, résister ? Et si, me rappelant, Méléagre, que je suis ta sœur [513], j'ourdissais quelque éclatante vengeance et montrais ce que peut une femme sous l'empire de l'injustice et du dépit, en égorgeant ma rivale ? » Son esprit se heurte à mille projets. Entre tous, elle s'arrêta de préférence à l'envoi de la tunique imprégnée du sang de Nessus, capable de ranimer un amour défaillant. Aux mains de Lichas [514], ignorant ce qu'il reçoit, sans se douter de ce qu'elle remet, c'est l'instrument de ses malheurs que ses mains remettent. En termes persuasifs, la malheureuse le charge de porter ce présent à son époux. Le héros, sans soupçon du danger, le reçoit et met sur ses épaules le poison de l'hydre de Lerne.

Il commençait le sacrifice, offrant l'encens aux flammes et ses prières aux dieux, et avec la patère [515] versait le vin sur les autels de marbre. La virulence du poison se réveilla à la chaleur et, dissout par la flamme, il se répandit jusqu'aux extrémités des membres d'Hercule. Tant qu'il le put, avec son courage habituel, il contint ses gémissements. Mais, quand son endurance eut été vaincue par le mal, il repoussa les autels et remplit de ses cris l'Œta [516] couvert de forêts. Sans retard, il s'efforce de déchirer la fatale tunique; là où elle s'arrache, elle arrache la peau, et, fait horrible à rapporter, ou elle reste collée aux membres, résistant aux tentatives faites pour l'enlever, ou elle met à nu les chairs déchirées et les os gigantesques. Le sang lui-même, comme parfois une lame de métal chauffée à blanc que l'on plonge dans une cuve d'eau froide, avec un bruit strident, se durcit au feu du poison. Rien n'arrête les progrès du mal : les flammes avides dévorent les entrailles et une sueur noirâtre coule de tout le corps; les tendons consumés claquent, la moelle est liquéfiée par une décomposition secrète. Alors, levant les mains vers les astres : « Repais-toi, s'écrie-t-il, fille de Saturne, de mon infortune, repais-t'en et contemple le mal qui m'abat, cruelle déesse, du haut du ciel. Assouvis la férocité de ton cœur. Ou, si je puis être un objet de pitié, même pour un ennemi, c'est-à-dire pour toi, cette vie qu'affligent d'effroyables tortures, qui m'est odieuse, qui ne m'a été donnée que pour l'effort, enlève-la-moi. La mort sera pour moi un bienfait. C'est le présent qu'il convient à une marâtre de faire. Est-ce donc moi qui ai eu raison de Busiris, souillant les temples du sang des étrangers [517] ? moi qui ai ravi au féroce Antée les forces qu'il puisait au contact de sa mère [518] ? moi que ni le triple corps du pasteur d'Hibérie, ni ton corps triple, Cerbère, n'ont effrayé [519] ? Est-ce vous, ô mes mains, dont la pesée s'exerça sur les cornes du vigoureux taureau [520] ? vous que l'Elide, les ondes du Stymphale, le bois du Parthénius ont vues à l'œuvre [521] ? vous dont la vaillance a conquis le baudrier ciselé dans l'or du Thermodon [522] et les fruits à la garde desquels était associé un dragon toujours éveillé [523] ? Est-ce moi contre qui n'a rien pu la résistance ni des Centaures, ni du sanglier qui dévastait l'Arcadie [524] ? contre qui il ne servit de rien à l'hydre de croître avec ses pertes et de puiser en elles un redoublement de forces ? A quoi bon, quand j'ai vu les chevaux du Thrace engraissés de sang humain et leurs mangeoires remplies de corps en lambeaux, avoir, à ce spectacle, renversé les unes, mis à mort les autres avec leur maître [525] ? Broyée entre ces bras, la monstrueuse bête de Némée fut vaincue [526]. De cette nuque, j'ai supporté le ciel [527]. L'insensible épouse de Jupiter s'est fatiguée à me donner des ordres; et moi je n'ai pas connu la fatigue à les exécuter. Mais je me trouve aux prises avec un nouveau fléau auquel ni valeur, ni traits, ni cuirasse ne permettent de résister. Jusqu'au fond de mes poumons circule un feu dévorant, qui trouve sa pâture à travers tous mes membres. En revanche, Eurysthée est bien portant [528] ! Et il est des hommes qui peuvent croire à l'existence des dieux! » Il dit, et, couvert de blessures, il avance sur les pentes du haut Œta, du pas d'un taureau qui porte fixé dans le corps un épieu, celui qui l'a blessé ayant pris la fuite. On aurait pu le voir sans cesse poussant des gémissements, ou tremblant de tous ses membres, renouvelant ses tentatives pour déchirer entièrement la tunique, renversant les troncs d'arbres, s'en prenant, dans sa fureur aux montagnes, ou tendant les bras au ciel où règne son père.

Tout à coup, il aperçoit Lichas, qui, tout tremblant, se cache de son mieux dans le creux d'un rocher; et, comme la douleur avait porté sa rage au paroxysme : « Est-ce bien toi, Lichas, lui dit-il, qui m'as remis ce présent funeste ? toi qui seras l'auteur de ma mort ? » Lichas tremble et pâlit, pris de peur, et, d'un ton craintif, répond quelques mots d'excuses. Il parlait encore, et se disposait à porter ses mains suppliantes aux genoux de l'Alcide, quand celui-ci le saisit, et, après l'avoir fait trois ou quatre fois tourner en l'air, l'envoie dans les eaux qui baignent l'Eubée avec plus de force qu'une baliste [529]. Le malheureux, sans contact avec le sol, se congela dans son trajet aérien, et, de même que, dit-on, les pluies, solidifiées au souffle des vents glacés, deviennent de la neige et qu'à leur tour les légers corpuscules de la neige en tourbillonnant se condensent et s'arrondissent en grêlons compacts, de même Lichas, lancé dans le vide par les bras robustes, le sang glacé par la peur et n'ayant plus une goutte de liquide dans le corps, fut changé en un rocher rigide, suivant une antique tradition. Aujourd'hui encore, dans la mer d'Eubée, un petit écueil, jailli du fond de l'abîme, conserve des vestiges de forme humaine. Les matelots, comme s'il devait le sentir, redoutent d'y poser le pied et l'appellent Lichas. Quant à toi, illustre rejeton de Jupiter, une fois coupés des arbres qu'avait portés la cime de l'Œta et construit un bûcher, tu ordonnes au fils de Pœas d'emporter ton arc, ton vaste carquois et tes flèches, qui devaient une fois encore voir le royaume de Troie [530]; c'est lui qui met le feu au bûcher. Et, tandis que l'amas de bois est enveloppé par les flammes, sur le sommet du bûcher, tu étends la peau du lion de Némée, et, la nuque appuyée sur ta massue, tu te couches, avec le même visage que si tu étais dans un banquet étendu devant des coupes pleines de vin, le front ceint d'une couronne fleurie.

Et déjà, gagnant en violence, la flamme, se répandant sur les côtés, crépitait et atteignait les membres du héros plein de calme et de mépris pour elle. Les dieux furent pris de peur pour le protecteur de la terre. Le fils de Saturne s'en aperçut et leur adresse alors, d'un air joyeux, ces paroles : « Cette crainte que vous éprouvez me cause un vrai plaisir, ô dieux, et de tout cœur je me félicite avec satisfaction d'être appelé le guide et le père d'un peuple au souvenir fidèle et de voir que ma descendance est aussi sous la protection de votre faveur. Car, bien qu'il le doive à ses propres exploits, surhumains, je vous en ai, moi aussi, de l'obligation. Mais que vos cœurs fidèles n'éprouvent aucune inquiétude : elle est vaine. Ces flammes, qui vous effrayent, ne les maudissez pas : celui qui a triomphé de tout, triomphera de ces feux que vous voyez et il ne sentira la puissance de Vulcain que pour la part d'humanité qu'il tient de sa mère. Ce qu'il a reçu de moi est éternel, soustrait aux atteintes et aux exigences de la mort et nulle flamme n'en peut avoir raison. Cette part de son être, une fois sa vie terrestre achevée, je l'accueillerai au céleste séjour, et j'ai la certitude qu'en agissant ainsi j'aurai l'assentiment joyeux de tous les dieux. Si pourtant l'un de vous, si l'un de vous par hasard devait éprouver quelque dépit de voir Hercule devenir dieu, il pourra désapprouver la récompense accordée, mais il conviendra que mon fils méritait de la recevoir et me donnera ainsi raison malgré lui. » Les dieux en tombèrent d'accord. La royale épouse de Jupiter elle-même parut accepter tout ce discours sans laisser voir de déplaisir sur son visage, hormis à la fin où elle en manifesta, mécontente de se sentir visée.

Cependant, tout ce que la flamme pouvait détruire, Mulciber [531] l'avait anéanti : il ne resta rien où l'on pût reconnaître l'apparence d'Hercule, rien de ce qu'il y avait en lui de modelé à l'image de sa mère; il ne conserve que les marques de ce qu'il doit à Jupiter. Comme, après la mue, un serpent qui a dépouillé, avec sa peau, la vieillesse, reprend une nouvelle vigueur et brille du vert éclat de ses écailles neuves, ainsi le héros de Tirynthe, dès qu'il a dépouillé son corps mortel, puise sa vitalité dans la meilleure partie de lui-même; il parut devenir plus grand encore et, gagnant en majesté et en noblesse, digne désormais de vénération. Le père tout-puissant, l'enveloppant dans un nuage, l'enleva sur un char à quatre coursiers et le transporta au milieu des astres rayonnants [532].

ALCMÈNE ET GALANTHIS

Atlas en sentit accru le poids du ciel. La colère du fils de Sthénéleus, Eurysthée, n'était cependant pas encore apaisée, et il poursuivait le fils [533] de la même implacable haine que jadis le père. De son côté, longtemps déchirée par les soucis, l'Argienne Alcmène, comme confidente des plaintes de sa vieillesse, du récit des travaux de son fils, dont le bruit remplissait le monde, ou même de ses propres malheurs, avait Iolé. Sur l'ordre d'Hercule [534], Hyllus l'avait admise dans sa couche et aimée, et avait déposé dans son sein la semence d'une généreuse lignée. Alcmène prit alors la parole en ces termes : « Puissent du moins les divinités t'être favorables, à toi, et t'épargner les retards lorsque, au jour de la délivrance, tu invoqueras la déesse qui assiste les femmes à l'heure redoutée de leurs couches, Ilithyie, dont le désir de plaire à Junon m'aliéna la bienveillance. Car, comme approchait le jour où allait naître Hercule destiné à tant d'épreuves, et comme l'astre du jour foulait le dixième signe dans le ciel, le lourd poids de l'enfant distendait mes flancs et mon faix était tel que l'on pouvait facilement attribuer à Jupiter la paternité de ce fardeau caché. Je ne pouvais supporter plus longtemps mes épreuves. Que dis-je ? Aujourd'hui même encore, tandis que je parle, l'horreur glace mes membres et, me rappeler mes douleurs, c'est encore un peu les ressentir. Au cours de sept nuits, pendant autant de jours, subissant cette torture, accablée par la souffrance, tendant mes bras au ciel, j'appelais à grands cris Lucine et les dieux Nixes, ses acolytes [535]. Lucine vint, mais subornée d'avance et décidée à offrir ma vie à l'injuste Junon. Quand elle entendit mes gémissements, elle s'assit sur l'autel que tu sais, devant la porte, et, posant à partir du jarret la jambe droite sur le genou gauche, les doigts écartés — telles les dents d'un peigne — et entrecroisés, elle retarda ma délivrance [536]. A voix basse, elle prononça aussi des incantations, et ces incantations suspendirent l'accouchement commencé. Je fais effort et, comme une insensée, j'accable de vaines invectives l'ingrat Jupiter, je souhaite mourir, je me plains en termes capables d'émouvoir les pierres insensibles. Les matrones du pays de Cadmus sont à mes côtés, font des vœux, m'encouragent dans ma souffrance. L'une de mes servantes était là, une fille du peuple, Galanthis à la chevelure blonde, zélée dans l'exécution de mes ordres, et que j'aimais pour tous les services rendus. Elle comprit que la malveillance de Junon intervenait, je ne sais comment. Comme elle franchissait souvent les portes de la maison pour sortir ou entrer, elle vit la déesse assise sur l'autel, tenant sur ses genoux ses bras noués l'un à l'autre par les doigts : « Qui que tu sois, dit-elle alors, félicite notre maîtresse. L'Argienne Alcmène est délivrée ; elle vient d'accoucher et ses vœux sont comblés. » La déesse qui a tout pouvoir sur les couches sursauta et, dans son effroi, dénoua ses mains jointes ; mes liens relâchés, je suis de mon côté délivrée. La déconvenue de la déesse fit, dit-on, rire Galanthis. La voyant rire, la cruelle déesse la saisit à même les cheveux et la traîna ; et, comme sa victime, gisant à terre, voulait se relever, elle l'en empêcha et changea ses bras en une première paire de pieds. Son zèle ancien subsiste ; son dos n'a pas perdu sa couleur ; seule sa forme est différente de ce qu'elle était. Et, comme c'est par un mensonge sorti de sa bouche qu'elle avait aidé sa maîtresse à enfanter, c'est par la bouche qu'elle enfante. Elle fréquente encore nos demeures, comme auparavant [537]. »

DRYOPÉ. IOLAUS

Elle dit, et émue au rappel du sort de son ancienne servante, Alcmène poussa un gémissement. Sa bru, voyant son affliction, lui répondit en ces termes : « Et cependant, ce qui t'émeut, ô mère, c'est qu'une femme étrangère à notre sang se soit vu ravir sa forme. Que dirais-tu, si je te contais le surprenant destin de ma sœur, malgré les larmes et la douleur qui me troublent et m'empêchent de parler ? Fille unique de sa mère — moi, mon père m'engendra d'une autre —, Dryopé était la plus célèbre pour sa beauté des femmes d'Œchalia. Elle n'était plus vierge, ayant subi la violence du dieu qui règne à Delphes et à Délos, lorsque Andræmon la reçut en mariage ; son épouse passait pour le rendre heureux. Il est un lac dont les berges en pente ont l'inclinaison du rivage de la mer; des myrtes, dans le haut, ceignent ses bords. C'est là qu'était venue Dryopé, dans l'ignorance du sort qui l'attendait, et, ce qui ajoutera encore à ton indignation, pour apporter aux nymphes des couronnes. Elle portait dans ses bras, doux fardeau, son enfant, qui n'avait pas encore un an, et qu'elle nourrissait de son lait tiède et fortifiant. Non loin de l'étang, poussait, couleur de pourpre tyrienne, couvert de fleurs, espoir des fruits, un lotus ami de l'eau [538]. Dryopé y avait cueilli, pour les donner à son fils et lui servir d'amusement, quelques fleurs; et j'allais en faire autant, — car j'étais là, — quand je vis des gouttes de sang tomber de la fleur, tandis qu'un tremblement et un frisson agitaient les tiges. La vérité était, comme les paysans trop tard nous l'apprennent enfin, que la nymphe Lotis, fuyant l'insistance obscène de Priape, s'était métamorphosée en cet arbre, tout en conservant son nom.

« Ma sœur ne l'avait jamais su. Et, comme, effrayée, elle voulait revenir sur ses pas et s'éloigner après avoir adoré les nymphes, ses pieds restèrent fixés au sol par une racine. Elle fait tous ses efforts pour s'en détacher, mais ne peut mouvoir que le haut du corps. Par le bas pousse l'écorce qui, peu à peu, la recouvre entièrement d'une flexible enveloppe jusqu'aux aines. Quand elle s'en aperçut, elle s'efforça, de sa main, de s'arracher les cheveux, mais n'emplit cette main que de feuilles : sa tête était entièrement couverte de feuilles. Son enfant, Amphissos, car ce nom était celui que son aïeul Eurytus lui avait donné, sentit le sein maternel se durcir; le lait n'arrive plus à l'appel de ses lèvres. J'étais là, sous mes yeux s'accomplissait ce destin cruel, et je ne pouvais te porter aucun secours, ô ma sœur; de toutes mes forces, entourant de mes bras le tronc et les rameaux, je tentais de retarder leur croissance et, je l'avoue, j'aurais voulu disparaître sous la même écorce, Mais voici que son époux Andræmon et son malheureux père surviennent; ils cherchent Dryopé. Dryopé ? En réponse à leurs questions, je leur montrai le lotus. Ils couvrent de leurs baisers le bois encore tiède et, prosternés, ils étreignent les racines de l'arbre qui leur est cher. Tu n'avais plus que le visage qui ne fût arbre, sœur chérie; les larmes coulent sur les feuilles faites de son malheureux corps; et, tandis qu'elle le peut encore, que sa bouche donne passage à sa voix, elle s'épanche ainsi en plaintes dans les airs : « Si les malheureux méritent créance, je jure par les dieux que je n'ai pas mérité ce sort affreux. Je suis châtiée sans avoir commis aucun crime. Ma vie fut innocente. Si je mens, je consens à me dessécher, à perdre mon feuillage, à tomber sous la hache et finir par le feu. Cependant, enlevez cet enfant aux branches maternelles, confiez-le à une nourrice. Et faites que souvent, sous mon arbre, il boive son lait, que sous mon arbre il joue. Et, lorsqu'il pourra parler, faites qu'il me salue comme sa mère, que tristement il dise : « Ma mère est cachée dans ce tronc. » Qu'il craigne les étangs, qu'il ne cueille pas de fleurs aux arbres, qu'il se dise que le moindre arbrisseau peut être le corps d'une déesse. Adieu, cher époux, et vous, ma sœur et mon père! Si vous avez quelque tendresse pour moi, défendez mon feuillage des blessures de la serpe affilée, de la dent des troupeaux. Et, puisqu'il ne m'est pas permis de m'incliner vers vous, dressez-vous jusqu'à moi, venez recevoir mes baisers, tandis qu'on peut encore me toucher, et élevez jusqu'ici mon petit enfant. Je n'en puis dire davantage. Car déjà le tendre liber se glisse le long de mon cou blanc et le feuillage de ma cime me cache. Eloignez vos mains de mes yeux : sans avoir recours à vos pieux offices, que l'écorce, en les recouvrant, ferme mes yeux à l'heure de la mort. » Sa bouche avait cessé de parler en même temps que d'exister. Et, longtemps après que son corps eut été changé en arbre, les branches qui venaient d'y pousser en gardèrent la chaleur [539]. »

Tandis qu'Iolé raconte cette merveilleuse aventure et que, du pouce, Alcmène — en larmes cependant elle-même — sèche les pleurs de la fille d'Eurytus, un prodige nouveau vint apaiser leur tristesse. Car, sur le haut seuil, se dressa, presque sous les traits d'un enfant, les joues couvertes d'un duvet inégal, Iolaus, dont le visage paraît modelé de nouveau sur celui de ses premières années. Il tenait cette faveur de la fille de Junon, Hébé, vaincue par les prières de son époux [540]. Et, comme elle s'apprêtait à jurer qu'après lui elle ne ferait plus un pareil présent à personne, Thémis ne le souffrit pas [541] : « Non, dit-elle; car déjà Thèbes s'apprête à susciter la guerre et ses discordes, et Capaneus ne pourra être vaincu que par Jupiter; deux frères trouveront l'égalité dans leurs blessures [542], et, dans les entrailles de la terre, un devin, vivant encore, verra les Mânes qui l'habitent [543]; un fils, pour avoir vengé son père sur sa mère, sera, pour la même action, pieux et criminel, et, terrifié par son crime, ayant perdu sa raison et sa patrie, il errera poursuivi par les spectres des Euménides et l'ombre de sa mère, jusqu'à ce qu'une épouse lui demande l'or fatal et que l'épée de Phégeus se soit plongée dans le flanc de son parent [544]. Alors enfin, la fille de l'Achélous, Callirhoé, demandera à Jupiter, à genoux, qu'il gratifie ses fils, encore au berceau, de ce surcroît d'années et qu'il ne laisse pas trop longtemps sans vengeance le meurtre de son adorateur. Jupiter, ému, leur accordera par anticipation les dons que dispense sa belle-fille et bru [545] et fera d'eux des hommes avant l'âge de la puberté. »

BYBLIS

Quand Thémis, qui sait d'avance l'avenir, eut, d'une bouche prophétique, proféré ces prédictions, une rumeur de propos divers s'éleva parmi les habitants du ciel. Ils murmuraient, demandant : « Pourquoi ne serait-il pas permis à d'autres de faire les mêmes dons ? » La fille du Titan Pallas [546] se plaint que son époux soit un vieillard; Cérès qui mûrit les moissons se plaint que les cheveux d'Iasion blanchissent [547], Mulciber demande pour Erichthonios la faveur de recommencer sa vie [548]; Vénus elle-même ressent le même souci de l'avenir et cherche à se faire octroyer le rajeunissement d'Anchise [549]. Chacun des dieux témoigne pour quelqu'un sa sollicitude. Ce concert de bienveillance accroît le désordre et la discorde, jusqu'au moment où Jupiter ouvrit enfin la bouche : « O dieux, si vous avez pour nous quelque respect, dit-il, où vous laissez-vous entraîner ? Est-il un de vous qui s'imagine être assez puissant pour l'emporter même sur le destin ? C'est grâce au destin qu'Iolaus revint à des années déjà révolues. C'est au destin que les fils de Callirhoé doivent leur subite jeunesse, et non à l'intrigue ou aux armes. Et vous aussi, et — que cette pensée vous aide à en supporter avec plus de résignation la nécessité, — moi de même, c'est le destin qui nous régit. Si j'avais le pouvoir de changer ses arrêts, mon fils Eaque ne plierait pas sous le poids d'un âge avancé; Rhadamante connaîtrait éternellement une florissante jeunesse, comme mon cher Minos, à qui l'amertume d'une vieillesse qui lui est à charge ne vaut que des mépris et qui ne règne plus avec la même autorité que jadis [550]. »

Les paroles de Jupiter touchèrent les dieux. Aucun d'eux n'a plus le cœur de se plaindre quand il voit accablés par les ans, Rhadamanthe, Eaque et Minos : Minos qui, tant que l'âge avait laissé sa force intacte, jetait la terreur au bruit même de son seul nom, chez les grandes nations, était alors affaibli, et le fils de Deioné, Miletus, tout plein de l'orgueil de sentir sa robuste jeunesse et d'avoir pour père Phœbus, lui inspirait de la crainte; et malgré sa conviction que le jeune homme s'insurgeait contre son autorité royale, il n'avait pas osé cependant l'éloigner des pénates paternels [551]. Tu prends volontairement la fuite, ô Miletus, et sur un vaisseau rapide tu sillonnes les eaux de la mer Egée; et sur la terre d'Asie tu élèves les murailles d'une ville qui porte le nom de son fondateur [552]. Là, rencontrée par toi, tandis qu'elle suivait les sinuosités de la rive paternelle, la fille du Méandre, qui revient si souvent au même point, Cyanée, mit au monde deux jumeaux, aux corps d'une merveilleuse beauté, Byblis et Caunus. L'exemple de Byblis enseigne aux jeunes filles à s'en tenir aux amours permises. Byblis, entraînée par un violent désir vers son frère, beau comme son aïeul Apollon, l'aima, mais non comme une sœur son frère ni dans la mesure où elle le devait. A la vérité, au début, elle ne comprend pas de quels feux elle brûle et ne pense pas commettre une faute parce qu'elle unit trop souvent ses lèvres aux siennes et entoure de ses bras le cou de son frère. Longtemps elle est abusée par les dehors mensongers d'une affection légitime. Peu à peu, cet amour dévie : pour venir voir son frère, elle se pare, et trop vif est son désir de paraître belle; si quelque femme plus belle se trouve là, elle en est jalouse. Mais elle ne connaît pas encore ses vrais sentiments, et, sous ce feu, ne forme encore aucun souhait; et pourtant, dans son cœur, c'est un bouillonnement de passion. Maintenant elle appelle Caunus son maître, maintenant elle déteste les noms qui marquent la consanguinité, maintenant elle préfère qu'il l'appelle Byblis plutôt que sœur. Pourtant, elle n'a pas encore osé, éveillée, laisser son esprit caresser d'impudiques espoirs. Mais, dans la détente d'un paisible sommeil, souvent elle voit ce qu'elle aime. Il lui a même semblé qu'elle s'unissait à son frère, et elle en a rougi, bien qu'étendue endormie sur sa couche. Le sommeil la quitte; longtemps, en silence, elle se retrace elle-même l'image qui a visité son sommeil et, l'esprit irrésolu, elle se tient ce discours :

« Ah! malheureuse! Que veut dire cette apparition dans le silence de la nuit ? Comme je souhaiterais qu'elle ne soit pas suivie d'effet! Pourquoi ai-je eu cette vision en songe ? Ah! certes la beauté de Caunus frappe les yeux, si prévenus soient-ils; il est séduisant, et je pourrais, s'il n'était mon frère, l'aimer; il était digne de moi. Mais l'obstacle est que je suis sa sœur. Pourvu qu'éveillée je ne tente de commettre rien de tel, je consens que souvent revienne ce songe avec les mêmes images. Un songe n'a pas de témoin, et l'illusion de la volupté y est complète. Ah! Vénus, et toi, qui t'ébats, ailé, auprès de ta tendre mère, Cupidon, quelles joies profondes j'ai goûtées! Combien proche de la réalité fut la jouissance que j'éprouvai! Quelle sensation, sur ma couche, d'un alanguissement qui me pénétrait jusqu'aux moelles! Quelles délices à ce souvenir! Bien que cette volupté ait été brève et que la nuit, précipitant son cours, l'ait jalousement interrompue. Oh! s'il m'était permis, changeant de nom, de m'unir à toi, quel bonheur, Caunus, si j'avais pu être la bru de ton père, quel bonheur si tu avais pu être le gendre de mon père! Tout, les dieux le devraient faire, serait commun entre nous, hormis les ancêtres. Je voudrais que tu fusses de plus illustre race que moi. J'ignore donc quelle femme tu rendras mère, ô toi le plus beau de tous, mais pour moi, à qui, par malheur, le sort a donné les mêmes parents qu'à toi, tu ne seras jamais qu'un frère. Ce qui nous sépare, c'est là tout ce que nous aurons de commun. Que présagent donc pour moi ces visions ? — mais de quel poids peuvent peser les songes ? et peut-on, pour les songes aussi, parler de poids ? Les dieux sont plus favorisés! Car les dieux, n'est-il pas vrai, ont possédé leurs sœurs. Ainsi, Saturne épousa Ops, qui lui était unie par le sang, l'Océan Thétys, le maître de l'Olympe Junon [553]. Mais les habitants du ciel ont leurs privilèges. Pourquoi tenter de juger, au regard de ce qui se passe au ciel, les usages des humains et des conventions toutes différentes ? Ou bien cette passion interdite sera chassée de mon cœur, ou, si je suis impuissante à la chasser, je fais des vœux pour périr avant d'y succomber, pour que, morte, je sois déposée sur ma couche funèbre et que mon frère prodigue à mon cadavre ses baisers. Et pourtant la décision, en cette matière, appartient à nous deux! Supposons que je sois consentante, à ses yeux, à lui, ce sera un crime. Pourtant, les fils d'Eole n'ont pas craint d'entrer dans la couche de leurs sœurs [554]. Mais où ai-je appris à les connaître ? Pourquoi me suis-je pourvue de ces exemples ? Où suis-je emportée ? Impudiques flammes écartez-vous loin de moi ! Je ne veux aimer mon frère que de l'amour permis à une sœur. Et cependant, si c'était lui qui, le premier, s'était pris d'amour pour moi, peut-être pourrais-je céder à ses ardeurs ? Moi donc, qui aurais été disposée à ne pas rejeter ses prières, je le solliciterai moi-même ? Pourras-tu parler ? Pourras-tu faire un pareil aveu ? L'amour m'y forcera, je le pourrai. Ou, si la honte m'empêche de parler, une lettre, secrètement remise, lui portera l'aveu de mes feux cachés. »

Cette idée la séduit, ce parti l'emporta dans son esprit hésitant. Elle se dresse sur le côté et, s'appuyant sur le coude gauche : « Il jugera lui-même ; dit-elle, faisons l'aveu de mon amour insensé. Hélas ! dans quel abîme glissé-je ? Quel feu s'allume dans mon cœur ? » Et d'une main tremblante elle assemble les mots longuement médités. Sa main droite tient le style de fer, l'autre main la cire encore vierge [555]. Elle commence, et hésite ; elle écrit, et condamne ce qu'elle vient d'écrire ; elle grave les mots, puis les efface ; elle change, elle blâme, elle approuve ; tour à tour elle pose les tablettes qu'elle vient de prendre, puis, à peine posées, les reprend. Que veut-elle ? elle ne sait ; tout ce qu'il lui semble qu'elle doit faire, lui déplaît. Sur son visage, l'audace est mêlée à la honte. Le mot « sœur » se trouvait écrit : elle juge préférable d'effacer « sœur » et, la correction faite sur la cire de graver les mots que voici :

« Le salut que, si tu ne le lui donnes, elle ne peut espérer, une femme qui t'aime te l'envoie [556]. La honte, ah ! quelle honte, me retient de me nommer. Peut-être veux-tu savoir ce que je désire : mais je préférerais que ma cause pût être plaidée sans que mon nom soit prononcé, et que tu ne saches pas que c'est moi, Byblis, avant que les vœux dont je caresse l'espoir soient assurés de leur réalisation. A la vérité, ce pouvait être pour toi un indice de la blessure que je porte en mon sein, que ma pâleur, ma maigreur, l'expression de mon visage, mes yeux souvent humides, les soupirs que je poussais sans raison apparente, et mes étreintes renouvelées, et mes baisers qui, — l'as-tu par hasard remarqué ? — pouvaient donner l'impression de n'être pas des baisers de sœur. Pourtant, j'ai, pour ma part, si profondément que je fusse blessée au cœur, bien qu'en moi brûlât une folle ardeur, tout fait, les dieux m'en sont témoins, pour me guérir enfin ; longtemps j'ai lutté, malheureuse, pour me soustraire à la violence des traits de Cupidon et j'ai supporté des épreuves plus dures que tu ne pourrais supposer une jeune fille capable d'en supporter. Je suis vaincue, forcée de l'avouer et de solliciter ton secours par de timides prières. De toi seul peut venir le salut ou la perte de celle qui t'aime. Choisis celui des deux que tu veux assurer. Ce n'est pas une ennemie qui t'adresse cette prière, c'est une femme qui, très étroitement proche de toi, souhaite ardemment de l'être davantage et de t'être unie par des liens plus resserrés encore. Laissons aux vieillards le soin de connaître le droit, de rechercher ce qui est permis, ce qui est contraire ou conforme aux volontés des dieux, d'observer les exactes prescriptions des lois. A notre âge convient la témérité qu'inspire Vénus. Ce qui est permis, nous l'ignorons encore, et, que tout soit permis, nous le croyons, et nous suivons l'exemple que nous donnent les grands dieux. Et ni la dureté d'un père, ni le respect de l'opinion publique, ni la crainte ne nous arrêteront : qu'il nous suffise d'avoir une raison de craindre. Sous le nom d'affection fraternelle, nous dissimulerons nos doux larcins. J'ai toute liberté pour te parler en secret; nos étreintes, les baisers que nous échangeons sont publics. Pour combien compte ce qui manque encore à notre union ? Prends en pitié celle qui te fait l'aveu de son amour, et qui ne le ferait pas si ne l'y contraignait une passion arrivée à son paroxysme; et ne mérite pas de voir, sur mon tombeau, ton nom inscrit sous le mien comme celui de l'auteur de ma mort. »

Sous sa main qui gravait ce bien inutile message, la cire de la tablette, bientôt couverte, manqua et la dernière ligne dut tenir dans la marge. Aussitôt elle appose sur son criminel aveu l'empreinte d'un cachet précieux qu'elle mouilla de ses larmes, car sa langue n'avait plus de salive. Puis elle appela, pleine de honte, l'un de ses serviteurs, et, calmant sa crainte, d'une voix douce : « Porte ces tablettes, ô toi qui as toute ma confiance, dit-elle, à mon... » et après une longue pause, elle ajouta « frère ». Comme elle les lui donnait, les tablettes échappèrent de ses mains et tombèrent. Le présage la troubla, mais elle les envoya cependant. Le serviteur, ayant trouvé un moment favorable, aborde Caunus et lui remet la lettre secrète.

Plein de stupeur et pris d'une soudaine colère, le jeune homme, petit-fils du Méandre, jette au loin, après en avoir lu une partie, les tablettes qu'il a reçues et, se retenant avec peine de frapper de ses mains au visage le serviteur tremblant : « Pendant qu'il en est temps encore, ô scélérat complice d'une passion défendue, fuis loin d'ici! dit-il, toi qui, si mon honneur ne dépendait pas de ton sort [557], m'aurait, de ta vie, payé ton impudence. » Le malheureux s'enfuit, pris de peur, et rapporte à sa maîtresse les propos brutaux de Caunus. Tu pâlis, Byblis, à la nouvelle de ce refus, et ton corps, envahi par un froid de glace, tremble de frayeur. Cependant. lorsqu'elle retrouva ses esprits, elle retrouva en même temps tous ses transports, et sa langue, qui à peine a la force de frapper l'air, profère les mots que voici : « Affront bien mérité! Car pourquoi ai-je eu la témérité de lui faire l'aveu de ma blessure ? Pourquoi, ce secret qu'il fallait garder, l'ai-je, sans attendre, confié avec tant de hâte à mes tablettes ? J'aurais dû commencer par essayer de m'assurer, par des propos ambigus, des dispositions de son cœur. Pour être certaine qu'elle m'accompagnât dans ma course, j'aurais dû, sur quelque pan de voile, observer de quel côté soufflait la brise et naviguer ainsi sur une mer sans périls; et voici que maintenant, sans m'être souciée de leur direction, j'ai laissé les vents emplir mes toiles. Je suis donc déportée sur les écueils; naufragée, je sombre, submergée par l'Océan, et mes voiles ne peuvent plus seconder mon retour. Et, de plus, ne m'était-il pas, par des présages certains, interdit de m'abandonner à mon amour, quand, au moment où j'ordonnais de porter ces tablettes de cire, elles tombèrent, et que leur chute entraîna celle de mes espérances ? Ne fallait-il pas changer le jour ou, complètement, mes intentions, — non, plutôt le jour ? Un dieu m'avertissait lui-même et me donnait là un signe qui m'eût convaincue si je n'avais perdu la raison. Et puis, j'aurais dû parler moi-même et ne pas me confier à la cire, aller en personne étaler ma folle passion. Il aurait vu mes larmes, il aurait lu sur mon visage l'amour; j'aurais pu lui en dire plus qu'il n'en a pu tenir sur mes tablettes. Malgré sa résistance, j'aurais pu jeter mes bras autour de son cou et, si j'avais été repoussée, j'aurais pu me montrer expirante à ses yeux, embrasser ses pieds et, prosternée, implorer de lui la vie. J'aurais tout fait, et, si aucun des moyens employés par moi n'avait pu, à lui seul, attendrir son cœur de pierre, tous, réunis, l'auraient pu. Peut-être aussi la faute en est-elle, pour une part, au serviteur que j'envoyai. Il n'a pas su l'aborder; il n'a pas choisi, je crois, le moment qu'il fallait; il n'a pas cherché l'heure où le loisir lui laissait l'esprit libre.

C'est là ce qui m'a nui. Car il n'est pas né d'une tigresse, il ne porte dans sa poitrine ni rocher insensible, ni bloc de fer ou d'acier, il n'a pas été allaité par une lionne. Il succombera. Il faut renouveler l'assaut. Et je n'éprouverai nul découragement de mon entreprise tant que le souffle me restera. Car, si mon premier devoir, à supposer qu'il me fût possible de revenir sur ce que j'ai fait, eût été de ne pas engager cette entreprise, le second est, une fois engagée, de la pousser jusqu'à la complète victoire. Il lui est, en effet, impossible, au cas où maintenant je renoncerais à ce que j'appelle de tous mes vœux, de ne pas cependant garder à jamais le souvenir de ce que j'ai osé. Et, parce que j'aurai cessé de l'importuner, il lui semblera que ma volonté manquait de force, ou même que j'avais dessein de l'éprouver et d'user, pour le gagner, de feintes. Ou, pour le moins, je passerai à ses yeux pour la victime non du dieu qui multiplie ses assauts pressants et qui me consume, mais d'un caprice. Enfin, je ne puis plus maintenant faire que je n'aie rien commis de criminel. J'ai écrit, je l'ai sollicité : ma volonté est entachée de souillure. Et, pour ne rien ajouter de plus, je ne puis prétendre au nom d'innocente. Ce qui reste encore à faire est beaucoup pour l'accomplissement de mes désirs, peu de chose dans la voie du crime. » Elle dit, et, si grand est le désordre de son esprit irrésolu, qu'en proie au remords de sa tentative, elle ne pense qu'à la renouveler. Elle passe les bornes, et la malheureuse s'expose à se voir souvent repoussée. Bientôt, comme il ne voit pas la fin de cette poursuite, Caunus fuit sa patrie et ces invites sacrilèges et va, sur une terre étrangère, jeter les fondations de murailles nouvelles [558].

Alors, dit-on, la fille de Miletus, plongée dans le désespoir, perdit complètement la raison; alors, elle arracha sa robe sur sa poitrine et, prise de fureur, meurtrit de coups ses bras; sa folie éclate maintenant à tous les yeux, elle fait publiquement l'aveu des espoirs que nourrissait son amour criminel; frustrée de ces espoirs, elle abandonne sa patrie et ses pénates détestés, pour suivre les traces de son frère fugitif. Et, toute semblable aux bacchantes de l'Ismarus quand, sous l'impulsion de ton thyrse, fils de Sémélé, elles célèbrent le retour de tes fêtes triennales, les femmes de Bubasus virent Byblis hurlante parcourir au loin les champs. Puis, les ayant quittés, elle erre à l'aventure au pays des Cariens, des Léléges en armes, en Lycie [559]. Déjà elle avait laissé le Cragos et Limyré et les eaux du Xanthe [560] et le sommet où vivait la Chimère, qui avait au milieu du corps un bouc, la poitrine et la tête d'une lionne, la queue d'un serpent [561]. Les forêts manquent sous ses pas ; enfin, fatiguée par cette poursuite, tu tombes, et tu restes prostrée, Byblis, couvrant de tes cheveux la terre dure, pressant ton visage contre les feuilles mortes. A maintes reprises, les nymphes des Léléges tentent de la soulever tendrement dans leurs bras ; elles multiplient leurs conseils, pour guérir son amour, prodiguent leurs consolations à son esprit qui ne veut rien entendre. Byblis gît muette, les ongles enfoncés dans l'herbe verte, arrosant le gazon du ruisseau de ses larmes. Les naïades, dit-on, leur substituèrent un filet d'eau qui ne pourrait jamais tarir. Quel don plus grand pouvaient-elles, en effet, lui faire ? Et tout aussitôt, comme les gouttes de résine coulent de l'écorce fendue ou comme le bitume tenace suinte du sein de la terre où il se forma, ou comme, à l'approche du souffle doux du Zéphyre, redevient fluide, sous l'action du soleil, l'eau que solidifia le froid, ainsi Byblis, descendante de Phœbus, consumée par ses propres larmes, est changée en une source qui, aujourd'hui encore, dans ces vallées, garde le nom de sa maîtresse et sort de terre au pied d'une noire yeuse [562].

IPHIS

Le bruit de ce nouveau prodige eût peut-être empli les cent villes de Crète, si la Crète n'avait été peu auparavant, avec la métamorphose d'Iphis, le théâtre d'un prodige plus proche. Sur la terre de Phæstos, toute voisine du royaume de Cnossos [563], était, en effet, né jadis un homme portant le nom obscur de Ligdus, de condition libre mais plébéienne. Il ne possédait pas plus de bien que de noblesse, mais sa vie et sa droiture étaient au-dessus de tout reproche. Sa femme étant grosse, il l'avertit en ces termes, alors que le moment de ses couches approchait : « Je forme deux vœux : que ta délivrance soit le moins douloureuse possible, et que tu donnes le jour à un enfant mâle. Dans le cas contraire, la charge est trop lourde, et la fortune me refuse les ressources nécessaires. Donc, fâcheuse éventualité que je repousse, si par hasard tu accouches d'une fille, je te préviens, bien à contrecœur ! — ô piété paternelle, pardonne-moi —, qu'elle doit périr. » Quand il eut parlé, ils laissèrent tous deux les larmes inonder leur visage, aussi bien lui, qui donnait cet avertissement, qu'elle, à qui il était donné. Cependant Téléthusa, sans se lasser, harcèle vainement son mari de ses prières pour qu'il ne la réduise pas à une espérance aussi bornée. La résolution de Ligdus est bien arrêtée. Et déjà Téléthusa portait avec peine son ventre alourdi par le poids de son faix arrivé à terme, lorsque, au milieu de la nuit, sous les apparences d'un songe, au pied de sa couche, la fille de l'Inachus, accompagnée de son cortège, se dressa, ou lui parut se dresser [564]. Sur son front était fixé le croissant lunaire, avec des épis, tout brillants du jaune éclat de l'or, et l'ornement royal [565] : en sa compagnie étaient Anubis l'aboyeur, la sainte Bubastis, Apis à la robe de couleurs variées, et le dieu qui se tait et, le doigt sur les lèvres, invite au silence [566]; il y avait aussi les sistres, et Osiris dont la quête n'a jamais de fin, et le serpent exotique gonflé d'un venin qui endort [567]. Téléthusa croit être éveillée et tout voir comme dans la réalité. La déesse s'adressa alors à elle en ces termes : « O Téléthusa toi qui comptes au nombre de mes fidèles, dépose tes lourds soucis et désobéis à l'ordre de ton mari. Et n'hésite pas, lorsque Lucine t'aura délivrée, à laisser vivre l'enfant quel qu'il soit. Je suis une déesse secourable et j'apporte mon aide à qui m'a implorée. Tu ne te plaindras pas d'avoir rendu ton hommage à une ingrate divinité. » Cet avis donné, elle sortit de la chambre. La Crétoise, joyeuse, se lève de sa couche et tendant, suppliante, vers les astres ses mains pures, elle prie pour que la réalité soit conforme à sa vision. Dès que les douleurs augmentèrent, que, de lui-même, son fardeau se fut mis au jour et qu'une fille fut née, sans que le père le sût, la mère ordonna de l'élever, sur la fausse assurance que c'était un garçon. Son mensonge rencontra créance et nul ne sut avec elle la vérité, hormis la nourrice. Le père s'acquitta de ses vœux et donne à l'enfant le nom du grand-père : ce grand-père s'appelait Iphis. La mère se réjouit de ce nom, qui pouvait convenir aux deux sexes, car elle ne tromperait personne en le lui donnant. De ce jour, le mensonge né de sa pieuse fraude resta insoupçonné de tous. L'enfant portait des habits de garçon. Par ses traits, qu'on les prît pour ceux d'une fille ou d'un garçon, dans les deux cas on l'aurait trouvé beau.

Cependant, à ta dixième année trois autres avaient déjà succédé quand ton père, Iphis, te fiance à la blonde Ianthé, la vierge, entre les vierges de Phœstos, la plus vantée pour sa beauté, née de Télestès du Dicté. Égaux en âge et en beauté, les enfants avaient reçu des mêmes maîtres les rudiments de la première éducation donnée à l'enfance. Ce fut assez pour que l'amour touchât ces deux cœurs novices et leur fit une égale blessure. Mais toute différente était leur foi dans l'avenir. Ianthé attend le mariage et le moment où s'en allumeront, comme il est convenu, les torches, avec la confiance que celle qu'elle prend pour un homme sera son époux. Iphis aime celle qu'il désespère de jamais posséder, et cette pensée même attise sa flamme ; vierge, c'est pour une vierge qu'elle brûle. Retenant avec peine ses larmes : « Comment, dit-elle, cela finira-t-il pour moi, qui suis en proie à un tourment que nul n'a connu, victime d'un amour monstrueux et sans exemple ? Si les dieux voulaient m'épargner, ils auraient dû m'épargner ; sinon, et s'ils voulaient me perdre, ils m'auraient, du moins, dû frapper d'un mal qu'avouent la nature et l'usage. La passion ne consume pas la génisse pour la génisse, ni les cavales pour les cavales ; le bélier est l'objet des feux des brebis et, au cerf, s'attache sa femelle. C'est aussi de cette sorte que s'accouplent les oiseaux et, parmi tous les animaux, il n'est pas de femelle qui soit jamais en proie au désir pour une femelle. Je voudrais ne pas exister. Pourtant, puisque la Crète doit être la terre qui porte tous les monstres, la fille du Soleil aima un taureau [568] : mais c'était une femme et qui aimait un mâle. Mon amour est plus forcené que celui-là, si je veux avouer la vérité. Cependant, elle a cédé à l'attrait des plaisirs que lui promettait Vénus ; cependant, recourant à la ruse et sous l'apparence d'une génisse, elle subit l'approche du taureau, et elle avait un amant qui pouvait prendre le change. Mais l'ingéniosité affluât-elle ici de tous les points du monde, Dédale lui-même revînt-il au vol de ses ailes retenues par la cire, qu'y pourrait-il ? Fera-t-il de moi, par ses savants artifices, d'une jeune fille un garçon ? Te transformera-t-il, Ianthé ? Que ne retrouves-tu ton énergie, que ne reprends-tu conscience de toi-même, Iphis, que ne chasses-tu cette passion déraisonnable et insensée ? Vois ce que tu es de naissance, à moins que tu ne sois ta propre dupe ; aspire à ce qui t'est permis, aime ce que, femme, tu dois aimer. C'est de l'espoir que naît l'amour, de l'espoir qu'il se nourrit. La réalité te l'interdit. Nul obstacle ne t'empêche d'étreindre une créature chérie, ni la surveillance dont on l'entoure, ni la vigilance d'un mari prudent, ni la rigueur d'un père, ni les refus qu'elle oppose elle-même à tes instances : et cependant la possession t'en est interdite. Et tout conspirât-il en ta faveur, tu ne peux être heureuse, les dieux et les hommes y prissent-ils peine. Jusqu'ici, de tous mes souhaits, aucun n'a été formulé en vain : les dieux bienveillants m'ont accordé tout ce qui fut en leur pouvoir; ce que je veux, mon père le veut, Ianthé elle-même le veut, comme mon futur beau-père. Mais la nature s'y oppose, plus puissante qu'eux tous, et qui seule est la cause de mes malheurs. Voici venir le moment appelé par mes vœux, le jour qui doit nous unir est proche, Ianthé va devenir mienne, sans être effectivement unie à moi; nous connaîtrons la soif au milieu des eaux. O Junon, qui présides au mariage, ô Hyménée [569], à quoi bon votre présence à cette cérémonie où manque l'époux, où nous sommes deux épouses ? »

Sur ces mots, elle se tut. L'autre vierge ne brûle pas de feux moins ardents et prie pour que tu hâtes ta venue, Hyménée. Ce qu'elle appelle de ses vœux, Téléthusa le redoute; tantôt elle diffère le moment du mariage, tantôt elle prétexte pour le retarder quelque maladie; à plusieurs reprises elle allègue des présages, des visions. Mais elle avait déjà épuisé toutes les ressources de son invention, et le moment toujours différé où s'allumerait la torche nuptiale était imminent : il ne restait plus qu'un jour. Téléthusa alors enlève de sa tête et de celle de sa fille le bandeau qui retenait leur chevelure et, les cheveux épars, embrassant l'autel de la déesse : « Isis, toi qui vis au pays de Parétonium, des champs de Maréotide, de Pharos [570] et du Nil qui répartit ses eaux entre sept branches, viens, je t'en supplie, dit-elle, à notre secours et trouve un remède à notre angoisse. Je t'ai vue, déesse, jadis, toi et ces insignes que tu portes; j'ai bien tout reconnu; ton cortège, les torches, le son des sistres, et dans mon esprit j'ai fidèlement noté tes ordres. Si cette enfant voit la lumière, si moi-même je ne subis aucun châtiment, nous le devons à tes conseils, à tes bienfaits. Prends-nous toutes deux en pitié, secours-nous, aide-nous. » A ces paroles succédèrent les larmes. Il sembla que la déesse avait ébranlé ses autels : elle les avait bien ébranlés; les portes du temple battirent; le croissant d'Isis, qui reproduit celui de la lune, jeta un vif éclat, et le sistre fit entendre un tintement sonore. Encore mal rassurée, mais pourtant remplie de joie par ce présage de bon augure, la mère sort du temple. Iphis la suit et accompagne ses pas, mais d'un pas plus allongé que d'ordinaire; la blancheur de son teint disparaît, ses forces sont accrues, ses traits mêmes gagnent en énergie et sa chevelure, toute recherche bannie, devient plus courte. Iphis se sent plus de vigueur qu'elle n'en avait, femme. Car, de femme que tu étais, te voici jeune garçon. Apportez vos offrandes aux temples, et témoignez sans crainte, une joie confiante. Les amants apportent leurs offrandes aux temples, et y ajoutent une inscription. Cette inscription tenait dans la brièveté d'un vers : « Par ces offrandes, Iphis, devenu garçon, s'est acquitté du vœu qu'il avait fait étant femme. »

Le jour suivant, de ses rayons, avait dévoilé la vaste étendue du monde, quand Vénus et Junon, en compagnie d'Hyménée, se réunissent autour des torches nuptiales; et Iphis, désormais garçon, possède sa chère Ianthé [571].

LIVRE DIXIÈME

Orphée. — Cyparissus. — Ganymède. — Hyacinthe. — Les Cérastes. — Les Propœtides. — Pygmalion. — Myrrha. — Adonis et Vénus. — Atalante. — Hippomène.

ORPHÉE

De là, enveloppé dans son manteau jaune safran [572], Hyménée s'éloigne et, traversant les plaines immenses de l'air, se dirige vers les bords des Cicones [573]. La voix d'Orphée [574] vainement le convie à ses noces. Il y assista, à la vérité, mais n'y apporta ni paroles consacrées, ni visage joyeux, ni présage de bon augure. La torche même qu'il y tint brûla jusqu'au bout en sifflant avec une fumée qui faisait couler les larmes; même en la secouant, il n'en put tirer aucune flamme. La suite fut encore plus affligeante que le présage. Car, tandis que la nouvelle épousée, en compagnie de la troupe des naïades, erre à l'aventure dans l'herbe, elle tombe, le talon percé par la dent d'un serpent. Quand le chantre du Rhodope l'eut assez pleurée sur la terre, ne renonçant pas à la chercher même chez les ombres, il osa descendre jusqu'au Styx par la porte du Ténare [575]; et, fendant la foule légère des fantômes des morts pieusement mis au tombeau, il aborda Perséphoné et le maître qui règne sur le peuple maussade des ombres. Et, frappant les cordes de sa lyre pour accompagner son chant, il dit : « O divinités de ce monde souterrain où nous retombons, tous, nous créatures soumises à la mort, si je le peux, si vous me permettez de dire sans ambages et franchement la vérité, ce n'est pas le désir de voir le sombre Tartare qui est cause de ma descente ici, ni celui d'enchaîner la triple gorge, au poil fait de serpents, du monstre de la race de Méduse [576]. La raison de mon voyage, c'est mon épouse; une vipère, sur laquelle elle mit le pied, a répandu dans ses veines un venin qui interrompit le cours de ses années. J'ai voulu trouver la force de supporter cette perte, et je ne nierai pas de l'avoir tenté; l'Amour l'a emporté. C'est un dieu bien connu au-dessus d'ici, sur la terre. L'est-il aussi chez vous ? Je l'ignore, mais je suppose cependant qu'il l'y est aussi; et, si la rumeur qui rapporte le rapt de jadis n'est pas mensongère, vous-mêmes, c'est l'Amour qui vous unit [577]. Par ces lieux que remplit la crainte, par cet immense Chaos, par ce vaste royaume du silence, je vous en prie, renouez le fil trop tôt coupé du destin d'Eurydice. Tout est soumis à vos lois, et nous ne nous attardons guère avant de prendre, un peu plus tôt ou un peu plus tard, la route de ce commun séjour. Nous aboutissons tous ici. Cette demeure est pour nous la dernière, et c'est vous dont le règne sur le genre humain a la plus longue durée. Elle aussi, lorsqu'elle aura vécu son juste compte d'années, le moment venu, elle sera justiciable de vous; pour toute faveur, je demande la jouissance de mon bien. Et, si le destin refuse cette grâce pour mon épouse, j'y suis bien résolu, je renonce à revenir en arrière; réjouissez-vous alors de notre double trépas. »

Tandis qu'il parlait ainsi, faisant résonner les cordes de sa lyre au rythme de ses paroles, les âmes exsangues pleuraient : Tantale renonça à atteindre l'eau qui le fuit, la roue d'Ixion s'arrêta, les oiseaux cessèrent de ronger le foie de leur victime, les petites-filles de Bélus d'emplir leurs urnes, et tu t'assis, Sisyphe, sur ton rocher [578]. Pour la première fois alors, dit-on, les larmes mouillèrent les joues des Euménides, vaincues par ce chant. Ni la royale épouse ni le dieu qui règne aux Enfers n'ont le cœur d'opposer un refus à sa prière; ils appellent Eurydice. Elle se trouvait parmi les ombres nouvelles et s'avança d'un pas que retardait sa blessure. Orphée, le chantre du Rhodope, la reçoit sous cette condition, qu'il ne tournera pas ses regards en arrière jusqu'à ce qu'il soit sorti des vallées de l'Averne [579]; sinon, cette faveur sera rendue vaine. Ils s'acheminent, à travers un silence que ne trouble nulle voix, par les pentes d'un sentier abrupt, obscur, noyé dans un épais brouillard. Ils n'étaient plus éloignés, la limite franchie, de fouler la surface de la terre; Orphée, tremblant qu'Eurydice ne disparût et avide de la contempler, tourna, entraîné par l'amour, les yeux vers elle; aussitôt elle recula, et la malheureuse, tendant les bras, s'efforçant d'être retenue par lui, de le retenir, ne saisit que l'air inconsistant. Mais, mourant pour la seconde fois, elle ne proféra aucune plainte contre son époux : de quoi se plaindrait-elle, en effet, sinon de ce qu'il l'aimât ? Elle lui dit un suprême adieu, que devaient avec peine recueillir ses oreilles, et, revenant sur ses pas, retourna d'où elle venait.

Frappé une seconde fois par la mort de son épouse, Orphée resta figé de stupeur, comme celui qui fut pris de peur en voyant les trois cous du chien infernal, dont celui du milieu était enchaîné : la terreur ne l'abandonna pas qu'il n'eût auparavant changé de nature, son corps s'étant pétrifié [580]; comme aussi Olénos, qui prit sur lui la faute d'une autre et voulut paraître coupable, et, comme toi, ô malheureuse Léthæa, trop confiante dans ta beauté : cœurs jadis étroitement unis, roches aujourd'hui que porte l'humide Ida [581]. Malgré ses prières, ses vains efforts pour obtenir de passer une seconde fois, le nocher l'avait écarté. Il resta cependant sept jours entiers assis sur la rive, sans prendre aucun soin de sa personne, sans toucher aux dons de Cérès; sa peine, sa douleur, ses larmes furent ses aliments. Quand il eut épuisé ses plaintes contre la cruauté des dieux de l'Erèbe [582], il se retira sur le sommet du Rhodope et sur l'Hémus battu par les Aquilons. Pour la troisième fois, le Titan avait atteint le terme de l'année marqué par les Poissons habitants des mers [583], et Orphée s'était dérobé à toutes les séductions des femmes, soit parce que leur amour lui avait été funeste, soit parce qu'il avait engagé sa foi. Beaucoup pourtant brûlaient de s'unir au poète, beaucoup souffrirent d'être repoussées. Et ce fut aussi lui dont les chants apprirent aux peuples de Thrace à reporter leur amour sur de jeunes garçons et à cueillir, avant l'épanouissement de la jeunesse, le court printemps et la première fleur de l'âge tendre [584].

CYPARISSUS

Il était une colline et, sur cette colline, un plateau de surface très égale, tout verdoyant d'une couche de gazon. L'ombre faisait défaut à ce lieu. Quand le poète, fils des dieux, se fut assis en cet endroit et eut fait vibrer les cordes sonores de sa lyre, l'ombre y vint [585]. Il n'y manqua ni l'arbre de Chaonie [586], ni le boqueteau des Héliades, ni le chêne aux frondaisons altières, ni les tilleuls délicats, ni le hêtre ou le laurier virginal [587], ni les coudriers cassants ou le frêne au bois utile pour les javelots, le sapin sans nœuds, l'yeuse comme bouclée de glands, le platane aimé des joyeux compagnons [588], l'érable aux feuilles de coloris disparate, ni, tout voisins, les saules qui poussent le long des fleuves et le lotus ami de l'eau, le buis toujours vert, les frêles tamaris, le myrte de deux couleurs, le laurier-tin aux sombres baies. Vous aussi, lierres rampants et flexibles, vous étiez venus, en même temps que les vignes avec leurs pampres, et les ormes couverts de leur manteau de vignes, et les ornes et les sapins et l'arbousier chargé de ses fruits rouges, et les souples palmiers, dont la palme est le prix du vainqueur, et le pin, au feuillage retroussé, à la cime hérissée, cher à la Mère des dieux, s'il est vrai qu'Attis, aimé de Cybèle, a renoncé à la figure humaine pour prendre celle de cet arbre et s'est mué en la dure substance de son tronc [589].

A cette foule se joignit le cyprès dont la forme imite celle du cône des bornes, arbre aujourd'hui, jadis enfant aimé du dieu qui sait manier les cordes de la cithare comme la corde de l'arc. Il y avait, en effet, un grand cerf, consacré aux nymphes habitant les champs de Carthæa [590], et qui, grâce à ses bois largement étalés, mettait lui-même sa tête à l'abri d'une ombre épaisse. Ses cornes brillaient de l'éclat de l'or, et, se répandant sur son poitrail, des colliers de pierreries étaient suspendus à son cou arrondi. Sur son front jouait librement une bulle d'argent, liée par de petites courroies, et du même âge que lui. De ses deux oreilles pendaient des perles qui battaient ses tempes creuses. Libre de toute crainte, sans éprouver la frayeur innée chez ses semblables, il fréquentait volontiers les maisons et offrait son encolure aux caresses de toutes les mains, si inconnues fussent-elles. Mais pourtant, plus qu'à tous les autres, ô toi le plus beau des enfants de Cos, il avait ton affection, Cyparissus. C'est toi qui conduisais ce cerf à la pâture de l'herbe fraîche, aux ondes d'une source limpide. Tantôt, tu enlaçais à ses bois des guirlandes de fleurs variées, tantôt, cavalier installé sur son dos, tu le menais joyeusement de côté et d'autre, sa bouche tendre obéissant aux rênes de pourpre. Un jour, il faisait chaud; il était midi; à la chaleur du soleil, les bras recourbés du Cancer, hôte des rivages, devenaient brûlants [591]. Fatigué, le cerf s'étendit sur la terre couverte d'herbe et goûtait la fraîcheur que dispensait l'ombre des arbres. Sans le vouloir, le jeune Cyparissus le transperça d'un javelot à pointe affilée, et, quand il le vit mourant de cette cruelle blessure, il voulut aussi mourir. Quelles consolations ne lui prodigua pas Phœbus, et comme il lui remontra qu'il devait ressentir une peine moins profonde et proportionnée à son objet! L'enfant n'en gémit pas moins et demande comme suprême faveur aux dieux que son deuil soit éternel. Et bientôt, tout son sang s'étant écoulé en flots de larmes, ses membres commencèrent à prendre une couleur verte, ses cheveux qui, tout à l'heure, tombaient sur son front de neige, deviennent une chevelure hérissée et, prenant de la raideur, pointent vers le ciel étoilé une grêle cime. Le dieu poussa un gémissement et, avec tristesse : « Je verserai sur toi des larmes, tu en verseras sur les autres et tu seras le compagnon de la douleur », dit-il [592].

GANYMÈDE

Telle était la forêt que le chantre inspiré de Thrace avait attirée, et c'est au milieu d'un cercle de bêtes sauvages et de tout un vol d'oiseaux qu'il était assis. Quand il eut suffisamment, pour les essayer, fait vibrer sous son pouce les cordes de sa lyre et constaté, malgré la différence des sons entre elles, la justesse des accords variés qu'il en tirait, il préluda à son chant en ces termes : « Muse, ô ma mère, inspire-moi des chants dont Jupiter soit le premier objet : l'empire de Jupiter passe avant tout. Souvent déjà, j'ai célébré le pouvoir de Jupiter, j'ai chanté, appuyant avec plus de force sur le plectre, les Géants et les victorieux effets de la foudre lancée sur les champs de Phlégra [593]. Il nous faut maintenant, d'une touche plus légère, chanter les jeunes garçons aimés des dieux et le châtiment que des jeunes filles, égarées par une passion interdite, méritèrent pour leur dépravation.

« Le roi des dieux brûla jadis d'amour pour le Phrygien Ganymède, et il se trouva quelque chose que Jupiter préférât être plutôt que d'être ce qu'il était. Il ne daigne cependant se changer en aucun autre oiseau que celui qui pourrait porter ses foudres [594]. Aussitôt, battant l'air d'ailes trompeuses, il enlève le fils d'Ilus [595]. Ganymède encore aujourd'hui prépare les breuvages dans la coupe de Jupiter et, malgré Junon, lui sert le nectar.

HYACINTHE

« A toi aussi, fils d'Amyclas [596], Phœbus aurait fait une place dans le ciel, si ton triste destin lui avait laissé le temps de te la faire. Cependant, dans la mesure de son pouvoir, tu es éternel; et autant de fois que le printemps chasse l'hiver, que le Bélier succède au Poisson pluvieux [597], autant de fois tu renais et tu refleuris dans le vert gazon.

Entre tous, mon père t'a chéri, et Delphes, le centre du monde, s'est vue privée de son protecteur pendant les longs séjours du dieu aux bords de l'Eurotas et dans Sparte, la ville sans remparts. Ni sa cithare ne compte plus pour lui, ni ses flèches : oublieux de ce qu'il est lui-même, il ne se refuse pas à porter des filets, à conduire des chiens en laisse, à parcourir en ta compagnie les sommets de la montagne accidentée; une longue habitude de vivre à tes côtés entretient sa flamme. Déjà le Titan était presque à mi-chemin entre le moment où vient la nuit et celui où elle est achevée et se trouvait à égale distance des deux. Ils allègent leurs corps de leurs vêtements et, tout luisants du suc de la grasse olive, ils engagent la lutte pour le lancement du large disque. Phœbus, après l'avoir d'abord bien balancé dans sa main, le lança à travers les airs, fendant de son poids les nues sur son passage. Longtemps après, la lourde masse retomba sur la terre consistante, témoignant de l'adresse que le dieu joignait à sa vigueur. Aussitôt, sans réfléchir, dans l'emportement du désir de prendre part au jeu, l'enfant du Ténare se précipitait pour ramasser le disque. Mais sous le choc, le sol durci renvoyant celui-ci, le fit rebondir pour venir te frapper en plein visage, Hyacinthe [598]. Le dieu pâlit lui-même autant que l'enfant; ses bras soutiennent les membres défaillants, et il s'emploie tantôt à te rappeler à la vie, tantôt à étancher le sang de ta cruelle blessure, tantôt à retenir, avec des compresses de plantes, ton âme fugitive. L'art n'est d'aucun secours : la blessure est sans remède. De même que si, dans un jardin bien arrosé, on brisait les fleurs des violiers, du pavot, des lis sur la tige fauve à laquelle elles sont fixées, aussitôt fanées, elles laisseraient tout d'un coup tomber leur tête alourdie, ne pourraient supporter leur propre poids, et leur sommet se tournerait vers le sol; de même, Hyacinthe penche son visage marqué par la mort; sa force l'abandonne, son cou est pour lui-même un fardeau et retombe sur son épaule. « Tu succombes, fils de Sparte [599], et sans avoir goûté à la fleur de la jeunesse, dit Phœbus, et je vois ta blessure, mon accusatrice. Tu es ma douleur et mon forfait. C'est ma main que l'inscription de ta tombe devra accuser de ta mort! C'est moi qui suis responsable de ton trépas. De quoi cependant suis-je coupable ? A moins qu'avoir joué ne puisse être appelé un crime, et qu'avoir aimé ne puisse être appelé un crime aussi! Que ne m'est-il permis de perdre la vie, châtiment mérité, et avec toi. Mais, puisque nous sommes obligés de subir les lois du destin, tu seras toujours présent pour moi, et ma bouche, fidèle à ton souvenir, redira toujours ton nom. Ma lyre sous l'impulsion de ma main, mes chants, résonneront en ton honneur. Devenu une fleur nouvelle, tu répéteras, par l'inscription de tes pétales, mes gémissements. Et le temps viendra où se joindra à toi, sous les apparences de cette fleur, un héros vaillant entre tous, dont le nom se lira sur ces mêmes pétales [600]. » Tandis que ces mots sont proférés par la bouche sincère d'Apollon, voici que le sang, qui, s'épanchant sur le sol, avait teint le gazon, cesse d'être du sang, et une fleur naît dont l'éclat surpasse celui de la pourpre tyrienne et dont l'apparence serait celle des lis, si sa couleur n'était de pourpre, et celle des lis, d'argent. Et ce n'est pas assez pour Phœbus, — car c'est à lui qu'Hyacinthe doit cet honneur : — il grave lui-même sur les feuilles, pour rappeler ses gémissements, un AI AI, que la fleur porte inscrite, caractères funèbres tracés par le dieu. Sparte n'éprouve pas de honte d'avoir donné le jour à Hyacinthe, et les honneurs qu'elle lui rend se perpétuent de notre temps; et chaque année reviennent les Hyacinthies, qui doivent être célébrées suivant le rite antique, à la date fixée d'avance, par une procession [601].

LES CÉRASTES. LES PROPŒTIDES

« En revanche, si par hasard vous demandez à Amathonte [602], féconde en métaux, si elle avoue comme ses filles les Propœtides, elle les reniera aussi bien que ces hommes dont le front autrefois était hérissé de deux cornes, d'où ils tirèrent aussi le nom de Cérastes [603]. Devant leur porte se dressait un autel de Jupiter Hospitalier. En le voyant rougi de sang, l'étranger ignorant le crime [604] pouvait croire qu'on avait immolé là des veaux encore à la mamelle, des brebis d'Amathonte : c'est un hôte qui avait été égorgé. Répugnant à ces offrandes sacrilèges, la bienfaisante Vénus elle-même se disposait à abandonner ses villes et les champs d'Ophiusa [605]. « Mais quelle faute ont commise ces lieux qui m'agréent, quelle faute mes villes ? De quoi, dit-elle, sont-ils coupables ? Que par l'exil plutôt cette race impie paye ses crimes, ou par la mort, ou par un châtiment s'il en est un, qui tienne le milieu entre la mort et l'exil. Et ce châtiment, quel peut-il être, sinon une métamorphose ? » Tandis qu'elle se demande en quoi elle les pourrait changer, elle tourna son regard vers leurs cornes et l'idée lui vint qu'elle pouvait les leur laisser; et elle transforme leurs membres énormes en ceux de farouches taureaux.

« Les impudiques Propœtides cependant osèrent nier la divinité de Vénus. En punition de quoi, victimes de la colère de la déesse, elles prostituèrent les premières leur corps et leur beauté. Et, comme toute pudeur leur devint étrangère et que le sang de leur visage se figea, il ne fallut que peu de chose pour qu'elles fussent changées en pierre insensible [606].

PYGMALION

« Pygmalion [607], pour les avoir vues mener une existence vouée au crime, plein d'horreur pour les vices que la nature a prodigalement départis à la femme, vivait sans épouse, célibataire, et se passa longtemps d'une compagne partageant sa couche. Cependant, avec un art et un succès merveilleux, il sculpta dans l'ivoire à la blancheur de neige un corps auquel il donna une beauté qu'aucune femme ne peut tenir de la nature; et il conçut de l'amour pour son œuvre. Elle avait toute l'apparence d'une véritable vierge, que l'on eût crue vivante et, si la pudeur ne l'en empêchait, désireuse de se mouvoir : tant l'art se dissimule grâce à son art même. Pygmalion s'émerveille, et son cœur s'enflamme pour ce simulacre de corps. Souvent il palpe des mains son œuvre pour se rendre compte si c'est de la chair ou de l'ivoire, et il ne s'avoue pas encore que c'est de l'ivoire. Il lui donne des baisers et s'imagine qu'ils lui sont rendus; il lui parle, il la serre contre lui et croit sentir céder sous ses doigts la chair des membres qu'ils touchent; la crainte le prit même que ces membres, sous la pression, ne gardassent une marque livide. Tantôt il lui prodigue les caresses, tantôt il lui apporte les présents qui sont bienvenus des jeunes filles, des coquillages, des cailloux polis, de petits oiseaux et des fleurs de mille couleurs, des lis, des balles peintes et des larmes tombées de l'arbre des Héliades [608]. Il la pare aussi de vêtements, passe à ses doigts des bagues de pierres précieuses, à son cou de longs colliers; à ses oreilles pendent de légères perles, des chaînettes sur sa poitrine. Tout lui sied, et, nue, elle ne paraît pas moins belle. Il la place sur des coussins teints avec le murex de Sidon [609], il lui décerne le nom de compagne de sa couche, il fait reposer son cou incliné sur un mol amas de plumes, comme si le contact devait lui en être sensible.

« Le jour de la fête de Vénus, que tout Cypre célébrait en foule, était venu; les génisses au cou de neige, l'arc de leurs cornes tout revêtu d'or, étaient tombées sous le couteau, et l'encens fumait à cette occasion; Pygmalion, les rites accomplis, se tint debout devant les autels et, d'un ton craintif : « S'il est vrai, ô dieux, que vous pouvez tout accorder, je forme le vœu que mon épouse soit — et comme il n'ose dire : la vierge d'ivoire — semblable à la vierge d'ivoire », dit-il. Vénus, qui assistait en personne, resplendissante d'or, aux fêtes données en son honneur, comprit ce que voulait dire ce souhait et, présage de l'amitié de la déesse, la flamme trois fois se raviva et une langue de feu en jaillit dans l'air.

« Rentré chez lui, Pygmalion se rend auprès de sa statue de jeune fille et, se penchant sur le lit, il lui donna des baisers. Il lui sembla que sa chair devenait tiède. Il approche de nouveau sa bouche; de ses mains il tâte aussi la poitrine : au toucher, l'ivoire s'amollit, et, perdant sa dureté, il s'enfonce sous les doigts et cède, comme la cire de l'Hymette [610] redevient molle au soleil et prend docilement sous le pouce qui la travaille toutes les formes, d'autant plus propre à l'usage qu'on use davantage d'elle. Frappé de stupeur, plein d'une joie mêlée d'appréhension et craignant de se tromper, l'amant palpe de nouveau de la main et repalpe encore l'objet de ses vœux. C'était un corps vivant : les veines battent au contact du pouce. Alors le héros de Paphos [611], en paroles débordantes de reconnaissance, rend grâce à Vénus et presse enfin de sa bouche une bouche qui n'est pas trompeuse. La vierge sentit les baisers qu'il lui donnait et rougit; et, levant un regard timide vers la lumière, en même temps que le ciel, elle vit celui qui l'aimait. A leur union, qui est son ouvrage, Vénus est présente. Et quand, pour la neuvième fois, le croissant de la lune se referma sur son disque plein, la jeune femme mit au monde Paphos, de laquelle l'île tient son nom.

MYRRHA

« C'est de celle-ci que naquit ce Cinyras qui, s'il n'avait pas eu de descendant, aurait pu compter parmi les heureux du monde [612]. Je vais chanter une effroyable aventure.

Loin d'ici, filles, loin d'ici, pères. Ou, si mes chants doivent charmer vos esprits, refusez-moi sur ce point toute créance, ne croyez pas à ce crime, ou, si vous y croyez, croyez aussi au châtiment du crime. Si pourtant la nature permet que l'on assiste à un tel forfait, je félicite les peuples de l'Ismarus [613], et notre partie du monde, je félicite cette terre où nous vivons, de la distance qui la sépare des pays où vit le jour un être capable d'un tel sacrilège. Que la terre de Panchaïe soit riche en amome, en cinname, qu'elle porte son costus, l'encens dont la gomme suinte sur l'arbrisseau, et d'autres fleurs aussi [614] : qu'importe, puisqu'elle produit aussi la myrrhe ; cet arbre nouveau ne valait pas d'être payé un tel prix. Cupidon lui-même nie que ses traits aient causé tes malheurs, Myrrha, et proclame que ses torches n'ont joué aucun rôle dans ton crime. Un tison du Styx à la main et hérissée de vipères gonflées de venin, t'empoisonna de son souffle une des trois sœurs infernales [615]. C'est un crime que de haïr un père, mais cet amour que tu conçus est un crime pire que la haine. De toutes parts les désirs de l'élite de la noblesse vont à toi, et de tout l'Orient la jeunesse est accourue pour se disputer ta couche. Entre tous, choisis, Myrrha, un époux, pourvu que, de tous, un homme soit excepté.

« Elle en a bien le sentiment et lutte contre son amour honteux : « Où se laissent emporter mes pensées, se dit-elle, où veux-je en venir ? O dieux, je vous en supplie, et toi, Piété filiale, vous, droits sacrés des parents, ne laissez pas se consommer ce sacrilège, dressez-vous contre mon crime : si toutefois c'est bien là un crime ! Car enfin, la Piété filiale se refuserait-elle à condamner un pareil amour ? Les autres êtres s'accouplent sans s'astreindre à aucun choix. On ne trouve pas honteux pour une génisse de porter sur son échine le poids de son père ; le cheval prend sa propre fille pour épouse, et le bouc s'unit aux chèvres qu'il a procréées ; l'oiseau, de la semence de celui par qui il fut conçu, conçoit lui-même. Heureux les êtres qui ont licence d'agir de la sorte ! L'homme, par scrupule, a fait des lois malfaisantes, et la liberté qu'admet la nature, une législation jalouse la refuse. Il est cependant, dit-on, des peuples chez lesquels la mère s'unit à son fils, la fille à son père, et la tendresse familiale s'accroît d'un amour qui la redouble [616]. Quel est mon malheur de n'être, hélas ! pas née en ces pays. Le hasard qui m'a fait naître ici m'accable. Mais pourquoi revenir sur ces pensées ? Espoirs défendus, éloignez-vous. Il est digne d'être aimé, mais comme un père. Ainsi donc, si je n'étais la fille du grand Cinyras, je pourrais partager la couche de Cinyras. Maintenant, parce qu'il est déjà mien, il ne peut être à moi, et cette proche parenté même cause ma perte : étrangère, je serais plus forte. Mon désir est de fuir loin d'ici, d'abandonner le pays qui est ma patrie, pourvu que j'échappe au crime. Mais j'aime et une ardeur criminelle me retient, pour rester aux côtés de Cinyras et le voir, le toucher, lui parler, l'embrasser, si rien de plus ne m'est permis. Peux-tu donc espérer quelque chose de plus, fille impie ? Et te rends-tu compte de la confusion où tu tombes de tant de droits et de noms ? Seras-tu à la fois la rivale de ta mère et la maîtresse de ton père ? Porteras-tu le nom de sœur de ton fils et de mère de ton frère ? Ne redouteras-tu pas les sœurs à la chevelure de noirs serpents, que ceux dont le cœur est coupable voient agiter des torches menaçantes devant leurs yeux et leur visage ? Non, puisque ton corps ne s'est pas encore prêté à l'acte impie, n'en conçois pas même la pensée et ne souille pas par un accouplement qu'elle interdit les conventions que nous impose la puissante nature. Suppose même que tu y sois décidée : tu te heurtes à la réalité. Lui, il respecte les attachements de la famille, il n'oublie pas les prescriptions de la coutume. Oh! Comme je voudrais qu'il fût en proie à une folie semblable à la mienne. »

« Elle dit. De son côté, Cinyras, que la foule des prétendants digne de sa fille fait hésiter sur la décision à prendre, la consulte elle-même, en lui donnant leurs noms, sur le mari auquel elle veut appartenir. Elle commence par se taire; attachant ses regards sur le visage de son père, elle est soulevée d'émoi et ses yeux sont baignés d'une tiède rosée de larmes. Cinyras, croyant que la timidité virginale les fait couler, lui défend de pleurer, sèche ses joues, en même temps qu'il l'embrasse. Myrrha, aux baisers qu'il lui donne, ressent trop de joie, et, quand il lui demande quelle sorte d'époux elle souhaite avoir : « J'en veux un qui te ressemble, » dit-elle. Mais lui, sans comprendre le sens de ces mots, la loue et : « Témoigne toujours de la même piété filiale » dit-il. En l'entendant prononcer ce mot de piété filiale, la jeune fille baissa la tête, consciente de son crime.

« La nuit était parvenue au milieu de sa course, et la détente du sommeil avait apporté l'apaisement aux soucis et aux corps. Mais la fille de Cinyras, toujours éveillée, est dévorée par un feu inextinguible, et son esprit ressasse les espoirs que lui inspire sa folie. Tantôt elle est découragée, tantôt elle décide de courir le risque. Partagée entre la honte et le désir, elle ne trouve pas ce qu'elle doit faire. Comme un tronc immense blessé par la hache, quand il ne reste à lui porter que le dernier coup, on ignore où il tombera, et sa chute est attendue avec crainte de tous les côtés; tout de même son esprit, ébranlé par des coups renouvelés, chancelle, sans opposer de résistance, d'un côté puis de l'autre et penche successivement dans les deux sens. Aucun moyen ne se présente à elle comme terme ou soulagement à son amour, si ce n'est la mort. La mort la séduit. Elle se lève et s'apprête à nouer à son cou le lacet. Et, après avoir attaché sa ceinture au sommet d'un chambranle : « Adieu, Cinyras chéri, comprends ce qui cause ma mort! » dit-elle; et elle attachait le lien fatal à son cou pâlissant. Le murmure de sa voix était, dit-on, parvenu jusqu'aux oreilles fidèles de sa nourrice, qui veillait à l'entrée de la chambre de celle qu'elle éleva. La vieille femme se dresse, ouvre la porte, et, voyant l'instrument de la mort toute prête, dans le même instant elle s'écrie, se frappe la poitrine, déchire sa robe, met en pièces le lien arraché au cou de Myrrha. Alors enfin elle trouva le temps de pleurer, d'entourer de ses bras la jeune fille, de lui demander pourquoi ce lacet. Celle-ci, les lèvres serrées, garde le silence et, immobile, les yeux fixés à terre, déplore de voir surpris ses efforts pour se donner une mort ainsi retardée. La vieille femme insiste et, découvrant ses cheveux blancs et ses mamelles vides, elle la supplie, par son berceau, par le lait qui nourrit sa tendre enfance, de lui confier, sans lui rien cacher, ses chagrins. A ses questions, Myrrha se détourne et gémit. La nourrice est résolue à tout savoir, à ne pas s'en tenir aux protestations de fidélité : « Parle, dit-elle, et laisse-moi venir à ton aide; ma vieillesse n'est pas paresseuse. Si c'est de folie que tu es atteinte, je sais une femme qui, avec des charmes et des herbes, peut la guérir; si quelqu'un t'a fait du mal, tu seras délivrée par un rite magique purificateur. Si c'est l'effet de la colère des dieux, cette colère peut être apaisée par des sacrifices. Quelle autre supposition pourrais-je encore faire ? Rien ne menace ta fortune, ta famille, et leur prospérité suit son cours. Ta mère vit, ton père aussi. » Myrrha, à la mention faite de son père, soupira du plus profond de sa poitrine. Aucun soupçon de son ardeur criminelle ne vient encore à l'esprit de la nourrice, mais elle pressent cependant quelque amoureux secret. Et, poursuivant avec ténacité son dessein, elle la supplie de lui révéler, à elle, quel qu'il soit; elle la prend, prend, tout en larmes, sur ses genoux de vieille femme et, l'entourant alors de ses bras débiles : « Je vois ce que c'est, dit-elle : tu aimes. En cette occasion encore, mon dévoûment, n'aie aucune crainte, te sera entièrement acquis. Et jamais ton père ne se doutera de rien. » Comme prise de folie, Myrrha se leva d'un bond, échappant à son étreinte, et, le visage pressé contre les coussins : « Va-t'en, je t'en supplie; pitié pour une infortunée accablée de honte! » dit-elle. Et, l'autre insistant : « Va-t'en, ou cesse, dit-elle, de me demander pourquoi je souffre : c'est un crime que tu t'évertues à connaître. » La vieille femme frémit; elle tend ses mains tremblantes de vieillesse et de peur et tombe suppliante aux pieds de l'enfant qu'elle a nourrie. Elle a recours tantôt aux caresses, tantôt à la terreur, menaçant, si Myrrha ne lui fait pas de confidence, de dénoncer le lacet, la tentative de suicide, et puis promet ses bons offices pour l'amour dont on lui fera l'aveu. Myrrha releva la tête et, des larmes qui coulaient de ses yeux, baigna le sein de sa nourrice; à plusieurs reprises, elle fait effort pour avouer, mais chaque fois elle retient les paroles sur ses lèvres; enfin, pleine de honte, se cachant le visage de son vêtement : « Heureuse ma mère, dit-elle, d'avoir un tel époux. » Elle n'en dit pas plus et poussa un gémissement. Les membres glacés jusqu'aux os, la nourrice — car elle a compris — est prise d'un tremblement, et sur sa tête blanchie ses cheveux se dressèrent hérissés d'effroi. Elle multiplia les objurgations pour chasser, s'il était possible, cet amour monstrueux. La jeune fille sait bien que ces remontrances ne sont pas dépourvues de vérité, mais elle est cependant décidée à mourir s'il lui faut renoncer à posséder ce qu'elle aime : « Vis donc, dit la nourrice, jouis de la possession de ton... » et n'osant dire « de ton père », elle se tut; et elle jure par les dieux de tenir sa promesse.

« Les matrones du pays célébraient pieusement ces fêtes de Cérès où, enveloppées dans des vêtements d'une blancheur de neige, elles lui offrent comme prémices de la moisson des guirlandes d'épis, et, pendant neuf nuits entières, comptent au nombre des actes interdits l'amour et tout contact avec un homme [617]. De leur troupe fait partie Cenchreis, l'épouse du roi, assidue à la célébration des mystères sacrés. Donc, en ces jours où le lit du roi est déserté par son épouse légitime, la nourrice, pleine d'un zèle coupable, ayant trouvé Cinyras alourdi par le vin, lui fait, en déguisant le nom de la femme, le tableau de l'amour véritable qu'il a inspiré, et loue la beauté de cette vierge. Il lui demande quel est son âge : « L'âge de Myrrha », dit-elle. Quand elle eut reçu l'ordre de l'amener et fut rentrée chez elle : « Réjouis-toi, ma fille, dit-elle, nous avons remporté la victoire. » L'infortunée jeune fille ne se sent pas envahie sans réserve par la joie : un pressentiment la pénètre de tristesse; mais pourtant elle se réjouit : si grandes sont les contradictions de son cœur.

« C'était l'heure où tout se tait; le Bouvier, inclinant le timon de son chariot, avait infléchi sa route entre les Trions [618]. Myrrha s'achemine vers son crime. La lune d'or s'est enfuie du ciel; de noirs nuages couvrent les astres qui se cachent. Les feux de la nuit lui font défaut. Le premier, tu couvres ton visage, Icarius, et toi Erigoné, qu'a consacrée un pieux amour pour ton père [619]. Trois fois son pied buta, et par ce signe elle fut invitée à revenir sur ses pas; trois fois le funèbre hibou poussa son cri, présage de mort. Elle va cependant; les ténèbres et l'obscurité de la nuit diminuent sa honte. De sa main gauche elle tient la main de sa nourrice. De l'autre main, en tâtonnant, elle explore sa route dans l'obscurité. Elle touche déjà le seuil de la chambre, elle en ouvre déjà la porte, elle y est déjà introduite. Mais, fléchissant sur ses jarrets, les genoux tremblants, décolorée, exsangue, elle sent sa résolution l'abandonner à chaque pas. Et, plus elle approche de la consommation de son crime, plus elle éprouve d'horreur et de remords de son audace; elle voudrait pouvoir, sans être reconnue, revenir en arrière. Comme elle hésite, la vieille la traîne par la main; quand elle l'a amenée auprès de l'estrade où est le lit, en la livrant au roi : « Prends-la, dit-elle; cette femme est à toi, Cinyras »; et elle unit leurs corps maudits. Le père reçoit dans sa couche désormais souillée celle qui était sa chair même; il calme ses virginales alarmes, il rassure sa compagne tremblante. Peut-être même, prenant prétexte de son âge, lui dit-il : « Ma fille »; peut-être lui dit-elle : « Mon père », pour que rien, même les noms, ne manque à leur coupable union. Myrrha sort enceinte de la chambre de son père; elle emporte dans son sein maudit un germe sacrilège et le fardeau d'une conception criminelle.

« La nuit suivante redouble leur forfait. Et elle n'y met

pas un terme. Enfin Cinyras, curieux de connaître son amante après tant d'étreintes renouvelées, à la lueur d'un flambeau qu'il a fait apporter voit à la fois son crime et sa fille; la douleur lui coupant la parole, il arrache du fourreau suspendu à portée de sa main une épée étincelante. Myrrha fuit, et grâce aux ténèbres, fut, à la faveur de l'obscurité de la nuit, soustraite à la mort. Après avoir erré à travers champs, elle abandonne l'Arabie, terre des palmiers, et les campagnes de Panchaïe. Depuis qu'elle errait ainsi, déjà neuf mois avait reparu dans le ciel le croissant de la lune revenue, quand elle se reposa enfin, accablée de lassitude, sur la terre de Saba; le poids qu'elle portait dans ses flancs excédait maintenant ses forces. Alors, ne sachant à quel sort se vouer, partagée entre la crainte de la mort et le dégoût de la vie, elle en vint à formuler cette prière : « O Divinités, s'il en est qui prêtez l'oreille aux aveux, j'ai mérité et je ne refuse pas de subir un cruel supplice. Mais, pour ne pas offenser les vivants, si ma vie se prolonge, ou si je meurs, les défunts, bannissez-moi de leurs deux séjours; et, par une métamorphose, consentez à me soustraire à la vie comme à la mort. » Il est une divinité qui prête l'oreille aux aveux. Et les dieux agréèrent au moins le souhait suprême de Myrrha : car, tandis qu'elle parlait, la terre vint recouvrir ses pieds; entre ses ongles qui se fendent, s'allonge obliquement une racine qui forme l'assise solide d'un tronc élancé. Ses os deviennent un bois dur et, dans le canal central de la moelle, qui subsiste, le sang circule transformé en sève; les bras deviennent de longues branches, les doigts, de plus petites; la peau se durcit, changée en écorce. Et déjà l'arbre, poursuivant sa croissance, avait comprimé les flancs appesantis, recouvert la poitrine et s'apprêtait à envahir le cou; Myrrha ne put supporter l'attente : prévenant la montée du bois, elle s'affaissa et enfouit dans l'écorce son visage. Bien qu'elle ait perdu, avec son corps, sa sensibilité d'autrefois, elle pleure cependant, et des gouttes tièdes coulent de l'arbre. Ces larmes sont hautement prisées; et la myrrhe que dispense goutte à goutte l'écorce conserve le nom de celle dont elle provient, et que nul siècle à venir ne taira.

« Cependant, l'enfant, fruit de la faute, avait crû sous le bois et cherchait l'issue par laquelle, abandonnant celle qui le portait, il se libérerait d'elle. Le milieu de l'arbre enfle sous la poussée du ventre alourdi que son faix distend. Les douleurs de la mère ne peuvent s'exprimer par des mots, et, pour enfanter, sa voix ne peut invoquer l'aide de Lucine. Cependant, l'arbre a toute l'apparence d'une femme en travail; courbé, il ne cesse de pousser des gémissements, et les larmes qui tombent de ses branches l'humectent. Lucine, pitoyable, s'approcha des rameaux plaintifs, leur imposa ses mains et prononça les mots de la délivrance. L'arbre se fissure et, par une fente de l'écorce, livre passage à son vivant fardeau; l'enfant vagit; les Naïades l'étendirent sur une molle couche d'herbe et l'oignirent des larmes de sa mère. L'Envie, elle aussi, louerait sa beauté. Car tels que sont les Amours que l'on voit peints nus dans les tableaux, tel il était; mais, pour qu'il n'y ait nulle différence dans les atours, ou bien donnez-lui un léger carquois, ou bien enlevez le sien à Cupidon [620].

ADONIS ET VÉNUS. ATALANTE, HIPPOMÈNE

« Le temps ailé suit insensiblement son cours et fuit à notre insu; et rien ne passe plus rapidement que les années. L'enfant, né de sa propre sœur et de son grand-père et qui, caché naguère dans un arbre, avait naguère vu le jour, hier encore beau entre tous dans son berceau, est maintenant un jeune homme, maintenant un homme; maintenant il se surpasse en beauté lui-même, maintenant il séduit jusqu'à Vénus et tire vengeance des feux qu'elle alluma en Myrrha, sa mère. Car, un jour que l'enfant au carquois donnait un baiser à sa mère, sans s'en apercevoir, de la pointe d'une flèche qui dépassait, il frôla le sein de Vénus. Touchée, la déesse écarta de la main son fils. La blessure était plus profonde qu'elle n'en avait l'air, et Vénus elle-même s'y était d'abord trompée. Séduite par la beauté du jeune homme, elle n'a plus cure des rivages de Cythère, elle ne va plus revoir Paphos, à qui la mer profonde fait une ceinture, ni la poissonneuse Cnide, ni Amathonte, dont la terre recèle le métal [621]; elle renonce même au ciel : sur le ciel l'emporte pour elle Adonis. Elle ne le quitte plus, elle se fait sa compagne; elle, accoutumée à toujours rechercher ses aises sous les ombrages, à ajouter encore à ses attraits par mille soins, elle erre à travers les montagnes, à travers les bois et les rochers couverts de buissons, la robe retroussée jusqu'au genou, à la façon de Diane; elle excite l'ardeur des chiens, elle donne la chasse aux animaux dout la capture est sans danger, lièvres à la course précipitée, cerf à la haute ramure, daims; elle n'a garde d'attaquer les sangliers robustes, elle évite les loups ravisseurs, les ours armés de griffes, les lions gorgés du sang des troupeaux. A toi aussi, Adonis, elle te conseille, si les conseils peuvent avoir quelque effet, de les craindre : « Sois courageux avec le gibier qui recourt à la fuite, dit-elle; contre celui qui tient tête, tenir tête est dangereux. Par pitié, ô mon jeune amant, évite toute témérité qui mettrait en péril mon bonheur. Ne va pas attaquer les animaux à qui la nature a donné des armes; je ne veux pas payer trop cher la fierté que tu m'inspires. Ni ta jeunesse, ni ta beauté, ni rien de ce qui a touché le cœur de Vénus ne touche les lions ni les sangliers aux rudes soies, les yeux ni le cœur des bêtes féroces. Les sangliers impétueux portent la foudre dans leurs défenses recourbées. Les fauves lions sont de rudes assaillants et rien ne résiste à leur colère. C'est une race que je hais. » Comme Adonis lui demandait pourquoi : « Je te le dirai, répond-elle, et tu admireras le prodige qui châtia une faute déjà ancienne. Mais cette besogne dont je n'ai pas l'habitude m'a fatiguée, et voici qu'opportunément un peuplier nous offre son ombrage accueillant et le gazon une couche; j'ai envie de m'y reposer en ta compagnie. » Et elle se coucha sur le sol, pesant de tout le poids de son corps sur l'herbe et sur Adonis; alors, la tête posée sur le sein du jeune homme étendu, elle parle en ces termes, entrecoupant son récit de ses baisers.

« Peut-être as-tu entendu parler d'une jeune fille qui, luttant à la course, surpassait en rapidité les hommes [622]. Le bruit qui s'en était répandu n'était pas une fable : elle les surpassait, en effet. Et l'on n'aurait pu décider si c'était par son étonnante vitesse ou par la perfection de sa beauté qu'elle l'emportait. Comme elle consultait un jour l'oracle sur l'époux qu'elle aurait : « D'époux, dit le dieu, il n'est nul besoin pour toi, Atalante. Garde-toi de prendre un époux. Tu n'y échapperas pas cependant, et, vivante, tu seras réduite à n'être plus toi-même. » Terrifiée par la prédiction du dieu, elle va vivre, rebelle à toute union, dans les épaisses forêts et met en déroute avec emportement la foule des prétendants qui la pressent en leur imposant cette condition : « Nul ne me possédera, dit-elle, s'il ne m'a d'abord vaincue à la course. Luttez de vitesse avec moi : le plus rapide, pour récompense, aura ma main et ma couche; ceux qui resteront en arrière n'y gagneront que de mourir. Telle est la loi de la lutte. » Atalante se montrait impitoyable, mais — tel est le pouvoir de la beauté — une foule de prétendants prêts au risque vint se soumettre à cette condition. Hippomène [623] avait pris place comme spectateur de cette course aux chances inégales : « Est-il possible que l'on coure de si grands dangers pour conquérir une épouse ? » avait-il dit, et il avait condamné l'excès de la passion des jeunes gens. Mais, quand il vit le visage d'Atalante et, lorsqu'elle eut quitté ses voiles, son corps aussi beau que le mien ou que serait le tien, si tu devenais femme, il fut frappé de stupeur et, levant les mains : « Pardonnez-moi, dit-il, vous que je viens de blâmer. La récompense que vous pouviez briguer ne m'était pas encore connue. » En louant Atalante, il s'enflamme pour elle; il souhaite qu'aucun des jeunes hommes ne soit plus rapide qu'elle à la course, et la jalousie lui inspire des craintes : « Mais pourquoi laisser sans en courir aussi la chance se disputer cette lutte ? se dit-il. La divinité même est favorable aux audacieux. » Tandis qu'Hippomène fait en soi ces réflexions, la jeune fille vole au but d'un pas ailé. Et, bien que le jeune Aonien [624] ne pût pas mieux suivre des yeux sa course que le vol d'une flèche Scythe, cependant il admire davantage encore sa beauté : c'est la course même qui la rend belle; la brise ramène, après les avoir écartés de ses pieds rapides, les rubans flottants de ses sandales; sur ses épaules d'ivoire voltigent ses cheveux et, au-dessous de ses jarrets, les bandelettes brodées qu'elle porte aux genoux. La blancheur de son teint virginal s'était colorée de rose, tout de même qu'un velum de pourpre tendu sur le marbre blanc d'un atrium y colore l'ombre d'une nuance empruntée. Tandis que l'étranger note tous ces détails, la dernière borne a été franchie à la course et Atalante victorieuse ceint sa tête d'une couronne de fête. Les vaincus gémissent et subissent la peine convenue.

« Cependant, le jeune homme, sans se laisser détourner de son projet par la crainte qu'inspire leur sort, se dressa au milieu de l'assemblée et, le regard fixé sur la jeune fille : « Pourquoi cherches-tu un facile titre de gloire en triomphant de rivaux incapables de résistance ? Mesure-toi avec moi, dit-il. Ou bien la fortune me donnera l'avantage : dans ce cas, tu ne pourras t'indigner d'être vaincue par un pareil adversaire. Mon père est, en effet, Mégareus, roi d'Onchestus; il a pour aïeul Neptune, je suis l'arrière-petit-fils du roi des eaux [625]. Et ma valeur ne le cède pas à ma naissance. Ou bien je serai vaincu, et, à la défaite d'Hippomène, tu gagneras une immense et éternelle renommée. » Tandis qu'il parle ainsi, la fille de Schœneus le regarde d'un œil plein de douceur et se demande si elle préfère avoir le dessous ou vaincre. Puis : « Quel dieu ennemi des beaux jeunes hommes, dit-elle, veut la perte de celui-ci et le pousse, risquant une vie précieuse, à rechercher cette union avec moi ? Je ne vaux pas, à mon sens, un pareil prix. Ce n'est pas sa beauté qui me touche, — je pourrais cependant me laisser aussi toucher par elle, — mais c'est qu'il est encore un enfant. Ce n'est pas lui qui m'émeut, c'est son âge. Et que dire de son âme courageuse et inaccessible à la crainte de la mort ? Que dire de ce qu'il compte, à la quatrième génération, comme descendant du dieu des mers ? Que dire de son amour, de ce qu'il attache un tel prix au bonheur d'être mon époux, qu'il préférerait mourir si un sort cruel devait me refuser à lui ? Il en est encore temps, étranger : pars, renonce à une couche arrosée de sang. La cruauté préside à mon hymen. Il n'est pas de femme qui refuse de t'épouser, et tu peux être l'objet des vœux d'une jeune fille pleine de raison. Mais pourquoi m'intéresser à toi, quand j'ai causé la mort de tant d'autres ? A lui de voir ce qu'il doit faire ! Qu'il meure, puisque le massacre de tant de prétendants ne lui a pas ouvert les yeux et qu'il tient si peu à la vie. Il périra donc pour avoir voulu vivre avec moi ? Il subira une mort injuste comme prix de son amour ? Ma victoire ne sera pas de celles qui inspirent la jalousie. Mais ce n'est pas moi qu'il faut en accuser. Plût aux dieux que tu fusses tenté de renoncer, ou, puisque la folie t'égare, plût aux dieux que tu fusses le plus rapide ! Mais quelle expression virginale sur son visage d'enfant ! Ah ! malheureux Hippomène, je voudrais que tu ne m'eusses jamais vue ! Tu méritais de vivre. Si j'étais plus heureuse, si le destin cruel ne s'opposait pas à mon mariage, tu étais le seul avec qui je voudrais partager ma couche. » Elle dit, et, dans son inexpérience, pour la première fois touchée par le désir, ignorant ce qu'elle fait, elle aime et ne comprend pas qu'elle aime.

« Déjà peuple et noblesse réclament la course accoutumée ; alors le descendant de Neptune, Hippomène, m'invoque d'une voix inquiète : « Puisse la déesse de Cythère, je l'en supplie, m'accorder son assistance pour ce que j'ose et sa faveur pour les feux qu'elle alluma en moi. » La brise m'apporta de bonne grâce cette prière faite pour me flatter. Et je fus émue, je l'avoue. Je n'avais que bien peu de temps pour aller à son aide. Il est un champ auquel les gens du pays donnent le nom de Tamasus [626], c'est le plus riche de la terre de Cypre; leurs ancêtres me l'ont jadis consacré et ont décidé que la propriété en serait attribuée à mes temples. Au milieu du champ resplendit un arbre au fauve feuillage, aux branches toutes bruissantes du crépitement de l'or fauve. Venant par hasard de ce lieu, je portais trois pommes d'or que j'y avais cueillies de ma main; sans pouvoir être vue de personne, sauf de lui, je m'approchai d'Hippomène et lui appris quel usage il devait en faire. Les trompettes avaient donné le signal. Tous deux, penchés en avant, bondissent hors de la barrière et d'un pas agile effleurent la surface du sable. On les croirait capables de raser les flots sans mouiller leurs pieds et de courir, sans les incliner, sur les épis de la moisson blanchissante. L'ardeur du jeune homme redouble aux acclamations favorables des spectateurs qui lui crient : « Voilà, voilà le moment de donner tout ton effort, Hippomène! Plus vite! C'est le moment d'employer toutes tes forces! Ne ralentis pas, tu tiens la victoire! » Je ne sais lequel, du héros fils de Mégareus ou de la fille de Schœneus, éprouve le plus de joie à ces cris. Oh! que de fois, quand elle pouvait le dépasser, a-t-elle ralenti sa course et a-t-elle, après un long regard, détaché à regret les yeux du visage du jeune homme! Cependant, la bouche desséchée par la fatigue, Hippomène haletait et la borne était loin. Alors, le descendant de Neptune lança enfin l'un des trois fruits de l'arbre. La jeune fille fut frappée d'étonnement; prise de désir pour la pomme brillante, elle se détourne tout en courant et ramasse le fruit d'or roulant sur le sol. Hippomène la dépasse; le stade résonne au bruit des applaudissements. Atalante, accélérant sa course, regagne son retard et le temps de son arrêt, et de nouveau laisse le jeune homme en arrière. Retardée une fois de plus par la seconde pomme qu'il a lancée, elle le rejoint encore et le dépasse. Restait la dernière partie de la course. « Assiste-moi, dit-il, c'en est le moment, déesse qui m'as fait ce présent! » Et, sur le côté de la piste, pour retarder davantage le retour d'Atalante, il jeta obliquement, d'un geste plein de jeune vigueur, le fruit d'or brillant. La jeune fille sembla hésiter à l'aller prendre : je l'obligeai à le ramasser; j'alourdis encore la pomme qu'elle emportait, et je gênai sa course à la fois par le poids de sa charge et par son retard. Enfin, pour que mon récit ne traîne pas plus que la course elle-même, la jeune fille fut distancée; Hippomène épousa celle qui était le prix de sa victoire.

« N'avais-je pas mérité, Adonis, qu'il me rendît grâces et m'apportât l'hommage de son encens ? Oublieux de ce qu'il me devait, il ne m'offrit ni actions de grâces ni encens. De la bienveillance je passe alors à une soudaine colère, et, blessée de son dédain, je tiens à éviter par un exemple de m'exposer au mépris dans l'avenir, et je m'exhorte moi-même à me venger des deux époux. Il est un temple que, jadis, à la suite d'un vœu, l'illustre Echion [627] éleva en l'honneur de la Mère des dieux, à l'abri des fourrés épais d'une forêt. Comme ils passaient dans le voisinage, la longueur de la route les invita au repos. Là, Hippomène fut pris d'une intempestive envie de commerce amoureux, excitée en lui par ma volonté divine. Il y avait près du temple un réduit éclairé par une lumière avare, semblable à une grotte, avec un toit de tuf naturel, lieu consacré depuis longtemps par la religion; le prêtre y avait rassemblé nombre de statues de bois des anciens dieux. Hippomène y pénètre et souille ce sanctuaire en s'y livrant honteusement à un acte interdit. Les images sacrées détournèrent les yeux. La Mère des dieux à la couronne de tours balança si elle plongerait les coupables dans l'onde du Styx. La punition lui parut trop légère. Alors de fauves crinières recouvrent leurs cous, tout à l'heure encore lisses, leurs doigts se recourbent en griffes, de leurs épaules se détachent des pattes d'animal, le poids de leur corps se porte tout entier sur leur poitrine; d'une queue ils balaient la surface du sable. Leur visage respire la colère; au lieu de paroles, ils font entendre des grondements; comme chambres, ils fréquentent les forêts : désormais lions, objets de terreur pour les autres, ils serrent d'une dent docile le mors que leur impose Cybèle [628]. Toi qui m'es cher, évite-les, et avec eux toute l'espèce des bêtes sauvages qui ne tournent pas le dos pour fuir, mais combattent en offrant leur poitrail : je ne veux pas que ton courage nous soit funeste à tous deux. »

« Cet avertissement donné, Vénus, avec son attelage de cygnes, prend la route des airs. Mais les avertissements se heurtent au courage d'Adonis. Il se trouva que ses chiens, après avoir, sans se tromper, suivi sa trace, avaient débuché un sanglier de sa bauge; comme la bête s'apprêtait à sortir de la forêt, le jeune homme, fils de Cinyras, l'avait blessée d'un coup porté dans le flanc. Aussitôt, après s'être, de son boutoir recourbé, débarrassé de l'épieu teint de son sang, le sanglier farouche poursuit le chasseur tremblant et cherchant à se mettre en sûreté; et, lui plongeant dans l'aine ses défenses tout entières, il l'étendit moribond sur le sable fauve. Emportée au milieu des airs sur son char léger, la déesse de Cythère n'était pas encore arrivée en Cypre sur les ailes de ses cygnes; elle reconnut de loin le gémissement d'Adonis mourant et fit tourner dans cette direction ses blancs oiseaux [629]. Et quand, du haut des airs, elle vit ce corps privé de connaissance, agité de soubresauts dans son propre sang, elle sauta de son char, déchira sa robe sur son sein en même temps qu'elle dénouait ses cheveux, et se frappa la poitrine de ses mains qui lui portaient d'indignes coups. Et, incriminant le destin : « Mais tout ne sera cependant pas justiciable de toi, dit-elle. Il restera toujours, cher Adonis, un souvenir de ma douleur : la représentation renouvelée de ta mort perpétuera le souvenir de mes lamentations par le spectacle qui les rappellera chaque année [630]. Ton sang, du moins, sera changé en une fleur. Eh! quoi, quand tu as permis que fussent transformés jadis les membres d'une femme en menthe parfumée [631], Perséphone, me verrai-je refuser le droit de métamorphoser le héros fils de Cinyras ? » Ayant ainsi parlé, elle arrose de nectar odorant le sang qui, à ce contact, bouillonna, comme font les bulles transparentes montant des eaux jaunes d'un bourbier [632]. Et, dans un délai qui n'excéda pas une heure entière, de ce sang naquit une fleur de même couleur, telle qu'en portent les grenadiers qui dissimulent leur graine sous une souple écorce. Cependant, l'usage qu'on en peut faire est court, car, elle tient mal à sa tige et, comme sa trop grande légèreté la rend fragile, elle est arrachée par le souffle de ces mêmes vents qui lui donnent son nom [633]. »

LIVRE ONZIÈME

Mort d'Orphée. — Midas. — Laomédon. — Hésioné. — Pélée et Thétis. — Pélée chez Céyx. — Céyx et Alcyoné. — Æsacos.

MORT D'ORPHÉE

Tandis que par de tels récits inspirés le chantre de Thrace entraîne à sa suite les forêts, les animaux sauvages, les rochers, voici que les femmes des Cicones [634], la poitrine couverte, dans leur délire, de peaux de bêtes, du haut d'un tertre aperçoivent Orphée accompagnant son chant sur sa lyre dont il frappe les cordes. L'une d'elles, agitant sa chevelure dans l'air léger : « Le voilà, dit-elle, le voilà : c'est l'homme qui nous méprise; » et elle lança sa lance [635] contre la bouche aux doux sons du chantre aimé d'Apollon; mais la pointe garnie de feuilles n'y laissa que sa marque, sans faire de blessure. Une autre, pour projectile, prend une pierre qui, une fois lancée, fut, dans l'air même, arrêtée par l'harmonieux concert de la voix et de la lyre et vint, comme suppliant qu'il lui pardonnât sa folle tentative, tomber aux pieds d'Orphée. Cependant, les attaques se multiplient avec une audace qui ne connut bientôt plus de bornes : Erinys règne dans toute son aveugle fureur [636]. Tous les projectiles auraient pourtant été rendus inoffensifs par le chant d'Orphée; mais l'immense clameur, la flûte de Bérécynthe au pavillon coudé [637], les tambourins, les battements de mains, les hurlements des Bacchantes, couvrirent le son de la cithare [638]. Alors enfin les rochers se rougirent du sang du chantre qu'ils n'entendaient plus.

Tout d'abord ce fut sur les oiseaux innombrables, les serpents, le troupeau des bêtes sauvages, que retenait jusqu'à ce moment encore, frappés d'admiration, la voix du chanteur, que les Ménades s'acharnèrent, car ils attestaient le triomphe remporté par Orphée. Puis, les mains ensanglantées, elles se tournent contre Orphée lui-même et se rassemblent, comme les oiseaux s'ils voient s'aventurer en plein jour l'oiseau de nuit, et comme, dans l'amphithéâtre, autour du cerf condamné à périr, au matin, dans l'arène, les chiens dont il est la proie; elles fondent sur le chantre inspiré, lui jettent leurs thyrses garnis de feuilles vertes et faits pour un tout autre usage; les unes brandissent contre lui des mottes de terre, d'autres des branches arrachées à un arbre, quelques-unes des pierres. Et, pour que les armes ne fissent pas défaut à leur fureur, il se trouva que des bœufs retournaient la terre sous l'effort de la charrue et que, non loin de là, préparant la récolte à force de sueurs des paysans aux bras vigoureux creusaient le sol dur de leurs champs. A la vue de la troupe des Ménades, ils s'enfuient et abandonnent leurs instruments de travail. A travers les champs désertés gisent en désordre çà et là sarcloirs, lourdes herses, longs hoyaux. Après s'en être emparées, après avoir mis en pièces les bœufs qui les menaçaient de leurs cornes, les Ménades forcenées reviennent en courant consommer la perte du chantre divin. Il tend les mains, il prononce des mots pour la première fois, à cette heure, sans effet, sa voix n'éveille plus d'émotion; ces femmes sacrilèges l'achèvent. Et par cette bouche, hélas! ô Jupiter, qu'avaient écoutée les rochers et comprise les bêtes sauvages, son âme s'exhala et fut emportée par les vents.

Tu fus, Orphée, pleuré par les oiseaux affligés, par la troupe des bêtes sauvages, par les durs rochers, par les forêts qu'entraînèrent souvent tes chants. Laissant choir ses feuilles, l'arbre, la tête rase [639], prit ton deuil; les fleuves aussi, dit-on, furent grossis de leurs propres larmes; les Naïades et les Dryades prirent des voiles assombris de noir et laissèrent épars leurs cheveux. Les membres d'Orphée gisent dispersés. Tu reçois sa tête, ô Hèbre, et sa lyre; et — prodige! — tandis qu'elle est emportée au milieu de ton fleuve, cette lyre plaintivement fait entendre je ne sais quels reproches, plaintivement la langue privée de sentiment murmure, plaintivement répondent les rives. Et maintenant emportés à la mer, ces restes abandonnent le fleuve de leur patrie et prennent possession du rivage de Méthymne, à Lesbos. Là, un affreux serpent veut s'en prendre à ce visage exposé à découvert sur une plage étrangère, à ces cheveux couverts des gouttelettes de la rosée marine. Enfin Phœbus survient. Il écarte le reptile qui se préparait à mordre et convertit en pierre sa gueule grande ouverte, durcissant, tel qu'il se trouvait, l'écartement béant des mâchoires. L'ombre d'Orphée descend sous la terre; les lieux qu'il avait vus auparavant, il les reconnaît tous; il parcourt, en quête d'Eurydice, les champs réservés aux âmes pieuses, il la trouve, il la serre passionnément dans ses bras. Là, tantôt ils errent tous deux, réglant leur pas l'un sur l'autre, tantôt elle le précède et il la suit, tantôt, marchant le premier, il la devance; et Orphée, en toute sécurité, se retourne pour regarder son Eurydice :

Cependant, Lyæus [640] ne permet pas que ce crime reste impuni. Affligé de la perte du chantre de ses mystères, sans retard, dans les forêts, il attacha au sol par de tortueuses racines toutes les femmes Edoniennes qui avaient assisté à l'attentat sacrilège. Allongeant, en effet, les doigts de leurs pieds à la place même jusqu'où chacune avait poussé sa poursuite, il en fit pénétrer les extrémités en pleine terre. Et comme l'oiseau, quand il a engagé sa patte dans les lacs habilement dissimulés par l'oiseleur et qu'il s'est senti pris, bat des ailes, et par ses mouvements désordonnés resserre ses liens, de même, à mesure que l'une d'elles se trouvait fixée au sol sans pouvoir s'en détacher, éperdue elle tentait vainement de fuir; mais une souple racine la retient, arrête ses bonds. Et, quand elle cherche où sont ses doigts, où son pied et ses ongles, elle voit le bois monter autour de ses chevilles rondes. Et, si elle essaie de manifester sa douleur en se frappant la cuisse de la main, c'est du bois qu'elle heurte. Sa poitrine devient du bois, de bois sont ses épaules; on pourrait aussi prendre les bras qu'elle allonge pour de véritables branches, et l'on ne se tromperait pas en le pensant.

MIDAS

Ce n'est pas assez pour Bacchus. Il abandonne le pays lui-même et, accompagné d'une troupe moins cruelle, il gagne les vignes de son Tmolus et le Pactole [641]; le fleuve cependant, à cette époque, ne roulait pas encore d'or, et ses sables précieux n'avaient pas encore excité les convoitises. Le cortège habituel du dieu, satyres et bacchantes, se presse autour de lui; mais Silène [642] manque. Titubant par l'effet de l'âge et du vin, des payssans de Phrygie se sont emparés de lui et l'ont, enchaîné de guirlandes de fleurs, conduit à leur roi Midas [643], que le Thrace Orphée avait initié aux orgies bachiques, avec Eumolpus, de la ville de Cécrops [644]. Quand Midas reconnut le compagnon du dieu, associé à la célébration de ses mystères, en l'honneur de l'arrivée de son hôte il festoya joyeusement pendant dix jours et dix nuits de suite. Et déjà pour la onzième fois Lucifer avait rassemblé l'armée des étoiles, quand le roi, en grande liesse, arrive dans les campagnes de Lydie et rend Silène au jeune dieu qu'il éleva. Celui-ci, tout à la joie d'avoir recouvré celui qui le nourrit, laissa Midas libre — flatteuse, mais dangereuse faveur — de choisir la récompense qu'il souhaiterait recevoir. Le roi, qui allait faire bien mauvais usage de ce don, dit : « Fais que tout ce que j'aurai touché de mon corps soit converti en or fauve. » Liber acquiesça à ce souhait et accorda le nuisible présent, peiné que Midas ne lui eût rien demandé qui valût mieux.

Le héros de Bérécynte le quitte, tout heureux, se réjouissant de ce qui fera son malheur; il s'assure sur tout ce qu'il rencontre, en le touchant, que le dieu tient bien sa promesse; encore mal persuadé de son pouvoir, il arracha d'une yeuse une branche verdissante à faible hauteur : la branche devint de l'or. Il ramasse à terre un caillou : le caillou à son tour prit la teinte pâle de l'or. Il touche aussi une motte de terre : au contact tout-puissant de sa main, la motte devient lingot. Il cueillit des épis desséchés de blé : c'est de l'or qu'il avait moissonné. Il tient un fruit détaché de l'arbre : on pourrait croire que c'est un présent des Hespérides. S'il a touché du doigt les hauts montants de la porte, ces montants semblent jeter des rayons. Et même quand il avait lavé ses mains dans une eau limpide, l'eau qui coulait de ses mains aurait pu tromper Danaé. Il a peine à mesurer lui-même par l'esprit toutes les espérances qu'il peut concevoir, se représentant tout en or. Tout entier à sa joie, il voit ses serviteurs déposer devant lui des tables chargées de mets, où ne faisait pas défaut le pain de froment grillé : mais voici qu'alors, s'il touchait de sa main les présents de Cérès, les dons de Cérès durcissaient; s'il s'apprêtait à déchirer les mets d'une dent avide, une feuille de métal fauve, dès que sa dent les touchait, recouvrait ces mets. Il avait mêlé à de l'eau pure le vin, don du dieu son bienfaiteur : on aurait pu voir, par sa bouche ouverte, couler de l'or liquide. Frappé de stupeur par cette infortune si nouvelle, tout ensemble comblé et misérable, il souhaite échapper à toute cette richesse, et ce qu'il avait naguère appelé de ses vœux lui est devenu odieux. L'abondance n'arrive pas à apaiser sa faim; une soif desséchante brûle son gosier et, par sa faute, cet or qu'il maudit ne lui apporte que tourments. Levant alors au ciel ses mains et ses bras revêtus d'or éclatant : « Pardonne-moi, ô Dieu du pressoir [645], j'ai eu tort, dit-il; mais aie pitié de moi et délivre-moi de ce don, funeste malgré les apparences. » Les dieux tout-puissants connaissent la bonté : Bacchus, voyant Midas faire l'aveu de sa faute, le rendit à son premier état et annula la faveur qu'il lui avait faite par fidélité à sa promesse : « Et, pour que tu ne restes pas pris dans la gangue de cet or convoité pour ton malheur, va, dit-il, jusqu'au fleuve voisin de Sardes la grande, et, remontant, par les pentes de la montagne, le cours de ses eaux, poursuis ta route jusqu'à ce que tu parviennes au lieu où il prend naissance; alors mets ta tête sous la source écumante, à l'endroit où le flot jaillit le plus abondant; lave ton corps et du même coup efface ta faute. » Le roi va s'exposer à ces eaux, comme l'ordonne le dieu. La vertu de l'or en colora le cours et passa du corps de l'homme dans le fleuve. Aujourd'hui encore, depuis qu'ils ont reçu le germe de l'antique filon, les champs ont la pâle couleur de l'or dont les mottes de leur sol durci sont saturées par ces eaux [646].

Midas, plein désormais d'horreur pour les richesses, avait pris goût pour les forêts, les campagnes et Pan, dont les antres des montagnes sont l'habituel séjour. Mais son intelligence resta aussi épaisse, et son esprit obtus devait, une fois de plus, jouer à son maître un méchant tour. Voici à quelle occasion. Dominant au loin la mer, le Tmolus dresse au sommet de ses hautes pentes sa cime escarpée, et sur ses deux versants se prolonge, d'un côté jusqu'à Sardes, de l'autre jusqu'à la modeste Hypæpa [647]. Là Pan, vantant un jour aux tendres nymphes les accords que, modulant un air léger, il tirait de ses pipeaux de roseaux réunis par de la cire, osa parler avec mépris des chants d'Apollon comparés aux siens et engagea une lutte inégale devant le Tmolus pris pour juge [648]. Le vieux juge s'assit sur sa propre montagne; il dégage ses oreilles de ses frondaisons; sa chevelure aux sombres reflets n'est plus couronnée que de feuillage de chêne, et des glands pendent contre ses tempes creuses. Regardant alors le dieu du bétail : « Le juge, dit-il, n'attend plus que vous. » Pan fait résonner ses pipeaux rustiques; avec ses sauvages accents, il charma Midas, qui se trouvait à ses côtés pendant qu'il jouait. Quand il eut fini, le Tmolus sacré tourna son visage vers celui de Phœbus, et toute sa forêt suivit son regard. Le dieu a sa tête blonde ceinte du laurier du Parnasse; sa robe, teinte avec le produit du murex de Tyr, balaie le sol; de sa main gauche, il soulève sa lyre incrustée d'ivoire des Indes et de pierres précieuses; l'autre main tenait le plectre. Son attitude même est celle d'un artiste consommé [649]. Alors, d'un pouce savant, il effleure les cordes et, séduit par la douceur de ces accords, le Tmolus décide que Pan doit s'incliner devant la supériorité de la lyre sur les roseaux. Le jugement et l'opinion de la montagne sainte ont l'agrément de tous. Seul, Midas prend la parole pour les discuter et les taxer d'injustice. Le dieu de Délos ne peut supporter que ces oreilles stupides gardent forme humaine; il les allonge, les remplit de poils grisâtres, les rend, à la base, peu stables et les doue de mobilité. Tout le reste du corps est d'un homme. Le châtiment n'atteint Midas qu'en un seul point; il est pourvu des oreilles de l'âne au pas lent.

Il souhaite de les cacher et, pénétré de honte et de confusion, il essaie de couvrir ses tempes d'une tiare de pourpre. Mais le serviteur habitué à couper avec le fer ses longs cheveux avait tout vu. Comme il n'osait révéler le secret de la difformité qu'il a constatée, tout désireux qu'il fût de le confier aux airs, et cependant était incapable de le taire, il va faire à l'écart un trou dans le sol, y raconte à voix basse quelle sorte d'oreilles il a vues à son maître, et murmure son secret à la terre qu'il a creusée. Puis il recouvre toute trace de mots prononcés avec les déblais retirés du trou, et, la fosse comblée, s'éloigne bouche close. Un massif dense de roseaux frissonnants poussa en cet endroit et quand, au bout d'un an révolu, ils furent parvenus à maturité, ils trahirent celui qui pour eux ameublit le sol : car, au souffle léger de l'Auster qui les balance, répétant les mots enfouis par le serviteur, ils dénoncèrent la vérité sur les oreilles de son maître.

LAOMÉDON. HÉSIONÉ

Après s'être ainsi vengé, le fils de Latone quitte le Tmolus. Porté à travers les airs limpides au-delà du détroit d'Hellé, fille de Néphélé [650], il s'arrêta dans les champs où régnait Laomédon [651]. A droite de Sigée, à gauche de Rhœtée aux eaux profondes, il est un antique autel consacré à Jupiter tonnant Panomphæus [652]. De là, Apollon voit Laomédon commencer à élever les remparts de la ville nouvelle de Troie, cette grande entreprise progresser avec peine, au milieu des difficultés, exigeant des frais considérables. Alors, en compagnie du dieu qui porte le trident, père des abîmes que soulève la tempête, il prend la forme humaine et construit ces murs pour le tyran de Phrygie, ayant stipulé, pour prix des murailles, une somme d'or. L'œuvre se dressait, achevée; le roi nie sa dette et ajoute, comble de perfidie, aux mensonges le parjure. « Ta conduite ne restera pas impunie », dit le dieu qui commande aux mers; et il dirigea la pente de ses eaux vers les rivages de cette Troie cupide. Il envahit les terres qui prirent l'apparence d'une mer, emporta tout ce qui faisait la richesse des laboureurs et recouvrit les champs de ses flots. Et ce châtiment ne lui suffit pas; il exige aussi que la fille du roi soit exposée à un monstre marin. Enchaînée à de durs rochers, elle est délivrée par l'Alcide, qui réclame, récompense promise, les chevaux désignés d'avance [653]. Le salaire d'un tel exploit lui étant refusé, il s'empare des murailles de cette Troie, deux fois parjure, dont il a eu raison. Télamon, qui avait pris part à l'expédition, ne se retira pas non plus sans profit et devient le maître d'Hésioné, qui lui est donnée [654]. Car, pour Pélée, il était déjà célèbre pour avoir une déesse comme épouse. Et il n'est pas plus fier du nom de son aïeul qu'il ne l'est de celui de son beau-père [655] : c'est que, si l'honneur d'être le petit-fils de Jupiter échut à plus d'un, à un seul échut celui d'avoir pour épouse une déesse.

PÉLÉE ET THÉTIS

Le vieux Protée avait, en effet, dit à Thétis : « Déesse de l'onde, deviens mère. Tu auras pour fils un jeune héros qui, l'âge venu de la valeur, surpassera les exploits de son père et sera proclamé plus grand encore que lui. » Aussi, pour que l'univers ne connût rien de plus grand que Jupiter, bien qu'il eût dans son cœur senti s'allumer une flamme brûlante, Jupiter se déroba à l'union avec Thétis, divinité des eaux, et voulut que son petit-fils l'Eacide à sa place souhaitât et connût les embrassements de la vierge marine. Il est un golfe d'Hémonie, aux rivages incurvés en forme de faucille, et dont les bras s'avancent au loin dans la mer; en cet endroit, si l'eau était plus profonde, il y aurait un port; l'eau y recouvre seulement la surface du sable. Le sol du rivage est assez consistant pour ne pas conserver l'empreinte des pas et ne pas retarder la marche, ni rester mouvant sous son tapis d'algue. Tout proche est un bois de myrtes aux branches chargées de baies de deux couleurs. Au milieu du bois est une grotte, œuvre de la nature ou de la main de l'homme, on ne sait; plutôt cependant de la main de l'homme. Tu avais coutume d'y venir souvent, Thétis, nue, assise sur un dauphin que guidait le mors. Là Pélée, un jour que tu y étais étendue, plongée dans le sommeil, te surprend; et comme, malgré ses sollicitations, tu résistes à ses prières, il veut te faire violence, nouant autour de ton cou ses deux bras. Si tu n'avais recouru, en prenant successivement des formes diverses, à tes artifices habituels, son audace serait parvenue à ses fins. Tu étais tantôt un oiseau : mais, il retenait l'oiseau; tantôt un arbre lourd : mais Pélée s'attachait de toute sa force à l'arbre. Tu pris une troisième forme, celle d'une tigresse à la robe tachetée : l'Eacide épouvanté dénoua alors l'étreinte de ses bras autour de ton corps. Puis, en l'honneur des dieux de la mer, il répand le vin sur les flots, brûle les entrailles d'une brebis, fait fumer l'encens, jusqu'à ce que le devin de Carpathos surgît de l'abîme : « Fils d'Eaque, lui dit-il, tu jouiras de la couche que tu convoites. Sache seulement, quand Thétis reposera endormie dans son antre de rocher, avant qu'elle s'en aperçoive, l'attacher dans un réseau de liens solides. Et ne sois pas la dupe des cent formes mensongères qu'elle revêtira, mais tiens-la bien, quel que soit son aspect, jusqu'à ce qu'elle ait repris sa forme première. » Ayant ainsi parlé, Protée cacha son visage sous les flots et laissa ses eaux se refermer sur les derniers mots qu'il prononça.

Le Titan dans sa course déclinante touchait du timon incliné de son char la mer d'Hespérie, quand la belle Néréide, ayant repris la route de sa grotte rocheuse, pénètre en ce lieu où elle trouve sa couche accoutumée. A peine Pélée avait-il assailli son corps virginal, qu'elle prend des formes sans cesse renouvelées, jusqu'au moment où elle se rend compte que ses membres sont prisonniers et ses bras étendus en sens opposés. Alors enfin elle poussa un gémissement : « Si tu es vainqueur, dit-elle, c'est que les dieux le veulent! » et elle reparut sous les traits de Thétis. Profitant de son aveu, le héros la prend dans ses bras; il possède celle qu'il convoitait et la rend grosse du grand Achille[656].

PÉLÉE CHEZ CÉYX

Heureux par son fils, heureux par son épouse, Pélée avait connu, si l'on excepte le reproche encouru pour avoir tué Phocus, tous les bonheurs[657]. Coupable d'avoir versé le sang de son frère, chassé de la maison de son père, la terre de Trachine [658] lui donne asile. Là régnait, sans recourir à la violence ou au meurtre, le fils de Lucifer, Céyx, dont le visage gardait le reflet de l'éclat paternel. A cette époque, plein de tristesse et bien différent de lui-même, il pleurait un frère enlevé à sa tendresse. Quand le fils d'Eaque, accablé par ses soucis et par la fatigue du voyage, fut arrivé en ces lieux et fut entré avec quelques compagnons dans la ville, après avoir laissé non loin des murs, dans une vallée ombragée, les troupeaux de moutons et de bœufs qu'il emmenait avec lui, une fois admis en présence du souverain, tendant vers lui, d'une main suppliante, le rameau orné de bandelettes [659], il lui apprend qui il est, de qui il est né. Il ne cache que son crime et donne une fausse raison de son exil; il demande à Céyx aide et accueil, à la ville ou à la campagne. Le roi de Trachine, les traits empreints de douceur, lui répond en ces termes : « Les hommes même de modeste extraction peuvent user librement des avantages de ce pays, et mon royaume n'est pas inhospitalier. Tu viens renforcer encore ces bonnes dispositions par des motifs puissants, un nom illustre et ce fait que Jupiter est ton aïeul. Ne perds pas ton temps en prières : tout ce que tu demandes, tu l'obtiendras. Considère comme tien, pour ta part, tout ce que tu vois ici. Plût aux dieux que le spectacle fût plus réconfortant! » Et il pleurait. Pélée et ses compagnons lui demandent quelle cause provoque une si profonde douleur; il leur fait alors ce récit.

« Peut-être supposez-vous que cet oiseau qui vit de rapines et répand la terreur parmi tous les autres oiseaux a toujours eu des plumes [660]. Ce fut un homme jadis, et — tant il a conservé les mêmes goûts! — déjà en ce temps mon frère était belliqueux et porté à la violence. Il s'appelait Dædalion et il avait pour père celui qui annonce l'aurore et disparaît le dernier du ciel. J'ai toujours eu le culte de la paix; mon unique souci était le maintien de la paix, en même temps que mon bonheur conjugal; mon frère n'avait de goût que pour la guerre barbare. Rois et peuples furent soumis par sa valeur qui, aujourd'hui, après sa métamorphose, se dépense à pourchasser les colombes de Thisbé [661]. Il avait une fille, Chioné, qui, douée d'une merveilleuse beauté, eut mille prétendants quand elle fut, à quatorze ans, nubile. Par hasard, Phœbus et le fils de Maia revenant, l'un de son sanctuaire de Delphes, l'autre du sommet du Cyllène, la virent en même temps et en même temps s'enflammèrent pour elle. Apollon diffère jusqu'à la nuit la satisfaction espérée de son amour. Mercure ne supporte aucun retard et, de sa baguette qui provoque le sommeil, il effleure le visage de la jeune fille. Ce contact tout-puissant la laisse inerte, et elle subit la violence du dieu. La nuit avait semé le ciel d'astres. Phœbus revêt l'apparence d'une vieille femme et prend un plaisir qu'un autre a déjà goûté. Quand Chioné, enceinte, fut arrivée à l'époque de sa délivrance, du dieu aux pieds ailés naît un rejeton plein de malice, Autolycus, dont l'ingéniosité savait toutes les ruses; rendre blanc le noir et noir le blanc était pour lui un jeu habituel : c'était le digne héritier de son père artificieux. De Phœbus naît — car Chioné avait donné le jour à deux jumeaux — Philammon, qui fut célèbre comme chanteur à la voix harmonieuse et comme cithariste. Mais que lui sert d'avoir mis au monde deux fils, et plu à deux dieux, d'avoir un père valeureux et pour aïeul Jupiter tonnant ? Pour beaucoup de mortels la gloire même est-elle donc fatale ? Elle le fut du moins pour elle. Elle eut la témérité de se préférer à Diane et critiqua la personne de la déesse. Aussi, soulevée d'une violente colère : « Eh bien, dit celle-ci, ce sont donc mes actions qui auront ton agrément ! » Et, tout aussitôt, elle ploya son arc et, tendant la corde, elle décocha une flèche et transperça du roseau cette langue justement châtiée. La langue devient muette; aucune émission de son ne suit ses tentatives pour prononcer les mots, et c'est en s'efforçant de parler qu'elle perdit, avec son sang, la vie. Et moi, malheureux, l'enlaçant de mes bras, j'éprouvai dans mon cœur d'oncle la douleur de cette mort et j'envoyai à mon bien-aimé frère mes consolations. Le père n'y est pas plus sensible que l'écueil aux murmures de la mer; il pleure, désespéré, la fille qui lui a été enlevée. Quand il vit son corps en proie aux flammes, par quatre fois il s'élança pour se jeter au milieu du bûcher; quatre fois écarté, il s'enfuit alors précipitamment et, semblable à un jeune taureau qui va, tête baissée, emportant les dards des frelons plantés dans son cou, il précipite sa course à travers champs. Il me parut alors courir plus vite qu'un être humain : on eût dit qu'il avait des ailes aux pieds. Aussi échappe-t-il à tous et rapidement, poussé par le désir de mourir, il atteint le sommet du Parnasse. Apollon le prit en pitié et, comme Dædalion s'était précipité du haut d'un rocher, il le changea en oiseau et le maintint suspendu dans les airs par des ailes subitement poussées, lui donna un bec crochu, des serres recourbées en guise d'ongles, la même combativité que jadis, une force supérieure au volume de son corps. C'est maintenant l'épervier, qui ne montre de pitié pour nul oiseau, mais s'acharne contre tous, et que la douleur pousse à faire souffrir les autres. »

Tandis que le fils de Lucifer raconte ce prodige touchant son frère, voici qu'arrive en hâte, essoufflé par sa course, le gardien du troupeau de bœufs, le Phocidien Anétor, criant : « Pélée, Pélée, je viens t'annoncer un grand malheur. » Quelque nouvelle qu'il apporte, Pélée lui ordonne de la dire. Le roi de Trachine lui-même, le visage anxieux de crainte, attend, inquiet. Anétor reprend : « J'avais amené sur le rivage aux côtes infléchies mes bêtes fatiguées, à l'heure où le soleil, arrivé au milieu et au plus haut point de la courbe qu'il décrit, pouvait voir qu'il lui restait à parcourir une route aussi longue que la route laissée derrière lui. Une partie des bœufs avaient plié les genoux sur le sable fauve et, couchés, regardaient les plaines liquides qui s'étendaient au loin; une partie errait à pas lents ici et là; d'autres se sont mis à la nage et, le cou haut dressé, maintiennent la tête au-dessus des eaux. Tout près de la mer, il est un temple où ne brillent ni le marbre ni l'or, mais qu'ombragent les troncs serrés d'un bois antique : c'est le temple des Néréides et de Nérée; un marin, tout en faisant sécher ses filets sur le rivage, me fit connaître que ces dieux étaient ceux de la mer. Un marais est contigu, tout entouré de saules; c'est l'eau de la mer débordée qui a formé ce marais. Il en vient un hurlement dont l'horrible bruit jette la terreur dans tout le voisinage, celui d'une énorme bête, et un loup sort des joncs du marais [662], il est couvert d'écume, sa gueule, terrible comme la foudre, est barbouillée de sang, ses yeux sont baignés d'une lueur rouge. Sa férocité est excitée à la fois par la rage et la faim, mais plus encore par la rage. Car il ne se soucie pas seulement d'assouvir, après un long jeûne, par un massacre de bœufs, sa faim cruelle, mais il blesse toutes les bêtes du troupeau et, dans sa fureur ennemie, les abat toutes. Quelques-uns même d'entre nous, atteints par ses morsures meurtrières, au cours d'une défense énergique, sont tués. Le sang rougit le rivage, l'eau qui le baigne, le marais rempli de mugissements. Tout retard serait funeste, et l'hésitation n'est pas permise. Tandis que tout n'est pas encore perdu, allons-y tous ensemble, prenons les armes, oui les armes, et réunissons l'effort de nos traits. »

Ainsi avait parlé le bouvier. Cependant cette perte n'avait pas ému Pélée. Mais, se rappelant son crime, il comprend que ces bœufs qu'il perd sont envoyés en offrande funèbre à Phocus mort par la Néréide privée de son fils [663]. Le roi de l'Œta fait revêtir leurs armures et prendre leurs traits redoutables à ses hommes et se préparait lui-même à les accompagner. Mais son épouse Alcyoné, attirée par le tumulte, s'élance hors de son appartement et, alors qu'elle n'avait pas encore achevé d'apprêter sa chevelure, elle la répand sur ses épaules et, les bras noués au cou de son mari, mêlant les prières aux larmes, elle le supplie de prêter secours à ses hôtes sans s'exposer lui-même et de sauver deux vies en en sauvant une. Le fils d'Eaque lui répond alors : « O reine, bannis ces craintes, qui font honneur à ta tendresse. Je suis plein de reconnaissance pour votre promesse de me secourir. Mais il ne me plaît pas que l'on prenne pour moi les armes contre un monstre tel qu'on n'en vit jamais. Il me faut seulement implorer la divinité de la mer. » Il y avait une haute tour, phare élevé au sommet de la citadelle, et dont le feu rendait l'espoir aux navires battus par les flots. Ils y montent et, de là, voient en gémissant les taureaux jonchant le rivage et le féroce animal qui dévasta le troupeau, la gueule dégoûtante de leur sang dont il a aussi ses longs poils souillés. Alors, tendant les mains vers le rivage qui borde la pleine mer, Pélée conjure Psamathé aux cheveux azurés de mettre fin à sa colère. Elle ne se laisse pas fléchir par la voix du fils d'Eaque et ses prières. Ce sont les supplications de Thétis en faveur de son époux qui obtiennent d'elle son pardon. Mais, bien que rappelé, le loup s'acharne à son cruel carnage, grisé par la volupté de verser le sang; la Néréide enfin, au moment où il enfonçait ses crocs dans le cou d'une génisse qu'il mettait en pièces, le changea en bête de marbre. Il a conservé sa forme et, hormis la couleur, tous ses traits : la couleur de la pierre montre bien que ce n'est plus un loup et qu'il ne doit plus désormais inspirer de crainte. Cependant, le destin ne permet pas à Pélée fugitif de se fixer sur cette terre; dans ses courses errantes, l'exilé arrive enfin chez les Magnètes [664]. C'est là qu'il est, par l'Hémonien Acaste, purifié du meurtre commis [665].

CÉYX ET ALCYONÉ

Cependant, Céyx, plein d'angoisse et le cœur troublé du prodige concernant son frère et de celui qui avait suivi la métamorphose de ce frère, s'apprête à aller au sanctuaire du dieu de Claros [666] consulter les oracles sacrés, qui apaisent l'inquiétude humaine. Car l'impie Phorbas, avec ses Phlégyens, rendait inaccessible le sanctuaire delphique [667]. Auparavant, il t'informe de son dessein, ô Alcyoné, la plus fidèle des femmes. Aussitôt le froid pénétra les os de son épouse jusqu'à la moelle; une pâleur, toute semblable à la couleur du buis, couvre son visage, et sur ses joues ruisselèrent les larmes. Trois fois elle fit effort pour parler, trois fois son visage fut baigné de pleurs, et, les sanglots interrompant les plaintes que lui inspire son amour : « Qu'ai-je donc fait, dit-elle, ô mon époux chéri, pour que ton cœur ait changé ? Qu'est devenu le souci que tu témoignais de moi auparavant ? Tu peux donc, maintenant, abandonnant Alcyoné, partir au loin l'esprit en repos ? Les longs voyages, maintenant, te tentent-ils ? L'absence, maintenant, me rend-elle pour toi plus chère ? Du moins, je le pense, tu fais route par terre; et je n'éprouverai que de la tristesse, sans éprouver par surcroît de la crainte, et ma sollicitude sera exempte d'alarmes. C'est l'eau qui m'effraie, et l'inquiétante image de la mer. J'ai vu naguère, sur le rivage, des débris de planches, et souvent, sur des tombeaux où ne reposait aucun corps, j'ai lu des noms [668]. Et qu'une confiance trompeuse ne règne pas dans ton esprit parce que ton beau-père est le fils d'Hippotès, qui tient emprisonnée la violence des vents et, quand il le veut, apaise les flots [669]. Une fois que les vents déchaînés se sont emparés de la surface des flots, ils ne connaissent plus aucun obstacle, et la terre entière, la mer entière sont à la merci de leurs fureurs. Ils assaillent même, dans le ciel, les nuages dont leurs chocs affreux font jaillir les feux rutilants des éclairs. Plus je les connais — car je les connais bien et souvent, enfant, je les ai vus dans la demeure de mon père —, plus grande est ma conviction qu'ils sont redoutables. Si ta résolution ne peut, cher époux, se laisser fléchir par aucune prière, si tu n'es que trop décidé à partir, prends-moi aussi avec toi. Du moins nous partagerons les risques du voyage et je ne craindrai que les dangers que je courrai; nous les supporterons ensemble, quels qu'ils soient; ensemble, nous serons emportés sur la vaste étendue des mers. » Par ces propos, par ses larmes, la fille d'Eole émeut son époux, fils d'un astre; car il ne brûle pas lui-même d'un moindre amour. Mais il ne consent ni à renoncer au projet de voyage sur la mer qu'il a formé, ni à en faire partager à Alcyoné les périls; et il lui répondit en prodiguant les assurances propres à apaiser son cœur craintif. Il ne la gagne pas, cependant, malgré cela, à son projet. Il ajouta enfin cette promesse consolante, qui seule put décider son amante : « Certes, pour moi, tout délai est bien long; mais je te jure, par les feux de l'astre mon père, si les destins me l'accordent, de revenir avant que par deux fois la lune arrondisse son disque. »

Quand il eut par ces promesses confirmé Alcyoné dans l'espoir du retour, Céyx ordonne qu'un navire, tiré de l'arsenal, soit mis à flot et gréé. A ce spectacle, une fois de plus, comme si elle avait le pressentiment de l'avenir, Alcyoné frissonna et laissa couler les larmes qui lui venaient aux yeux; elle prit Céyx dans ses bras et, pleine de détresse, d'une bouche attristée, elle lui dit enfin adieu; puis, s'abandonnant, elle s'affaissa. Cependant, les jeunes matelots, bien que Céyx demandât encore un peu de répit, ramènent, sur les deux rangs, les rames contre leurs robustes poitrines, et, d'une nage régulière, fendent les flots. Alcyoné souleva ses yeux noyés de larmes et elle voit d'abord son mari, debout à la poupe recourbée, de sa main qu'il agite, lui faire des signes; elle lui répond, par des signes, à son tour. Et, quand la distance de la terre s'est accrue, quand les yeux ne peuvent plus reconnaître les visages, aussi longtemps qu'elle le peut, elle suit de l'œil le vaisseau qui fuit. Lorsque enfin celui-ci, en raison de l'éloignement, fut hors de vue, elle regarde cependant encore la flamme ondoyant au sommet du mât [670]. Et, quand elle ne la voit plus, elle gagne, angoissée, son lit vide et se couche sur le coussin. Son lit, sa chambre font couler de nouveau les pleurs d'Alcyoné et lui rappellent quelle part d'elle-même en est absente.

Le navire avait quitté l'abri des côtes, et la brise faisait frémir les cordages. L'équipage tourne contre le flanc du vaisseau la pale des rames qu'il y laisse pendre, hisse les vergues au sommet du mât, déploie les voiles sur toute sa hauteur pour recevoir la brise qui se lève. Le navire, fendant l'eau de son étrave, avait parcouru moins, ou certainement pas plus de la moitié de sa course, et, de part et d'autre, la terre était fort éloignée, lorsque, à la tombée de la nuit, la mer commença à se couvrir de vagues blanchissantes et l'Eurus à souffler plus violemment de l'avant : « Amenez donc immédiatement les hautes vergues, crie le pilote, et carguez toute la voilure. » Tels sont ses ordres; mais les rafales du vent debout en gênent l'exécution, et le fracas des flots ne permet plus à la voix de se faire entendre. Cependant, de leur propre initiative, les uns s'empressent pour retirer les rames, d'autres pour protéger les plats-bords, d'autres pour que les voiles n'offrent aucune prise aux vents; celui-ci épuise l'eau et rejette à la mer le flot venu de la mer, celui-là amène vivement les vergues. Tandis que ces manœuvres s'exécutent sans ordre, la violence de la tempête s'accroît; de toutes parts, les vents se livrent des combats sans merci et bouleversent les flots en courroux. Le pilote, lui aussi, prend peur et avoue lui-même ignorer quelle est la position du navire, ce qu'il faut ordonner ou défendre : si périlleuse est la situation et si impuissantes à y porter remède toutes ressources de l'art. Ce n'est qu'un vaste fracas, fait des clameurs des hommes, du sifflement des cordages, du lourd choc des vagues s'écroulant sur les vagues, du tonnerre dans les airs. La mer démontée semble dresser jusqu'à la hauteur du ciel la crête de ses lames et toucher les nuages arrosés de leur embrun; et tantôt, lorsqu'elle balaie le sable fauve de ses fonds, elle a la même couleur que lui, tantôt elle est plus noire que l'onde du Styx. Par instants, elle n'est qu'une plaine toute bruissante et blanche d'écume. Le vaisseau de Trachine est lui-même ballotté suivant le caprice des ondes. Tantôt, du sommet d'une lame, comme de la cime d'une montagne, il semble que le regard plonge dans des vallées et jusqu'au fond de l'Achéron, tantôt, lorsque, descendu au creux de la vague, il est environné par l'eau qui se courbe en volutes, il semble que, du fond du gouffre infernal, l'œil découvre, tout en haut, le ciel. Souvent son flanc, battu par le flot, résonne avec fracas, et le coup retentit avec un bruit pareil à celui du bélier de fer ou de la baliste battant en brèche les murs d'une citadelle. Et, comme font les lions quand, d'un élan qui redouble leurs forces, ils se jettent, poitrail découvert, sur les armes et les piques dont la pointe les menace, ainsi le flot soulevé par les vents déchaînés assaillait les agrès du vaisseau et montait bien au-dessus d'eux. Et déjà les chevilles jouent, et le joint des bordages, dépouillé de son enduit protecteur de cire, livre passage aux ondes fatales. Voici que tombe à torrents, des nuages fondant en eau, la pluie : on croirait que le ciel entier descend dans la mer, tandis que la mer soulevée se hausse jusqu'aux régions célestes. L'orage a trempé les voiles, et les eaux du ciel se mêlent à celles de la mer. Les feux des astres sont éteints dans l'éther. L'obscurité de la nuit s'épaissit des ténèbres de la tempête jointes à ses propres ténèbres, que cependant les éclairs déchirent et illuminent; les ondes sont embrasées par les feux de la foudre. Et le flot maintenant pénètre, à travers la membrure, dans les flancs de la carène : comme un soldat, dont la valeur fait plus de prodiges que toute une troupe, après avoir à plusieurs reprises tenté l'escalade des murs d'une ville forte, atteint enfin le but convoité et, enflammé de l'amour de la gloire, entre mille guerriers prend enfin, seul, pied sur la muraille; ainsi, quand à neuf reprises les flots ont battu les flancs élevés du navire, une dixième vague, se dressant plus énorme, se rue à l'assaut de la coque fatiguée et s'acharne contre elle jusqu'à ce qu'elle se soit abattue sur le pont du navire comme sur la muraille d'une ville prise. Une part de la mer essayait donc encore d'envahir le navire quand l'autre y avait déjà pénétré. Tous, à bord, s'agitent éperdus, comme on voit s'agiter la population d'une ville quand l'ennemi, en même temps qu'il sape à l'extérieur les murs, les occupe déjà à l'intérieur.

L'art du pilote est en défaut et les courages défaillent; autant de vagues survenant, autant de morts, semble-t-il, qui se ruent sur le navire et l'envahissent. L'un ne peut retenir ses larmes; un autre reste hébété; celui-là envie le bonheur de ceux qu'attendent les honneurs funèbres; celui-ci implore la divinité et, tendant vers le ciel, qu'il ne voit pas, des bras inutilement suppliants, il demande son secours; le souvenir revient à l'un de ses frères, de son père, à l'autre, en même temps que de ses enfants, de sa maison, à chacun, de ce qu'il a laissé derrière lui. Pour Céyx, c'est Alcyoné dont la pensée l'émeut; sur les lèvres de Céyx, vient un seul nom, celui d'Alcyoné; et, tout en ne regrettant qu'elle, il se réjouit qu'elle ne soit pas auprès de lui. Il voudrait aussi tourner ses yeux vers les rivages de sa patrie et jeter, à l'instant suprême, un regard vers sa demeure. Mais il ne sait où elle est, si furieusement tourbillonnent les flots en effervescence, si complètement l'ombre projetée par les nuages de poix cache tout le ciel, rendant la nuit comme deux fois plus obscure. Sous l'assaut d'un coup de vent tournoyant et chargé de pluie, le mât est brisé; brisé aussi le gouvernail; l'onde, enorgueillie de ces dépouilles, se dresse au-dessus d'elles comme après une victoire, et, s'enroulant en volute, regarde de haut les flots; puis, aussi pesamment que feraient l'Athos ou le Pinde [671] si, arrachés à leur base, on les précipitait d'un seul bloc en pleine mer, elle s'écroule et retombe, engloutissant sous son poids et sous le choc le navire; avec lui, nombre des hommes de l'équipage, accablés par la lourde masse liquide et qui ne peuvent revenir à l'air libre, voient aussi leur destinée prendre fin. Les autres s'accrochent aux débris de la membrure fracassée du vaisseau. Lui-même, de sa main habituée au sceptre, Céyx s'accroche aux épaves du navire, invoquant, hélas! en vain, son beau-père et son père. Mais c'est surtout, tandis qu'il nage, le nom d'Alcyoné, son épouse, qui revient à sa bouche. A elle vont son souvenir et sa pensée. Il souhaite que sous les yeux d'Alcyoné les flots ramènent son corps, que par les mains amies d'Alcyoné son cadavre soit mis au tombeau. Tant qu'il flotte encore, c'est le nom d'Alcyoné absente que, toutes les fois que la vague lui permet d'entrouvrir les lèvres, il prononce, et qu'il murmure même sous les eaux. Mais voici qu'au-dessus des flots qui l'environnent un arc sombre formé par les eaux se brise, et l'onde, en s'écroulant, recouvre sa tête submergée. Lucifer, cette nuit-là, voila son éclat et nul n'aurait pu le reconnaître; et, comme il ne lui fut pas permis de quitter le ciel, il couvrit son visage de nuages épais.

Cependant, la fille d'Eole, ignorant un si grand malheur, compte les nuits; déjà elle se hâte de préparer les vêtements que doit mettre Céyx, ceux que, lorsqu'il sera revenu, elle portera elle-même, et se leurre de l'espoir de son retour. Elle portait, à la vérité, son pieux encens à tous les dieux, mais, plus que tous ensemble, c'est Junon qu'elle vénérait dans ses temples, c'est à ses autels qu'elle venait prier pour son époux, qui n'était déjà plus, et adresser des vœux pour qu'il fût sauf, pour qu'il revînt, pour qu'il ne lui préférât aucune femme. Mais de tant de vœux, ce dernier était le seul qu'elle pût voir se réaliser.

La déesse, de son côté, ne peut supporter plus longtemps ces prières qu'on lui adresse pour un mort; et, pour écarter de ses autels des mains souillées [672] : « Iris, dit-elle, fidèle messagère de mes ordres, va promptement, dans son palais endormi, rendre visite au Sommeil et ordonne-lui d'envoyer à Alcyoné, sous les traits de Céyx qui n'est plus, un songe qui lui fasse le véridique récit de son malheur. » Elle dit. Iris s'enveloppe dans ses voiles aux mille couleurs et, dessinant dans le ciel la courbe lumineuse de son arc, elle gagne la demeure, cachée dans un nuage, du roi qu'elle a mission de visiter.

Il est, près du pays des Cimmériens [673], une caverne aux profondes retraites, creusée dans la montagne : c'est la demeure aux secrets détours de l'indolent Sommeil [674]. Jamais, ni à son lever, ni au milieu du jour, ni à son coucher, Phœbus, de ses rayons, n'y peut avoir accès. Du sol s'exhalent des vapeurs engendrant d'épaisses ténèbres où flotte une incertaine lueur crépusculaire. L'oiseau vigilant, à la tête ornée d'une crête, n'y appelle pas par ses chants l'Aurore, et ni les chiens attentifs ni l'oie, dont plus subtile encore est l'ouïe, n'y rompent, de leur voix, le silence. Ni bête sauvage, ni troupeau, ni branches agitées par le vent, pas plus que le vacarme de la voix humaine n'y font entendre le moindre bruit. Là règnent le mutisme et le repos. Cependant, du pied du rocher sortent les eaux du Léthé, et l'onde qui s'écoule en murmurant invite au sommeil par le bruissement des cailloux dans son lit. Devant les portes de la grotte fleurissent de féconds pavots et d'innombrables plantes du suc desquelles la Nuit retire la torpeur qu'elle répand, mêlée à son humidité, sur la surface de la terre plongée dans l'ombre. Pour éviter le grincement d'une porte tournant sur ses gonds, il n'y en a aucune dans toute la demeure; aucun gardien sur le seuil. Au milieu de l'antre, sur une estrade, est un lit d'ébène aux matelas de plumes, d'une seule couleur, recouvert d'un drap sombre; c'est là que le dieu lui-même est couché, les membres abandonnés et alanguis. Autour de lui, çà et là, sont étendus, ayant revêtu des apparences diverses, des Songes aussi nombreux que la moisson porte d'épis, la forêt de feuilles, le rivage de grains de sable rejetés par la mer. Dès que la vierge messagère fut entrée en ce lieu, écartant de ses mains les Songes qui lui en barraient l'accès, la demeure sacrée fut illuminée par l'éclat de sa robe; le dieu soulève péniblement ses paupières lourdes et paresseuses, tombe et retombe sur sa couche; sa tête vacillante vient frapper du menton le haut de sa poitrine; enfin il s'arracha à lui-même et, accoudé sur son lit, il demande à Iris — car il l'a reconnue — pour quel motif elle vient. Elle, alors : « Sommeil, repos des êtres, Sommeil, toi le plus doux des dieux, ô paix de l'âme, toi que fuit le souci, qui détends les corps fatigués par les durs métiers et leur rends des forces pour le travail, ordonne à des Songes capables d'imiter, en les reproduisant exactement, la véritable apparence des choses, qu'ils aillent, dans Trachine, la ville d'Hercule [675], apparaître à Alcyoné et que, prenant les traits du roi, ils le lui montrent sous l'aspect d'un naufragé. C'est Junon qui le commande. » Quand elle eut accompli sa mission, Iris s'éloigna; car elle ne pouvait supporter plus longtemps l'effet des vapeurs de l'antre; et, dès qu'elle sentit le sommeil s'insinuer dans ses membres, elle s'enfuit et s'en retourne par le chemin de l'arc qu'elle avait pris pour venir.

Dans le peuple de ses mille enfants, le Sommeil leur père éveille alors Morphée, habile à prendre toutes les apparences de la figure humaine. Aucun autre ne sait avec plus d'adresse reproduire la démarche, le visage, le son de la voix de la personne qu'on lui indique, et, par surcroît, sa mise et ses propos les plus habituels. Mais il n'imite que les hommes. En revanche, un autre se change en bête sauvage, en oiseau, en serpent au corps allongé. Les dieux le nomment Icélos, et le commun des mortels Phobétor. Il en est aussi un troisième dont le talent est différent, Phantasos; celui-là s'identifie, au point qu'on s'y trompe, avec la terre, le rocher, l'onde, le tronc d'arbre, et tous les objets inanimés. Les uns ont coutume d'apparaître, la nuit, aux rois et aux chefs; d'autres vont visiter les peuples et les gens du commun. Ceux-là, leur aîné, le Sommeil, les laisse de côté et, entre tous leurs frères, choisit Morphée seul pour exécuter les ordres que vient de lui donner la fille de Thaumas. Puis, s'abandonnant de nouveau à son mol alanguissement, il laissa retomber sa tête et l'enfouit dans la profondeur des coussins.

Morphée prend son vol, sans le moindre bruit de battement d'ailes, à travers les ténèbres, et, en un court espace de temps, arrive dans la ville d'Hémonie; détachant alors ses ailes de son corps, il prend les traits de Céyx; et, sous cet aspect, livide, semblable à un mort, sans aucun vêtement, il se tint debout devant la couche de la malheureuse épouse. Sa barbe semble être humide, et l'eau couler à grosses gouttes de ses cheveux mouillés. Alors, se penchant sur le lit, baignant de larmes le visage d'Alcyoné, il dit : « Reconnais-tu Céyx, épouse infortunée ? La mort aurait-elle changé mes traits ? Regarde-moi ! Tu me reconnaîtras et tu trouveras, au lieu de ton époux, l'ombre de ton époux. Tes prières, Alcyoné, ne m'ont été d'aucun secours : j'ai péri. Ne te leurre pas de l'espoir que je te sois rendu; l'Auster, assembleur de nuages, a surpris mon vaisseau dans les eaux d'Egée, l'a ballotté au gré de son souffle puissant et démembré, les flots ont rempli ma bouche, qui vainement criait ton nom. Et ce n'est pas un messager suspect qui te l'annonce, ce n'est pas par de vagues rumeurs que tu l'apprends : c'est moi-même, qui, naufragé, t'apparais et te fais connaître mon sort. Allons, lève-toi, paie-moi ton tribut de larmes; prends des vêtements de deuil et ne me renvoie pas dans le Tartare, royaume des ombres, sans avoir été pleuré. » Morphée prononça ce discours d'une voix qu'Alcyoné pouvait prendre pour celle de son époux. Il avait aussi paru répandre de véritables larmes et, de la main, il faisait les mêmes gestes que Céyx. Alcyoné, en pleurs, poussa un gémissement; de ses bras qu'elle agite dans son sommeil, elle cherche à étreindre un corps, et les referme sur le vide. Elle s'écrie : « Reste ! Où t'enfuis-tu ? Nous irons ensemble ! » Troublée par sa propre voix et par l'image apparue de son époux, elle chasse le sommeil; et, tout d'abord, elle regarde autour d'elle, cherchant si celui qu'elle vient de voir est bien là. Car ses serviteurs, inquiets au bruit de sa voix, avaient apporté de la lumière. Comme elle ne le trouve nulle part, elle se frappe le visage de la main, déchire ses vêtements qu'elle arrache, tourne ses coups contre sa poitrine même. Sans prendre la peine de dénouer ses cheveux, elle les arrache; et, sa nourrice lui demandant quelle est la cause de son affliction : « Alcyoné n'est plus, elle n'est plus, dit-elle, elle est morte avec son cher Céyx. N'essayez pas de me consoler! Il a péri dans un naufrage. Je l'ai vu, je l'ai reconnu, et, comme il s'éloignait, désireuse de le retenir, je lui ai tendu les mains. C'était une ombre. Mais une ombre pourtant bien reconnaissable, et celle véritablement de mon époux. Il n'avait pas, il est vrai, si tu veux le savoir, son expression accoutumée, ni son teint le même éclat qu'auparavant. C'est pâle, nu, les cheveux encore humides, que je l'ai vu, infortunée. Il était debout, pitoyable, à cette place même » — et elle cherche s'il reste de son passage quelques traces. « C'était là ce que, d'un cœur plein de pressentiments, je craignais, et je te demandais de ne pas me quitter pour te livrer au gré des vents. Ah! je voudrais du moins, puisque tu devais mourir, que tu m'eusses emmenée avec toi. Combien j'aurais gagné à t'accompagner! Car il n'y aurait ainsi pas eu un seul instant de ma vie que je n'eusse passé avec toi, et la mort ne nous aurait pas séparés. Maintenant, tout absente que je suis, j'ai péri; absente, je suis aussi le jouet des flots et, sans toi, la proie de la mer. J'aurais le cœur plus cruel que la mer elle-même, si je m'efforçais de prolonger mon existence, si je luttais pour survivre à une si grande douleur. Mais ni je ne lutterai, ni je ne t'abandonnerai, déplorable époux; et maintenant je vais aller du moins te rejoindre. Sur le même sépulcre, si ce ne peut être dans la même urne, une même inscription cependant nous unira; et, si mes ossements ne peuvent être mêlés à tes ossements, en revanche, mon nom sera mêlé à ton nom. » La douleur ne lui permet pas d'en dire plus; chaque mot est accompagné des coups qu'elle se porte, et, de son cœur accablé par la douleur, elle tire des gémissements.

C'était le matin. Elle sort de sa demeure pour se rendre au rivage et, morne, elle regagne le lieu d'où elle avait assisté au départ de son époux. Tandis qu'elle s'y attarde, qu'elle se redit : « C'est ici qu'il a délié les amarres du navire, sur ce rivage qu'avant de partir il m'a donné ses derniers baisers », tandis qu'elle ravive à l'aspect des lieux mêmes le souvenir de tout ce qui s'y passa et regarde au loin la mer, sur les flots, à une grande distance, elle voit je ne sais quoi qui ressemble à un corps. Tout d'abord, on pouvait se demander ce que c'était. Puis, quand l'onde l'eut apporté plus près du rivage, et que, malgré la distance, il ne fut plus permis de douter que c'était bien un cadavre, ignorant encore qui ce pouvait être, elle fut cependant, parce que c'était un naufragé, émue par ce présage. Et, comme si elle donnait une larme à un inconnu : « Hélas! malheureux, dit-elle, qui que tu sois; et malheureuse ton épouse, si tu en as une! » Mais, poussé par les flots, le corps se rapproche. Et plus elle regarde, moins elle est sûre de sa raison. Maintenant que le flot l'a amené dans le voisinage de la terre, maintenant elle le voit assez bien pour pouvoir le reconnaître : c'était son époux! « C'est lui! » s'écrie-t-elle; et en même temps elle déchire son visage et ses vêtements, arrache ses cheveux, et, tendant ses mains tremblantes vers Céyx : « C'est donc dans cet état, ô mon époux bien-aimé, dans cet état, déplorable Céyx, que tu me reviens ? » dit-elle. Il est, au bord de l'eau, une jetée, œuvre de la main de l'homme, qui brise les premiers élans furieux de la mer et amortit les assauts des flots. Alcyoné y bondit. Même — et ce fut un prodige qu'elle le pût — elle volait, et frappant l'air léger d'ailes qui venaient de naître, elle rasait, oiseau bien digne de pitié, la surface des ondes; et, dans son vol, sa bouche, aux claquements de son bec effilé, fit entendre une sorte de chant triste et plaintif. Dès qu'elle eut touché le corps désormais sans voix et exsangue, elle enveloppa les membres chéris de ses ailes nouvelles et lui prodigua vainement, de son bec dur, de froids baisers. Céyx l'avait-il senti, ou fut-ce seulement le mouvement des flots qui donna l'illusion qu'il soulevait son visage ? Le peuple se le demandait. Non : il l'avait senti. Et, les dieux les prenant en pitié, tous deux enfin sont changés en oiseaux. Esclaves d'un même destin, ils voient alors encore se perpétuer leur amour, et le lien conjugal ne s'est pas relâché entre eux, tout oiseaux qu'ils sont. Ils s'accouplent, ils se reproduisent. Pendant sept jours paisibles, en hiver, Alcyoné couve dans son nid flottant sur les eaux. La mer alors reste calme. Eole tient les vents emprisonnés et les empêche de sortir, assurant à ses petits-enfants la sécurité des flots [676].

ÆSACOS

Leur vol côte à côte sur la vaste mer a pour témoin un vieillard qui loue leur amour conservé jusqu'au bout. Son voisin, ou le même, peut-être, dit alors : « Cet oiseau aussi, que tu vois parcourant la mer en l'effleurant, les pattes repliées sous lui, — et il montrait un plongeon au cou allongé, — est un rejeton royal : ses ancêtres, si l'on veut en suivre la série continue des origines jusqu'à lui, sont Ilus, Assaracus, Ganymède qu'enleva Jupiter, Laomédon et le vieux Priam que le sort fit assister aux derniers jours de Troie [677]. Il fut le frère d'Hector, et, s'il n'avait vu, dans sa première jeunesse, changer son destin, peut-être aujourd'hui son nom ne serait-il pas moins célèbre que celui d'Hector, bien que la fille de Dymas [678] eût mis au jour celui-ci, et qu'Æsacos eût été, dit-on, enfanté secrètement au pied de l'Ida couvert de forêts par Alexirhoé, née du Granique aux deux cornes [679]. Il détestait les villes et vivait à l'écart de la cour brillante, dans les montagnes solitaires et les campagnes qui ignorent le faste, et ne venait que rarement prendre part aux assemblées d'Ilion. Comme il n'avait cependant pas un cœur sauvage et inaccessible à l'amour, souvent il avait, à travers toutes les forêts, épié Hespérié, fille du Cébrène [680] ; il la voit un jour, sur la rive paternelle, séchant au soleil ses cheveux répandus sur ses épaules. La nymphe surprise le fuit, comme la biche effrayée fuit le loup fauve, comme la cane qui hante les eaux fuit l'épervier, quand elle a été découverte loin de l'étang qu'elle a quitté. Le héros troyen la poursuit. La peur hâte la course d'Hespérié, l'amour celle d'Æsacos qui va l'atteindre. Mais voici qu'un serpent caché dans l'herbe, de sa dent recourbée mordit au pied la fugitive et y laissa son venin. La fuite de la nymphe prit fin en même temps que sa vie. Æsacos désespéré la serre sans vie dans ses bras et s'écrie : « Ah! je regrette, je regrette cette poursuite! Mais je ne redoutais rien de tel et je ne pensais pas acheter si cher la victoire. Ta perte est notre œuvre à tous deux, malheureuse : la blessure t'a été faite par le serpent, et c'est par moi que l'occasion lui en fut donnée. Je suis plus criminel que lui, et la nouvelle que tu recevras de mon trépas te consolera du tien. » Il dit et, du haut d'un rocher, à l'endroit où l'onde mugissante en avait rongé la base, il se jeta à la mer. Sa chute fut adoucie par la pitié de Thétys, qui le reçut et, comme il flottait sur les eaux, le couvrit de plumes; il souhaitait mourir : la permission lui en fut refusée. Plein d'amour, il s'indigne qu'on l'oblige à vivre malgré lui, que son âme trouve un obstacle à s'échapper, quand elle le veut, du misérable corps qu'elle habite. Et, comme des ailes neuves venaient de pousser à ses épaules, il s'élève en volant puis, de nouveau, se précipite sur les flots. Ses plumes le retiennent dans sa chute. Æsacos, furieux, plonge en pleine eau, la tête en avant et renouvelle sans fin sa tentative pour arriver à mourir. L'amour l'a amaigri; désormais, entre les jointures, ses jambes restent allongées; son cou reste allongé; sa tête est loin de son corps. Il aime l'eau et il tire son nom du goût qu'il a pour s'y plonger [681]. »

LIVRE DOUZIÈME

Les Grecs à Aulis. — La Renommée. — Cygnus. Cæneus. — Les Centaures. — Périclyménus. — Mort d'Achille.

LES GRECS A AULIS. LA RENOMMÉE

Ignorant qu'Æsacos, pourvu désormais d'ailes, vivait encore, Priam, son père, le pleurait. Et même Hector avec ses autres frères avait apporté d'inutiles offrandes funèbres au tombeau qui portait son nom. Pour lui rendre ces tristes devoirs, manquait Paris, absent, qui, bientôt après, apporta dans sa patrie, avec l'épouse qu'il avait enlevée, une longue guerre [682]. Mille navires conjurés le poursuivent, et, avec eux, la confédération du peuple des Pélasges [683]. Et la vengeance n'eût pas été différée, si les vents déchaînés n'avaient empêché les vaisseaux de prendre la mer et si la terre de Béotie ne les avait retenus, au moment du départ, à Aulis la poissonneuse. Là, comme suivant la coutume de leurs pères ils préparaient un sacrifice à Jupiter, dès que sur l'antique autel brilla la flamme du feu qu'ils venaient d'allumer, les Danaens virent un serpent aux écailles noirâtres ramper au tronc d'un platane qui se dressait tout près du lieu où ils commençaient à sacrifier. Il y avait, au sommet de l'arbre, un nid d'oiseaux contenant huit oiselets, que le serpent saisit avec la mère, qui voletait autour de ses petits perdus, et engloutit dans sa gueule avide. Tous restèrent frappés de stupeur. Mais l'augure qui lit la vérité dans l'avenir, le fils de Thestor [684], leur dit : « Nous serons vainqueurs, réjouissez-vous, Pélasges : Troie tombera, mais nous ne verrons pas de longtemps la fin de notre rude entreprise. » Pour lui, le nombre des neuf oiseaux présage celui des années de guerre. Le serpent, sur place, enroulé aux vertes branches de l'arbre, est changé en pierre, et il conserve, ainsi pétrifié, l'apparence d'un serpent.

Nérée sans relâche soulève de ses fureurs les eaux

d'Aonie, s'opposant au transport de l'expédition guerrière; il est des gens qui croient que Neptune veut épargner Troie parce qu'il avait construit les murailles de la ville. Le fils de Thestor n'en est pas. Car il n'ignore ni ne cache que la colère de la déesse vierge doit être apaisée par le sang d'une vierge [685]. Lorsque l'intérêt de tous a vaincu l'amour paternel, que le roi l'a emporté sur le père, et que, prête à donner son sang virginal, en présence des prêtres en pleurs, Iphigénie se tint devant l'autel, la déesse fut vaincue; elle étendit un nuage devant les yeux des assistants et, tandis qu'on célébrait la cérémonie, que se pressait la foule, que montait le bruit des prières, elle remplaça, dit-on, la jeune Mycénienne par une biche, qu'elle lui substitua [686]. Donc, lorsque Diane eut été apaisée par le sang d'une victime à sa convenance, et que la colère des flots fut tombée en même temps que celle de Phœbé, les mille vaisseaux, poussés par le vent soufflant en poupe, après bien des vicissitudes, prennent possession du rivage phrygien.

Il est, au centre du monde, un lieu situé entre la terre, la mer et les régions du ciel, et qui confine à ces trois parties de l'univers. De là, tout ce qui se passe quelque part, dans quelque lointain pays que ce soit, se voit, et il n'est pas de voix qui n'y parvienne à des oreilles prêtes à la recueillir. C'est le séjour de la Renommée; elle a choisi sa demeure au point le plus élevé, a, par surcroît, ménagé pour y conduire d'innombrables accès, percé mille ouvertures dans les murs et n'en a fermé le seuil par aucune porte. Nuit et jour cette demeure est grande ouverte. Elle est faite entièrement d'airain sonore. Ses murs vibrent du haut en bas, renvoient les sons et répètent ce qu'ils entendent. Nulle part, à l'intérieur, le calme; nulle part le silence. Ce n'est pas cependant une clameur bruyante : ce sont des murmures à mi-voix, semblables au bruit que font les flots de la mer quand on les entend de loin, ou, à distance, quand Jupiter a entrechoqué les sombres nuées, les roulements du tonnerre. Toute une foule emplit les portiques des allées et venues d'un peuple léger; mêlés aux vraies nouvelles, des milliers de faux bruits y circulent et des propos confus y roulent. De toutes ces rumeurs, certains emplissent sous forme de conversations les oreilles des désœuvrés, certains colportent ailleurs ce qu'on leur a conté; les proportions du mensonge ne font que croître, et chaque nouveau garant de la nouvelle apprise y ajoute quelque détail. C'est le séjour de la Crédulité, de l'Erreur inconsidérée, de la Fausse joie, des Terreurs frappées de consternation, de la Sédition qui éclate soudainement, des Chuchotements de provenance douteuse. La Renommée elle-même voit tout ce qui se passe dans le ciel, sur la mer, sur la terre, et s'enquiert dans l'univers entier.

CYGNUS

Elle avait fait savoir que les vaisseaux grecs, montés par de vaillants soldats, arrivaient. Et ce n'est pas devant un peuple qui ne l'attend pas que l'ennemi, en armes, se présente. Les Troyens empêchent l'accès du rivage qu'ils défendent, et le premier, suivant l'arrêt du destin, frappé par la lance d'Hector, tu tombes, Protésilas [687]. Le combat alors engagé coûte cher aux Grecs, à qui Hector, en tuant ce valeureux guerrier, s'est fait connaître. Et ce n'est pas au prix de faibles pertes que les Phrygiens apprirent de leur côté ce que pouvait le bras des Achéens. Déjà les rivages de Sigée [688] étaient rouges de sang, déjà le fils de Neptune, Cygnus [689], avait donné la mort à mille guerriers, déjà, sur son char, Achille harcelait les bataillons ennemis et, sous les coups de sa lance en bois du Pélion [690], en jonchait le sol par rangées entières. Comme il cherchait dans leurs rangs soit Cygnus, soit Hector, il rencontre Cygnus. Le sort d'Hector avait été reporté à dix ans. Alors, excitant ses chevaux sur la blanche encolure desquels pesait le joug, il dirigea son char contre l'ennemi; et, agitant le trait que brandit son bras : « Qui que tu sois, jeune homme, dit-il, meurs avec la consolation d'avoir péri de la main de l'Hémonien Achille. » Le petit-fils d'Eaque [691] n'en dit pas plus. Le lourd javelot accompagna ses paroles; mais, quoique, lancé d'une main sûre, il n'eût pas dévié, la pointe du fer envoyé ne fit aucune blessure et meurtrit seulement la poitrine comme au choc d'une pointe émoussée. « Fils d'une déesse — car la renommée t'avait d'avance fait connaître de moi —, dit Cygnus, pourquoi t'étonner qu'aucune blessure ne m'ait atteint ? » Achille s'étonnait, en effet. « Ni ce casque que tu vois, orné de fauves crins de cheval, ni ce bouclier creux, simple fardeau pour mon bras gauche, ne me sont d'aucun secours; je ne les ai pris que comme ornements. C'est aussi la seule raison qu'ait Mars de prendre des armes. Quand je renoncerai à la protection qu'ils m'offrent, je n'en quitterai pas moins le combat sans blessure. C'est quelque chose que d'être le fils, non d'une Néréide[692], mais de celui qui tient sous ses lois Nérée, ses filles, et toute l'étendue de la mer. » Il dit, et lança contre le petit-fils d'Eaque un javelot qui devait se fixer sur la convexité du bouclier; le trait traversa le bronze et les neuf premières peaux de bœufs, mais fut arrêté à la dixième couche tendue sur l'orbe[693]. Le héros l'arrache et, le brandissant de nouveau d'une main vigoureuse, il le renvoya; de nouveau le corps de Cygnus resta indemne de toute blessure. Un troisième javelot, bien que Cygnus s'offrît à découvert aux coups, n'arriva pas davantage à l'entamer. Achille se sentit enflammé de colère, comme le taureau, lorsque, dans le champ du cirque, il fonce, ses terribles cornes en avant, contre les étoffes de pourpre qui irritent sa fureur et s'aperçoit que ses coups ne portent pas. Le héros regarde cependant si le fer n'était pas tombé de la hampe; mais le fer tenait solidement au bois : « Est-ce donc ma main qui est débile, dit-il, et toute la vigueur qu'elle eut autrefois s'est-elle épuisée ? Car ma valeur s'affirma soit quand, le premier, je renversai les murailles de Lyrnèse, soit lorsque j'inondai du sang de leurs habitants Ténédos et la Thèbes d'Eétion, ou lorsque le Caïque coula empourpré après le carnage de ses riverains[694] et que, par deux fois, Télèphe sentit le pouvoir de ma lance[695]. Ici aussi, ces monceaux de morts que j'ai entassés, que je vois sur le rivage, prouvent ce qu'a valu mon bras, ce qu'il vaut encore. » Il dit et, comme si ses exploits antérieurs ne lui inspiraient qu'une médiocre confiance, il lança un javelot contre Ménœtès, un Lycien de basse extraction, qui se présentait devant lui, et perça, en même temps que la cuirasse, la poitrine qu'elle recouvrait. La tête du moribond vint frapper lourdement le sol; cependant Achille arrache ce même trait de la blessure encore chaude et s'écrie : « Voici la main et voici le javelot grâce auxquels je viens de vaincre. Ce sont les mêmes que je vais employer contre mon adversaire; je souhaite que ce soit, contre lui, avec le même succès. »

Ainsi parle-t-il, et il attaque Cygnus; le trait de frêne ne s'égare pas, et, sans qu'il pût être évité, le choc en retentit sur l'épaule gauche du héros, d'où il rebondit, comme s'il avait frappé un mur ou un bloc de rocher. Pourtant, au point où il l'avait touché, Achille avait vu une tache de sang sur Cygnus et s'en était réjoui : vaine joie. Cygnus n'était pas blessé; le sang était celui de Ménœtès. Alors, d'un bond, il saute, frémissant, du haut de son char et, de son épée étincelante, attaquant de près son ennemi plein d'assurance, il voit que son glaive peut bien percer le bouclier et le casque, mais aussi que le fer s'émousse sur un corps que rien n'entame. Il ne put en supporter davantage. De son bouclier qu'il a repris, il frappe trois et quatre fois en plein visage son adversaire et, de la garde de son épée, lui martèle le creux des tempes; Cygnus recule : il le poursuit, le harcèle, l'étourdit, le charge et, dans son désarroi, ne lui laisse aucun répit. Cygnus est pris de peur et, devant ses yeux, s'étend un voile de ténèbres; en portant ses pas en arrière, le dos tourné, il heurta une pierre, au milieu du champ. Achille, le poussant sur cet obstacle, le renversa sur le dos d'un violent effort et le maintint fermement contre le sol. Alors, de son bouclier et de ses durs genoux, pesant sur la poitrine de Cygnus, il tire sur la jugulaire du casque; la courroie, passée sous le menton, serre la gorge et la broie, coupant au malheureux la respiration et lui enlevant tout moyen de reprendre son souffle. Achille se disposait à dépouiller sa victime : il ne voit que des armes abandonnées. Le dieu de la mer a métamorphosé le corps lui-même en cet oiseau blanc dont il portait le nom.

CÆNEUS

Ce difficile exploit, ce combat, suspendirent pour de nombreux jours les hostilités et chaque parti, ayant déposé les armes, resta sur ses positions. Tandis que de vigilantes sentinelles veillent aux murailles phrygiennes, et que de vigilantes sentinelles veillent aux tranchées argiennes, était venu le jour fêté où Achille, le vainqueur de Cygnus, se rendait Pallas propice par le sang d'une génisse qu'il lui immolait. Quand il en eut déposé les membres découpés sur le feu brûlant des autels, et que leur odeur, agréable aux dieux, fut montée dans les airs, le sacrifice eut sa part, le reste fut servi sur les tables. Les chefs, s'étant étendus sur les lits, se rassasient de chair rôtie et noient dans le vin leurs soucis et leur soif. Ni la cithare, ni les chants, ni la longue flûte de buis aux multiples trous ne font leurs délices : ils passent la nuit en conversations, et la valeur guerrière est l'unique sujet de leur entretien. Ils redisent les combats livrés par l'ennemi, par eux-mêmes, et tour à tour se plaisent à rappeler les périls souvent affrontés et bravés jusqu'au bout. De quoi pourrait, en effet, parler Achille, ou de quoi pourrait-on de préférence parler chez le grand Achille ? On s'entretint surtout de sa plus récente victoire, celle où il eut raison de Cygnus. A tous il semblait merveilleux que le corps du jeune homme ne pût être traversé par aucun trait, fût invulnérable et émoussât le fer. L'Eacide lui-même, et avec lui les Achéens, s'en étonnait. Alors, Nestor [696] parla ainsi : « De votre temps, le seul qui pût se rire du fer et se montrer impénétrable à tous les coups fut Cygnus. Mais moi, j'ai vu jadis le Perrhébéen Cæneus recevoir mille coups sans aucun dommage pour son corps : Cæneus le Perrhébéen [697], célèbre par ses exploits, et qui habitait l'Othrys. Et pour ajouter encore à ce qu'avait chez lui de merveilleux ce privilège, il était né femme. » L'étrangeté de ce prodige excite la curiosité de tous les assistants; qui en demandent le récit à Nestor, entre autres Achille : « Dis-nous donc, car nous brûlons tous également de t'entendre, éloquent vieillard, modèle de sagesse dans notre siècle, dis-nous qui fut Cæneus et pourquoi son sexe fut changé; par quelle expédition, par quel combat au cours des batailles il fut connu de toi; qui fut son vainqueur, si jamais il fut vaincu par quelqu'un. » Alors, le vieillard : « Bien que l'engourdissement de la vieillesse y mette pour moi obstacle et que le souvenir m'échappe de bien des choses que je vis au cours de mes premières années, je m'en rappelle cependant un grand nombre. Et il n'en est pas qui reste plus présente à ma mémoire parmi tant d'événements guerriers ou pacifiques. Et, si la vieillesse, en se prolongeant, a jamais permis à un homme d'être le spectateur de nombre de faits, c'est à moi, qui ai deux cents ans; je suis arrivé maintenant à la troisième période de ma vie [698].

« La fille d'Elatus, Cænis, était célèbre pour son charme; c'était la plus belle des vierges de Thessalie, et dans les villes voisines, dans celles de ton royaume — car elle était ta compatriote, Achille —, elle était l'objet des vœux, toujours déçus, de nombreux prétendants. Pélée, lui aussi, aurait peut-être essayé d'entrer dans cette couche, mais déjà lui était échue, ou lui avait été promise, celle de ta mère. Cænis ne fut l'épouse de personne. Un jour, comme elle errait à l'écart sur le rivage, elle subit les violences du dieu des mers; c'est ce que rapportait la renommée. Quand Neptune eut goûté les joies de cet amour nouveau : « J'entends que le vœu que tu formeras, dit-il, ne se heurte à aucun refus : choisis ce que tu souhaites. » La même renommée rapportait encore ceci : « Mon souhait sera d'importance, dit Cænis, en raison de l'affront que tu m'as fait : c'est de ne plus pouvoir subir pareille violence. Accorde-moi de ne plus être femme, et tu m'auras tout donné. » En prononçant ces derniers mots, le son de sa voix se fit plus grave : cette voix pouvait passer pour celle d'un homme; et il en était bien ainsi. Car déjà le dieu de la mer profonde avait exaucé son vœu et, par surcroît, lui avait accordé de ne jamais sentir les atteintes d'aucun coup et de ne pouvoir périr par le fer. Le fils d'Atrax part tout joyeux de ce don, et sa vie se passe désormais dans les occupations viriles, en parcourant les campagnes du Pénée [699].

LES CENTAURES

« Le fils de l'audacieux Ixion avait épousé Hippodamé et avait fait étendre les fils sauvages de la Nuée devant une rangée de tables disposées dans un antre protégé par des arbres [700]. Les chefs d'Hémonie étaient présents, et j'étais présent moi-même, et la royale demeure en fête résonnait du bruit confus de la foule. On chante l'Hyménée, sous les portiques fument les feux des autels, la jeune fille paraît, environnée d'un cortège de matrones et de jeunes femmes, belle entre toutes. Nous déclarâmes Pirithous heureux d'épouser une telle femme : peu s'en fallut que nous ne vissions ce présage démenti. Car ton cœur, ô Eurytus [701], toi le plus cruel des cruels Centaures, s'enflamme, tant sous l'effet du vin qu'à la vue de la jeune fille, et l'ivresse que redouble la convoitise t'envahit. Aussitôt les tables sont renversées et le désordre règne dans le festin. La nouvelle épouse, saisie par les cheveux, est entraînée de force. Eurytus enlève Hippodamé, chacun de ses frères la femme qui lui plaisait ou celle qu'il pouvait saisir, et la salle présente l'image d'une ville prise. Les cris des femmes retentissent dans la demeure. Promptement, nous nous levons tous, et, le premier : « Quel coup de folie te pousse, Eurytus, dit Thésée, à provoquer, moi vivant, Pirithous et à nous outrager tous deux, ignorant que tu es, en l'outrageant ? » [Et, pour ne pas laisser sans effet ce rappel, le héros magnanime écarte les Centaures qui le pressent et soustrait à leur fureur l'épouse ravie [702]]. Eurytus n'a rien répondu. Il ne peut pas, en effet, par des paroles justifier un pareil acte; mais il porte ses mains impudentes au visage du vengeur et crible de coups sa généreuse poitrine. Tout près de là était un antique cratère aux flancs couverts d'aspérités par des figures en relief. Se dressant de toute sa hauteur, le fils d'Egée souleva cette masse, qui n'était rien auprès de la sienne, et la jeta à la tête de son adversaire. Celui-ci, vomissant à la fois par sa blessure et par sa bouche des caillots de sang, sa cervelle et du vin, tombe à la renverse sur le sable détrempé et bat l'air de ses sabots. Les Centaures ses frères sont enflammés de colère par ce meurtre; à l'envi, d'une seule voix, ils crient : « Aux armes, aux armes! » Le vin donnait du courage aux combattants. Comme premiers projectiles lancés dans la mêlée volent les coupes, les fragiles jarres, les bassins creux, tous objets faits pour le festin, maintenant devenus instruments de guerre et de meurtre [703]. Le premier, le fils d'Ophion, Amycus, ne craignit pas de dépouiller le sanctuaire [704] de ses offrandes et, le premier, enleva de la chapelle un candélabre garni de lampes toutes scintillantes de lumières. L'élevant très haut, du geste de celui qui, dans les sacrifices, prend son élan pour briser de sa hache le cou blanc d'un taureau, il en frappa au front le Lapithe Céladon, avec une telle force qu'il ne reste du visage méconnaissable qu'un amas confus d'os. Les yeux jaillirent hors des orbites; le coup qui fracassa les os de la face enfonça le nez, qui se fixa au milieu du palais. Du pied d'une table d'érable qu'il a arraché, Pélatès de Pella abattit l'assaillant, le menton pendant sur la poitrine, crachant ses dents mêlées à du sang noir, puis, redoublant son coup, l'envoie chez les ombres du Tartare. Gryneus se trouvait debout, tout près de l'autel fumant du sacrifice; jetant sur lui un regard plein de menace : « Pourquoi, dit-il, ne m'en servirais-je pas ? » Soulevant alors l'énorme autel avec le feu qui y brûlait, il le lança au milieu du groupe des Lapithes et en écrasa deux, Brotéas et Orion. Orion avait pour mère Mycalé, qu'on savait avoir souvent, par ses incantations, fait descendre sur la terre, malgré sa résistance, le croissant de la lune. « Tu n'échapperas pas au châtiment, si seulement je trouve une arme sous ma main! » avait dit Exadius; et, en guise de trait, il prend un bois de cerf votif, qu'on avait suspendu à un grand pin. Deux andouillers s'enfoncent dans les yeux de Gryneus, qui sont arrachés des orbites; une partie en reste adhérente aux pointes, une autre coule dans la barbe et pend mêlée au sang coagulé.

« Mais voici que Rhœtus saisit au milieu de l'autel un tison embrasé et, d'un coup porté du côté droit, brise la tempe de Charaxus, que protégeait sa fauve chevelure. Gagnés, comme une moisson sèche, par la flamme rapide, les cheveux prirent feu, et le sang, dans la blessure, au contact de la chaleur, siffle horriblement, comme le fer rougi que le forgeron de ses pinces recourbées a retiré du brasier et plonge dans le bain : le métal, avec un son aigu, siffle quand le recouvre l'eau qu'il tiédit. Charaxus, blessé, secoue de sa chevelure hérissée le feu qui la dévore et soulève sur ses épaules un seuil arraché du sol — la charge d'un chariot! Mais le poids même l'empêche de s'en servir contre son ennemi, et la masse de pierre écrasa son compagnon Comètès, qui se tenait dans son trop proche voisinage. Rhœtus ne peut contenir sa joie : « Puisse, je le souhaite, dit-il, le reste de la troupe, dans ton camp, faire pareil emploi de sa force! » Et, de son tison à demi consumé, revenant à la charge, il frappe de nouveau Charaxus, dont, en trois ou quatre coups violents, il rompit l'articulation de la nuque, enfonçant les os dans la masse molle du cerveau. Vainqueur, il passe à Euagrus, Corythus et Dryas; les joues de Corythus étaient à peine couvertes de leur premier duvet; quand il tomba : « Quelle gloire te vaudra donc d'avoir abattu cet enfant ? » dit Euagrus. Rhœtus ne lui en laisse pas dire davantage. Pendant qu'Euagrus parlait encore, il enfonça férocement le tison enflammé et rougi dans sa bouche ouverte et, par la bouche, dans la poitrine. A ton tour, redoutable Dryas, faisant tournoyer autour de sa tête son arme brûlante, il te poursuit; mais, contre toi, le résultat ne fut pas le même. Il triomphait déjà de la série de ses succès meurtriers, quand, à l'articulation de la nuque sur l'épaule, tu le transperces de ton épieu durci au feu. Rhœtus gémit, arracha à grand-peine l'épieu de l'os résistant et s'enfuit à son tour, ruisselant de son propre sang. Prennent aussi la fuite Orneus, Lycabas, Médon, blessé à l'épaule droite, Thaumas, en compagnie de Pisénor, Merméros qui, naguère, l'avait, à la course à pied, emporté sur tous ses rivaux, mais dont la blessure qu'il avait reçue retardait alors la marche, Pholus, Mélaneus, Abas, massacreur de sangliers, Astylos, l'augure, qui vainement avait tenté de détourner ses frères de cette bataille. C'est aussi lui qui, Nessus redoutant les coups, lui dit : « Ne fuis pas! Tu seras réservé à l'arc d'Hercule. » En revanche, ni Eurynomus, ni Lycidas, Aréos, Imbreus n'échappèrent à la mort : la main de Dryas les abattit, tous, frappés de face. C'est aussi de face, bien que tu eusses tourné le dos pour fuir, que tu fus blessé, Crénæus : car, au moment où tu regardais en arrière, tu reçois un lourd javelot entre les deux yeux, au point où la racine du nez rejoint le bas du front. Dans cet effroyable tumulte, Alphidas restait indéfiniment couché, engourdi jusqu'au fond des veines, sans que rien pût le tirer de son sommeil; d'une main languissante, il tenait une coupe de vin coupé d'eau, étendu sur la fourrure au poil épais d'une ourse de l'Ossa. Il ne brandissait donc aucune arme; vaine excuse. Dès qu'il le vit de loin, Phorbas passe ses doigts dans la courroie du javelot et : « Bois donc ton vin coupé de l'eau du Styx! » dit-il; et, sans plus attendre, il lança contre le jeune homme son arme de frêne dont la pointe de fer transperça le cou du dormeur, surpris dans la posture où il se trouvait, couché sur le dos. Il mourut sans s'en apercevoir; et, de sa gorge qu'il emplissait, un flot de sang noir coula sur le lit dans la coupe même.

« J'ai vu de mes yeux Pétræus tentant de déraciner un chêne couvert de glands; mais, tandis qu'il enserre l'arbre de ses bras, le secoue dans tous les sens, puis, une fois ébranlé, s'apprête à le jeter, la lance de Pirithous, traversant ses côtes, le cloua par la poitrine au dur tronc sur lequel il s'acharnait. Sous les coups du valeureux Pirithous tomba, disait-on, Lycus; sous ces mêmes coups valeureux tomba Chromis. Mais ce double exploit acquit au vainqueur un moindre titre de gloire que sa victoire sur Dictys et Hélops. Hélops fut percé par un javelot qui lui traversa les tempes et, entré par l'oreille droite, pénétra jusqu'à l'oreille gauche. Dictys, descendu de la cime à double pente d'une montagne, fuyait, plein de terreur, le fils d'Ixion qui le talonnait, quand il tomba en avant et, du poids de son corps, brisa un orme immense, dont il couvrit de ses entrailles les débris. Un vengeur se présente, Aphareus : arrachant un roc à la montagne, il veut le lancer. Comme il le lance, le fils d'Egée l'assaille d'un tronc de chêne et fracasse les os énormes de son coude. D'achever ce corps désormais impuissant, il n'a ni le loisir ni peut-être le souci, et il saute sur la haute croupe de Biénor, qui n'avait jamais porté que lui-même [705]. Puis, pressant ses flancs du genou, tirant sur sa chevelure qu'il a saisie de la main gauche, du tronc de chêne noueux il écrasa son visage, sa bouche pleine de menaces, ses tempes résistantes. Du même tronc, il jette à terre Nédymnus, Lycotas le lanceur de javelots, Hippasos, dont la longue barbe étalée protégeait la poitrine,

Ripheus qui dominait de sa haute taille les arbres des forêts, Théreus, qui avait coutume, quand il avait capturé des ours dans les montagnes d'Hémonie, de les traîner chez lui vivants et récalcitrants. Démoléon ne put supporter davantage de voir Thésée remporter ainsi la victoire; depuis quelque temps il essaie, d'un vigoureux effort, d'arracher du sol compact un pin chargé d'années; comme il n'y réussit pas, il le brisa et le lança contre son ennemi. Mais Thésée recula à grande distance du trait qui arrivait sur lui, averti par Pallas; c'est ce qu'il voulait du moins qu'on crût. L'arbre ne tomba pas cependant sans causer de dommage, car il détacha de la gorge la poitrine et l'épaule gauche de Crantor à la haute taille. Il avait été l'écuyer de ton père, Achille; le chef des Dolopes, Amyntor, ayant eu le dessous à la guerre, l'avait donné au fils d'Eaque en gage de paix et de loyale amitié. Quand, de loin, Pélée le vit démembré par cette horrible blessure : « Du moins, ô Crantor, toi le plus cher de mes jeunes compagnons, reçois cette offrande funéraire! » dit-il; et, de toute la force de son bras robuste, accrue encore par la colère, il envoya contre Démoléon un javelot à hampe de frêne qui brisa la cage de ses côtes et se planta en frémissant dans les os. Démoléon arrache le bois, sans la pointe; encore vient-il difficilement : la pointe resta fixée dans le poumon. La douleur même donnait des forces à son courage. Blessé, il se cabre au-dessus de son ennemi et, de ses sabots, martèle le héros. Celui-ci reçoit les coups qui résonnent sur son casque et son bouclier, défend ses épaules et maintient à distance ses armes qui le protègent; puis, d'un seul coup porté au défaut de l'épaule, il transperce les deux poitrines [706]. Il avait cependant, auparavant, donné de loin la mort à Phlégræos et Hylé, et, en combat corps à corps, à Iphinous et Clanis. A ces victimes s'ajoute Dorylas, qui avait les tempes couvertes d'une peau de loup et portait, faisant office de redoutable trait, des cornes recourbées de bœufs, déjà rougies de flots de sang. Et moi — car le courage doublait mes forces : « Regarde, lui dis-je, combien peu valent tes cornes au prix de mon fer! » et je lançai mon javelot. Comme il ne pouvait l'éviter, il protégea de sa main droite son front, qu'allait atteindre le coup. La main fut clouée au front. Il pousse un grand cri, mais, le voyant immobilisé et impuissant du fait de sa cruelle blessure, Pélée — il se trouvait, en effet, plus près de lui — le frappe de son épée au milieu du ventre. Le centaure bondit et, se débattant fougueusement, il traîna sur le sol ses entrailles; en les traînant il les piétina, en les piétinant il les déchira, se prit aussi les jambes dans leur écheveau, et finit par tomber, le ventre vidé.

« Pour toi, dans le combat que tu livrais, Cyllaros, ta beauté fut une rançon inutile, si toutefois nous concédons qu'un être comme toi puisse être beau. Cyllaros avait une barbe naissante, une barbe de la couleur de l'or, et d'or était la chevelure qui, de ses épaules, pendait jusqu'au milieu de ses flancs. Son visage respirait la grâce et la vigueur. Son cou, ses épaules, ses mains, sa poitrine et tous les traits qu'il avait de l'homme étaient comparables à ceux qu'on loue dans les statues des artistes. Et, sous ce torse d'homme, il n'était, dans son corps de cheval, rien à reprendre ni à moins louer. Donnez-lui en aussi l'encolure et la tête, et il sera digne de Castor [707] : si large est l'assiette qu'offre son dos, si fermes et relevés sont les muscles de son poitrail; sa robe entière est plus noire que la noire poix, sa queue cependant est éclatante de blancheur et ses jambes aussi sont blanches. Nombreuses à le rechercher furent les jeunes filles de sa race, mais seule l'emporta Hylonomé, la plus gracieuse des femmes qui jamais habitèrent les hautes forêts parmi ces êtres à demi bêtes. Par ses caresses, par son amour et par l'aveu de son amour, seule elle occupe le cœur de Cyllaros; par sa coquetterie aussi, dans la mesure où le permet un semblable corps; par le soin qu'elle prend de lisser sa chevelure avec le peigne, de se parer de guirlandes, tantôt de romarin, tantôt de violettes ou de roses, quelquefois de se couronner de lis blancs, deux fois le jour de laver son visage aux sources qui coulent du sommet de la forêt de Pagasæ et deux fois de baigner son corps dans l'eau courante, de ne couvrir que de peaux de bêtes seyantes et choisies son épaule ou son flanc gauche. Ils s'aiment d'un égal amour, ils errent dans les montagnes de compagnie, ils pénètrent ensemble dans les antres. Et, ce jour-là, ils étaient entrés côte à côte sous le toit du Lapithe et côte à côte ils étaient mêlés à ce combat sauvage. Un trait — qui le lança ? on ne sait — arriva du côté gauche et te frappa, Cyllaros, plus bas que le point où la poitrine rejoint le cou. La blessure fut légère, mais le cœur, atteint, se glaça, avec tout le corps, une fois le trait retiré. Aussitôt Hylonomé prend dans ses bras les membres qu'envahit la mort. De sa main posée sur la blessure, elle calme la douleur ; elle colle sa bouche à la bouche de Cyllaros et tente d'empêcher son âme de s'enfuir. Quand elle le voit mort, elle prononce des paroles que le tumulte ne laissa pas parvenir jusqu'à mes oreilles ; puis elle s'enfonça dans le sein le trait qui avait percé celui de son époux, qu'en mourant elle entoura de ses bras.

« Je vois encore se dresser devant mes yeux ce Phæocomès qui avait réuni six peaux de lion que des nœuds attachaient ensemble, couvrant ainsi à la fois en lui l'homme et le cheval. D'une souche qu'il lui jeta, — deux attelages de bœufs auraient eu peine à la faire mouvoir, — il écrasa du haut en bas Tectaphos, fils d'Olénos. [Son crâne aux énormes dimensions fut broyé, et par la bouche, par les narines, par les orbites, par les oreilles, la molle cervelle coule comme fait le lait caillé d'un clayon de brins de chêne ou comme le suc liquide du vin, sous un poids, s'égoutte et passe en filets épais à travers les trous serrés du crible [708].] Mais moi, au moment où il s'apprête à dépouiller de ses armes sa victime gisant à terre, — ton père le sait [209], — j'enfonçai mon glaive jusqu'au fond des flancs du détrousseur. Chthonius aussi et Téléboas sont abattus par mon épée. Le premier s'était armé d'une branche fourchue, l'autre d'un javelot. De son javelot, il me blessa. Tu vois la marque du coup, et j'en ai gardé cette vieille cicatrice encore apparente. C'est alors qu'on aurait dû m'envoyer pour prendre Pergame ; alors, j'aurais pu de mes armes, sinon triompher de celles du grand Hector, du moins retarder sa victoire. Mais en ce temps Hector n'existait pas ou n'était qu'un enfant. Aujourd'hui, mon âge me trahit. A quoi bon te raconter la victoire de Périphas sur le centaure Pyræthus, celle d'Ampyx, qui, attaquant de face Echetlus planté sur ses quatre pieds, lui enfonça en plein visage une branche de cornouiller sans pointe. D'une barre de porte qui lui défonça la poitrine, Macareus le Péléthronien [710] abattit Erigdupus. Je me souviens aussi qu'un épieu, lancé par la main de Nessus, se planta dans l'aine de Cymélus. Et ne va pas croire que le fils d'Ampyx, Mopsus [711], se soit borné à prédire l'avenir. C'est touché par un trait de Mopsus que le Centaure Hoditès succomba : vainement il essaya de parler, sa langue était clouée au menton et le menton à la gorge.

« Cæneus avait mis à mort cinq adversaires : Styphélus et Bromus, Antimachus, Elymus et Pyractès, armé d'une hache. Des coups portés, je n'ai pas souvenir, j'ai retenu seulement le nombre et les noms. Armé des dépouilles d'Halésus l'Emathien, auquel il avait donné la mort, s'élance Latreus, aux membres et à la taille gigantesques. Pour l'âge, il tenait le milieu entre le jeune homme et le vieillard, mais sa force était celle d'un jeune homme; quelques cheveux blancs éclaircissaient ses tempes. Son bouclier, son glaive, sa sarisse macédonienne [712] attiraient tous les regards; faisant face aux deux troupes, il entrechoqua ses armes, puis caracola en cercle, sans s'écarter, et, plein d'arrogance, emplit les espaces de l'air de ces paroles : « Toi aussi, Cænis, vais-je supporter que tu nous combattes ? Car, pour moi, tu seras toujours une femme, pour moi toujours Cænis. As-tu donc oublié la leçon de ton origine et de ta naissance, perdu le souvenir de l'aventure qui t'a valu, du prix que tu as payé ta fallacieuse apparence virile ? Pense soit à ce que tu étais de naissance, soit à ce qui t'est arrivé, et va prendre une quenouille avec une corbeille, va rouler le fil sur ton pouce. Pour la guerre, laisse-la aux hommes. » En réponse à ces insolents propos, Cæneus lui lance un javelot qui perce son flanc soulevé par la course, au point de jonction de l'homme et du cheval. Latreus, rendu furieux par la douleur, frappe de sa sarisse le visage nu du jeune guerrier de Phyllus [713]. L'arme rebondit comme la grêle du sommet d'un toit ou le petit caillou dont on heurterait le creux d'un tambourin. Il attaque alors de près son ennemi et peine pour lui plonger dans le flanc, si dur soit-il, son épée : l'épée ne peut pénétrer nulle part. « Tu ne m'échapperas pourtant pas! Et tu périras par le tranchant de mon glaive, puisque la pointe en est émoussée! » dit-il, et il lui porte au flanc un coup de taille dont, en allongeant le bras, il enveloppe toute la ceinture. Le corps, sous le choc, rendit le son grinçant du marbre que l'on frappe, et la lame vola en éclats en heurtant la peau durcie. Quand il eut assez offert ses membres indemnes de toute blessure aux regards surpris de son adversaire : « Et maintenant, allons! dit Cæneus. Essayons l'effet de mon fer sur ton corps! » Et il lui enfonça, jusqu'à la garde, dans ses flancs de cheval, une épée meurtrière, qu'à tâtons sa main tourna et retourna dans les entrailles, faisant dans la blessure même une nouvelle blessure. Alors, écumants de rage, les monstres géminés se ruent à grands cris; et tous ensemble, contre cet unique adversaire, envoient et rassemblent leurs traits. Les traits retombent émoussés, et Cæneus, le fils d'Elatus, reste debout : aucun coup n'a pu le transpercer ni faire couler une goutte de son sang.

« Ce prodige inouï les avait plongés dans la stupeur. « Ah! honte effroyable! s'écrie Monychus. Nous sommes tout un peuple, et un seul homme a raison de nous, un homme qui en est à peine un! Mais non, c'est bien un homme; c'est nous qui, par notre lâche conduite, sommes ce qu'il fut naguère! A quoi bon nos membres gigantesques, les forces conjuguées en nous [714] et le privilège que nous tenons de la nature de réunir dans nos êtres doubles les deux êtres vivants les plus puissants! Non, j'en suis sûr, nous n'avons pas pour mère une déesse, nous ne sommes pas les fils d'Ixion, qui était si grand qu'il put espérer séduire l'altière Junon! Nous sommes vaincus par un ennemi qui n'est mâle qu'à demi. Faites rouler sur lui rochers, troncs, montagnes entières! Ce souffle qui reste vivace, étouffez-le sous les forêts que vous lui jetterez. Qu'une forêt écrase sa gorge. Et, à défaut d'une blessure mortelle, qu'il succombe sous le poids! » Il dit, et, trouvant par hasard sous sa main un tronc renversé par la violence de l'Auster en furie, il le lança sur l'ennemi toujours valide. Il avait donné l'exemple. En peu de temps, l'Othrys, était dépouillé de ses arbres et le Pélion n'avait plus d'ombrages. Enseveli sous cet énorme amoncellement, Cæneus, accablé par le poids des arbres, halète, mais, grâce à la dureté de ses épaules, supporte tout ce bois entassé. Pourtant, lorsque au-dessus de son visage et de sa tête le fardeau se fut accru, que son souffle ne trouva plus d'air à aspirer, il défaille par instants. Tantôt il essaie, mais vainement, de se redresser pour avoir de l'air et de faire rouler loin de lui les forêts qu'on lui a jetées; et, par instants, il parvient à les secouer : comme ferait, de cet Ida escarpé que nous voyons, s'il l'ébranlait, un tremblement de terre. On ignore comment cela finit. Certains racontaient que le corps de Cæneus, sous le poids de cette masse de forêts, avait été entraîné jusqu'au Tartare, chez les ombres; le fils d'Ampyx le nia : il avait vu, du milieu de l'amas, s'élancer dans les airs limpides un oiseau aux ailes fauves que je vis moi-même alors pour la première, mais aussi pour la dernière fois. Quand Mopsus l'aperçut, planant d'un vol paisible sur le camp des siens dont il faisait le tour en poussant un long cri retentissant, il le suivit à la fois de l'esprit et du regard, et : « Salut, dit-il, ô toi, gloire de la nation Lapithe, naguère guerrier grand entre tous, maintenant oiseau unique, ô Cæneus! » La chose trouva créance, étant donné son garant. La douleur nous enflamma de colère, et vif fut notre ressentiment que tant d'ennemis à la fois eussent accablé un seul adversaire; et nous ne cessâmes de leur faire sentir par le fer notre douleur qu'après en avoir vu une partie périr de nos mains, le reste se perdre, en fuite, dans la nuit [715]. »

PÉRICLYMÉNUS

Comme le roi de Pylos racontait ces combats entre les Lapithes et les Centaures à demi hommes, Tlépolémus [716] ne put contenir ni taire sa douleur de voir qu'il n'avait pas parlé de l'Alcide et dit : « Il est surprenant que tu aies oublié la gloire que s'acquit Hercule, ô vieillard; bien souvent mon père m'a conté comment les fils de la Nuée avait été domptés par lui [717]. » Avec tristesse, le roi de Pylos lui répondit : « Pourquoi m'obliger à me souvenir de mes malheurs et à raviver une douleur endormie par les ans, à faire l'aveu de ma haine contre celui qui t'engendra et des injures que j'en reçus ? Certes, ô dieux! il accomplit des exploits qui dépassent toute créance et remplit le monde du bruit des services qu'il a rendus : cela, je préférerais pouvoir le nier. Mais ni Déiphobe, ni Polydamas, ni Hector [718] lui-même ne sont les objets de nos louanges. Qui donc, en effet, louerait un ennemi ? Ton illustre père renversa jadis les remparts Messéniens, détruisit, sans qu'elles l'eussent mérité, les villes d'Elis et de Pylos, et porta le fer et la flamme contre mes pénates [719]. Et, sans parler des autres victimes qui périrent de sa main, nous étions douze fils de Néleus, jeune troupe admirée de tous; tous les douze tombèrent sous les coups d'Hercule, hormis moi seul. Que les autres aient pu être vaincus, il faut s'y résigner; mais la mort de Périclyménus est surprenante. Il tenait de Neptune, à qui Néleus était redevable de son sang, le pouvoir de prendre tous les aspects qu'il voudrait, puis de les quitter après les avoir pris. Quand il eut vainement revêtu toutes sortes de formes diverses, il se métamorphose en l'oiseau qui porte la foudre dans ses serres recourbées et que chérit entre tous le roi des dieux. Profitant de la force de cet oiseau, il avait, avec ses ailes, son bec crochu, ses griffes acérées, déchiré le visage du héros [720]. Le héros de Tirynthe tend contre lui son arc trop sûr de toucher le but, et, au moment où l'aigle, s'étant élevé au milieu des nuages, planait, il l'atteint à la jointure du flanc et de l'aile. La blessure n'était pas grave, mais les muscles déchirés par le trait ne remplissent plus leur office et refusent à l'oiseau la force de se mouvoir et de voler. Il tombe sur le sol, ses plumes trop faibles ne donnant plus de prise à l'air; et la flèche, qui ne s'était que légèrement fixée à l'aile, s'enfonça sous le poids du corps auquel elle tenait et, traversant le flanc de part en part, ressortit par le côté gauche du cou. Te semble-t-il maintenant que je doive vanter les exploits de ton cher Hercule, ô très glorieux chef de la flotte rhodienne ? Et pourtant je me borne à venger mes frères en passant ses exploits sous silence. L'amitié qui m'unit à toi est solide. »

Quand le fils de Néleus eut prononcé ces mots d'un ton plein de douceur, les convives goûtèrent de nouveau, après le discours du vieillard, aux dons de Bacchus, puis se levèrent de leurs lits. Le reste de la nuit fut consacré au sommeil.

MORT D'ACHILLE

Cependant le dieu qui, de son trident, gouverne les ondes de la mer, éprouve une douleur paternelle à la pensée que son fils a été métamorphosé en l'oiseau chéri de Phaéton [721], et, dans sa rancune, il poursuit le cruel Achille, objet de sa haine, d'une colère qui ne connaît plus de mesure. Et voici que, la guerre ayant déjà duré près de deux lustres, il interpelle en ces termes le dieu de Sminthé [722] à la longue chevelure : « O toi qui, de tous les fils de mon frère, m'inspires la plus tendre affection, toi qui as avec moi, bien inutilement, élevé les remparts de Troie, ne gémis-tu pas quand tu vois cette citadelle sur le point de tomber ? Ne plains-tu pas le destin de tant de milliers d'hommes tués en défendant ces murs ? Et, pour ne pas les énumérer tous, l'ombre ne t'apparaît-elle pas d'Hector traîné tout autour de sa chère Pergame [723] ? Cependant que vit encore cet insolent guerrier, plus couvert de sang que la guerre même, et qui ruine toute notre œuvre, Achille ? Qu'il s'offre à moi, et je saurai bien lui faire sentir ce que je peux avec mon trident. Mais, puisqu'il ne m'est pas donné de me mesurer de près avec cet ennemi, fais-le périr à l'improviste d'une flèche invisible. » Accédant à cette requête et heureux de satisfaire le ressentiment de son oncle aussi bien que le sien propre, le dieu de Délos, sous le couvert d'un nuage, arrive dans les rangs de l'armée d'Ilion et voit, au milieu des guerriers s'entrégorgeant, Paris, qui lançait çà et là des traits contre d'obscurs Achéens. Le dieu se fit connaître, puis : « Pourquoi perds-tu tes traits à répandre un sang vil ? dit-il. Si tu as quelque souci des tiens, tourne-toi contre l'Eacide et venge la mort de tes frères ! » Il dit, et, montrant le fils de Pélée qui, le fer à la main, jonchait le sol des corps des Troyens, il tourna contre lui l'arc de Paris et, de sa main meurtrière, il dirigea le trait, sûr d'atteindre le but. La seule joie que le vieux Priam pût connaître après la mort d'Hector fut celle-là. Fameux vainqueur de si illustres guerriers, Achille, tu es donc vaincu par le lâche ravisseur d'une épouse grecque! Mais, si tu avais su que tu tomberais dans un combat sous les coups d'une femme [724], tu aurais préféré tomber sous la hache aux bords du Thermodon [725]. Et maintenant ce guerrier, terreur des Phrygiens, honneur et rempart du nom Pélasge, l'Eacide, ce chef invincible à la guerre, avait été la proie des flammes. Le même dieu qui l'avait armé l'avait aussi consumé [726]. Il n'est plus maintenant que cendre, et, de cet Achille qui fut si grand, il reste un je ne sais quoi qui emplirait mal une petite urne. Mais sa gloire lui survit, capable d'emplir tout l'univers. C'est là un espace proportionné à la mesure d'un pareil héros; c'est par là que le fils de Pélée reste égal à lui-même et ne sent pas l'inanité du Tartare. Son bouclier lui-même, et l'on peut juger par là de celui qui en fut le possesseur, déchaîne la guerre, et l'on prend les armes au sujet de ses armes. Ni le fils de Tydée [727], ni Ajax, fils d'Oïlée, n'ose les demander, ni le plus jeune des Atrides, ni son frère [728], qui l'emporte à la fois sur lui par la valeur guerrière et par l'âge, ni d'autres encore. Seuls, le fils de Télamon et le fils de Laerte [729] eurent la présomption d'aspirer à tant de gloire. Le petit-fils de Tantale [730] sut écarter de soi la responsabilité et la rancune. Et, invitant les chefs argiens à prendre place au milieu du camp, c'est sur eux tous qu'il se déchargea du soin de décider dans cette compétition [731].

LIVRE TREIZIÈME

Le jugement des armes. Ajax. — Hécube. — Enée chez Anius. — Acis et Galatée. Polyphème. — Glaucus.

LE JUGEMENT DES ARMES. AJAX

Les chefs s'assirent, la foule debout, rangée en cercle autour d'eux. Devant eux se dresse le maître du bouclier aux sept peaux de bœufs [732], Ajax. Aussitôt, tout bouillant d'une colère qu'il ne peut contenir, il jette un regard farouche vers le rivage de Sigée, vers la flotte tirée sur le rivage, et, tendant les mains : « Je plaide ma cause, ô Jupiter, dit-il, devant ces vaisseaux, et qui compare-t-on avec moi ? Un Ulysse ! Pourtant, il n'a pas hésité à reculer quand Hector portait sur cette flotte la flamme que moi j'ai bravée et écartée d'elle [733]. C'est donc qu'il est moins dangereux de lutter le mensonge à la bouche que de combattre les armes à la main. Mais nous ne sommes faits, ni moi pour la parole, ni lui pour l'action, et autant brille ma valeur dans un combat sans merci, sur un champ de bataille, autant brille son habileté dans les discours. Je n'ai cependant pas besoin de vous rappeler mes exploits, Pélasges, j'en suis sûr : vous les avez vus. Qu'Ulysse nous raconte les siens, accomplis sans témoins et dont la nuit seule est la confidente. La récompense en jeu est grande, je l'avoue. Mais la valeur en est bien amoindrie par la qualité de mon rival : Ajax n'a pas lieu d'être fier, s'il obtient, quelle qu'en soit l'importance, ce qu'espéra obtenir Ulysse. Lui, il a dès maintenant recueilli le salaire d'une compétition où, quand il aura été vaincu, on racontera qu'il m'eut pour adversaire.

« Pour moi, d'ailleurs, à supposer que ma valeur pût être mise en doute, j'aurais encore toute l'autorité de ma noblesse, étant né de Télamon, qui, sous les ordres du vaillant Hercule, s'empara des murs de Troie, et aborda sur un navire de Pagasæ aux rives de la Colchide [734]. Son père fut Eaque, qui rend la justice au royaume du silence [735], où un lourd rocher épuise les forces du fils d'Æolus, Sisyphe. Le grand Jupiter reconnaît et proclame Eaque comme étant son fils. C'est ainsi qu'Ajax, à la troisième génération, descend de Jupiter. Pourtant, que cette généalogie ne me serve de rien pour gagner ma cause, Achéens, si elle ne m'est commune avec le grand Achille. Il était mon frère [736], c'est l'héritage fraternel que je demande. Pourquoi celui qui est né du sang de Sisyphe [737], qui lui ressemble tant par ses larcins et sa fourberie, veut-il, dans la lignée des Eacides, introduire des noms d'une famille étrangère ? Est-ce parce que j'ai pris les armes avant lui et suis venu sans que nul me dénonce, qu'il faut me refuser ces armes ? Pensera-t-on qu'on doit le préférer à moi, lui qui fut le dernier à s'armer, qui tenta, en feignant la folie, d'échapper à ses obligations guerrières jusqu'à ce que, plus rusé que lui, mais plus nuisible à soi-même, le fils de Nauplius dévoilât son lâche subterfuge et le traînât à ce camp qu'il fuyait [738] ? Doit-il recevoir les armes les plus glorieuses parce qu'il refusa d'en prendre aucune ? Et moi, on me frustrerait de toute récompense, on me refuserait le don de ce qui vient d'un cousin, parce que je me suis dès le premier jour exposé aux dangers ? Ah ! plût aux dieux que sa folie eût été ou qu'on l'eût crue véritable et qu'il ne fût jamais venu en notre compagnie sous les murs de la citadelle Phrygienne, ce conseiller de crimes. Tu ne vivrais pas à Lemnos, ô fils de Pœas, dans un abandon qui fait notre honte, toi qui, aujourd'hui, dit-on, caché dans les antres des forêts, émeus par tes gémissements les rochers mêmes, accablant le fils de Laerte d'imprécations qu'il a méritées, que les dieux, s'ils existent, ne laisseront pas vaines [739]. Et maintenant, ce héros qui prêta le serment de combattre pour la même cause que nous, qui hélas ! compta parmi nos chefs, en qui les flèches d'Hercule ont trouvé son successeur, accablé par la maladie et par la faim, est vêtu et nourri par les oiseaux et use à les chasser les traits qui devaient hâter le destin de Troie. Et lui, encore, il vit, parce qu'il n'accompagna pas Ulysse ! Le malheureux Palamède préférerait avoir été, lui aussi, abandonné. Il vivrait, ou du moins, il ne serait pas mort sous le coup d'une accusation : infortuné, que cet homme, dans sa tenace rancune d'avoir été, à sa honte, convaincu de folie feinte, accusa faussement de trahir la cause des Danaens, prouvant cette fausse accusation par l'étalage de l'or qu'il avait lui-même, au préalable, enfoui [740]. Donc, soit par l'exil, soit par la mort, il affaiblit les forces des

Achéens. Ainsi combat, ainsi se rend redoutable Ulysse.

« Cet homme, l'emportât-il en éloquence sur le loyal Nestor, n'arrivera pas cependant à me convaincre qu'avoir abandonné Nestor ne soit pas un crime : comme, retardé par la blessure d'un cheval, accablé par les ans et la vieillesse, Nestor implorait le secours d'Ulysse [741], il fut trahi par son compagnon. Que je ne forge pas ici, à mon tour, une accusation fausse, le fils de Tydée [742] le sait bien, qui appela par son nom, à plusieurs reprises, son ami tremblant de peur et le prit à partie, en lui reprochant sa fuite. Les dieux voient du ciel d'un œil juste les actes des mortels. Voici qu'il a besoin de secours, lui qui a refusé le sien [743]; comme il abandonna les autres, il méritait d'être lui-même abandonné : la loi qu'il devait subir, c'est lui qui l'avait dictée. Il appelle à grands cris ses compagnons. J'accours et je le vois tremblant, pâle de peur, éperdu devant la mort proche. J'opposai aux coups mon vaste bouclier, j'en couvris le misérable couché à terre, je sauvai sa vie — je n'en tire pas grand orgueil! — sans qu'il fît un effort. Si tu persistes à me disputer ces armes, retournons donc en ce lieu; retrouve-moi l'ennemi, ta blessure, ta peur accoutumée, cache-toi derrière mon bouclier, et, sous sa protection, engage avec moi la lutte. Mais, une fois arraché par moi au péril, ce héros à qui ses blessures n'avaient pas laissé la force de se tenir debout, aucune blessure ne le retarda dans sa fuite. Hector arrive, entraînant avec soi les dieux au combat; partout où il se précipite, ce n'est pas toi seulement qui es pris de terreur, Ulysse, mais aussi les plus intrépides : tant il traîne avec soi d'épouvante. Mais moi, comme il triomphait, fier du sang versé et du massacre, de loin, sous le poids d'un énorme rocher, je le renversai sur le dos; et, comme il demandait un guerrier avec qui se mesurer, je relevai seul le défi [744]. Et vous avez fait des vœux pour que le sort tombât sur moi, Achéens, et vos prières ont été exaucées. Si vous demandez comment tourna le combat, sachez que je n'eus pas le dessous. Mais voici que les Troyens portent le fer et la flamme, conduits par Jupiter, contre la flotte grecque [745]. Où donc est alors l'éloquent Ulysse ? Eh bien! c'est moi, qui, de ma poitrine, ai protégé ces mille vaisseaux, espoir de votre retour. Pour tant de navires, accordez-moi ces armes. Et, s'il m'est permis de dire toute la vérité, c'est pour elles plus que pour moi que je réclame cet honneur : nos deux gloires sont étroitement unies et c'est Ajax qu'il faut à ces armes, et non pas ces armes à Ajax.

« Que le roi d'Ithaque nous parle, en comparaison de ces exploits, de Rhésus, du pusillanime Dolon, de la capture du fils de Priam, Hélénus, et de l'enlèvement du Palladium [746]. Rien n'a été fait au grand jour, rien sans que Diomède fût présent. S'il arrive que vous attribuiez ces armes à de si médiocres services, partagez-les et que le lot le plus important soit celui de Diomède. Qu'en ferait cependant l'homme d'Ithaque, qui agit seulement dans l'ombre, toujours sans recourir aux armes, et emploie la ruse pour tromper un ennemi qui ne se garde pas. L'éclat même du casque, rayonnant d'or étincelant, dénoncera ses pièges et le trahira dans ses cachettes. D'ailleurs, la tête du roi de Dulichium [747] ne pourra, coiffée du casque d'Achille, supporter un tel poids, comme il est impossible que la lance en bois du Pélion [748] ne soit pas un lourd fardeau pour ses bras débiles, et que le bouclier, où l'on voit ramassée l'image du vaste monde [749], convienne à sa main gauche, sans audace et faite pour agir à la dérobée. Pourquoi demandes-tu, impudent, un présent qui te sera une cause de faiblesse, qui, si le peuple Achéen commet l'erreur de te l'accorder, inspirera plutôt à l'ennemi la tentation de te dépouiller que la crainte ? Et la fuite, ta seule supériorité, ô le plus lâche des hommes, sur tous, sera pour toi plus lente si tu traînes une pareille charge. Ajoute que ton bouclier, qui si rarement a soutenu un combat, est intact; le mien, où les traits dont il fut criblé ont ouvert mille blessures, a besoin qu'un bouclier neuf le remplace. Enfin, à quoi bon les discours ? Qu'on nous voie à l'œuvre! Que les armes du vaillant héros soient jetées au milieu des ennemis; commandez ensuite qu'on les aille chercher, et honorez-en celui qui les aura rapportées. »

Le fils de Télamon avait fini; après les derniers mots s'éleva le murmure confus de la foule, jusqu'au moment où le héros, fils de Laerte, se leva. Après avoir tenu un instant les yeux fixés à terre, il les leva vers les chefs et ouvrit la bouche pour proférer les paroles attendues, avec une éloquence dont n'était pas exclu le charme : « Si mes vœux avec les vôtres avaient été exaucés, Pélasges, il n'y aurait pas d'incertitude sur l'attribution de l'héritage, enjeu d'un si important débat, et tu posséderais encore tes armes, Achille, et nous te posséderions. Mais puisque, dans son injustice, le destin a refusé de nous le conserver, à moi comme à vous, — et de la main il essuya en même temps ses yeux comme s'ils pleuraient, — quel meilleur successeur donner au grand Achille que celui grâce à qui le grand Achille s'associa aux succès des Grecs [750] ? Que ce ne soit pas un titre pour mon rival d'avoir l'air, comme il l'est d'ailleurs, obtus; et que mon ingéniosité ne me fasse pas de tort, qui toujours, Achéens, s'exerça à votre profit. Puisse mon éloquence enfin, si peu que j'en aie, qui plaide aujourd'hui ma propre cause, après avoir si souvent servi à la vôtre, ne m'attirer nulle animosité; et n'obligez personne à répudier ses avantages personnels. Car la race, les ancêtres et tout ce qui n'est pas notre œuvre propre, j'ai peine à nommer tout cela des avantages personnels. Mais enfin, puisque Ajax a rappelé qu'il est l'arrière-petit-fils de Jupiter, ma race, à moi aussi, a Jupiter pour auteur, et le même nombre de degrés me sépare de lui. Laerte est, en effet, mon père; Arcésius fut le sien, Jupiter celui d'Arcésius [751]; et, parmi eux, il n'est ni condamné, ni exilé [752]. Et, par ma mère aussi, je tiens par surcroît du dieu du Cyllène une autre noble origine [753]. Il y a un dieu dans l'ascendance de chacun de mes parents. Mais ce n'est ni sous prétexte que je suis le plus noble des deux de souche maternelle, ni parce que mon père a les mains pures du sang de son frère [754], que je demande les armes que voici sous nos yeux. Pesez nos mérites dans l'examen de la cause. Pourvu toutefois que ce n'en soit pas un pour Ajax que Télamon et Pélée furent frères, et que l'on considère non pas l'ordre de succession par le sang, mais la valeur à honorer, dans l'attribution de ces dépouilles. Ou bien, si la plus proche parenté et le titre d'héritier en première ligne sont en question, il y a le père d'Achille Pélée, il y a Pyrrhus, son fils. Quel rang occupe Ajax ? C'est à Phthie ou à Scyros qu'il faut porter ces armes [755]. Et Teucer n'est pas à un moindre degré qu'Ajax le cousin d'Achille [756]; pourtant, réclame-t-il ces armes, et, s'il les réclamait, les obtiendrait-il ? Donc, puisque nos actes seuls sont en discussion, j'ai accompli plus de choses qu'il ne m'est loisible d'en faire tenir dans un discours. Je vais pourtant prendre pour guide les faits dans leur ordre.

« Instruite par avance de la mort qui attendait son fils, la Néréide, mère d'Achille, le dissimule sous un déguisement. Tous, y compris Ajax, avaient été abusés par l'aspect trompeur de la robe qu'il avait revêtue. Moi, parmi des marchandises destinées aux femmes, j'introduisis des armes faites pour éveiller ses instincts virils. Et le héros n'avait pas encore rejeté ses atours de jeune fille qu'il avait entre les mains un bouclier et une lance : « Fils d'une déesse, lui dis-je, c'est à toi que Pergame réserve l'honneur de sa chute. Qu'attends-tu pour renverser la grande Troie ? » Je mis sur lui la main et j'envoyai ce vaillant à la tâche faite pour sa vaillance. Ses exploits sont donc mon œuvre. C'est moi qui, par ma lance, réduisis dans un combat Télèphe à merci, puis, vaincu, suppliant, lui rendis ses forces [757]. Si Thèbes est tombée, c'est grâce à moi. C'est moi, croyez-m'en, qui pris Lesbos, Ténédos, Chrysé et Cilla, villes d'Apollon, et Scyros. C'est ébranlés par ma main que s'écroulèrent les remparts de Lyrnèse [758]. Et, pour ne pas parler des autres, eh bien! je vous ai donné le seul héros qui pût causer la perte du redoutable Hector. C'est grâce à moi que l'illustre Hector gît sur le sol. Pour prix de ces armes grâce auxquelles Achille fut découvert, je demande les armes que voici : du présent que je lui avais fait de son vivant, je réclame, lui mort, la restitution [759].

« Quand l'affront fait à l'un des leurs fut venu à la connaissance de tous les Danaens [760], et que mille vaisseaux emplirent Aulis, sur la mer d'Eubée, les vents longtemps attendus ne se levèrent pas ou contrarièrent la flotte; un rigoureux oracle ordonne qu'Agamemnon sacrifie à la cruelle Diane sa fille innocente. Sa paternité s'y refuse et il s'en prend aux dieux eux-mêmes; et dans le roi il y a cependant un père. C'est moi qui trouvai les mots apaisants pour son cœur paternel et le convertis au souci du bien public [761]. Je l'avoue aujourd'hui, et, qu'en faveur de cet aveu le fils d'Atrée me pardonne, je gagnai une cause difficile devant un juge prévenu. Cependant, l'intérêt du peuple, la pensée de son frère, celle du pouvoir suprême qu'il tient du sceptre remis en ses mains, l'amènent à acheter sa gloire au prix du sang. Je suis aussi envoyé à la mère, qu'il s'agissait non de décider, mais, par la ruse, d'abuser. Si le fils de Télamon y était allé, nos voiles attendraient encore le vent favorable. Je suis aussi envoyé, pour d'audacieux pourparlers, à la citadelle d'Ilion. J'ai vu le sénat réuni sur l'acropole de Troie, j'y ai pénétré. Il était encore plein de héros [762]. Sans effroi, j'ai plaidé la cause que m'avait confiée la Grèce au nom de tous; j'accuse Paris, demande la restitution des trésors enlevés et d'Hélène, et j'émeus Priam et, avec Priam, Anténor [763], qui partage son avis. Mais Paris et ses frères et ceux qui commirent le rapt sous ses ordres eurent peine à retenir — tu le sais, Ménélas — leurs mains criminelles; et ce jour fut le premier où je m'exposai avec toi au péril.

« Je n'en finirais pas s'il fallait rappeler tous les services que, par mes sages conseils et par mes armes, j'ai rendus au cours de cette longue guerre. Après les premiers combats, les ennemis se renfermèrent longtemps dans les murailles de la ville et nulle possibilité ne nous fut donnée de livrer bataille en rase campagne. Enfin, la dixième année, nous recommençâmes à nous battre. Pendant tout ce temps, que fais-tu, toi qui ne connais rien que le combat ? A quoi servais-tu ? Moi, si tu veux savoir ce que j'ai fait, je dresse des embuscades à l'ennemi, je ceins d'un retranchement nos fossés, je prodigue les assurances à nos alliés, pour qu'ils supportent avec sérénité les ennuis d'une longue guerre; j'enseigne de quelle façon nous devons nous procurer des vivres, des armes; je suis envoyé partout où le besoin s'en fait sentir. Voici que, sur un avertissement de Jupiter, le roi, trompé par une vision dans son sommeil, ordonne de renoncer aux soucis de la guerre entreprise [764]. Il peut défendre sa décision en alléguant celui qui l'inspira. Ajax n'a qu'à s'y opposer, à réclamer la destruction de Troie, à combattre, puisqu'il le peut. Pourquoi n'arrête-t-il pas ceux qui veulent partir ? Pourquoi ne prend-il pas les armes, ne donne-t-il pas un exemple que la foule indécise suivrait ? Ce n'était pas au-dessus des forces de ce héros, qui n'avait jamais que jactance à la bouche. Mais il prend lui-même la fuite : qu'est-ce à dire ? Je t'ai vu, et j'ai rougi de te voir quand, tournant le dos à l'ennemi, tu apprêtais honteusement tes voiles. Sans hésiter : « Que faites-vous, quelle folie, m'écriai-je, vous pousse, ô mes compagnons, à renoncer à Troie quand elle est prise ? Que rapportez-vous, au bout de dix ans, chez vous, sinon le déshonneur ? » Par ces discours et d'autres encore, dictés par l'indignation qui m'avait rendu éloquent, je ramenai de la flotte prête à appareiller ceux qui tournaient le dos à Troie. Le fils d'Atrée convoque ses alliés tremblants d'effroi, et même à cette heure le fils de Télamon n'ose pas ouvrir la bouche. Mais Thersite avait eu l'audace d'invectiver contre les rois en termes impudents; c'est encore grâce à moi que ses propos ne restèrent pas impunis [765]. Je me lève, j'exhorte mes concitoyens alarmés à attaquer l'ennemi, et ma voix leur rend le courage qu'ils avaient perdu. Depuis ce temps, toute la vaillance qu'a pu paraître déployer celui que vous voyez, on me la doit, à moi qui l'ai ramené quand il fuyait. Enfin, qui des Danaens te loue ou souhaite ton aide ? En revanche, le fils de Tydée m'associe à tout ce qu'il fait. Il reconnaît ma valeur et, en compagnie d'Ulysse, il a toujours confiance. C'est quelque chose que d'avoir, entre tant de milliers de Grecs, fixé seul le choix de Diomède. C'est ainsi, et le sort ne m'avait pas désigné pour l'expédition, que, bravant pourtant les périls de la nuit et de l'ennemi, je rencontre le Phrygien Dolon, qui avait montré la même audace que nous, et je le tue; non cependant avant de l'avoir forcé à me dévoiler tout ce qu'il savait et d'avoir appris ce que la perfide Troie préparait. Je savais tout, je n'avais plus à me renseigner sur rien, et je pouvais maintenant revenir avec la gloire que je m'étais promise. Je ne me contentai pas de cet exploit. Je gagnai la tente de Rhésus et, dans son propre camp, je le tuai, lui et ses compagnons. C'est ainsi que, vainqueur, tout ce que je souhaitais réalisé, je fais au camp, sur le char conquis, une joyeuse entrée, à la manière des triomphateurs [766]. Refusez-moi les armes de celui dont notre ennemi avait demandé les chevaux pour prix de son entreprise nocturne [767] : Ajax se sera alors montré plus généreux que vous [768].

« Rappellerai-je les bataillons du Lycien Sarpédon, que mon glaive extermina ? Je mis hors de combat, les noyant dans le sang, Cœranos, fils d'Iphitus, Alastor, Chromius, Alcander, Halius, Noémon, Prytanis; je fis périr, avec Chersidamas, Thoon, et Charops, Ennomos qu'un impitoyable destin avait entraîné, d'autres, moins illustres, qui tombèrent sous mes coups au pied des murs de la ville [769]. Et j'ai aussi reçu des blessures, citoyens [770], glorieuses en raison de leur place même; et ne m'en croyez pas simplement sur parole. Tenez, regardez-les, — et il écarta de la main sa tunique. — Voici la poitrine qui toujours, dit-il, s'est offerte aux coups pour votre cause. En revanche, pendant tant d'années, le fils de Télamon n'a pas versé une goutte de son sang pour ses compagnons : son corps ne porte pas une blessure. Qu'importe, cependant, s'il rapporte qu'il a pris les armes pour défendre la flotte grecque contre les Troyens et Jupiter ? Il les a prises, j'en conviens : ce n'est pas, en effet, mon habitude de dénigrer avec malveillance les actions louables. Mais qu'il n'accapare pas à lui seul un mérite qui revient à tous et qu'il reporte aussi sur vous une part de cet honneur. C'est le petit-fils d'Actor qui repoussa sous les apparences d'Achille les Troyens des vaisseaux qui allaient brûler avec leur défenseur [771]. Il s'imagine aussi être le seul qui ait osé s'exposer aux traits d'Hector; il oublie le roi, les chefs, moi-même, et que, neuvième candidat à cet office, il ne fut préféré qu'au bénéfice du sort [772]. Et pourtant quelle fut l'issue, brave des braves, de votre combat ? Hector en sortit sans avoir reçu aucune blessure.

« Hélas! malheureux, quelle douleur m'étreint au souvenir de ce jour où le rempart des Grecs, Achille, succomba! En dépit des larmes, du deuil, de la crainte, je n'eus pas de cesse que je n'eusse relevé du sol et ramené son corps. C'est sur ces épaules, oui, sur ces épaules que j'ai, moi, rapporté le corps d'Achille, et avec lui ces armes qu'aujourd'hui encore je m'emploie à remporter. J'ai la force nécessaire pour porter un pareil fardeau [773]. J'ai assez de cœur pour sentir le prix de l'honneur que je recevrai de vous. Vraiment, la déesse azurée, sa mère, ne se fit-elle solliciteuse en faveur de son fils que pour qu'un soldat grossier, sans cœur, revête ces armes, présent du ciel, œuvres d'un art si merveilleux ? Car il ne saurait reconnaître les figures ciselées sur le bouclier, l'océan et la terre, les astres au plus haut du ciel, les Pléiades, les Hyades, l'Ourse toujours à l'abri du contact des eaux, et les deux villes qui s'opposent, et l'épée étincelante d'Orion [774]. Il veut s'approprier des armes qui n'ont pas de sens pour lui. Et, quand il m'accuse de m'être soustrait aux devoirs d'une guerre pénible et de ne m'être associé que tardivement à la besogne déjà entreprise, ne s'aperçoit-il pas qu'il outrage le magnanime Achille ? Si tu traites de crime la feinte, nous sommes coupables de feinte lui et moi. Si d'avoir tardé est une faute, j'ai, moi, tardé moins que lui. Ma tendre épouse m'a retenu, sa tendre mère a retenu Achille; c'est à elles que fut consacré le début de la guerre, mais tout le reste le fut à vous. Je ne redoute pas, si je ne peux aujourd'hui m'en laver, une accusation qui m'est commune avec un tel héros. S'il fut pourtant découvert, c'est grâce à l'ingéniosité d'Ulysse; Ulysse ne le fut pas grâce à celle d'Ajax!

« Et ne nous étonnons pas d'entendre sa langue stupide me couvrir d'outrages : il vous jette aussi à la face de honteux reproches. S'il est déshonorant pour moi d'avoir porté contre Palamède une fausse accusation, est-il honorable pour vous de l'avoir condamné ? Mais ni le fils de Nauplius ne fut capable de se justifier d'un si grand forfait et si manifeste, ni vous n'avez été saisis d'une accusation par ouï-dire : vous avez vu, et le corps du délit était étalé sous vos yeux. Et, si l'île de Vulcain, Lemnos, retient le fils de Pœas, je n'ai pas mérité qu'on m'en fasse grief. Défendez ce que vous avez fait, car vous l'avez unanimement décidé. Je ne nierai pas lui avoir conseillé de se soustraire aux fatigues de la guerre et du voyage, et d'essayer d'apaiser par le repos ses cruelles douleurs. Il a suivi ce conseil, et il vit. Mon avis n'était pas seulement sincère, il fut aussi salutaire, alors qu'il suffirait qu'il fût sincère. Et, puisque les devins exigent sa présence pour consommer la ruine de Pergame, ne me confiez pas cette mission : le fils de Télamon ira; cela vaut mieux, et son éloquence saura calmer un homme affolé par la douleur et la colère, ou son adresse trouvera quelque habile moyen pour le ramener. Non! Le Simoïs refluera vers sa source, l'Ida dressera une cime découronnée de ses ombrages, l'Achaïe promettra son secours à Troie, avant que, mon zèle pour vos intérêts prenant fin, l'habileté de l'obtus Ajax rende aux Grecs un seul service. Libre à toi de haïr les alliés, le roi et moi-même, impitoyable Philoctète; libre à toi de m'accabler d'imprécations, de vouer sans répit ma tête à la vengeance divine, de souhaiter, dans ta souffrance, voir le hasard me faire tomber entre tes mains, pouvoir verser mon sang, me tenir à ta merci comme je t'ai tenu à la mienne. Pourtant j'irai à toi, je m'efforcerai de te ramener avec moi, je me rendrai maître de tes flèches, comme je l'ai fait du devin Dardanien [775], comme j'ai dévoilé les oracles des dieux et le destin de Troie, comme j'ai ravi dans son sanctuaire la statue de la Minerve troyenne, au milieu des ennemis [776]. Et Ajax se compare à moi ? Ainsi, sans elle, les destins ne permettraient pas que Troie fût prise. Or, où est alors le valeureux Ajax ? Où sont les orgueilleux discours de ce héros ? Pourquoi ta crainte ce jour-là ? Pourquoi est-ce Ulysse qui a l'audace de franchir les lignes des sentinelles, de se risquer à la faveur de la nuit, et, bravant les redoutables épées, de s'introduire non seulement dans les murs de Troie, mais encore sur l'acropole, d'arracher la déesse de son temple, de rapporter sa prise à travers les lignes ennemies ? Si je ne l'avais fait, c'est bien en vain que le fils de Télamon aurait brandi à son bras gauche ses sept peaux de bœufs. Cette nuit-là j'ai remporté la victoire sur Troie : j'ai vaincu Pergame en la réduisant à pouvoir être vaincue. Et cesse d'affecter de nous montrer des yeux le fils de Tydée mon compagnon, de murmurer son nom. Oui, sa valeur a droit à une part de la gloire acquise. Mais toi non plus, quand tu défendais la flotte alliée, le bouclier au bras, tu n'étais pas seul. Tes compagnons étaient toute une foule; à moi, il ne m'en est échu qu'un. Celui-là, s'il ne savait pas qu'un foudre de guerre vaut moins qu'un homme d'expérience, qu'une bravoure sans frein n'est pas le meilleur titre aux récompenses, lui aussi briguerait celle-ci. Le plus modeste des deux Ajax la briguerait aussi, et le vaillant Eurypylus, et le fils de l'illustre Andræmon, tout comme Idoménée et Mérionès, son compatriote; le frère de l'aîné des Atrides la briguerait [777] : car ce sont de valeureux guerriers et qui ne te le cèdent pas dans les travaux de Mars; mais, pour les conseils, ils se sont effacés devant moi. Tu as un bras utile dans les combats, mais un esprit qui a besoin d'être dirigé par moi. Tu as la force sans la réflexion; moi, j'ai le souci de l'avenir. Tu sais combattre; mais l'heure du combat, c'est avec moi que la choisit le fils d'Atrée. Toi, c'est uniquement par le corps que tu es utile; moi, c'est par l'intelligence. Autant le rôle du pilote qui dirige le navire l'emporte sur celui du rameur, autant le chef est supérieur au soldat, autant je suis au-dessus de toi. Et que, dans notre corps, le cœur vaille mieux que la main, ce n'est pas assez dire : toute notre force est en lui.

« Et vous donc, ô chefs, décernez cette récompense à votre vigilant défenseur, et, pour payer les soucis de tant d'années passées dans l'inquiétude, accordez-moi cet honneur comme prix de mes services. Notre lourde tâche touche maintenant à sa fin, j'ai écarté les obstacles dressés par le destin; en rendant possible la prise de la citadelle de Pergame, je l'ai prise. Par les espoirs que nous partageons tous désormais, par les murs de Troie dont la chute est proche, par les dieux que j'ai naguère ravis à l'ennemi, par tout ce qui reste à faire pour notre sagesse, à tenter pour notre audace et notre promptitude, si vous pensez que le destin accorde encore quelque durée à Troie, souvenez-vous de moi! Ou, si ce n'est pas à moi que vous donnez ces armes, donnez-les-lui! » Et il montra la statue de Minerve, symbole du destin [778].

Le groupe des chefs fut profondément ému, et le pouvoir de l'éloquence apparut en cette circonstance à tous; les armes du vaillant guerrier, ce fut un orateur qui les obtint. Celui qui tant de fois résista seul à Hector, au fer, à la flamme, à Jupiter, ne résiste pas à la seule colère. Le héros que rien ne put vaincre est vaincu par le ressentiment. Il saisit son épée, et : « Celle-là, du moins, est à moi, dit-il. Ulysse la réclame-t-il aussi par hasard pour lui ? Il me faut l'employer contre moi-même. Et cette lame, qui ruissela souvent du sang des Phrygiens, ruissellera aujourd'hui de celui du maître qu'elle égorgera; personne ne doit avoir raison d'Ajax, hormis Ajax! » Il dit et, dans sa poitrine atteinte enfin par sa première blessure, il plongea, au point où elle était vulnérable au fer, l'épée meurtrière [779]. Ses mains n'eurent pas la force de retirer l'arme ainsi enfoncée : le sang lui-même la fit ressortir, et la terre rougie de ce sang fit, du milieu du vert gazon, éclore la fleur de pourpre qui était une première fois née de la blessure du fils d'Œbalus. Les mêmes lettres, convenant aussi bien à l'enfant qu'à l'homme, sont inscrites sur le milieu de ses pétales : celles, pour le premier, de son nom, pour le second, de sa plainte [780].

HÉCUBE

Vainqueur, Ulysse met à la voile pour la patrie d'Hypsipylé et de l'illustre Thoas, et pour les terres que déshonora le massacre des hommes qui y vivaient jadis [781] : il voulait rapporter les flèches du héros de Tirynthe [782]. Quand il les eut ramenées aux Grecs, en compagnie de leur possesseur, on mit enfin la dernière main à cette guerre qui traînait en longueur. Troie tombe en même temps que Priam; l'épouse infortunée de Priam, après tout le reste, perdit sa forme humaine et terrifia par ses aboiements nouveaux les airs, au-delà de son pays, jusqu'à l'étroit passage dans lequel est enfermé et s'allonge l'Hellespont. Ilion brûlait, et la violence du feu n'était pas encore amortie; et l'autel de Jupiter avait bu le peu de sang des veines du vieux Priam [783]. Traînée par les cheveux, la prêtresse de Phœbus tendait ses mains au ciel, sans espoir de secours [784]. Les matrones Dardaniennes, embrassant, pendant qu'elles le pouvaient encore, les statues des dieux de leur patrie et réfugiées dans les temples incendiés, sont entraînées, butin disputé, par les Grecs vainqueurs; Astyanax est jeté du haut de ces tours d'où souvent il voyait son père, que lui désignait sa mère, combattre pour lui et défendre le royaume de ses ancêtres [785]. Et maintenant Borée invite au départ; les voiles, frissonnant à son souffle favorable, claquent; le pilote conseille de profiter du vent. « Troie, adieu, on nous enlève! » crient les Troyennes; elles baisent la terre et quittent les toits fumants de la patrie. La dernière monte à bord, spectacle digne de pitié, Hécube, trouvée au milieu des tombeaux de ses fils; ses bras serraient étroitement les tertres, sa bouche baisait leurs ossements; les mains des gens de Dulichium l'entraînèrent [786]. Pourtant, elle put vider l'une des tombes, et en retirer les cendres d'Hector qu'elle emporta dans son sein, et, sur cette tombe d'Hector, elle laissa, pauvres offrandes à ses mânes, des cheveux blancs, arrachés de sa propre tête, des cheveux et des larmes.

Aux lieux où fut Troie, il est, en face de la Phrygie, une terre habitée par les Bistoniens. Là se trouvait le riche palais de Polymestor, à qui te confia secrètement ton père pour t'élever, Polydore, et t'éloigner des combats livrés en Phrygie : sage décision s'il n'avait aussi envoyé de riches trésors, dont, par un crime, on pouvait se rendre maître, et faits pour exciter une âme cupide. Dès que la fortune eut entraîné la chute des Phrygiens, l'impie roi des Thraces prit une épée et égorgea l'enfant confié à ses soins; puis, comme si la disparition du corps pouvait effacer le crime, il jeta le cadavre dans les ondes qui venaient battre le rocher [787].

Le fils d'Atrée avait amarré sa flotte sur le rivage de Thrace, pour attendre que la mer s'apaisât, que le vent fût plus propice. C'est là que soudain, aussi grand que lorsqu'il vivait, de la terre fendue sur un long espace, sort Achille; l'air menaçant, il avait le même visage que ce jour où, dans sa fureur, il attaqua injustement Agamemnon, le fer à la main [788]. « Partez-vous donc, dit-il, en m'oubliant, Achéens ? La reconnaissance due à ma valeur est-elle donc ensevelie avec moi ? N'en faites rien. Et, pour que ma tombe ne reste pas dépourvue de tout honneur, apaisez les mânes d'Achille par le sacrifice de Polyxène. » Il dit; et, obéissant à l'ombre cruelle, les alliés arrachent Polyxène du sein de sa mère, que désormais presque seule elle réchauffait de sa tendresse; courageuse et, dans le malheur, plus que femme, la jeune fille est conduite sur le tombeau, victime destinée au sinistre sépulcre. Mais, n'oubliant pas qui elle est, une fois amenée devant l'autel barbare, quand elle comprit que les apprêts du cruel sacrifice étaient faits pour elle et vit Néoptolème debout, le fer à la main, fixant les yeux sur son visage : « Verse donc sans retard ce sang généreux, dit-elle. Rien ne te retient. N'hésite pas, plonge ce couteau dans ma gorge ou dans ma poitrine! — et elle découvrit, en même temps, sa gorge et sa poitrine —. En vérité pensez-vous ou que, moi Polyxène, je voudrais être l'esclave de qui que ce soit, ou que vous allez par un pareil sacrifice apaiser quelque divinité? Je voudrais seulement que ma mort pût rester ignorée de ma mère. La pensée de ma mère seule me trouble et diminue la joie que me cause la mort; bien que me voir mourir doive moins l'épouvanter que de vivre elle-même. Je vous le demande seulement pour m'éviter de descendre chez les mânes du Styx privée de ma liberté, tenez-vous à distance, si ma requête est juste, et épargnez à mon corps de vierge le contact de vos mains d'hommes. Celui, quel qu'il soit, que vous vous disposez à apaiser par ma mort, agréera mieux un sang libre. S'il en est pourtant parmi vous que touchent les derniers mots sortis de ma bouche, — la fille du roi Priam, et non votre captive, vous en supplie, — rendez à ma mère mon corps sans rançon, qu'elle ne rachète pas avec de l'or le triste droit d'ériger un sépulcre, mais seulement avec des larmes. Jadis, quand elle le pouvait, elle le payait aussi avec de l'or! » Elle dit, et le peuple ne peut, alors qu'elle retenait ses larmes, retenir les siennes. Le prêtre lui-même, pleurant aussi, enfonça à contre-cœur le fer dans la poitrine offerte et la perça. Polyxène, ses genoux s'étant dérobés sous elle, s'était affaissée à terre, acceptant d'un visage serein, à ses derniers instants, les coups du destin. A ce moment encore elle garda le souci de voiler, en tombant, les parties de son corps qu'elle devait cacher, et de se conformer aux exigences de la chasteté et de la pudeur. Les Troyennes la prennent dans leurs bras, dénombrant les enfants de Priam qui leur coûtèrent des larmes, rappelant tout le sang que versa une seule famille; elles gémissent sur toi, jeune fille, et sur toi, qui naguère portais le titre d'épouse d'un roi, de mère de princes, image de la florissante Asie, aujourd'hui, dans le butin, méchant lot, dont Ulysse vainqueur ne voudrait pas si tu n'avais pas enfanté Hector. C'est Hector qui vaut avec peine à sa mère un maître. Pressant dans ses bras le corps qu'abandonna une âme si courageuse, Hécube l'arrose des larmes qu'elle versa si souvent sur sa patrie, sur ses fils, sur son époux [789]. Elle verse des larmes sur la blessure de sa fille, couvre sa bouche de baisers, se frappe la poitrine, habituée à ces coups; et, traînant ses cheveux blancs dans le sang figé, elle laissa, de son sein meurtri, échapper, entre bien d'autres, ces plaintes : « Ma fille, dernière douleur qui pût frapper ta mère — que me reste-t-il, en effet, à supporter ? — ma fille, te voilà donc morte! Je vois ta blessure, qui est ma blessure. Voici, puisque je ne pouvais perdre aucun des miens que de mort violente, voici qu'à ton tour tu portes une blessure. Toi du moins, car tu étais femme, je te croyais à l'abri du fer. Et, bien que femme, tu es tombée frappée par le fer. Ce même Achille, qui causa la perte de tant de tes frères, a causé la tienne, Achille l'auteur de la chute de Troie et de tous mes deuils. Du moins, lorsqu'il fut tombé sous les flèches de Paris et de Phœbus : « Maintenant, me suis-je dit, Achille n'est plus à redouter », mais maintenant encore il était pour moi redoutable. Sa cendre même, dans sa sépulture, s'acharne sur ma famille; de sa tombe encore j'ai senti les effets de son hostilité : c'est pour le petit-fils d'Eaque que je fus féconde. La grande Ilion gît renversée. Un lourd désastre a mis fin aux calamités qui ont accablé notre peuple; du moins y a-t-il mis fin; il n'est plus que moi pour qui Pergame survit encore, et dont la douleur suit son cours. Naguère, au faîte de la grandeur, puissante par tant de fils et de gendres, par mes brus et par mon époux, je suis aujourd'hui traînée en exil, je n'ai plus rien, on m'arrache aux tombeaux des miens, présent destiné à Pénélope [790]. Quand sous mes doigts j'étirerai la laine qu'elle m'aura pesée et donnée à filer, me montrant aux matrones d'Ithaque : « Celle-là, dira-t-elle, c'est l'illustre mère d'Hector, c'est l'épouse de Priam. » Après la perte de tant des miens, voici qu'aujourd'hui toi, qui seule allégeais le poids de mes deuils maternels, tu as été, victime expiatoire, immolée sur la tombe d'un ennemi. C'est une offrande aux mânes d'un ennemi que j'ai enfantée. Et moi, vraiment de fer, pour quels destins suis-je encore là ? Pourquoi m'attarder à vivre ? A quoi me réserves-tu, ô vieillesse chargée d'ans ? Dans quelle intention, dieux cruels, si ce n'est pour me donner le spectacle de nouvelles funérailles, prolongez-vous la vie d'une vieille femme ? Qui penserait que Priam pût être appelé heureux après la ruine de Pergame ? Heureux, il l'est d'être mort. Il ne voit pas, ma fille, ton cadavre, il a perdu la vie en même temps que le trône. Du moins, peut-être, t'accordera-t-on les honneurs funèbres comme dot, ô fille de roi, et ton corps sera-t-il enseveli dans le monument de tes ancêtres ? Non, telle n'est pas la fortune de notre maison.

Comme offrandes, tu recevras les pleurs de ta mère et une poignée de sable étranger. Nous avons tout perdu; il ne me reste, seule raison pour moi de supporter un peu de temps encore la vie, enfant chéri de sa mère, aujourd'hui le seul, jadis le dernier de mâles rejetons, que Polydore, envoyé sur ces rives et confié au roi de l'Ismarus [791]. Cependant, pourquoi tarder davantage à laver d'une eau pure cette cruelle blessure et ce visage couvert du sang que versa une main sans pitié ? »

Elle dit, et, d'un pas que ralentit l'âge, elle s'avança vers le rivage, ses cheveux blancs arrachés. « Donnez-moi une urne, Troyennes », venait de dire l'infortunée, afin de puiser une eau limpide; elle aperçoit le corps de Polydore rejeté sur le rivage et les larges blessures faites par le Thrace avec ses traits [792]. Les Troyennes poussent des cris. Hécube resta muette de douleur; les mots, les larmes, qui du cœur lui montent aux lèvres et aux yeux, la douleur même les dévore : toute semblable à un insensible rocher elle reste privée de mouvement et tantôt fixe les yeux à terre, devant elle, tantôt lève au ciel un visage farouche, contemple tantôt le visage du fils étendu à ses pieds, tantôt ses blessures, mais surtout ses blessures; elle s'arme, elle se cuirasse de colère. Quand elle en fut enflammée, elle se résolut, comme si elle était toujours reine, à la vengeance et applique toute sa pensée à imaginer le châtiment. Comme une lionne en fureur, à qui l'on a ravi le lionceau qu'elle allaitait, suit, quand elle a retrouvé les traces de ses pas, son ennemi qu'elle ne voit pas, ainsi Hécube, quand elle eut attisé son désespoir par sa colère, toute à son ressentiment qui lui fait oublier son âge, se rend auprès de celui qui ourdit le meurtre cruel et lui demande un entretien : elle voulait, dit-elle, lui montrer un reste d'or caché, pour le charger de le remettre à son fils, Le roi des Odryses [793] la crut, et, comme toujours, obéissant à sa cupidité, vient, à l'écart, la rejoindre. Alors le fourbe, la bouche pleine d'accents persuasifs : « N'attends pas davantage, Hécube, dit-il, remets-moi ces trésors pour ton fils. Tout ce que tu me remets sera à lui, comme tout ce que tu m'as déjà remis, par les dieux j'en fais serment ! » Elle le regarde d'un air farouche tandis qu'il parle et se parjure, et la colère monte et déborde en elle. L'ayant alors saisi, elle appelle à son aide la troupe des matrones captives et enfonce ses doigts dans les yeux du perfide, arrache les globes de leurs cavités, — la colère lui donne des forces, — y plonge les mains et, souillée du sang du criminel, elle creuse, non pas l'œil dont il ne reste plus trace, mais la place de l'œil [794]. Irrité par le sort atroce de son tyran, le peuple des Thraces se mit à assaillir la Troyenne en lui lançant des traits et des pierres. Mais elle, avec un rauque grondement, poursuit, en tentant de le mordre, le morceau de roc qu'on lui a jeté, et, de sa bouche ouverte, au lieu des mots qu'elle s'apprêtait à dire, comme elle faisait effort pour parler, sortirent des aboiements. L'endroit existe encore, et son nom lui vient de cet événement [795]. Longtemps, pleine du souvenir de ses anciens malheurs, Hécube affligée erra hurlante à travers les champs des Sithoniens. Son infortune avait ému les Troyens ses compatriotes et les Pélasges ses ennemis, ému tous les dieux aussi ; tous, au point qu'elle-même l'épouse et la sœur de Jupiter déclarât qu'Hécube n'avait pas mérité un pareil sort.

MEMNON

L'Aurore n'a pas le loisir, bien qu'elle eût favorisé les mêmes armes [796], de se laisser émouvoir par les malheurs et la ruine de Troie et d'Hécube. Un chagrin qui la touche de plus près, un deuil domestique plonge la déesse dans l'angoisse : la perte de Memnon, que sa mère, déesse aux lueurs vermeilles, a vu périr dans les plaines de Phrygie sous la lance d'Achille [797]; elle l'a vu, et cette teinte pourprée dont les heures matinales se colorent avait pâli; le ciel se cacha dans les nuages. La mère ne put supporter le spectacle des membres déposés sur le bûcher dont la flamme les consumerait; mais, les cheveux épars, sans apprêts, elle ne jugea pas indigne d'elle d'aller se jeter aux genoux du grand Jupiter et d'ajouter à ses larmes ces paroles : « Bien que d'un rang moins élevé que toutes les déesses dont l'éther d'or est l'aérienne demeure, — rares sont, en effet, les temples qu'on m'éleva dans tout l'univers, — c'est pourtant en déesse que je viens; mais non pour que tu m'accordes des sanctuaires, des jours marqués de sacrifices, des autels qu'ils échaufferont de leurs feux. Si cependant tu considérais de quelle utilité, quoique femme, je te suis, quand ma neuve lumière veille aux frontières du royaume de la nuit, tu penserais que j'ai droit à ces récompenses. Mais l'Aurore n'en a cure, et n'est pas à cette heure d'humeur à réclamer des honneurs même mérités. Je viens parce que j'ai perdu mon cher Memnon, qui prit en vain courageusement les armes pour son oncle [798] et tomba, à la fleur de l'âge, — telle fut votre volonté, — sous les coups du vaillant Achille. Honore-le, je t'en prie, de quelque témoignage flatteur qui lui soit une consolation de sa mort, ô souverain des dieux; adoucis le coup qui frappe une mère. » Jupiter avait exaucé ce vœu au moment où le bûcher de Memnon, grandi par les hautes flammes, s'écroula, où des tourbillons de sombre fumée obscurcirent le jour, comme aux heures où, des fleuves, montent les brouillards formés par leurs eaux et que le soleil ne peut percer. Les cendres noires s'envolent, s'agglomèrent en une masse unique, qui prend consistance et forme, et tire du feu chaleur et vie; leur légèreté en fit un être ailé, tout d'abord semblable à un oiseau, bientôt oiseau véritable, aux plumes bruissantes, au bruit desquelles répondit celui des ailes d'innombrables oiseaux, ses frères, nés comme lui et de même origine. Trois fois ils font le tour du bûcher, et dans les airs, à l'unisson, montent trois fois leurs cris; au quatrième vol, ils se divisent en deux camps; alors les deux groupes, s'élançant chacun de son côté, combattent avec acharnement; à coups de bec et de leurs ongles recourbés, ils assouvissent leur colère; leurs ailes se fatiguent au choc contre la poitrine de l'adversaire. Leurs corps, apparentés à la cendre ensevelie, tombent, vraies victimes funéraires, et ils se rappellent qu'un héros valeureux leur avait donné naissance. Celui de qui sont nés ces êtres ailés, soudainement apparus, leur donne un nom. Appelés, à cause de lui, Memnonides, lorsque le soleil a achevé le cycle des douze signes du zodiaque, condamnés à mourir, avec les cris des jours de deuil, ils se livrent à cette lutte [799]. C'est pourquoi, si les aboiements de la fille de Dymas [800] parurent aux autres dieux mériter la pitié, l'Aurore resta absorbée par son propre deuil; aujourd'hui encore elle épanche en larmes son amour maternel et baigne la terre entière de sa rosée.

ÉNÉE CHEZ ANIUS

Cependant, les destins ne permettent pas que tout espoir pour Troie soit ruiné avec ses murailles. Le héros fils de la déesse de Cythère emporte sur ses épaules, fardeau vénérable, les images sacrées des dieux, et son père, après elle, faix, lui aussi, sacré. Parmi de si grandes richesses, sa piété a choisi ce butin et son cher Ascagne [801]. Sa flotte fugitive l'emporte d'Antandros, à travers les mers; il quitte le rivage criminel de la Thrace et la terre que baigne le sang de Polydore, et, grâce aux vents favorables et au flot qui le porte, il entre, escorté de ses compagnons, dans la ville d'Apollon. Anius, qui y donnait ses soins attentifs aux hommes comme roi, et comme prêtre à Phœbus, le reçut dans le temple et dans sa demeure [802], lui montra la ville et son sanctuaire célèbre, ainsi que les deux troncs auxquels se retenait Latone pendant son enfantement [803]. Puis, après avoir répandu l'encens sur la flamme, versé le vin sur l'encens, brûlé, suivant l'usage, les entrailles des génisses égorgées, ils gagnent la demeure du roi. On y étend des tapis sur des lits élevés, et ils prennent un repas où les présents de Cérès se mêlent à la liqueur de Bacchus. Alors le pieux Anchise : « O prêtre, choisi entre tous, de Phœbus, me trompé-je, ou, lorsque j'ai vu ces murs pour la première fois, n'avais-tu pas un fils et quatre filles, autant qu'il m'en souvient [804] ? » Anius, secouant sa tête aux tempes ceintes de blanches bandelettes, lui répondit avec tristesse : « Tu ne te trompes pas, noble héros; tu m'as vu père de cinq enfants, moi qu'aujourd'hui — tant les hommes sont les jouets de l'instabilité des choses — tu vois presque privé d'enfants. De quel secours m'est, en effet, un fils que, loin de moi, retient la terre appelée de son nom Andros, qui lui remplace son père et sur laquelle il règne [805] ? Le dieu de Délos lui a donné la science de l'avenir. Liber a fait aux femmes sorties de moi d'autres dons dépassant leurs souhaits et toute croyance. Car, au seul toucher de mes filles, tout se transformait en blé, en vin, en produit de la baie, dont de Minerve [806]; à l'usage, il y avait en elles une source de richesse. Dès que l'Atride, qui ruina Troie, le sut, — je ne veux pas que tu supposes que nous n'avons, nous autres, ressenti aucun effet de la tempête qui vous abattit, — par la force des armes, il arrache, malgré elles, mes filles des bras de leur père et leur ordonne de nourrir la flotte argienne, grâce au don qu'elles ont reçu du ciel. Elles s'enfuient, chacune où elle peut; deux gagnèrent l'Eubée, les deux autres l'Andros de leur frère. Des soldats s'y présentent la menace de guerre à la bouche, si on ne les livre. La crainte l'emporta sur l'amour fraternel, et il livra au châtiment ces êtres de son sang. Et la faiblesse de ce frère est peut-être excusable : il n'y avait, pour défendre Andros, ni Enée, ni Hector, grâce à qui votre résistance a duré dix ans. Déjà, on préparait des chaînes pour les bras des captives; elles, levant alors au ciel ces bras encore libres : « Bacchus, viens à notre aide! » s'écrièrent-elles. Et celui de qui elles tenaient leur pouvoir vint à leur aide, si perdre quelqu'un par un prodige peut s'appeler venir à son aide! De quelle façon perdirent-elles leur forme ? Je n'ai pu le savoir ni ne peux aujourd'hui encore le dire. Je n'ai su de cette malheureuse métamorphose que le résultat : il leur poussa des plumes, et elles furent transformées en oiseaux chers à ton épouse, en colombes de neige! »

Tels furent les propos qui, avec d'autres encore, occupèrent le repas. La table fut ensuite retirée, et ils se livrèrent au sommeil. Avec le jour, ils se lèvent et vont consulter l'oracle de Phœbus; il leur ordonna de gagner leur antique mère et les rivages habités par des hommes de leur race. Le roi les accompagne et, comme ils allaient partir, fait présent, à Anchise d'un sceptre, à son petit-fils d'une chlamyde et d'un carquois, à Enée d'un cratère que jadis son hôte Thersès, habitant les bords de l'Isménus, lui fit parvenir d'Aonie [807]. Thersès l'avait envoyé, Alcon d'Hylé l'avait exécuté et orné d'une longue série de figures ciselées [808]. Il y avait une ville, dont on pouvait montrer les sept portes; elles remplaçaient un nom et apprenaient quelle était cette ville [809]. Devant les murs, des cortèges funèbres et des tombeaux, des bûchers en flamme, des matrones aux cheveux épars, à la poitrine découverte, sont autant de signes de deuil. Les nymphes elles-mêmes pleurent, semble-t-il, et gémissent de voir taries les sources; un arbre défeuillé dresse son tronc nu; des chèvres rongent des rochers où rien ne pousse. Le sculpteur montre, au milieu de Thèbes, les filles d'Orion, l'une se portant, la gorge découverte, un coup qui convient mal à une femme, une autre, morte pour son peuple, d'une profonde blessure faite avec une arme inoffensive, transportées en pompe funèbre magnifique et brûlées en un lieu envahi par la foule; tandis que, sortis de la cendre des jeunes filles, pour que la race ne disparût pas, deux jeunes hommes, nommés, dit la légende, les Couronnes, prennent la tête du cortège qui accompagne les cendres de leurs mères [810]. L'antique bronze était, jusqu'en ce point, ciselé de brillantes figures. Sur le haut du cratère se détachait en relief une acanthe dorée. Les Troyens, en retour des présents offerts, en offrent de non moindre valeur : ils donnent au prêtre d'Apollon un coffret pour conserver l'encens, une patère et une couronne où brillent l'or et les pierreries.

Ensuite, se rappelant que les Troyens étaient nés du sang de Teucer, ils s'installèrent en Crète, mais ils ne purent longtemps supporter l'air de ces lieux et, abandonnant le pays aux cent villes, ils souhaitent atteindre les ports d'Ausonie [811]. La tempête fait rage et les héros en sont les jouets; réfugiés dans les eaux peu sûres des ports des Strophades, Aello, le monstre ailé, les en chassa épouvantés [812]. Et déjà ils avaient passé devant le port de Dulichium, Ithaque, Samé et les maisons de Néritos, où régnait le fourbe Ulysse; ils voient Ambracie, jadis objet de litige entre des dieux qui se la disputaient, et le rocher qui prit la figure de leur juge métamorphosé, lieu rendu célèbre aujourd'hui par Apollon et son temple d'Actium [813]; et la terre de Dodone, à qui ses chênes donnent une voix [814], le golfe de Chaonie, où les fils du roi des Molosses échappèrent, sur des ailes devenues leur soutien, à un incendie impie [815].

Ils gagnent les proches campagnes des Phéaciens, couvertes d'arbres aux fruits abondants. Ils débarquent en Epire, où régnait le devin Phrygien, et à Buthrote, dont il fit une fidèle image de Troie. De là, assurés de l'avenir, dont le fils de Priam, Hélénus, par ses infaillibles avis les avait instruits d'avance, ils arrivent dans les eaux de la Sicile [816]. Elle s'avance dans la mer par trois pointes : Pachynos, qui est tournée vers l'Auster, chargé de pluie, Lilybée, qui est exposé au souffle des doux Zéphyrs, tandis que Péloros regarde du côté des Ourses, qui ignorent le contact des flots, et de Borée. Les Troyens longent le promontoire, et leur flotte, à la rame et portée par le flot favorable, vient, à l'heure où tombe la nuit, s'échouer sur la plage de Zanclé. Du côté droit Scylla, du côté gauche Charybde, toujours agitée, gardent, hostiles, le passage. Celle-ci engloutit les navires, puis rejette ses prises; celle-la porte autour de ses flancs noirs une ceinture de chiens féroces [817]; elle a les traits d'une jeune fille, et, si les poètes n'ont pas laissé uniquement des fictions, elle fut, en un temps, une jeune fille. Nombre de prétendants la recherchèrent; après les avoir repoussés, elle se rendait auprès des nymphes de la mer, — les nymphes de la mer l'aimaient, — et leur contait les amours des jeunes hommes dédaignés par elle. Un jour que Galatée [818] l'avait chargée de peigner sa chevelure, la nymphe, avec de profonds soupirs, lui adresse la parole en ces termes : « Toi cependant, ô jeune fille, ce sont des hommes de race qui n'a rien de sauvage, qui te recherchent; et, comme tu le fais, tu peux rejeter sans risque leur poursuite. Mais moi, dont le père est Nérée, moi que Doris, la nymphe azurée, a mise au monde, moi pour qui la troupe nombreuse de mes sœurs est une protection, seul un deuil m'a permis d'échapper à l'amour d'un Cyclope. » Et, comme elle parlait, son discours fut interrompu par les larmes. Quand la jeune fille, après les avoir essuyées de son pouce blanc comme le marbre, eut consolé la déesse : « Raconte-moi cela, nymphe chérie, dit-elle, et ne me cache rien de la cause de ta douleur : je suis digne de ta confiance. » La Néréide répondit en ces termes à la fille de Cratæis [819].

ACIS ET GALATÉE. POLYPHÈME

« Acis était né de Faunus et d'une nymphe fille du Symæthus [820]; il faisait les délices de son père et de sa mère, mais plus encore les miennes. Car, seul, il avait su m'attacher à lui. Il était beau, et seize fois était révolu l'anniversaire de sa naissance, un léger duvet encore incertain ombrageait ses joues délicates. Je le recherchais, recherchée moi-même, sans répit, par le Cyclope [821]; et, si tu me demandais ce qui occupait le plus ma pensée, ma haine pour le Cyclope ou mon amour pour Acis, je ne saurais le dire : leur violence était égale. Ah! combien est puissant ton empire, adorable Vénus! Cet être farouche, n'inspirant qu'horreur aux forêts mêmes, à la vue duquel aucun étranger ne se risqua jamais impunément, contempteur de l'auguste Olympe et, avec lui, des dieux, apprend à connaître l'amour et, prisonnier d'un violent désir, se consume, oublieux de ses troupeaux et de ses antres. Maintenant, ô Polyphème, tu te soucies d'être beau et de plaire; tu peignes avec un râteau tes cheveux raides; la fantaisie te prend de raser avec une faux ta barbe hirsute, de contempler dans l'eau et de composer tes traits sauvages. Le goût du meurtre, la férocité, la soif inextinguible du sang t'abandonnent, et les navires arrivent et repartent sans dommage. Cependant Télémus, porté par le flot en Sicile jusqu'au pied de l'Etna, Télémus, fils d'Eurymus, dont jamais oiseau n'avait mis en défaut la sagacité [822], aborde le redoutable Polyphème et : « L'œil unique que tu portes au milieu du front, lui dit-il, Ulysse te le ravira. » Le Cyclope se prit à rire : « O le plus stupide des devins, dit-il, tu te trompes; une autre me l'a déjà ravi. » C'est ainsi qu'il méprise un avertissement inutilement véridique, et continue à lourdement arpenter le rivage à pas gigantesques, ou, fatigué, regagne l'obscurité de son antre.

« Au-dessus de la mer, qu'elle fend comme un coin,

s'élève à pic une colline effilée en longue pointe; le flot la baigne des deux côtés. Le sauvage Cyclope y monte et s'assied au milieu; ses bêtes laineuses, sans avoir besoin de guide, l'ont suivi. Après avoir posé à ses pieds le pin qui lui servait de bâton — on aurait pu y adapter des vergues —, il prit ses pipeaux faits de cent roseaux étroitement assemblés, et les montagnes jusqu'à leur sommet et les flots perçurent les sons aigus de la flûte pastorale. Et moi, cachée sous le rocher, assise sur les genoux de mon cher Acis, je recueillis ces paroles parvenues de loin à mes oreilles et qu'après les avoir entendues, j'ai retenues [823] : « O Galatée, plus blanche que le pétale neigeux du troène, plus fleurie que les prés, plus élancée que l'aune au tronc allongé, plus éblouissante que le verre, plus folâtre que le jeune chevreau, plus lisse que les coquillages polis par la perpétuelle caresse du flot, plus délicieuse que le soleil en hiver, que l'ombre en été, plus majestueuse que le frêne [824], plus digne des regards que le fier platane, plus transparente que la glace, plus douce que ne l'est au goût la grappe mûre, au toucher le duvet du cygne et le lait caillé, et, si tu ne te dérobais pas, plus belle qu'un jardin aux eaux vives; mais aussi Galatée plus farouche que les jeunes taureaux indomptés, plus dure que le chêne chargé d'ans, plus trompeuse que l'onde, plus insaisissable que les souples rejets du saule ou de la clématite, plus inébranlable que ces rochers, plus impétueuse que le torrent, plus fière que le paon quand on le loue, plus cuisante que le feu, plus épineuse que la macle, plus cruelle que l'ourse qui a mis bas, plus sourde que les flots, plus implacable que le serpent foulé aux pieds, et — c'est là le privilège que je voudrais surtout pouvoir t'enlever — plus rapide non seulement que le cerf poussé par les abois sonores, mais aussi que les vents et que la brise ailée. Pourtant, si tu me connaissais bien, tu regretterais de m'avoir fui, tu condamnerais toi-même tes atermoiements, tu t'efforcerais de me retenir. Je possède, taillé dans la montagne, un antre à voûte de roche vive, où l'on ne sent ni le soleil au plus fort de la chaleur, ni l'hiver. J'ai des arbres pliant sous le poids des fruits; j'ai, sur les rameaux allongés de mes vignes, des grappes dorées, d'autres de pourpre; c'est pout toi que je garde les unes et les autres. C'est toi qui de tes mains cueilleras les moelleuses fraises poussées à l'ombre des bois, les cornouilles d'automne et les prunes, non seulement celles qu'assombrit un suc foncé, mais celles de la bonne espèce, couleur de cire nouvelle. Avec un époux comme moi, tu ne manqueras ni de châtaignes, ni des produits de l'arbousier. Chaque arbre sera ton serviteur. Ce troupeau entier m'appartient. Nombre encore de mes brebis errent dans les vallées, nombre d'autres vivent sous le couvert des forêts, ou dans des antres qui sont leurs étables. Et, si tu me le demandais, je serais incapable de t'en dire le nombre. Le pauvre seul fait le compte de son troupeau. Les louanges qu'ils méritent te laisseraient, de ma part, incrédule; viens, tu pourras de tes propres yeux voir avec quelle peine elles contiennent entre leurs cuisses leur pis gonflé. J'ai, d'une plus récente portée, des agneaux dans de tièdes bergeries; j'ai aussi, dans d'autres bergeries, des chevreaux du même âge. Le lait neigeux ne me fait jamais défaut. Une partie en est conservée pour être bue; une autre, par l'effet de la présure liquide, devient consistante. Et tu n'auras pas en partage seulement des plaisirs faciles, des présents à la portée de tous : daims, lièvres, bouc, une couple de colombes, un nid pris à la cime d'un arbre; j'ai trouvé au sommet de la montagne, deux compagnons de jeux pour toi, si semblables entre eux que tu pourrais à peine les distinguer l'un de l'autre, les petits d'une ourse au long poil. Je les ai trouvés et me suis dit : « Je les garderai pour ma maîtresse. » Et maintenant, dresse seulement ta tête charmante au-dessus de l'azur de la mer, maintenant viens, Galatée, et ne méprise pas mes présents. Certes, je me connais, et je me suis vu naguère dans le miroir d'une eau limpide; et mon image, quand je l'ai vue, m'a charmé. Regarde comme je suis grand! Jupiter, dans le ciel, n'est pas plus grand que moi. Car vous racontez toujours qu'un Jupiter que je ne connais pas est le roi du monde. Une abondante chevelure est massée sur mon visage menaçant et répand, comme une forêt, son ombre sur mes épaules. Et, si mon corps se hérisse d'une épaisse couche de poils raides, ne va pas croire que ce soit laid. L'arbre, sans son feuillage, est laid; laid le cheval, si la crinière ne voile pas son encolure jaunissante; les plumes sont le vêtement des oiseaux; leur laine, l'ornement des brebis; aux hommes siéent la barbe et, sur le corps, de rudes poils. Je n'ai qu'un œil au milieu du front, mais il ressemble à un grand bouclier. Eh quoi ? le Soleil ne voit-il pas tout notre univers du haut du vaste ciel ? Le disque du Soleil est cependant unique. Ajoute que mon père règne sur vos mers [825]. C'est là le beau-père que je te donne. Aie seulement pitié de moi, prête l'oreille aux prières d'un suppliant; car tu es le seul être devant qui je plie le genou. Et moi, qui n'ai que mépris pour Jupiter, pour le ciel, pour la foudre aux traits pénétrants, je te crains, toi, Néréide, et ton courroux m'est plus redoutable que la foudre. Et je supporterais avec plus de résignation tes mépris, si tu fuyais tous les amants. Mais pourquoi, repoussant le Cyclope, aimes-tu Acis, et préfères-tu à mes embrassements ceux d'Acis ? Eh bien! soit. Qu'il fasse ses propres délices, qu'il fasse, certes contre ma volonté, ô Galatée, les tiennes; mais qu'une occasion seulement se présente! Il s'apercevra que ma force est en proportion de ma taille. Je lui arracherai, vivant, les entrailles, je l'écartèlerai et jetterai ses membres épars à travers les champs, à travers tes eaux — c'est ainsi que je consens qu'il s'unisse à toi! — Car je brûle, et cette offense ne fait qu'attiser et aviver l'ardeur du feu; il me semble porter dans ma poitrine l'Etna, passé en moi avec toute sa violence. Et toi, Galatée, rien ne t'émeut! »

« Après ces vaines plaintes, il se dresse — car je voyais tout — et, comme un taureau devenu furieux quand on lui a pris sa génisse, incapable de rester en place, il erre à travers les bois et les pâturages familiers; soudain, alors que nous ne nous doutions de rien et ne craignions aucune surprise de ce genre, il nous voit, Acis et moi. « Je vous vois, s'écrie-t-il, et vais faire en sorte que cette rencontre amoureuse soit la dernière! » Sa voix tonnait avec le fracas que peut avoir celle d'un Cyclope fou de colère. Les éclats en firent frémir l'Etna d'horreur. Moi, épouvantée, je me plonge dans l'onde voisine; le petit-fils du Symæthus, ayant tourné le dos, s'enfuyait : « Secours-moi, Galatée, je t'en supplie, secourez-moi, ô mes parents! disait-il. Je vais périr; donnez-moi asile aux royaumes où vous séjournez. » Le Cyclope le poursuit et, arrachant tout un pan de montagne, le lui lance; bien que l'extrémité seule de l'angle du bloc l'eût atteint, Acis fut complètement écrasé. Pour moi alors, — c'est là tout ce que m'accordait le destin, — je fis recouvrer à Acis ses forces sous leur forme ancestrale [826]. Un sang pourpre coulait au-dessous du bloc. En un instant la couleur rouge se met à pâlir, prend la teinte des eaux d'un fleuve troublé par les premières pluies, puis peu à peu devient limpide. Alors l'énorme masse brisée s'entrouvre, et par la fente surgit, vivace, un roseau élancé, tandis que, par le creux de l'ouverture du rocher, on entend le bruissement d'une eau bouillonnante. Et soudain, ô prodige, apparut à mi-corps un jeune homme portant une couronne de joncs flexibles autour de cornes naissantes. A cela près qu'il était plus grand, que tout son visage était couleur d'azur, c'était Acis. Mais, même tel, c'était bien cependant Acis, changé en fleuve, et dont les eaux ont conservé son ancien nom [827]. »

GLAUCUS

Galatée avait cessé de parler; le groupe des Néréides se disperse; elles s'éloignent à la nage dans les eaux calmes. Scylla repart; mais, comme elle n'ose se fier à la pleine mer, ou bien, dévêtue, elle suit nonchalamment la plage spongieuse, ou, quand elle se sent lasse, si elle trouve à l'écart quelque grotte retirée où s'est engouffrée l'eau, elle rafraîchit ses membres dans l'onde qui y est enclose. Mais voici que, fendant les flots, un nouvel habitant de la mer profonde, qui naguère à Anthédon, sur la mer d'Eubée, avait subi une métamorphose, Glaucus, survient [828]; à la vue de la jeune fille, envahi par le désir, il reste saisi, et tous les mots qu'il pense pouvoir retarder sa fuite, il les lui prodigue. Elle fuit cependant, et, la peur précipitant sa course, elle parvient au sommet d'une colline qui se trouve toute proche du rivage. C'est, se dressant au-dessus de la mer et formant une masse à sommet unique, une haute cime dont la pente, à l'ombre des arbres, s'allonge en croupe arrondie jusqu'aux flots. C'est là que Scylla s'arrêta et, hors d'atteinte à cette place, ignorant si c'est là un monstre ou un dieu, elle contemple, surprise, sa couleur, sa chevelure couvrant ses épaules et répandue sur son dos, étonnée de voir le corps, au-dessous de la ceinture, se perdre en une queue de poisson enroulée. Glaucus vit son étonnement, et, prenant appui sur la masse d'un rocher qui se dressait tout proche : « Non, je ne suis ni un monstre, ni une bête cruelle, ô jeune fille, mais un dieu des eaux, dit-il. Protée, Triton ni Palæmon, le fils d'Athamas, n'ont plus de droit que moi sur les flots [829]. J'étais cependant autrefois un mortel, mais, assurément voué aux eaux profondes, j'en étais déjà, en ce temps, le familier. Car tantôt je ramenais des filets qui ramenaient des poissons, tantôt, assis sur une roche, je manœuvrais une ligne à l'aide d'un roseau. Il est, dans le voisinage d'une verte prairie, un rivage que bordent d'une part les ondes, de l'autre des herbes que jamais n'entamèrent de leur dent les génisses au front cornu, que vous n'avez jamais broutées, paisibles brebis ou chèvres au poil rude. Jamais la diligente abeille n'en rapporta le suc de fleurs qu'elle y eût butinées, jamais elles ne fournirent de couronnes pour les joyeux jours de fêtes, et nulle main armée de la faucille ne les coupa jamais. Le premier, je vins m'asseoir sur ce gazon, pendant que je faisais sécher mes filets humides et, pour les compter, j'y alignai les poissons que j'avais pris, les uns au hasard d'un coup de filet, les autres victimes de la crédulité qui les poussait vers mes hameçons recourbés. Ce récit peut sembler inventé; mais quel intérêt aurais-je à cette invention ? A peine avaient-ils touché l'herbe, que les poissons pris par moi se mirent à s'agiter, se retournèrent et se murent sur terre comme ils font dans l'eau. Et, tandis que, tout à ma surprise, je reste hésitant, toute la troupe fugitive regagne l'eau, son élément, abandonnant son nouveau maître et le rivage. Stupéfait, et longtemps incertain, je cherche la cause de ce que je vois : est-ce quelque dieu, est-ce le suc de l'herbe qui accomplit ce prodige ? « Cependant, quelle herbe, me dis-je, peut avoir une pareille vertu ? » J'arrachai une poignée de ce fourrage, et j'y mordis à pleines dents. A peine mon gosier s'était-il imprégné de ces sucs inconnus, que soudain je sentis mon cœur battre précipitamment dans ma poitrine; un immense désir de changer de nature m'entraînait. Incapable de résister : « O terre, où je ne reviendrai jamais, adieu ! » dis-je, et je plongeai sous les flots. Les dieux de la mer m'y accueillent et daignent me faire partager leurs honneurs. Pour me dépouiller de tout ce que j'apportais de mortel, ils font appel à l'Océan et à Téthys. Je suis purifié par eux, et, quand la formule qui me lavait de toute souillure eut été prononcée neuf fois, ordre m'est donné de me plonger dans cent eaux courantes. J'obéis sans retard; des fleuves venus des points les plus opposés et toute la masse de leurs eaux roulent au-dessus de ma tête. Je ne puis te rapporter davantage de faits mémorables : ma mémoire n'en a pas retenu davantage. C'est tout ce dont je me souviens. Quand le sentiment me revint, je me retrouvai de corps tout autre que je n'étais naguère, et d'esprit je n'étais plus le même. C'est alors que je me vis pour la première fois cette barbe couleur de vert-de-gris, cette chevelure dont je balaie la surface des flots, ces larges épaules, ces bras azurés, ces jambes incurvées, portant à leur extrémité une nageoire comme en ont les poissons. A quoi bon pourtant avoir changé de forme, à quoi bon les complaisances des dieux de la mer pour moi, à quoi bon être un dieu moi-même, si rien de tout cela ne te touche ? » Comme il disait ces mots et s'apprêtait à en dire davantage, Scylla abandonna le dieu. La fureur le transporte, et, irrité de son échec, il gagne le palais enchanté de la fille du Titan, Circé [830].

LIVRE QUATORZIÈME

Scylla et Circé. — Les Cercopes. — La Sibylle. Achéménide et Polyphème. — Macareus. Ulysse et Circé. — Picus et Canens. — Les compagnons de Diomède. — L'olivier sauvage. — Les navires d'Enée. Ardéa. — Enée dieu indigète. — Pomone et Vertumne. Iphis et Anaxarété. Romulus et Hersilia.

SCYLLA ET CIRCÉ

Déjà l'Eubéen [831], devenu l'habitant des flots soulevés, avait laissé derrière lui l'Etna, jadis précipité sur la gorge d'un géant [832], et les champs des Cyclopes, qui ignorent la herse comme l'usage de la charrue et ne doivent rien aux bœufs peinant sous le joug; il avait aussi laissé Zanclé et les murs de Rhegium qui lui fait face, et ce bras de mer où se brisèrent tant de navires qui, resserré entre les deux rivages, occupe les confins de la terre d'Ausonie et de celle de Sicile [833]. De là, sa main robuste l'emportant à travers les flots de la mer Tyrrhénienne, il atteignit les collines couvertes d'herbe et le palais de la fille du Soleil, Circé, plein de bêtes sauvages de toute espèce [834]. Dès qu'il eut aperçu Circé, et qu'en échange du salut qu'il lui adressa, il eut reçu le sien : « Déesse, prends en pitié un dieu, dit-il, je t'en supplie, car toi seule peux alléger, si seulement je te parais le mériter, le poids de mon amour. Combien grand est le pouvoir des plantes, ô fille du Titan, nul ne le sait mieux que moi qui fus métamorphosé par elles. Et pour que tu n'ignores pas la cause de mon égarement, sache que, sur le rivage de l'Italie qui fait face aux remparts de Messana, j'ai vu Scylla. La honte m'empêche de te redire mes promesses, mes prières, mes caresses, mes instances dédaignées. Mais toi, s'il est dans une incantation quelque pouvoir souverain, profère de ta bouche sacrée cette incantation; s'il est une plante qui triomphe mieux des résistances, aie recours à la vertu éprouvée de cette plante efficace. Mais je ne te demande pas un remède ni la guérison de ma blessure. Ce qu'il me faut, ce n'est pas en finir avec mon amour, mais voir Scylla en partager l'ardeur. » Alors Circé — car nulle femme n'a plus de penchant à s'intéresser à de pareilles ardeurs, soit qu'elle le trouve dans sa propre nature, soit que Vénus le lui inspire, par ressentiment d'avoir été jadis dénoncée par son père [835] — lui répond en ces termes : « Tu ferais mieux de t'attacher à une amante dont la volonté et les vœux répondent aux tiens, qui brûle d'un égal désir. Tu étais digne d'être sollicité le premier, tu pouvais l'être, cela est certain; et, si tu donnes un peu d'espoir, crois-moi, tu le seras le premier. N'aie ni incertitude, ni défiance à propos de ta beauté. Regarde-moi : toute déesse que je suis, et fille de l'éclatant Soleil, moi qui, par mes charmes, mes plantes magiques, détiens un si redoutable pouvoir, je souhaite de t'appartenir. Méprise qui te méprise, paie de retour qui vient à toi : ta vengeance du même coup atteindra l'une, satisfera l'autre. » A ces avances : « On verra, répondit Glaucus, pousser les frondaisons, dans la mer, et les algues au sommet des montagnes avant que, Scylla vivante, mon amour s'adresse à une autre. »

La déesse fut transportée de fureur, et, comme elle ne pouvait atteindre Glaucus lui-même, que son amour s'y serait d'ailleurs refusé, elle s'en prit dans sa colère à celle qui lui a été préférée. Blessée du dédain qui accueillit son amour, sans tarder, elle broie des plantes d'exécrable renom, aux sucs horribles, ajoutant à cette mixture des incantations à l'adresse d'Hécate [836]. Puis, enveloppée de voiles azurés, elle traverse la troupe des bêtes sauvages en quête de caresses, elle quitte son palais, et, gagnant, en face des rochers de Zanclé, Rhégium, elle s'avance sur les ondes bouillonnantes où elle marche comme sur la terre ferme et, sans se mouiller les pieds, elle effleure la surface des flots.

Il était une petite grotte aux voûtes arrondies en arc, asile favori de Scylla, où elle cherchait un abri contre la violence des flots soulevés et la chaleur, à l'heure où le soleil, parvenu au milieu de sa course, était le plus ardent, et, du zénith, avait le plus raccourci les ombres. La déesse infecte d'avance ce lieu et le souille de ses poisons aux monstrueux effets. Elle l'asperge avec le liquide qui coula d'une racine vénéneuse, et ses lèvres de magicienne, à trois reprises, murmurent, répétée neuf fois, une obscure formule faite d'un mystérieux assemblage de mots inconnus. Scylla arrive; elle avait déjà pénétré dans l'eau jusqu'à la ceinture, lorsqu'elle se voit, aux aines, entourée d'affreux monstres aboyants. Et d'abord, ne croyant pas qu'ils font partie de son corps, elle fuit, veut les chasser, effrayée par ces crocs agressifs; mais, en les fuyant, elle les entraîne avec elle, et quand elle cherche ses membres, cuisses, jambes, pieds, ce sont des Cerbères aux gueules béantes qu'elle trouve à leur place. Si elle se dresse encore, c'est maintenue par cette meute enragée; son corps mutilé à partir des aines et dont le tronc seul domine ces bêtes furieuses, les maintient assemblées par le dos.

Glaucus, qui l'aimait, versa des larmes et s'enfuit, refusant de s'unir à Circé, qui avait abusé en véritable ennemie des vertus de ses herbes. Scylla resta dans ce même lieu, et, à la première occasion qui lui fut donnée, en haine de Circé, elle enleva à Ulysse ses compagnons. Elle aurait aussi bientôt submergé les vaisseaux troyens, si elle n'avait été prévenue par sa métamorphose en un rocher qui, aujourd'hui encore, se dresse au-dessus des flots. Même rocher, le navigateur l'évite [837].

LES CERCOPES

Quand les navires troyens eurent, grâce à leurs rames, échappé à Scylla et à la dévorante Charybde, comme ils étaient déjà dans le proche voisinage du rivage d'Ausonie, ils sont ramenés par le vent jusqu'aux côtes de la Libye. Enée y est accueilli par la reine venue de Sidon, qui lui ouvre son cœur et sa demeure. Elle ne devait pas supporter d'être séparée de son époux phrygien, et, sur un bûcher préparé sous le prétexte d'un sacrifice, elle se jeta sur la pointe d'une épée; abusée, elle abuse à son tour tous les siens [838]. Fuyant une fois de plus, Enée s'éloigne des remparts nouveaux élevés sur cette terre sablonneuse et se voit ramené à Eryx et au fidèle Aceste. Il sacrifie et rend les honneurs funèbres au tombeau de son père [839]. Puis il fait détacher ses navires qu'Iris, envoyée de Junon, avait failli brûler [840], et laisse sur sa route le royaume du fils d'Hippotès, la terre où fume le soufre en ébullition, et les rochers des Sirènes, filles de l'Achélous [841]. Privé de son pilote [842], son navire passe en vue d'Inarimé, de Prochyté, de Pithécuse, située sur une colline aride, et ainsi appelée du nom de ses habitants [843]. Car le père des dieux, jadis indigné de la fourberie et des parjures des Cercopes et des méfaits de cette race artificieuse, d'hommes les changea en animaux hideux, tels que, bien que différant de l'homme, on pût leur trouver une ressemblance avec lui. Il raccourcit leurs membres, retroussa sous le front leur nez qu'il écrasa, et sillonna de rides de vieille femme tout leur visage. Puis, ayant entièrement caché leur corps sous un poil fauve, il leur assigna cette résidence. Mais il leur enleva auparavant l'usage de la parole et d'une langue faite pour d'affreux parjures, et ne leur laissa la possibilité de se plaindre que par des cris rauques et grinçants [844].

LA SIBYLLE

Après avoir passé devant ces îles, et laissé sur sa droite les remparts de Parthénopé, sur sa gauche le tombeau de son trompette sonore, le fils d'Æolus [845], puis les lieux imprégnés de l'eau des marécages, il aborde le rivage de Cumes et pénètre dans l'antre de la Sibylle chargée d'ans, à qui il demande le moyen d'aller, traversant l'Averne, jusqu'aux mânes de son père [846]. Elle garda longtemps le regard arrêté sur la terre, puis releva la tête et, entrant enfin en transes sous l'influence du dieu qui la visitait : « C'est beaucoup demander, dit-elle, héros qu'illustrèrent de grands exploits, toi dont le combat mit en lumière le courage, et l'incendie la piété. Pourtant, ô Troyen, laisse là toute crainte; ce que tu demandes, tu l'obtiendras. Je serai ton guide, et tu connaîtras le séjour élyséen, le dernier des royaumes entre lesquels est partagé le monde, et tu verras l'ombre chérie de ton père. Il n'est pas de route impraticable pour la vertu. » Elle dit, et, lui montrant le rameau dont l'or étincelait dans la forêt de la Junon de l'Averne [847], elle lui enjoignit de l'arracher du tronc où il poussa. Enée obéit et vit le puissant empire où Orcus fait régner la terreur, ses ancêtres, l'ombre du vieil et magnanime Anchise; il apprit aussi quelles lois régissent ces lieux, quels périls il devrait braver au cours de nouvelles guerres. De là, prenant d'un pas fatigué une route en sens opposé, il allège sa lassitude en s'entretenant avec la prêtresse de Cumes, son guide. Et, tandis qu'il suit ce chemin d'épouvante dans une ombre épaisse et crépusculaire : « Que tu sois une déesse en personne ou l'objet de toute la faveur des dieux, dit-il, tu feras toujours à mes yeux figure de divinité, et je confesserai toujours de combien je te suis redevable, à toi qui m'as permis de visiter le royaume de la mort et, l'ayant visité, de m'en évader. En reconnaissance d'un tel service, une fois revenu aux lieux où l'on respire l'air des hautes régions, je t'élèverai un temple et t'honorerai d'un tribut d'encens [848]. » La prêtresse se tournant vers lui le regarda, et, avec un profond soupir : « Je ne suis pas une déesse, dit-elle, et tu ne dois pas honorer de l'encens sacré un être mortel. Pour ne pas, dans ton ignorance, commettre une erreur, sache que l'éternelle clarté qui ne doit pas prendre fin eût été mon lot, si j'avais fait le don de ma virginité à Phœbus, qui m'aimait. Au temps où il espérait me la ravir et cherchait à me séduire par ses présents : « Forme à ta guise, vierge de Cumes, me dit-il, un souhait. Ce que tu auras souhaité te sera accordé. » Et moi, ramassant une poignée de poussière, je la lui montrai et, dans ma légèreté, je demandai qu'autant cette poussière comptait de grains, autant de fois il me fût donné de revoir le jour de ma naissance. J'oubliai de demander aussi que ce fussent, jusqu'à la dernière, des années de jeunesse. Pourtant, le dieu me les accordait, ces années, avec une jeunesse éternelle, si je subissais les ardeurs de son amour. Pour avoir dédaigné le présent que m'offrait Phœbus, restée vierge, je vis toujours. Mais maintenant l'âge heureux s'est enfui et, d'un pas tremblant, la vieillesse vient avec ses tristesses, et je dois la supporter longtemps encore. Car sept siècles ont déjà passé sur moi, tu peux le voir; il me reste encore, pour égaler le nombre des grains de poussière, à voir trois cents fois tomber la moisson, trois cents fois couler le vin du pressoir. Un temps viendra où les jours, à la longue, ramèneront à de biens petites proportions ma haute taille, où mes membres, consumés par la vieillesse, seront réduits à un bien faible poids. A me voir, nul ne croira que je fus aimée et que je plus à un dieu. Phœbus lui-même peut-être aussi ou ne me reconnaîtra pas, ou niera avoir eu pour moi de la tendresse, et c'est à ce point changée que j'atteindrai le terme; mais, quand nul ne pourra plus me voir, on me connaîtra cependant encore par la voix. Les destins me laisseront la voix [849]. »

ACHÉMÉNIDE ET POLYPHÈME

Tandis que la Sybille tenait ces propos, le Troyen Enée, par une route montante, au sortir du royaume du Styx, reparaît au jour dans la ville eubéenne [850]. Après avoir sacrifié, suivant les rites, il aborde au rivage qui ne portait pas encore le nom de sa nourrice [851]. Là aussi s'était arrêté, après les épreuves d'une longue et ennuyeuse navigation, Macareus de Néritos, compagnon de l'avisé Ulysse [852]. Voici qu'il reconnaît Achéménide, jadis abandonné au milieu des rochers de l'Etna [853]; étonné de le retrouver à l'improviste vivant : « A quel hasard ou à quel dieu dois-tu d'être sauf, Achéménide ? dit-il. Pourquoi un Grec se trouve-t-il embarqué sur un navire barbare ? Et quelle terre votre vaisseau veut-il atteindre ? » A ces questions, Achéménide, — il ne portait plus de sordides haillons; il était redevenu lui-même, et ses vêtements ne tenaient plus par des épines, — répond : « Je consens à revoir Polyphème et cette bouche vorace, toute dégouttante de sang humain, si ma maison, si Ithaque, me sont plus chères que ce vaisseau, si j'ai pour Enée moins de vénération que pour mon propre père. Et jamais, quand je ferais tout pour son service, je ne pourrai me montrer assez reconnaissant. Que grâce à lui je parle, je respire, je vois encore le soleil, astre du jour, pourrais-je, ingrat, l'oublier ? Je lui dois de n'être pas allé finir mon existence dans la bouche du Cyclope et, à supposer que je quitte maintenant la lumière et la vie, l'espoir d'être enseveli dans un tombeau, ou, tout au moins, ailleurs que dans le ventre du monstre. Quel fut mon état d'esprit, — si la peur ne m'enleva pas tout sentiment et toute présence d'esprit, — lorsque, abandonné, je vous vis gagner la haute mer ? Je voulus crier, mais je craignis de révéler ma présence à l'ennemi. Ulysse aussi, en criant, pour un peu causait la perte de votre navire. J'ai vu le Cyclope, arrachant un pan de montagne, jeter un énorme rocher au milieu des flots; je l'ai vu lancer de nouveau, d'un bras comparable à celui d'un Géant, d'énormes blocs qu'on eût dits envoyés de toute la force d'une machine de guerre, et je tremblai que le remous ou le choc même ne submergeât le navire, oubliant que je n'y étais plus embarqué. Mais, dès que la fuite vous eut soustraits à une mort affreuse, le Cyclope, poussant des gémissements, parcourt en tous sens l'Etna, tâte de la main les forêts sur son chemin, et, faute d'y voir, va donner contre les rochers; tendant du côté de la mer ses bras souillés de sang, il se répand en imprécations contre la race des Achéens : « Oh! dit-il, si quelque hasard pouvait me ramener jamais Ulysse ou l'un de ses compagnons, sur qui s'exercerait ma colère, dont je dévorerais les chairs, dont ma main déchirerait, tout vivants, les membres, dont le sang inonderait mon gosier, dont les os broyés craqueraient sous ma dent! Comme le préjudice que me cause la perte de la lumière compterait alors pour rien, ou pour peu de chose! » C'est en ces termes, et bien d'autres encore, que s'exhalait sa fureur. Pour moi, blême d'horreur, je regardais son visage encore dégouttant du carnage, ses mains cruelles, son orbite privée de lumière, ses membres monstrueux, sa barbe aux poils collés par le sang humain. La mort était devant mes yeux, et pourtant elle n'était que le moindre des maux. Je me persuadais qu'il allait me saisir, engloutir mes chairs dans ses entrailles; dans mon esprit restait gravée l'image de ces jours où je vis mes compagnons, par couples, jetés à trois ou quatre reprises contre terre et assommés, où lui-même, accroupi sur eux, à la façon d'un lion au poil hérissé, engloutissait voracement dans son ventre leurs entrailles, leurs chairs, leurs os avec leur blanche moelle et leurs membres pantelants. Je tremblais de tout mon corps, cloué sur place, le sang glacé dans mes veines, désespéré, le regardant mâcher et cracher ces mets ensanglantés et en vomir des morceaux mêlés à du vin. Tel était le sort que, malheureux, je me figurais m'attendre. Pendant de longs jours j'errai de cachette en cachette, pris de tremblement au moindre bruit, craignant de mourir tout en le souhaitant, apaisant ma faim avec des glands et de l'herbe mêlée à des feuilles, dans la solitude, le dénûment et le désespoir, sans autre perspective que de périr victime du Cyclope, lorsque j'aperçus au loin, après une longue attente, ce navire; par gestes, j'implorai de l'aide pour fuir, je courus au rivage, j'excitai la pitié; et ce vaisseau troyen recueillit un Grec. Mais toi, de ton côté, ô le plus cher de mes compagnons, fais-moi connaître tes aventures, celles de ton chef et de la troupe qui s'est avec toi confiée aux flots. »

MACAREUS. ULYSSE ET CIRCÉ

Macareus lui raconte alors que sur la mer d'Etrurie règne Eole, fils d'Hippotès, qui retient les vents prisonniers; que le roi de Dulichium, leur chef, avait emporté ces vents, enfermés dans une peau de bœuf, mémorable présent [854]. Poussé par un souffle favorable, après neuf jours de navigation, il était arrivé en vue de la terre, objet de ses vœux. Comme l'aurore qui suivait le neuvième jour se levait, ses compagnons, ne résistant plus à l'envie et à la cupidité, persuadés qu'elle contenait de l'or, avaient dénoué les liens de l'outre, libérant les vents; avec eux, ils avaient refait en sens contraire la route qu'ils venaient de parcourir sur les flots, et le navire était revenu au port du royaume d'Eole. « De là, nous arrivâmes, dit-il, à l'antique ville du Lestrygon Lamus. Antiphatès régnait sur cette terre [855]. Je lui fus envoyé, en compagnie de deux autres. C'est à grand-peine que l'un de mes compagnons et moi trouvâmes le salut dans la fuite : le troisième d'entre nous teignit de son sang la bouche du Lestrygon sans scrupules. Nous fuyons, Antiphatès nous poursuit, appelant sa troupe à la rescousse. Ils se rassemblent, nous criblent de quartiers de roc et de troncs d'arbres, coulant les vaisseaux avec leurs équipages. Un navire, cependant, qui nous portait moi-même et Ulysse, échappa au naufrage. Ayant perdu une partie de nos compagnons, accablés de douleur, après bien des lamentations nous abordons sur ces terres que tu vois d'ici dans le lointain. C'est de loin, crois-moi, qu'il faut voir cette île que j'ai vue de près [856]. Et toi, ô le plus juste des Troyens, fils d'une déesse, — car, le combat fini, ce n'est plus le nom d'ennemi qu'on doit te donner, Enée, — je te le conseille, fuis le rivage de Circé. Moi aussi, une fois notre navire amarré au rivage de Circé, plein du souvenir d'Antiphatès et du cruel Cyclope, je refusais de débarquer; mais je fus choisi par le sort pour aller sous un toit inconnu; le sort m'envoya, et avec moi le fidèle Politès, Euryloque, Elpénor, trop porté sur le vin, et dix-huit de nos compagnons pour reconnaître les murs de Circé [857]. Dès que nous les eûmes atteints et nous fûmes présentés à l'entrée, la rencontre de mille loups et, mêlées aux loups, d'ourses et de lionnes nous remplit d'effroi, mais nous n'avions rien à craindre d'aucune de ces bêtes, et aucune ne voulait nous faire le moindre mal : bien plus, elles remuèrent doucement la queue et, caressantes, s'attachent à nos pas jusqu'à ce que des servantes nous accueillent et, par un atrium dallé de marbre, nous conduisent à leur maîtresse. Elle est assise au fond d'une salle magnifique, sur un trône élevé, vêtue d'une robe éblouissante par-dessus laquelle elle est enveloppée d'un manteau tissu d'or. Des Néréides et des Nymphes l'entourent, mais qui n'étirent nulle laine de leurs doigts agiles ni ne filent le lin docile [858] : elles disposent des plantes et, dans des corbeilles, rangent séparément des fleurs disséminées sans ordre et des herbes de couleurs différentes. Circé suit elle-même attentivement la besogne qu'elles font ; c'est elle qui sait à quoi peut servir chaque feuille, quelle combinaison efficace forme leur mélange ; et elle surveille avec soin la pesée des herbes.

« Dès qu'elle nous vit, une fois les saluts échangés entre nous, son visage s'épanouit, et elle répondit à nos souhaits par les siens. Sans plus attendre, elle donne l'ordre de faire un mélange d'orge en grains grillés, de miel, de vin fort, avec du lait caillé, et y ajoute des sucs qui puissent se dissimuler furtivement sous la douceur du breuvage. Nous prenons de sa main divine la coupe qu'elle nous tend. Dès que, dévorés par la soif, nous les eûmes vidées d'une bouche altérée et que la cruelle déesse eut touché l'extrémité de nos cheveux avec sa baguette, j'en suis honteux, mais je l'avouerai, je sens mon corps se hérisser de soies. Je ne puis plus parler ; en guise de mots, je profère de rauques grognements ; je tombe en avant, tout le visage tourné vers la terre ; je sentis alors ma bouche se durcir en groin bombé, mon cou se gonfler de muscles épais, et les membres qui m'avaient servi à prendre la coupe imprimaient des pas sur le sol. Avec mes compagnons victimes d'une semblable métamorphose, — si grande est la vertu des philtres —, je suis enfermé dans une étable. Nous vîmes Euryloque seul ne pas prendre l'apparence d'un pourceau : il avait refusé la coupe offerte. S'il ne l'avait pas repoussée, je ferais encore aujourd'hui partie du troupeau aux rudes soies, et Ulysse, prévenu par lui de ce terrible malheur, ne serait pas venu chez Circé pour tirer d'elle vengeance. Le dieu pacificateur du Cyllène lui avait donné une fleur blanche, à racine noire, que les habitants du ciel appellent *moly* [859]. A l'abri de tout danger grâce à elle et aux conseils célestes, il pénètre dans la demeure de Circé ; invité à accepter le perfide breuvage, comme la déesse tentait de lui caresser les cheveux avec sa baguette, il la repoussa et, la menaçant de son épée qu'il avait tirée, l'obligea, terrifiée, à y renoncer. Alors, ils échangent des serments de loyauté et joignent leurs mains. Accueilli dans la couche de Circé, Ulysse lui demande, en retour pour cette union, de lui rendre ses compagnons. Elle répand alors sur nous les sucs d'une plante inconnue aux vertus plus favorables; elle nous frappe la tête d'un coup de sa baguette qu'elle a retournée, elle prononce des mots qui détruisent l'effet de ceux qu'elle avait d'abord prononcés; à mesure qu'elle récite son incantation, nous relevant de terre, nous nous redressons, nos soies tombent, la fente qui nous faisait des pieds fourchus disparaît, nos épaules reprennent leur carrure, à la partie antérieure de nos bras s'articule un avant-bras. Ulysse pleurait; pleurant nous-mêmes, les bras passés autour de son cou, nous embrassons étroitement notre chef. Les premières paroles que nous proférâmes furent des témoignages de notre gratitude. Nous nous attardâmes un an en ces lieux, et, pendant ce long séjour, j'assistai à bien des spectacles, et j'entendis raconter bien des choses; celle-ci, entre beaucoup d'autres, que me rapporta en confidence une des quatre suivantes chargées de procéder à de semblables opérations magiques. Un jour en effet, que Circé s'attarde seule en compagnie de mon chef, cette femme me montre une statue de jeune homme, faite de marbre blanc comme neige, portant sur le sommet de la tête un pivert; elle était placée dans un édifice sacré et attirait les regards par de nombreuses couronnes. Je demandai, curieux de le savoir, qui était ce jeune homme, pour quelle raison on lui rendait un culte dans un endroit sacré, pourquoi il portait cet oiseau : « Ecoute, Macareus, me dit-elle, et apprends par cet exemple encore quel est le pouvoir de ma maîtresse. Suis attentivement mon récit.

PICUS ET CANENS

« Picus, fils de Saturne, était un roi du pays d'Ausonie, passionné pour les chevaux de guerre [860]. Tu as sous les yeux son portrait. Tu peux, toi-même, voir qu'il était beau et, d'après cette image, juger de ce qu'il était en réalité. Son esprit égalait sa beauté. Et il n'avait pas encore pu assister quatre fois aux luttes qui, tous les cinq ans, ont lieu en Grèce, à Elis [861]. Son visage avait attiré les regards des dryades nées dans les montagnes du Latium; les divinités des sources le recherchaient, les naïades auxquelles donnèrent le jour l'Albula, les eaux du Numicius et de l'Anio, l'Almon dont le parcours est si bref, ou le Nar torrentueux et le Farfarus aux épais ombrages [862], et celles qui habitent l'étang ceint de forêts de la Diane de Scythie et les lacs voisins [863]. Pourtant, les dédaignant toutes, il porte ses hommages à une seule nymphe, que jadis, sur le mont Palatin, Vénilia, dit-on, mit au monde des œuvres du pacifique Janus [864]. Dès que la jeune fille se fut épanouie et eut atteint l'âge de la nubilité, le Laurentin [865] Picus eut la préférence sur tous ses prétendants, et on la lui donna pour épouse. Elle était d'une rare beauté, mais plus rare encore était son talent dans l'art du chant : de là lui vint son nom de Canens. Ses accents avaient le pouvoir de mettre en mouvement les rochers et les forêts, d'apprivoiser les bêtes sauvages, d'arrêter le cours des longs fleuves et de suspendre le vol capricieux des oiseaux. Tandis que, de sa douce voix de femme, elle modulait ses chants, Picus était un jour sorti de sa demeure, pour courir les campagnes Laurentines, en quête de sangliers du pays à percer de ses traits. Il montait un cheval fougueux et portait dans sa main gauche deux javelots, étroitement serré dans sa chlamyde de pourpre par une fibule d'or fauve [866]. La fille du Soleil était venue dans cette même forêt et, pour cueillir sur les fertiles collines des herbes nouvelles, elle avait quitté les campagnes qu'on a, de son nom, appelées Circéennes. Dès qu'elle eut vu le jeune homme, cachée par un buisson, elle resta saisie. Les plantes qu'elle avait cueillies tombèrent de sa main, et il lui sembla qu'une flamme parcourait la moelle de ses os. Aussitôt que, remise d'une si chaude et si vive alerte, elle eut recouvré ses esprits, elle fut sur le point de faire l'aveu de son désir. Mais la course rapide du cheval de Picus, les gardes qui l'entouraient, l'empêchaient de l'aborder : « Non, dit-elle, tu ne m'échapperas pas, quand tu serais emporté par le vent, si toute la vertu de mes plantes n'est pas devenue vaine, et si mes charmes n'ont pas perdu en mes mains leur pouvoir. » Elle dit, et façonna une apparence de sanglier irréel et sans consistance, et lui fit traverser la route devant les yeux du roi, pour aller, semblait-il, s'enfoncer dans un bois aux troncs pressés, à l'endroit où les taillis sont le plus denses et le plus impraticables pour un cheval. Sans hésitation, Picus, qui ne se doute de rien, poursuit aussitôt cette ombre de proie, rapidement descend de son cheval couvert d'écume et, entraîné par une espérance vaine, se perd, à pied, dans la forêt profonde. Circé, se met en prières, récite ses formules magiques, profère, à l'adresse de dieux inconnus, les incantations en langage inconnu grâce auxquelles elle sait brouiller le disque éclatant de blancheur de la Lune ou recouvrir la face de son propre père d'un voile de nuages chargés d'humidité. Ce jour-là aussi, sous l'effet de ses charmes, une épaisse obscurité couvre le ciel, le sol exhale un brouillard; les compagnons du roi errent à l'aventure dans les sentiers enténébrés et son escorte se trouve séparée de lui. Circé ayant enfin trouvé le lieu et le moment souhaités : « Par tes yeux, dit-elle, qui ont séduit les miens, par ces attraits, ô le plus beau des mortels, qui me font, moi, une déesse, venir à toi en suppliante, laisse-toi toucher par le feu qui me consume, agrée comme beau-père le Soleil, qui voit tout, ne te montre pas dur et dédaigneux pour Circé, la fille du Titan. » Elle avait dit. Mais Picus, insensible, la repousse, elle et ses prières, et : « Qui que tu sois, dit-il, je ne puis être à toi; une autre me tient captif, et mon vœu le plus ardent est qu'elle me retienne de longues années. Je ne saurais briser, pour un amour étranger, les liens qui nous unissent, tant que les destins me conserveront la fille de Janus, Canens. » La fille du Titan redoubla ses prières, mais en vain. « Ne te flatte pas de l'impunité, dit-elle alors, et jamais tu ne seras rendu à Canens. Ce dont est capable, quand elle est offensée et qu'elle aime, une femme, tu vas l'apprendre par l'effet, ajouta-t-elle; et cette femme qui aime, qui est offensée, c'est Circé. » Alors, elle se tourna deux fois vers le couchant, deux fois vers l'orient; trois fois, elle toucha le jeune homme de sa baguette, elle récita trois incantations. Picus s'enfuit, mais il s'étonne lui-même que sa course soit plus rapide que de coutume. Il vit alors qu'il avait des plumes. Indigné de se voir subitement changé en un oiseau nouveau, devenu hôte des forêts du Latium, il enfonce dans le dur tronc des chênes sauvages son bec dur et, plein de colère, blesse rudement les longues branches. Son plumage a pris la couleur de pourpre de sa chlamyde; l'or de la fibule qui agrafait son vêtement devient plume, et il a au cou un collier d'or fauve; et de ce qui était auparavant Picus, il ne reste rien que son nom [367].

« Cependant ses compagnons, après avoir, à cris redoublés, appelé Picus à travers la campagne, sans le trouver nulle part, rencontrent Circé —, car elle avait diminué l'opacité de l'air et laissé les vents et le soleil dissiper les nuages. — Ils l'accablent de leurs justes griefs, réclament leur roi, ont recours à la violence et s'apprêtent à la cribler impitoyablement de leurs traits. Elle répand alors un poison mortel et des sucs vénéneux, évoque, du fond de l'Erèbe et du Chaos, la Nuit et les dieux de la Nuit, et, avec de longs hurlements, implore Hécate; alors les forêts — incroyable prodige — bondirent, s'arrachant au sol, qui en gémit; les arbres voisins se décolorèrent, les prairies, çà et là, furent humectées de gouttes de sang; on entendit les pierres pousser de rauques gémissements, les chiens aboyer, on vit la terre se couvrir d'affreux serpents, les âmes légères des morts silencieux voleter dans l'air. Frappée de stupeur par ces prodiges, toute la troupe prend peur. Circé, les voyant apeurés, frappe leurs visages, où se lit la surprise, de sa baguette enchantée; à ce contact, à la place des jeunes gens apparaissent toutes sortes de bêtes sauvages. Aucun ne conserva sa forme première.

« Phœbus, au moment de disparaître, avait inondé de ses rayons le rivage de Tartessus [868], et vainement, des yeux, du cœur, le retour de l'époux de Canens avait été guetté par elle. Ses serviteurs et toute la population courent en tous sens à travers les forêts et vont à sa rencontre, portant des torches. Et la nymphe ne se contente pas de pleurer, d'arracher ses cheveux, de se frapper la poitrine : tout cela, elle le fait cependant, mais aussi elle se précipite hors de son palais, et promène sa folie à travers les campagnes du Latium. Sept nuits, autant de jours où reparut la lumière du soleil, la virent, sans prendre ni sommeil ni nourriture, errer par les monts et par les vallées, là où le hasard conduisait ses pas. Le dernier, le Tibre la vit; accablée par la douleur et la marche, elle vint se coucher le long de sa rive. Là, en larmes, elle épanchait son chagrin, d'une voix affaiblie, en accents que sa douleur même rendait harmonieux; semblable au cygne qui, près de mourir, fait entendre son chant funèbre. La douleur finit par dissoudre la fine moelle de ses os; elle se consuma et s'évanouit peu à peu dans l'air léger. Son souvenir est cependant conservé, le lieu même ayant été, à juste titre, appelé Canens, du nom de la nymphe, par les antiques Camènes [869]. »

« Bien des prodiges de ce genre me furent contés au cours d'une longue année, et j'en vis beaucoup. L'oisiveté, la désaccoutumance nous avaient enlevé l'envie de reprendre la mer, quand nous reçûmes l'ordre de mettre de nouveau à la voile. La fille du Titan nous avait prévenus que la navigation était incertaine, longue la route, et que les fureurs des flots nous réservaient encore bien des périls. J'eus peur, je l'avoue; aussi comme j'avais trouvé ce rivage, je m'y suis fixé. »

LES COMPAGNONS DE DIOMÈDE

Macareus avait fini son récit. L'urne de marbre de la nourrice d'Enée fut enfermée dans une tombe; elle portait cette courte inscription : « Je suis Caiète. Ici le héros dont la piété est célèbre et que j'avais nourri a livré mes restes à la flamme qu'il leur devait, après m'avoir arrachée à celle des Argiens [870]. » Puis l'amarre est détachée de la jetée herbeuse, et les Troyens laissent loin derrière eux les embûches et la demeure de la déesse de si inquiétante réputation. Ils prennent la direction des bois où le Tibre, assombri par leurs frondaisons, déverse dans la mer ses eaux mêlées de sable jaune. Le fils de Faunus, Latinus, lui donne l'hospitalité de son toit et sa fille [871]; non pas cependant sans combat. Une guerre est engagée avec un peuple intraitable, et Turnus revendique avec fureur l'épouse qu'on lui a promise. Le Latium est en conflit avec la Tyrrhénie entière, et longtemps une victoire difficile est âprement disputée par les armes.

Chaque parti accroît ses forces d'un appoint étranger. Nombreux sont les partisans des Rutules, nombreux ceux du camp troyen. La visite d'Enée chez Evandre n'avait pas été vaine [872], mais vaine, en revanche, avait été celle de Vénulus à la ville de Diomède l'expatrié [873]. Celui-ci, avec l'aide de l'Iapyge Daunus, avait fondé une cité aux hautes murailles et régnait sur les terres reçues en dot par son épouse [874]. Mais, quand Vénulus se fut acquitté de la mission qu'il tenait de Turnus et demanda du secours, le héros Etolien allègue l'insuffisance de ses forces : il ne veut pas engager dans la lutte les peuples de son beau-père; quant à des guerriers de sa nation, il n'en a pas à qui faire prendre les armes. « Et, pour que vous ne voyiez pas là des prétextes mensongers, ajoute-t-il, bien que le rappel de ces souvenirs réveille une cuisante douleur, j'aurai le courage de les évoquer. Après l'incendie de la citadelle d'Ilion, quand les flammes allumées par les Danaens eurent jeté l'effroi dans Pergame, que le héros de Naryx [875], ayant arraché une vierge à la déesse vierge, eut attiré sur tous le châtiment mérité par lui seul, nos vaisseaux grecs sont dispersés; entraînés par les vents sur les flots hostiles, nous sommes les victimes de la foudre, des ténèbres, de la pluie, de la colère du ciel et de la mer, et, pour comble de disgrâce, du Caphareus [876]. Et, pour ne pas m'attarder au récit détaillé de nos déplorables aventures, la Grèce, en ces circonstances, aurait pu sembler à Priam même mériter des pleurs. Pour moi, cependant, je fus sauvé; la sollicitude de Minerve, la déesse armée, m'arracha aux flots. Mais je suis de nouveau chassé des champs paternels, et la bienfaisante Vénus, dans sa rancune, m'inflige le châtiment d'une ancienne blessure [877]. Je dus supporter de telles épreuves dans mes courses sur les mers profondes, de telles autres sur terre, dans les combats, que j'ai souvent appelé heureux ceux qui, ensemble, dans la tempête ou devant l'inabordable Caphareus, furent engloutis dans les flots, et regretté de n'avoir pas partagé leur sort. Mes compagnons, qui avaient connu les pires fatigues à la guerre et sur mer, sont à bout de forces et demandent que prenne fin notre course errante. Acmon [878], dont le naturel bouillant est encore surexcité par nos revers, s'écrie : « Est-il rien désormais, ô guerriers, que votre patience renonce à supporter ? Quelles pires épreuves la déesse de Cythère a-t-elle à nous faire subir, à supposer qu'elle le veuille ? Car, tant que l'on craint quelque chose de pis, il y a place encore pour une blessure; mais, au comble de l'adversité, on foule aux pieds la crainte, et l'on éprouve la sécurité à connaître le fond du malheur. Que Vénus m'entende elle-même, j'y consens, et que sa haine, comme elle fait, s'en prenne à tous ceux qui ont Diomède pour chef; sa haine, cependant, tous nous la dédaignons, sa grande puissance ne nous en impose guère. » Irritant Vénus par de tels propos, Acmon de Pleuron stimule sa vieille rancune, qu'il réveille. Quelques-uns les approuvent, mais le plus grand nombre de ses amis et moi nous adressons de vifs reproches à Acmon. Comme il veut nous répondre, le volume de sa voix, celui du gosier où elle passe, sont subitement réduits, ses cheveux deviennent des plumes; des plumes recouvrent son cou transformé, sa poitrine, son dos; ses bras en reçoivent de plus longues; ses coudes s'incurvent en forme d'ailes légères. Une membrane relie presque entièrement entre eux les doigts de ses pieds; sa bouche, devenue dure comme la corne, perd toute mobilité et se termine en bec pointu. Lycus, Idas, Nycteus avec Rhéxénor, Abas, le considèrent pleins de surprise, et, avant d'être revenus de cette surprise, ils revêtent la même apparence. Le plus grand nombre des gens de ma troupe prennent leur essor et viennent, en battant des ailes, voleter autour des rames. Si tu veux savoir à quoi ressemblent ces oiseaux nés soudainement, sache que, sans être des cygnes, ils les rappellent beaucoup par la blancheur de leur plumage. Et moi, c'est difficilement que, devenu gendre de l'Iapyge Daunus, j'occupe ses campagnes arides avec une bien petite partie de mes compagnons [879]. »

L'OLIVIER SAUVAGE

Le petit-fils d'Œneus avait achevé son récit, Vénulus quitte le royaume du Calydonien, le golfe des Peucétiens et les champs des Messapiens [880]. Là il voit un antre, obscurci par un rideau d'arbres et tout frissonnant de roseaux légers; Pan, le dieu à demi-bouc, l'habite aujourd'hui, mais il fut un temps où les nymphes l'habitèrent. Certain pasteur d'Apulie leur inspira un effroi qui leur fit fuir ce pays, sous l'empire d'une peur soudaine; bientôt, quand la raison leur revint, n'ayant plus que dédain pour l'homme qui les poursuivait, elles se mirent à danser, leurs pieds se mouvant en cadence. Le pasteur se moque d'elles et, les imitant avec des sauts de paysan, il les accabla par surcroît de mots obscènes mêlés de grossières invectives. Il ne ferma la bouche que lorsque son gosier disparut dans l'écorce; car il est désormais un arbre, et le suc qui en découle est révélateur de son caractère : c'est l'olivier sauvage, dont les baies amères figurent bien la verdeur de sa langue; l'âpreté de ses propos a passé en elles [881].

LES NAVIRES D'ÉNÉE. ARDÉA

Après le retour des envoyés, annonçant que les Etoliens refusent l'appui de leurs armes, les Rutules, sans le secours de ces forces, engagent la guerre à laquelle ils sont prêts. Beaucoup de sang est versé de part et d'autre. Mais voici que Turnus vient porter ses torches dévorantes jusque dans la membrure de pin des vaisseaux, et les hommes que l'eau épargna ont peur du feu [882]. Déjà Mulciber [883] dévorait la poix, la cire, et tout ce qui peut alimenter la flamme, et, cheminant le long du haut mât, gagnait les voiles; les baux reliant les flancs courbes de la coque fumaient. Alors, se rappelant que ces pins avaient été coupés sur le sommet de l'Ida [884], la Mère vénérée des dieux emplit l'air du tintement de l'airain que frappent ses suivants et du son assourdi du buis dans lequel ils soufflent; et, accourant à travers les airs légers sur son char attelé de lions domptés [885] : « C'est en vain que, de ta main sacrilège, tu brandis ces torches, Turnus! dit-elle : je te les arracherai; et le feu insatiable ne brûlera pas sous mes yeux indifférents des parties, des membres de mes bois. » Un coup de tonnerre accompagna les paroles de la déesse; le grondement fut suivi de la chute d'une lourde pluie mêlée de grêle rebondissante, et les frères, fils d'Astræus [886], s'assaillant soudainement entre eux, bouleversent les airs et les flots soulevés et se livrent bataille. L'auguste Mère des dieux, n'utilisant la force que d'un seul d'entre eux, rompit l'étoupe des câbles qui retenaient la flotte phrygienne, entraîne les navires en avant, et les fait plonger au sein des flots. Leur membrure rigide s'assouplit, le bois se transforme en chair, les poupes recourbées se changent en faces humaines, les rames deviennent des doigts et des jambes propres à la nage; ce qui avait été couples arrondis est maintenant côtes, et la quille qui, placée au milieu du navire, le soutient à la base, fait, transformée, office d'épine dorsale; les cordages deviennent de molles chevelures; les antennes, des bras; la couleur est, comme auparavant, celle de l'azur; et, dans ces ondes que, navires, elles redoutaient naguère, s'ébattent, en jouant comme des jeunes filles, des Naïades, divinités des eaux. Nées sur les crêtes rocheuses des montagnes, elles hantent la molle crête des vagues, insensibles au souvenir de leur origine. Elles n'ont pas oublié cependant à combien de périls elles furent exposées sur la mer inclémente, et souvent elles soutinrent, d'une main secourable, les vaisseaux battus par la tempête, à moins que l'un d'eux ne transportât des Achéens. Le souvenir toujours présent des malheurs des Phrygiens entretient leur haine des Pélasges; aussi virent-elles d'un œil joyeux les débris du vaisseau du roi de Néritos et, du même œil joyeux, le navire d'Alcinous se pétrifier et, de son bois, naître un rocher [887].

On pouvait espérer, lorsque les vaisseaux, s'animant, se transformèrent en nymphes marines, que le Rutule, effrayé par ce prodige, renoncerait à la guerre. Il persiste, et chacun des deux partis a pour lui ses dieux et, ce qui a autant de poids que les dieux, sa valeur. Ce n'est plus un royaume promis en dot, ni le sceptre d'un beau-père, ni toi, jeune Lavinie, qu'ils convoitent, c'est la victoire; et c'est par honte de déposer les armes qu'ils font la guerre. Enfin Vénus voit victorieuses celles de son fils; c'est la chute de Turnus, la chute d'Ardéa, dont, Turnus vivant, la puissance était renommée [888]. Quand l'incendie allumé par les Dardaniens l'eut détruite et que ses maisons eurent disparu sous la cendre tiède, du milieu des décombres un oiseau, que l'on vit alors pour la première fois, prend son essor et, de ses ailes battantes, frappe et disperse les cendres. A ses cris, à sa maigreur, à sa pâle couleur, à tout ce qui convient au deuil d'une ville prise, il ajoute encore le nom de la ville qu'il a gardé; et c'est Ardéa elle-même qui déplore son malheur en se frappant de ses ailes [889].

ÉNÉE DIEU INDIGÈTE

Et maintenant la valeur d'Enée avait réduit tous les dieux, et Junon elle-même, à mettre fin à leur ancien ressentiment. La puissance d'Iule grandissant était fondée sur de solides assises, et le héros, fils de la déesse de Cythère, était mûr pour le ciel. Vénus avait circonvenu les dieux, et, les bras noués autour du cou de son père : « O mon père, avait-elle dit, qui jamais en aucune circonstance ne fus insensible à mes prières, je te conjure de me témoigner aujourd'hui toute ta bienveillance, et de donner à mon cher Enée, qui, issu de mon sang, se trouve être ton petit-fils, une parcelle de divinité, si petite soit-elle, ô le plus auguste des souverains, pourvu qu'il en reçoive une. C'est assez qu'il ait une fois vu le sinistre royaume et traversé une fois les eaux du Styx [890]. » Les dieux approuvèrent cette requête, l'épouse du roi du ciel ne put garder un visage impassible, et, l'apaisement sur ses traits, donna son assentiment. Alors le Père des dieux : « Vous êtes, dit-il, dignes tous deux de cette faveur céleste, toi qui la demandes et celui pour qui tu la demandes. Reçois, ma fille, ce que tu souhaites. » Il avait parlé. Transportée de joie, Vénus rend grâces à son père et, sur son char attelé de colombes, à travers les airs légers, elle se rend au rivage Laurentin, en ces lieux où, à l'abri des roseaux, le Numicius achemine en serpentant les eaux de son fleuve vers la mer voisine [891]. Elle lui ordonne de laver en Enée tout ce qui est exposé aux atteintes de la mort et de l'emporter sous ses eaux à la mer, de son cours silencieux. Le fleuve porteur de cornes [892] se conforme aux ordres de Vénus et, de ses eaux dont il l'arrosa, purifie Enée de tout ce qui, en lui, était mortel. Il ne subsista dans le héros que la partie la plus noble. Sa mère oignit son corps ainsi purifié d'un parfum divin, toucha ses lèvres avec un mélange d'ambroisie et de suave nectar, et fit de lui un dieu; le peuple de Quirinus le nomme Indigète et lui a fait place dans un temple et sur des autels [893].

POMONE ET VERTUMNE. IPHIS ET ANAXARÉTÉ.

Ensuite, Albe et le Latium se trouvèrent sous l'autorité d'Ascagne aux deux noms [894]. Silvius lui succède; son fils Latinus porta, avec le sceptre antique, un nom repris de son ancêtre. L'illustre Alba vient après Latinus; Epytus naquit de lui; après celui-ci, régnèrent Capétus et Capys, mais Capys le premier. C'est d'eux que Tibérinus reçut le pouvoir; il se noya dans les eaux du fleuve étrusque auquel il donna son nom. De lui naquirent Rémulus et le fier Acrota. Rémulus, le plus âgé, périt frappé par la foudre, pour avoir imité la foudre. Moins ambitieux que son frère, Acrota transmet le sceptre au valeureux Aventinus, qui gît enseveli sur la même colline où il avait régné et donna le nom qu'elle porte à cette colline.

Maintenant Proca était le souverain du peuple du Palatin. Sous son règne vécut Pomone [895]. Nulle, parmi les hamadryades du Latium, ne montra plus d'art dans la culture des jardins, nulle autre plus de goût pour les fruits que portent les arbres; de là lui vient son nom. Ce ne sont ni les forêts, ni les fleuves qu'elle aime, c'est la campagne, les branches chargées de beaux fruits. Sa main ne porte pas un lourd javelot, mais une serpe recourbée avec laquelle tantôt elle refrène la luxuriance et ramène à l'ordre les rejets qui s'étalent à contre-sens, tantôt elle fend l'écorce pour y enter une branche et nourrir de sève cette greffe étrangère. Elle ne laisse pas les plantes souffrir de la soif, et arrose d'eau courante les fibres languissantes de leur racine altérée. Toute à cette passion, à ces occupations favorites, elle n'a nul désir de connaître l'amour. Craignant cependant quelque violence de la part des habitants de ces campagnes, elle clôt en dedans son verger et en interdit l'accès aux hommes, dont elle se garde jalousement. Que ne tentèrent pas et les Satyres, jeune troupe faite pour la danse, et les Pans aux cornes entourées de pin, et Silvain, toujours plus jeune que son âge, et le dieu qui, de sa faux ou de son membre viril, effraie les voleurs, pour la posséder [896]. Mais Vertumne [897] aussi l'aimait, d'un amour qui surpassait le leur à tous, sans être plus heureux qu'eux. Oh! que de fois, vêtu en rude moissonneur, il lui porta des épis dans une corbeille, ayant vraiment toutes les apparences d'un moissonneur! Souvent, à le voir, une tresse de foin nouveau autour des tempes, on aurait cru qu'il avait retourné l'herbe fauchée. Souvent, il tenait l'aiguillon d'une main ferme, si bien qu'on eût juré qu'il venait de dételer ses bœufs fatigués. Avec une serpe, c'était un émondeur et l'un de ces hommes qui taillent la vigne. Une échelle sur l'épaule, il allait, pouvait-on penser, cueillir des fruits. Une épée faisait de lui un soldat; un roseau, un pêcheur à la ligne. Enfin, à la faveur de mille déguisements, il trouve souvent le moyen d'approcher celle dont il voulait se donner la joie de contempler la beauté. Il alla même, le front ceint d'un bandeau brodé, appuyé sur un bâton, des cheveux blancs bien disposés sur les tempes, jusqu'à se donner l'apparence d'une vieille femme qui entra dans les jardins si bien cultivés, admira les fruits et s'exclama : « Quelle abondance! », prodigua à Pomone, avec les éloges, des baisers tels que n'en eût jamais donné une vieille femme, et s'assit par terre, toute courbée, les yeux levés vers les branches pliant sous le poids des dons de l'automne. En face s'élevait un orme auquel les grappes brillantes faisaient une éclatante parure [898]; après l'avoir loué, en même temps que la vigne sa compagne : « Mais, s'il se dressait, dit la vieille, tronc solitaire, privé de ce sarment, il n'y aurait plus d'autre raison de le rechercher que son feuillage. Et cette vigne aussi qui s'appuie sur l'orme auquel on l'a réunie, si elle ne lui avait été mariée, elle tomberait à terre et y traînerait. Et toi, cependant, tu es insensible à l'exemple que te donne cet arbre, tu fuis l'étreinte d'un époux, et tu n'as cure de t'unir à qui que ce soit. Plût aux dieux que tu y consentisses! Tu serais sollicitée par plus de soupirants que n'en eut jamais Hélène, ou celle qui fut cause du combat livré par les Lapithes [999], ou l'épouse du lâche — ou audacieux — Ulysse. Maintenant même, alors que tu fuis et dédaignes les prétendants, mille époux te désirent, demi-dieux et dieux, sans compter toutes les divinités qui habitent les monts Albains. Mais, si tu es sage, si tu veux une heureuse union et consens à écouter la vieille femme que tu vois, qui t'aime plus qu'eux tous, plus que tu ne crois, repousse un hymen vulgaire et choisis Vertumne pour compagnon de ta couche. Accepte aussi, en sa faveur, ma garantie. Car il ne se connaît pas mieux lui-même que je ne le connais. Il n'erre pas, indécis, à l'aventure à travers le monde entier : il habite ces lieux délicieux. Il ne s'éprend pas, comme font nombre de tes prétendants, de la dernière femme qu'il a vue : tu seras son premier et son dernier amour, c'est à toi seule qu'il veut consacrer sa vie. Ajoute qu'il est jeune, que la nature lui a donné en partage la beauté, qu'il saura prendre exactement toutes les formes, et que, sur ton ordre, ce que tu lui ordonneras d'être — et tu peux ordonner ce que tu voudras — il le deviendra. Que dire de vos goûts communs ? de ce que ces fruits, objets de tous tes soins, le premier il en jouit, joyeux de tenir dans sa main les dons que tu dispenses ? Mais ce n'est plus maintenant aux produits cueillis à tes arbres que vont ses désirs, ni aux plantes que nourrit ton jardin et que leur maturité a gonflées de sucs, ni à rien, hormis à toi-même. Aie pitié de ses ardeurs, et ce qu'il demande, sois persuadée que c'est lui-même qui, par ma bouche, l'implore en personne. Crains les dieux vengeurs, la déesse d'Idalie [900], qui hait les cœurs durs; crains la colère vigilante de la déesse de Rhamnonte [901]. Et, pour t'inspirer plus de crainte, je te raconterai — car je dois à la vieillesse le privilège de savoir bien des choses — une histoire connue dans Cypre tout entière, qui peut-être te fléchira et adoucira tes rigueurs.

« Iphis avait vu la noble Anaxarété, issue du sang de l'antique Teucer; lui-même était issu d'une humble souche; il l'avait vue, et la chaleur de l'amour l'avait pénétré jusqu'à la moelle des os. Après avoir longtemps lutté, voyant que la raison ne pouvait vaincre sa folle passion, il vint, en suppliant, à la demeure de la jeune fille. Et tantôt, ayant fait à la nourrice d'Anaxarété l'aveu de son malheureux amour, il l'adjurait, au nom des espérances qu'elle mettait en celle qu'elle éleva, de ne pas être dure pour lui; tantôt, flattant quelqu'un de ses nombreux amis, il lui demandait, d'une voix pleine d'angoisse, la faveur de son appui. Souvent il confiait ses messages à des tablettes pleines de sa tendresse; certains jours, il suspendait à la porte des couronnes baignées de la rosée de ses larmes, étendait ses flancs délicats sur le dur seuil et, tristement, accablait le verrou d'invectives [902]. Plus impitoyable que la mer soulevée au coucher des Chevreaux [903], plus dure que le fer passé au feu des forges du Norique [904], que la roche vive, enracinée dans le sol, Anaxarété n'a pour lui que dédains et railleries; à son attitude cruelle, sa fierté ajoute d'orgueilleuses paroles, et elle enlève jusqu'à l'espoir à celui qui l'aime. C'en était trop pour Iphis; il ne put supporter le supplice de cette longue souffrance et il prononça, devant la porte de la jeune fille, ces paroles, les dernières : « Tu l'emportes, Anaxarété, et tu n'auras plus désormais à supporter mes importunités. Célèbre un joyeux triomphe. Appelle Pæan [905], couronne-toi de luisant laurier. Car tu l'emportes, et je meurs de mon plein gré. Va, femme au cœur de fer, sois satisfaite. Du moins seras-tu forcée de louer, dans mon amour, quelque chose qui me vaille ta gratitude; et tu devras convenir que j'ai bien mérité de toi. Cependant, souviens-toi que mon amour pour toi ne m'a quitté qu'avec la vie; et c'est une double lumière qui va pour moi s'éteindre. Et ce n'est pas par la rumeur publique que t'arrivera la nouvelle de ma mort; moi-même, pour ne te laisser aucun doute, je serai là, en personne, sous tes yeux; tu pourras repaître ta vue, cruelle, du spectacle de mon corps inanimé. Si cependant, ô dieux! vous voyez les actions des mortels, souvenez-vous de moi — ma langue se refuse à une plus longue prière; — faites que l'on parle de moi longtemps encore, et, des années que vous retranchez à ma vie, faites bénéficier ma mémoire. » Il dit. Et, levant vers cette porte qu'il orna si souvent de couronnes ses yeux humides et ses bras pâlis, tout en attachant au haut des battants le lacet destiné au nœud fatal : « Sont-ce là des guirlandes de ton goût, ô fille cruelle et impie ? » dit-il, puis il y inséra sa tête, mais à ce moment encore se tournant vers elle; et, fardeau sinistre, la gorge broyée, il resta suspendu.

« Sous le choc des pieds qui la heurtaient, la porte sembla pousser un gémissement convulsif de vive terreur, et s'ouvrit, révélant ce qui s'était passé. Les serviteurs jettent des cris; ils détachent — vain secours — Iphis et, comme son père était mort, le portent à la demeure de sa mère. Celle-ci le prend dans ses bras, étreint les membres déjà froids de son fils. Après avoir dit tout ce que disent les parents frappés d'un pareil malheur, fait tout ce que font les mères malheureuses, elle conduisait en larmes les funérailles à travers la ville et transportait le corps livide sur la civière qui serait livrée avec lui au feu. Or il se trouva que la maison d'Anaxarété était voisine du chemin que suivait le cortège en pleurs, et le bruit des lamentations parvint aux oreilles de l'insensible jeune fille, que déjà troublait un dieu vengeur. Emue malgré tout : « Voyons, dit-elle, ces pitoyables funérailles. » Et elle se rendit tout au haut de la maison, où sont de larges fenêtres [906]. A peine avait-elle vu Iphis soigneusement étendu sur le lit funèbre, que son regard devint fixe; la chaleur de son sang abandonne son corps, qu'envahit la pâleur; elle essaya de reculer, mais en vain : elle était fixée au sol; elle essaya de détourner son visage, mais elle en fut aussi incapable. Et, peu à peu, ce rocher qu'elle portait depuis longtemps dans son cœur insensible envahit ses membres. Et ne suppose pas que ce soit là un conte. Salamine conserve encore une statue faite à l'image de la maîtresse du cœur d'Iphis, et possède un temple qui porte le nom de « Vénus aux aguets » [907]. Nymphe chérie, souviens-toi de cette aventure; renonce, je t'en prie, à ta dédaigneuse indifférence et unis-toi à celui qui t'aime. Puisse alors la gelée, au printemps, ne pas brûler tes fruits naissants, et puissent les vents ne pas disperser brutalement les fleurs qui en sont l'espoir [908]. »

Quand le dieu eut, sans résultat, raconté cette histoire sous les traits de la vieillesse, il reprit l'apparence juvénile et, laissant là tout son attirail de vieille femme, il apparut à Pomone aussi brillant que le disque du soleil lorsqu'il a triomphé des nuages et que, rien ne lui faisant plus obstacle, il a retrouvé tout son éclat. Il s'apprêtait à employer la violence; mais la violence ne fut pas nécessaire : la nymphe fut séduite par le seul aspect du dieu et se sentit à son tour blessée des mêmes traits.

ROMULUS ET HERSILIA

Aussitôt après Proca, l'injuste Amulius, grâce à son armée, régna sur la riche Ausonie. Puis le vieux Numitor, avec l'aide de ses petits-fils, reprend son royaume perdu [909]. Au cours des fêtes des Palilies [910], on jette les fondations des murs de Rome. Tatius et les chefs des Sabins lui font la guerre [911], et, pour leur avoir ouvert l'accès de la citadelle, Tarpeia rendit son âme criminelle sous leurs armes entassées [912]. Alors, les enfants de Cures [913], à la façon des loups silencieux, sans prononcer une parole, assaillent les soldats vaincus par le sommeil et attaquent les portes. Le fils d'Ilia [914] les avait closes par de solides traverses. La fille de Saturne [915] en ouvrit cependant une elle-même, sans que le battant fît, en tournant sur ses gonds, le moindre bruit. Seule Vénus s'aperçut que les barres du verrou étaient tombées; elle aurait refermé la porte, s'il n'était interdit aux dieux de jamais détruire l'ouvrage des dieux. Les nymphes d'Ausonie occupaient, dans le proche voisinage du temple de Janus, un lieu qu'arrosait une source fraîche. Vénus leur demande du secours. Les nymphes ne résistèrent pas à la juste requête de la déesse et firent couler à flots l'eau des veines de leur source. Pourtant, la baie du temple de Janus, grand ouvert [916], n'était pas inaccessible, et l'eau n'avait pas coupé la route. Elles placent du soufre aux tons livides sous le jet qui sourd abondant, et allument dans les canaux du bitume aux épaisses fumées. Sous l'effet énergique de ces substances et d'autres encore, des émanations se propagèrent jusqu'aux plus lointaines profondeurs de la source, et vous, ondes, dont la fraîcheur naguère osait le disputer aux glaces des Alpes, vous ne le cédez pas au feu lui-même. Les deux portes du temple, battues par ce flot qui charrie des flammes, fument; la porte de la citadelle promise — promesse sans effet — aux farouches Sabins fut obstruée par une source nouvellement jaillie, pour donner aux soldats du fils de Mars le temps de revêtir leurs armes [917]. Et, quand Romulus les eut enfin opposés à l'ennemi, quand le sol romain fut jonché des cadavres des Sabins, jonché de ceux de ses enfants, quand l'épée impie eut mêlé le sang du gendre à celui du beau-père, on convient de mettre fin à la guerre par la paix, de ne pas pousser jusqu'à l'extrême la lutte armée et de donner à Tatius une part du pouvoir [918].

Tatius était mort, et tu imposais tes lois sans distinction aux deux peuples, Romulus; alors, ayant déposé son casque, Mars s'adresse en ces termes au père des dieux et des hommes : « Le temps est venu, ô mon père, puisque le sort de la puissance romaine, désormais affermie sur de solides assises, ne dépend plus seulement de son seul chef, d'accorder la récompense promise tant à moi qu'à ton petit-fils [919], qui la mérite, et, l'enlevant à la terre, de lui donner une place dans le ciel. Jadis, en présence des dieux assemblés — je te cite tes paternelles paroles, que j'ai gravées dans ma mémoire — : « Il y aura, m'as-tu dit, l'un des tiens que tu enlèveras jusqu'aux régions azurées du ciel. Que tes paroles se réalisent. » D'un signe de tête, le maître tout-puissant y consentit; il obscurcit l'air de sombres nuages et, par le tonnerre et la foudre, jeta la terreur dans le monde. Gradivus [920] comprit que c'étaient là des signes ratifiant la promesse qu'il reçut de l'enlèvement; appuyé sur sa lance, il monta sur son char dont le timon ensanglanté pressait l'encolure de ses chevaux intrépides; d'un coup de fouet, il les excita, puis, inclinant leur course, et se laissant tomber à travers les airs, il s'arrêta au sommet de la colline boisée du Palatin, et enleva le fils d'Ilia, occupé à rendre la justice royale à ses sujets, les Quirites [921]. Le corps mortel de Romulus, en fendant les airs légers, fut dissous, comme fond en plein ciel la balle de plomb lancée par une large fronde. Une figure d'une insigne beauté lui est substituée, plus digne des hauts coussins où prennent place les dieux, celle sous laquelle est représenté Quirinus [922] portant la trabée [923].

Son épouse le pleurait, le considérant comme perdu. La reine des cieux, Junon, ordonne alors à Iris de descendre auprès d'Hersilia par l'arc qui lui sert de chemin, et la charge de ce message de sa part pour la veuve : « O matrone, qui fais si grand honneur au Latium et à la nation Sabine, digne entre toutes d'avoir été jusqu'à ce jour l'épouse d'un tel héros, d'être aujourd'hui celle de Quirinus, retiens tes larmes; et, si tu souhaites voir ton époux, viens avec moi, je te guiderai, dans le bois verdoyant qui couvre la colline de Quirinus, et qui ombrage le temple du roi des Romains. » Iris obéit et, descendue sur terre par l'arc aux vives couleurs, elle interpelle Hersilia dans les termes convenus. Celle-ci, le visage empreint de respect, levant à peine les yeux : « O déesse — car si je ne puis vraiment dire qui tu es, il est bien clair que tu es une déesse — conduis-moi, oh! conduis-moi, et montre-moi le visage de mon époux. Si le destin m'accorde de le voir, ne fût-ce qu'une fois, je confesserai que l'on m'a donné le ciel. » Et sans tarder, en compagnie de la vierge fille de Thaumas, elle monte sur la colline de Romulus. Là, un astre tombé de l'éther chut sur terre; la chevelure enflammée par sa lumière, Hersilia monta avec l'astre dans les airs. De ses mains familières, le fondateur de la ville de Rome l'accueille, et transforme, en même temps que son corps, son nom : il lui donne celui d'Hora, qui est la déesse associée aujourd'hui à Quirinus [924].

LIVRE QUINZIÈME

Numa. Myscélos. Croton. — Pythagore. — Egérie. Hippolyte — Tagès. Cipus. — Esculape. — Le divin Jules.

NUMA. MYSCÉLOS. CROTON

Cependant, on cherche qui serait capable de supporter le poids d'une si lourde charge et pourrait succéder à un si grand roi. La renommée, annonciatrice avant tout autre de la vérité, désigne comme digne du pouvoir l'illustre Numa [925]. Il ne suffit pas de connaître les institutions du peuple Sabin : capable de tout comprendre, il a de plus hautes visées et aspire à la connaissance des secrets de la nature. Sa passion pour cette étude le poussa à quitter sa patrie et Cures, pour se rendre dans la ville qu'habita l'hôte d'Hercule [926]. Là, comme il demandait quel était le fondateur de ces murailles grecques sur les rivages de l'Italie l'un des vieillards du pays, qui connaissait bien l'histoire des anciens âges, lui répondit en ces termes : « Riche de la conquête des bœufs d'Hibérie [927], le fils de Jupiter était, des bords de l'Océan, arrivé, raconte-t-on, après un heureux voyage sur la côte Lacinienne [928]; et, tandis que son troupeau errait à travers l'herbe tendre, lui-même entra dans l'hospitalière demeure du grand Croton et s'y reposa de ses longues fatigues; et, quand il partit : « Au temps de nos petits-neveux, dit-il, ce lieu sera l'emplacement d'une ville. » Et sa promesse se réalisa [929]. Il y eut, en effet, un certain Myscélos, né de l'Argien Alémon et l'homme de ce temps le plus aimé des dieux [930]; une nuit qu'il était accablé par le sommeil, se penchant sur lui le héros à la massue lui dit : « Allons, abandonne ta patrie, gagne loin d'ici l'Æsar dont les ondes roulent des cailloux [931], » ajoutant pour le cas où Myscélos désobéirait, de terribles menaces. Après quoi disparaissent en même temps le sommeil et le dieu. Le fils d'Alémon se lève, repasse silencieusement dans son esprit la vision qu'il vient d'avoir, et longtemps il débat en lui-même la résolution qu'il doit prendre : un dieu lui ordonne de partir; les lois lui interdisent toute absence, et la mort est la peine édictée pour celui qui voudrait changer de patrie. Le Soleil, que n'obscurcissait aucun nuage, avait plongé sa tête radieuse dans l'Océan, et la Nuit aux profondes ténèbres avait dressé sa tête étoilée; Myscélos crut voir à ses côtés le même dieu, répétant son invitation au départ, et redoublant et aggravant, en cas de désobéissance, ses menaces. Il prit peur. Comme il s'apprêtait en même temps à transporter dans un autre séjour ses pénates, un murmure s'élève dans la ville, et on l'accuse de mépris pour les lois. Une fois les débats, première partie de la cause, achevés et le crime manifestement établi sans qu'il fût besoin de témoignage pour le prouver, Myscélos, dans ses misérables vêtements d'accusé, levant vers les dieux son visage et ses mains : « O toi, à qui tes douze travaux ont donné droit au séjour céleste, viens, je t'en supplie, dit-il, à mon aide! Car c'est toi qui es responsable de mon crime. » C'était une antique coutume que d'employer des cailloux blancs ou noirs, ceux-ci pour condamner les accusés, ceux-là pour les absoudre. C'est ainsi que ce jour-là aussi fut rendue la triste sentence, et tous les cailloux jetés dans l'urne impitoyable furent noirs. Quand cette urne, renversée, répandit les cailloux qu'on devait compter, leur couleur à tous, de noire, se trouva changée en blanc, et la sentence, blanche grâce à l'intervention divine d'Hercule, acquitta le fils d'Alémon. Il rend grâces au fils d'Amphitryon son défenseur et, poussé par des vents favorables, il vogue sur la mer Ionienne, passe en vue de la lacédémonienne Tarente, de Sybaris, de Vérétum la ville des Sallentins, du golfe de Thurii, de Témésa et des champs d'Iapyx [932]. A peine eut-il longé, attentif, les terres qui bordent le littoral, il trouve l'embouchure du fleuve de l'Æsar, que lui désignait le destin, et, non loin de là, un tertre qui, sous une couche de terre consacrée, recouvrait les ossements de Croton [933]. Fidèle à l'ordre reçu, il construisit en cet endroit les murailles d'une ville, à laquelle il transféra le nom du héros enterré là. » Telle était, selon une tradition certaine, l'origine de ce lieu et de la ville, située aux limites de l'Italie.

PYTHAGORE

Là, vécut un homme, Samien de naissance, mais qui avait fui en même temps Samos et ses maîtres et qui, par haine de la tyrannie, s'était volontairement exilé [934]. Cet homme sut atteindre par l'esprit les dieux, malgré l'éloignement où ils vivent dans les régions du ciel; et les secrets que la nature refusait aux regards des humains, par les yeux de l'intelligence, il les pénétra. Et quand, par le travail de son esprit et par une étude attentive, il en avait percé toute l'obscurité, il les mettait à la portée de tous; à la foule de ses disciples silencieux, pleins d'admiration pour sa parole, il enseignait les origines du vaste univers, les causes des choses, ce qu'est la nature, ce qu'est la divinité, comment se forment les neiges, d'où provient la foudre, si le tonnerre qui fend les nues est produit par Jupiter ou par les vents, ce qui cause les tremblements de terre, à quelle loi obéissent les révolutions des astres, et tout ce qui nous est caché. Le premier, il fit un crime à l'homme de servir sur ses tables la chair des animaux; le premier, le jour où il laissa tomber ces mots de sa docte bouche, mais sans qu'on le crût :

« Gardez-vous, mortels, de souiller vos corps par des mets réprouvés par les dieux! Il est des céréales, il est des fruits qui font plier les branches sous leur poids, des grappes gonflées de suc sur les vignes; il est des plantes exquises qui peuvent devenir, à la flamme, plus douces et plus tendres. Et la nature ne vous plaint ni le lait, ni le miel parfumé par la fleur du thym; la terre prodigue met à votre disposition ses trésors et de délicieux aliments; elle fournit vos tables, sans qu'il vous soit besoin de tuer et de verser le sang. Les bêtes sauvages apaisent leur faim avec de la chair, encore ne le font-elles pas toutes; car le cheval, les moutons, les bœufs, vivent d'herbe. En revanche, celles qui sont, par nature, cruelles et féroces, les tigres d'Arménie, les lions irascibles, les loups comme les ours, prennent plaisir à une nourriture arrosée de sang. Hélas! combien il est criminel d'engloutir des entrailles dans des entrailles, d'engraisser un corps vorace en le bourrant de la chair d'un corps, et, dans un être vivant d'entretenir la vie par la mort d'un autre être vivant! Est-ce donc qu'en présence de tant de richesses que produit la Terre, la meilleure des mères, rien ne te plaît comme de broyer sous une dent cruelle des membres lamentablement déchirés, et d'évoquer le souvenir des gueules béantes des Cyclopes ? Et n'est-ce qu'aux dépens d'un autre être que tu pourras apaiser la faim d'un ventre vorace aux appétits sans retenue ? Mais, cet âge antique, auquel nous avons donné le nom d'âge d'or [935], faisait ses délices des fruits des arbres, des plantes que nourrit le sol, et l'homme ne souillait pas sa bouche de sang. Alors, les oiseaux, sans danger, battaient l'air de leurs ailes, le lièvre, sans crainte, errait au milieu des herbes, le poisson n'était pas, victime de sa crédulité, pris à l'hameçon. Partout, sans qu'on eût à redouter les embûches, à craindre la tromperie, régnait la paix. Lorsqu'un homme, initiateur néfaste, quel qu'il fût, eut envié la nourriture des dieux [936], et, dans son ventre avide, englouti de la chair, il fraya le chemin au crime. Ce fut d'abord au meurtre des bêtes sauvages qu'à mon avis s'échauffa le fer taché de sang. C'était assez, et je conviens que les animaux acharnés à nous faire périr peuvent être, sans offenser la loi divine, mis à mort. Mais, autant que le droit de les tuer, l'homme avait le devoir de n'en pas faire sa nourriture. De ce jour, le sacrilège fut poussé plus loin. La première victime, croit-on, qui méritât la mort fut le pourceau, pour avoir, de son groin recourbé, déterré les semences et coupé court aux espoirs de l'année. Le bouc, ayant porté la dent sur la vigne, fut, dit-on, immolé devant l'autel de Bacchus, qui la vengea. Ils furent tous deux victimes de leur propre faute. Mais quelle peine aviez-vous encourue brebis, paisible bétail, né pour la satisfaction des besoins des hommes, vous qui portez un nectar dans votre mamelle gonflée, qui nous fournissez, avec votre laine, de moelleuses étoffes pour nous couvrir, qui, vivantes, nous rendez plus de services que mortes ? Et quelle peine encourut le bœuf, animal incapable de tromperie et de ruse, inoffensif, sans détours, né pour supporter les fatigues ? Celui-là fut un ingrat, indigne des bienfaits de Déo [937], qui eut le cœur d'immoler, à peine allégé du poids de la charrue recourbée, son compagnon de labour, qui frappa de la hache ce cou usé par le labeur, avec l'aide duquel il avait si souvent retourné la dure glèbe de son champ et enfoui l'espoir des moissons. Et ce n'est pas assez qu'un tel attentat sacrilège soit commis : on mit le crime sur le compte des dieux eux-mêmes, et l'on s'imagine que la divinité, au haut des cieux, prend plaisir au meurtre, d'un jeune et laborieux taureau. Une victime sans tache, l'emportant sur tous ses semblables par sa beauté, — car la cause de sa perte est d'avoir plu, — désignée aux regards par ses bandelettes, par ses cornes dorées, est là, debout, devant les autels; elle entend, ignorant ce qui s'apprête, les prières, elle voit poser sur son front, entre ses cornes, ces produits des champs qu'elle a fait naître, et, le coup reçu, elle colore de son sang les couteaux qu'elle venait peut-être de voir dans l'onde claire. Aussitôt on interroge ses entrailles arrachées de sa poitrine encore vivante et l'on cherche à y lire les intentions des dieux. Et vous osez, mortels, — si grande est chez l'homme la faim pour les nourritures interdites! — vous en repaître. Non, je vous en supplie, ne le faites pas et prêtez l'oreille à mes avertissements. Et, quand vous vous mettrez sous la dent les membres de bœufs égorgés, sachez et comprenez que vous mangez vos laboureurs.

« Et puisqu'un dieu me fait parler, j'obéirai religieusement à ce dieu qui dicte mes paroles; j'étalerai au grand jour les secrets de ce Delphes qui est en moi [938], ceux du ciel même, et je dévoilerai les oracles de l'auguste sagesse. Je proclamerai les grands mystères que le génie de nul homme avant nous ne put pénétrer, et qui restèrent longtemps cachés. Je veux m'élancer dans le ciel à travers les astres; je veux, abandonnant le séjour de cette terre engourdie, transporté sur un nuage, aller me poser sur les épaules du robuste Atlas, de là, regarder à mes pieds, bien loin, les hommes errant à l'aventure sans que la raison les guide, les fortifier contre la terreur et la crainte de la mort, et dérouler à leurs yeux la suite des destinées.

« O race figée dans la terreur que lui inspire la crainte de la froide mort! Pourquoi redouter le Styx, les ténèbres, mots vides de sens, simple matière à l'usage des poètes, et les périls d'un monde inexistant ? Dites-vous bien que les corps, qu'ils aient été détruits par la flamme, sur le bûcher, ou par la décomposition à la longue, ne peuvent plus souffrir aucun mal. Les âmes, elles, sont soustraites à la mort, et toujours, quand elles ont quitté une demeure, une autre demeure nouvelle les accueille, où elles vivent et habitent [939]. Moi-même, — je me le rappelle, — au temps de la guerre de Troie, j'étais le fils de Panthous, Euphorbe, qui reçut en pleine poitrine le fer pénétrant de la lourde lance du second des Atrides. J'ai reconnu naguère le bouclier que je portais au bras gauche, dans le temple de Junon, à Argos la ville d'Abas [940]. Tout se transforme, rien ne meurt. Le souffle de la vie est vagabond : il vient de là ici, d'ici va là, et se fixe dans les corps à son gré; de celui des bêtes, il passe dans celui des hommes, et le souffle qui nous anima passe dans les bêtes, sans jamais rien perdre de sa vitalité. Et, comme la cire molle se prête au modelage de figures nouvelles, ne reste jamais ce qu'elle était et ne conserve pas toujours les mêmes formes, sans cependant cesser d'être identique à elle-même, ainsi l'âme, telle est ma doctrine, est toujours la même, mais passe successivement dans des formes diverses. Donc — et que le sentiment de solidarité familiale ne soit pas vaincu par la voracité — gardez-vous, je vous le dis au nom des dieux, de chasser de leur demeure, par un meurtre sacrilège, des âmes parentes des vôtres; que le sang ne se nourrisse pas de sang.

« Et puisque je suis emporté en pleine mer et que j'ai livré toutes mes voiles aux vents qui les gonflent, je vous dirai que, dans l'univers entier, il n'est rien qui dure. Tout s'écoule, et les êtres ne revêtent qu'une forme fugitive. Le temps lui-même passe d'un mouvement ininterrompu, tout comme un fleuve. Car, pas plus que le fleuve, l'heure rapide ne peut s'arrêter; mais, comme le flot est poussé par le flot, comme la même onde, pressée dans sa course, presse à son tour celle qui la précède, du même mouvement égal, ainsi les heures fuient et se suivent, toujours différentes; car ce qui fut un instant auparavant est déjà loin, ce qui n'avait jamais été est, et tout instant de la durée est une création nouvelle. Vous voyez les nuits près de s'achever, s'acheminer vers le jour, et une éblouissante lumière succéder à l'obscurité nocturne. La couleur du ciel n'est pas la même à l'heure où, en pleine nuit, le monde entier se repose de ses fatigues, et lorsque Lucifer surgit, lumineux, des flots sur son blanc coursier; elle est différente encore, lorsque, précédant le jour, la fille de Pallas [941] colore le monde avant de le livrer à Phœbus. Le disque lui-même du dieu, quand il s'élève au ras de terre, le matin, est rouge, rouge encore lorsqu'il disparaît au ras de terre. Il est blanc, une fois au sommet du ciel, parce que la qualité de l'air y est plus pure et qu'il a fui loin de toutes les contagions terrestres. Et l'astre de Diane, la nuit, ne peut jamais présenter ni mêmes proportions ni même aspect. Toujours il est, s'il croît, plus petit un jour que le suivant, plus grand si la lune est en décroissance.

« Eh! quoi, ne voyez-vous pas les quatre aspects successifs que prend l'année, dont le cours reproduit celui de notre vie ? Car elle est toute semblable, le printemps venu, à l'enfant, comme lui, dirait-on, délicate et encore à la mamelle; alors l'herbe nouvelle, dépourvue de force, se gonfle de sucs; encore mal assurée, elle enchante d'espoir le paysan. Tout alors fleurit; le champ nourricier chatoie des mille couleurs des fleurs, mais les feuilles restent encore sans vigueur. Après le printemps, l'année plus résistante entre dans l'été : c'est la robuste jeunesse; il n'est pas en effet de saison plus débordante de forces, de fécondité et d'ardeur. L'automne vient à son tour; le bouillonnement de la jeunesse est tombé; c'est l'âge de la maturité, de l'apaisement, où l'homme, moins ardent, tient le milieu entre le jeune homme et le vieillard; ses tempes grisonnent. Puis vient le triste hiver; c'est le vieillard au pas tremblant, dont les cheveux sont tombés ou, s'il lui en reste, ont blanchi. Et nos corps aussi sont sujets à des changements perpétuels et ininterrompus. Ce que nous fûmes hier, ou ce que nous sommes aujourd'hui, nous ne le serons plus demain. Il fut un temps où, simple germe, espoir naissant d'un être humain, nous séjournions dans le sein de notre mère. La nature intervint de ses mains expérimentées; elle ne voulut pas que notre corps restât confiné, mal à l'aise, dans les flancs maternels distendus, et nous tira, hors de ce séjour, à l'air libre. Amené au jour, l'enfant reste étendu, sans forces; bientôt, à la façon des bêtes, il se sert de ses membres comme de quatre pieds; peu à peu, flageolant, mal affermi sur ses jarrets, il se tient debout, en s'aidant encore de quelque point d'appui; ensuite, il conquiert la force et l'agilité; mais il franchit le stade de la jeunesse et, les années du milieu de la vie écoulées à leur tour, arrivé au déclin, il descend la pente de la vieillesse. Elle mine et détruit les forces de l'âge précédent. Milon, devenu vieux, pleure quand il voit ses bras, jadis, par la masse de leurs muscles solides, comparables à ceux d'Hercule, pendre flasques et mous [942]. Elle pleure aussi, en se regardant au miroir, vieille et ridée, la fille de Tyndare, et elle se demande pourquoi elle fut deux fois enlevée [943]. O temps insatiable, et toi, envieuse vieillesse, vous détruisez tout, et, tout ce que l'âge a gâté de sa dent, peu à peu vous l'achevez lentement par la mort.

« La stabilité n'est pas davantage le lot de ce que nous appelons les éléments. Je vais vous enseigner — soyez attentifs! — les vicissitudes par lesquelles ils passent. Le monde éternel comprend quatre corps, origine de tous les autres. Deux d'entre eux, la terre et l'eau, sont lourds, et entraînés par leur pesanteur à choir plus bas; les deux autres n'ont pas de poids, et, quand rien n'arrête leur essor, s'élèvent : ce sont l'air et le feu, plus pur que l'air. Bien que l'espace les sépare, ces éléments sont cependant à l'origine de tout, et tout retourne en eux : la terre, devenue soluble, se résout en eau liquide, l'eau vaporisée se change en vents et en air, l'air à son tour, quand il a aussi perdu de son poids, devenu subtil à l'extrême, s'élance vers l'éther enflammé. Puis, par une suite de transformations en sens inverse, les éléments retrouvent leur constitution primitive; car le feu, prenant plus de consistance, se condense à l'état d'air, puis devient de l'eau; et de l'eau, une fois ses parties resserrées, se reforme la terre solide. De plus, rien ne conserve toujours la même apparence, et la nature, dans une perpétuelle rénovation, retrouve dans les formes la matière d'autres formes. Et rien ne meurt, croyez-moi, dans un si vaste univers, mais tout prend des formes variées et nouvelles. Ce qu'on appelle naissance est le commencement de quelque chose d'autre que l'état antérieur, et mort, la fin de ce même état. Telle partie peut être transportée à tel endroit, telle autre ailleurs, la somme de ces parties n'en reste pas moins constante. Pour moi, je suis porté à croire que rien ne dure longtemps sous la même apparence. C'est ainsi que vous avez passé, ô siècles, de l'or au fer; ainsi que, si souvent, a changé le sort de certains lieux. J'ai vu moi-même ce qui était jadis la terre la plus ferme devenu mer; j'ai vu des terres nées de l'onde, et le sol, loin de la mer, est souvent jonché de coquillages marins. Une ancre antique a été trouvée sur le sommet d'une montagne; ce qui fut plaine est devenu, par l'effet de l'eau courante, vallée, et une inondation a nivelé une montagne; jadis marécageux, tel sol, aujourd'hui desséché, n'est plus que sables arides; tel autre, longtemps altéré, est un marais humide, aux eaux stagnantes. En ce point, la nature a fait jaillir de nouvelles sources, mais ailleurs elle en a tari; et, par l'effet de l'ébranlement né des secousses venues des profondeurs de la terre, on voit des fleuves tantôt sourdre violemment du sol, tantôt s'y résorber, asséchés. Ainsi le Lycus [944], après avoir été englouti dans une fissure de la terre, en ressort loin de là et revient au jour par une autre ouverture. De même aussi le grand Erasinus [945], absorbé par le sol, après un parcours dans un gouffre souterrain, ressort dans les champs d'Argolide. Et en Mysie, dit-on, le Caïque [946], peu satisfait de sa source et de ses rives primitives, a changé de lit. Et l'Aménanus [947], dont les eaux roulent les sables de Sicile, tantôt coule, tantôt, parfois, ses sources taries, reste à sec. Jadis on buvait les eaux que déverse l'Anigrus [948], ces eaux auxquelles vous ne voudriez plus toucher depuis que les Centaures — à moins de refuser toute créance aux poètes — y lavèrent les blessures faites par l'arc d'Hercule, porteur de massue. Eh quoi ? l'Hypanis [949], qui naît dans les montagnes de Scythie, n'a-t-il pas vu la saveur jadis douce de ses eaux altérée par l'amertume du sel ? Autrefois Antissa, Pharos et Tyr, en Phénicie, étaient entourées par les eaux : aucune d'elles n'est plus aujourd'hui une île [950]. Les anciens habitants de Leucade l'ont connue reliée au continent : maintenant la mer l'environne [951]. Zanclé fut aussi, dit-on, jointe à l'Italie, jusqu'au jour où les flots emportèrent l'isthme qui les unissait et où l'onde eut, de part et d'autre, refoulé la terre [952]. Si vous cherchez Hélicé et Bura, cités d'Achaïe, vous les trouverez sous les eaux : aujourd'hui encore les navigateurs montrent les murailles penchantes de ces villes submergées [953]. Près de la ville de Pittheus, Trézène, il est un monticule élevé, dépourvu d'arbres [954] : c'était jadis, dans une plaine, le terrain le plus uni; c'est maintenant un tertre; car, — fait terrifiant à raconter, — comme les vents, enfermés dans de ténébreuses cavernes, souhaitant exhaler leur souffle par quelque issue, après de vains efforts pour s'assurer plus librement leur essor, ne trouvaient dans toute leur prison aucune fissure par où leur haleine se pût frayer un passage, leur effroyable violence souleva et distendit le sol, comme le souffle de notre bouche gonfle une vessie ou une outre taillée dans la peau d'un bouc cornu. Ce lieu a, depuis ce jour, gardé cette enflure qui lui donne l'aspect d'une haute colline et a pris, à la longue, de la consistance.

« Que d'exemples me viennent à l'esprit de faits que j'ai connus par ouï-dire ou constatés moi-même! Je n'en citerai que quelques autres. Eh! quoi, l'eau même ne donne-t-elle pas et ne prend-elle pas des aspects inattendus ? Ton onde, Ammon, dieu cornu [955], est, au milieu du jour, froide; au lever et au coucher du soleil, elle se réchauffe. On raconte que les Athamans allument du bois au contact de l'eau, à l'époque où la lune a réduit son disque à sa moindre dimension [956]. Il est chez les Cicones un fleuve dont l'eau pétrifie les entrailles de qui la boit et recouvre d'une enveloppe de marbre les objets qu'elle a touchés [957]. Le Crathis et le Sybaris, qui, de ce côté, coule aux confins de nos champs, rendent les cheveux semblables à l'ambre et à l'or [958]. Et, ce qui est encore plus surprenant, il est des eaux qui ont le pouvoir de transformer non seulement les corps, mais les âmes. Qui n'a entendu parler de Salmacis à l'onde malfaisante et des lacs éthiopiens, dont une gorgée rend fou ou plonge dans un surprenant et lourd sommeil [959] ? Quiconque a étanché sa soif à la source de Clitor prend en dégoût le vin, n'en boit plus et fait ses délices de l'eau pure, soit qu'il y ait dans l'eau de cette source une vertu qui la rend incompatible avec l'échauffement né du vin, soit comme le racontent les gens du pays, que le fils d'Amythaon après avoir par ses enchantements et ses herbes arraché au délire les filles de Prœtus frappées de folie, ait jeté dans ces eaux les philtres qui leur avaient rendu la raison, et que ces ondes soient restées imprégnées de l'horreur du vin [960]. Les eaux que roule le fleuve qui arrose la Lyncestide ont un effet tout opposé. Quiconque en a absorbé à trop longs traits titube, exactement comme s'il avait bu du vin pur [961]. Il est un lac d'Arcadie, appelé par les anciens Phénéos, qui, par les propriétés ambiguës de ses eaux, mérite la défiance [962] : la nuit, craignez-les; bues la nuit, elles sont nuisibles; le jour, on les boit sans dommage. Ainsi, les lacs et les fleuves sont doués chacun de vertus différentes. Il fut un temps où Ortygie flottait sur la mer : elle est maintenant fixe [963]. Le navire Argo redouta les Symplégades, jouets des vagues, dont les assauts venaient se briser sur elles : ces îles aujourd'hui sont immuablement fixées et résistent aux vents [964]. L'Etna aux fournaises de soufre embrasées ne jettera pas toujours des flammes : il n'en a pas, en effet, toujours jeté. Car, ou bien la terre est un être animé, qui vit et dont le souffle se manifeste en nombre d'endroits par des exhalaisons enflammées; elle peut alors changer les issues par lesquelles elle respire et, chaque fois qu'elle se meut, fermer d'un côté certains orifices, en ouvrir d'autres ailleurs; ou bien des vents légers se trouvent comprimés dans le fond de ses antres et projettent rochers sur rochers, avec une matière contenant des germes de flamme et qui prend feu au choc; dans ce cas, une fois les vents apaisés, ces antres refroidis seront abandonnés; ou bien c'est le bitume dont les éléments prennent feu, ou le soufre jaune qui brûle avec une mince fumée; quand la terre, ses ressources épuisées au cours de longs siècles, ne fournira plus la substantielle nourriture nécessaire pour entretenir la flamme, quand la nature vorace se verra privée de tout aliment, elle ne supportera pas d'être affamée et, délaissée, délaissera à son tour ces feux [965].

« Il est, dit-on, à Pallène, au pays des Hyperboréens,

des hommes qui voient leur corps se couvrir de plumes légères lorsqu'ils se sont plongés neuf fois dans l'étang de Triton [696]. Pour ma part, je ne le crois pas. Les femmes de Scythie passent aussi pour pratiquer cette même opération magique, en s'oignant les membres d'un certain suc [967].

« S'il faut cependant ajouter foi aux faits prouvés, ne voyez-vous pas que les corps décomposés par l'effet du temps ou de la chaleur, qui les dissout, se changent en petits animaux [968] ? Recouvrez dans une fosse des taureaux bien choisis, après les avoir immolés, — c'est un fait connu par expérience, — et, çà et là, des chairs en putréfaction naissent des abeilles butineuses, qui, à l'exemple de ceux dont elles sont filles, habitent les champs, sont ardentes à l'ouvrage et travaillent animées par l'espoir [969]. Du cheval guerrier enfoui en terre, naît le frelon. Si vous enlevez au crabe, hôte des rivages, ses pattes recourbées et si vous recouvrez de terre ce qui reste de l'animal, de la partie ensevelie sortira un scorpion, qui, de sa queue crochue, se fera menaçant [970]. Les chenilles qui, aux champs, enveloppent les feuilles dans le réseau de leurs fils blancs se changent — les paysans ont constaté le fait — en papillon funèbre. Le limon contient des germes qui donnent naissance à de vertes grenouilles. Il les engendre sans pieds; bientôt, il leur donne des pattes propres à la nage, et, pour qu'elles soient aussi propres aux longs sauts, celles de derrière surpassent en longueur celles de devant. Et le produit que l'ourse vient de mettre bas n'est pas un ourson, mais une masse de chair à peine vivante; la mère, en le léchant, lui façonne des membres et l'amène à prendre forme, dans la mesure où elle a pris forme elle-même [971]. Ne voyez-vous pas que les larves des abeilles productrices du miel, qu'abritent les hexagones de cire, sont à leur naissance des corps sans membres et ne sont pourvues que plus tard de pattes et d'ailes ? Et l'oiseau de Junon, à la queue constellée d'astres, celui de Jupiter, qui porte sa foudre, les colombes de la déesse de Cythère, toute la race des oiseaux, qui croirait, s'il ne le savait, qu'ils puissent naître du milieu d'un œuf ? Il est des gens pour croire que la moelle humaine, quand l'épine dorsale a achevé de pourrir dans le sépulcre clos, se change en serpent [972].

« Ces êtres, cependant, tirent leur origine d'autres êtres. Il n'en est qu'un, un oiseau, qui se régénère et se reproduise lui-même; les Assyriens le nomment le phénix. Ce n'est pas de graines ni d'herbes qu'il vit, mais des larmes de l'encens et du suc de l'amome [973]. Quand il a achevé les cinq siècles de son existence, aussitôt, sur les branches et à la cime d'un palmier que balance le vent, de ses griffes et de son bec que rien ne souilla, il se construit un nid. Après y avoir étendu une couche de cannelle, de brindilles de nard aux douces odeurs, de morceaux de cinname mêlé de myrrhe fauve, il s'y place, et achève sa vie enveloppé de parfums. Alors, dit-on, un petit phénix, destiné à vivre un nombre égal d'années, renaît du corps de son père. Quand, avec l'âge, il a pris des forces et qu'il est capable de porter un fardeau, il allège du poids de son nid les branches du grand arbre, et pieusement il emporte ce nid, qui fut son berceau et la tombe de son père; et, une fois arrivé, à travers les airs légers, dans la ville d'Hypérion, il le dépose devant les portes sacrées, au temple d'Hypérion [974]. Si cependant il y a dans ce prodige quelque surprenante étrangeté, n'admirons pas moins que l'hyène joue alternativement un double rôle et soit tantôt femelle, et couverte par un mâle, tantôt mâle [975]. Et ceci, aussi, qu'un animal, qui se nourrit des vents et de l'air, prenne immédiatement la couleur de tout ce qu'il touche [976]. L'Inde vaincue donna les lynx à Bacchus, le dieu couronné de grappes; tout ce qui sort de la vessie de ces animaux, raconte-t-on, se change en pierre et se coagule au contact de l'air [977]. De même aussi le corail, aussitôt que l'air l'a touché, durcit; c'était, sous les eaux, une souple tige [978].

« Le jour finirait et Phœbus plongerait aux profondeurs des ondes ses coursiers haletants avant que je puisse décrire tout ce qui, transformé, prend une apparence nouvelle. C'est ainsi que nous voyons tout changer, certaines nations prendre des forces, d'autres tomber. C'est ainsi que Troie fut grande par ses ressources et ses guerriers et put, pendant dix ans, prodiguer tant de sang; aujourd'hui, elle ne montre plus, au ras du sol, que d'antiques ruines et, pour toute richesse, que les tombes de ses ancêtres. Sparte fut célèbre, la grande Mycènes fut florissante, la ville de Cécrops et celle d'Amphion ne le furent pas moins [979]; Sparte n'est plus qu'un sol sans valeur; les hauts murs de Mycènes ont croulé. Qu'est-ce que Thèbes, la ville d'Œdipe ? Une légende. Que reste-t-il d'Athènes, la ville de Pandion [980] ? Un nom. Et maintenant aussi on dit qu'une ville, Rome, fondée par les descendants de Dardanus, s'élève, et, dans le proche voisinage des eaux du Tibre, descendu de l'Apennin, jette les fondements d'un empire reposant sur d'indestructibles bases. Cette ville se transforme en grandissant et un jour sera la capitale de l'immense univers. Telle est, dit-on, la prédiction des devins et l'arrêt des oracles prophétiques; et, si je me le rappelle bien, comme Enée, à l'heure où chancelait Troie, pleurait et doutait du salut, Hélénus, le fils de Priam, lui avait dit : « Fils d'une déesse, si mes prédictions trouvent en toi une créance suffisante, dis-toi que tu vivras et que Troie ne tombera pas tout entière. La flamme et le fer t'ouvriront un passage; tu fuiras, entraînant avec toi Pergame que tu emporteras jusqu'à ce que tu rencontres une terre étrangère plus accueillante pour Troie et pour toi-même que celle de tes pères. Et je vois aussi que les descendants des Phrygiens sont destinés à fonder une ville d'une grandeur telle, qu'il n'en est, n'en sera, n'en a jamais été vu dans le passé de semblable. D'autres chefs, au cours de longs siècles, assureront sa puissance, mais c'est un héros né du sang d'Iule qui fera d'elle la maîtresse du monde. Quand la terre aura connu le bienfait de sa présence, il deviendra l'hôte de l'empyrée, et c'est pour le ciel qu'il quittera la terre. » Cette prédiction d'Hélénus à Enée emportant ses pénates, je la redis fidèlement, comme je l'ai retenue, et je me réjouis de savoir que ces murs s'élèvent par les soins d'hommes de mon sang [981] et que la victoire des Pélasges a tourné au profit des Phrygiens.

« Ne laissons pas cependant nos coursiers, oubliant qu'ils doivent courir droit à la borne, s'égarer loin de la carrière. Le ciel et tout ce qui est sous le ciel change de forme, la terre de même et tout ce qui est sur la terre; nous aussi, qui sommes une part du monde, puisque nous ne sommes pas seulement des corps, mais aussi des âmes ailées, et que nous pouvons aller nous loger dans le corps des bêtes sauvages ou être enfermés dans celui d'animaux domestiques. Ces corps, qui peut-être ont reçu les âmes de nos parents, ou de nos frères, ou d'êtres rattachés à nous par quelque alliance, tout au moins d'hommes, laissons-les à l'abri de tout danger et de toute souillure, et n'entassons pas leur chair sur des tables dignes de Thyeste [982]. Quelle criminelle habitude, quelles dispositions à verser le sang humain contracte cet homme impie qui ouvre avec le tranchant du fer la gorge d'un jeune taureau et prête sans émotion l'oreille à ses mugissements! qui a le cœur d'égorger un chevreau tandis qu'il pousse des vagissements semblables à ceux d'un enfant, ou de se repaître d'un oiseau nourri de sa main! Quelle distance reste-t-il à franchir entre de pareils actes et le véritable forfait ? Parti de là, à quoi prépare-t-on les voies ?

Que le bœuf laboure ou n'impute sa mort qu'à la vieillesse; que la brebis nous fournisse le moyen de résister au glacial Borée; que les chèvres repues offrent à nos mains leur pis pour les traire. Laissez là les filets et les pièges, les collets et les engins perfides; ne trompez plus l'oiseau avec une baguette enduite de glu; n'abusez pas le cerf en l'effrayant avec des plumes [983], ne dissimulez pas sous de fallacieuses amorces des hameçons recourbés. Détruisez les animaux nuisibles, mais, ceux-là mêmes, bornez-vous à les détruire; que vos bouches n'en fassent point leur nourriture, et n'usent que d'aliments conquis par la douceur. »

ÉGÉRIE. HIPPOLYTE

Instruit par de telles leçons, et par d'autres encore, Numa, dit-on, revint dans sa patrie et, sur la demande du peuple du Latium, consentit à prendre les rênes de l'état. Grâce au bonheur qui lui échut d'avoir une nymphe pour épouse et les Camènes pour guides [984], il enseigna à son peuple les rites des sacrifices et sut convertir aux arts de la paix une nation habituée à la guerre et à ses violences. Quand, parvenu à la vieillesse, il arriva au terme de son règne et de son existence et s'éteignit, les femmes du Latium, le peuple et le sénat, pleurèrent Numa. Car son épouse, ayant abandonné la ville, se cache à l'abri des épais taillis de la vallée d'Aricie et, par ses gémissements et ses plaintes, empêche la célébration du culte de la Diane enlevée par Oreste [985]. Ah! que de fois les nymphes du bois et du lac, pour l'en détourner, lui prodiguèrent les conseils et les propos consolants! Que de fois, quand elle pleurait, le héros fils de Thésée [986] lui dit : « Modère ta douleur, car ton sort n'est pas seul déplorable. D'autres ont connu de semblables malheurs; considère-les, et le tien te sera plus facile à supporter. Plût au ciel que mon propre exemple ne fût pas de nature à soulager ta douleur; mais hélas! il l'est aussi. Peut-être le récit est-il parvenu à tes oreilles de la mort d'un certain Hippolyte, victime de la crédulité d'un père et de l'imposture d'une marâtre criminelle; tu vas être étonnée, et je te donnerai difficilement une preuve; et pourtant, cet Hippolyte, c'est moi. Jadis, la fille de Pasiphaé, après une vaine tentative pour m'amener à souiller le lit de mon père, m'attribuant, la malheureuse, son propre crime, — fut-ce la crainte de la dénonciation ou la rancune du refus éprouvé qui l'emporta ? — m'accusa d'intentions qui étaient les siennes [987]. Bien qu'innocent, je fus chassé de la ville par mon père, qui, à mon départ, appelle sur ma tête la malédiction avec des imprécations chargées de haine. Sur le char qui m'emportait en exil, je gagnais la ville de Pittheus, Trézène, et je longeais maintenant les bords de la mer de Corinthe, quand l'onde se souleva, et l'on vit une énorme masse d'eau s'arrondir et grossir à l'image d'une montagne. Elle pousse des mugissements et se fend à son sommet. Par la déchirure de l'onde jaillit un taureau armé de cornes, qui, dressé jusqu'à la poitrine dans les airs légers, vomit à flots par ses naseaux et sa gueule béante l'eau de la mer. La terreur envahit le cœur de mes compagnons; le mien resta insensible à la peur, tout occupé par la pensée de l'exil. Alors, mes ardents coursiers tournent le cou vers la mer; leurs oreilles se dressent, leur poil se hérisse; affolés par la crainte du monstre, ils s'emportent, entraînant le char à travers des rochers escarpés. Moi, je m'efforce d'une main impuissante de leur faire sentir le mors que souille une blanche écume; je me renverse, je tire en arrière sur les rênes flexibles. Et certes la frénésie de mes chevaux n'eût pas eu raison de mes forces, si l'une des roues, au point où elle est emportée dans un mouvement ininterrompu autour de l'essieu, ne s'était, en heurtant une souche, brisée et n'avait volé en éclats. Je suis précipité de mon char et, comme je restai embarrassé dans les rênes, tu aurais eu le spectacle de mes entrailles traînées vives, de mes muscles accrochés à un tronc, de la dispersion de mes membres, les uns emportés, les autres retenus sur place, de mes os se brisant avec un bruit sourd, de mon dernier souffle exhalé dans l'épuisement; tu n'aurais pu reconnaître aucune partie de mon corps, qui, tout entier, n'était plus qu'une plaie. Peux-tu et oses-tu, ô nymphe, comparer à mon infortune la tienne ? J'ai vu aussi le royaume des ténèbres, et j'ai cherché dans les eaux du Phlégéthon [988] la guérison pour mon corps mutilé. Mais, sans les efficaces remèdes du fils d'Apollon, la vie ne m'eût pas été rendue [989]. Quand, grâce aux vertus bienfaisantes de ses plantes et à l'art de Pæon [990], en dépit de Dis [991], je l'eus recouvrée, pour que, du fait de ma présence, l'envie excitée par une telle faveur ne fût pas accrue, la déesse du Cynthe me fit un rempart d'une épaisse nuée. Et, pour me mettre en sûreté et me permettre d'affronter sans danger les regards, elle me vieillit et ne me laissa aucun trait reconnaissable; et longtemps elle hésita si elle me donnerait comme séjour la Crète ou Délos. Puis, ayant renoncé à Délos et à la Crète, c'est ici qu'elle me fixa, en même temps qu'elle m'ordonnait de quitter un nom qui pouvait rappeler les chevaux : « Toi qui fus Hippolyte, me dit-elle, sois désormais Virbius [992]. » Depuis ce jour j'habite ce bois, où, placé au rang des divinités inférieures, je vis caché, docile aux volontés de ma maîtresse dont je suis le serviteur. »

TAGÈS. CIPUS

Cependant l'infortune d'autrui n'a pas le pouvoir de soulager la douleur d'Egérie; étendue au pied de la montagne, ses pleurs coulent sans arrêt, jusqu'au jour où la sœur de Phœbus, émue par la piété conjugale de la nymphe dolente, fit de son corps une fraîche fontaine et changea ses membres en filets d'eau intarissable. Cette métamorphose frappa d'étonnement les nymphes, et le fils de l'Amazone n'en fut pas moins surpris que ne le fut le laboureur tyrrhénien, lorsqu'il vit, au milieu de ses champs, une motte de terre, obéissant au destin, se mouvoir d'abord d'elle-même, sans recevoir d'impulsion de personne, puis bientôt prendre l'apparence d'un homme et perdre celle de la terre et ouvrir la bouche qui venait de lui être donnée pour révéler les destinées à venir; les indigènes ont appelé cet homme Tagès [993]; c'est lui qui, le premier, apprit à la nation étrusque à découvrir le secret des événements futurs; — ou que ne le fut Romulus en voyant jadis son javelot, fixé sur le mont Palatin, se couvrir tout à coup de feuilles, maintenu debout par une racine nouvelle et non par le fer enfoncé dans le sol, non plus arme, mais arbre aux flexibles branches, offrant aux admirateurs de ce prodige une ombre inattendue [994]; — ou que ne le fut enfin Cipus en voyant dans l'eau du fleuve ses cornes [995]. Il les vit, en effet, et, persuadé que cette image ne pouvait être que trompeuse, de ses doigts, portés à plusieurs reprises à son front, il toucha ce qu'il voyait; renonçant alors à incriminer le témoignage de ses yeux, il s'arrêta comme il revenait victorieux d'un ennemi désormais soumis, et, levant au ciel les yeux et les bras : « O dieux, dit-il, quoi que présage ce prodige, si c'est du bonheur, que ce bonheur soit pour ma patrie et pour le peuple de Quirinus; si c'est une menace, qu'elle retombe sur moi! » Puis, sur l'herbe d'autels faits de vert gazon, allumant des feux où il répand l'encens, pour se rendre les dieux favorables, il verse du vin avec les patères, immole des brebis et consulte leurs entrailles pantelantes pour y apprendre ce qu'elles peuvent lui révéler. A peine les eut-il inspectées, un haruspice de la nation tyrrhénienne y vit l'important présage d'événements cependant encore mal précisés [996]. Levant alors son regard pénétrant des fibres de la bête vers les cornes de Cipus : « O roi, salut, dit-il, car c'est à toi, Cipus, à toi et à tes cornes qu'obéiront ce pays et les citadelles du Latium. Agis seulement sans retard, et hâte-toi d'entrer par les portes grandes ouvertes. Tel est l'ordre du destin. Car une fois accueilli dans la Ville, tu seras roi et tu garderas pour toujours le sceptre, sans que rien te menace. » Cipus recula, et, détournant des murs de la Ville son visage empreint de gravité : « Que les dieux, dit-il, éloignent de tels présages! La justice sera bien plus satisfaite si je passe ma vie en exil que si le Capitole me voit roi! » Il dit, et aussitôt convoque le peuple et le grave sénat. Auparavant cependant il cache ses cornes sous le pacifique laurier; puis il prit place sur le remblai élevé par ses vaillants soldats et, après avoir prié les antiques dieux suivant les rites : « Il est ici, dit-il, un homme qui, si vous ne le chassez de la ville, sera roi. Quel est cet homme, je vous le ferai connaître par un signe, non par son nom : il porte des cornes au front. L'augure nous avertit que, s'il entre dans Rome, il l'asservira à ses lois. Il aurait certes pu franchir vos portes ouvertes; mais je m'y suis opposé, bien que nul ne me tienne de plus près que lui. Et vous, Quirites, interdisez à cet homme l'entrée de votre ville, ou bien, s'il mérite ce châtiment, liez-le par de lourdes chaînes ou coupez court à vos craintes par la mort du tyran désigné par le destin. » Comme murmurent les pins aux troncs lisses, quand le violent Eurus siffle dans leurs branches, comme bruissent les flots de la mer quand on les entend de loin, ainsi gronde le peuple. Mais, à travers les propos confus de la foule frémissante, un cri domine : « Qui est-il ? » On regarde les fronts, on cherche les cornes indiquées comme signe. Cipus alors, prenant de nouveau la parole : « Celui que vous cherchez, dit-il, est devant vous! » Et, bien que le peuple voulût l'en empêcher, enlevant de sa tête la couronne, il montra à tous ses tempes ornées de deux cornes. Tous baissèrent les yeux et poussèrent un gémissement; cette tête que les services rendus illustrèrent, qui pourrait le croire, ils ne la virent qu'à regret, et, ne pouvant supporter plus longtemps qu'elle restât sans marque d'honneur, ils l'obligèrent à ceindre la couronne de fête. Cependant les chefs de la ville, puisqu'il t'était interdit d'en franchir les murs, te firent don, Cipus comme récompense, de toute l'étendue de champs que tu pourrais embrasser en pesant sur le soc d'une charrue traînée par un attelage de bœufs, du lever au coucher du jour. Et, sur les montants de bronze de la porte, ils sculptent des cornes reproduisant l'aspect merveilleux des tiennes et destinées à les rappeler pendant de longs siècles [997].

ESCULAPE

Et maintenant, Muses, divinités secourables aux poètes, dévoilez-moi — car vous le savez, et rien ne vous échappe dans la longue durée du temps passé — d'où vint que l'île qu'enveloppe de ses eaux le Tibre profond admit le fils de Coronis aux hommages rendus aux divinités de la ville de Romulus [998]. Une terrible peste avait empoisonné jadis l'air du Latium, et les corps blêmes de desséchaient par l'effet de la contagion qui les privait de leur sang. Quand les habitants, lassés de tant de funérailles, voient que les tentatives des hommes, que l'art des médecins sont impuissants, ils implorent le secours du ciel et se rendent à Delphes, centre du cercle de l'univers [999], siège de l'oracle de Phœbus, et supplient le dieu de consentir par une réponse favorable, à remédier à leur détresse et à mettre un terme aux maux dont souffre une si grande cité. L'édifice, le laurier, le carquois que porte le dieu lui-même, tremblèrent à la fois, et, du fond du sanctuaire, le trépied [1000] fit entendre ces mots, qui émurent les cœurs frappés d'épouvante : « Ce que tu viens demander ici, Romain, tu aurais pu le demander en un lieu plus proche. Ce n'est pas d'Apollon que vous avez besoin pour rendre moins nombreux vos deuils, mais du fils d'Apollon. Allez, sous d'heureux auspices, et faites appel à mon fils. » Quand le sage sénat eut appris les ordres du dieu, il s'informe de la ville qu'habite le jeune fils de Phœbus, et envoie des députés avec mission de gagner, avec l'aide des vents, le rivage d'Epidaure [1001]. Quand ces envoyés l'eurent touché de la carène recourbée de leur navire, ils se rendirent devant le conseil des chefs des Grecs et demandèrent qu'on leur donnât le dieu dont la présence mettrait fin aux deuils de la nation des Ausoniens [1002]. L'accord ne se fait pas, et les avis diffèrent entre eux. Quelques-uns pensent qu'on ne doit pas refuser de venir en aide aux Romains; un grand nombre conseillent l'abstention : les Grecs ne peuvent laisser partir un dieu qui est leur propre appui, et livrer leurs divinités protectrices. Tandis qu'ils hésitaient, le crépuscule chassa la lumière attardée, et l'ombre avait enseveli la surface de la terre dans les ténèbres. Le dieu secourable te parut alors se dresser devant ta couche, ô Romain, debout mais tel qu'il est dans son temple, tenant un bâton rustique dans sa main gauche, passant sa main droite dans sa longue barbe [1003]; et il sembla proférer paisiblement ces paroles : « N'aie aucune crainte, je viendrai, et je déserterai mes images. Regarde bien ce serpent dont les nœuds enserrent mon bâton; que tes yeux en notent bien l'apparence, pour que tu puisses la reconnaître. C'est celle que je prendrai; mais je serai plus grand, et de taille accrue dans la mesure qui convient aux corps célestes dans leurs métamorphoses. » Aussitôt s'évanouissent le dieu avec la voix et, avec la voix et le dieu, le sommeil; et, comme s'enfuyait le sommeil, la bienfaisante lumière parut. L'aurore du jour nouveau avait éteint les feux des astres. Incertains sur la conduite à tenir, les chefs de la ville s'assemblent dans le temple magnifique du dieu qu'on leur demande, et ils le prient d'indiquer par des signes célestes dans quel séjour il veut lui-même se fixer. A peine avaient-ils fini, que le dieu, mué en un serpent couleur d'or, à haute crête, annonça par des sifflements son approche [1004], son arrivée ébranla la statue, l'autel, les portes, le pavement de marbre, le faîte doré du temple; il s'arrêta, dressé jusqu'à mi-corps au milieu du temple, et porta tout autour de lui ses yeux étincelants. La foule effrayée tremble de crainte. Mais le prêtre, dont une bandelette blanche retenait la chevelure purifiée, reconnut la divinité. « Voici le dieu, voici le dieu! O vous tous, ici présents, assistez-moi par votre ferveur et votre silence, dit-il [1005]. Et toi, ô dieu très grand, puisses-tu nous être apparu pour notre bien et venir en aide au peuple qui te rend un culte fidèle. » Tous les assistants adorent le dieu qui se manifeste à leurs yeux; redoublant l'invocation, ils redisent les paroles du prêtre, et les descendants d'Enée, du cœur et de la voix, se mettent pieusement à l'unisson. Le dieu agréa l'hommage; il remua sa crête, en gage d'assentiment, et, dardant sa langue, redoubla ses sifflements. Alors, il glisse sur les degrés polis; tournant la tête en arrière, il jette, avant de le quitter, un dernier regard sur l'antique autel, et salue la demeure familière et le temple qu'il habita. Puis, déroulant ses longs anneaux sur le sol couvert de fleurs jetées sur son passage, à travers la ville, il s'achemine en rampant vers le port que protège une jetée incurvée. Là, il s'arrêta; d'un regard empreint de calme, il parut congédier son cortège et renoncer aux hommages de la foule qui le suivait, et il alla s'étendre sur le navire ausonien. Celui-ci sentit le poids du dieu, et la carène s'enfonça sous la charge. Les descendants d'Enée, pleins de joie, après avoir immolé un taureau sur le rivage, dénouent les câbles tressés qui retenaient leur vaisseau qu'ornent des couronnes de fleurs.

Une brise légère avait emporté le navire. Le dieu le domine de toute sa hauteur, et, la tête lourdement appuyée sur la poupe recourbée, il contemple, tout au bas, les eaux azurées. Au sixième lever de la fille de Pallas [1006], le vaisseau, poussé sur la mer ionienne par les doux zéphirs [1007], atteignit l'Italie. Il passe devant le rivage de Lacinium, rendu fameux par le temple de sa déesse, et devant celui de Scylacium, laisse l'Iapygie, évite à gauche, à force de rames, les rochers d'Amphrisa, à droite, la côte abrupte de Célennia, longe celle de Rométhium, de Caulon, de Narycia, franchit victorieusement le bras de mer que rétrécit le Pélore sicilien, les îles où règne le fils d'Hippotès, les mines de Témésé, gagne Leucosia et les champs de roses de la tiède Pæstum [1008]. Ensuite, il passe devant Caprées, le promontoire de Minerve, les collines aux riches vignobles de Sorrente, la ville d'Hercule, Stabies, Parthénopé, faite pour le loisir, et, de là, devant le temple de la Sibylle de Cumes [1009]. Puis on atteint la côte des sources chaudes, Literne abondante en lentisques, le Volturne dont les tourbillons entraînent tant de sable, Sinuessa, peuplée de blanches colombes, Minturnes, à l'air malsain, la tombe qu'éleva Enée à sa nourrice, le séjour d'Antiphatès, Thrachas, qu'assiège son marais, la terre de Circé, Antium, au littoral consistant [1010]. Quand les matelots eurent dirigé sur ce point le navire aux voiles déployées, — car la mer était hérissée de vagues, — le dieu déroule ses anneaux et, sinueux, développant ses immenses replis, il entre en rampant dans le temple de son père, tout proche du fauve rivage [1011]. Les flots apaisés, le dieu d'Epidaure quitte l'autel paternel, après avoir usé de l'hospitalité du dieu auquel il tient de si près; laissant sur le rivage la trace du long sillon de ses écailles sonnantes, il prit appui sur le gouvernail et revint poser sa tête sur la haute poupe du navire. Il y resta jusqu'à l'arrivée à Castrum, aux champs sacrés de Lavinium et aux bouches du Tibre [1012]. Là se précipite à sa rencontre une foule où se confondaient peuple, matrones, sénateurs et celles, ô Vesta venue de Troie, qui veillent sur ton feu [1013], tous, avec des cris joyeux, saluent le dieu; et, sur toute la route que suit le navire rapide remontant lese aux du fleuve, de chaque côté, sur les rives où se succèdent les autels qu'on y a élevés, l'encens pétille et parfume l'air de ses fumées, tandis que les victimes arrosent d'un sang chaud les couteaux qui les frappent [1014]. Et maintenant le navire était entré dans la ville de Rome, capitale du monde. Le serpent se dresse; appuyé au sommet du mât, il tourne le cou de côté et d'autre, cherchant une demeure à sa convenance. Il est un point que le fleuve, se divisant en deux, entoure de ses eaux et qu'on appelle l'Ile; le Tibre étend sur les deux côtés des bras égaux entre lesquels est la terre [1015]. C'est là que le serpent fils de Phœbus, descendu du vaisseau latin, se dirigea; reprenant alors ses traits célestes, il mit fin aux deuils; sa venue apporta le salut à la ville.

LE DIVIN JULES

Cependant il n'est qu'un étranger qui a pris place dans nos sanctuaires. César est dieu dans sa propre ville. Illustre dans les combats et sous la toge, ce n'est pas tant à des guerres terminées par des triomphes, à sa conduite pendant la paix, à la gloire que lui conquirent rapidement ses exploits, qu'il doit sa métamorphose en un astre nouveau, en comète : c'est surtout à son fils [1016]. Car, dans tout ce que fit César, il n'est rien de plus glorieux que d'être le père d'un tel fils. Est-il, en effet, plus beau d'avoir dompté les Bretons défendus par la mer, d'avoir fait remonter à ses navires vainqueurs les sept branches par où le Nil abondant en papyrus épanche ses eaux, d'avoir conquis pour le peuple de Quirinus les Numides rebelles, Juba, dont le Cynips arrose les Etats, le Pont, enorgueilli des noms de ses Mithridates, d'avoir mérité d'innombrables triomphes et d'en avoir célébré quelques-uns [1017], que d'avoir donné le jour à un si grand homme ? En remettant à celui-ci l'empire du monde, ô dieux, vous avez fait une insigne faveur au genre humain. Et, pour que l'un ne fût pas issu de la semence d'un mortel, il fallait faire de l'autre un dieu. Quand la superbe Vénus, mère d'Enée, vit cette apothéose, mais en même temps les préparatifs criminels de la mort du Pontife et les conjurés s'apprêtant à lever leurs armes sur lui [1018], elle pâlit, et à tous les dieux qu'elle rencontrait : « Vois, disait-elle, avec quel acharnement on prépare contre moi des embûches, par quel perfide attentat on veut atteindre la seule tête qui me reste du sang d'Iule, descendant de Dardanus. Serai-je donc toujours la seule en butte à des soucis trop légitimes ? la seule, un jour, à être blessée par la lance du fils de Tydée [1019], apportée de Calydon, un autre jour, à constater avec confusion mon impuissance à défendre les murs de Troie, à voir mon fils errer de longues années, ballotté par les flots, visiter le royaume du silence, faire la guerre à Turnus, ou, pour dire la vérité, plus encore à Junon ? Mais pourquoi rappeler aujourd'hui les maux qui jadis ont fondu sur ma race ? Mes craintes présentes m'interdisent le rappel du passé. Vous voyez aiguiser contre moi des épées criminelles. Détournez-les, je vous en supplie, empêchez un tel crime, n'éteignez pas dans le sang de son prêtre les feux de Vesta [1020]. »

Telles sont les plaintes que vainement Vénus anxieuse jette à tous les échos du ciel, et ses appels à la pitié des dieux. Ceux-ci, bien qu'il leur soit impossible de briser les arrêts de fer des antiques sœurs [1021], cependant donnent des signes certains du deuil prochain [1022]. On dit qu'un cliquetis d'armes dans les noires nuées, le son de terrifiantes trompettes et de cornes dans le ciel, présagèrent l'attentat. La triste image du soleil ne dispensait plus qu'une lumière livide à la terre inquiète. Souvent, on vit des torches brûler en plein ciel, sous les astres; souvent, aux gouttes de pluie se trouvèrent mêlées des gouttes de sang; l'éclat de Lucifer s'obscurcit et son visage se couvrit d'une sombre teinte de rouille, tandis que le char de la Lune se teintait de sang; en mille lieux, le hibou, oiseau du Styx, donna de lugubres présages. En mille lieux, l'ivoire ruissela de larmes [1023], et l'on dit que des chants et des paroles menaçantes furent entendus dans les bois sacrés. Les victimes ne donnent plus aucun présage favorable. A l'examen des fibres, on voit l'annonce de grands troubles imminents; et l'on trouve dans les viscères la tête du foie détachée [1024]. Sur le forum, autour des maisons et des temples des dieux, hurlèrent la nuit, dit-on, des chiens et errèrent les ombres muettes des morts; des secousses ébranlèrent la ville. Les avertissements des dieux ne purent cependant triompher des embûches et des destins menaçants. Des glaives nus sont apportés dans un lieu sacré; car on ne trouve dans la ville nul endroit plus favorable au crime et à l'effroyable meurtre que la Curie [1025]. Alors, la déesse de Cythère se frappa des deux mains la poitrine et médite de cacher le descendant d'Enée dans la nuée grâce à laquelle Paris fut jadis soustrait à l'animosité de l'Atride et qui avait permis à Enée d'échapper à l'épée de Diomède [1026]. Mais son père lui parle en ces termes : « A toi seule, comptes-tu, ma fille, changer le cours de l'inévitable destin ? Je te permets d'entrer toi-même dans la demeure des trois sœurs ! Tu y verras l'énorme masse des tables de bronze et de fer massif où est inscrite l'histoire du monde ; hors de toute atteinte, éternelles, elles ne redoutent ni le choc du ciel, ni les fureurs de la foudre, ni la destruction. Tu y trouveras gravés dans l'indestructible acier les destins de ta race. Je les ai lus moi-même, je les ai notés dans mon esprit, et je vais te les dire, pour que, dès maintenant, tu n'ignores rien de l'avenir. Celui pour qui tu es en peine, ô déesse de Cythère, a accompli son temps, et le cours des années qu'il devait à la terre est révolu. Qu'il ait, comme dieu, accès au ciel et place dans les temples, ce soin te revient, à toi et à son fils. Héritier du nom, celui-ci portera seul le fardeau qui lui est imposé, et, vengeur intrépide du meurtre de son père, il nous trouvera, dans les combats, à ses côtés. Sous ses auspices, les remparts de Mutina assiégée, vaincus, demanderont la paix [1027] ; Pharsale sentira le poids de sa force et, une seconde fois, le sang arrosant l'Emathie ruissellera, à Philippes [1028], et, dans les eaux de la Sicile, un grand nom connaîtra la défaite [1029]. L'épouse égyptienne d'un chef romain, trompée dans l'espoir que lui inspirait son hymen, succombera, et vaine aura été sa menace d'asservir mon Capitole à son Canope [1030]. A quoi bon t'énumérer les peuples barbares qui occupent les bords des deux océans ? Tout ce que porte la terre habitée appartiendra à ce héros, et la mer même lui sera soumise [1031]. Après avoir donné la paix à la terre, il s'appliquera à faire régner le droit dans la cité et se montrera le législateur le plus respectueux de la justice. Par son propre exemple, il réglera les mœurs et, étendant sa prévoyance dans l'avenir jusqu'aux âges où vivront ses arrière-neveux, il ordonnera au fils né de son épouse vénérée de prendre, avec son nom, les soucis du pouvoir [1032] ; et c'est le jour seulement où sa vieillesse aura égalé le nombre des années du roi de Pylos [1033] qu'il rejoindra au céleste séjour les astres de sa famille. Cependant, prends cette âme, que le meurtre a séparée de son corps et fais-en une étoile éclatante ; je veux que le divin Jules, du haut de sa nouvelle demeure, garde toujours les yeux fixés sur mon Capitole et sur le forum. »

A peine avait-il prononcé ces mots, que la bienfaisante

Vénus s'était déjà transportée au lieu où siégeait le sénat; invisible pour tous, elle ravit promptement l'âme au corps de son cher César et, sans lui permettre de se dissoudre dans les airs, elle la transporta parmi les astres du ciel. Tandis qu'elle la transportait, elle sentit que cette âme s'imprégnait de lumière et s'embrasait. Elle la laissa alors échapper de son sein. L'âme prend son vol plus haut que la lune; traînant une chevelure de flamme qui trace dans l'espace un long sillage, c'est une étoile étincelante [1034]. Et, voyant du ciel les belles actions de son fils, alle avoue qu'elles l'emportent sur les siennes et se réjouit d'être vaincue par lui. Celui-ci défend bien que l'on place ses exploits au-dessus des exploits paternels; mais la renommée qui est libre et ne se soumet aux ordres de personne, malgré lui, le place au premier rang; sur ce seul point elle lui résiste. C'est ainsi qu'Atrée s'incline devant la gloire du grand Agamemnon, que Thésée l'emporte sur Egée, Achille sur Pélée. Enfin, pour prendre des exemples à la taille de ces héros mêmes, c'est ainsi que Saturne est moins grand que Jupiter. Jupiter est le maître des hautes demeures du ciel et des royaumes d'un monde au triple aspect [1035]. La terre est soumise à Auguste. L'un et l'autre est père et chef de son empire.

INVOCATION

Je vous en supplie, ô dieux, compagnons d'Enée, devant qui ont reculé l'épée et la flamme, dieux Indigètes, Quirinus, père de la Ville, Gradivus, père de l'invincible Quirinus [1036], Vesta, dont le culte sacré se mêle à celui des pénates de César [1037], et toi Phœbus, qui, avec Vesta, protectrice de César, sièges à son foyer; et toi, Jupiter, qui habites les hauteurs du mont Tarpéien [1038], et vous tous, autres dieux qu'il est permis à un poète, qu'il a le pieux devoir d'invoquer : que ce jour tarde à venir, qu'il vienne ma vie achevée, où Auguste, ayant abandonné le monde qu'il régit, doit avoir accès au ciel et ne plus exaucer que de loin les prières de ses sujets.

ÉPILOGUE

Et maintenant j'ai achevé une œuvre que ni la colère de Jupiter, ni le feu, ni le fer, ni la dent du temps ne pourront détruire [1039]. Quand il le voudra, que le jour à la merci duquel seul est mon corps vienne me fixer le terme d'une existence dont la durée est incertaine; immortel par la meilleure partie de moi-même, je n'en serai pas moins transporté au-dessus des astres dans les cieux, et mon nom sera impérissable. Partout où la puissance romaine s'étend sur la terre soumise, je serai lu par la bouche des hommes, et à travers tous les siècles, grâce à la renommée, si les pressentiments des poètes ont quelque vérité, je vivrai.

NOTES

Pour les légendes empruntées par Ovide à la mythologie grecque, on trouvera dans ces notes les noms propres (divinités, héros) et tous les termes géographiques rétablis sous leur forme grecque, qui permet seule de faire les rapprochements indispensables avec les œuvres dont a pu s'inspirer notre auteur, et de donner les éclaircissements nécessaires concernant les personnages eux-mêmes et la topographie. On a fait cependant exception, comme dans la traduction, pour les noms francisés de longue date.

LIVRE PREMIER

1. Ovide indique ici le plan de son ouvrage, plan sommaire, mais qui justifie les développements du dernier livre sur César et Auguste. Voir l'Introduction.

2. Pour Hésiode aussi *(Théogonie,* 116), il y eut d'abord le Chaos. Mais le mot signifie pour lui l'Abîme béant et le vide. Ovide, en considérant le Chaos comme la masse encore informe des éléments mêlés, se conforme à la doctrine stoïcienne de Poseidonius d'Apamée qui séjourna à Rome au Ier siècle av. notre ère.

3. Le Soleil, Hélios, est un dieu distinct d'Apollon, avec lequel il a fini par être identifié. Il est le fils du Titan Hypérion, fils lui-même de Gaia, la Terre, et frère de Cronos, et c'est toujours de Titan qu'Ovide le qualifie. De même Phoibé-Séléné est aussi une Titanide, sœur d'Hélios.

4. Amphitrite est citée par Hésiode *(Théog.,* 243 et 254) comme une fille des dieux marins Néreus et Doris. Elle était devenue chez les poètes une personnification de la mer.

5. Ovide ici, comme plus loin (v. 32), évite de préciser de quel dieu il s'agit. De même Hésiode, qui se borne *(Théog.,* 116-17) à dire : « Avant tout fut Chaos, puis Gaia aux larges flancs... et Eros... » A Eros correspondrait chez Ovide *melior natura,* c'est-à-dire l'effort de la nature pour l'harmonieuse ordonnance des éléments.

6. On notera la distinction entre l'air et l'éther, plus pur, plus fluide, de nature ignée et séjour des dieux, comme on le voit en d'autres passages.

7. La cosmographie d'Ovide est ici et plus bas, v. 35, celle des poètes grecs pour qui la terre était un disque *(orbis)* plat, entouré par le fleuve Océanos, dans les eaux duquel le Soleil, après sa course diurne, allait se plonger à l'Occident, pour être ramené par le courant du fleuve, pendant la nuit, à son point de départ.

8. Ovide cite ailleurs (XV, 273-76 et n. 944-945) deux de ces fleuves, le Lycos et l'Erasinos.

9. Les anciens avaient fait la distinction entre les zones torride

(entre les deux tropiques), tempérées (de part et d'autre de la précédente) et glaciales (arctique et antarctique). Virgile (*Géorg.*, I, 23 et suiv.) indique aussi cette division de la terre en cinq zones, correspondant à autant de zones dans le ciel. C'est encore ici la doctrine stoïcienne, telle que l'expose Diogène de Laerte (VII, 83, 155 et suiv.), que suit Ovide.

10. Pour certains des savants anciens, c'était le heurt entre eux des nuages poussés par les vents qui provoquait les éclairs et la foudre. Voir Sénèque, *Nat. quæst.*, I, 1, 6, et suiv.

11. Les vents, Zéphyr (Ouest), Borée (Nord), Euros (Est), Notos ou Auster (Sud) étaient, d'après Hésiode (*Théog.*, 378 et suiv.), fils du Titan Astraios et d'Eos (l'Aurore). Il est possible qu'Ovide ait seulement ici pensé à Eole, père de six fils personnifiant les vents, légende plus familière aux poètes, à commencer par Homère.

12. Les astres étaient considérés comme des êtres vivants, pourvus d'une *anima*. Les dieux, habitant aussi les régions célestes, ont de plus une *forma*, conçue, comme on le sait, par les Grecs et les Romains sous les apparences du corps humain.

13. Japet, un des Titans, fils de Gaia (Hésiode, *Théog.*, 134) était le père d'Atlas et de Prométhée (*ibid.*, 509 et suiv.). Celui-ci avait été, contre les dieux, le protecteur des hommes qui lui devaient les bienfaits de la civilisation, le feu, dérobé à Zeus, peut-être même, nous dit ici Ovide, l'existence; d'après une légende, rappelée plus bas par Deucalion (v. 363), il aurait façonné l'homme avec du limon.

14. Le thème des quatre âges du monde était familier aux poètes, mais aucun ne l'a développé avec autant de complaisance qu'Ovide. Pour les Romains, l'âge d'or correspondait au règne de Saturne dans le Latium. Eschyle, au contraire, dans son *Prométhée enchaîné* (v. 441 et suiv.), trace un sombre tableau de l'état misérable où vivaient les hommes avant que le Titan leur eût enseigné les arts et apporté le feu. Mais c'est là, semble-t-il, une conception personnelle du poète, inspirée par le sujet même qu'il traitait.

15. Allusion à la loi des XII Tables qui, du ve siècle av. notre ère jusqu'à l'Empire, furent le fondement du droit romain. Elles édictaient les plus terribles châtiments. Gravées sur des plaques de bronze, elles avaient, dit Diodore, été fixées au Forum, sur les Rostres.

16. Le miel était pour les anciens une sorte de rosée céleste que les abeilles allaient cueillir sur les feuilles des arbres, en particulier du chêne. Pline l'Ancien lui-même (*N. H.*, XI, 2) voit en lui *sive cæli sudor, sive quædam siderum saliva, sive purgantis se æris succus.*

17. Le Saturne dont parle ici Ovide est le Cronos grec, détrôné par son fils Zeus et précipité par lui dans le Tartare. Le Saturne latin, identifié avec cette divinité primitive, en différait complètement par son rôle bienfaisant et son caractère pacifique.

18. Dans tout ce passage, Ovide a certainement pensé aux nombreux scandales qui éclatèrent dans la société romaine dans les dernières années de la République. Il est même possible que le vers 145 soit une allusion aux intrigues de Pompée contre César, son beau-père.

19. Astraia, fille de Zeus et de Thémis, avait séjourné, pendant l'âge d'or, chez les hommes où elle représentait la Justice. Le même trait se trouve chez Virgile (*Georg.*, II, 473).

20. Les Géants, êtres monstrueux, souvent confondus avec les Titans, étaient, d'après Hésiode (*Théog.*, 185), nés de Gaia (la Terre) et du sang jailli de la blessure d'Ouranos (le Ciel), mutilé

par son fils Cronos. Les traditions les concernant et les épisodes divers de leur lutte contre les dieux ont été réunis par un grammairien grec du IIe siècle avant notre ère, Apollodore, (*Bibliothèque*, I, 6). La gigantomachie est un des thèmes les plus fréquemment traités par les artistes grecs, notamment sur la frise qui décorait le grand autel de Pergame (Musée de Berlin).

21. Voir plus loin, v. 216, le développement de cet épisode, et Hygin, *Fab.* 176.

22. Il y avait toute une hiérarchie divine. La noblesse céleste est représentée par ceux que l'on a appelés les douze grands dieux.

23. Auguste habitait, à Rome, le Palatin, où furent élevés plus tard les grands palais impériaux, notamment ceux des Flaviens et de Septime Sévère.

24. Fils de la Terre, les Géants étaient souvent qualifiés d'anguipèdes et représentés mi-hommes mi-serpents. A quelques-uns même « qu'on ose à peine nommer », dit Hésiode (*Théog.*, 148), Cottos, Briareus et Gyès, — les hécatonchires, — on attribuait cent bras et cinquante têtes.

25. Le serment par le Styx, fleuve des Enfers, était le plus terrible que pussent prêter les dieux. Ovide nous les montrera souvent enchaînés par la promesse ainsi faite. Voir au livre II, l'épisode de Phœbus et de Phaéton.

26. Ces divinités rustiques, en particulier les Faunes et les Sylvains, sont surtout des divinités latines.

27. Allusion au meurtre de César par Brutus et Cassius, en 44 av. notre ère.

28. Le Ménade, le Cyllène et le Lycée sont trois montagnes de l'Arcadie. Sur le dernier, Zeus Lycaios avait un sanctuaire célèbre.

29. Les Molosses habitaient une région montagneuse du N.-E. de l'Epire. C'est en Molossie que, suivant la légende, Néoptolème, fils d'Achille, avait abordé au retour de Troie avec sa captive Andromaque; il était devenu roi de la contrée.

30. Les Erinyes (les *Furiæ* latines) sont des déesses chargées de châtier toutes les violations de la loi divine, du droit, des grands principes moraux, et de poursuivre impitoyablement les coupables. Mais, et c'est ici ce qu'entend Ovide, elles frappaient aussi les coupables d'égarement et de démence, provoquant chez eux comme une sorte de frénésie du crime.

31. Ovide, ici encore, fait un emprunt à la doctrine stoïcienne et à Héraclite, d'après lequel le monde devait périr par le feu.

32. Les trois Cyclopes, Brontès, Stéropès et Argès, étaient, d'après Hésiode (*Théog.*, 139), des fils de Gaia et d'Ouranos. Auxiliaires de Zeus dans sa lutte contre les Géants, ils forgèrent pour lui le tonnerre et la foudre. A cette légende se rattache celle qui en fait les ouvriers d'Héphaistos, travaillant dans les forges souterraines de l'Etna. Virgile nous les montre à l'œuvre dans l'*Enéide*, VIII, 416 et suiv. Les Cyclopes homériques (*Od.*, IX), fils de Poseidon, sauvages, impies, anthropophages, se rattachent à une autre tradition, suivie aussi par Euripide et Théocrite. Voir livre XIII, n. 821.

33. La légende plaçait les antres d'Eole dans les îles Lipari, au nord de la Sicile. Il habitait, nous dit Homère, avec ses six fils et ses six filles, leurs femmes, une île flottante (*Odyssée*, X, 1 et suiv.).

34. Il s'agit d'Iris, messagère d'Héra et personnification de l'arc-en-ciel. Ovide la fait intervenir à plusieurs reprises.

35. Cette épithète de « courbe » appliquée aux navires marque, suivant les cas, la forme arrondie de la carène, ou celle de la poupe, relevée pour faciliter l'échouage.

36. Sur les mentions faites des phoques, voir livre II, n. 95.

37. La tradition du déluge, châtiant la méchanceté des hommes, a été popularisée par le récit biblique. Les légendes orientales le contaient à peu près dans les mêmes termes, accompagné des mêmes circonstances, comme nous l'apprend le poème chaldéen connu sous le nom d'épopée de Gilgamesh : le héros y recueille ce récit de la bouche de son ancêtre, qui avait seul échappé à la mort sur le navire construit par lui, sur le conseil du dieu Ea.

38. La plaine aonienne est la plaine de Béotie, voisine de Thèbes. La Phocide sépare, en effet, la Béotie de la région de l'Œta, qui s'élève dans la partie la plus méridionale de la Thessalie, aux confins de l'Etolie. Le massif montagneux du Parnasse a plusieurs cimes. La principale a 2.457 mètres d'altitude.

39. Deucalion est le fils de Prométhée (voir ci-dessus n. 14) et sa femme Pyrrha est fille d'Epimétheus, autre fils de Japet. Ils sont donc cousins germains. Cette proche parenté sera rappelée plus bas par Deucalion (v. 351). Sur le conseil de Prométhée, disait la légende, ils s'étaient enfermés dans un coffre et furent déposés par les eaux au sommet du Parnasse (version adoptée par Ovide) ou, suivant d'autres, de l'Othrys (Hygin., *Fab.* 153), de l'Etna, ou même de l'Athos (Servius *ad Virg. Ecl.*, IV). Leur légende se rattachait à celle de l'origine des Grecs. Ils eurent, en effet, pour fils Hellen, père de Xouthos, Aiolos et Doros (voir Apollodore, *Bibl.*, I, 717).

40. Ces nymphes sont celles qui habitaient l'Antre Corycien, vaste grotte qui s'ouvre dans le flanc du Parnasse, au-dessus de Delphes.

41. Thémis, fille d'Ouranos et de Gaia, est la personnification de l'idée de la Justice conforme à la volonté des dieux. Elle était une divinité prophétique et fut la première qui rendit des oracles à Delphes, avant la victoire d'Apollon sur Python.

42. Triton, fils, dit Hésiode (*Théog.*, 932), de Poseidon et d'Amphitrite, était un des dieux marins les plus populaires. Au son de sa conque, il soulevait ou apaisait les flots. On le représentait d'ordinaire avec un torse d'homme; le reste du corps était celui d'un poisson. — L'épithète de *cæruleus*, ou bleu foncé, couleur des flots, était habituellement accolée au nom des divinités marines. — La pourpre était extraite d'un coquillage, le *murex*, dont on retrouve de véritables amas sur l'emplacement des anciennes pêcheries phéniciennes et, en particulier, à Tyr.

43. Strabon énumère six fleuves portant le nom de Céphise. Les plus connus étaient le Céphise béotien (dont il est ici question), qui prenait sa source entre le Callidrome et le Parnasse, traversait le lac Copaïs (aujourd'hui asséché) et se jetait dans le canal d'Eubée, et plus encore peut-être, les deux Céphises de l'Attique, l'un provenant du Parnès et se jetant dans la baie d'Eleusis (Céphise éleusinien), l'autre, dont l'Ilissos est un affluent, venu de l'Hymette et se jetant dans la baie de Phalère.

44. Cette fable est née sans doute de la pullulation des êtres vivants, favorisée par l'humidité, après la décrue du Nil. On la retrouve dans Diodore (I, 10) et Pomponius Méla (I, 9, 52).

45. Cette doctrine des heureux effets de la combinaison d'éléments de principes opposés est encore un emprunt fait à la philo-

sophie stoïcienne par Ovide qui suivait, sur ce point, Anaxagore.

46. Le serpent est, chez les Grecs, la personnification des divinités chthoniennes et la victoire d'Apollon sur Python était symbolique de la dépossession de Gaia-Thémis, dont le culte fut célébré à Pytho, nom primitif de Delphes, jusqu'au jour où fut introduit, apporté sans doute de Crète, celui du dieu dauphin (voir ci-dessus n. 41). — Sur la victoire d'Apollon, voir Hygin, *Fab.* 140.

47. Les jeux Pythiens, célébrés à Delphes en l'honneur d'Apollon, ne furent, sans doute, primitivement qu'un concours musical. A partir de la 49e Olympiade (582 av. notre ère), la célébration en eut lieu tous les quatre ans, entraînant une trêve sacrée, et aux épreuves musicales furent ajoutées des épreuves gymniques et hippiques, comme dans les autres grands jeux grecs.

48. Le laurier devait naître de la métamorphose de Daphné que va conter Ovide.

49. Le Pénée traverse toute la Thessalie et, dans la dernière partie de son cours, la vallée célèbre de Tempé.

50. Le sanctuaire-oracle d'Apollon à Claros se trouvait sur l'Halès, dans une petite localité de ce nom, voisine de la ville de Colophon-de-la-Mer, sur la côte d'Ionie. A Ténédos, petite île située à l'entrée de l'Hellespont, en face de la côte de la Troade, on célébrait le culte d'Apollon. Patara, ville importante située sur la côte de Lycie, avait aussi un temple et un oracle d'Apollon.

51. L'épithète d'Epicourios, secourable, est le vocable sous lequel les Phigaliens, délivrés par Apollon de la peste, lui avaient élevé un temple en Péloponnèse, à Bassai. Mais c'est surtout son fils Asclépios qui était considéré comme le dieu guérisseur.

52. Les chiens gaulois étaient célèbres pour leur rapidité. On en connaissait plusieurs races : les *segusii* des Alpes, les *vertragi* de Belgique, qui rapportaient le gibier sans le blesser, dit Martial, les *agassi* de Bretagne, les *petrones* de Gascogne.

53. Les manuscrits donnent, pour les vers 544-547, *Viribus absumptis expalluit illa, citæque/Victa labore fugae, spectans Peneidas undas,/ « Fer, pater », inquit, « opem! Si, flumina, numen habetis,/Qua nimium placui, mutando perde figuram! »*, des variantes dont aucune n'est satisfaisante. Nous adoptons le texte de Magnus et Ehwald. Tous les éditeurs sont d'accord pour supprimer le vers 546, manifestement étranger à ce passage.

54. Les triomphateurs portaient la couronne de laurier. Devant la maison d'Auguste, sur le Palatin, s'élevaient deux lauriers, encadrant la porte, au-dessus de laquelle était fixée la couronne civique de chêne décernée au prince.

55. Paian et Paion sont des surnoms d'Apollon considéré comme dieu sauveur et secourable. Le paian était aussi un hymne en l'honneur du dieu.

56. Par Hémonie on entendait la Thessalie et jusqu'à la Béotie. La vallée de Tempé, célèbre chez les anciens par sa verdure et sa fraîcheur, se trouve au N.-E. de la Thessalie. Elle s'étend sur environ 10 kilomètres, entre l'Olympe et l'Ossa, et le cours du Pénée en occupe le fond.

57. Le Sperchios, qui coule au sud de la Thessalie et se jette dans le golfe Maliaque, n'a, en réalité, aucune relation avec le bassin du Pénée. — L'Enipeus est un affluent de la rive droite du Pénée. — De même l'Apidanos (conjecture de Merkel, au lieu d'Eridanos, trop

peu vraisemblable ici). — L'Amphrysos est un petit fleuve côtier, qui se jette dans le golfe de Pagasai. — L'Aias coule en Illyrie.

58. Il y a deux fleuves du nom d'Inachos : l'un, venu d'Epire, est un affluent de l'Achéloos; l'autre est un fleuve d'Argolide. Pas plus que le Sperchios, ni l'un ni l'autre, et surtout le second, qui est bien, d'après la suite du récit, celui dont parle Ovide, n'ont le moindre rapport avec le Pénée autour duquel on s'attendait à ne voir que des fleuves de la Thessalie proprement dite *(popularia flumina*, v. 577). Nous aurons d'autres occasions de signaler les incertitudes d'Ovide en géographie.

59. Lerne est dans le voisinage d'Argos; ses marais sont le théâtre d'un des exploits d'Héraclès. — Lyrceion est le nom d'une montagne et d'une localité d'Argolide.

60. Arestor, fils de Phorbas et père d'Argos, est donné aussi (Pausanias, II, 16, 3) comme l'époux de Mycéné, fille de l'Inachos. Les traditions paraissent avoir varié sur ce personnage légendaire.

61. Phoroneus, nous dit Pausanias (II, 15, 5), passait pour avoir le premier réuni en une cité la population jusqu'alors éparse de l'Argolide. Les traditions paraissent avoir été assez confuses sur les premiers rois d'Argos. D'après le passage d'Ovide, l'Inachos serait le fils de Phoroneus. Mais, d'après Hérodote (I, 1) et Pausanias *(ibid.)*, Inachos aurait été un roi qui avait donné son nom au fleuve.

62. Hermès, fils de Zeus et de Maia, l'une des Pléiades, filles d'Atlas et de Pleioné.

63. Montagne d'Arcadie. Il existait aussi une ville de ce nom.

64. Pan, fils d'Hermès et de la nymphe arcadienne Dryops, moitié homme, moitié animal par ses pieds et ses cornes de bouc, était une divinité rustique populaire, particulièrement honorée en Arcadie, où son culte était associé, sur le Lycée, à celui de Zeus, et à Athènes, où une grotte lui était consacrée sur le flanc nord de l'Acropole. Il était représenté comme une sorte de berger nomade, parcourant les solitudes en compagnie de ses troupeaux de moutons et surtout de chèvres. On lui attribuait l'invention de la syrinx, ou flûte de Pan, faite de tuyaux inégaux, dont Ovide conte ici l'origine. — Voir, livre X, 153 et suiv., le défi qu'il porta à Apollon.

65. Rivière d'Arcadie, affluent de l'Alphée.

66. Le paon est l'oiseau consacré à Héra.

67. Io avait été identifiée par les Grecs avec la déesse égyptienne Isis, représentée avec des cornes de vache. Le culte d'Isis s'était répandu dans tout le monde grec, à partir de la fondation d'Alexandrie, puis à Rome, sous les premiers empereurs. Les Egyptiens, qui portaient des vêtements de toile, alors que les Grecs portaient de la laine, sont « la foule vêtue de lin ».

La légende de la métamorphose en génisse d'Io, victime de la rancune d'Héra, est celle que rapporte aussi Eschyle dans les *Suppliantes* et dans *Prométhée enchaîné*. Pour Hérodote (I, 1), Io était la fille du roi d'Argos, Inachos, et avait été enlevée par des marchands phéniciens, qui l'avaient conduite en Egypte.

68. Epaphos avait été assimilé par les Grecs à Apis.

69. Phaéton est pour Ovide le fils de Clyméné, nom d'une dizaine de personnages légendaires. Il s'agit ici de la fille d'Océanos et de Téthys (voir v. 156); femme de Mérops, roi d'Ethiopie, elle avait eu d'Hélios Phaéton et les Héliades. Suivant une autre légende, rapportée par Hygin (*Fab.* 154), Phaéton était fils de Clyménos, fils du Soleil, et de la nymphe Méropé.

70. C'est-à-dire par l'espoir d'un heureux mariage de ses sœurs, les Héliades, dont Ovide contera la métamorphose livre II, 340 et suiv. Voir livre II, n. 100.

71. L'Ethiopie se trouvait, pour les anciens, voisine du point où se levait le soleil.

LIVRE DEUXIÈME

72. Mulciber est un surnom latin de Vulcain. Les anciens étaient partagés sur le sens du mot. Les uns le rattachaient au verbe *mulcare*, et l'épithète, pour eux, rappelait l'infirmité du dieu boiteux *(mulcatus pedes)*, les autres, au verbe *mulcere :* il s'agirait alors du dieu forgeron, à qui l'on devait l'art d'amollir le métal. Enfin une inscription de Brescia, *Volk (ano) miti sive mulcibero*, permettrait de penser que le mot signifie « le dieu qui apaise le feu ». Dans le cas présent, il semble bien qu'Ovide le prend dans le second sens.

73. Les portes du palais du Soleil rentrent dans la série des œuvres attribuées par les poètes à Héphaistos, et dont les plus célèbres exemples sont ceux des boucliers donnés par Thétis à Achille et par Vénus à Enée. Ovide s'est ici rappelé la description des portes du temple de Cumes, dans l'*Enéide* (VI, v. 20 et suiv.).

Triton, fils de Poseidon et d'Amphitrite, est représenté d'ordinaire soufflant dans une conque marine. Voir livre I n. 42. — De Protée et de ses transformations multiples, il est longuement question dans Homère (*Od.*, IV, 383 et suiv.) et dans l'épisode d'Aristée des *Géorgiques* de Virgile (IV, 388 et suiv.). — Le nom d'Aigaion désigne tantôt le géant hécatonchire Briareus, tantôt, comme ici, sans doute, Poseidon lui-même. — Doris, fille d'Océanos et de Téthys, épouse de Néreus, est la mère des cinquante Néréides. — Pour les épithètes qualifiant la couleur de la mer *(viridis, cæruleus)*, à propos des divinités marines, voir livre I, n. 42.

74. Téthys fille de Gaia et d'Ouranos, épouse d'Océanos, était, d'après Hésiode (*Théog.*, 346 et suiv.), mère de trois mille Océanides et d'autant de fleuves. Elle ne doit pas être confondue avec la Néréide Thétis, épouse de Pélée et mère d'Achille.

75. Suivant la théorie de Pythagore, le soleil, la lune et les planètes, comme la sphère céleste et les étoiles qui y sont immuablement fixées, décrivent autour de la terre, immobile et centre du monde, une révolution diurne d'orient en occident; mais de plus, ils exécutent annuellement un mouvement propre, en sens contraire, d'occident en orient, dans un plan oblique à l'équateur (d'où la variété des saisons) : théorie admise par Platon et, avec quelques modifications, par Héraclite de Pont.

76. L'idée de distribuer en douze constellations les étoiles jalonnant la route du soleil est due aux astronomes babyloniens, comme celle de voir dans leur groupement des figures humaines ou animales. Nous donnons encore aux signes du zodiaque les mêmes noms que les Grecs et les Latins. Ovide cite ici le Taureau, le Sagittaire, le Lion, le Scorpion et le Cancer, sans que ce choix implique, semble-t-il, d'autre dessein que d'énumérer les animaux les plus redoutables pour Phaéton. Le Sagittaire était représenté par un centaure tirant de l'arc : de là le qualificatif « d'Hémonie », autre nom de la Thessalie qu'habitaient les Centaures. — Voir sur ces constellations, Hygin, *Poeticon astronomicon.*

77. Les étoiles du matin, Lucifer (Phosphoros), et du soir, Vesper (Hespéros), sont parmi celles que citent le plus souvent les poètes,

à commencer par Homère. Ils ont continué à leur conserver ces noms, même après que l'on se fut aperçu qu'il s'agissait d'un même astre (notre planète Vénus).

78. Phœbus recommande à Phaéton de maintenir sa course dans les trois zones médianes du ciel (voir livre I, n. 9) à égale distance des deux pôles.

79. Constellations, l'une, le Serpent, de l'hémisphère boréal, l'autre, l'Autel, de l'hémisphère austral. Voir Hygin, *Poet., astr.*, II, 3 et 39; III, 2 et 38.

80. Le terme d'Hespérie désigne les régions occidentales du monde. Il est employé, suivant les cas, pour désigner tantôt l'Italie, tantôt l'Espagne, tantôt, comme ici, les confins de la terre, au couchant. La nuit termine sa course et le moment est venu, pour le Soleil, de se lever.

81. Trois de ces noms, en grec, Aithon, Pyroeis, Phlégon, rappellent l'éclat ou la chaleur du soleil; le quatrième, Eoos, « l'oriental », marque le point de départ de sa course.

82. Le mot *triones* désigne les bœufs de labour et les Sept Trions sont les sept étoiles du Chariot ou Grande Ourse. Nous en avons tiré le mot de Septentrion. La constellation, restant toujours à l'horizon, paraît ne jamais se plonger dans la mer (Hygin, *Poet. astr.*, II, 11).

83. Le Bouvier est une constellation boréale, voisine du pôle Nord, par conséquent à révolution lente. L'étoile Arcturus en fait partie. Ce Bouvier est Arcas, fils de Callisto, dont Ovide conte plus loin la métamorphose. Voir Hygin, *Poet. astr.*, II, 4.

84. Clyméné, mère de Phaéton, est l'épouse de Mérops, roi d'Ethiopie, dont Phaéton souhaiterait maintenant être le fils, plutôt que celui de Phœbus.

85. Ovide cède ici à son goût pour l'énumération. Les montagnes qu'il cite sont les plus connues des anciens. L'Athos s'élève en Macédoine à l'extrémité de la presqu'île orientale de la Chalcidique; le Taurus, au sud de l'Asie Mineure, borne la Cilicie; le Tmolus est en Lydie; l'Œta, au sud de la Thessalie, a été rendu célèbre par la mort d'Héraclès; deux montagnes portent le nom d'Ida, l'une en Crète, dans un antre de laquelle fut élevé Zeus, l'autre en Troade; l'Hélicon, en Thessalie, était consacré à Apollon et aux Muses; l'Haimos est en Thrace, où devait régner plus tard Oiagros, père d'Orphée.

86. L'Etna et l'Eryx sont des montagnes de Sicile; le Parnasse (qui a deux cimes principales, d'où l'épithète de *biceps*) et le Cynthe (voir n. 110) s'élèvent l'un en Phocide, l'autre dans l'île de Délos; l'Othrys est au S.-E. de la Thessalie; le massif montagneux du Rhodope, au sud de la Thrace; le Mimas, dans la presqu'île d'Erythrée, en face de Chios; le Dindyme, en Phrygie; le Mycale forme une presqu'île sur la côte de Carie, en face de Samos; le Cithéron sépare l'Attique de la Béotie : on y célébrait les mystères dionysiaques (voir livre III, 201 et suiv. la mort de Penthée).

87. Le Caucase est en Scythie, l'Ossa, le Pinde et l'Olympe respectivement à l'est, à l'ouest, au nord de la Thessalie. A ces montagnes de Grèce ou de Grande-Grèce, Ovide ajoute les montagnes italiennes des Alpes et de l'Apennin.

88. On connaît en Béotie plusieurs sources portant le nom de Dircé, femme de Lycos, roi de Thèbes. Pausanias cite même (IX, 25, 3) un fleuve où Dircé aurait été précipitée par les fils d'Antiope,

Zéthos et Amphion. — Amymoné, l'une des filles de Danaos réfugiées à Argos, alors désolée par la sécheresse, avait, en cherchant de l'eau, été en butte aux attaques d'un Satyre. Poseidon, sur son appel, accouru à son aide, avait, en lançant son trident, atteint un rocher d'où jaillit une source. — Ephyré est l'ancienne appellation de Corinthe où deux sources, qui existent encore, portaient le nom de Pirène, l'une au pied, l'autre au sommet de l'Acrocorinthe. D'après quelques auteurs, cette dernière avait jailli sous le sabot de Pégase.

89. Dans cette énumération de fleuves, Ovide n'observe pas plus d'ordre que dans celle des montagnes : le Tanaïs est notre Don; le Pénée arrose la Thessalie et le Caïque, la Teuthranie, partie sud de la Mysie, en Asie Mineure; l'Isménos coule en Béotie, dans le voisinage de Thèbes, l'Erymanthe, en Arcadie (il existait aussi une montagne de ce nom); le Xanthe (ou Scamandre) est le fleuve troyen qu'Homère, au XXIe chant de l'*Iliade*, montre menaçant Achille, mais reculant devant les flammes que lui oppose Héphaistos, à la prière d'Héra; le Lycormas ou Euénos est un fleuve d'Etolie; le Méandre arrose la Carie, le Mélas la Pisidie et la Pamphylie, l'Eurotas la Laconie.

90. L'Oronte arrose le Nord de la Syrie; le Thermodon, le Pont; le Phase, la Colchide; l'Hister est notre Danube.

91. L'Alphée, fleuve d'Elide, passe à Olympie; le Sperchios, en Grèce centrale, se jette dans le golfe Maliaque. On ne sait sur quoi repose la réputation qu'avait le Tage de rouler de l'or.

92. Le Caystre, fleuve de Lydie, était célèbre par ses cygnes.

93. L'Ismaros est une montagne de la côte méridionale de Thrace, région dont l'Hébre (aujourd'hui la Maritza) et le Strymon (la Strouma) sont les fleuves principaux. Comme pour les montagnes, Ovide ajoute à son énumération les grands fleuves de l'Occident (Hespérie) : le Rhin, le Rhône, le Pô, le Tibre.

94. Les Cyclades, groupe central des îles de l'Archipel grec, représentent, en effet, les émergences d'un plateau sous-marin.

95. Les anciens font à plusieurs reprises mention de la présence des phoques dans la Méditerranée orientale. Cf. l'épisode de Protée dans Homère (*Od.*, IV, 400 et suiv.) et Virgile (*Géorg.*, IV, 388 et suiv.). Il arrive qu'on en trouve encore dans de petites îles désertes de l'Archipel grec, comme Draconisi, à l'est de Myconos.

96. Voir ci-dessus n. 73.

97. Ovide adopte ici la légende d'après laquelle Atlas, fils d'un des Titans, ayant pris part à la guerre faite par ceux-ci aux dieux, avait été condamné par Zeus à soutenir le ciel. Plus loin (IV, 627 et suiv.), il développe une autre légende d'après laquelle Atlas, roi d'un royaume d'Hespérie, avait été changé en montagne par Persée, auquel il avait refusé l'hospitalité et qui lui présenta la tête de Méduse.

98. L'Eridan, fleuve légendaire (voir Hérodote, III, 115), identifié quelquefois avec le Rhône, l'a été le plus souvent avec le Pô. C'est du Pô qu'il s'agit ici, puisque Cygnus, roi des Ligures, assiste à la chute de Phaéton, qui a lieu avant le terme normal de la course du char du Soleil, à l'occident (voir Hygin, *Fab.* 154).

99. La légende de Phaéton était le sujet d'une tragédie perdue d'Euripide. Elle n'est que rarement représentée sur des monuments figurés, d'ailleurs de date tardive. Sur une coupe à reliefs du Musée de Boston, probablement contemporaine d'Ovide, la scène de la

chute de Phaéton est associée à celle de la métamorphose des Héliades contée ci-après, et de la récolte de l'ambre.

100. Les Héliades étaient les filles d'Hélios et, suivant les uns, de la nymphe Rhodos, suivant les autres, comme Ovide, de Clyméné, par suite les sœurs de Phaéton. Elles étaient nombreuses (voir Hygin, *Fab.* 154); Ovide ne cite les noms que de deux d'entre elles. Elles furent métamorphosées en peupliers ou en aunes.

101. L'ambre, chez les anciens, était pour les uns, comme Aristote et Pline, une résine végétale découlant de certains arbres, comme le peuplier ou l'aune, pour d'autres, un corps fossile ou même une concrétion de l'urine de certains animaux, comme le lynx. La légende contée par Ovide se rattache à la première hypothèse. Il était recherché à Rome autant que les pierres précieuses, pour la parure des femmes.

102. Ce Cygnos, fils de Sthénélos, roi des Ligures, était, disent les mythographes, tendrement attaché à Phaéton. Pausanias (I, 30, 3) mentionne sa métamorphose, sans la rattacher à cette légende. — Ovide conte plus loin la métamorphose en cygne de deux autres personnages du nom de Cygnos : l'un, fils de Poseidon, tué en combat singulier par Achille (XII, 71 et suiv.), l'autre, fils d'Apollon et de la nymphe Hyrié (VII, 371 et suiv.). Enfin, un autre Cygnos, fils d'Arès, fut tué par Héraclès.

103. Voir ci-dessus, n. 98.

104. C'est-à-dire lors des éclipses de soleil.

105. Zeus avait un sanctuaire réputé sur le mont Lycée, en Arcadie.

106. Voir livre I, n. 63.

107. La déesse des carrefours, Trivia, est, en réalité, Hécate, sœur de Léto, divinité lunaire et, comme telle, de bonne heure confondue avec Artémis, elle-même assimilée à Phoibé. Voir livre VII, n. 347. — Le Ménale est une montagne d'Arcadie, consacrée à Pan.

108. Dictynna est un nom donné aussi à la déesse crétoise Britomartis, assimilée par les Grecs à Artémis.

109. La Parrhasie est la région S.-O. de l'Arcadie.

110. Le Cynthe s'élève dans l'île de Délos, où Léto mit au monde Apollon et Artémis. Outre son sanctuaire, voisin du temple d'Apollon, Artémis avait sur une terrasse du Cynthe un temple consacré à Artémis-Eileithyia.

111. Arcas devint le héros éponyme des Arcadiens.

112. Callisto était la fille de Lycaon, métamorphosé en loup (I, 183 et suiv.) et dont le culte était célébré sur le Lycée, avec celui de Pan, avant que celui de Zeus s'y substituât.

113. Ce sont les deux constellations de la Grande Ourse et de l'Arctophylax (gardien de l'Ourse) appelé aussi le Bouvier (Hygin, *Poet. astr.*, II, 1 et 4). Voir n. 83.

114. Io, fille de l'Inachos, dont l'aventure est contée livre I, v. 584 et suiv. Voir n. 61.

115. Cette légende se trouve déjà dans Homère. Voir le passage de l'*Iliade* (XIV, 200 et suiv.) où Héra, annonçant à Zeus, pour lui donner le change, qu'elle va rendre visite à Océanos et à Téthys qui l'avaient élevée et nourrie, rappelle qu'elle leur avait été confiée par Rhéa, tandis que Zeus détrônait Cronos.

116. Voir ci-dessus, n. 82.

117. Voir livre I, n. 56. Larissa se trouve sur le Pénée. La ville moderne porte encore ce nom.

118. Acté (le mot signifie en grec rivage) est un ancien nom de l'Attique. Ovide l'emploie souvent dans ce sens.

119. Cécrops, héros légendaire d'Athènes, fils de la Terre, était représenté, pour cette raison, comme un monstre moitié homme, moitié serpent. Il avait, comme ses filles, un sanctuaire sur l'Acropole d'Athènes qu'il passait pour avoir le premier habité. Erichthonios était né de la Terre, à la suite de l'attentat qu'Héphaistos avait vainement essayé de faire subir à Athéna. Voir Hygin, *Poet. astr.*, II, 13.

120. Nyctiméné ou Nyctaia, fille de Nycteus ou Epopeus, roi de Lesbos, avait dû se plier aux incestueuses exigences de son père. Athéna, par pitié, l'avait métamorphosée en chouette, oiseau qui fuit la lumière, et avait fait d'elle sa compagne. Voir Hygin., *Fab.* 204. La chouette est, en effet, l'oiseau d'Athéna et figure sur les monnaies d'Athènes.

Ce discours de la corneille a été sans doute inspiré à Ovide par celui que prête aussi à cet oiseau Callimaque, dans un passage célèbre de son *Hécalé*, déjà imité par Apollonios de Rhodes dans ses *Argonautiques*, où l'on voit la corneille conseiller à Jason de se rendre seul auprès de Médée.

121. Ce fils est Asclépios, dont Ovide (XV, 622 et suiv.) contera le voyage d'Epidaure à Rome. Le centaure Chiron, fils de Cronos et de l'Océanide Philyra, fut aussi l'éducateur d'Achille.

122. Ocyrhoé signifie, en grec, « courant rapide ».

123. Apollon, dont Chariclo, mère d'Ocyrhoé, était la fille.

124. Asclépios devait rendre la vie à Hippolyte (voir livre XV, 533 et suiv. et n. 989 et 992). Hadès s'étant plaint, Zeus, aïeul d'Asclépios, avait foudroyé celui-ci. Rappelé à la vie et recommençant ainsi une seconde fois sa destinée, Asclépios devint dieu de la médecine. Son plus important sanctuaire était Epidaure (voir livre XV, n. 1001). C'est l'Esculape des Romains.

125. Chiron était immortel; mais, blessé par une des flèches d'Héraclès trempées dans le sang de l'hydre de Lerne, il avait, plutôt que de supporter d'atroces souffrances, préféré mourir.

126. Son nom avait été changé en celui d'Hippé, « La Cavale ». D'après une autre légende (Hygin, *Poet. astr.*, II, 18), la fille de Chiron, violentée par Aiolos, fils d'Hellen, avait obtenu des dieux sa métamorphose, pour être soustraite à la colère paternelle. Sa fille Mélanippé était l'héroïne de deux tragédies d'Euripide.

127. Il y avait en Péloponnèse trois villes de Pylos : l'une en Elide, sur le Ladon; la seconde au sud des bouches de l'Alphée; la troisième sur la côte de Messénie, en face de l'îlot de Sphactérie. Néleus, dont Battos garde les troupeaux (V. 689), était roi de la seconde et père de Nestor, qui joue un rôle important dans l'*Iliade*. Voir livre XII, n. 696.

128. Hermès était fils de Maia, fille d'Atlas. Voir n. 62.

129. Certains commentateurs ont pensé qu'il s'agissait de la pierre de touche, qui décèle la présence de l'or. Mais on ne voit aucun rapport entre elle et la punition infligée par Hermès à Battos pour l'avoir trahi. Lactantius Placidus, dans son sommaire, parle d'une roche, appelée « Index », qui se trouvait dans les environs de Pylos. Antoninus Liberalis (XXIII), résumant Nicandre, dit que l'endroit est encore appelé par les voyageurs l'Observatoire de Battos (σκοπιὰ Βάττου). Il doit donc s'agir de quelque rocher dont cette

légende expliquait la forme, comme pour le Renard de Thèbes (voir livre VII, 787 et suiv.).

La légende de Battos avait été souvent contée, en particulier par Nicandre et, suivant l'annotateur d'Antoninus Liberalis, par Didymarchos, Antigonos de Carystos, Apollonios de Rhodes.

130. Hermès survole l'Attique. Munychie, l'un des trois ports d'Athènes, est une petite anse ouvrant près de la baie de Phalère. — Le Lycée, l'un des plus importants gymnases d'Athènes, était à l'est de la ville.

131. C'était le jour de la procession des Panathénées. Ovide se rappelle le cortège de la frise du Parthénon (voir la plaque du Musée du Louvre).

132. La baguette magique d'Hermès avait la vertu de provoquer le sommeil et de susciter les songes. Elle est devenue le caducée.

133. Voir ci-dessus n. 119. Lemnos était le séjour d'Héphaistos.

134. Tritonia, Tritonis, Tritogeneia sont des épithètes désignant une déesse que l'on s'accorde généralement, comme le fait Ovide à plusieurs reprises, à identifier avec Athéna. Le Triton serait, d'après Pausanias (IX, 33, 7), soit un petit fleuve de Béotie, sur les bords duquel Athéna aurait été élevée, soit un lac de Libye. Ce lac est celui dans lequel Apollonios de Rhodes (*Arg.*, IV, 305) nous montre les Argonautes, arrivés sur les côtes de Libye et menacés de ne pouvoir repartir, transportant leur navire Argo, sur le conseil de la divinité de ces eaux. Apollonios le place dans le voisinage du jardin des Hespérides.

135. La légende d'Aglauros et du châtiment qu'elle subit, contée ici par Ovide, n'est pas la seule qui la concerne. Les Athéniens rendaient, au contraire, un culte à la fille de Cécrops qui, au cours d'une guerre menaçant la ville, s'était, disait-on, offerte volontairement comme victime expiatoire, en se jetant du haut de l'Acropole.

136. Maia fait avec ses sœurs partie de la constellation des Pléiades, dans le signe zodiacal du Taureau.

137. Voir ci-après, livre III, n. 140.

138. Il n'est pas douteux que la description si plastique faite par Ovide de l'enlèvement d'Europe a été inspirée par quelque tableau célèbre, peut-être celui d'Antiphilos, qu'au dire de Pline (*N. H.*, XXXV, 114), on voyait au portique de Pompée. Cet enlèvement était aussi représenté dans une salle de la Maison d'Or de Néron.

LIVRE TROISIÈME

139. Le Dicté (aujourd'hui mont Lassithi) s'élève au S.-E. de Candie (Héracleion) dans la partie orientale de la Crète. C'est, après l'Ida, situé plus à l'ouest, la plus haute montagne de l'île (2.185 m.). Sur sa pente, non loin de l'ancienne ville de Lyctos, s'ouvre une vaste caverne, retrouvée récemment, qui est celle où les plus anciennes légendes plaçaient les scènes de l'enfance de Zeus, légendes rattachées postérieurement à l'antre de l'Ida. En abordant en Crète, Jupiter revient donc, en quelque sorte, à sa terre natale.

140. Epaphos, fils d'Io (voir plus haut, I, 748) avait eu une fille, Libya qui, de Poseidon, eut deux fils, Bélos et Agénor. Bélos régna aux bords du Nil, dont la fille Anchinoé lui donna deux fils, Aigyptos et Danaos. Agénor, roi de Sidon, fut le père d'Europe, Cadmos, Phoinix et Cilix. Les deux derniers avaient donné leur nom à la

Phénicie et à la Cilicie. D'autres généalogies antiques faisaient d'Europe la fille de Phoinix. Voir Hygin, *Fab.* 178.

141. Ovide se rallie à l'opinion de ceux qui rattachaient l'étymologie du nom de la Béotie au mot Βοῦς. Pour d'autres, la contrée devait son nom au héros Boiotos, fils, suivant les uns, de Poseidon, suivant les autres, d'Itonos, fils lui-même d'Amphictyon.

142. La célèbre source de Castalie, à Delphes, jaillissait, en réalité, non pas dans un antre, mais dans une étroite gorge formée par deux murailles rocheuses à pic, au pied des Phédriades. Le site en est encore aujourd'hui tel que dans l'antiquité.

143. Sur le Céphise, voir livre I, n. 43.

144. C'était, disait la légende, un fils d'Arès et de la nymphe Telphousa. Dans les légendes grecques, on retrouve souvent cet épisode de la lutte d'un héros contre un serpent ou dragon gardien d'un lieu consacré (ici une source) ou de quelque trésor (comme les pommes des Hespérides ou la Toison d'or). Le combat de Cadmos rappelle ceux d'Apollon contre Python (voir plus haut, I, 416-451), d'Héraclès contre l'hydre de Lerne, de Jason en Colchide. Cette tradition du rôle protecteur joué par le serpent se retrouve à l'époque classique, où il devint le génie familier de la maison.

145. C'est la constellation Ophiuchus, appelée aussi Serpentaire ou Esculape, composée de huit étoiles (Hygin, *Poet. astr.*, II, 14 et III, 13), dans le voisinage de la Couronne boréale (*ibid.*, II, 5 et III, 4).

146. Le combat de Cadmos et du dragon est sommairement décrit par Euripide dans un chœur des *Phéniciennes* (v. 638 et suiv.). On le trouve représenté sur des vases peints, notamment des musées de Naples, de Vienne, de l'Ermitage.

147. Cette métamorphose de Cadmos sera contée longuement au livre suivant, IV, 563-603.

148. On sait que, dans les théâtres romains, le rideau (qui ne semble pas avoir existé dans les théâtres grecs), à l'inverse de ce qui a lieu dans nos théâtres modernes, s'abaissait au début de l'acte et remontait à la fin. Il pouvait être peint, comme Ovide nous l'apprend, de scènes dont les personnages, à mesure qu'il s'élevait, paraissaient surgir du sol.

149. Ce nom d'Echion, formé du mot ἔχις, vipère, est aussi porté par l'un des géants de la Gigantomachie et par un fils d'Hermès, qui prit part à l'expédition des Argonautes. Le compagnon de Cadmos, devenu son gendre, aurait été, d'après Apollodore et Ovide (voir ci-dessous, v. 513), le père de Penthée.

150. Voir livre II, n. 134.

151. On notera la similitude de cet épisode avec celui de la légende de Jason, auquel le roi Aiétès aurait, entre autres épreuves, imposé de semer des dents de dragon, d'où naissent aussi des guerriers, qui s'exterminent mutuellement (livre VII, 121 et suiv.). Une relation étroite avait même été établie entre les deux par les mythologues; les dents que détenait Aiétès auraient été, elles aussi, celles du dragon tué par Cadmos, dont la moitié lui aurait été remise par Arès et Athéna. Apollonios de Rhodes (*Argon.* III, 1180) avait adopté cette légende.

152. Cadmos avait épousé Harmonia, fille d'Arès et d'Aphrodite. Ils eurent pour filles Autonoé, mère d'Actéon, Agaué, mère de Penthée, Sémélé, mère de Dionysos, Ino, femme d'Athamas et

mère de Mélicertès, et pour fils Polydoros. C'est donc une suite de légendes thébaines se rattachant à la famille de Cadmos qu'Ovide va conter dans ce livre et, pour une part, dans le suivant, en contant celles d'Actéon, de Sémélé, de Penthée, d'Ino et d'Athamas. Elles avaient été souvent traitées par les tragiques grecs. Parmi les titres de tragédies perdues, on peut citer, d'Eschyle, une *Sémélé*, un *Penthée*, un *Athamas*; de Sophocle, deux *Athamas* et une *Danaé*; d'Euripide, un *Cadmos* et une *Danaé*. Il ne nous reste que les *Bacchantes* de ce dernier, consacrées à la légende de Penthée.

153. Hyas était le héros éponyme des Hyantes, population primitive de la Béotie, chassée, disait la légende, par Cadmos. Le nom de Hyante était resté synonyme de celui de Béotien.

154. Ce nom de Gargaphié est celui d'une source au pied du Cithéron, non loin de Platées.

155. Ces noms, comme ceux de nymphes compagnes d'Artémis, ne se rencontrent que chez Ovide.

156. Allusion à la tradition concernant la longévité des cerfs.

157. Les trente et un noms de chiens d'Actéon énumérés par Ovide indiquent, en grec, soit leur race, soit les particularités de leur pelage, soit leurs qualités. Le mythographe Hygin en cite quatre-vingt-cinq (*Fab.* 181). Les deux auteurs ont évidemment pris ces noms dans les mêmes ouvrages alexandrins : pour vingt-huit, en effet, les deux listes coïncident.

158. La légende d'Actéon avait de bonne heure inspiré les artistes grecs. Polygnote, dans ses peintures de la lesché de Delphes, l'avait représenté assis sur la peau d'un cerf. On le voit attaqué par ses chiens sur une métope du temple d'Héra à Sélinonte (ve s.), sur des vases peints grecs, sur une peinture de Pompéi.

159. Après Europe, Sémélé donne à Junon une raison nouvelle de poursuivre de sa haine la famille de Cadmos. Voir n. 152.

160. L'un des géants hécatonchires (comme Briareus), qui luttèrent contre les dieux.

161. Voir ci-dessus, n. 152.

162. On connaît plusieurs villes antiques de Nysa, l'une en Lydie, l'autre en Carie, une troisième, appelée aussi Nagara, aux Indes, qui passait pour avoir été fondée par Dionysos et était surnommée Dionysopolis. Il s'agit ici, plutôt, d'une localité mythique dont l'emplacement est mal précisé. Dans certaines légendes même, ce nom de Nysa était devenu celui de la nymphe à qui Dionysos avait été remis par Hermès, ou de sa nourrice.

163. Les scènes de la naissance de Dionysos, de la remise de l'enfant aux nymphes, sont représentées sur de nombreux monuments figurés, miroirs, vases peints, bas-reliefs, notamment sur un grand cratère de marbre du Musée de Naples.

164. On sait le rôle joué par le devin aveugle dans les tragédies grecques se rattachant aux légendes thébaines, comme l'*Œdipe-roi* de Sophocle, les *Bacchantes* et les *Phéniciennes* d'Euripide.

165. Les Aoniens constituaient, suivant la tradition, avec les Hyantes, la population primitive de la Béotie. Cadmos aurait favorisé leur fusion avec ses Phéniciens.

166. Il s'agit ici, comme plus haut, du Céphise de Béotie. Voir livre I, n. 43.

167. La légende de Narcisse est aussi contée par Conon (24),

mais c'est par Ovide que nous en connaissons le mieux le détail. Elle était d'origine béotienne et l'on montrait, près de Thespies, la source dans les eaux de laquelle il s'était miré (Pausanias, IX, 31, 7). D'après une autre légende, rapportée par Pausanias, Narcisse aurait eu une sœur jumelle, qui lui ressemblait à s'y méprendre, et dont il s'était épris. La jeune fille étant morte, c'est son image que Narcisse aurait cru voir en contemplant la sienne propre. — Les représentations figurées de cette légende, qui paraît de date assez tardive, sont rares et d'époque romaine. — Il en est de même pour celle d'Echo, que Longus dans ses *Pastorales* (III, 23) rattache à celle de Pan.

168. Némésis, qui avait à Rhamnonte, en Attique, un sanctuaire où se trouvait aussi un temple de Thémis.

169. C'est-à-dire le souci de la nourriture.

170. Narcisse est le fils d'un fleuve et d'une nymphe des eaux.

171. Les torches, qui éclairaient les convois funèbres quand ils avaient lieu la nuit, avaient été conservées même lorsqu'ils eurent lieu de jour; elles jouaient un rôle purificateur et servaient pour allumer le bûcher. On les secouait pour aviver la flamme.

172. Tirésias, consulté par Liriopé sur l'avenir de son fils Narcisse. Voir plus haut, v. 346 et suiv.

173. Il faut entendre ici non pas l'Achaïe proprement dite de l'époque classique, mais le pays des Achéens, la Grèce.

174. Liber est une ancienne divinité italique, plus tard assimilée au Dionysos grec. Voir livre IV, n. 190.

175. Le culte des divinités orientales, comme celui de Cybèle ou de Dionysos, représenté à son retour des Indes, se célébrait bruyamment avec des danses désordonnées, accompagnées de hurlements sauvages, au son des cymbales de bronze, des tambourins, de la flûte phrygienne. Ce dernier instrument se composait de deux tuyaux inégaux, l'un droit, l'autre plus long, incurvé à son extrémité et terminé en pavillon évasé, en forme de corne, d'où son nom de κέρας en grec, *cornu* en latin.

176. Acrisios, roi d'Argos, était le père de Danaé. Ovide est ici en contradiction avec la légende d'après laquelle Thèbes aurait été la première ville grecque visitée par Dionysos; légende confirmée par le dieu lui-même, au début des *Bacchantes* d'Euripide (v. 22-23).

177. Son aïeul Cadmos, Athamas son oncle. Voir ci-dessus, n. 152.

178. Un peu plus bas, v. 583, Acœtès se dira originaire de Méonie; et, v. 624, il mentionnera un de ses compagnons chassé d'une ville étrusque. Il n'y a pas là en réalité de contradictions. Les mots Thyrrhénien et Etrusque étaient synonymes; d'autre part, les Etrusques, au dire des anciens, étaient originaires de la Lydie, dont le nom primitif était *Mæonia*. Les trois adjectifs *Tuscus*, *Tyrrhenus* et *Mæonius* sont donc, pour Ovide, équivalents. L'origine asiatique des Etrusques est encore aujourd'hui l'hypothèse la plus généralement admise.

179. Acœtès n'est autre que le dieu lui-même. Il le laisse entendre au vers 658 et son évasion miraculeuse le prouve (v. 697-700).

180. Acœtès a appris à se diriger d'après les astres. La Chèvre est l'étoile principale de la constellation du Cocher, dans le voisinage de la Petite Ourse; elle devait son nom à la chèvre qui avait nourri de son lait Zeus enfant et qui était souvent confondue avec la nymphe Amalthée, fille, suivant quelques-uns, d'Olénos. Suivant d'autres, Olénos serait la ville d'Achaïe où la chèvre aurait nourri

Zeus. — Taygété est l'une des sept étoiles de la constellation des Pléiades, filles d'Atlas. — Les Hyades, sœurs des Pléiades, font, comme elles, partie de la constellation du Taureau (voir Hygin, *Fab.*, 192); quand elles se levaient avec le soleil, on croyait qu'elles annonçaient la pluie. -- L'Ourse est la constellation qui porte encore ce nom.

181. Voir ci-dessus n. 178.

182. Ce mot, qui signifie en réalité « l'homme de la proue », est déjà employé par Homère comme un nom propre, dans une énumération de noms Phéaciens du même genre (*Od.*, VIII, 113).

183. L'incertitude des connaissances d'Ovide en géographie apparaît en plusieurs endroits de son ouvrage. D'après le récit d'Acœtès, son navire, se dirigeant sur Délos, naviguait vers le sud et avait dû aborder sur la côte ouest de Chios (v. 595). De ce point, pour gagner Naxos, il fallait gouverner au sud, et non à l'est.

184. Le texte est ici mal établi et aucune des corrections proposées ne donne un sens satisfaisant. On serait tenté de supposer avec Magnus qu'un vers est tombé après le vers « *que fais-tu, insensé? quelle folie...?* » *dit Opheltès;* mais qu'il ait disparu de tous les manuscrits est assez peu vraisemblable.

185. Autre nom de l'île de Naxos. On sait que, d'après la légende, c'est à Naxos que Dionysos aurait trouvé Ariadne, abandonnée par Thésée, et dont il aurait fait sa compagne.

186. L'aventure de Dionysos et des pirates tyrrhéniens et leur métamorphose en dauphins est racontée dans l'*Hymne* homérique VII, *à Dionysos.* Hygin la rapporte deux fois, dans ses *Fables* (134), d'après Ovide, semble-t-il, et dans son *Poeticon astronomicon* (II, 17), un peu différemment, d'après Aglaosthénès, auteur de *Naxica.* Les Thyrrhéniens s'étaient engagés à conduire à Naxos, auprès des Nymphes qui l'avaient élevé, Dionysos et sa suite. Mais ils voulurent détourner le navire de sa route. Ce que voyant, Dionysos fit chanter ses compagnons. Les Tyrrhéniens, entraînés par cette musique, se mirent à danser et, perdant le contrôle de leurs mouvements, sautèrent dans la mer. — La scène décrite par Ovide est représentée sur la frise du monument chorégique de Lysicrate, à Athènes, qui date du IVe siècle av. notre ère. On y voit les Satyres prendre part au châtiment des pirates.

187. Autonoé est la mère d'Actéon, qui périt déchiré par ses propres chiens (voir v. 230-253).

188. L'Isménos coule près de Thèbes. — La mort de Penthée, victime de la vengeance de Dionysos, est le sujet de la tragédie des *Bacchantes* d'Euripide. Ovide s'en est librement inspiré. Le long récit d'Acœtès ne figure pas dans Euripide. — Eschyle était l'auteur d'une tragédie de *Penthée*, perdue. — Hygin raconte succinctement l'histoire de Penthée (*Fab.* 184) et la fuite d'Agaué, une fois revenue à la raison, auprès du roi d'Illyrie Lycothersès.

LIVRE QUATRIÈME

189. Héros béotien, dont la légende était localisée à Orchomène. Voir livre VII, n. 338.

190. Ovide énumère ici un certain nombre des noms donnés à Dionysos. — *Bacchos* est le nom qu'ont adopté les Latins; d'origine, sans doute, orientale, répandu en Grèce seulement à partir du Ve siècle, les Grecs y ont attaché l'idée de la fureur orgiastique

et des transports accompagnant le culte du dieu. — *Bromios* venait probablement de βρόμος, et rappelait le fracas du tonnerre au moment de sa naissance. — *Lyaios* s'applique au dieu qui délivre des soucis. — *Fils du feu :* allusion aux circonstances de la naissance du dieu (voir livre III, v. 305 et suiv.). — *Enfant de Nysa* (voir livre III, n. 165). — *Thyoneus*, du nom de Thyoné, donné aussi à Sémélé, mère de Dionysos. — *Lénaios*, le dieu du pressoir (ληνός). — *Nyctélios*, le dieu dont le culte orgiastique se célèbre de préférence la nuit. — *Eléleus*, *Euhan*, sont des épithètes tirées des cris joyeux poussés à ses fêtes (ἐλελεῦ, εὐοῖ). — *Iacchos* (de ἰαχχή, cri de joie ?) est le nom donné au dieu à Eleusis. — *Liber* était un très ancien dieu italique que les Latins ont assimilé à Dionysos, et dont le nom leur a paru correspondre à l'épithète grecque de *Lyaios* (libérateur).

191. Dionysos était quelquefois représenté sous la forme d'un taureau. C'est sous cet aspect menaçant que Penthée le voit dans son délire (Euripide, *Bacchantes*, v. 920).

192. La légende de Penthée a été contée au livre III, v. 512 et suiv. — Lycourgos, roi de Thrace, ennemi de Dionysos, frappé par celui-ci de folie furieuse, tua sa femme et son fils et mourut, mis en pièces par des chevaux.

193. Voir livre III, v. 666 et suiv. et n. 186.

194. Silène, fils de Pan et d'une nymphe, roi de Nysa (voir livre III, n. 162), avait été chargé de la surveillance du jeune Dionysos, qu'il n'avait désormais plus quitté. Obèse, chauve, jovial, le plus souvent ivre, il était le chef de la bande des Satyres du thiase dionysiaque. On le représentait souvent monté sur un âne. Il était, malgré son ébriété habituelle, réputé pour sa sagesse. Voir son aventure avec Midas, livre XI, v. 90 et suiv.

195. Voir livre III, n. 175.

196. Voir livre III, n. 188.

197. La déesse syrienne Dercéto, qui porte aussi les noms d'Atargatis et d'Astarté, était représentée avec un corps de poisson.

198. Dercéto avait eu d'un simple mortel une fille, la célèbre Sémiramis, qui épousa Ninos, roi d'Assyrie, et fonda Babylone, qu'elle entoura de larges remparts flanqués de deux cent cinquante grosses tours. A la fin de son règne, apprenant que son fils Ninyas conspirait contre elle, elle lui céda la couronne et se métamorphosa en colombe.

199. Il s'agit d'une nymphe de l'île Nosala, dans la mer Erythrée, qui attirait les jeunes hommes, puis les métamorphosait en poissons. Le Soleil, à qui l'île était consacrée, finit par la métamorphoser en poisson elle-même.

200. Babylone, dont les murailles étaient de brique crue.

201. Ninos, roi de Babylone, avait épousé Sémiramis.

202. La légende s'explique par le fait qu'il existe deux sortes de mûriers, l'un, qui est cultivé dans nos régions, a des fruits blancs; l'autre, le mûrier aux fruits noirs, est très répandu en Asie Mineure.

203. Les amours d'Arès et d'Aphrodite sont chantées par Démodocos au festin offert par Alcinoos à Ulysse (*Od.*, VIII, v. 266 et suiv.); mais, dès l'antiquité, on voyait là une interpolation. Virgile y fait une rapide allusion (*Georg.* IV, 345-346).

204. Le Titan Hypérion était le père d'Hélios (voir livre I, n. 3).

205. C'est-à-dire lors des éclipses de soleil.

206. Clyméné et Rhodos sont deux nymphes, mères, l'une de Phaéton, l'autre, d'après certains mythographes, des Héliades. Circé, dont Ovide contera plus loin l'aventure avec Glaucus et Scylla (XIV, 8 et suiv.), avait pour mère l'Océanide Persé. L'île d'Aiaié qu'elle habitait est devenue le promontoire Circeo, en Italie (voir livre XIV, n. 834). L'Océanide Clytié intervient plus loin (v. 236 et suiv.).

207. La légende connaissait plusieurs Eurynomé, dont l'une était la mère des Charites. Il s'agit ici de l'épouse d'un descendant de Bélos.

208. Plusieurs rois d'Assyrie ont porté ce nom. L'un aurait été la souche des rois de Tyr et l'ancêtre de Didon, un autre le père de Ninos et le grand-père d'Alcaios, « le premier des Héraclides, devenu roi des Sardes » d'après Hérodote (I, 7). Il s'agit ici, semble-t-il, d'un troisième. D'Orchamos, on ne sait rien.

209. C'est l'héliotrope.

210. Daphnis, fils d'Hermès et d'une nymphe, était, en quelque sorte, le patron des bergers. Il aurait été l'inventeur du chant bucolique, et Théocrite cite souvent son nom. Aimé d'une nymphe, Lyca ou Naïs, infidèle et devenu aveugle, il aurait été changé en un rocher que l'on montrait près d'Himère. Sa légende était localisée en Sicile. Aussi l'épithète *Idæus* (de l'Ida) surprend-elle ici (sur l'Ida, voir livre II, n. 85).

211. La légende de Sithon est inconnue. Elle est de la série à laquelle appartenaient les légendes de Tirésias (III, 203 et suiv.), de Caineus (IX, 136 et suiv.), d'Iphis (IX, 666 et suiv.).

212. Celmis est l'un des Dactyles de l'Ida le plus souvent cités. Ovide mentionne seul sa métamorphose en « adamas » (voir, sur ce mot, livre VII, n. 349). — Les Curètes, Dactyles, Corybantes, qui avaient protégé l'enfance de Zeus, étaient, suivant certains mythographes, fils de la Terre comme les Titans. C'est probablement à cette tradition que fait allusion Ovide. — Crocos, épris d'un amour malheureux pour Smilax, avait été métamorphosé en safran, Smilax en la fleur qui porte son nom.

213. Le nom d'Hermaphroditos est, en effet, composé des deux noms d'Hermès et d'Aphrodite. D'après Hygin (*Fab.* 271), le nom de l'enfant aurait été Atlantius, tiré sans doute de celui de son grand-père Atlas.

214. Cytoros est le nom d'une ville de la côte septentrionale d'Asie Mineure et d'une montagne, toutes deux en Paphlagonie. Le buis du mont Cytoros, dont on faisait des peignes, était réputé.

215. Au cours des éclipses de lune, c'était une croyance populaire, que l'on pouvait, par des cris et le bruit d'instruments de bronze, conjurer le maléfice cause du phénomène. Voir livre VII, n. 353.

216. La mère d'Hermès, Maia, était fille d'Atlas. Voir ci-dessus n. 213.

217. La fontaine Salmacis se trouvait à Halicarnasse, dans le voisinage du sanctuaire d'Hermès et d'Aphrodite. Vitruve parle aussi (*De arch.*, II, 8, 11) de la réputation qu'avaient ses eaux de rendre efféminés et lascifs *(molles et impudicos)* ceux qui en buvaient. Il l'attribue à leur limpidité et à leur goût délicieux.

La légende d'Hermaphroditos, telle que la rapporte Ovide, paraît de date assez récente. On en a cherché l'origine dans un ancien culte cypriote rendu à une Aphrodite bisexuée, dont le nom même d'Aphroditos témoignait de sa double nature. La représentation d'Hermaphroditos comme un éphèbe à poitrine de femme est fréquente dans l'art antique à partir de l'époque hellénistique. Plusieurs musées possèdent des hermaphrodites, sommeillant, couchés dans une pose pleine de langueur.

218. Les filles de Minyas sont métamorphosées en chauves-souris, dont le nom latin est *vespertiliones*. Leur légende se trouvait dans Nicandre (Antoninus Liberalis, X), mais, d'après lui, ayant enfin à leur tour, cédé aux transports dionysiaques, elles avaient été métamorphosées en trois oiseaux de nuit différents : chauve-souris, chouette et hibou.

219. Ino est la dernière fille de Cadmos (voir livre III, n. 152). Dionysos, après sa naissance, lui avait été confié. Son époux, Athamas, fils d'Aiolos et petit-fils d'Hellen, était roi d'Orchomène, en Béotie. Ils avaient deux fils, Léarchos et Mélicertès.

220. Seuls avaient droit au repos les morts ayant reçu les honneurs funèbres.

221. Ce sont les Furies, filles de la Nuit, Alecto, Mégère et Tisiphone, que Virgile (*Æn.*, VI, 280) montre aussi siégeant dans le vestibule des Enfers.

222. Ovide énumère ici, comme Virgile (*Æn.*, VI, 595), les plus célèbres suppliciés des Enfers : le géant Tityos, fils de la Terre, qui avait essayé de faire violence à Léto; Tantale, fils de Zeus, roi de Lydie, qui avait, dans un festin, servi aux dieux les membres de son fils Pélops (voir livre VI, n. 313 et 325); Sisyphe, fils d'Aiolos et roi de Corinthe, coupable d'avoir révélé à l'Asopos la retraite de sa fille Aigina, enlevée par Zeus; Ixion, roi des Lapithes, qui avait voulu violenter Héra; les Danaïdes qui, à l'exception de la seule Hypermnestra, épouse de Lynceus, avaient égorgé, à l'instigation de leur père, leurs cousins, fils d'Aigyptos, la nuit même de leurs noces.

223. Sisyphe était l'un des six fils d'Aiolos, fils d'Hellen, et le frère d'Athamas, de Deion (roi de Phocide et père de Céphalos : voir livre VII, 661 et suiv.), de Magnès (père de Polydectès, qui recueillit à Sériphos Danaé et son fils Persée : voir ci-dessous n. 229-230), de Crétheus (fondateur d'Iolcos et père d'Aison, père lui-même de Jason), de Périérès (fondateur de Pise en Elide), et de Salmoneus (qui, pour avoir voulu imiter le tonnerre, fut frappé par la foudre : voir Hygin, *Fab.* 60 et 61).

224. Iris, la suivante et la messagère d'Héra, était fille de Thaumas et de l'Océanide Electra. Elle personnifiait l'arc-en-ciel.

225. Voir ci-dessus n. 223.

226. Echidna, monstre moitié femme, moitié serpent, était, nous dit Hésiode (*Théog.*, 295 et suiv.), fille de Céto et de Phorcys, et mère d'Orthos (le chien de l'adversaire d'Héraclès, Géryon), de Cerbère (le chien d'Hadès), de l'hydre de Lerne, de la Chimère, du lion de Némée.

227. Harmonia, mère d'Ino, était fille d'Arès et d'Aphrodite (voir livre III, n. 14.) — Aphrodite, fille de Zeus et de Dioné, était, d'autre part, nièce de Poseidon, frère de son père. D'après une autre légende, dont la contradiction avec la précédente ne choque pas Ovide, qui y fait allusion aux vers 537-538, Aphrodite était née de l'écume (ἀφρός) de la mer.

228. D'après la légende, le cadavre de Mélicertès avait été transporté par un dauphin jusqu'à Corinthe, où son oncle Sisyphe (voir n. 223), après l'avoir enseveli, avait, en son honneur, fondé les jeux

isthmiques. — Leucothéa et Palaimon avaient été identifiés à Rome avec les divinités italiques Matuta et Portunus.

La légende d'Athamas et d'Ino est aussi rapportée par Hygin (*Fab.* 1 et 2) et Pausanias (I, 44, 11), qui donnent de la fureur subite d'Athamas une autre explication. Celui-ci avait eu, de Néphélé, Phrixos et Hellé, dont Ino complota la perte. Ino, dénoncée par un complice et condamnée à mourir par Athamas avec son fils Mélicertès, avait été sauvée par Poseidon, qui l'avait enveloppée dans une nuée, et s'était jetée à la mer avec l'enfant, tandis qu'Athamas, frappé de folie par Zeus, tuait Léarchos. — Eschyle et Sophocle avaient écrit des tragédies intitulées *Athamas*, et Euripide une *Ino*, dont Hygin donne l'analyse (*Fab.* 4).

229. Abas, roi d'Argos et père d'Acrisios, était fils de Lynceus et de la Danaïde Hypermnestra. Il était donc parent de Cadmos, cousin de Danaos et d'Aigyptos (voir Livre III, n. 140). — Acrisios, père de Danaé, effrayé par un oracle qui lui avait prédit qu'il mourrait de la main de son petit-fils, avait enfermé sa fille dans une chambre d'airain, où Zeus, épris d'elle, avait pénétré sous la forme d'une pluie d'or. Acrisios, alerté par les cris du petit Persée, refusant de croire à son origine divine, avait, contait la légende, enfermé la mère et l'enfant dans un coffre jeté à la mer et recueilli à Sériphos par le roi Polydectès (voir Hygin, *Fab.* 63). Sophocle était l'auteur d'une tragédie intitulée *Acrisios.*

230. La tête de Méduse que Persée avait promis à Polydectès de lui rapporter. Le héros conte cet exploit plus loin, v. 776 et suiv. — Les ailes de Persée sont des sandales ailées, analogues aux talonnières d'Hermès. Il les devait, avec sa besace de voyageur, aux nymphes qui les détenaient et chez qui il avait forcé les Grées à le conduire, en leur promettant de leur rendre l'œil unique qu'il leur avait dérobé (v. 774-75). Voir Apollodore, *Bibl.*, II, 4, 2 et, ci-dessous, n. 251.

231. Atlas, d'après Hésiode (*Théog.*, 507), était fils de Japet, fils lui-même de Gaia et d'Ouranos. Sa mère était l'Océanide Clyméné. — Sur les deux traditions concernant Atlas, voir livre II, n. 97.

232. Voir livre I, n. 41.

233. Aiolos (Eole), roi des vents, qu'il ne faut pas confondre avec Aiolos, fils d'Hellen. Voir ci-dessus, n. 223.

234. Le royaume de Cépheus est l'Ethiopie.

235. L'arme que l'on voit à Persée sur les monuments figurés est la *harpé*, dont la courte lame courbe portait sur l'un des côtés un crochet *(hamus)*. C'est une arme d'origine orientale.

236. Pour éviter qu'elle ne pétrifiât les assistants. Cette vertu pétrifiante va s'exercer sur les algues, sur lesquelles la tête est déposée.

237. Les anciens ignoraient l'origine animale du corail.

238. La légende de la délivrance d'Andromède a été souvent mentionnée par les anciens. Sophocle et Euripide avaient écrit des *Andromède.* — Hygin la rapporte (*Fab.* 64), ainsi que Conon (40). D'après ce dernier, Andromède avait été enlevée, avec la complicité de son oncle Phineus, par Phoinix, sur son vaisseau qui portait le nom de Cétos (κῆτος, monstre marin, d'où nous avons tiré le mot de « cétacé »). Persée, attiré par ses cris, l'avait délivrée, pétrifiant tout l'équipage. Voir aussi Apollodore, *Bibl.*, II, 4, 3.

239. Le texte est ici très altéré. Nous adoptons pour le vers 768 *(... quaerenti protinus unus / Narrat Lyncidae moresque animumque virorum.)* la correction *Lyncidae*, qui donne un sens raisonnable. — Persée, fils de Zeus, est, dans tout ce récit, qualifié d'après ses ancêtres

maternels, Lynceus, bisaïeul, et Abas, grand-père de Danaé. Voir ci-dessus n. 229.

240. Le frère de Pégase, Chrysaor, qui, de l'Océanide Callirhoé, eut pour fils Géryon, le monstre aux trois têtes que combattit Héraclès (Hésiode, *Théog.*, 28 et 287).

241. Au milieu de l'égide qui sert de cuirasse à Athéna, se détache toujours la tête de la Gorgone.

LIVRE CINQUIÈME

242. Phineus est le frère de Cépheus. Leur père était Bélos (voir livre III, n. 140). On ne doit pas le confondre avec le Phineus que les Argonautes délivrèrent des Harpies (voir livre VII, n. 339).

243. Ammon, dieu de Thèbes en Egypte, était adoré sous la forme d'un bélier. Il avait été assimilé à Zeus par les Grecs. Zeus-Ammon était représenté avec des cornes de bélier.

244. Pallas est fille de Zeus, comme Persée est son fils.

245. Il serait vain, dans la longue énumération des guerriers qui combattent pour ou contre Persée, de vouloir identifier tous les personnages. Quelques-uns appartiennent à la légende, d'autres sont nommés ici pour la première fois, leurs noms ayant été soit empruntés par Ovide à des poètes ou à des mythographes alexandrins, soit inventés par lui. Quelques noms, comme Abas, Dorylas, se retrouvent, au livre XII, dans l'énumération des Centaures luttant contre les Lapithes.

246. Le crater (κράτηρ) était un grand vase, à large ouverture, monté ou non sur un piédestal ou un trépied, et dans lequel on faisait le mélange de vin et d'eau destiné aux convives dans les repas ordinaires ou les banquets. En raison de ses dimensions et de son poids, il était fixe. Il était fait de matières diverses, pierre, marbre, bronze ou métal précieux, ou même argile cuite. Objet de luxe, il pouvait être, suivant les cas, incrusté, ciselé, sculpté en ronde bosse, peint. Tels sont les cratères dont parle à plusieurs reprises Ovide, comme celui que Persée jette ici sur Erytus, celui qu'Anios offre à Enée (XIII, 681 et suiv.) et celui dont il est question au livre XII, 236, dans le combat des Centaures et des Lapithes.

247. Le ceste consistait en lanières de cuir garnies de clous de bronze, dont les pugilistes s'entouraient les mains. Le combat du ceste, qui figurait aux concours des grands jeux grecs, était le plus dangereux, si bien que nul ne pouvait être déclaré vainqueur s'il tuait son adversaire. Homère (*Il.*, XXIII, 651 et suiv.), Virgile (*Æn.*, V, 426 et suiv.) l'ont décrit. Ovide est ici évidemment inspiré par le souvenir du combat au ceste de Pollux avec Amycos, roi des Bébryces (Apollonios de Rhodes, *Argon.* II, 25).

248. Le Cinyps, petit fleuve côtier de Tripolitaine, voisin de Leptis Magna, arrosait la Marmarique, dont il est question v. 125.

249. Les Nasamons habitaient l'Afrique septentrionale sur la grande Syrte, au sud de la Cyrénaïque.

250. La Chaonie est en Epire, la Nabatée est notre Arabie Pétrée.

251. Voir ci-dessus, livre IV, n. 229. Polydectès, épris de Danaé, avait tenté de perdre Persée en lui imposant la périlleuse conquête de la calotte d'Hadès, des sandales ailées et de la besace des nymphes, et de la tête de la Gorgone. — Sériphos est une des Cyclades, à l'ouest de Paros.

252. Voir ci-dessus, livre II, n. 134.

253. Cythnos et Gyaros sont deux îles des Cyclades, au nord de Sériphos. La seconde n'est guère qu'un îlot rocheux.

254. L'Hélicon s'étend en Béotie, parallèlement au golfe de Corinthe. C'était le séjour des neuf Muses.

255. C'est la fameuse source d'Hippocrène, jaillie sous le sabot de Pégase, dans une clairière de l'Hélicon, à 1.360 m. d'altitude.

256. Cette légende est inconnue et le nom de Pyréneus ne se trouve dans aucun autre auteur.

257. Pella est une ville de la Macédoine, dont elle fut la capitale à partir de Philippe II. La Péonie est la région montagneuse du Nord de la Macédoine. Antoninus Liberalis a conté cette légende d'après Nicandre (IX), sous le titre d'*Emathides*, « les Macédoniennes », nom qu'Ovide donne aussi aux Piérides (v. 669).

258. Lucine est la déesse latine qui préside à l'enfantement.

259. Thespies, au S.-O. de Thèbes, en Béotie, avait un sanctuaire des Muses, qui a été retrouvé.

260. C'est-à-dire les sources d'Hippocrène (voir n. 255) et d'Aganippé (sur les pentes de l'Hélicon). Sur les Hyantes, voir n. 158.

261. C'est-à-dire : de quitter la Thessalie pour la Macédoine. La leçon des manuscrits *Emathiis* s'explique mal, l'Emathie étant la Macédoine, patrie de Piérides (voir n. 257). Le sens et le contexte suggèrent la correction *Hæmoniis. (... Vel nos aemoniis ad Paeonas usque nivosos / Cedamus campis.)*

262. Ovide fait ici moins une confusion qu'une assimilation entre les dieux grecs et égyptiens. Le géant Typhoeus est identifié avec le mauvais génie égyptien Typhon, ennemi d'Osiris; Zeus avec Ammon, dieu-bélier; Dionysos, à qui le bouc était consacré, avec Mendès, le dieu-bouc; Artémis avec Bastit, la déesse-chatte; Héra avec Isis, aux cornes de vache; Hermès avec Thot, le dieu-ibis. Pour Apollon, on sait que le corbeau lui était consacré (voir livre II, 545 et suiv.). Aphrodite était assimilée à l'Astarté syrienne (voir livre IV, n. 197). Nicandre (Antoninus Liberalis, XXVIII) avait conté cette légende de Typhon.

263. Calliope est la muse de la poésie épique et de l'éloquence.

264. Virgile avait adopté déjà la tradition d'après laquelle Encélade, vaincu dans la lutte des dieux contre les Géants, avait été enseveli sous la Sicile (Trinacris), où d'anciennes légendes situaient le théâtre de ce combat. Pour d'autres, et peut-être ici Ovide, il s'agirait de Typhoeus. Voir livre XIV, n. 832.

265. Péloros, Pachynos, Lilybée sont les trois caps de la Sicile, le premier à l'est, en face de l'Italie (l'Ausonie), le second au sud, le troisième à l'ouest.

266. Eryx est à la fois le nom d'une montagne et d'une ville, sur la côte, à l'extrémité ouest de la Sicile. Aphrodite y avait un sanctuaire célèbre, fondé, d'après la légende, par Enée.

267. Athéna et Artémis sont les deux déesses vierges du panthéon grec.

268. Perséphoné est fille de Zeus, frère d'Hadès. Voir plus bas, v. 512 et suiv.

269. Henna est au milieu de la Sicile (*umbilicus Siciliæ*, dit Cicéron). C'est là qu'était localisée la légende du rapt de Proserpine. Le temple des *Ceres Hennensis*, célèbre et vénéré, était orné de

statues de Cérès, de Proserpine et de Triptolème, objets des convoitises de Verrès, à propos des déprédations duquel Cicéron en parle longuement (*In Ver.*, IV, 106-111).

La légende que va conter Ovide paraît avoir été inconnue d'Homère. Hésiode (*Théog.*, 913) y fait une simple allusion. Elle est, au contraire, développée en détail dans l'*Hymne* dit homérique à *Déméter*. Elle dut aux mystères d'Eleusis, qui en étaient nés, une popularité croissante. Au IVe s. de notre ère, le poète Claudien lui consacrait encore tout un poème, inspiré d'Ovide, *De raptu Proserpinæ*. Voir Hygin, *Fab.*, 146 et 147.

270. Voir livre II, n. 92.

271. L'étang des Paliques se trouvait dans le voisinage de Léontini, sur la côte est de Sicile, entre Catane et Syracuse. Il était le théâtre de phénomènes volcaniques. — Syracuse était une colonie de Corinthe. Elle avait deux ports, séparés par la petite île d'Ortygie, celui du Nord au pied de l'Achradine, beaucoup plus petit que l'autre. — Sur les Bacchiades, voir Pausanias, II, 4, 4.

272. Ovide contera plus loin (v. 572 et suiv.) l'aventure de la nymphe Aréthuse.

273. L'Anapis est un petit fleuve côtier de Sicile, au sud de Syracuse.

274. C'est le κυκεών, sorte de bouillie liquide. Cette boisson, offerte à Déméter par Iambé, jouait un rôle dans la célébration des mystères d'Eleusis, en souvenir de cet épisode.

275. Certains manuscrits portent *stillatus*, moucheté, leçon conservée par Merkel et Ehwald. Magnus préfère la leçon *stellatus*, que justifie le rapprochement fait, sans aucun doute, par Ovide entre cet adjectif et le nom de l'animal *stellio* (sorte de lézard). C'est celle que nous adoptons. — Cette légende avait été contée par Nicandre (Antoninus Liberalis, XXIV), qui nomme l'enfant victime de cette métamorphose Ascalabos, fils de Mismé.

276. Aréthuse, qui contera plus loin l'amour du fleuve Alphée pour elle. Voir ci-dessous n. 281.

277. Pise, en Elide, non loin de l'Alphée et d'Olympie, rivale d'Elis, qui la détruisit en 572 av. notre ère.

278. L'Achéron et le Phlégéthon sont des fleuves des Enfers. L'Erèbe désigne le royaume infernal lui-même. A ces noms grecs, Ovide ajoute la mention toute latine de l'Averne, le lac voisin de Cumes, sur lequel s'ouvrait une entrée des Enfers, par laquelle Enée y pénètre en compagnie de la Sibylle (Virgile, *Æn.*, VI, v. 236 et suiv.).

279. Les sirènes des anciens sont, on le voit, des oiseaux à face humaine. C'est ainsi qu'elles sont toujours représentées sur les monuments figurés. On plaçait des sirènes sur les tombeaux.

280. Stymphale, ville d'Arcadie, au pied du Cyllène, est surtout célèbre dans la légende par son marais infesté d'oiseaux malfaisants que détruisit Héraclès.

281. L'Alphée, que décrit ici Aréthuse, est le fleuve le plus important du Péloponnèse, Sorti des montagnes d'Arcadie, grossi du Ladon, de l'Erymanthe, il traverse l'Elide et se jette dans la mer Ionienne. Le sanctuaire d'Olympie se trouvait sur la rive droite du fleuve, à son confluent avec le Cladéos.

282. Orchomène n'est pas la ville de Béotie de ce nom, la plus connue, mais une ancienne ville d'Arcadie, au nord de Mantinée. — Psophis

se trouvait aux confins de l'Arcadie, au pied de l'Erymanthe. — Le Cyllène, le Ménale, l'Erymanthe, sont des montagnes qui s'élèvent respectivement au nord, au sud et à l'ouest de l'Arcadie. — Elis, devenue, après la destruction de Pise, la ville la plus importante d'Elide, était sur le Pénée péloponnésien.

283. Voir livre II, n. 108.

284. Ortygie (l'île aux cailles) est un des noms de l'île de Délos, où était née Artémis. La petite île qui fermait le grand port de Syracuse, et au nord de laquelle était ménagé le petit port, avait le même nom.

285. La légende d'Aréthuse est aussi contée par Pausanias (V, 7, 2). Le souvenir en avait été perpétué par les Syracusains, dont les monnaies, ornées pendant trois siècles, à partir de 500 av. notre ère, de la tête de la nymphe entourée de dauphins, comptent parmi les plus admirables spécimens de la numismatique grecque.

286. La déesse du Triton (voir livre II, n. 134) est Athéna, sa ville, Athènes. Triptolème est roi d'Eleusis, dans l'*Hymne* homérique à *Déméter*. Les traditions sur son compte étaient nombreuses, et Pausanias (I, 14, 2 et suiv.) en rapporte plusieurs concernant sa généalogie. Il jouait un rôle important dans les mystères éleusiniens. C'est à lui que Déméter avait confié le premier grain de blé. On le voit fréquemment représenté entre les deux déesses d'Eleusis, Déméter et Coré. Sur nombre de monuments, il figure assis dans le char ailé, attelé de dragons, de la déesse. Voir Hygin, *Fab.*, 147 et 259.

287. Hygin conte cette légende *(Poet. astr.*, II, 14), à propos de la constellation de l'Ophiuchus (l'Homme qui tient un serpent), dans laquelle certains reconnaissaient l'hôte perfide de Triptolème, le roi des Gètes Carnabon.

288. Mopsopos était un roi légendaire d'Athènes, en souvenir duquel l'Attique était quelquefois appelée Mopsopie.

289. Tout le récit qui précède a été fait à Athéna par une des Muses (v. 268), qui a conté comment Calliopé, répondant aux Piérides, avait chanté l'enlèvement de Perséphoné et l'arrivée en Attique de Déméter, parcourant le monde à la recherche de sa fille.

290. Ovide termine son récit par la métamorphose des Piérides en pies. Dans Nicandre (Antoninus Liberalis, IX), les neuf sœurs sont métamorphosées en neuf oiseaux différents : bergeronnette, loriot, chardonneret, alouette, etc. Nous avons ici un nouvel exemple des libertés qu'Ovide prenait (souvent avec bonheur, comme dans le cas présent) avec ses devanciers.

LIVRE SIXIÈME

291. C'est-à-dire les Muses, habitant l'Aonie, nom primitif de la Béotie, occupée par les Aoniens avant l'arrivée de Cadmos.

292. La Lydie était anciennement appelée Méonie. Voir n. 178.

293. Colophon et Phocée étaient deux des plus importantes villes d'Asie Mineure, la première au nord d'Ephèse, la seconde au nord de Smyrne. — Le murex est le coquillage d'où l'on extrayait la pourpre. Voir livre I, n. 42.

294. Hypaipa était une petite ville, à l'est de Colophon, sur la rive droite du Caystre.

295. Le Timolos, plus habituellement appelé Tmolos, est une montagne de Lydie séparant les bassins de l'Hermos et du Caystre.

Le Pactole, petit affluent de l'Hermos, passe à Sardes; il était célèbre pour ses sables aurifères.

296. Les manuscrits portent *Mygdonidesque*, leçon conservée par Merkel, Magnus et Ehwald. Les Mygdoniens habitaient la côte nord d'Asie Mineure, sur la Propontide. En raison de la distance qui sépare leur pays de la Lydie, où la scène se passe, et quoique la géographie d'Ovide soit assez incertaine, la correction de *Mygdonidesque* en *Mæonidesque* (de Méonie) paraît vraisemblable.

297. Le rocher de Mars est l'Aréopage, qui est voisin mais distinct de l'Acropole d'Athènes (la citadelle de Cécrops). C'est sur l'Acropole, à l'endroit où fut construit l'Erechtheion, qu'avait eu lieu, suivant la légende, le fameux débat entre Athéna et Poseidon pour donner un nom à Athènes. Cette scène était familière aux artistes grecs. Phidias l'avait représentée sur le fronton occidental du Parthénon.

298. Ovide prête aux dieux l'attitude qu'on leur voit, par exemple sur le fronton oriental du Parthénon et sur la frise du Trésor des Siphniens, à Delphes.

299. Athéna avait fait jaillir du sol, de sa lance, un olivier, et Poseidon, de son trident, un cheval. L'Erechtheion, sur l'Acropole, consacrait le souvenir de cette légende. Dans une cour du monument, située derrière la chapelle d'Athéna Polias, on conservait l'olivier miraculeux, qui, brûlé lors du sac de l'Acropole par Xerxès, avait, disait-on, repoussé en deux jours; et, sous le portique nord de l'édifice, on montrait le trou fait dans le rocher par le trident du dieu.

300. Haimos, fils de Borée et d'Orithyie, était un roi de Thrace qui avait épousé Rhodopé, fille du Strymon. Pour avoir usurpé les noms de Zeus et d'Héra, ils furent changés en montagnes.

301. Homère mentionne déjà les populations naines des Pygmées, qui vivaient, selon les anciens, aux Indes et en Afrique, dans la région du Haut-Nil. Leur reine Gérana, disait la légende, pour avoir été traitée en déesse par son peuple, s'était attiré la rancune d'Artémis et d'Héra et fut changée par celle-ci en grue. Les Pygmées étaient, disait-on, en guerre perpétuelle avec les grues. Antoninus Liberalis, qui résume la légende d'après Boios (XVI), nomme la victime d'Héra Oinoé.

302. Cette Antigoné était la fille de Laomédon, roi de Troie. Comme Rhodopé et Gérana, elle avait été victime de la haine d'Héra offensée par ses prétentions : Antigoné préférait sa propre chevelure à celle de la déesse.

303. Cinyras, roi-prêtre d'Aphrodite, à Paphos en Cypre, passait pour le père d'Adonis et le fondateur de Smyrne. Ses filles, pour s'être préférées à Héra, avaient été métamorphosées par la déesse en degrés de marbre de son temple. Il était le père de Smyrna ou Myrrha, mère d'Adonis, dont Ovide contera la passion incestueuse, livre X, 298 et suiv.

304. Arachné représente les aventures amoureuses des dieux, et tout d'abord celles de Zeus. — Pour Europe, voir ci-dessus, livre II, 832 et suiv. — Pour Danaé, voir livre IV, 611 et suiv. et n. 229, et Hygin, *Fab.* 63 . — Le nom d'Astérié est porté par plusieurs héroïnes légendaires, dont l'une, aimée de Zeus, fut métamorphosée en caille (Hygin, *Fab.* 53). Ovide est seul à dire que, pour l'abuser, Zeus se changea en aigle. — L'aventure de Léda, femme de Tyndare, séduite par Zeus sous l'apparence d'un cygne et devenue mère des Dioscures et d'Hélène, est bien connue. — De même celle d'Alcmène, femme d'Amphitryon, abusée par Zeus qui avait pris les traits de son

époux; elle fut mère d'Héraclès. — Antiopé, fille de Nycteus, roi de Thèbes, eut de Zeus, qui avait pris la figure d'un Satyre, deux jumeaux, Amphion et Zéthos (Hygin, *Fab.* 7 et 8). — La fille du fleuve béotien Asopos, Aigina, avait eu pour fils Eaque (Hygin, *Fab.* 52). Voir ci-après, livre VII, 615-616. — Mnémosyné est la mère des neuf Muses. — Déo est le nom, qui revient souvent chez Ovide, de Déméter, dont la fille Perséphoné avait été, suivant une légende, séduite par Zeus sous les apparences d'un serpent.

305. Arachné représente aussi les amours de Poseidon. — Arné, fille d'Aiolos, était la mère de Boiotos, héros éponyme des Béotiens. — Il existait deux Enipeus, affluents, l'un du Pénée en Thessalie, l'autre de l'Alphée en Elide. — Iphimédeia, fille de Tiops, femme d'Aloeus, avait eu de Poseidon deux fils, Otos et Ephialtès, qui, de leur père putatif, prirent le nom d'Aloïdes (Hygin, *Fab.* 28). — La fille de Bisaltès est Théophané, que Poseidon, épris d'elle, transporta, pour la soustraire à ses prétendants, dans une île et métamorphosa en brebis. Se transformant lui-même en bélier, il eut d'elle le bélier Chrysomallos, qui transporta Phrixos et Hellé, et dont la toison d'or devait être conquise par Jason (Hygin, *Fab.* 188 et ci-dessous n. 341). — La « déesse aux blonds cheveux » est Déméter, de qui Poseidon, transformé en étalon, eut une fille « dont les non initiés ne peuvent prononcer le nom », dit Pausanias (VIII, 25, 4), et un fils, le cheval Arion *(ibid.*, 5). — La mère du cheval ailé, Pégase, est Méduse, l'une des trois Gorgones. — Mélantho, fille de Deucalion, avait eu de Poseidon un fils, Delphos.

306. Macar ou Macareus, fils d'Aiolos, avait eu une fille, Issa ou Amphissa, aimée d'Apollon, et qui, d'après Pausanias (X, 38, 4), aurait donné son nom à la ville d'Amphissa, voisine de Delphes.

307. Dionysos, venu en Attique avec son cortège, avait fait présent à Icarios d'une outre de vin et séduit la fille de son hôte, Erigoné, en se transformant en grappe. Voir Hygin, *Fab.* 130.

308. Le Centaure Chiron était fils de Cronos (assimilé par les latins à Saturne) et de l'Océanide Philyra. Cronos, surpris par Rhéa, sa femme, s'était dérobé en se transformant en cheval; d'où la double nature de son fils.

309. C'est-à-dire de buis. Voir livre IV, n. 214.

310. Le Sipyle est une montagne d'Asie Mineure, sur la rive gauche de l'Hermos, au nord de Smyrne.

311. Voir ci-dessous, note 313.

312. C'est-à-dire : Apollon et Artémis.

313. Le père de Niobé était Tantale, roi de Lydie, fils de Zeus et de Plouto. Il avait reçu les dieux à sa table et, pour leur avoir servi son fils Pélops (voir ci-dessous v. 403 et suiv. et n. 325), avait été précipité aux Enfers. Sa mère était Dioné, fille d'Atlas. Elle avait épousé Amphion, fils de Zeus et d'Antiopé (voir ci-dessus, n. 304), qui avait élevé, au son de sa lyre, les murailles de Thèbes. Sur la légende de Niobé, voir Hygin, *Fab.* 9 et 11.

314. Léto était fille du Titan Coios, moins célèbre, en effet, que ses frères Hypérion et Japet.

315. Léto, enceinte des œuvres de Zeus et poursuivie par la haine d'Héra, n'avait trouvé d'asile pour ses couches que dans l'île flottante de Délos (voir ci-après n. 321).

316. Le nombre des enfants de Niobé était traditionnellement de sept fils et sept filles. Quant à leurs noms, ils varient suivant les auteurs. Ovide ne cite que ceux des sept fils, et sa liste ne concorde

que pour quatre d'entre eux avec celle que donne, par exemple, Hygin (*Fab.* 11) qui énumère les quatorze Niobides (voir aussi Apollodore *Bibl.*, III, 145). D'après Hygin, les sept fils se nommaient Tantalus, Ismenus, Eupinytus, Phaedimus, Sipulus, Sictothius et Archenor. Notons aussi que, suivant la légende, les fils auraient été tués par Apollon, les filles par Artémis. Ovide, on le verra, mentionne brièvement la mort des filles de Niobé, victimes, elles aussi, semble-t-il, pour lui, d'Apollon.

317. Ce vers est considéré comme une interpolation par tous les éditeurs.

318. On ne peut guère douter que, pour cette description, Ovide se soit inspiré du groupe célèbre des Niobides, que les anciens attribuaient tantôt à Praxitèle, tantôt à Scopas. Le Musée de Florence possède les répliques de plusieurs de ces statues. L'attitude du personnage central, Niobé, protégeant sa dernière fille sous les plis de son vêtement, est précisément celle qu'indique le poète. Ce groupe avait été récemment transporté à Rome, par C. Sosius, légat de Cilicie et de Syrie, et placé dans le temple d'Apollon du Palatin.

319. On montrait, sur l'un des contreforts du mont Sipyle, en Lydie, un rocher dont les découpures rappelaient un profil de femme, que le ruissellement des eaux semblait couvrir de larmes.

320. En réalité, Faunus est une vieille divinité proprement italique. Mais on l'assimilait chez les Romains au Pan grec.

321. D'après la légende, Léto avait accouché à Délos sous un palmier qu'Ulysse, dans l'*Odyssée*, dit avoir vu, et que rappelait le palmier de bronze offert, en 418, par Nicias, ex-voto dont les fouilles françaises ont retrouvé la base. Mais, d'après une autre tradition dont, il est vrai, on ne trouve la première mention que dans Euripide (*Iph. en Taur.*, 1097 et suiv.), un olivier avait aussi joué un rôle au moment de la naissance d'Apollon et d'Artémis : Léto l'entourait de ses bras ou s'appuyait contre son tronc à l'heure de l'enfantement. Hygin (*Fab.* 104) ne parle plus que de l'olivier.

322. Antoninus Liberalis (XXXV) conte cette légende d'après Nicandre et Ménécratès, de Xanthe, auteur de *Lyciaca*. La déesse, repoussée de la source Mélité par des bouviers, dont elle tira ensuite vengeance en les métamorphosant en grenouilles, avait été escortée par des loups (λύκοι) jusqu'au Xanthe, où elle s'était désaltérée et avait baigné ses enfants. En l'honneur de ces compagnons elle aurait alors donné le nom de Lycie (Λυκία) au pays.

323. Sur cette appellation, voir livre II, n. 134. — D'après la légende, Athéna avait inventé la double flûte, faite des roseaux du lac Triton ou, suivant d'autres, d'un os de cerf. Tournée en dérision par Héra et Aphrodite, ayant constaté elle-même, en se mirant dans une fontaine de l'Ida, que l'instrument, quand elle en jouait, lui déformait le visage, elle l'avait, de dépit, jeté, en vouant au pire supplice celui qui le ramasserait. Marsyas, un des satyres, l'avait cependant recueilli et, devenu fort habile, n'avait pas craint de défier Apollon lui-même qui, sur sa lyre, avait remporté le prix, décerné par les Muses. Le dieu vainqueur avait fait écorcher vif et dépecer son rival, dont le disciple favori, Olympos, avait enseveli les restes (voir Hygin, *Fab.* 165). Ovide avait pu voir, sur l'Acropole d'Athènes, un groupe célèbre, en bronze, du sculpteur Myron, représentant Athéna et Marsyas. La dispute avec Apollon et le supplice de Marsyas étaient représentés, entre autres monuments, sur la base d'une statue de Léto, dans le temple d'Asclépios, à Mantinée (Musée national d'Athènes).

324. Le Marsyas, affluent de gauche du Méandre, coule, en réalité, en Carie.

325. Tantale, dans un festin offert aux dieux, leur avait servi comme mets les membres de son fils Pélops. Les dieux indignés avaient ressuscité le jeune homme dont une épaule, déjà mangée par Déméter, avait été remplacée par une épaule d'ivoire. Réfugié en Grèce, Pélops avait, à Pise, vaincu à la course, par ruse, le roi Oinomaos et épousé sa fille Hippodameia. Il avait fondé les jeux Olympiques et donné son nom au Péloponnèse.

326. Voir livre VIII, 273 et suiv., l'épisode du sanglier de Calydon.

327. Parmi les villes péloponnésiennes énumérées par Ovide, on peut remarquer que Messène, fondée en 369 av. notre ère par Epaminondas, a peu de titres à figurer. Toutefois, il existait antérieurement un territoire des Messéniens (voir livre XII, n. 719). — Argos, Sparte et Mycènes ont également droit au nom de *Pelopeiades*, puisque les petits-fils de Pélops, Agamemnon et Ménélas, fils d'Atrée, y régnèrent. — Cléonai est en Argolide; c'est sur son territoire que se célébraient les jeux Néméens. — Pour Pylos, voir livre II, n. 127.

328. Trézène est en Argolide. Pittheus, son roi légendaire, était fils de Pélops. Sa fille Aithra fut la mère de Thésée.

329. Voir livre V, n. 288.

330. Ce nom, essentiellement latin, désigne Mars (voir livre XIV, n. 920).

331. Pandion était le fils du héros légendaire athénien Erichthonios (voir livre II, 554 et suiv.). Un autre Pandion, fils de Cécrops, était le père d'Egée et de Pallas, et, comme le précédent, roi d'Athènes.

332. Les Odryses étaient un peuple de la Thrace, habitant le bassin de l'Hébre.

333. La Sithonie est la seconde des presqu'îles de la Chalcidique de Thrace, entre celles de Pallène et d'Acté.

334. L'une est métamorphosée en rossignol, l'autre en hirondelle, qui a la gorge rousse. — L'aventure de Philomèle et Progné avait été aussi contée par Conon (31). Sophocle avait écrit un *Térée*.

335. C'est là une des explications que donnaient les anciens des tremblements de terre.

336. Voir livre X, n. 573. Borée regagne la Thrace, région du Nord, où il réside. — L'enlèvement d'Orithyie est souvent représenté sur les vases peints. Ce groupe formait l'un des acrotères du Temple des Athéniens, à Délos. La scène du rapt était localisée sur les bords de l'Ilissos où Platon, au début du *Phèdre*, nous montre Phèdre interrogeant Socrate sur le sens de la légende.

337. Zétès et Calaïs prirent part à l'expédition des Argonautes. C'est grâce à eux que Phineus fut délivré des Harpies. Voir livre VII, n. 339.

LIVRE SEPTIÈME

338. Le nom de Minyens était donné aux Argonautes, dit Hygin (*Fab.* 14), parce que plusieurs d'entre eux étaient issus en ligne maternelle de Minyas, en particulier leur chef Jason, son arrière-petit-fils par sa mère Alcimédé. — L'expédition était partie de Pagasai, sur le golfe de ce nom, au sud de la Thessalie, non loin d'Iolcos, capitale du royaume d'Aison, père de Jason. — La conquête de la Toison d'or a été contée dans ses *Argonautiques* par Apollonios

de Rhodes (IIIe siècle av. notre ère), dont le récit, en quatre chants, s'arrête au retour de Jason à Iolcos. Ovide s'en est inspiré dans la description de la naissance de l'amour de Médée et des exploits de Jason. Pour l'épisode de la jalousie et de la vengeance de Médée, il avait pour guide la *Médée* d'Euripide. Lui-même avait, dans sa jeunesse, écrit une tragédie de *Médée*, qui est perdue. Nous possédons aussi une *Médée* de Sénèque. — Voir aussi Apollodore, *Bibl.*, I, 9, 16 et suiv.

339. Phineus, roi de Thrace, pour avoir, sur une fausse accusation de leur marâtre, crevé les yeux de ses deux fils, ou, suivant d'autres, devin connu, pour avoir révélé les secrets de Zeus, avait été condamné par les dieux à devenir aveugle, et les Harpies, monstrueux oiseaux à tête de femme, l'affamaient en lui enlevant de la bouche sa nourriture, ou en la souillant. Il avait indiqué aux Argonautes la route de la Colchide et, pour payer le service rendu, Zétès et Calaïs, fils de Borée, avaient chassé les Harpies, qui s'étaient réfugiées dans les îles Strophades, sur la côte ouest du Péloponnèse, où Enée les rencontra à son tour (*Æn.*, III, 209 et suiv.). Cet épisode est longuement conté par Apollonios de Rhodes (*Argon.*, II, 178 et suiv.). — Eschyle et Sophocle avaient écrit des tragédies de *Phineus*.

340. Le Phase, provenant du Caucase, arrosait la Colchide (notre Mingrélie) et se jetait à l'extrémité est du Pont-Euxin. A son embouchure, les Milésiens avaient fondé une ville du même nom.

341. La Toison d'or était celle du bélier (voir livre VI, n. 305) sur lequel Phrixos et sa sœur Hellé, enfants d'Athamas (v. livre IV, n. 228) avaient tenté de traverser la mer. Hellé étant tombée dans le détroit auquel elle donna son nom (Hellespont), Phrixos parvint seul en Colchide où il sacrifia le bélier à Arès.

342. Médée, fille du roi de Colchide Aiétès.

343. Il s'agit des épreuves dont Jason devra triompher pour s'emparer de la Toison d'or. Voir plus bas, v. 100 et suiv.

344. Les Argonautes devaient éviter, à l'entrée du Pont-Euxin, des écueils flottants, les Symplégades ou roches Cyanées, qui, se rapprochant au passage des navires, les broyaient. Phineus leur indiqua le moyen d'échapper à ce danger. Voir Apollonios de Rhodes, *Argon.*, II, 315 et suiv.

345. Les dangers que faisaient courir aux navigateurs Charybde et Scylla, dans le détroit de Messine, sont bien connus par le récit d'Ulysse dans Homère (*Od.*, XII, 234 et suiv.).

346. Le Titan Crios, frère de Coios, Hypérion et Japet, avait eu d'Eurybié, fille de Pontos et de Gaia, un fils, Persès, lequel, uni à Astérié, fille de Coios et de Phoibé, engendra Hécate (Hésiode, *Théog.*, 411).

347. Hécate, en tant que divinité lunaire et infernale, patronne des magiciennes, veillant aux carrefours et inspirant l'effroi aux voyageurs attardés, était représentée sous l'aspect de trois figures adossées les unes aux autres et portant des attributs tels que des torches. Ces trois figures personnifiaient soit les trois états successifs de la lune (la nouvelle lune, la pleine lune, le dernier quartier), soit la vigilance de la déesse, l'œil fixé sur les trois routes du carrefour (*trivium*).

348. Aiétès, père de Médée, était fils du Soleil.

349. *Ecce adamanteis Vulcanum naribus efflant / Æripedes tauri,...* Il est difficile de donner un équivalent exact des mots *adamas*, *adamanteus*. *Adamas* signifie, étymologiquement, une matière que le

travail ne peut assouplir, métal ou pierre indestructible, comme le diamant. On le traduit souvent par « acier ».

350. Voir livre III, note 151.

351. L'épisode de la conquête de la Toison d'or n'est en réalité qu'une introduction au récit des opérations magiques de Médée, du rajeunissement d'Aison et du meurtre de Pélias. Ovide laisse donc de côté les péripéties du retour des Argonautes, qu'Apollonios de Rhodes raconte longuement. Pour la description de la cueillette nocturne que fait Médée des plantes destinées à composer ses philtres, il avait, sans doute, utilisé la tragédie, aujourd'hui perdue, de Sophocle, les 'Ριζοτόμοι (les Coupeuses de racines).

352. Le texte est ici incertain. Les manuscrits portent les deux vers suivants, conservés par Magnus et Ehwald (celui-ci admet cependant *sæpes*, à la fin du second) :

Solverat alta quies : nullo cum murmure serpit.
Sopitæ similis, nullo cum murmure serpens.

Nous adoptons la correction de Merkel, qui les fond en un seul :

Homines volucresque ferasque
Solverat alta quies; nullo cum murmure saepes...

353. La superstition populaire interprétait les éclipses comme des tentatives des magiciennes pour agir sur la lune, et croyait que l'on pouvait conjurer l'enchantement en le troublant par le bruit d'instruments de bronze. — Temesa était une ville du Bruttium. Il se peut qu'une confusion se fût établie entre elle et la ville cypriote de Tamassos, ancienne colonie phénicienne, aux environs de laquelle se trouvaient, dit-on, d'importantes mines de cuivre.

354. C'est-à-dire du Soleil, père d'Aiétès.

355. L'or de la Toison conquise par les Argonautes.

356. Voir livre I, n. 56.

357. Ces montagnes sont celles qui bornent la plaine de Thessalie, l'Ossa et le Pélion à l'est, l'Othrys au sud, le Pinde à l'ouest, l'Olympe au nord.

358. Sur ces fleuves, voir livre I, n. 57. Le Bœbé est un lac thessalien, au pied du Pélion.

359. Les circonstances de la métamorphose de Glaucos seront contées par Ovide, livre XIII, 904 et suiv.

360. La Juventa des Latins est l'Hébé des Grecs, déesse de la jeunesse.

361. Médée accomplit les rites du sacrifice aux divinités infernales qu'elle implore. Ainsi procède Ulysse lorsqu'il évoque les ombres de sa mère et de ses compagnons (*Od.*, XI, 23 et suiv.).

362. Le strige jouait dans les superstitions populaires des anciens le même rôle que le vampire dans les nôtres.

363. La croyance au loup-garou est, on le voit, fort ancienne.

364. Les naturalistes modernes donnent le nom de chélydre à une espèce de tortue fluviatile, carnassière et féroce. Il semble que, pour Ovide, ce soit un petit serpent venimeux. Le Cinyps est un fleuve côtier de Libye, qu'Ovide cite à plusieurs reprises.

365. *His et mille aliis postquam sine nomine rebus / Propositum instruxit mortali barbara majus*, ... Le texte est, en cet endroit, corrompu. Nous adoptons la correction de Magnus et Ehwald.

366. Ovide fait ici allusion à une légende inconnue par ailleurs.

Peut-être était-elle rapportée dans la tragédie perdue d'Eschyle, *les Nourrices de Dionysos*.

367. C'était Pélias, frère d'Aison, qui, dans la crainte de voir se réaliser un oracle et de périr de la main de son neveu Jason, l'avait envoyé à la conquête de la Toison d'or. Voir Hygin, *Fab.* 12.

368. Philyra était la mère du Centaure Chiron.

369. Cérambos, qui habitait sur l'Othrys, avait été, pour les avoir outragées, changé par les nymphes en scarabée et transporté au sommet du Parnasse. Nicandre (Antoninus Liberalis, XXII) avait conté cette légende. La description qu'il fait de l'insecte correspond plutôt au lucane qu'au scarabée.

370. Ville de la côte de Mysie, dans la partie de l'Asie Mineure dite Eolide.

371. C'est la côte de Lesbos. Ovide conte plus loin (XI, 56 et suiv.) la métamorphose en rocher d'un serpent qui allait souiller la tête d'Orphée, jetée par les flots sur ce rivage.

372. Il s'agit de l'Ida de Phrygie. — Thyoneus, fils de Dionysos, étant poursuivi par des bouviers pour avoir détourné un jeune taureau, son père l'avait changé en chasseur, en même temps qu'il changeait la bête volée en cerf.

373. Médée survole la Troade. Le père de Corythos était Paris, fils de Priam, enseveli dans la ville de Cébréné. Parthénios *(Erot. path.*, 34) et Conon (23) ont conté la mort de Corythos, que son père, le croyant épris d'Hélène et son amant, tua par jalousie. Conon ajoute à ce récit celui de la mort de Paris.

374. Ce nom de *Mæra* (transcrit du grec μαῖρα, la Chienne), était donné à Hécube, dont Ovide (XIII, 565 et suiv.) conte la métamorphose en chienne après la mort de ses derniers enfants.

375. Les matrones de Cos, après la prise de la ville d'Eurypylos et le meurtre de celui-ci par Héraclès, avaient été changées en vaches par Héra ou, suivant d'autres, par Aphrodite.

376. Ialysos se trouvait au nord de l'île de Rhodes. Les Telchines étaient une population légendaire sur le compte de laquelle les avis varient chez les auteurs anciens. Habiles dans l'art de travailler le métal, comme aussi, disait-on, dans celui de la magie, ils étaient quelquefois apparentés aux Cabires, aux Dactyles, aux Curètes. D'après une tradition, dont Ovide se fait ici l'écho, ils auraient péri victimes du ressentiment de Zeus, submergés par un déluge.

377. Alcidamas de Carthaia (ville située au sud de Cos) s'était parjuré en fiançant à un autre, malgré son serment, sa fille Ctésylla, promise au jeune Athénien Hermocharès. Celui-ci avait enlevé la jeune fille et l'avait épousée. Mais, à la naissance de son premier enfant, Ctésylla, en punition du parjure de son père, était morte. Au moment de ses funérailles, on avait vu s'échapper du cercueil, une colombe. Cette légende avait été contée par Nicandre (Antoninus Liberalis, II) et, dans ses *Aitia*, par Callimaque, chez qui les personnages portaient les noms d'Acontios et de Cydippé. Le récit de Callimaque nous a été rendu en partie par un papyrus récemment découvert. Ovide lui-même s'en était inspiré dans les *Héroïdes* 20 et 21.

378. Il s'agit ici non de la célèbre vallée, mais d'une localité béotienne. — Le Cygnos dont il est ici question n'est ni le fils de Sthénélos, ami de Phaéton (voir livre II, 367 et suiv.), ni le fils de Poseidon,

adversaire d'Achille (voir plus loin, livre XII, 71 et suiv.); Nicandre (Antoninus Liberalis, XII) avait conté son histoire et celle de sa mère, qu'il nomme Thyrié. Ovide indique successivement trois légendes sur l'origine du cygne.

379. Pleuron était une ville située dans la partie sud de l'Etolie, à quelque distance de la côte. Les Curètes y auraient, d'après la tradition, primitivement séjourné. Sur la légende de Combé et de ses fils, on n'a aucune précision. L'épithète d'Ophias prête à des interprétations diverses. Signifie-t-elle « fille d'Ophios », ou « l'Ophienne », les Ophiens étant un peuple étolien mentionné par Strabon ? On ne sait.

380. La petite île de Calaurie, sur la côte d'Argolide, en face de Trézène, est surtout célèbre par la mort de Démosthène, qui s'y empoisonna dans le temple de Poseidon. L'île, d'après Pausanias (II, 33, 2), aurait été primitivement consacrée à Apollon, qui l'aurait échangée avec Poseidon contre Delphes (suivant d'autres contre Délos) qui appartenait à ce dieu. Nous traduisons donc l'épithète *Letois* dans le sens de « consacrée au fils de Latone », plutôt qu'à Latone elle-même. — La légende de la métamorphose en oiseaux du roi et de la reine de Calaurie, ne nous est pas autrement connue.

381. Cyllénè est le nom d'une ville d'Elide, située sur la côte N.-O. du Péloponnèse, et d'une montagne, aux confins de l'Arcadie et de l'Achaïe. Ménéphron, qui n'est connu que par Ovide et Hygin (*Fab.* 253), avait eu des relations incestueuses avec sa mère Blias et sa sœur Cyllénè.

382. Sur le Céphise, voir livre, I, n. 43. Si l'on se reporte au contexte, il s'agit ici du Céphise d'Argolide, qui coule à l'ouest de Mycènes. L'aventure de son petit-fils n'est pas autrement connue.

383. Eumélos, fils d'Eugnotos, de Thèbes, avait, dans un accès de colère, tué son fils Botrès, qu'Apollon changea en oiseau. Antoninus Liberalis (XVIII) a conté cette légende d'après Boios.

384. Voir livre II, n. 88.

385. Légende inconnue.

386. Ovide passe rapidement sur la fin de la légende de Médée qui, abandonnée par Jason pour Créuse, fille de Créon, roi de Corinthe, se venge en envoyant par ses fils à la nouvelle épousée, un voile et un diadème empoisonnés, puis incendie le palais, égorge ses enfants et s'enfuit sur son char ailé. C'est le sujet des tragédies de *Médée* d'Euripide et de Sénèque.

387. Antoninus Liberalis (V) conte (d'après Boios ?) la légende de Périphas qui régna en Attique avant Cécrops et reçut, pour sa justice, les honneurs dus à Zeus. Celui-ci, irrité, se borna, à la prière d'Apollon, à le changer en aigle, désormais attaché à sa personne. La femme de Périphas, Phéné, fut changée en orfraie, oiseau qui porte son nom (φήνη).

388. Alcyoné, fille du brigand Sciron (voir n. 400), fut précipitée à la mer par son père et changée en alcyon.

389. Médée se réfugie à Athènes, où elle est recueillie et épousée par Egée. Dans sa tragédie, Euripide met en scène Egée, à qui Médée fait la confidence de ses malheurs et s'offre comme épouse, en lui donnant l'assurance qu'il aura d'elle la postérité qu'il souhaite. Egée n'a pas encore, en effet, retrouvé son fils Thésée.

Signalons ici, une fois de plus, à l'occasion du voyage de Médée sur son char attelé de dragons ailés, les fantaisies géographiques d'Ovide. Partie d'Iolcos, en Thessalie, elle survole successivement le Pélion, qui est à l'est, et l'Othrys, qui est au sud, puis, au-delà de la mer de Thrace, la côte de Mysie, Lesbos, la Phrygie et la Troade, redescend à Cos et à Rhodes, remonte sur Céos, oblique sur la côte d'Argolide, laisse sur sa droite le Cyllène et l'Arcadie, derrière elle le Céphise d'Argolide, passe sur Corinthe d'où, après s'être vengée de l'abandon de Jason, elle se réfugie à Athènes. Cet itinéraire ne laisse pas de paraître bien capricieux.

390. Thésée, fils d'Egée et d'Aithra, fille elle-même du roi de Trézène, Pittheus, était né après que son père eut quitté Trézène. Egée avait laissé sous un rocher son épée et ses sandales, grâce auxquelles se ferait un jour reconnaître le fils espéré, s'il avait la force de soulever la pierre. A l'âge de seize ans, le jeune héros, ayant appris de sa mère le secret de sa naissance, s'était rendu à Athènes par la route de terre, celle de l'isthme de Corinthe, tout le long de laquelle il accomplit les exploits rappelés plus loin.

391. Voir livre IV, n. 226.

392. Le héros de Tirynthe est Héraclès, qui, d'après certaines légendes, serait né dans cette ville d'Argolide, où avait régné son ancêtre Persée, dont descendaient sa mère Alcmène et Amphitryon. D'autre part, ses exploits légendaires lui avaient été imposés par Eurysthée, roi d'Argos et de Tirynthe. L'un d'eux consista à ramener des Enfers le chien Cerbère, à triple gueule. — Le mot *aconit* signifie littéralement en grec « qui pousse dans un terrain sans poussière », c'est-à-dire rocailleux.

393. Thésée, guidé par Aithra, s'était, soulevant la pierre qui les recouvrait, emparé de l'épée et des sandales laissées par Egée, qui les reconnut.

394. D'après la légende, ce taureau était le taureau capturé en Crète par Héraclès, amené par lui à Eurysthée, et remis en liberté par celui-ci. L'animal, par l'isthme de Corinthe, avait gagné l'Attique, qu'il ravageait. Thésée l'avait dompté, conduit à Athènes et sacrifié à Apollon Delphinios (Pausanias, I, 27, 9-10). Cet exploit de Thésée était le sujet de l'*Hécalé* de Callimaque.

395. Le territoire de Cromyon, voisin de Corinthe, était dévasté par une laie monstrueuse, fille, comme Cerbère, de Typhon et d'Echidna. Thésée l'avait tuée.

396. A Epidaure, Périphétès, fils d'Héphaistos, assommait les passants avec une massue d'airain. Thésée le vainquit et le dépouilla de son arme.

397. Le brigand Procroustès, à Eleusis, contraignait les voyageurs à s'étendre sur son lit, à la mesure duquel il les allongeait ou les racourcissait. Thésée lui fit subir le même supplice.

398. Dans cette même région d'Eleusis, Cercyon, fils de Poseidon, provoquait les passants à la lutte et les tuait. Thésée eut raison de lui et l'écrasa contre le sol.

399. Sinis, fils de Poseidon, soumettait les voyageurs, dans l'isthme, au supplice décrit par Ovide et que lui fit subir à lui-même Thésée.

400. Mégare, dont Alcathoé est un ancien nom, tiré du nom d'un de ses rois, Alcathoos (voir livre VIII, 8), se trouve à la sortie de l'isthme de Corinthe. Elle passait pour avoir eu comme roi Lélex, venu d'Egypte (Pausanias, I, 39, 6). Son peuple prit le nom de Léléges. — Sciron, sur la côte de Mégaride, obligeait les voyageurs à lui laver les pieds et, les poussant alors, les précipitait du haut des rochers. Thésée le précipita à son tour dans les flots. Les rochers de la falaise gardèrent le nom de « roches Scironiennes ».

401. Ce nom de Minos paraît bien. à la lumière des découvertes modernes, être un nom désignant plutôt la personne royale, comme le mot « pharaon » en Egypte, qu'un roi en particulier. Dès l'Antiquité, d'ailleurs, on distinguait déjà au moins deux Minos, dont l'un serait le légendaire fils d'Europe, l'autre (son petit-fils) l'époux de Pasiphaé et le conquérant de l'empire de la mer. Le plus souvent, cependant, on les confondait, comme fait Ovide (voir livre VIII, 120 et 136). — La civilisation dite minoenne, a fleuri en Crète surtout dans la première moitié du IIe millénaire av. notre ère, et est attestée par les importantes découvertes des palais de Cnossos et de Mallia, sur la côte nord de l'île, de Phaistos, sur la côte sud, pour ne citer que les principaux. La suprématie crétoise s'étendit jusqu'au continent grec, en particulier en Argolide, et dans tout l'Archipel, ainsi que l'atteste Thucydide (I, 4).

402. Androgéos, fils de Minos et de Pasiphaé, venu à Athènes pour prendre part aux jeux Panathénaïques, où il fut vainqueur, avait été tué par les Athéniens, jaloux de son succès. Sa mort était l'origine du tribut payé par Athènes à Minos. — D'après une autre tradition, rapportée par Pausanias (I, 27, 10), Androgéos aurait été tué par le taureau de Marathon (voir n. 394).

403. Presque toutes les îles énumérées par Ovide ici et dans la phrase suivante font partie des Cyclades, et portent encore aujourd'hui le même nom. Seules Paiparéthos et Didymé sont assez éloignées du groupe, la première au nord de l'Eubée, la seconde sur la côte de Lycie. — La légende d'Arné livrant Siphnos par trahison n'est connue que par Ovide. Il est vrai que *Siphnos* n'est pas donné pour tous les manuscrits. Certains portent *Sithonis*, épithète appliquée à Arné, désignée ainsi comme originaire de la Thrace, dont la mention surprend dans cette énumération, ou d'une île, par ailleurs inconnue.

404. Des trois fils d'Eaque, deux, Pélée, qui fut le père d'Achille, et Télamon, qui fut le père d'Ajax, avaient pour mère Endéis, fille de Sciron. Le troisième, Phocos, avait pour mère la Néréide Psamathé, sœur de Thétis (Hésiode, *Théog.*, 1004). Il périt de la main de Pélée qui, disputant avec lui le pentathle, l'atteignit volontairement avec la pierre qui lui servait de disque (voir Pausanias, II, 2, 7 et Apollodore, *Bibl.*, III, 12, 6).

405. Aigina était la fille de l'Asopos, fleuve de Béotie. Voir ci-dessus, livre VI, n. 304.

406. Lyctos ou Lyttos, ville de Crète, est située à l'est de Cnossos, dans l'intérieur de l'île. C'est dans son voisinage, sur les pentes du Dicté, que l'on a récemment découvert une caverne identifiée, d'après les nombreux et riches ex-voto qu'elle renfermait, avec celle où la légende plaçait l'enfance de Zeus. Son nom est pris ici dans un sens très général pour la Crète elle-même. Voir livre III, n. 139.

407. Céphalos, était, d'après certaines traditions, acceptées par Ovide plus haut (VI, 68) et plus bas (v. 672), petit-fils d'Aiolos (voir livre IV, n. 225). D'après d'autres légendes, il était fils d'Hermès et d'Hersé, fille de Cécrops (voir ci-dessus, livre II, 722 et suiv. le récit de l'aventure d'Hersé). Il était, d'autre part, célèbre pour avoir été aimé et enlevé par Eos (l'Aurore) : voir plus bas v. 703 et suiv. Par sa mère, par son mariage avec Procris, fille d'Erechthée, sa légende se rattachait à la légende athénienne des Cécropides.

408. Pallas était l'un des fils de Pandion, fils lui-même de Cécrops. Voir livre VI, n. 331.

409. *Nec dubie vires, quas haec habet insula, vestras / Ducite et omnia quae rerum status iste mearum / Robora;* le texte est ici corrompu et

certains éditeurs, comme Magnus, supposent une lacune. Nous conservons avec Haupt-Ehwald le texte du *Marcianus* (M) : et nous entendons : *vestras ducite vires quas habet... et omnia robora quæ (habet)*, l'accord de *vestras* avec *vires* n'interdisant pas de sous-entendre la même idée avec *robora.*

410. Aigina, mère d'Eaque qui avait donné son nom à Oinopia, avait eu ce fils de Zeus, ce qui explique le ressentiment d'Héra.

411. Le sanctuaire de Zeus Hellanios, devenu plus tard Zeus Panhellénios, se trouvait sur le mont Panhellénion, aujourd'hui mont Saint-Elie, dans le sud de l'île. On en a longtemps identifié les ruines avec celles du beau temple dont les frontons conservés à Munich sont célèbres, et qui s'élève non loin de la mer, sur la côte est de l'île; mais les fouilles ont démontré qu'il était consacré à une divinité locale, Aphaia. Le sanctuaire de Zeus ne paraît pas avoir comporté de temple; il consistait probablement en un simple autel.

412. On comparera le récit fait par Eaque de la peste d'Egine avec celui de la peste d'Athènes, dans Thucydide (II, 47 et suiv.) et dans Lucrèce (VI, 1138 et suiv.), et avec l'épisode de l'épizootie du Norique, dans Virgile (*Georg.*, III, 478 et suiv.).

413. Dodone, en Epire, était l'un des plus célèbres sanctuaires de Zeus. On y interprétait les volontés divines d'après le bruissement des feuilles des chênes sacrés.

414. Le mot grec μυρμήξ signifie fourmi. — Voir Hygin, *Fab.* 52.

415. C'est-à-dire quand au vent d'est aura succédé le vent du sud. Egine se trouve assez exactement au sud et à quinze milles seulement d'Athènes, à l'entrée du golfe Saronique. La ville d'Egine, capitale de l'île, est sur la côte ouest.

416. Voir plus haut, n. 407.

417. Voir plus haut, n. 404.

418. Sa mère, la Néréide Psamathé, était d'origine divine.

419. Voir livre VI, 679 et suiv.

420. Cette idée de la jalousie des dieux à l'égard des mortels trop heureux et trop confiants dans la durée de leur bonheur, était familière aux anciens. La vengeance divine, la « Némésis », s'exerçait contre ceux qui concevaient de ce bonheur quelque arrogance : telle Niobé dont Ovide a conté l'histoire, livre VI, 146 et suiv.

421. L'Hymette, longue croupe orientée du nord au sud, se dresse à l'est d'Athènes; il était célèbre pour son miel.

422. « *Male fictor adest! Ego fictus adulter / Verus eram conjunx* ». Le texte est, pour le vers 741, mal établi. Nous adoptons le texte de Magnus, avec une ponctuation différente.

423. La Sphinx, lorsque Œdipe eut deviné l'énigme, s'était, le charme étant rompu, précipitée dans un abîme.

424. Ce vers, qui manque dans un grand nombre de manuscrits, est généralement considéré comme étranger à ce passage, auquel il est difficile de le rattacher par le sens.

425. Il s'agit du renard de Teumessos en Béotie, suscité, nous dit Pausanias (IX, 19, 1), par le ressentiment de Dionysos. La légende était née, sans doute, de la forme de rochers présentant quelque ressemblance avec des animaux de pierre. Antoninus Liberalis (XLI) rapporte cette légende, sans doute d'après Nicandre.

426. Pour lancer le javelot, on lui adaptait, à peu près à la moitié

de sa longueur, une courroie (ἀγκύλη, *amentum*), dans laquelle on passait l'index et le médius. Les préparatifs et la scène du lancement sont souvent représentés sur les vases grecs peints où sont retracés les exercices des éphèbes.

427. L'histoire de Céphale et Procris est contée par Antoninus Liberalis (XLIV), sans doute d'après Nicandre, et par Hygin *(Fab.* 189), mais avec des variantes dans le détail. Chez le premier, c'est par un tiers que Céphale éprouve la vertu de Procris. Celle-ci, chez les deux, prend sa revanche : déguisée en jeune garçon, et voyant Céphale pris d'un violent désir de posséder le javelot (dont lui a fait don, suivant l'un, Minos, en récompense d'un bien singulier service qu'elle lui aurait rendu, suivant l'autre, Diane), elle ne le cède qu'au prix de complaisances auxquelles consent Céphale, bientôt confondu à son tour. — Sophocle avait écrit une *Procris.*

LIVRE HUITIÈME

428. C'est-à-dire la Mégaride. Voir livre VII, n. 400. Sur Minos voir *ibid.*, n. 401.

429. Cydonia était une ville située dans la partie occidentale de la Crète, sur la côte nord.

430. Europe, fille d'Agénor, roi de Sidon (voir livre III, n. 140), avait été enlevée par Zeus et transportée par lui de Phénicie en Crète (voir livre II, 833 et suiv.). Elle avait eu de lui le premier Minos et Rhadamanthe.

431. Voir livre III, n. 139.

432. Voir livre VII, n. 402.

433. Pasiphaé, femme de Minos, s'étant éprise d'un taureau merveilleux, surgi des flots grâce à Poseidon, avait fait construire par Dédale (voir ci-dessous n. 437) une vache de bois dans laquelle elle s'était dissimulée, et avait eu de l'animal trompé par ce subterfuge, un fils, le Minotaure (Hygin, *Fab.* 40). Ce monstre, à tête de taureau sur un corps d'homme, renié par Minos, avait été enfermé par lui dans le labyrinthe (voir plus loin v. 155 et suiv., et ci-dessous n. 438). La légende de la génisse de bois était sans doute venue d'Egypte (voir ce que dit Hérodote, II, 130-131, de l'ensevelissement de la fille de Mycérinos dans une génisse de bois creux doré).

434. Ovide fait dériver le mot Ciris du verbe grec κείρειν, couper, tondre : étymologie sans fondement. — L'aventure et la métamorphose de Scylla font le sujet d'un petit poème, intitulé *Ciris*, longtemps attribué à Virgile, mais dont, pour quelques critiques, l'auteur serait Cornelius Gallus. Voir aussi Hygin, *Fab.* 198.

435. Voir livre IV, n. 212.

436. Le Minotaure (voir n. 433). La conception de ce monstre à tête d'animal, insolite chez les Grecs, témoigne aussi de l'origine égyptienne de cette légende.

437. On discute encore la question de savoir si Dédale n'est pas un personnage légendaire (son nom aurait signifié « le fabricant »). Pour les Athéniens, il était leur compatriote et appartenait même à la famille des Erechthéides. Il y avait un dème des Daidalides. Il se serait exilé après le meurtre de son neveu (voir plus loin, v. 236 et suiv.). On le considérait comme l'inventeur des arts — sculpture, architecture, toreutique — et on lui attribuait nombre de statues de caractère archaïque et vénérable; et les plus anciens sculpteurs, considérés comme ses disciples, portent encore le nom de Dédalides. La

partie crétoise de sa légende est significative de l'importance que les Grecs attribuaient à la Crète dans l'histoire de la civilisation et des arts.

438. Il s'agit du labyrinthe. Les découvertes modernes nous permettent de comprendre sur quels fondements reposait cette légende. Le palais de Minos, déblayé à Cnossos, est, en effet, un assemblage d'innombrables salles à destinations diverses (salle du trône, sanctuaire, appartements des hommes et des femmes, magasins, etc.) communiquant les unes avec les autres, de telle sorte que le « dédale » en devait paraître inextricable aux Grecs, habitués à la simplicité du plan de leurs propres édifices. Le mot est peut-être tiré du nom carien λάϐρυς, donné à la double hache, qui a joué un grand rôle dans la religion crétoise : on la retrouve sur les piliers de la chapelle du palais, sur les pierres gravées, etc. Le labyrinthe serait donc le palais de la hache. Mais cette étymologie est contestée. Quant au taureau, son rôle n'est pas moins important : les fresques des palais crétois représentent des courses de taureaux, et l'on a recueilli dans les fouilles des têtes de taureau d'argent, à cornes d'or, entre lesquelles était plantée une double hache.

439. Après la mort d'Androgéos (voir livre VII, n. 407), Minos avait imposé aux Athéniens un tribut de sept jeunes gens et sept jeunes filles, qu'il livrait en pâture au Minotaure. Thésée (voir livre VII v. 404 et suiv.), qui s'était joint volontairement aux victimes, avait réussi à tuer le monstre. — Acté est un ancien nom d'Athènes.

440. Ariadne, fille de Minos et de Pasiphaé, éprise de Thésée, lui avait donné un peloton de fil, qu'il déroula à mesure qu'il avançait dans les profondeurs du labyrinthe, et grâce auquel il retrouva sa route au retour. Après sa victoire Thésée avait enlevé Ariadne, mais l'avait perdue ou abandonnée pendant son sommeil, à Naxos (Dia).

441. Dionysos, passant par Naxos, au retour des Indes, avait trouvé Ariadne abandonnée et l'avait épousée. Sur la couronne d'Ariadne, les traditions diffèrent : c'était un présent, suivant les uns, d'Aphrodite et des Horai, à l'occasion de ses noces; suivant d'autres, de Dionysos, lors de son passage en Crète : il l'aurait fait exécuter par Héphaistos, et c'est l'éclat de ses pierreries qui aurait éclairé Thésée dans le labyrinthe; suivant d'autres, de Thésée lui-même, qui la tenait d'Amphitrite. Voir Hygin. *Poet. astr.*, II, 5. La Couronne est une constellation de l'hémisphère boréal, placée entre les constellations de l'Engonasin (qu'Ovide traduit par *Nixus genu*, l'Homme agenouillé), appelée aussi Hercule, et d'Ophiuchus (l'Homme qui tient un serpent). Voir Hygin, *Poet. astr.*, II, 5, 6, 14.

442. C'est-à-dire d'Athènes. Voir ci-dessus, n. 437.

443. Dédale donne à son fils le même conseil que Phœbus à Phaéton (II, 133 et suiv.), c'est-à-dire de ne se laisser entraîner ni trop au nord (le Bouvier est une constellation de l'hémisphère boréal, comme la Grande Ourse, dont fait partie l'Hélice), ni trop au sud (Orion est une constellation de l'hémisphère austral). Voir Hygin, *Poet. astr.*, II, 4 et 34.

444. Comme pour le vol de Médée (voir ci-dessus, livre VII, n. 389), Ovide se soucie assez peu ici de la vraisemblance. Samos, la première île qu'il cite sur la route suivie par Dédale et son fils partis de Crète, se trouve au N.-E. d'Icaria, où Icare tombe à la mer. Délos, d'autre part, est au nord de Paros. Les deux îles de Lébynthos et Calymné, deux des Sporades, se trouvent à l'est de Naxos.

445. Les anciens appelaient *Icarium mare* la partie orientale de la mer Egée et *Icaria* l'une des Sporades, située à l'ouest de Samos. D'après une légende rapportée par Pausanias (IX, 11, 5) et Apollo-

dore (*Bibl.*, II, 6, 3), cette île se nommait primitivement Doliché. Héraclès, y ayant abordé, trouva le cadavre d'Icare sur le rivage, l'ensevelit, et donna à l'île le nom d'Icaria.

Pausanias (IX, 11, 3) donne une autre version de la fuite de Dédale et d'Icare, qui seraient partis par mer, distançant les rameurs de Minos lancés à leur poursuite, grâce à la voile que Dédale avait inventée.

446. D'après certains auteurs, Perdix (la Perdrix) aurait été la sœur de Dédale, et le neveu de celui-ci se nommait Talos ou Calos. Ovide suit Sophocle, qui avait écrit un *Perdix*.

447. Dédale, disait une légende rapportée par Pausanias (VII, 4, 6) et Conon (XXV), s'était réfugié en Sicile auprès de Cocalos, roi de Camicos (l'ancienne Agrigente), que Minos, à la tête de sa flotte, vint sommer de lui livrer le fugitif. Cocalos, feignant d'accepter, invita Minos à un festin et le fit périr, avec l'aide de ses filles, dans un bain d'eau bouillante. C'était le sujet de la tragédie des *Camicoi* de Sophocle.

448. Calydon se trouvait en Etolie, sur l'Euénos. Le roi du pays était Oineus, époux d'Althaia et père de Méléagre. Voir Hygin, *Fab.* 171 à 174.

449. Voir livre IV, n. 190.

450. Ce vers est manifestement une seconde rédaction du précédent. Tous les éditeurs le considèrent comme tel. On a là un bon exemple des corrections et retouches qui abondent dans le texte des *Métamorphoses*.

451. Ovide cède ici, une fois de plus, à son goût pour l'énumération. Sa liste des héros ayant pris part à la chasse au sanglier de Calydon coïncide, pour le plus grand nombre des noms, comme pour la liste des chiens d'Actéon (voir livre III, n. 157), avec celle d'Hygin (*Fab.* 173). On peut donc encore ici supposer aux deux auteurs une source commune. Nombre de ces héros figurent aussi sur la liste des Argonautes (Hygin, *Fab.* 14). Au nom de la plupart se rattachent des légendes célèbres qu'il serait trop long de rappeler ici.

452. Ovide conte l'aventure de Cainis, fille d'Elatos, changée en homme, au livre XII, v. 189 et suiv. Antoninus Liberalis (XVII) y fait allusion.

453. Amphiaraos d'Argos, devin célèbre, avait prédit la mort de tous ceux qui prendraient part à la guerre contre Etéocle et Thèbes. Sa femme Eriphylé, séduite par le collier d'or d'Harmonia, femme de Cadmos, que lui offrit Polynice, l'obligea à y prendre part lui-même. Il avait été englouti vivant dans un gouffre ouvert par la foudre de Zeus, qui lui assura l'immortalité. Les ruines de son sanctuaire, où il rendait des oracles, se trouvent à Oropos, en Attique.

454. Atalante, de Tégée en Arcadie, fille d'Iasos, exposée à sa naissance par son père, déçu de n'avoir pas un fils, allaitée par une ourse, avait été élevée par des chasseurs dont elle partageait la vie rude. Quelques mythographes pensaient qu'elle était aussi l'héroïne de la lutte à la course avec Hippomène, contée par Ovide, livre X, 560 et suiv. Voir livre X, n. 622.

455. Nestor, fils de Néleus, roi de Pylos, jouera un rôle important dans les conseils des chefs grecs, dans l'*Iliade*. Voir livre XII, n. 696 et 698.

456. Hippasos, nommé ci-dessus, v. 313.

457. Les Dioscures, Castor et Pollux, fils de Zeus et de Léda qui devinrent la constellation des Gémeaux.

458. Ancaios de Parrhasie (nommé v. 315), fils de Lycourgos. La Parrhasie est une région montagneuse, au S.-O. de l'Arcadie. La bipenne était une arme fort ancienne, dont le rôle chez les Crétois a été signalé ci-dessus, n. 438. On la voit aussi entre les mains des Amazones.

459. Le Nonacris est une montagne d'Arcadie.

460. Les deux fils de Thestios, Pleuxippos et Toxeus, sont les oncles de Méléagre, étant frères de sa mère Althaia.

461. D'après Hygin (*Fab.* 171), Althaia avait, la même nuit, été visitée par Oineus et Arès. Méléagre pouvait donc passer pour le fils de l'un ou de l'autre.

462. Les trois Parques : Atropos, Clotho et Lachésis.

463. Il ne faut pas entendre par là Atalante elle-même, bien que d'après une légende rapportée par Hygin (*Fab.* 99 et 270), mais, il est vrai, par lui seul, elle eût eu de Méléagre un fils du nom de Parthénopaios, auquel on attribue cependant plus habituellement pour père Mélanion, disciple de Chiron. Il est plus vraisemblable qu'Ovide suit ici Euripide et Nicandre : dans le résumé de la légende concernant les Méléagrides que fait, d'après celui-ci, Antoninus Liberalis (II), il est, en effet, question de la femme de Méléagre, Cléopatra, que mentionne aussi Apollodore (*Bibl.*, I, 8, 2).

464. Rivière d'Etolie, qui passe à Calydon. Voir n. 448.

465. Parthaon, fils d'Agénor, était le père d'Oineus.

466. Quatre des sœurs de Méléagre, Polyzo, Autonoé, Eurymédé, Melanippé, furent métamorphosées en pintades : nous avons conservé à cette famille des gallinacés le nom de méléagridés. Deux furent épargnées, sur l'intervention de Dionysos, véritable père de l'une, Déjanire (Hygin, *Fab.* 129) : Gorgé, qui épousa Andraimon et fut mère de Thoas, et Déjanire, qui épousa Héraclès, fils d'Alcmène.

La légende de Méléagre avait été contée par Nicandre (Antoninus Liberalis, II), mais sans qu'il y fût fait mention d'Atalante, la querelle entre le héros et ses oncles étant née de sa prétention de conserver pour lui-même la tête et la peau de la bête.

La chasse au sanglier de Calydon a souvent inspiré les artistes grecs. On la trouve sur des vases à figures noires (comme le célèbre vase François, de Florence) ou rouges, sur des sarcophages, etc. Mais l'œuvre la plus importante qui lui eût été consacrée était, sans nul doute, le fronton de Scopas, sur le côté est du temple d'Athéna Aléa, à Tégée, en Péloponnèse. Pausanias (VIII, 45, 4) énumère les dix-sept personnages (la plupart cités dans Ovide) qui y figuraient, groupés autour de l'animal et d'Ancaios blessé, laissant tomber sa hache. Il se peut qu'Ovide ait vu l'œuvre de Scopas. Voir Introduction, p. IV.

467. Voir livre II, n. 134.

468. L'Achéloos sépare l'Acarnanie de l'Etolie et coule fort à l'ouest de Calydon. Il ne se trouvait donc pas sur la route de Thésée, regagnant Athènes, et de ses compagnons. C'est le fleuve le plus important de Grèce par sa longueur (sa source est en Epire) et son débit. Voir livre IX, 1 et suiv., le récit qu'il fait de sa lutte avec Héraclès.

469. Hypérion, fils d'Ouranos et de Gaia, était le père du Soleil. Ce nom est ici pris comme synonyme de celui du Soleil lui-même.

470. Peirithoos, le compagnon favori de Thésée, qui descendit en sa compagnie aux Enfers. Ses noces avec Hippodamé, troublées par les Centaures, sont contées par Ovide au livre XII, 210 et suiv.

471. Ce Lélex ne doit pas être confondu avec celui dont il est

question au livre VII. Voir livre VII, n. 400, et ci-dessous, n. 476.

472. Les Echinades sont un groupe de petites îles inhabitées, sur la côte ouest d'Acarnanie, à l'embouchure de l'Achéloos, dont les alluvions ont relié quelques-unes d'entre elles à la terre.

473. Cette légende ne nous est connue que par Ovide. D'après Apollodore (I, 7, 3), Hippodamas est fils d'Achéloos et de Périmélé.

474. Le texte de ce passage n'est pas sûr. Les vers 597-600 a et 603-608 sont omis dans les meilleurs manuscrits et considérés par Magnus comme n'étant pas d'Ovide. Merkel et Ehwald les ont supprimés. Nous les rétablissons, en en marquant par des crochets le caractère douteux.

475. Peirithoos, comme son père, est un contempteur des dieux : Ixion avait voulu faire violence à Héra; Peirithoos était descendu aux Enfers pour enlever Perséphoné. Enchaîné par Hadès, il n'avait été délivré que grâce à l'intervention d'Héraclès, qui l'avait ramené sur terre avec Thésée, en même temps que Cerbère.

476. Lélex est fils de Pittheus, fils lui-même de Pélops, dont le père Tantale régnait en Phrygie, et qui s'était réfugié en Grèce après avoir été ressuscité par les dieux (voir livre VI, 403 et suiv.).

477. Les vers 652-656 manquent dans plusieurs manuscrits et sont considérés généralement comme une addition. Certains éditeurs les ont cependant défendus comme pouvant être d'Ovide. Mais ils pourraient n'être que des projets de correction.

478. Les tables antiques n'avaient souvent que trois pieds, notamment les tables qui servaient pour les repas et sur lesquelles on déposait les mets.

479. Les olives, suivant leur degré de maturité, sont vertes ou noires.

480. Expression plaisante pour signifier : d'argile, comme toute la vaisselle. Les cratères étaient de grands vases à large ouverture, dans lesquels on préparait la boisson et où l'on puisait pour remplir les coupes. Voir livre V, n. 246.

481. L'intérieur des coupes est enduit de cire pour masquer les aspérités du bois et pour le rendre étanche.

482. Les oies jouaient le rôle d'animaux de garde. On connaît l'anecdote célèbre des oies du Capitole donnant l'éveil à Manlius, lors d'une tentative des Gaulois pour escalader les murs de la citadelle.

483. *... Ite simul ». Parent ambo, baculisque levati / Nituntur longo vestigia ponere clivo.* Les manuscrits du groupe X intercalent après le vers 693 la variante suivante :

> *Ite simul. Parent et dis præeuntibus ambo*
> *Membra levant baculis, tardique senilibus annis...*

Il est manifeste qu'un choix doit être fait entre les deux textes. Nous adoptons la variante choisie par les meilleures éditions.

484. Comme pour les vers 693 et 694, certains manuscrits intercalent ici une variante des vers 697 et 698 :

> *Mersa vident quæruntque suæ pia culmina villæ :*
> *Sola loco stabant, dum deflent fata suorum...*

Nous adoptons ici aussi le texte des meilleures éditions critiques, de Merkel, Ehwald, Magnus et Lafaye.

485. Les supports fourchus étaient des troncs d'arbre dont on

avait utilisé les branches divergentes à leur naissance en guise de chapiteau, pour porter les poutres ou les solives du toit.

486. L'épithète du vers 719 varie avec les manuscrits qui portent *Thyneius*, *Phyneius*, *Tyaneius*, etc. Les éditeurs d'Ovide ont proposé des corrections comme *Sigeius*, *Dinieius*, *Thymbreius*, *Cibyreius*, *Tyrieius*, etc. L'ignorance où nous laisse Ovide sur le nom de la localité, qu'il situe simplement en Phrygie, rend un choix difficile, mais le limite au territoire phrygien. La correction de Merkel, que nous adoptons, *Cibyreius*, a l'avantage de proposer le nom d'une ville riche et importante, Cibyra, qui devait être bien connue à Rome depuis sa conquête, faite en 84 av. notre ère, et son rattachement à la Phrygie.

487. A peine est-il besoin de rappeler l'imitation, qui est par endroits une traduction presque littérale, faite par La Fontaine de cet épisode des *Métamorphoses* dans son *Philémon et Baucis*.

488. On peut entendre l'épithète de *Calydonius* appliquée à l'Achéloos dans le sens de « qui arrose le territoire de Calydon ». Voir livre IX, 17 et suiv. L'Achéloos coule à quelque 75 kilomètres à l'ouest de Calydon, qu'arrose l'Euénos.

489. Il est question de Protée et de ses multiples transformations dans Homère (*Od.*, IV, 383 et suiv.), où Ménélas conte à Télémaque comment il apprit par lui le meurtre d'Agamemnon et le séjour d'Ulysse chez Calypso. C'est encore Protée que, sur le conseil de sa mère, Aristée, dans Virgile, va consulter sur la cause de la mort de ses essaims (*Georg.*, IV, 425 et suiv.).

490. La fille d'Erysichthon est Mnestra. Le récit que va faire Ovide du supplice de la faim infligé par Déméter à Erysichthon n'est, en réalité, qu'un préambule destiné à expliquer dans quelles circonstances Mnestra reçut de Poseidon le don de se métamorphoser (v. 846 et suiv.). Autolycos, son époux, fils d'Hermès, avait reçu de son père le privilège de dérober ce qu'il voulait sans jamais être surpris, grâce à la faculté de se métamorphoser aussi à sa volonté (Hygin, *Fab.* 201). Il était le père d'Antycleia, mère d'Ulysse, et c'est de lui que son petit-fils tenait son esprit de ruse. Voir livres XI, 303 et suiv. et XIII, n. 737.

491. Déo est un des noms de Déméter (qui entre d'ailleurs en composition dans ce dernier vocable, le plus habituel). Ovide l'a déjà employé livre VI, 114.

492. C'est le char attelé de dragons ailés que Déméter confia à Triptolème pour aller révéler aux hommes les bienfaits du blé. On a de très nombreuses représentations de Triptolème assis dans ce char.

493. La légende d'Erysichthon avait été contée par Callimaque (*Hymne* VI, *à Déméter*, 24-117). La comparaison des deux poètes prouve la liberté dont Ovide usait à l'égard de ses modèles. L'épisode de Mnestra ne figure pas dans Callimaque.

LIVRE NEUVIÈME

494. Les fleuves étaient souvent représentés, en raison de leur impétuosité et des ravages qu'ils causaient en période de crue, sous la forme d'un taureau à face humaine et cornus. Achéloos n'a plus qu'une corne et va conter en quelles circonstances lui fut arrachée l'autre.

495. Thésée. Sa mère Aithra avait été, disait la légende, visitée la même nuit par Egée et Poseidon ; légende analogue à celles d'Althaia et de la naissance de Méléagre (voir ci-dessus, livre VIII, n. 34) et de Chioné et de ses jumeaux Autolycos et Philammon, (XI, 300 et suiv.). Le héros était donc qualifié de fils tantôt de l'un, tantôt de l'autre.

Ainsi s'explique l'épisode de l'anneau jeté à la mer par Minos, qui défia Thésée d'aller le réclamer à son père (Hygin, *Poet. astr.*, 5); le jeune homme releva le défi et l'anneau lui fut rendu par Amphitrite, scène retracée sur la célèbre coupe du peintre Brygos, au Louvre.

496. Voir livre VIII, 61.

497. Déjanire était fille d'Oineus et sœur de Méléagre. Voir livre VIII, n. 466.

498. On connaît l'usage grec de désigner les descendants d'un héros par le suffixe ιδης ajouté au nom du héros même : ainsi pour les Atrides, les Labdacides, etc. Alcaios, fils de Persée et d'Andromède, était le père d'Amphitryon, époux d'Alcmène, mère d'Héraclès. Aussi, l'un des surnoms habituels de celui-ci est-il l'Alcide. On en fait souvent un synonyme d'Héraclès : Alcide.

499. Héraclès était, en effet, fils non d'Amphitryon, mais de Zeus.

500. C'était Héra, qui, par ressentiment de la nouvelle infidélité de son époux Zeus, avait imposé à Héraclès ses fameux travaux (voir ci-après n. 528).

501. La couronne de roseaux (v. 3), la robe verte, couleur des eaux, sont des attributs de fleuves.

502. Au cours de la lutte, les athlètes, oints d'huile qui rendait la peau plus glissante, s'efforçaient d'assurer leur prise sur l'adversaire en le couvrant de sable ou de poussière.

503. Allusion à l'épisode de l'enfance d'Héraclès, qui, encore au berceau, étrangla deux serpents envoyés par Héra pour l'étouffer.

504. Héraclès, voyant les têtes de l'hydre de Lerne renaître aussitôt que coupées, mit, aidé de son compagnon Iolaos, le feu à la forêt voisine, et, avec des brandons enflammés, brûla les cous, à mesure qu'il abattait les têtes.

505. D'après une autre légende, la corne d'abondance était une des cornes de la chèvre Amalthée, qui avait nourri Zeus enfant.

506. Nessos est l'un des Centaures, fils d'Ixion et de la Nuée qu'Héra avait interposée entre elle et l'audacieux qui voulait lui faire violence.

507. L'Aonie est la Béotie (voir livre I, n. 38). Amphitryon régnait à Thèbes.

508. Ixion, en châtiment de son attentat contre Héra, avait été, aux Enfers, attaché à une roue qui tournait sans arrêt. Voir livre IV, n. 222.

509. Héraclès avait empoisonné ses flèches en les trempant dans le sang de l'hydre de Lerne.

510. Trois villes grecques portaient le nom d'Oichalia : en Thessalie, en Messénie, et en Eubée, dans le voisinage d'Erétrie. C'est à celle-ci que l'on rattachait d'ordinaire la légende du roi Eurytos, fils d'Apollon, habile archer, qui avait promis sa fille Iolé à son vainqueur au tir à l'arc. Hercule l'ayant emporté, Eurytos et ses fils lui refusèrent cependant Iolé et le chassèrent; Héraclès irrité détruisit la ville, tua le roi et ses fils et emmena Iolé comme captive. Notons cependant qu'Homère (*Od.*, XXI, 15 et suiv.) place en Messénie le royaume d'Eurytos, de qui Ulysse tenait son arc, et qu'Ovide semble suivre ailleurs (livre XII, 549) cette tradition.

511. Zeus Cénaios était ainsi nommé parce qu'il avait un sanctuaire au cap Cénaion, à l'extrémité N.-O. de l'Eubée. Le vœu d'Héraclès s'était adressé au Zeus honoré dans la région.

512. Voir ci-dessus, n. 510. Iolé, après la mort d'Héraclès, devait épouser son fils aîné, Hyllos. Voir plus loin, v. 278 et suiv.

513. Voir ci-dessus n. 494. Déjanire se souvient de la vengeance que Méléagre tira de ses oncles, après l'affront fait à Atalante. Voir livre VIII, v. 432 et suiv.

514. Lichas n'est pas autrement connu que pour le rôle qu'il joue dans la mort d'Héraclès. C'est un des personnages des *Trachiniennes*, de Sophocle. C'était un compagnon du héros, ou, suivant quelques-uns le précepteur de son fils Hyllos.

515. La patère latine est la phiale grecque. C'est une sorte d'écuelle d'argile ou de métal employée dans les libations faites en l'honneur des dieux.

516. L'Œta s'élève au sud de la Thessalie, aux confins de l'Etolie. On y a retrouvé, au lieu dit « le Bûcher d'Héraclès », les restes d'un sanctuaire du VIe siècle av. notre ère.

517. Ovide va passer en revue les exploits d'Héraclès (qu'on trouvera décrits en détail dans Apollodore, *Bibl.*, II, 5-7). — Busiris, roi d'Egypte, sacrifiait tous les étrangers qui abordaient dans son royaume. Héraclès, arrivé en Egypte au cours de ses voyages, allait subir ce sort, lorsque, brisant ses liens, il massacra le roi, son fils et sa suite.

518. En Libye, Héraclès avait rencontré le géant Antée, fils de Poseidon et de Gaia, qui défiait les étrangers à la lutte et remportait toujours la victoire. Ses forces renaissant chaque fois qu'il touchait la Terre, sa mère, Héraclès le souleva, l'empêchant de reprendre contact avec le sol, et l'étouffa.

519. Géryon, fils de Chrysaor et de l'Océanide Callirhoé, était un monstre à trois têtes. Possesseur de grands troupeaux, il habitait l'île d'Erythie, au-delà du fleuve Océan. Héraclès, au retour de la conquête des pommes des Hespérides (voir ci-dessous, n. 523), traversant l'Océan sur la coupe du Soleil, avait tué le berger Eurytion, le chien Orthos, frère de Cerbère, et enfin Géryon lui-même, accouru pour les défendre, et emmené à Tirynthe le troupeau des bœufs conquis, en passant par l'Hibérie (dont parle Ovide), la Celtique et l'Italie. — Cerbère, fils de Typhon et d'Echidna, et chien d'Hadès, avait lui aussi trois têtes. Héraclès l'avait amené sur terre à Eurysthée, qui le renvoya aux Enfers.

520. Cette légende est en relation avec la légende de Minos et du Minotaure (voir livre VIII, n. 433). Poseidon avait fait don d'un taureau merveilleux à Minos qui, au lieu de le lui sacrifier, le plaça dans ses étables. Le dieu, irrité, rendit furieux l'animal, qui dévastait le pays. Héraclès le prit dans un filet et le porta à Eurysthée. Voir aussi livre VII, n. 394.

521. En Elide, Héraclès avait tué le sanglier monstrueux de l'Erymanthe (l'Erymanthe est un affluent de l'Alphée descendant d'une montagne du même nom). — Sur les bords du lac de Stymphale, en Arcadie, il avait abattu avec ses flèches des oiseaux qui se nourrissaient de chair humaine. — Le Parthénios est une montagne qui sépare l'Arcadie de l'Argolide. Héraclès y avait pourchassé une fabuleuse biche aux cornes d'or et aux pieds d'airain, qu'il devait prendre vivante.

522. Le Thermodon est un petit fleuve côtier d'Asie Mineure, qui se jette dans le Pont-Euxin. Héraclès alla, sur ses rives, conquérir pour la fille d'Eurysthée (voir ci-dessous n. 528) la ceinture ou le baudrier, don d'Arès à Hippolyté, reine des Amazones.

523. Héraclès était allé cueillir les pommes d'or du jardin merveil-

leux des Hespérides, que l'on situe habituellement dans le voisinage de l'Atlas. Elles étaient gardées par un dragon toujours éveillé. Sur cette légende, les données anciennes sont fort confuses (voir ci-dessous, n. 527). On peut la rapprocher de celle de Persée (voir livre IV, 627 et suiv.).

524. Héraclès, en traversant le mont Pholoé, entre l'Arcadie et l'Elide, accueilli par le Centaure Pholos, avait dû lutter contre les autres Centaures, attirés par l'odeur du pithos de vin ouvert par son hôte. Celui-ci avait péri dans la lutte, blessé accidentellement au pied par une flèche d'Héraclès. C'est de lui que la montagne avait pris le nom de Pholoé. — Pour le sanglier de l'Erymanthe, voir ci-dessus, n. 521.

525. Diomède, fils d'Arès et roi des Bistones, sauvage peuplade de Thrace, nourrissait ses cavales de la chair des naufragés jetés par la tempête sur ses côtes. Héraclès le vainquit et le donna en pâture à ses bêtes.

526. La gorge de Némée, en Argolide, était le repaire d'un lion né, dit Hésiode, d'Echidna et d'Orthos, le chien de Géryon, et qui était la terreur du pays. Héraclès, ses flèches s'émoussant sur la peau de l'animal invulnérable, l'avait étouffé. — La dépouille du lion de Némée était devenue l'un des attributs habituels d'Héraclès, à qui elle servait de casque et de cuirasse.

527. La légende des pommes des Hespérides était, on l'a dit (voir ci-dessus n. 523), d'ordinaire localisée dans le pays d'Atlas, qui portait le ciel sur ses épaules. Héraclès avait, disait-on, eu recours à lui pour aller chercher les pommes, et, pendant qu'Atlas s'acquittait de la mission, l'avait remplacé dans sa tâche. Apollonios de Rhodes (*Argon.*, IV) situe le jardin des Hespérides dans le voisinage de la Libye.

528. Héraclès, frappé de démence par Héra, avait massacré à coups de flèches et de massue les enfants qu'il avait eus de Mégara (c'est le sujet de l'*Héraclès* d'Euripide). Pour expier ce meurtre, il avait dû, sur l'ordre de la Pythie, se mettre au service d'Eurysthée, roi d'Argolide, son oncle, qui lui imposa, à l'instigation d'Héra, ses célèbres travaux.

529. La baliste romaine était une machine de guerre fondée, comme la catapulte, sur le principe de l'arc, et qui permettait, au moyen d'un câble tendu, puis libéré, de lancer des pierres, des traits, où même des projectiles incendiaires.

530. Philoctète, fils de Poias et compagnon d'Héraclès, pour avoir aidé celui-ci à construire son bûcher, avait hérité de son arc et de ses flèches. Il faisait partie de l'expédition contre Troie. Mais, mordu au pied par un serpent envoyé par Héra, il avait été, en cours de route, abandonné à Lemnos par les Grecs, en raison de l'odeur fétide qu'exhalait sa blessure. Un oracle ayant déclaré que Troie ne serait prise qu'avec le concours des flèches d'Héraclès, on envoya à Philoctète, pour le ramener, Ulysse, Diomède et Néoptolème (c'est le sujet du *Philoctète* de Sophocle). Héraclès lui-même avait, antérieurement, assiégé Troie, pour se venger de son roi Laomédon, qui lui refusait la récompense promise, quand sa fille Hésioné eut été délivrée par lui d'un monstre envoyé par Poseidon (voir livre XI, n. 553).

531. Voir livre II, n. 72.

532. Les derniers moments d'Héraclès sont le sujet de la tragédie des *Trachiniennes*, de Sophocle.

533. C'est-à-dire Hyllos, fils aîné d'Héraclès et de Déjanire. Après la mort d'Héraclès, Eurysthée voulut s'emparer de ses enfants qui se réfugièrent auprès du roi de Trachis, Céyx. Celui-ci les envoya à

Athènes. Eurysthée envahit l'Attique et les réclama à Thésée, qui refusa de les livrer et mit en déroute les Péloponnésiens. C'est le sujet des *Héraclides* d'Euripide.

534. Dans les *Trachiniennes* de Sophocle, Héraclès prescrit, en effet, à son fils, d'épouser Iolé.

535. ... *magno / Lucinam Nixosque pares clamore vocabam.* Lucina est le nom latin de la déesse grecque Eileithyia, qui présidait à la naissance. Quant aux *Nixi*, dont il est rarement fait mention, ils auraient été des dieux secondant les efforts *(nixus)* des femmes en couches. Il est vrai que la plupart des manuscrits portent *nixusque pares*, mais le sens échappe. La leçon *Nixi* a été adoptée par Magnus et Merkel (*Nixosque pares* chez l'un, *Nixosque patres* chez l'autre). D'autres éditeurs, comme Ehwald et Lafaye, pour éviter, sans doute, l'intervention de divinités masculines en l'occurrence, ont préféré *Nixasque pares :* mais on ne trouve nulle part de mention de ces *Nixæ*.

Ovide avait sans doute emprunté cet épisode des couches d'Alcmène à Nicandre. Si le résumé d'Antoninus Liberalis (XXIX) est exact, Nicandre parlait d'*Eileithyia* et des *Moirai.*

536. Par sa seule attitude, en maintenant, par ses mains aux doigts entrelacés, ses jambes serrées, la déesse s'oppose à la délivrance d'Alcmène. L'épisode du retard qu'Héra fait subir aux couches d'Alcmène, est conté tout différemment dans l'*Iliade* (XIX, 96 et suiv.).

537. Nicandre avait conté l'histoire de Galanthis, nommée par lui Galanthias (Antoninus Liberalis, XXIX). Ni lui ni Ovide ne spécifient en quel animal elle fut métamorphosée. Les commentateurs pensent qu'il s'agit de la belette, dont le nom γαλῆ rappelle celui de la suivante d'Alcmène et qui passe pour avoir, chez les anciens, fréquenté les maisons. — Quant à la légende que la belette met bas par la bouche, elle s'explique mal. Il est bon cependant de noter que les mots grec γαλῆ et latin *mustela* désignent à la fois la belette et un poisson de l'espèce des squales. Ce dernier est toutefois plus habituellement désigné par les formes du masculin γαλεός et *mustelus*. Or, plusieurs auteurs ont rapporté à propos du γαλεός le même fait surprenant (Aristote, *Hist. an.* VI, 10; Elien, *Hist.* an., II, 55 et IX, 65; Athénée, *Deipn.*, VII, 294; Plutarque, *De am. prol.*, p. 494 et 982). On serait tenté de penser que les anciens avaient observé, mais mal interprété, le fait que, chez certains poissons, comme le *chromis paterfamilias*, le mâle recueille les œufs pondus par la femelle et pratique l'incubation buccale : mais, chez le *mustelus*, on ne constate rien de pareil.

538. Il ne s'agit pas du lotus aquatique *(nymphæa lotus)*, mais d'un arbre que Pline décrit (*N. H.*, XIII, 32), et dans lequel on reconnaît le jujubier, aux fruits gros comme une fève, réunis en grappes, et d'une saveur si douce que Polybe la préfère à celle de la figue ou de la datte. On se rappelle l'escale d'Ulysse au pays des Lotophages (*Od.*, IX, 80-104), qui est l'île de Djerba, sur la côte de Libye.

539. La légende de Dryopé est contée par Antoninus Liberalis (XXXII) d'après Nicandre, mais avec des données qui diffèrent sensiblement de celles d'Ovide. Suivant Nicandre, Dryopé était fille unique de Dryops, fils du Sperchios et de la Danaïde Polydora. Compagne de jeu des nymphes, aimée d'Apollon qui s'était, pour la séduire, transformé successivement en tortue et en serpent, elle avait eu du dieu un fils, Amphissos, qui fonda la ville d'Oita. Elle avait été enlevée par les Hamadryades et métamorphosée en peuplier noir. Pour Ovide, c'est une demi-sœur d'Iolé, fille d'Eurytos, roi d'Oichalia, et sa métamorphose avait eu pour cause l'imprudence commise en cueillant des fleurs du jujubier, qui n'était autre que la nymphe Lotis.

540. Héraclès, qui, après avoir pris rang parmi les dieux, avait épousé Hébé. — Iolaos, neveu d'Héraclès, l'avait assisté dans la plupart de ses combats, notamment contre l'hydre de Lerne (voir ci-dessus, n. 504).

541. Thémis, divinité prophétique (voir livre I, n. 40), prédit ici les conséquences de la guerre que se firent, après l'exil d'Œdipe, ses deux fils Etéocle et Polynice, pour s'emparer du pouvoir à Thèbes. Polynice vint assiéger son frère à la tête de l'armée argienne, en compagnie de six autres chefs; c'est le sujet des *Sept contre Thèbes*, d'Eschyle. — Capaneus, l'un d'entre eux, fut, pour sa jactance, son orgueil et le mépris qu'il témoignait aux dieux, foudroyé par Zeus.

542. Etéocle et Polynice, au cours du combat qui les mit aux prises, se portèrent mutuellement des blessures mortelles.

543. Ce devin est Amphiaraos. Voir livre VIII, n. 453.

544. Amphiaraos avait chargé son fils Alcmaion de le venger. Après avoir tué sa mère Eryphilé, Alcmaion, poursuivi par les Furies, perdit la raison, s'enfuit d'Argos et se réfugia en Arcadie, à Psophis, qui s'appelait alors Phégia, du nom de son roi Phégeus. Là, il s'unit à la fille du roi, Alphésiboia, à qui il fit don du fatal collier d'or d'Eryphilé. Son mal ne cédant pas, il alla consulter la Pythie, dont l'oracle le conduisit à l'embouchure de l'Achéloos. Il y prit pour femme une fille du fleuve, Callirhoé, qui souhaita posséder à son tour le collier. Alcmaion retourna donc le chercher à Phégia, où il périt de la main des fils de Phégeus, son beau-père. Ceux-ci consacrèrent le collier à Delphes, à Apollon (Pausanias VIII, 24, 8-10). Callirhoé obtint de Zeus que ses fils atteignissent, sans plus attendre, l'âge d'homme, pour venger leur père. Voir Apollodore, *Bibl.*, III, 7, 5 à 7.

545. Hébé, fille de Zeus et d'Héra (Hésiode, *Théog.*, 921), est aussi la bru de Zeus, dont son époux, Héraclès, est le fils. De là le mot *privigna*.

546. Il s'agit d'Eos (l'Aurore), qu'Ovide qualifie ici et plus bas (XV, 191 et 700) de fille du géant Pallas, alors que, d'après Hésiode, elle était fille d'Hypérion, comme le Soleil et la Lune (*Théog.*, 372). Eos avait obtenu des Parques, pour son époux Tithonos (voir livre XIII, n. 796), l'immortalité, oubliant de demander aussi pour lui l'éternelle jeunesse.

547. Eétion ou Iasion, fils de Zeus et d'Electra, fille d'Atlas, est cité par Homère (*Od.*, V, 125) parmi ceux qui furent aimés par des déesses. D'après Hésiode (*Théog.*, 969), il s'unit, en Crète, à Déméter et leur fils fut Ploutos. La mention de sa vieillesse ne se trouve que dans Ovide.

548. Héphaistos (dont *Mulciber* est un des noms latins, voir livre II, n. 72), ayant voulu s'imposer comme époux à Athéna, la déesse se déroba, et c'est de la Terre que naquit le fils du dieu (voir livre II, 554 et suiv.). Ovide veut sans doute dire qu'Héphaistos souhaite voir cette *proles sine matre creata* renaître dans des conditions normales. Voir Hygin, *Fab.* 166.

549. Anchise, petit-fils d'Assaracos, dont le second fils ou le frère, Ilos, fut l'aïeul de Priam, avait été aimé d'Aphrodite. Virgile nous le montre, accablé par la vieillesse, fuyant Troie en compagnie de leur fils Enée, qui le porte sur ses épaules. Il était la souche de la famille des Iulii, et ses descendants, César et Auguste, se targuèrent toujours de leur divine origine.

550. Sur Eaque, roi d'Egine, et Minos, roi de Crète, voir livre VII, 453 et suiv. Rhadamanthe était le frère de Minos, et, comme lui,

fils de Zeus et d'Europe. Eaque était fils de Zeus et d'Aigina. (Voir livre XIII, n. 735.)

551. Deioné n'est pas autrement connue. D'après ce passage, ce serait une fille de Minos, aimée par Apollon, dont elle aurait eu un fils. Ehwald corrige en *Deioidenque*, supposant une Deio, qu'Ovide serait seul à mentionner.

552. La ville de Milet, sur le golfe Latmique (aujourd'hui comblé par les alluvions du Méandre), était une des plus riches et populeuses villes d'Asie Mineure.

553. Ops était une divinité italique assimilée à Rhéa, sœur et épouse de Cronos. Océanos et Téthys étaient nés d'Ouranos et de Gaia. Zeus et Héra étaient les enfants de Cronos et de Rhéa.

554. Les six fils d'Eole avaient épousé ses six filles.

555. On sait que les anciens écrivaient sur des tablettes enduites de cire, au moyen d'un style de métal ou d'os.

556. Une lettre commençait toujours par la formule de salut : S. ou S. D. *(Salutem dat)*. Biblys joue ici sur le double sens du mot *Salus*.

557. Si Caunos, emporté par la colère, met à mort le messager, il ne pourra se justifier que par le déshonorant aveu du motif de son acte.

558. Caunos était le fondateur de la ville du même nom, en Carie, sur le petit fleuve Calbis, non loin de la mer. Apollonios de Rhodes avait écrit une Καύνου κτίσις *(Fondation de Caunos)*.

559. Bubassos était une ville de Carie, à l'est de Cnide. — Le nom de Léléges était donné aux anciennes populations de la Carie.

560. Le Cragos s'élève sur la côte ouest de la Lydie. Non loin de là, à l'est, coule le Xanthe, qui arrose la ville du même nom. Limyré était une ville de la partie orientale de la Lycie.

561. La Chimère, d'après Hésiode, fille de Typhon et d'Echidna, était sœur de Cerbère et de l'hydre de Lerne. La conception de ce monstre composite est évidemment d'origine orientale.

Jam Cragon et Limyren Xanthique reliquerat undas / Quoque Chimaera jugo mediis in partibus hircum, / Pectus et ora leae, caudam serpentis habebat. Certains manuscrits portent *ignem* au lieu de *hircum*, que donnent d'autres, comme *s*. Nous préférons cette dernière variante, plus intelligible, et qui correspond très exactement aux représentations que les anciens nous ont laissées de la Chimère, comme le célèbre bronze de Florence : du milieu de l'échine du corps de lion se détachent un cou et une tête de chèvre ou de bouc à longues cornes. Le repaire de la Chimère était, selon les uns, en Carie, selon les autres, sur le Cragos, en Lycie.

562. La vogue de l'histoire de Byblis et Caunos nous est attestée par le nombre des auteurs qui l'avaient contée. Nous connaissons, par Antoninus Liberalis (XXX), Nicandre; par Parthénios (XI), Nicainétos, poète samien ou abdéritain, Apollonios de Rhodes, auteur d'un poème sur la fondation de Caunos, et Aristocritos, auteur d'un ouvrage sur Milet. Enfin, elle figure dans les analyses de Conon (II). Parthénios nous apprend que, suivant quelques-uns (version suivie par Nicainétos et Conon), c'était Caunos qui avait conçu pour sa sœur un amour incestueux.

563. Cnossos se trouvait sur la côte nord de la Crète, Phaistos sur la côte sud. Les recherches faites sur ce dernier site ont été, elles aussi, fructueuses, et l'on y a déblayé un important palais de l'époque minoenne (voir livre VII, n. 401).

564. Ovide a conté, livre I, 568 et suiv., l'aventure d'Io, fille de l'Inachos, et comment, arrivée en Egypte, ayant repris sa forme première, elle y était devenue une déesse assimilée à Isis (voir livre I, n. 66). Nous avons ici, bien que la scène se passe en Crète, un témoignage de la faveur dont jouissaient les cultes égyptiens à Rome, surtout depuis la fin de la République.

565. Isis est représentée avec, sur la tête, le disque lunaire entre deux cornes, d'où son assimilation avec Io. Ovide lui donne aussi pour attributs des épis (elle était quelquefois identifiée avec Déméter) et l'*uraeus*, c'est-à-dire le cobra lové, formant diadème, réservé aux divinités et aux rois.

566. Anubis est représenté avec une tête de chacal. Bast, la déesse à tête de chatte, appelée par les Grecs Bubastis, du nom de la ville de Basse-Egypte où elle était adorée, représentait la chaleur fécondante du Soleil. Le dieu qui se tait est Horus, fils d'Isis, l'Harpocrate des Grecs, représenté comme un enfant portant le doigt à sa bouche, d'où la croyance qu'il invitait au silence.

567. Le dieu Osiris, époux d'Isis, bienfaiteur de l'Egypte, avait été victime de son frère Set (le Typhon des Grecs), qui avait dépecé son corps et l'avait jeté dans le Nil. Isis, après de longues recherches, en retrouva les morceaux et ressuscita son époux. — Le serpent dont il est ici question est sans doute l'aspic, que le poète Helvius Cinna, cité par Aulu-Gelle (*Noct. Att.*, IX, 12), qualifiait d'*aspis somniculosa.*

568. Pasiphaé, fille d'Hélios, femme de Minos. Voir ci-dessus, livre VIII, n. 433.

569. Hyménaios était le dieu qui présidait aux mariages. Il était fils, suivant les uns, d'Apollon et de l'une des Muses, suivant les autres, de Dionysos et d'Aphrodite.

570. Localités égyptiennes. Paraitonion était un port de la Marmarique, région située aux confins de l'Egypte et de la Cyrénaïque. — La Maréotide était une partie de la Libye. — Pharos était une île située en face d'Alexandrie, à laquelle Ptolémée Soter la relia par un môle, et qui portait la tour qui prit d'elle le nom de Phare.

571. Antoninus Liberalis (XVII) conte, d'après Nicandre, la même aventure, dont la scène est aussi à Phaistos, mais dont le héros porte le nom de Leucippos et doit sa métamorphose de fille en garçon à l'intervention de Léto, et non d'Isis. Nicandre rappelait à ce propos les noms de tous ceux à qui même faveur était échue, parmi lesquels le devin Tirésias et le Lapithe Caineus, desquels parle aussi Ovide aux livres III, 324 et XII, 172.

LIVRE DIXIÈME

572. Telle était la couleur du voile que portaient les jeunes épousées, le *flammeum*.

573. Les Cicones habitaient la côte méridionale de la Thrace, à l'embouchure de l'Hèbre. C'est chez eux qu'Homère (*Od.*, IX, 39 et suiv.) place la première escale d'Ulysse et de ses compagnons, après leur départ de Troie.

574. La légende d'Orphée, fils du roi de Thrace Oiagros et de la muse Calliopé, disciple de Musée, frère de Linos, semble d'origine relativement récente : Homère ni Hésiode ne parlent de lui. Sa descente aux Enfers, à laquelle font allusion Platon (*Banquet*, 179 D) et Euripide (*Alceste*, 357), nous est contée pour la première fois dans le détail par Virgile (*Georg.*, 453 et suiv.), que suit ici de près Ovide.

575. Le promontoire de Ténare (auj. cap Matapan) est l'extrémité de la presqu'île formée par le Taygète, au sud du Péloponnèse. Là se trouvait, au dire des anciens, l'une des entrées des Enfers.

576. Allusions à l'enlèvement de Cerbère par Héraclès. Le « chien d'Hadès », à la triple gueule, était né, nous dit Hésiode (*Théog.*, 311), d'Echidna (voir livre IV, n. 226). C'est cette filiation qu'adopte ailleurs Ovide (VII, 408); l'épithète *Medusæi* ne peut donc signifier « issu de Méduse ». Celle-ci était, comme Echidna, fille de Céto (*Théog.*, 276).

577. Allusion à l'enlèvement de Perséphoné par Hadès, conté par Ovide, livre V, 332 et suiv.

578. Voir livre IV, n. 222. Ovide énumère ici de nouveau les suppliciés les plus célèbres des Enfers.

579. Orphée, entré par les cavernes du Ténare, revient sur terre par l'Averne. Le lac Averne, aux environs de Cumes, était voisin d'une autre entrée des Enfers. C'est par là qu'y pénètrent Enée et la Sibylle (*Æn.*, VI, 236 et suiv.). — *Hanc simul et legem Rhodopeius accipit Orpheus, / Ne flectat retro sua lumina, donec Avernas / Exierit valles;* ... La leçon *donec Avernas exierit valles*, dont la construction peut surprendre, mais dont le sens ne paraît pas douteux, est donnée par tous les manuscrits.

580. Allusion à une légende inconnue. On a supposé qu'il s'agirait d'un homme qui aurait rencontré Héraclès ramenant Cerbère des Enfers.

581. Le seul Olénos connu de nous est celui qui avait donné son nom à une ville d'Achaïe (voir livre III, n. 180). Celui dont il est ici question et sa légende nous sont inconnus, de même que Léthaia, qui semble, d'après ce passage, avoir été sa femme. Celle-ci, sans doute, trop vaine de sa beauté, s'était attiré la colère de quelque divinité, qu'Olénos avait inutilement essayé de détourner sur lui-même. Ovide avait probablement emprunté cette légende à quelque recueil de métamorphoses en rochers.

582. Le mot Erèbe est employé par les poètes pour désigner le monde souterrain. D'après Hésiode (*Théog.*, 123), Erèbe était fils de Chaos et frère de « la noire Nuit ».

583. Les Poissons sont la dernière des douze constellations zodiacales jalonnant la bande circulaire où se meuvent le soleil, la lune, les planètes. La première est le Bélier, par laquelle commençait, avec l'équinoxe de printemps, l'année solaire (Hygin, *Poet. astr.*, III, 29).

584. Orphée va chanter, en effet, les jeunes garçons aimés des dieux, Cyparissus, Ganymède, Hyacinthe.

585. Les arbres accourent, en effet, aux accents d'Orphée.

586. La Chaonie, contrée de l'Epire, sur la côte de la mer Ionienne, était réputée pour ses chênes.

587. Le laurier n'est autre que Daphné, soustraite à la poursuite d'Apollon par sa métamorphose en arbre, contée par Ovide, livre I, 548 et suiv.

588. ... *platanus genialis*... L'épithète *genialis* est intraduisible et ne peut être qu'interprétée. Elle correspond à cette idée que, pour les anciens, *genio indulgere*, se laisser aller à son instinct, était suivre la pente naturelle au plaisir. Elle est ici appliquée à l'arbre dont l'ombre épaisse et fraîche était propice aux fêtes champêtres.

589. Ovide a conté dans les *Fastes*, IV, 223 et suiv. la légende du jeune Phrygien Attis, aimé de Cybèle, infidèle à la déesse, qui se vengea en le frappant d'un égarement au cours duquel il s'émascula lui-même.

Pardonné, il était devenu le compagnon attitré de Cybèle, et son culte avait été introduit à Rome à la suite de celui de la Grande Mère, en 204 av. notre ère. Le pin lui était consacré et jouait un rôle dans les cérémonies de son culte, sans que, primitivement, on l'identifiât avec lui, comme le fait ici Ovide.

590. Ville située au sud de Cos.

591. Le signe zodiacal du Cancer, assimilé au crabe, dont il porte le nom, correspond au solstice d'été, c'est-à-dire au début de la période la plus chaude de l'année (Hygin, *Poet. astr.*, III, 22).

592. Le cyprès était — est encore pour nous — l'arbre funéraire par excellence. On en dressait autour des bûchers.

593. Les champs de Phlégra avaient été le théâtre de la victoire de Zeus foudroyant les Géants. Les uns les plaçaient en Chalcidique, au point où s'éleva plus tard Pallène, les autres aux environs de Cumes, dans l'Italie méridionale. Le souvenir s'en est perpétué dans le nom de « Champs Phlégréens » donné à la région située à l'ouest de Naples.

594. C'est-à-dire l'aigle.

595. Ganymède est le plus habituellement donné comme fils de Tros et frère d'Ilos et d'Assaracos (Homère, *Il.*, V, 265; Conon, XII), plus rarement comme fils d'Ilos, ainsi que le fait ici Ovide.

596. Amyclas était fils du roi Lacédaimon et de Sparté, fille de l'Eurotas, et le fondateur de la ville d'Amyclées, dans la vallée de l'Eurotas. Hyacinthos était le plus jeune de ses enfants (Pausanias, III, 1, 3).

597. Voir ci-dessus, n. 583.

598. D'après certains auteurs, le disque aurait été détourné par la jalousie d'un autre amant de l'enfant, Zéphyros ou Borée.

599. D'après la généalogie donnée par Pausanias (III, 1, 3), Oibalos était le fils de Cynortas, second fils d'Amyclas et frère d'Hyacinthos. Il est donc douteux qu'il faille ici prendre l'épithète d'*Œbalides* dans le sens strict de descendant ou de fils d'Oibalos. Mieux vaut, semble-t-il, lui donner un sens ethnique, celui d' « enfant de la terre d'Oibalos », c'est-à-dire « de Sparte ». Notons cependant qu'Hygin (*Fab.* 271) appelle Hyacinthos *Œbali filius.* Il se peut qu'Ovide ait aussi adopté cette filiation.

600. D'après une autre légende, contée aussi par Ovide (XIII, 394 et suiv.), cette même fleur serait née du sang d'Ajax, dont les signes AI AI rappelleraient le nom. Il ne s'agit pas de notre jacinthe, introduite plus tard par les Turcs en Europe, mais plutôt de l'une des variétés du lis, auquel la compare d'ailleurs Ovide lui-même.

601. La fête des *Hyacinthia*, célébrée annuellement en mai, à Amyclées, était l'une des plus importantes de la Laconie. Ces fêtes, en l'honneur d'Hyacinthos et d'Apollon Amycléen, au pied de la statue duquel était la tombe du héros, n'avaient, semble-t-il, que peu de rapports avec la poétique légende rapportée par Ovide.

602. Amathonte, sur la côte S.-E. de l'île de Cypre, avait un temple célèbre consacré au culte d'Aphrodite et d'Adonis.

603. Cette légende, d'après laquelle Cypre aurait été primitivement habitée par des hommes au front garni de cornes, serait née, si l'on en croit le scholiaste de Lycophron, d'une fausse interprétation du surnom de *Cérastis* donné à l'île en raison du grand nombre de ses promontoires, comme le rapporte aussi Stéphane de Byzance.

604. *Ignarus sceleris quam siquis sanguine tinctam / Advena vidisset,...*

Aucune des leçons données par les manuscrits pour le début du vers 225 (*inlugubris celeri*, M. qu'adoptent Magnus et Ehwald; *inlugubri sceleris*, N; *inlugubris sceleris*, F, etc.) n'est satisfaisante pour le sens ni la quantité. Parmi les corrections proposées (*in luco celebri*, Heinsius, suivi par Lafaye; *lugubris sceletis*, Vossius; *ingluvie sceleris*, Merkel; *indicium sceleris*, Koch, etc.), la plus acceptable est celle de Madvig, *ignarus sceleris*.

605. Le nom d'Ophioussa (l'île aux serpents) a été donné à plusieurs îles, comme Cythnos, Rhodes, Ténos. Ovide est le seul à l'appliquer, par extension du sens ou par confusion, à Cypre.

606. Ovide est le seul à rapporter cette légende, qui paraît en contradiction avec la présence dans les temples d'Aphrodite d'hiérodules ou courtisanes sacrées.

607. La légende de Pygmalion n'apparaît que tardivement et nous est connue dans le détail surtout par Ovide. Il était petit-fils d'Agénor, roi de Cypre.

608. C'est-à-dire de l'ambre. Voir, livre II, v. 340 et suiv., la légende des Héliades, sœurs de Phaéton, métamorphosées en peupliers et des larmes desquelles naquit l'ambre.

609. C'est-à-dire de la pourpre, que l'on tirait en Phénicie du murex (voir livre I, n. 41).

610. Voir livre VII, n. 421.

611. Paphos, sur la côte S.-O. de Cypre, avait un temple renommé d'Aphrodite Astarté. Le nom était aussi donné à l'île entière.

612. Cinyras, nommé déjà par Homère (*Il.*, XI, 20) comme roi de Cypre, était habituellement considéré par les mythographes anciens comme originaire de Syrie, d'où il aurait apporté le culte d'Aphrodite et d'Adonis. Les légendes à son sujet étaient nombreuses et diverses. Il aurait pris part à la guerre de Troie comme allié des Grecs. Une de ses filles, Euné, avait épousé Teucros qui, chassé de Salamine par son père Télamon, fonda la ville de Salamine de Cypre. Voir livre VI, n. 303.

613. Voir livre II, n. 93.

614. La Panchaïe était une île fabuleuse de la mer Rouge. Ovide l'assimile à l'Arabie où poussent toutes les plantes qui donnent les parfums et les épices : l'amome (plante non identifiée), le cinname (qui est la cannelle), le costus, dont la racine fournissait un antidote en même temps qu'un parfum et qui porte encore ce nom, l'encens, la myrrhe, dont la légende contée par Ovide explique l'origine.

615. Les Furies, Alecto, Mégère et Tisiphoné.

616. Les Perses (Minicius Felix, *Octavius*, 31, 3), pouvaient s'unir à leur mère. En Egypte, le mariage entre frères et sœurs était licite et d'usage chez les Pharaons, imités par certains Ptolémées. A Athènes, il semble l'avoir été entre frère et sœur consanguins, mais non utérins.

617. Pour commémorer le jeûne de neuf jours de Déméter errant à la recherche de sa fille enlevée par Hadès (voir livre V, 438 et suiv.), un jeûne de même durée était imposé aux initiés lors de la célébration des mystères d'Eleusis. Ce passage d'Ovide semble indiquer que les femmes étaient, par surcroît, pour ces fêtes ou d'autres fêtes de Déméter comme les Thesmophories, célébrées par les seules femmes mariées, astreintes à la chasteté. Il est possible qu'Ovide fasse allusion à cette dernière fête; mais il faut observer que c'était une fête des semailles et non de la moisson. Ehwald pense qu'il s'agit de la fête célébrée en août par les matrones romaines en l'honneur de Proserpine retrouvée.

618. Pour le Bouvier et les Trions, voir livre II, n. 82 et 83.

619. Voir livre VI, n. 307. Icarios avait été mis à mort par les paysans de l'Attique, auxquels, après la visite de Dionysos, il avait fait connaître le vin et qui, dans leur ivresse, crurent avoir été empoisonnés par lui. Erigoné, modèle d'amour filial, n'avait pu survivre à son père et s'était pendue. Tous deux avaient été placés parmi les astres. Voir Hygin, *Fab.* 130.

620. Antoninus Liberalis a résumé, probablement d'après Nicandre, la même aventure (XXXIV), mais il donne à l'héroïne le nom de Smyrna et à son père celui de Theias, et il place la scène dans le Liban, en Syrie, patrie d'Adonis. Voir aussi Apollodore (*Bibl.*, III, 14, 2) et Hygin (*Fab.* 58).

621. Ovide énumère ici les principaux sanctuaires du culte d'Aphrodite : Cythère (Cérigo), petite île au sud du Péloponnèse; Paphos (voir ci-dessus, n. 611); Cnide, ville importante d'Asie Mineure, à l'extrémité de la presqu'île du même nom, au sud de la Carie : c'est là que se trouvait la fameuse statue de la déesse nue, par Praxitèle, dont le Musée du Vatican possède une belle réplique; Amathonte, sur la côte est de l'île de Cypre.

622. L'Atalante, fille de Schoineus, héroïne de ce récit, était considérée par quelques mythographes comme la même que la fille d'Iasos, héroïne de la chasse au sanglier de Calydon (voir livre VIII, 317 et suiv. et n. 454). Schoineus, qui lui est donné pour père, était, d'après Pausanias (VIII, 35, 10), un Béotien émigré en Arcadie, dont une partie de la plaine, appelée Schoinous, portait son nom. Les deux légendes étaient donc localisées en Arcadie. Suivant d'autres, Atalante aurait été argienne, ou originaire de Scyros. Ovide ne donne aucune indication permettant de situer la scène de la course qu'il décrit ici.

623. Voir, v. 605 et suiv., la généalogie d'Hippomène qu'il donne lui-même.

624. C'est-à-dire Béotien, la ville d'Onchestos où régnait son père (voir note 625) étant voisine de Thèbes.

625. Suivant d'autres traditions, Mégareus était lui-même fils de Poseidon (Pausanias, I, 39, 5; Hygin, *Fab.* 157). — L'épithète *Onchestius* peut être prise dans deux sens : Onchestos est, en effet, à la fois le nom d'un fils de Poseidon et d'une ville de Béotie, où régnait Mégareus (Pausanias, *ibid*, et IX, 26, 3) et où se trouvait un temple de Poseidon.

626. Tamassos, dans l'intérieur de l'île de Cypre, avait des mines de cuivre importantes. D'après d'autres auteurs, les pommes d'or données par Aphrodite à Hippomène venaient du Jardin des Hespérides.

627. Echion était un des géants nés des dents du dragon semées par Cadmos (voir ci-dessus, livre III, v. 126), qu'il aida à bâtir Thèbes et dont il épousa la fille Agaué; Penthée était son fils. — Suivant d'autres (Hygin, *Fab.* 185), c'est dans un temple de Zeus qu'Hippomène aurait commis le sacrilège dont le punit Cybèle.

628. Le char de Cybèle était attelé de lions. — L'histoire d'Atalante est aussi contée par Hygin, *Fab.* 185.

629. C'est en Syrie que, d'après la légende, Adonis avait été victime du sanglier, et c'est de Syrie que son culte s'était répandu dans le monde grec.

630. La mort d'Adonis était, en effet, commémorée chaque année, en été, par les fêtes des *Adonia*, qui, célébrées d'abord en Syrie et particulièrement à Byblos, le furent rapidement dans tout le monde grec. Autour d'une image d'Adonis, étendue sur un lit funéraire, les femmes

se livraient à toutes les démonstrations du deuil le plus bruyant et de la douleur la plus vive. Théocrite, dans son idylle des *Syracusaines* (XV), fait une description pittoresque de la fête à Alexandrie.

La mort d'Adonis avait été suivie de sa résurrection, obtenue de Zeus par Aphrodite, et qui était célébrée avec les mêmes transports. Le jeune homme passait, disait-on, quatre mois aux Enfers auprès de Perséphoné, éprise aussi de lui, et le reste de l'année auprès d'Aphrodite. On reconnaît, sans peine, dans cette légende, qui a été l'objet de travaux importants, un des mythes concernant les phases de la végétation et la succession des saisons.

631. La nymphe Minthé, aimée d'Hadès, avait été, dans un accès de jalousie, mise en pièces par Perséphoné. Hadès l'avait métamorphosée en une plante qui prit d'elle le nom de menthe et qui poussait en abondance sur le mont Minthé, aux confins de l'Arcadie, l'un des centres du culte du dieu.

632. ... *Sic fata cruorem / Nectare odorato spargit; qui tactus ab illo / Intumuit sic ut fulvo perlucida cæno / Surgere bulla solet*. Les manuscrits des groupes principaux O et X portent la leçon *fulvo perlucida cælo*, quelques autres au lieu de *fulvo* ont *pluvio*, qu'adopte Merkel. La correction *cæno* pour *cælo*, adoptée par Magnus, Ehwald et Lafaye, donne un sens plus satisfaisant.

633. C'est l'anémone, qui tire son nom du mot grec ἄνεμος, vent.

LIVRE ONZIÈME

634. Voir livre X, n. 573.

635. Les Ménades portent habituellement un thyrse dont la hampe est terminée par une pomme de pin. Mais il en existait une variété meurtrière, le θυρσολογχός ou thyrse-lance, terminé par un fer de lance et dont on représente le dieu et sa suite armés dans leurs combats, contre Lycourgos par exemple. Voir plus bas, v. 28.

636. Erinys personnifie la fureur du crime. Les poètes emploient habituellement ce nom au pluriel et le terme « les Erinyes » désigne les trois Furies. Voir livre I, n. 30.

637. Bérécynte est le nom d'une ville et d'une montagne de Phrygie, centres du culte de Cybèle, qui est souvent dénommée *Berecyntia mater*. Pour la flûte phrygienne, voir livre III, n. 175.

638. Les mots lyre et cithare sont souvent employés comme synonymes. Le principe des deux instruments était le même : une caisse de résonance et des cordes de longueur égale fixées sur une traverse maintenue par deux bras. Mais, dans la cithare, le résonateur paraît avoir été plus important et de forme rectangulaire, et les bras plus épais.

639. Déchirer ses vêtements, se raser la tête, étaient des manifestations de deuil. Il semble, dit Ovide, que les arbres, dépouillés de leurs feuilles, la cime dénudée, s'y soient livrés.

640. Sur cette épithète de Lyaios, voir livre IV, n. 2. La métamorphose des femmes thraces en arbres par Dionysos paraît être de l'invention d'Ovide.

641. Voir livre VI, n. 295.

642. Voir livre IV, n. 194.

643. Midas, fils de Gordios, était roi de Phrygie d'après la légende la plus répandue (de là le nom de *Berecyntius heros* que lui donne Ovide, v. 106; voir ci-dessus n. 637). La capture de Silène aurait eu lieu suivant Xénophon (*Anab.* I, 2, 13) à Thymbrion, suivant Pausanias

(I, 4, 5) à Ancyra, qu'habitait Midas. Celui-ci n'est connu que par cet épisode de la légende de Dionysos. Quelques auteurs localisaient la légende de Midas en Macédoine (Hérodote, VIII, 138, Conon, 1). Hygin (*Fab.* 191) résume la légende traditionnelle.

644. Eumolpos, qualifié par Ovide de *Cecropius*, c'est-à-dire d'Athénien, était roi d'Eleusis et, disait la légende, fils de Poseidon et de Chioné, fille de Borée et d'Orithyie, la fille d'Erechthée, dont Ovide a conté l'enlèvement au livre VI, 682, et suiv. Suivant d'autres, il aurait été fils ou disciple de Musée et originaire de Thrace. Ses descendants, les Eumolpides, étaient héréditairement préposés au culte de Déméter, à Eleusis, avec la famille des Céryces, fondée par Céryx, quelquefois donné comme son père ou son fils.

645. *Da veniam, Lenæe pater !* Voir livre IV, n. 190. Nous traduisons l'épithète *Lenæus* en lui donnant le sens qu'avait en grec le mot Ληναῖος dérivé de ληνός (pressoir). Quant au mot *pater*, c'est celui qui est accolé, par respect au nom de certains dieux. Il convient bien au Dionysos de certaines légendes, le Dionysos dit « indien », barbu, vêtu de la longue robe appelée *bessara*, de type oriental, dont nous avons de nombreuses représentations.

646. Le Pactole, affluent de l'Hermos, roulait, au dire d'Hérodote (V, 101), des paillettes d'or. La richesse des rois de Lydie, dont le plus connu est Crésus, était proverbiale, et les témoignages des anciens concordent pour leur attribuer la frappe des premières monnaies d'or.

647. Sardes et Hypaipa étaient deux villes de Lydie. La première, sur le Pactole, était la capitale de la dynastie locale des Mermnades. La seconde, dans la plaine, au pied du Tmolos, moins importante, se trouvait dans le bassin du Caystre, sur la route de Sardes à Ephèse.

648. Sur Pan, voir livre I, n. 64. — Le Tmolos est ici personnifié, et c'est là peut-être l'unique exemple que l'on ait de la personnification d'une montagne, alors que, pour les fleuves, l'usage était courant chez les poètes.

649. La description que fait ici Ovide d'Apollon se disposant à chanter correspond exactement, pour l'expression, le costume, l'attitude, à la statue bien connue de l'Apollon Citharède du Musée du Vatican. Ovide avait certainement pris modèle sur l'original de cette œuvre, célèbre, à en juger par le nombre de ses répliques.

650. L'Hellespont, dans lequel Hellé, fille d'Athamas et de Néphélé, s'était noyée, en fuyant, en compagnie de son frère Phrixos, sur le bélier à la toison d'or, la colère d'Ino, femme d'Athamas. Sur ces légendes, voir Hygin, *Fab.* 2 et 3 et *Poet. astr.*, II, 20. Voir livres VI, n. 305 et VII, n. 341.

651. Laomédon, fils d'Ilos, père de Priam et d'Hésioné, était roi de Troie.

652. Les promontoires Sigeion et Rhoiteion se trouvaient sur la côte de Troade, le premier sur la mer Egée, le second sur l'Hellespont, de part et d'autre de la vallée du Scamandre. — L'épithète *Panomphaios* signifie littéralement « de qui émanent tous les oracles ». Cet autel de Zeus Panomphaios est déjà cité par Homère (*Il.* VIII, 250).

653. Erichthonios, fils de Dardanos, possédait, au dire d'Homère (*Il.*, XX, 145), trois mille juments merveilleuses (don, suivant certains, de Zeus à Tros, pour prix de son fils Ganymède). Borée, sous l'apparence d'un étalon, en avait eu douze cavales immortelles qui couraient sur les épis sans les courber et sur la crête des vagues. Héraclès, les avait demandées comme prix de la délivrance d'Hésioné, mais Laomédon lui avait donné des chevaux mortels. Voir Apollodore, *Bibl.*, II, 9, 5.

654. Télamon avait accompagné Héraclès et, avec lui, châtié Laomédon. Il avait eu en mariage Hésioné, qui fut la mère de Teucros. Voir Hygin, *Fab.* 89, et Apollodore, *Bibl.*, II, 6, 4.

655. Pélée était fils d'Eaque, fils lui-même de Zeus et d'Aigina, fille de l'Asopos (voir livre VII, n. 404 et 405). Thétis était l'une des filles du dieu marin Nérée, par suite déesse elle-même.

656. On pourra comparer cet épisode avec celui des *Géorgiques* (IV, 487 et suiv.) où l'on voit la nymphe Cyréné donner à son fils Aristée, pour s'emparer de Protée et l'obliger à parler, les mêmes conseils que Protée donne ici à Pélée pour s'emparer de Thétis. L'imitation de Virgile est, dans ce passage, flagrante.

657. Voir livre VII, n. 404. Si l'on s'en tient à la légende d'après laquelle Phocos aurait été atteint par le disque lancé par son frère, le mot *jugulatus* qu'emploie ici Ovide doit être pris dans le sens le plus général.

658. Trachis, aux confins de la Doride et de la Locride, au pied de l'Œta (Céyx est appelé plus bas, v. 383, *rex Œtæus*), est surtout connue pour le rôle qu'elle joue dans la légende d'Héraclès. La tragédie des *Trachiniennes* de Sophocle, consacrée à la mort d'Héraclès, et qui porte ce nom parce que le chœur en est composé de femmes de Trachis, se passe dans le palais du roi de la ville, Céyx, qui a recueilli Déjanire; ce roi est confondu souvent, comme ici, avec l'époux d'Alcyoné. La ville n'était, dans l'antiquité, pas plus éloignée que les Thermopyles, toutes voisines, de la côte du golfe Maliaque, qu'ont reculée les alluvions du Sperchios.

659. C'est l'attitude et le geste du suppliant.

660. C'est l'épervier. Voir pour cette légende de Daidalion et celle de sa fille Chioné et de ses fils, Hygin, *Fab.* 200 et 201.

661. Thisbé est une ville de Béotie, ainsi nommée de la nymphe Thisbé. On ne connaît aucune légende relative à ses colombes. Homère (*Il.*, II., 502) qualifie déjà la ville de πολυτρήρων (abondante en pigeons).

662. *Inde fragore gravis strepitus loca proxima terret / Belua vasta, lupus juncisque palustribus exit / Oblitus et spumis, exspersus sanguine rictus / Fulmineos...* Le texte est ici mal établi. *M* porte *niveisque paludibus*, leçon peu satisfaisante que Magnus conserve cependant, mais sous réserves, et *N* et *F*, suivis par Lafaye, *silvisque palustribus*. Merkel suivi par Ehwald, corrige : *mucisque*. Nous adoptons la correction de Korn : *juncisque*, acceptée par P. Lejay.

663. La Néréide Psamathé, mère de Phocos. Voir v. 398.

664. Les Magnètes habitaient la région côtière de la Thessalie, au sud de l'embouchure du Pénée.

665. Acastos, fils de Pélias, roi d'Iolcos, est cité par Ovide (VIII, 306) parmi ceux qui prirent part à la chasse de Calydon. D'après d'autres auteurs, ce n'est pas du meurtre de Phocos qu'il aurait purifié Pélée, mais du meurtre de son hôte Eurytion, tué involontairement par lui en chassant dans le Pélion. Suivant Nicandre, si le résumé donné d'après lui de cette légende par Antoninus Liberalis (XXXVIII) est exact, les troupeaux de Pélée étaient destinés à payer, pour ce meurtre, le prix du sang au père d'Eurytion, Iros, qui les refusa.

666. Voir livre I, n. 50. Alcyoné, plus loin (v. 425), émettra l'espoir que Céyx, pour se rendre à Claros, prendra la route de terre; c'est supposer qu'il remonterait jusqu'à l'Hellespont puis, pour atteindre le sanctuaire, traverserait, du nord au sud, la moitié de l'Asie Mineure.

667. Pausanias (IX, 36, 2 et X, 7, 1) mentionne la tentative de pillage du sanctuaire de Delphes par les habitants de Phlégya, en Béotie, comme antérieure à celle de Pyrrhos, fils d'Achille. Le dieu les repoussa et les dispersa, comme plus tard les Gaulois, par la foudre, les tremblements de terre et la peste. Pausanias ne cite pas le nom de leur chef. On connaît une quinzaine de personnages du nom de Phorbas. Peut-être s'agit-il ici de Phorbas, fils de Lapithès et père d'Actor (Pausanias, V, 1, 11).

668. Des stèles funéraires dressées en l'honneur de naufragés ont été, en effet, trouvées dans les cimetières antiques, en particulier dans celui du Céramique, à Athènes.

669. Hippotès était le père d'Eole, maître des vents, dont Alcyoné est la fille.

670. Les navires anciens pouvaient porter au sommet du mât, comme quelquefois les nôtres, une flamme, marque ou pavillon, représentée sur nombre de monuments figurés. Le vers d'Ovide, difficilement intelligible si l'on donne ici à *vela* le sens précis de « voiles », — que signifieraient pour un navire en marche les voiles battant *(fluitantia)* au *sommet* du mât ? — devient clair si on entend le mot dans le sens de cette « pièce d'étoffe » qui ondoyait en tête du mât, et qui est, en effet, tout ce qu'Alcyoné peut voir encore du navire avant qu'il disparaisse à l'horizon. Céyx sort, d'ailleurs, du port à la rame; la manœuvre des voiles est décrite plus loin, v. 474 et suiv.

671. L'Athos s'élève à l'extrémité de la presqu'île orientale de la Chalcidique; le Pinde, entre la Thessalie et l'Epire.

672. Les mains suppliantes d'Alcyoné participent, sans qu'elle le sache, à la souillure que, par la mort de Céyx, a contractée toute sa maison et qui ne sera effacée qu'après les funérailles.

673. Le pays des Cimmériens est un pays mythique, situé aux confins du monde, mal localisé par les anciens eux-mêmes, qui le situaient tantôt tout à fait à l'ouest de l'Océan, tantôt au nord du Pont-Euxin. Homère nous montre bien (*Od.* XI, 11) Ulysse s'y rendant sur le conseil de Circé et naviguant une journée pour l'atteindre, et l'on a pu, d'après son texte, le localiser dans le voisinage de l'Averne; mais Ulysse spécifie aussi que le pays est au bord de l'Océan. Il ne faut pas oublier que, pour le poète, son héros navigue dans les contrées inconnues, aux extrémités du monde.

674. Le Sommeil, Hypnos, est, pour Hésiode (*Théog.*, 211), fils de la Nuit et frère de la Mort, Thanatos. L'art antique le représentait sous les apparences d'un jeune homme dont la tête était ornée, aux tempes, d'ailes symbolisant son vol silencieux comme celui des oiseaux de nuit (Musée de Madrid et British Museum).

675. Voir ci-dessus n. 658.

676. Les alcyons, qui devaient leur nom à Alcyoné, ont été identifiés avec divers oiseaux de mer : mouette, pétrel, goéland. D'après la croyance populaire, ils faisaient leur nid sur la mer même et couvaient leurs œufs pendant les sept jours précédant et les sept jours suivant le jour le plus court de l'année. Cette période, qui passait pour une période toujours calme, était appelée « jours alcyoniens. » Voir Hygin, *Fab.* 65, et Pline, *N. H.*, X, 90 et suiv.

677. La généalogie que donne ici Ovide ne cadre pas avec les données traditionnelles, d'après lesquelles Ilos, Assaracos et Ganymède, fils de Tros, étaient frères. Sur la légende d'Aisacos, voir Apollodore, *Bibl.*, III, 12, 5.

678. D'après une tradition suivie par Homère (*Il.*, XVI, 718-19)

et ici par Ovide, Hécube était la fille d'un roi de Phrygie, Dymas, dont le royaume se trouvait sur le Sangarios. Mais, d'après une autre tradition, adoptée par Euripide (*Hécube*, 3) et Virgile (*Æn.*, VII, 320), son père était un roi de Thrace, Cisseus.

679. Le Granique est un fleuve d'Asie Mineure, qui coule dans la partie septentrionale de l'ancienne Mysie, et se jette dans la Propontide. C'est au passage de ce fleuve qu'Alexandre remporta sa première victoire sur les Perses, en 334 av. notre ère. Les fleuves étaient représentés avec des cornes de taureau. Voir livre IX, n. 494.

680. Cébréné est le nom à la fois d'une ville et d'un fleuve de Troade. Voir livre VII, n. 373.

681. Le nom latin de l'oiseau *(mergus)* comme son nom français (plongeon) rappellent cette particularité.

LIVRE DOUZIÈME

682. Cette mention de l'enlèvement d'Hélène, qui fut cause de la guerre de Troie, fournit à Ovide une transition pour conter quelques épisodes de cette guerre. Comme il a été dit dans l'Introduction, et comme on le verra, il prend surtout pour guide Homère, procédant d'ailleurs, le plus souvent, par rapides allusions. Mais il emprunte aussi certainement nombre d'épisodes, qui ne figurent pas dans l'*Iliade*, aux œuvres, aujourd'hui perdues, des poètes dits « cycliques », successeurs et imitateurs d'Homère : Arctinos de Milet, auteur de l'*Ethiopide* et de la *Prise d'Ilion*, Leschès de Lesbos, auteur de la *Petite Iliade*, Stasinos de Cypre, auteur des *Chants cypriens*. Enfin, les tragédies grecques l'ont aussi inspiré.

683. Les Pélasges étaient un peuple dont l'invasion en Grèce, au 2e millénaire av. notre ère, avait laissé de nombreuses traces, en particulier en Thessalie, où la région de Larissa portait le nom de *Pelasgiotis*. Les Grecs nommaient ainsi la population primitive de leur pays, à laquelle ils attribuaient les constructions appelées aussi « cyclopéennes ». L'Arcadie les rattachait à son héros ethnique Pélasgos. Dans Homère, les conquérants de Troie sont plus habituellement appelés Danaens ou Achéens.

684. Calchas, dont on connaît le rôle dans l'*Iliade* et dans l'*Iphigénie à Aulis* d'Euripide.

685. C'est là le sujet de la tragédie d'Euripide.

686. Voir le récit du prodige que fait le Messager dans l'*Iphigénie* d'Euripide, v. 1540 et suiv.

687. Un oracle avait prédit la mort du premier Grec qui débarquerait sur le rivage troyen. Protésilas s'était sacrifié et était tombé sous les coups d'Hector. Les Grecs lui avaient élevé un tombeau, tout proche de l'Hellespont. Le tumulus qui portait son nom a été exploré. Cet épisode était développé dans les *Chants cypriens* de Stasinos.

688. Voir livre XI, n. 652.

689. Ce personnage est le troisième du nom de Cygnus dont Ovide conte la métamorphose en cygne. Voir livres II, 307 et suiv., et VII, 371 et suiv. — L'épisode du combat d'Achille et de Cycnos avait été probablement emprunté par Ovide aux *Chants cypriens* de Stasinos.

690. Elle avait été coupée sur le Pélion par le Centaure Chiron et donnée par lui à Pélée. Nul autre qu'Achille ne pouvait la manier. Voir *Il.*, XVI, 140 et suiv.

691. Pélée, père d'Achille, était fils d'Eaque. Voir livre VII, n. 404.

692. Comme Achille, fils de la Néréide Thétis.

693. Il s'agit ici non du bouclier forgé par Héphaistos pour Achille, à la prière de Thétis, et que décrit Homère. (*Il.*, XVIII, 453 et suiv.), mais d'un bouclier fait de peaux de bœufs cousues ensemble, comme sont aussi dans Homère, ceux de Teucros, d'Ulysse, d'Ajax. Voir livre XIII, n. 732.

694. Achille rappelle ses exploits depuis que les Grecs assiègent Troie. Lyrnessos est une ville de Mysie, Ténédos, une petite île située en face de la côte troyenne (voir Virgile, *Æn.*, II, 21 et suiv.); Thébé (qu'Ovide appelle Thèbes), au pied du Placos, montagne de Mysie, était la capitale d'Eétion, père d'Andromaque, massacré par Achille avec ses fils. Le Caïque est un fleuve de Mysie.

695. Téléphe, fils d'Héraclès et d'Augé, avait été blessé par la lance donnée par Chiron à Achille, et, d'après un oracle, ne devait être guéri que par cette même lance. Un autre oracle ayant annoncé que Troie ne pourrait être prise sans lui, Achille consentit à cette guérison. Téléphe, par reconnaissance, bien que gendre de Priam, guida les Grecs, mais ne prit pas part à la guerre (Hygin, *Fab.* 99 et 101). L'épisode était développé dans les *Chants cypriens* de Stasinos.

696. Nestor, douzième fils de Néleus et de Chloris, seule survivante, d'après une légende, des filles de Niobé, était, comme l'a établi Victor Bérard, roi de la Pylos triphylienne en Péloponnèse, un peu au sud de l'embouchure de l'Alphée et dans le voisinage du cap Samicon. Il avait accompagné les Grecs à Troie, et l'on sait quel rôle de conseiller sage et prudent Homère lui fait jouer auprès des chefs, en raison de son grand âge et de son expérience (voir n. 698).

697. Les Perrhébéens étaient un peuple fort ancien qui aurait occupé la plus grande partie de la Thessalie.

698. Nestor avait onze frères, énumérés par Apollodore (*Bibl.*, I, 9, 9), qui furent massacrés par Héraclès avec leur père (voir plus loin, v. 549 et suiv.). Apollon avait accordé à Nestor, seul épargné, de vivre autant d'années qu'auraient vécu tous ses frères ensemble. Il avait donc, suivant la légende, vécu trois cents ans et, au moment de son récit, entrait dans son troisième siècle (Hygin, *Fab.* 10).

699. Cette métamorphose de Caineus est rappelée, d'après Nicandre, par Antoninus Liberalis (XVII, voir livre IX, n. 571) et par Hygin (*Fab.* 15). La légende de Caineus est ancienne. Son nom figure déjà dans l'*Iliade* (I, 264). L'épisode de sa mort est souvent représenté (voir ci-dessous n. 715).

700. Suite du récit de Nestor. — Peirithoos, fils d'Ixion, se trouvait être frère des Centaures, nés de son père et de la Nuée interposée par Héra entre elle et Ixion lorsqu'il avait essayé de lui faire violence. — Hippodamé ou Hippodameia, fille de Butès, ne doit pas être confondue avec la fille d'Oinomaos, femme de Pélops.

701. C'est sans doute le Centaure Eurytion. Dans la description qui suit, Ovide mettra en scène soixante-seize personnages (53 Centaures et 23 Lapithes), dont un certain nombre, comme Peirithoos, Pélée, Thésée, le devin Mopsos, appartiennent à la légende, mais dont la plupart sont par ailleurs inconnus. Il est vraisemblable qu'Ovide a pris ces noms dans quelque catalogue dressé à l'époque alexandrine du genre des listes que nous trouvons dans Hygin pour les Argonautes (*Fab.* 14), les prétendants d'Hélène (81), les fils et filles de Priam (90), les Danaïdes (170), les chasseurs de Calydon (173), les chiens d'Actéon (181), etc. On se bornera donc à les transcrire.

702. Ces deux vers sont considérés comme interpolés par tous les éditeurs.

703. Les mots employés ici par Ovide, *crater* (v. 236), *cadus* (jarres), *lebes* (bassins) (v. 243), sont empruntés au grec (κρατήρ, κάδος, λέβης). Pour le cratère, voir livre V, n. 247. — Le *cadus*, comme le cratère, était de matières diverses, mais plus habituellement d'argile. Il servait à conserver le vin tiré des grands récipients, comme le *dolium* (ou tonneau, consistant en une grande jarre ou une futaille); jouant le même rôle que l'amphore, dont il avait aussi quelquefois la forme, le *cadus* était souvent confondu avec elle. — Le *lebes*, récipient de métal, à large panse arrondie et à anses ou poignées, faisait office de chaudron, mais aussi, dans les repas, de bassin recevant l'eau que les esclaves versaient, avec des aiguières, sur les mains des convives. — Quant aux *pocula* (coupes), ce sont les vases à boire, correspondant aux coupes grecques de diverses formes (canthare, cyathe, *culix*, etc.).

704. Il s'agit du sanctuaire domestique, analogue, pour Ovide, au Laraire romain.

705. C'est-à-dire : qui n'avait jamais été que son propre cavalier.

706. Le poitrail du cheval et la poitrine de l'homme, le Centaure participant de cette double nature.

707. C'est-à-dire que, s'il avait aussi la tête et l'encolure d'un cheval, il serait une monture digne de Castor, le héros cavalier.

708. *Fracta volubilitas capitis latissima, perque os / Perque cavas nares oculosque auresque cerebrum / Molle fluit, veluti concretum vimine querno / Lac solet, utve liquor vini sub pondere spissus / Manat et exprimitur per densa foramina cribri.* Le texte est ici mal établi. Merkel, qui, au reste, dans cette longue description, considère les interpolations comme nombreuses, supprime les vers 434-438, qui ne figurent que dans les manuscrits récents. Magnus et Ehwald les jugent aussi suspects. Parmi les corrections proposées, nous adoptons celle de *vini* au lieu de *rari* (v. 437), complétée par l'interversion des mots *cribri* et *spissus*, à la fin des vers 437 et 438.

709. Pélée, qui assista au combat : Nestor s'adresse à Achille, dans la tente duquel il fait ce récit.

710. On donnait le nom de Péléthronion à une partie du mont Pélion.

711. Mopsos, fils d'Ampyx ou Ampycos, cité plus haut (v. 450), était un devin connu. Il joue un rôle dans l'expédition des Argonautes.

712. La sarisse, arme de la phalange macédonienne, était une pique longue de 5 à 7 mètres, ce qui permettait de hérisser le front de la phalange du fer des piques de ses six premiers rangs, une fois ces piques abaissées.

713. Phyllos était une ville de Thessalie, voisine de Pagasai.

714. Ce sont les forces conjuguées dans le Centaure de l'homme et du cheval.

715. La lutte des Centaures et des Lapithes était un des motifs favoris de la sculpture grecque. Elle était représentée sur le fronton occidental du temple de Zeus à Olympie (en grande partie conservé), avec tout le caractère de mêlée brutale que lui donne Ovide au début de sa description, et sur des frises de temples (comme celles du pronaos du pseudo-Théseion d'Athènes et du naos du temple d'Apollon à Bassai, en Péloponnèse) ou de tombeaux (comme celles du Mausolée d'Halicarnasse et de l'héroon funéraire de Trysa, en Lycie). Les scènes de combats singuliers entraient facilement dans le cadre des métopes

des temples doriques, et se retrouvent sur les métopes du Parthénon, par exemple. La scène de la mort de Caineus, écrasé sous des blocs de rochers par les Centaures, figure sur le vase François, de Florence, sur les frises du pseudo-Théseion et de Bassai. Ovide n'avait pu manquer de voir en Grèce et en Asie un certain nombre de ces monuments, dont le souvenir a pu l'inspirer.

716. Tlépolémos, fils d'Héraclès et d'Astyoché, avait été, disait la légende, un des prétendants d'Hélène. D'après Homère, qui le cite dans le dénombrement des chefs grecs (*Il.*, II, 653 et suiv.), meurtrier involontaire de son grand-oncle Lycimnios, il s'était enfui à Rhodes (voir plus bas, vers 574). Il fut tué par Sarpédon (*Il.*, V, 627 et suiv.).

717. Voir livre IX, n. 524.

718. Déiphobos, frère d'Hector, et Polydamas, fils de Panthoos, sont tous deux connus par l'*Iliade.* C'est Polydamas qui (*Il.*, XVIII, 249 et suiv.) donne à Hector des conseils de prudence que celui-ci refuse de suivre. C'est de Déiphobos qu'Athéna (*Il.*, XXII, 226 et suiv.) prend la figure pour rassurer Hector poursuivi par Achille et le ramener au combat où il succombera. L'un et l'autre comptaient parmi les plus valeureux des Troyens. D'après Hygin (*Fab.* 115), le premier avait eu raison de trois adversaires, le second de quatre. Il est vrai qu'Hector en avait tué trente et un.

719. Homère (*Il.*, XI, 689 et suiv.) mentionne déjà cette légende. L'expédition d'Héraclès en Elide était dirigée contre le roi du pays, Augias, qui avait refusé de payer le prix convenu pour le nettoyage de ses écuries. Celle contre Pylos avait pour cause, disait-on, le refus de Néleus de purifier le héros du meurtre d'Iphitos, fils du roi d'Oichalia Eurytos et frère d'Iolé (voir livre IX, n. 510). — Les remparts messéniens sont, non pas ceux de la ville de Messène, fondée par Epaminondas en 369 av. notre ère, mais d'Oichalia de Messénie. C'est en Messénie qu'Homère (*Od.*, XXI et suiv., passage, il est vrai, peut-être interpolé) localise la légende d'Eurytos et d'Iphitos.

720. D'après une autre légende, Périclyménos s'était transformé en abeille et s'apprêtait à piquer le héros monté sur son char, quand celui-ci, averti par Athéna, le tua.

721. Ovide a conté plus haut (v. 64 et suiv.) le combat entre Achille et Cycnos, fils de Poseidon, métamorphosé par son père en cygne après sa défaite. Le cygne est qualifié d'oiseau chéri de Phaéton, car c'était celui en lequel avait été métamorphosé son ami Cycnos, fils de Sthénélos (voir livre II, v. 367 et suiv.). On peut faire observer que Phaéton n'avait pas connu cette métamorphose, conséquence précisément de la douleur que Cycnos éprouva de la mort de son ami.

722. Sminthé, ville de Troade, avait un temple d'Apollon qui, pour cette raison, était qualifié de *Smintheus* ou *Sminthios.*

723. Achille avait attaché le cadavre d'Hector par les talons à son char et l'avait traîné jusqu'au camp grec (*Il.*, XXII, 396 et suiv.). Cette scène est représentée sur plusieurs vases peints.

724. C'est-à-dire l'efféminé Paris.

725. Le Thermodon, petit fleuve côtier du Pont-Euxin, coulait dans le pays des Amazones (voir livre IX, n. 522). La reine de celles-ci, Penthésilée, était venue au secours des Troyens et s'était rencontrée, au cours d'un combat, avec Achille, qui l'avait tuée. Cette légende était le sujet de l'*Amazonie,* l'un des poèmes d'Arctinos de Milet sur la prise d'Ilion.

726. Héphaistos est le dieu du feu; c'est donc lui qui a consumé

sur le bûcher le corps d'Achille, pour lequel il avait, à la prière de Thétis, forgé des armes (*Il.*, XVIII, 369 et suiv.).

727. C'est-à-dire Diomède, compagnon d'Ulysse pour l'enlèvement du Palladion. Voir livre XIII, n. 746.

728. Les deux Atrides sont Agamemnon et Ménélas.

729. C'est-à-dire Ajax et Ulysse. Leur compétition sera contée par Ovide au livre XIII, 1 et suiv.

730. Pélops, père d'Atrée, père lui-même d'Agamemnon, était fils de Tantale. Voir livre VI, 403 et suiv. et n. 325.

731. Homère fait allusion dans l'*Odyssée* (XI, 544 et suiv.) à cette compétition entre Ulysse et Ajax, qui va occuper près de la moitié du livre XIII des *Métamorphoses*: dans le récit qu'il fait de l'évocation de ses compagnons au pays des morts, Ulysse montre Ajax lui tenant rigueur de sa victoire. Le sujet avait été traité, sans doute, dans la *Petite Iliade* de Leschès de Lesbos. Eschyle avait fait représenter un *Jugement des armes*. A Rome, Accius avait aussi composé une tragédie sous le même titre *(Judicium armorum)*.

LIVRE TREIZIÈME

732. Les héros grecs avaient des boucliers faits soit de plaques de métal superposées, soit de peaux de bœufs cousues ensemble, en nombre variable : quatre, nous dit Homère, pour les boucliers de Teucros et d'Ulysse, sept pour celui d'Ajax, dix pour celui d'Achille. Voir livre XII, n. 693.

733. Cet épisode occupe les chants XIII et XIV de l'*Iliade*. Hector, une fois Achille retiré sous sa tente, force le camp des Grecs, qui se réfugient sur leurs vaisseaux; mais Ajax finit par le repousser et le renverse sous le choc d'une énorme pierre qu'il lui lance (*Il.*, XIV, 409 et suiv.).

734. Télamon était le compagnon d'Héraclès dans la première expédition contre Troie (voir livre XI, v. 212 et suiv. et n. 653 et 654), et celui de Jason dans l'expédition des Argonautes.

735. Eaque, d'après une légende qui apparaît assez tardivement, au ve siècle, était juge aux Enfers, en compagnie de Minos et de Rhadamanthe. Voir livre IX, n. 550.

736. Achille, fils de Pélée, n'était que le cousin germain d'Ajax, fils de Télamon, frère de Pélée. Voir livre VII, n. 404.

737. La légende racontait que, pour se venger d'Autolycos, fils d'Hermès, qui lui volait ses troupeaux, Sisyphe, fils d'Aiolos (voir livre IV, n. 223), avait violé sa fille, Antycleia, qui épousa ensuite Laerte et qui fut mère d'Ulysse. Ajax insulte donc doublement Ulysse en lui attribuant un tel père et une naissance illégitime (Hygin, *Fab.* 201). Voir livre VIII, n. 490. Virgile, de même, traite Ulysse d'*Æolides* (*Æn.*, VI, 529).

738. Ulysse, effrayé par un oracle qui lui avait prédit que, s'il prenait part à la guerre de Troie, il ne rentrerait chez lui qu'au bout de vingt ans, seul, sans ressources, simula la folie devant ceux qui le pressaient de partir. Palamède, pris de soupçons, plaça le petit Télémaque, encore au berceau, devant la charrue, attelée d'un bœuf et d'un cheval, de son père, qui la détourna et dut avouer sa ruse (Hygin, *Fab.* 95). De là son inimitié contre Palamède. Voir n. 740.

739. Voir livre IX, n. 530.

740. Ulysse, ayant feint un songe, avait persuadé Agamemnon

de lever le camp une journée entière, dont il profita pour enfouir une forte somme d'argent dans la tente de Palamède. Puis il fit saisir sur le cadavre d'un Troyen une prétendue lettre de Priam à Palamède, lui promettant, pour livrer le camp grec, précisément cette somme qui fut découverte alors dans la tente. Palamède, convaincu de trahison, fut mis à mort. Son père Nauplios devait le venger en provoquant le naufrage de nombreux vaisseaux grecs, au retour de Troie (Hygin, *Fab.* 105 et 116). Cet épisode, inconnu d'Homère, était le sujet de la tragédie de *Palamède* d'Euripide.

741. Au cours d'une retraite, Nestor, retardé par l'âge, abandonné par Ulysse qui s'enfuit, avait été sauvé par Diomède. Voir *Il.*, VIII, 78 et suiv.

742. Diomède, qui joua un rôle important dans les premiers chants de l'*Iliade* et blesse même Arès (*Il.*, V, 846 et suiv.).

743. Ulysse, blessé au côté par le javelot de Socos, avait tué son adversaire, mais, environné par les Troyens et sur le point de succomber avait appelé ses compagnons à l'aide. Ménélas et Ajax s'étaient portés à son secours et l'avaient sauvé (*Il.*, XI, 428 et suiv.).

744. Hector avait défié le plus vaillant des Grecs en combat singulier. Ménélas seul s'était d'abord proposé. Mais Agamemnon s'était opposé à ce qu'il risquât sa vie. Les reproches de Nestor ayant enfin décidé neuf des chefs, parmi lesquels d'ailleurs Ulysse, à affronter Hector, le sort avait désigné Ajax, auquel allaient les vœux de l'armée. Le combat, indécis, s'était terminé par un échange de présents entre les adversaires, pleins d'admiration l'un pour l'autre (*Il.*, VII, 54 et suiv.). Ajax se vante donc en prétendant qu'il fut seul à relever le défi. Ulysse réfutera cette prétention dans sa réponse, v. 275 et suiv.

745. Voir ci-dessus, n. 733. Ajax revient ici pour la troisième fois sur cet exploit, déjà mentionné v. 7 et 85.

746. L'expédition nocturne de Diomède et Ulysse, la capture et la trahison de l'espion troyen Dolon, mis ensuite à mort par Diomède, le meurtre de Rhésos, roi de Thrace, et l'enlèvement de ses chevaux sont le sujet du chant X de l'*Iliade*. La capture d'Hélénos, fils de Priam et devin, qui révéla aux Grecs l'oracle relatif aux flèches d'Héraclès, l'enlèvement de la statue de Pallas (Palladion) sont des légendes qui n'apparaissent que postérieurement à Homère. La première est mentionnée par Sophocle (*Philoctète*, 604 et suiv.). — Sur l'origine du Palladion, qui aurait été non pas une image de la déesse Pallas, mais celle de Pallas, fille de Triton, tuée involontairement par Athéna, voir la légende rapportée par Apollodore, *Bibl.*, III, 12, 3.

747. Doulichion, île voisine d'Ithaque, faisait partie du royaume d'Ulysse.

748. Voir livre XII, n. 690.

749. Voir la description du bouclier forgé par Héphaistos pour Achille, *Il.*, XVIII, 483 et suiv.

750. Thétis, pour soustraire son fils à une guerre où elle savait qu'il trouverait la mort, l'avait envoyé dans l'île de Scyros, chez le roi Lycomédès, où il vivait caché sous des vêtements de femme. Ulysse, par un subterfuge qu'il rappelle plus loin (v. 162 et suiv.), l'avait obligé à se trahir et décidé à se joindre à l'armée grecque (Hygin, *Fab.* 96). Pendant son séjour à Scyros, Achille avait séduit la fille de Lycomédès, Déidameia, dont il eut Néoptolème, que Leschès, dans la *Petite Iliade*, montrait amené à son tour à Troie par Ulysse, qui était allé le chercher, comme son père, à Scyros. Cette légende était inconnue d'Homère, chez qui (*Il.*, XI, 765 et suiv.) Nestor rappelle à

Patrocle la mission qu'il accomplit en compagnie du père de celui-ci, Ménoitios, à Phthie, pour demander à Pélée d'envoyer son fils à Troie.

751. Ulysse relève ici l'insinuation d'Ajax qu'il est le fils de Sisyphe (v. ci-dessus, n. 737).

752. Allusion à l'exil de Télamon, père d'Ajax, à la suite du meurtre de son demi-frère Phocos. Voir livre VII, n. 404.

753. Autolycos, père d'Antycleia, était fils d'Hermès.

754. Alors que Télamon a les mains souillées du sang du sien, Phocos. Voir ci-dessus n. 752.

755. Pélée, père d'Achille, régnait à Phthie, capitale de la Phthiotide, sur le Sperchios, au sud de la Thessalie. — Pyrrhos ou Néoptolème, fils qu'Achille avait eu de Déidameia, fille de Lycomédès, vivait chez son grand-père, à Scyros. Voir ci-dessus n. 750.

756. Teucros était fils, comme Ajax, de Télamon, mais avait pour mère Hésioné, fille de Laomédon et sœur de Priam. Voir livre XI, n. 654. Il était donc, au même titre qu'Ajax, cousin germain d'Achille.

757. Voir livre XII, n. 695.

758. Pour Lyrnessos, Ténédos, Thébé, voir livre XII, n. 694. — Comme Ténédos, Chrysé ou Chrysa et Cilla, villes de Troade, avaient des temples d'Apollon. — Lesbos est une île voisine de la côte de Mysie. — Scyros est le nom, non pas de l'île où Achille avait été caché par Thétis, mais d'une ville de Phrygie, dont le roi était Enyeus (*Il.*, IX, 668).

759. Restitution toute symbolique, puisqu'il s'agit ici des armes forgées par Héphaistos après que les armes d'Achille eurent été prises par Hector sur le cadavre de Patrocle.

760. C'est, avec celui d'Achéens, le nom sous lequel sont le plus souvent désignés les Grecs. Il venait de Danaos, frère d'Aigyptos et fondateur d'Argos, dont Agamemnon était roi.

761. Ovide suit ici de près Euripide qui, dans son *Iphigénie à Aulis*, a donné à Ulysse ce rôle.

762. Anténor, dans l'*Iliade* (III, 205 et suiv.), s'adressant à Hélène, qui vient, du haut des portes Scées, de désigner Ulysse à Priam, rappelle cette ambassade à Troie d'Ulysse, venu en compagnie de Ménélas réclamer Hélène. — Cet épisode était le sujet de la tragédie de Sophocle Ἑλένης ἀπαίτησις *(La demande en restitution d'Hélène)*.

763. Anténor, qui avait été l'hôte d'Ulysse et de Ménélas lors de leur ambassade (voir note ci-dessus), est, en effet, le compagnon habituel de Priam. Il se trouve à ses côtés sur la tour des portes Scées lorsque paraît Hélène (*Il.*, III, 148), et c'est lui qui l'accompagne au camp des Grecs lorsque est décidé le combat singulier entre Paris et Ménélas (*Ibid.*, 262).

764. Dans Homère, Agamemnon propose à deux reprises d'abandonner le siège de Troie, une première fois (*Il.*, II, 110 et suiv.) par feinte, pour éprouver l'endurance des Grecs, qui, le croyant sincère, se hâtent vers leurs navires. C'est Ulysse, en effet, qui arrête la ruée vers les vaisseaux (*ibid.*, 190 et suiv.). La seconde fois, l'intention réelle d'Agamemnon, découragé, de se rembarquer est combattue par Diomède et Nestor (*Il.*, IX, 29 et suiv.).

765. L'insolente intervention de Thersite, rudement relevée par Ulysse qui le frappe de son sceptre et l'oblige à se rasseoir, tremblant de peur et de douleur, est contée par Homère, *Il.*, II, 211 et suiv.

766. Ulysse résume ici fidèlement, en quelques vers, pour en tirer

gloire, l'expédition à laquelle avait dédaigneusement fait allusion Ajax (voir v. 98 et n. 746), et qui forme la matière de la plus grande partie du chant X de l'*Iliade*, appelé aussi *Dolonie*.

767. Dolon, qui s'était proposé aux Troyens pour aller surprendre les délibérations d'Agamemnon et des chefs grecs, avait exigé qu'on lui promît par serment, pour récompense, les chevaux et le char d'Achille (*Il.*, X, 321 et suiv.).

768. Ajax, en proposant ironiquement de partager les armes entre Ulysse et Diomède, était plus généreux que ne le seraient les chefs grecs en refusant à Ulysse toute récompense.

769. Sarpédon, prince lycien, fils de Zeus et de Laodameia, est mentionné à plusieurs reprises dans l'*Iliade*. Ovide fait ici allusion au combat livré autour du corps de Tlépolémos, tué par lui (*Il.*, V, 668 et suiv.). Ulysse y prend part contre les chefs lyciens, et Ovide se borne à transcrire ici l'énumération que fait Homère des guerriers tombés sous ses coups en cette circonstance (*ibid.*, 677-78) et, plus tard, avant d'être blessé par Socos (*Il.*, XI, 422-23).

770. ... *Sunt et mihi vulnera, cives, /Ipso pulchra loco;*... L'expression *cives* peut ici paraître surprenante. Ovide se laisse entraîner par les habitudes et la phraséologie du forum. Ces deux discours sont le meilleur exemple de l'art de plaider ou de réfuter une cause tel qu'on l'apprenait dans les écoles de déclamateurs à Rome.

771. Il s'agit ici du retour offensif d'Hector contre la flotte grecque que raconte le chant XVI de l'*Iliade*, attaque repoussée, en effet, non par Ajax, qu'Homère représente comme accablé sous le nombre (*ibid.*, 102 et suiv.), mais par Patrocle, revêtu des armes d'Achille. Patrocle était fils de Ménoitios, l'un des Argonautes, dont le père était Actor.

772. Voir ci-dessus, n. 744.

773. D'après Arctinos, qui avait, dans son *Ethiopide*, conté le combat autour du cadavre d'Achille, Ajax avait emporté le corps, tandis qu'Ulysse arrêtait les ennemis. On notera qu'Ajax, dans son discours, n'a fait aucune allusion à cet épisode, cependant important pour le débat.

774. Ici encore, Ovide se borne à transcrire, presque littéralement, les premiers vers de la description du bouclier d'Achille dans Homère (*Il.*, XVIII, 483 et suiv.). Héphaistos y avait ciselé le Ciel, la Terre, les Astres, parmi lesquels la constellation d'Orion, et deux villes opposées l'une à l'autre, présentant l'une l'image de la paix, l'autre celle de la guerre.

775. C'est-à-dire d'Hélénos, qui lui avait dévoilé le moyen de s'emparer de Troie. Voir ci-dessus n. 746.

776. C'est le rôle joué par Ulysse, dans le *Philoctète* de Sophocle.

777. Ulysse énumère quelques-uns des chefs grecs : Ajax, fils d'Oilée, roi des Locriens; Eurypylos, fils d'Euaimon, roi d'Orménion en Thessalie; Thoas, fils d'Andraimon, fondateur d'Amphissa en Locride; Idoménée, prince crétois, fils de Deucalion et petit-fils de Minos; Mérionès, cousin ou frère du précédent, et enfin Agamemnon, tous jouant un rôle dans l'*Iliade*.

778. C'est-à-dire : s'il y a encore des combats à soutenir, remettez ces armes au plus vaillant; sinon, consacrez-les à Pallas, — dont il montre la statue à laquelle était attaché le destin de Troie (*signum fatale*), le Palladion, enlevé par lui et Diomède (voir ci-dessus n. 746).

779. Ajax, pour avoir été enveloppé par Héraclès dans la peau du

lion de Némée, était invulnérable (Ulysse a fait allusion plus haut, v. 267, à ce privilège), sauf en un seul point, que n'avait pas recouvert cette peau, la poitrine, suivant les uns (et ici Ovide), le cou ou le flanc, suivant les autres.

780. Il s'agit d'Hyacinthe, aimé d'Apollon, tué par lui involontairement et du sang duquel naquit la même fleur que du sang d'Ajax (voir livre X, 162 et suiv. et n. 600).

Le désespoir, la folie et la mort d'Ajax sont le sujet de l'*Ajax* de Sophocle.

781. Les femmes de Lemnos ayant longtemps négligé d'honorer Aphrodite, celle-ci poussa leurs maris à les abandonner pour des femmes thraces. Les épouses irritées massacrèrent tous les hommes, du pays. Seule Hypsipylé, fille du roi Thoas, sauva son père, qu'elle fit fuir. Devenue reine du pays, ce fut elle qui accueillit les Argonautes à leur passage. Eprise de Jason, elle eut de lui deux fils. Cet épisode est longuement conté par Apollonios de Rhodes (*Arg.*, I, 608 et suiv.). Voir Hygin, *Fab.* 15.

782. Voir livre IX, n. 530. Ovide ne prend plus désormais Homère comme guide, mais s'inspire des tragiques grecs. La mission d'Ulysse et de Néoptolème auprès de Philoctète est le sujet du *Philoctète* de Sophocle.

783. Priam avait péri de la main de Néoptolème. Virgile raconte sa fin (*Æn.*, II, 506-558).

784. Cassandra, fille de Priam, avait reçu d'Apollon le don prophétique, mais avait été condamnée par le dieu, à qui elle avait résisté, à n'être jamais crue. Elle fut arrachée à l'autel de Pallas par Ajax. Captive d'Agamemnon, elle fut tuée avec lui par Clytemnestre et Egisthe (voir l'*Agamemnon* d'Eschyle).

785. Astyanax, fils d'Hector, arraché des bras de sa mère avait été précipité du haut des remparts de Troie. C'est un des épisodes des *Troyennes* d'Euripide (709 et suiv.) et de Sénèque (1069 et suiv.).

786. Voir ci-dessus n. 747. Hécube était échue en partage à Ulysse. C'est le dénouement des *Troyennes* d'Euripide.

787. Ce meurtre est raconté par l'ombre de Polydore lui-même dans le prologue de l'*Hécube* d'Euripide. Virgile en a repris le récit dans l'*Enéide*, III, 19 et suiv.

788. Allusion à la querelle qui, au début de l'*Iliade*, met aux prises Achille et Agamemnon pour la possession de la captive Briséis. — L'apparition de l'ombre d'Achille, exigeant le sacrifice de Polyxène, sur sa tombe, se voyait vraisemblablement dans la *Polyxène* de Sophocle dont il ne reste que des fragments.

789. La mort de Polyxène, le désespoir d'Hécube pleurant sa fille, forment la première partie de l'*Hécube* d'Euripide.

790. Voir ci-dessus, n. 786.

791. Ismaros est le nom d'une montagne et d'une ville de Thrace. Voir livre II, n. 93.

792. L'épisode de la découverte du cadavre de Polydore par Hécube et de la vengeance qu'elle tire du meurtrier, Polymestor, roi de Thrace, forme la seconde partie de l'*Hécube* d'Euripide. Notons que cette légende est en contradiction avec Homère. Dans l'*Iliade*, Polydore est le fils de Priam, mais non d'Hécube (sa mère est Laothoé, fille du roi des Lélèges) et il est tué par Achille, sous les yeux d'Hector (*Il.*, XX 407 et suiv.).

793. Voir livre VI, n. 432.

794. Le stratagème d'Hécube pour attirer Polymestor, le meurtre de ses enfants par Hécube et les Troyennes captives, le supplice qu'elles infligent au roi de Thrace sont le sujet de la dernière partie de l'*Hécube* d'Euripide.

795. C'est le Κυνὸς σῆμα (« tombeau ou monument de la Chienne », sur l'Hellespont, dans le voisinage d'Abydos), comme l'appelle d'avance Polymestor lui-même (*Hécube*, v. 1273), prévoyant l'avenir. Le géographe Strabon le signale (XIII, 1, 28). — Cette légende de la métamorphose d'Hécube en chienne est déjà mentionnée dans un fragment lyrique qu'on a attribué à Alcman. Mais, suivant une autre légende, Hécube aurait été, après la prise de Troie, lapidée par les Grecs qu'elle insultait.

796. Eos (l'Aurore), mère de Memnon, avait eu ce fils de Tithonos, fils de Laomédon et frère de Priam. Elle favorisait donc les armes troyennes.

797. Memnon, fils d'Eos et de Tithonos, est nommé dans la *Théogonie* d'Hésiode (v. 984), mais sa légende ne s'est, semble-t-il, constituée qu'après Homère. Il était le héros d'un poème cyclique d'Arctinos de Milet, l'*Ethiopide*. C'était, en effet, un roi d'Ethiopie, mais il était venu à Troie, d'après Pausanias (X, 31, 2), de Suse en Perse, qu'il avait conquise. Il avait, dans un combat, tué Antilochos, fils de Nestor, et fut, à son tour, tué par Achille. On rattachait à sa légende les deux colosses dits de Memnon (en réalité deux statues du roi d'Egypte Amenhotep III, placées à l'entrée d'un temple et qui en subsistent seules encore aujourd'hui) : elles rendaient, disait-on, au lever du soleil, des sons harmonieux, salut de Memnon à sa mère l'Aurore. — Eschyle et Sophocle avaient écrit des tragédies de *Memnon*.

798. Priam, frère de Tithonos.

799. Du culte rendu aux parents morts *(parentatio)* était née, à Rome, la fête des *Parentalia* célébrée en février. Le texte est incertain. Les manuscrits portent *voce* (adopté par Magnus, Ehwald et Lafaye), *more*, *marte* (qui ferait allusion aux combats de gladiateurs donnés à cette occasion). Merkel a proposé *luce*.

La légende de ces oiseaux, appelés Memnonides, est mentionnée par divers auteurs, en particulier par Pausanias (X, 31, 6) et Pline l'Ancien (*N. H.*, 10, 74). On ne les a pas identifiés. Il s'agit évidemment (ils venaient, disait-on, tous les ans d'Afrique, se dirigeant vers le Nord), d'oiseaux migrateurs.

800. Voir livre XI, n. 678.

801. Enée, fils d'Aphrodite et d'Anchise, quitte Troie, emportant sur ses épaules son père âgé et ses dieux, emmenant son fils Ascagne. Réfugié avec quelques compagnons à Antandros, au pied de l'Ida, sur le golfe d'Adramyttion, il y construit une flotte. Ovide va maintenant, résumant à grands traits l'Enéide, prendre pour guide Virgile, qui raconte ce départ, *Æn.*, II, 705-729.

802. Pour l'escale d'Enée en Thrace et sa visite à Délos, voir *Æn.*, III, 1-120.

803. Voir livre VI, n. 321.

804. Anios avait déjà reçu la visite d'Anchise, venu lui demander s'il ferait bien d'accompagner à Salamine Priam, qui allait y visiter sa sœur Hésioné, épouse de Télamon. Voir *Æn.*, VIII, 158. — Le sanctuaire d'Anios, souvent mentionné sous le nom d'Archégésion dans les inscriptions de Délos, a été retrouvé.

805. Andros est une île importante, au N.-O. de Délos.

806. La mère d'Anios, Rhoio, fille de Staphylos, était, par son père, petite-fille de Dionysos, d'où le don fait par le dieu à ses descendantes. La légende ne mentionnait que trois filles d'Anios, dont les noms, Oino, Spermo, Elais, correspondent, pour chacune, au privilège qu'elle avait de transformer ce qu'elle touchait en vin, en blé ou en huile.

807. Ce Thersès habitant les bords de l'Isménos (fleuve voisin de Thèbes), en Aonie (ancien nom de la Béotie), est par ailleurs, inconnu. Sur les cratères, voir livre V, n. 247.

808. Le seul ciseleur Alcon connu est un artiste alexandrin, donc de date très postérieure. Hylé ou Hylai était une petite ville de Béotie, patrie, suivant quelques-uns, de Pindare.

809. Il s'agit de Thèbes aux sept portes, en Béotie.

810. Orion, fils d'Hyrieus, était un Thébain, dont les filles, Métioché et Ménippé, la peste ravageant Thèbes, s'étaient volontairement sacrifiées pour le salut commun comme l'avait exigé l'oracle d'Apollon de Gortyne, consulté (voir Antoninus Liberalis, XXV, qui conte cette légende d'après Nicandre). L'une s'était égorgée, l'autre percé le sein de sa navette. Elles avaient été transformées en astres. Le récit d'Ovide, substituant aux jeunes filles deux *juvenes*, auxquels il donne le nom de *Coronæ* ou de *Coroni* (voir plus bas), a paru peu intelligible. Une ingénieuse conjecture a été proposée : le manuscrit de Nicandre qu'Ovide avait sous les yeux aurait porté, au lieu d'ἀστέρας, la leçon fautive ἀνέρας, qu'il aurait traduit par *juvenes* et complété par l'explication que l'on a vue. Le texte d'Antoninus Liberalis porte, en effet, ἀστέρας (on conçoit cependant mieux des *hommes* surgissant du sol que des *astres* : de là peut-être la correction ἀνέρας, adoptée aussi par Ovide), et ne mentionne pas le cortège funèbre des filles d'Orion. Ajoutons qu'il y est dit que ces astres avaient été nommés κομήτας : peut-être faudrait-il donc subsistuer ce mot de *Cometas* à celui de *Coronas* (auquel certains éditeurs comme Magnus et Ehwald préfèrent d'ailleurs *Coronos*, qu'explique seul le souci du genre), mot que Planude, au lieu de le traduire par στεφάνους, transcrit littéralement par κορώνας, ce qui signifierait « les Corneilles ».

811. Pour le séjour d'Enée en Crète et son départ pour l'Italie, voir *Æn.*, III, 121-191.

812. Pour l'épisode de l'escale d'Enée aux îles Strophades (sur la côte ouest du Péloponnèse), et de l'agression des Harpies contre les Troyens, voir *Æn.*, III, 209-269.

813. Doulichion et Néritos sont des îles voisines d'Ithaque. Samé ou Samos est un nom de Céphallénie, en même temps que celui d'une ville de la côte orientale de l'île. Ambracie est située sur le golfe qui a pris son nom, et qui sépare l'Acarnanie de l'Epire. La légende qui la concerne est contée par Antoninus Liberalis (IV), d'après Nicandre et Athanadas dans ses *Ambracica*. Apollon, Artémis et Héraclès, se disputant la ville, prirent pour arbitre Cragaleus, fils de Dryops, qui paissait près de là ses bœufs. Cragaleus ayant décidé en faveur d'Héraclès, Apollon, dans sa colère, le changea en rocher. Apollon avait un temple à Actium, ville située à l'entrée méridionale du golfe et célèbre par la victoire navale remportée, en 31 av. notre ère, par Octave sur Antoine et Cléopâtre.

814. Voir livre VII, n. 413.

815. Cette légende est résumée, d'après Nicandre, par Antoninus Liberalis (XIV). Mounichos, roi des Molosses, homme juste et devin célèbre, vivant avec ses enfants dans la crainte des dieux, fut un jour

attaqué par des brigands qui mirent le feu à sa demeure. Zeus, pour les sauver du péril d'être brûlés vifs, les métamorphosa, lui, sa femme et ses fils, en oiseaux.

816. Pour le séjour d'Enée à Bouthrotos, en Epire, auprès d'Hélénos et d'Andromaque, qui y ont reconstitué le paysage troyen, et pour les prédictions d'Hélénos, voir *Æn.*, III, 294-505. Pour l'arrivée en Sicile, *ibid.*, 568 et suiv.

817. La description de Scylla est inspirée de celle que, dans Homère (*Od.*, XII, 85 et suiv.), Circé en fait à Ulysse.

818. Galatée est citée par Hésiode (*Théog.*, 250) dans l'énumération qu'il fait des cinquante Néréides, filles de Nérée et de Doris.

819. Cratæis est aussi pour Homère la mère de Scylla (*Od.*, XII, 124). Pour d'autres, c'était Echidna ou Lamia.

820. Faunus est une divinité latine (rares sont celles que cite Ovide), divinité des forêts, des champs et des montagnes, quelquefois assimilée au Pan des Grecs. Le Symæthus est un fleuve de la côte orientale de la Sicile, au sud de Catane.

821. Voir livre I, n. 32, les deux traditions concernant les Cyclopes. Ovide, comme Virgile (*Æn.*, III), suit la tradition homérique (*Od.*, VIII), et met à son tour en scène Polyphème. Mais, comme, dès le IIIe siècle av. notre ère, les poètes alexandrins, il fait de ce monstre sanguinaire, auquel Euripide avait encore conservé ce caractère dans son drame satyrique du *Cyclope*, un amoureux risible et vaniteux, épris de la Néréide Galatée. Tel le montre dans XIe idylle *(le Cyclope)* Théocrite, de qui est imité en partie cet épisode. Le personnage et la légende d'Acis, qui ne figurent pas dans Théocrite, ont été sans doute empruntés par Ovide à quelque autre Alexandrin; mais on ne les trouve que dans les *Métamorphoses*.

822. Cette prédiction de « Télémos l'Eurymide... prophète des Cyclopes », qui « vieillit parmi eux », se trouve déjà dans Homère (*Od.*, IX, 508 et suiv.). Elle est rappelée ailleurs par Théocrite (*Id.*, VI, 23).

823. Le rapprochement de tout le passage qui suit avec Théocrite (*Id.*, IX, 19-79) présente un vif intérêt pour l'étude des procédés d'imitation d'Ovide. On l'y voit suivre très exactement le mouvement de son modèle, mais sans le traduire et en rivalisant avec lui pour la richesse des comparaisons qu'il multiplie à son tour, avec non moins de bonheur.

824. *Nobilior farno ac platano conspectior alta*. Le texte *nobilior pomis*, que donnent nombre de manuscrits et qu'acceptent Magnus, Ehwald et Lafaye, paraît peu satisfaisant. A la place de *pomis*, on a proposé *palmis* (Bothe), *palma* (Siebelis), *pinu* (Bentley), *farno* (Polster). *M* porte *forma*, que Magnus considère comme une glose. Merkel se borne à corriger *forma ac* : mais la répétition à trois vers d'intervalle, dans ce morceau très étudié, de *forma* et *formosior* (v. 797) rend peu probable cette leçon. Celle de Polster nous paraît préférable et se justifie par la possibilité de la correction de *farno*, mot rare, en *forma*.

825. Le Cyclope est fils de Poseidon (voir livre I, n. 32).

826. Acis, petit-fils d'un fleuve (v. 750), est changé lui-même en fleuve.

827. L'Acis est un petit fleuve qui descend de l'Etna et que mentionnent Théocrite (*Id.*, I, 69) et Ovide lui-même dans ses *Fastes* (IV, 468).

828. Anthédon est un port de pêche situé sur la côte de Béotie,

sur le canal de l'Euripe. — Glaucos est un dieu marin dont la légende, très populaire, avait pris diverses formes. Représenté tantôt comme un jeune homme imberbe, tantôt comme un vieillard morose, redouté des matelots, ayant le don des présages, il se confond souvent, sous cette dernière forme, avec Protée. Il va conter lui-même sa métamorphose (v. 917 et suiv.). Pausanias (IX, 22, 7) rapporte aussi cette légende.

829. Pour Protée et Triton, voir livre II, n. 73. Palaimon n'est autre que Mélicertès, fils d'Ino et d'Athamas, recueilli par Poseidon avec sa mère et devenu sous ce nom un dieu marin (voir livre IV, v. 591 et suiv. et n. 228).

830. Circé est fille d'Hélios (le Soleil), fils, dit Hésiode, d'Hypérion et de Theia (*Théog.*, 371 et suiv.), et qu'Ovide qualifie toujours de Titan. Voir livre I, n. 3.

LIVRE QUATORZIÈME

831. Il faut entendre « le pêcheur de la mer d'Eubée », et non « l'habitant d'Eubée »; Anthédon, patrie de Glaucos, se trouvait sur la rive béotienne de l'Euripe.

832. Encélade, d'après Virgile (*Æn.*, III, 578). Suivant Ovide lui-même (livre V, 346 et suiv. et n. 264), ce serait Typhœus, qu'une autre légende disait être enseveli sous le mont Epomeus dans l'île d'Inarimé (Ischia). — Les Cyclopes, pour Virgile et Ovide, habitaient la Sicile.

833. Notre détroit de Messine, gardé par Charybde et Scylla et redouté des navigateurs.

834. Le séjour de Circé était, d'après Homère (*Od.*, X, 135), l'île d'Aiaié. C'est, sur la côte italienne, à l'extrémité sud des marais Pontins, le Monte Circeo actuel, le Κιρκαίον ὄρος de Strabon, qui le traite aussi d' « insulaire », νήσιαον (v. Bérard).
Circé, la magicienne, qui transformait les hommes en bêtes, nous est surtout connue par l'épisode de l'*Odyssée*, qu'Ovide suivra plus loin (v. 248 et suiv.).

835. Le Soleil avait dénoncé les amours d'Arès et d'Aphrodite (voir livre IV, 171 et suiv.).

836. Voir livre VII, n. 347.

837. Selon certains mythographes, cette métamorphose aurait été l'œuvre d'Amphitrite, jalouse de voir Scylla aimée de Poseidon. La légende de Scylla est résumée par Hygin, *Fab.* 199.

838. Ovide reprend le résumé de l'*Enéide*, dont la seconde moitié du Ier livre et tout le IVe livre, consacrés à Didon, tiennent ici en quatre vers, où la reine n'est même pas nommée.

839. Voir *Æn.*, V, 1-604, les jeux en l'honneur d'Anchise.

840. Voir *ibid.*, 605-699, l'incendie de quatre navires d'Enée.

841. Le royaume d'Eole, fils d'Hippotès, est nos îles Lipari. Les rochers des Sirènes ont été dès l'Antiquité localisés dans le groupe des îlots dits aujourd'hui les « Galli », au sortir du détroit de Capri, entre les golfes de Naples et de d'Amalfi (V. Bérard).

842. Palinure que le Sommeil fait tomber à la mer avec son gouvernail (*Æn.*, V, 835-871).

843. Inarimé (Ischia) et Procyté (Procida) sont nommées par Virgile (*Æn.*, IX, 715-716). Le nom de Pithécuse est celui que les Grecs donnaient à Inarimé. Il serait venu, légende dont Ovide se fait ici l'écho, de la métamorphose de ses habitants en singes (πίθηκοι).

844. Dans la légende d'Héraclès, les Cercopes sont deux nains malicieux, que le héros, pour les punir d'avoir voulu lui dérober ses armes, emporte sur son épaule, liés par les pieds, aux deux extrémités d'une branche. Désarmé par le rire que lui inspirent les plaisants et libres propos qu'il les entend échanger sur son compte, il finit par leur rendre la liberté. La scène est représentée sur une métope de Sélinonte.

845. Parthénopé est le nom primitif de Naples. — Le tombeau est celui de Misène, victime de son présomptueux défi porté à Triton (*Æn.*, VI, 162-174) et enseveli par Enée lui-même sous le tumulus qui porte encore le nom de cap Misène (*ibid.*, 212-235). Misène était le fils du troyen Æolus (*Æn.*, VI, 164 et XII, 542).

846. Ovide va résumer rapidement la visite d'Enée à la Sibylle de Cumes, à l'ouest de Naples, (*Æn.*, VI, 42-155) et sa descente aux Enfers (*ibid.*, 268-901).

847. Perséphoné, qui tient, auprès d'Hadès, la place d'Héra auprès de Zeus. — La quête du rameau d'or est contée par Virgile (*Æn.*, VI, 185-211).

848. On ne connaît pas de temple dédié à la Sibylle, simple prêtresse inspirée du dieu, comme l'était la Pythie à Delphes. Le temple dit « de la Sibylle », à Tivoli (Tibur) est en réalité un temple de Vesta. Ovide comme Virgile (*Æn.*, VI, 69 et suiv.), fait allusion au temple d'Apollon Palatin, élevé par Auguste. C'est dans le piédestal de la statue du dieu, œuvre de Scopas, que l'on avait placé les livres sibyllins.

849. Il n'y a pas trace dans Virgile de cet entretien et de cette légende. Elle expliquait pour les Romains la longévité de la Sibylle et sa disparition après être, au terme de sa vie, venue remettre à Tarquin les livres sibyllins. Le commentateur de Virgile, Servius (*ad Æn.*, VI, 321), la mentionne cependant.

850. Cumes était une colonie de Chalcis, en Eubée.

851. La nourrice d'Enée, Caiéta, fut ensevelie par lui en un point de la côte du Latium, qui prit son nom et le garde encore (Gaète). Voir plus loin, v. 441 et suiv.

852. Voir livre XIII, n. 813. Ce Macareus n'est nommé que par Ovide. Il ne s'agit pas du fils d'Aiolos.

853. Pour l'épisode d'Achéménide, voir *Æn.*, III, 587-691. Ovide, ici, se sépare de Virgile; celui-ci place cette rencontre avant la tempête qui jeta les Troyens sur la côte de Carthage.

854. Ovide, grâce à l'artifice du récit de Macareus, va, suivant l'exemple donné par Virgile avec l'épisode de Polyphème, mêler ici les aventures d'Ulysse à celles d'Enée. L'épisode de l'outre contenant les vents donnée à Ulysse par Eole et ouverte par ses compagnons est emprunté à Homère (*Od.*, X, 17 et suiv.).

855. L'épisode du séjour d'Ulysse chez les Lestrygons est conté dans l'*Odyssée*, X, 87 et suiv. Télépylos, la fille de Lamos, où règne Antiphatès sur un peuple de géants malfaisants, est placée par V. Bérard au nord de la Sardaigne.

856. Voir ci-dessus, n. 834.

857. L'épisode de Circé est emprunté à Homère (*Od.*, X, 187 et suiv.). Enée, dans Virgile, ne s'arrête pas chez la magicienne; Neptune détourne ses navires de l'île (*Æn.*, VII, 10-24).

858. Ovide, qui suit exactement Homère, s'en sépare cependant ici et insiste sur ce point. Chez Homère, Eurylochos et ses compagnons

entendent, en arrivant, Circé chanter, à son métier, une « chanson de toile ».

859. Le *molu* a été identifié avec le pourpier de mer (V. Bérard).

860. Ovide, dans ces derniers livres, fait une place aux légendes du Latium. Picus fait partie du groupe des génies champêtres. Il était disait-on, fils de Saturne, qui régna sur le Latium à l'époque de l'âge d'or, père de Faunus et grand-père de Latinus (*Æn.*, VII, 45 et suiv.). Son culte était rattaché à celui de Mars, à qui le pivert était consacré (*martius picus*). — Une statue du genre de celle dont parle ici Ovide avait été élevée par Auguste au tribun Valerius Corvinus; sur sa tête était représenté un corbeau qui lui était venu en aide au cours d'un combat contre un Gaulois gigantesque (Aulu-Gelle, *Noct. Att.*, IX, 11).

861. C'est-à-dire aux jeux Olympiques, qui avaient lieu en Elide.

862. Albula est le nom primitif du Tibre (voir *Æn.*, VIII, 331-332), qui prit son nom du roi albain Tiberinus (voir plus bas v. 615). — Le Numicus ou Numicius a été identifié, d'après Virgile, par J. Carcopino, plutôt qu'avec le petit fleuve côtier qui passe entre Ardea et Lavinium, avec l'émissaire du lac d'Ostie, aux eaux sacrées (voir plus bas, v. 599 et n. 893). — L'Anio est un affluent de gauche du Tibre, venu des monts de la Sabine. — Le Nar, affluent de gauche du Tibre, descendu de l'Apennin, roulait des eaux sulfureuses. — Le Farfarus, affluent de gauche du Tibre, le rejoint en aval du Soracte.

863. Cet étang est le lac de Némi, dans les monts Albains, appelé aussi « miroir de Diane ». Il y avait sur ses bords un temple consacré à *Diana Aricina* (Aricie est une ville voisine), dont le culte était rapproché de celui de l'Artémis Taurique (voir Ovide, *Fastes*, III, 265 et suiv., et VI, 735). D'où l'épithète de *Scythica*. Voir livre XV, n. 985.

864. Janus était l'une des plus anciennes divinités latines. Roi du Latium, il aurait accueilli Saturne et appris de lui l'agriculture (certaines légendes faisaient de celui-ci son père). Son culte était en relation avec celui des divinités des sources, comme Juturna et ici Venilia, dont Virgile (*Æn.*, X, 76) fait la mère de Turnus. — L'épithète *ionio* que porte le *Marcianus*, conservée par Magnus et Ehwald, et qui ferait allusion à l'origine grecque de la légende, paraît en contradiction avec le récit d'Ovide. La correction *innocuo* est de Merkel. On a aussi proposé *ancipiti* (Lafaye).

865. Les *Laurentes* (Laurentins) — le mot est synonyme de *Latini* — sont le peuple sur le territoire duquel Virgile nous montre Enée débarquant et, une fois vainqueur, fondant la ville de Lavinium. L'existence d'une ville de Laurentum a été mise en doute par J. Carcopino, avec des arguments convaincants.

866. Il n'est pas douteux qu'il s'agit d'une fibule agrafant sur l'épaule la chlamyde (manteau court et léger des éphèbes, laissant libres les deux bras), et non de la boucle d'une ceinture, que la chlamyde ne comportait pas. Voir plus loin, v. 394.

867. C'est le pivert, qui, disait-on, avait protégé les jumeaux Romulus et Rémus déposés par le Tibre sous le figuier ruminal. Cette métamorphose de Picus par Circé est aussi mentionnée par Virgile (*Æn.*, VII, 189 et suiv.). Il est difficile de faire, dans le récit d'Ovide, la part exacte, pour le détail, de la légende et de l'invention.

868. Tartessos est à l'embouchure du Bétis (Guadalquivir) en Espagne, c'est-à-dire à l'occident.

869. Les *Camenæ* étaient des nymphes des eaux, dont la plus connue

était Egérie, la conseillère de Numa. Leur rôle de prophétesses et d'inspiratrices les fit plus tard assimiler aux Muses grecques. Elles avaient un sanctuaire à la porte Capène (au sud de la ville, sur la voie Appia). Canens était l'une d'elles.

870. Il existait à Formies, dans le voisinage de la ville de Caieta, un temple de Caiéta et d'Apollon.

871. Ovide revient à l'*Enéide* dont la visite d'Enée à Latinus, l'accueil qu'il en reçoit, la déclaration de guerre de Turnus, le dénombrement des forces italiennes occupent le livre VII entier.

872. Pour la visite chez Evandre et l'alliance conclue par lui avec Enée, voir Virgile, *Æn.*, VIII, 18-596.

873. Le récit de l'ambassade de Vénulus (inconnu par ailleurs) auprès de Diomède est fait aussi par Virgile, *Æn.*, XI, 225-295, à qui Ovide l'a emprunté.

874. Diomède, fils de Tydeus (voir livre XIII, n. 742), gendre d'Adraste, roi d'Argos, avait, à son retour de Troie, répudié sa femme infidèle et était rentré en Etolie, où il avait rendu à son grand-père Oineus son royaume usurpé par le frère de celui-ci, Agrios. S'étant rembarqué, il avait été jeté par la tempête sur les côtes de l'Iapygie (voir ci-dessous n. 880), dont le roi Daunios avait sollicité son aide contre ses voisins les Messapiens et, vainqueur, lui avait donné sa fille Euippé (Hygin, *Fab.* 69 et 175; Antoninus Liberalis, XXXVII).

875. Naryx était une ville de Locride, sur le golfe d'Eubée. Ajax, qui en était originaire, avait, lors de la prise de Troie, arraché Cassandre à l'autel de Pallas.

876. Le cap Caphareus se trouve à l'extrémité S.-E. de l'Eubée.

877. Diomède, au cours d'un combat, avait blessé à la main Aphrodite, qui essayait de soustraire Enée à ses coups (*Od.*, V, 334 et suiv.). — L'épithète *alma* appliquée à Vénus est consacrée chez les poètes latins. Peut-être faut-il y attacher ici un sens ironique que rendrait la traduction : « cette bonne Vénus ».

878. Acmon de Pleuron (ville située au sud de l'Etolie) n'est pas autrement connu.

879. D'après la description que fait Ovide, ces oiseaux marins semblent être des mouettes. Suivant Antoninus Liberalis, qui conte aussi cette métamorphose, peut-être d'après Nicandre (XXXVII), elle aurait eu lieu après la mort de Daunios et de Diomède, à la suite du massacre des Grecs par les Illyriens dans l'île de Diomédeia, où le héros était enseveli.

880. Diomède, petit-fils d'Oineus, roi d'Etolie, est originaire de Calydon. — Iapyx, Daunios et Peucétios, fils du roi autochtone Lycaon, s'étaient partagé le pays qui fut l'Apulie, laissant la Calabre aux Messapiens. L'ensemble du pays avait pris le nom d'Iapygie (Antoninus Liberalis, XXXI).

881. Suivant Nicandre, d'après lequel Antoninus Liberalis conte cette métamorphose (XXXI), la scène s'était passée entre les paysans Messapiens et les Nymphes, qu'ils avaient prises pour des mortelles.

882. Pour l'épisode de la tentative d'incendie de la flotte troyenne par Turnus et de la métamorphose des navires en naïades, voir *Æn.*, IX, 68-122.

883. Voir livre II, n. 72.

884. Enée, réfugié après la prise de Troie à Antandros, au pied de

l'Ida, avait construit sa flotte avec les pins de cette montagne, consacrée à Cybèle (*Æn.*, III, 5-6).

885. Voir livre III, n. 175, pour le cortège de Cybèle, et livre X, 696 et suiv. la métamorphose d'Hippomène et d'Atalante en lions attelés au char de la déesse.

886. Astraios, fils du Titan Crios, uni à Eos (l'Aurore), eut pour fils, nous dit Hésiode (*Théog.*, 378 et suiv.), Zéphyr, Borée et Notos. C'est là une tradition antérieure à la légende homérique d'Eole et de ses fils les Vents.

887. C'est-à-dire les débris du vaisseau d'Ulysse, assailli par la tempête après avoir quitté l'île du Soleil (*Od.*, XII, 407 et suiv.), et la métamorphose en rocher du vaisseau phéacien qui avait reconduit Ulysse à Ithaque (*Od.*, XIII, 154 et suiv.).

888. Ardéa, capitale des Rutules, dans le Latium, non loin de la côte, existait encore à l'époque historique. Camille y fut exilé.

889. Le mot *ardea* signifie, en effet, héron.

890. Allusion à la descente d'Enée aux Enfers. Voir plus haut, v. 101 et suiv.

891. Voir ci-dessus, n. 862.

892. Voir livre IX, n. 494.

893. Quirinus, le Mars des Sabins, fut identifié avec le Mars latin, puis avec Romulus. — Les dieux *Indigetes* étaient, pour les Romains, les dieux nationaux, ancêtres divinisés de la race. Mal définis, ils étaient souvent confondus avec les Lares et les Pénates. Le *Juppiter* ou *Pater Indiges*, primitivement génie du fleuve Numicius, fut ensuite identifié avec Enée, disparu, suivant une tradition, dans ses eaux. Ovide concilie ici ingénieusement cette tradition avec celle de l'apothéose.

894. Ascagne ou Iule, fils d'Enée et fondateur d'Albe, fit souche des douze rois albains légendaires qui, selon les historiographes romains, régnèrent pendant les 240 années qui s'écoulèrent entre la guerre de Troie et la fondation de Rome. Les listes en ont varié (voir celle de Tite-Live, I, 3, 6), sauf pour les deux derniers, Proca et Amulius. Ovide les énumère ici.

895. Pomona était une vieille divinité rustique, présidant à la culture des vergers, mise en relation avec les autres divinités champêtres, comme Picus et, ainsi qu'on va le voir, Vertumnus.

896. Satyres, Pans, Silvain sont des divinités champêtres. Ce dernier, proprement latin, dieu tutélaire, protecteur des champs, est assimilé ici par Ovide à Priape, auquel on élevait des hermès ithyphalliques, destinés à écarter les mauvaises influences et à assurer la fécondité de la terre.

897. Vertumnus, divinité d'origine, selon les uns, étrusque, selon les autres, latine, était le dieu présidant à la cueillette des fruits. Il était réputé, ainsi que va le montrer Ovide, comme une sorte de Protée, pouvant prendre toutes les formes. Ses amours avec Pomone, contées ici par Ovide, paraissent bien être de l'invention du poète. C'est une idylle visiblement inspirée par les récits alexandrins de ce genre.

898. C'est encore l'usage en Italie de faire courir la vigne d'arbre en arbre.

899. C'est-à-dire Hippodamé (voir livre XII, v. 210 et suiv.) et Pénélope. — ... *nec conjunx timidi — aut audacis — Ulixis.* La plupart des manuscrits portent cette leçon *(timidi aut audacis)*, conservée par

Magnus et Merkel. Heinsius a proposé la correction *timidis audacis*, « courageux contre les lâches », adoptée par Ehwald et Lafaye.

900. Idalion était une ville de l'intérieur de l'île de Cypre, où se trouvait un temple d'Aphrodite.

901. Némésis, chargée des vengeances divines, avait un temple à Rhamnonte, en Attique, non loin de Marathon.

902. Les amoureux dédaignés s'en prenaient souvent à la porte, au seuil, au verrou de leur bien-aimée.

903. Les Chevreaux sont trois étoiles de la constellation du Cocher, dont le lever passait pour être précurseur d'orages. Voir Hygin, *Poet. astr.*, II, 13.

904. Le Norique, région montagneuse de l'Europe centrale, sur la rive droite du Danube, avait des mines de fer réputées.

905. C'est-à-dire « Chante victoire ». Voir livre I, n. 55.

906. Les maisons grecques, dépourvues de fenêtres au rez-de-chaussée, en avaient à l'étage, quelquefois fort larges, à plusieurs baies séparées par des meneaux, comme on en a trouvé dans les habitations de Délos.

907. ... *Veneris quoque nomine templum / Prospicientis habet*. Ovide traduit par *prospiciens* le mot παρακύπτουσα, qu'emploie Plutarque contant cette même aventure (*Amator.*, 20, 12) et qui signifie « la tête penchée en avant » (pour regarder ou entendre). Il y avait, sans doute, dans un temple de Salamine, une statue d'Aphrodite ayant cette attitude et dénommée pour cette raison 'Αφροδίτη παρακύπτουσα, à laquelle on avait rattaché la légende d'Anaxarété.

908. L'aventure d'Iphis et d'Anaxarété a été aussi contée par Plutarque (*Amator.*, 20, 12), qui donne aux personnages les noms d'Euxynthétos et Leucomantis. Antoninus Liberalis l'a résumée d'après Hermésianax de Colophon (XXXIX); chez celui-ci, le héros, nommé Acréophon, de famille modeste, s'éprenait d'Arsinoé, fille du roi de Salamine Nicocréon et, désespéré de voir son amour dédaigné, se laissait mourir de faim. Il n'y est pas fait mention d'Aphrodite.

909. Numitor, fils aîné de Proca, détrôné par son frère Amulius, avait été rétabli sur le trône par ses petits-fils Romulus et Rémus, nés de sa fille Réa Silvia et, disait-elle, de Mars (Tite-Live, I, 5, 5 et suiv.).

910. Les *Palilia*, en l'honneur de Palès, déesse des troupeaux et des pâturages, qui donna son nom au Palatin, étaient célébrées chaque année le 21 avril, jour anniversaire de la fondation de Rome.

911. C'est la guerre conséquence de l'enlèvement des Sabines (Tite-Live, I, 9, 6 et suiv.).

912. Tarpeia, fille du commandant de l'*Arx*, sur le Capitole, avait guidé l'ennemi, demandant aux Sabins pour prix de sa trahison « ce qu'ils portaient au bras gauche ». Ceux-ci, feignant de ne pas comprendre qu'elle demandait leurs bracelets d'or, l'avaient écrasée sous leurs boucliers. La roche Tarpéienne tirait d'elle son nom (Tite-Live, I, 10, 5 et suiv.). Voir livre XV, n. 1038.

913. Cures était la capitale des Sabins.

914. Ilia est le nom que l'on donnait souvent à la mère de Romulus (*Æn.*, I, 274).

915. Junon, fille de Saturne, identifié avec le Cronos grec, est l'ennemie des Troyens, par suite des descendants d'Enée, que favorise, au contraire, Vénus. Elle était, d'ailleurs, identifiée avec la déesse Fortuna-Feronia des Sabins. Son culte était donc d'origine sabine,

comme aussi, disait une tradition, celui de Saturne lui-même. Ainsi s'explique le message que, par Iris. Junon envoie à la Sabine Hersilia, veuve de Romulus. Voir plus loin, v. 829 et suiv.

916. En temps de guerre, le temple de Janus était grand ouvert, pour que le dieu pût se porter au secours des armes romaines.

917. Cette légende est aussi rapportée par Macrobe (*Saturn.*, I, 9, 17-18).

918. A la suite d'une nouvelle guerre avec les Sabins, la paix avait été conclue, les deux chefs, Romulus et Tatius, régnant conjointement (Tite-Live, I, 11, 5 et suiv.).

919. Romulus, fils de Mars, est, par suite, petit-fils de Jupiter.

920. Le *rex Gradivus* est habituellement identifié, comme ici, avec Mars, mais un Mars plus champêtre et pacifique que guerrier. On a proposé aussi de voir en lui le Vulcain primitif italique.

921. Les *Quirites*, selon les uns, étaient les anciens Sabins, et, leur nom venait de la ville de Cures; selon les autres, et plus habituellement, le peuple de Quirinus (voir ci-dessous n. 922).

922. Quirinus était le Mars sabin (le mot *quiris*, en langue sabellique, signifiait la lance, attribut du dieu). La population de la colline du Quirinal était primitivement sabine. Le dieu fut ensuite identifié avec Romulus. D'après Tite-Live (I, 16, 4 et suiv.), Romulus aurait été assassiné par les *patres*, qui auraient attribué sa disparition à une cause divine.

923. La *trabea* était un vêtement analogue à la chlamyde grecque, agrafé sur l'épaule, laissant par suite toute liberté aux bras et commode à l'armée ou à cheval. D'abord réservée aux rois, elle devint le costume caractéristique des chevaliers. C'est d'elle que la *comœdia trabeata* prit son nom.

924. Hora Quirini, identifiée aussi avec la Fortuna sabine, était quelquefois confondue avec la déesse Horta, qui semble plutôt d'origine étrusque, et qui avait à Rome un temple toujours ouvert. D'après certains mythographes, c'était une déesse de la jeunesse.

LIVRE QUINZIÈME

925. Numa Pompilius, Sabin de Cures, renommé pour sa sagesse et sa science, acquises, disait-on, à l'école de Pythagore (voir ci-dessous n. 934). Il passait pour avoir comme conseillère la nymphe Egérie (Tite-Live, I, 18-19). On plaçait son règne au début du VIIIe s. av. notre ère.

926. C'est-à-dire à Crotone, en Grande Grèce, sur la côte est du Bruttium, à l'entrée du golfe de Tarente. C'est là que Pythagore avait ouvert son école.

927. C'est-à-dire des bœufs de Géryon (voir livre IX, n. 519). Le souvenir du passage d'Héraclès par l'Italie, à son retour d'Espagne, se retrouve dans la légende du combat d'Hercule et de Cacus sur les bords du Tibre, conté par Tite-Live, Virgile et Properce.

928. Crotone se trouvait dans le voisinage du cap Lacinium, où s'élevait un temple d'Héra Lacinia, dont les ruines existent encore.

929. D'après la légende rapportée par Diodore de Sicile (IV, 24, 7), Héraclès avait tué involontairement son hôte. Il lui avait élevé un tombeau et avait prédit qu'en ce lieu serait fondée une ville portant son nom. Suivant Pausanias, Crotone était une colonie lacédémonienne.

930. Myscélos, de Rhypai en Achaïe, passait plutôt pour le fonda-

teur de Sybaris. Cette légende relative à la fondation de Crotone ne se trouve que dans Ovide. Son récit ne concorde pas avec ceux de Diodore et de Strabon.

931. L'Aisar ou Aisaros était un petit fleuve côtier, voisin de Crotone.

932. — Myscélos longe, comme Enée, la côte du golfe de Tarente. ... *Lacedaemoniumque Tarentum / Praeterit et Sybarin Sallentinumque Veretum / Thurinosque sinus Temesenque et Iapygis arva.* Le texte est ici mal établi. Nous adoptons les corrections *Veretum,* ville de Calabre, région habitée par les *Messapii* ou *Sallentini* (au lieu de *Neretum?* donné par Merkel, Ehwald et Magnus), et *Temesa,* ville du Bruttium (plutôt que *Nemese?*), plus proche, il est vrai, de la mer Tyrrhénienne que de la mer Ionienne; mais on a vu que la géographie d'Ovide est assez incertaine. — Tarente était une colonie dorienne. — Sybaris, sur le golfe, à l'embouchure du Crathis, devait être détruite par les Crotoniates en 510 av. notre ère, et sur ses ruines s'éleva Thourioi. — Pour les Iapyges, voir livre XIV, n. 880.

933. C'était le tombeau de Croton, élevé par Héraclès.

934. Pythagore, né à Samos, avait quitté sa patrie pour des raisons mal connues, peut-être pour se soustraire à la tyrannie de Polycrate. Il avait fondé à Crotone une école philosophique florissante. Ses doctrines avaient, du temps d'Ovide, retrouvé la faveur, grâce à Nigidius Figulus et aux néo-pythagoriciens. Il vécut et enseigna à Crotone dans la seconde moitié du VIe s., c'est-à-dire près de deux siècles après la date où l'on place le règne de Numa. Les relations attribuées à celui-ci avec le philosophe sont donc un anachronisme, que relève déjà Tite-Live (I, 18, 2).

935. Ovide a déjà décrit l'âge d'or, livre I, v. 89 et suiv.

936. C'est-à-dire les chairs des victimes, réservées aux dieux. ... *Victibus invidit, quisquis fuit ille, deorum?* ... Certains manuscrits, au lieu de *deorum,* portent la leçon *leonum,* adoptée par Magnus et Lafaye. Peut-être est-elle préférable, la leçon *deorum* étant en contradiction avec ce que dit plus loin Pythagore de l'origine des sacrifices (v. 127 et suiv.).

937. ... *Deus nec frugum munere dignus.* Les manuscrits portent *demum, divum, deum.* La correction *Deus* (= Δηοῦς) est de Merkel. Voir livre VIII, n. 491.

938. Pythagore se sent inspiré par la révélation divine, comme la Pythie de Delphes par Apollon.

939. Pythagore expose la doctrine de la métempsyçose, restée attachée à son nom.

940. Dans le temple célèbre d'Héra, à Argos, où se trouvait la statue de la déesse par Polyclète, on montrait le bouclier du Troyen Euphorbos, consacré par Ménélas, qui avait tué ce héros au moment où il s'apprêtait à dépouiller le cadavre de Patrocle de ses armes (*Il.*, XVII, 1 et suiv.) — Abas, fils de Lynceus, était le douzième roi d'Argos.

941. Eos (l'Aurore). Voir livre IX, n. 546.

942. Milon de Crotone, athlète fameux, vivait au VIe siècle av. notre ère. L'allusion à sa vieillesse paraît quelque peu anachronique de la part de Pythagore, dont il passait pour avoir été le disciple.

943. Hélène, fille de Tyndare, avait été, jeune fille, enlevée par Thésée et Peirithoos, alors qu'elle sacrifiait à Artémis, et emmenée à Athènes. Devenue la femme de Ménélas, elle fut enlevée de nouveau par Paris, et conduite par lui à Troie.

944. Plusieurs fleuves portent le nom de Lycos. Il s'agit ici du Lycos de Phrygie, qui, dit Hérodote (VII, 30), près de Colosses, disparaît dans un gouffre et reparaît à cinq stades de là, puis se jette dans le Méandre. Pline (*N. H.*, II, 225) confirme le fait. Sénèque, *Nat. quaest.*, III, 26, commente les vers 273-276.

945. L'Erasinos, fleuve d'Arcadie, sorti du mont Erymanthe, se jette dans le golfe de Corinthe. D'après Hérodote (VI, 76), il était formé par les eaux du lac Stymphale qui, disparues dans un catavothre, reparaissaient sur le territoire d'Argos. Voir Pline, *N. H.*, II, 225.

946. Le Caïque coule en Mysie (Asie Mineure). On n'a pas d'autre renseignement sur le phénomène dont parle ici Ovide.

947. L'Aménanos est un fleuve de Sicile, voisin de Catane. Strabon, p. 249, confirme le fait.

948. L'Anigros est un fleuve côtier de Triphylie (Elide). Ses eaux, au dire de Pausanias (V, 5, 8), avaient une odeur nauséabonde, et les poissons qui y vivaient n'étaient pas comestibles. D'après la légende, rapportée par Pausanias (*ibid.*, 10), elles avaient été infectées par un Centaure, Chiron ou Pylénor, qui, blessé par les flèches d'Héraclès, trempées dans le sang de l'hydre de Lerne, y avait lavé ses plaies.

949. L'Hypanis (notre Boug), fleuve de Sarmatie (Russie méridionale), se jette dans le Pont-Euxin. Hérodote (IV, 52) signale aussi l'amertume de ses eaux dans son cours inférieur et l'attribue à une source salée qui s'y déverse. On l'expliquait aussi par le reflux de la mer.

950. Antissa est sur la côte ouest de Lesbos. — Pharos, petite île sur la côte égyptienne, en face d'Alexandrie, fut, en réalité, reliée à la côte par un môle consolidant le travail des alluvions, en 285 av. notre ère. — Pour Antissa, voir Pline, *N. H.*, II, 204. Pour Pharos, Strabon, p. 59. — Tyr était construite sur deux îles, réunies par une jetée. Alexandre, en 332 (c'est-à-dire trois cents ans plus tard que l'époque où Pythagore est censé tenir ce discours, anachronisme qu'Ovide n'a pas remarqué), la relia, pour s'en emparer, à la côte par un môle dont les apports marins ne tardèrent pas à faire un isthme.

951. Leucade, l'une des îles ioniennes, sur la côte d'Acarnanie, est reliée au continent, à sa pointe nord, par une bande graveleuse, qui a cependant toujours permis le passage des barques.

952. Il s'agit du détroit entre Zanclé (Messine) et Rhégion. Cette tradition sur l'origine du détroit de Messine se trouve déjà dans Virgile (*Æn.*, III, 414 et suiv.).

953. Hélicé, sur la côte d'Achaïe, non loin et à l'est d'Aigion, fut détruite par un tremblement de terre, en 372 av. notre ère. Le fait signalé par Ovide est constaté en plusieurs points des rivages grecs et de l'Archipel, sans que les géologues soient d'accord pour l'attribuer à un exhaussement du niveau de la mer ou à un affaissement du sol. — Bura (forme donnée par Planude, et préférable, semble-t-il, à Buris que donnent Magnus, Merkel et Ehwald, nom de ville inconnu) ne peut être que la ville de Boura, voisine d'Hélicé, rattachée à elle par la légende (son nom lui venait de Boura, fille d'Ion et d'Hélicé), et détruite, elle aussi, par un tremblement de terre; toutefois, Pausanias (VII, 25, 5) la situe dans la montagne. Voir aussi Pline, *N. H.*, II, 206. On notera ici un nouvel anachronisme d'Ovide.

954. Pittheus, fils de Pélops, était le père d'Aithra, mère de Thésée. — On ne voit pas à quelle colline, dans le voisinage immédiat de Trézène, Ovide fait allusion. Il s'agit certainement de la presqu'île de Méthoné ou Méthana, plus au nord, sur le golfe Saronique, siège

de phénomènes volcaniques rapportés par Strabon, p. 59, et Pausanias, II, 34, 3 et suiv.

955. Voir livre V, n. 243. — Hérodote (IV, 181), Quinte Curce (IV, 31), d'après lequel la source serait bouillante à minuit, et Pline (*N. H.*, II, 228) signalent aussi ce phénomène. Cette fontaine d'Ammon a été retrouvée. La température, invariable, en est de 29°; mais, comme celle de l'atmopshère monte le jour jusqu'à 50° centigrades et descend parfois la nuit au-dessous de zéro, le contraste entre la température de l'eau et celle de l'air donne, la nuit, l'illusion de la grande chaleur, à midi, celle de la fraîcheur. (A. Berthelot, *L'Afrique saharienne et soudanaise et ce qu'en ont connu les anciens*, p. 158.)

956. Les Athamans étaient une peuplade d'Epire. Pline (*N. H.*, II, 228) rapporte aussi qu'il existait à Dodone une source froide où les torches allumées s'éteignaient, éteintes se rallumaient.

957. Sur ces eaux pétrifiantes, voir Sénèque (*Nat. quæst.*, III, 20), qui commente ces vers, et Pline (*N. H.*, II, 226).

958. Le Crathis, grossi de son affluent le Sybaris, passait dans la ville de Sybaris. Strabon (IV, p. 263) confirme le phénomène signalé par Ovide, ainsi que, pour le Crathis, Pline (*N. H.*, XXXI, 13), d'après lequel les eaux du Sybaris, au contraire, brunissent la peau et le poil du bétail.

959. Pour Salmacis, et l'effet débilitant produit par l'eau du lac où elle entraîna Hermaphrodite, voir livre IV, 285 et suiv. et n. 217. On ne sait de quels lacs éthiopiens veut parler Ovide. — Sénèque (*Nat. quæst.*, III, 20) commente les vers 320-321. Voir Pline, *N. H.*, XXXI, 36.

960. Clitor est le nom d'une ville et d'un fleuve d'Arcadie, affluent de l'Aroanios. Vitruve (*De arch.*, VIII, 3) signale la source, sortie d'une caverne dans le voisinage de la ville, dont parle Ovide, et reproduit l'inscription en vers grecs qui y avait été placée. — Le devin Mélampous, fils d'Amythaon, avait guéri les filles de Proitos d'Argos, fils d'Abas, frappées de folie par Dionysos ou Héra. Voir Pausanias, VIII, 18, 3, Pline, *N. H.*, XXXI, 16, et Apollodore, *Bibl.*, II, 2, 2.

961. La Lyncestide est une région montagneuse de la partie ouest de la Macédoine. Le fleuve qui l'arrose paraît avoir porté le nom de Lyncestis (Pline, *N. H.*, II, 230).

962. Phénéos est le nom d'une ville de l'Arcadie du Nord et d'un lac voisin. Voir, sur le phénomène signalé par Ovide, Pline, *N. H.*, XXXI, 26 et Strabon, VIII, p. 389, qui attribuent ces effets mortels aux eaux du Styx, dont la chute est dans le voisinage du lac.

963. D'après la légende, l'île d'Ortygie (Délos) était jadis flottante et fut choisie pour cette raison, pour y faire ses couches, par Léto, que la jalousie d'Héra chassait de toute la terre (voir livre VI, 185 et suiv.). Elle ne devint fixe qu'après la naissance d'Apollon et d'Artémis. Voir Callimaque, *Hymne* IV, *à Délos*, 191 et suiv.

964. Voir livre VII, n. 7, et Pline, *N. H.*, IX, 89.

965. Voir Sénèque, *Nat. quæst.*, VI, 15. On retrouvera dans ce VIe livre, où Sénèque traite des tremblements de terre, l'exposé des diverses doctrines des anciens au sujet de la constitution de la masse souterraine.

966. Le pays des Hyperboréens, sur lequel les indications des anciens varient (voir Hérodote, IV, 32), est ici évidemment, pour Ovide, la région nord de la terre. Ovide commet une erreur en y plaçant Pallène, s'il s'agit de la ville de Chalcidique, assez éloignée,

d'ailleurs, du lac Triton, qui est en Thrace. Ce lac Triton ne doit pas être confondu avec celui qui a donné son nom à Athéna (voir livre II, n. 134).

On n'a aucune autre mention de la légende rapportée ici par Ovide. Etant donné la précision du détail, il paraît difficile d'y voir une simple interprétation erronée du fait rapporté par Hérodote (IV, 31) et Pline (*N. H.*, IV, 88), à savoir que les Scythes prétendent que l'air est chez eux rempli de plumes et que leur pays, d'après le second, se nommerait pour cette raison *pterophoros*; les deux auteurs sont d'accord pour ne voir dans cette expression qu'une image, les flocons denses de la neige qui tombe abondamment en Scythie étant comparés à des plumes.

967. Voir dans Apulée (*Metam.*, III, 21) la scène où la magicienne Pamphilé se transforme ainsi en hibou.

968. Ovide va énumérer ici un certain nombre de faits surprenants, les uns fondés sur des observations exactes (comme la transformation des chenilles en papillons, v. 372 et suiv., où celle des têtards en grenouilles, v. 375 et suiv.), les autres ne reposant que sur des croyances populaires. Ces croyances ont été recueillies par d'autres que les poètes, par exemple par Varron dans ses *Res rusticæ*, Pline l'Ancien dans ses *Naturæ historiæ*, Antigone de Carystos dans son Ἱστοριῶν παραδόξων συναγωγή *(Historiarum mirabilium collectanea)*. Voir les notes suivantes.

969. C'est le procédé employé par Aristée et décrit par Virgile (*Georg.*, IV, 550 et suiv.). Cette croyance populaire, très répandue, est rapportée par de nombreux auteurs. On croyait de même que les frelons naissaient des cadavres de chevaux (comme le dit aussi Ovide), les guêpes de ceux des ânes (Servius, *ad Virg. Georg.*, IV). Voir Nicandre, *Ther.*, 133, Varron, *Rer. rust.*, III, 4, Columelle, *De re rust.*, IX, 14, 6, Elien, *Hist. an.*, II, 57, Pline, *N. H.*, XI, 20.

970. Pline, *N. H.*, IX, 99, rapporte aussi cette croyance.

971. Voir Pline, *N. H.*, VIII, 126.

972. Voir Pline, *N. H.*, X, 188 et Antigone, *Hist. mirab.*, 39.

973. L'amome est une plante aromatique employée par les anciens dans les embaumements.

974. La légende du phénix est souvent rappelée par les auteurs anciens. Hérodote (II, 73) l'a recueillie de la bouche des prêtres égyptiens. Pline (*N. H.*, X, 4 et 7) la rapporte, ajoutant que l'oiseau est réputé vivre 550 ans. Le temple d'Hypérion (le Soleil) était, pour Hérodote, celui d'Héliopolis en Egypte. Pour Pline, il s'agit de l'île fabuleuse de Panchaia, dans la mer Erythrée (voir livre X, n. 614). Voir aussi Lactance, *De ave phœn.*, 77 et suiv.

975. La croyance populaire, combattue par Aristote, nous dit Pline (*N. H.*, VIII, 105), était que l'hyène change de sexe chaque année.

976. C'est le caméléon. Voir Pline, *N. H.*, VIII, 122, d'après lequel le caméléon peut prendre toutes les couleurs, sauf le rouge et le blanc.

977. Voir Pline *N. H.*, VIII, 137 et XXXVII, 13. Cette pierre était nommée λυγκούριον (urine de lynx). Ce serait notre rubellite, variété de la tourmaline.

978. Sur le corail, voir livre IV, v. 741 et suiv. et Pline, *N. H.*, XXXII, 12.

979. C'est-à-dire Athènes et Thèbes.

980. Pandion était roi d'Athènes. Voir livre VI, n. 331.

981. Pythagore a dit plus haut (v. 160 et suiv.) qu'il se rappelait avoir été, dans une existence antérieure, le guerrier troyen Euphorbos, compatriote et contemporain d'Enée.

982. Atrée, fils de Pélops, à l'occasion d'une feinte réconciliation avec son frère Thyeste, avait mis à mort les fils de celui-ci et en avait, dans un festin, servi les membres à leur père.

983. Virgile mentionne aussi (*Georg.*, III, 372) cet usage de tendre sur le passage des cerfs une corde garnie de plumes écarlates, pour les effrayer et les détourner vers les filets.

984. Egérie, l'une des Camènes (voir livre XIV, n. 442), passait pour l'épouse et la conseillère de Numa.

985. Aricie se trouvait au pied des monts Albains, dans le voisinage du lac de Némi et de ce temple de *Diana Aricina* dont, suivant un usage rapporté par Strabon (IV, 199) et Ovide (*Fastes*, III, 275), le sacerdoce s'obtenait par le meurtre du prêtre en exercice. On y célébrait le culte de l'Artémis Taurique, dont Oreste avait, en même temps qu'Iphigénie, devenue la prêtresse de la déesse, enlevé le xoanon (voir Euripide, *Iphigénie en Tauride*). Les habitants d'Aricie prétendaient posséder cette idole apportée de Rhégion par Oreste; mais, selon les traditions grecques, elle se trouvait, pour les Athéniens, dans le temple d'Artémis, à Halai (Attique), pour les Spartiates, dans celui d'Artémis Orthia, à Sparte.

986. Hippolyte, fils de Thésée et de l'Amazone Antiopé.

987. L'amour de Phèdre, fille de Minos et de Pasiphaé, femme de Thésée, pour son beau-fils est le sujet de l'*Hippolyte* d'Euripide. Le récit de la mort du héros y est fait aux v. 1173 et suiv. Ovide ne l'imite que de loin. Le fameux récit de Théramène, dans la *Phèdre* de Racine (acte V, sc. 6), est plus inspiré d'Ovide que d'Euripide.

988. Le Phlégéthon (fleuve de feu) est un fleuve des Enfers.

989. Hippolyte avait été ressuscité par Asclépios, fils d'Apollon et de Coronis. Voir livre II, n. 124 et ci-dessous n. 998. Cette légende est déjà rappelée par Virgile (*Æn.*, VII, 765 et suiv.).

990. Paiéon est, d'après Homère, le médecin des dieux. On le voit, dans l'*Iliade*, guérir Hadès et Arès, blessés par Diomède (*Il.*, V, 401 et 899). Il fut, par la suite, sous le nom de Paion ou Paian confondu avec Apollon.

991. Dis est un synonyme latin de Pluton (l'Hadès grec). Hadès avait protesté contre la résurrection d'Hippolyte.

992. Virbius était un génie de la forêt, habitant le bois de Némi, dont l'accès était interdit aux chevaux. Son culte était en rapport avec celui de Diana Aricina (voir ci-dessus, n. 985), dont il aurait été le premier prêtre. Virgile, qui le mentionne, l'identifie successivement, dans le même passage, avec le fils d'Hippolyte et d'Aricie, qui donna son nom à la ville (*Æn.*, VII, 761 et suiv.) et Hippolyte lui-même ressuscité par Paiéon et Artémis (*ibid.*, 774 et suiv.).

993. D'après une légende localisée à Tarquinies, Tagès était un génie autochtone qui avait révélé aux lucumons étrusques la science des haruspices, complétée par les enseignements de la nymphe Végoné et consignée dans des livres sacrés portant son nom (*Tagetici libri, Præcepta Tagetica*). Voir Cicéron, *De divin.*, II, 23, 50.

994. Romulus, un jour, à la chasse, venant de l'Aventin, à la poursuite d'un sanglier, lança son javelot qui s'enfonça dans le sol, sur le Palatin. Le javelot prit racine et devint un cornouiller. Plutarque (*Vie de Romulus*, XX, 5) rapporte ce prodige et ajoute que l'arbre

mourut au temps de César, des ouvriers en ayant, par mégarde, coupé les racines.

995. Le héros de cette légende, rapportée aussi par Valère-Maxime (*Fast. mem.*, V, 6, 3), est le « préteur » Genucius Cipus. La légende a pu naître du casque orné de cornes, symbole de commandement, qu'il aurait porté.

996. L'art des haruspices, consistant à lire l'avenir dans les entrailles des victimes (dont les extrémités saillantes, les *fibræ*, étaient l'objet de l'examen le plus attentif : voir plus bas, n. 1024), avait été importé d'Etrurie (voir ci-dessus, n. 993). Les mots *tuscus* et *tyrrhenius* étaient synonymes (voir livre III, n. 178).

997. La récompense accordée à Cipus est celle que l'on réservait aux généraux ou aux citoyens qui avaient le mieux mérité de la patrie. Horatius Coclès et Mucius Scævola la reçurent. — La tête ornée de cornes dont parle Ovide se voyait sur la *porta Raudusculana* de l'enceinte de Servius Tullius, sur la route d'Ostie.

998. Asclépios est le fils d'Apollon et de la nymphe Coronis, dont Ovide a conté la légende, livre II, 542 et suiv. Il avait été élevé par Chiron, à qui Apollon l'avait confié (*ibid.*, 628), et qui lui enseigna la médecine. Son culte, originaire de Thessalie, répandu dans toute la Grèce, avait pour centre Epidaure (voir ci-après n. 1001). Il fut introduit à Rome, en 291 av. notre ère, dans les conditions indiquées par Tite-Live (*Epit.* du livre XI) et Ovide à la suite de la peste qui ravagea la ville en 293. — Sur l'île du Tibre où se trouvait son temple, voir n. 1015.

999. Zeus ayant, disait-on, lâché un aigle de chacune des extrémités de la terre, les deux oiseaux s'étaient rencontrés à Delphes, qui était donc considéré comme le nombril (ὀμφαλός) du monde.

1000. La Pythie rendait ses oracles assise sur la cuve (*cortina*) d'un trépied de bronze. On voit quelquefois Apollon représenté lui-même dans cette attitude sur les monuments figurés.

1001. Epidaure, dans la partie N.-E. de l'Argolide, non loin de la côte du golfe Saronique, par où l'on pouvait y accéder, était le plus important sanctuaire d'Asclépios. Il en subsiste des ruines étendues, en particulier un théâtre, le mieux conservé de Grèce, un édifice rond (*tholos*), sur la destination duquel on discute encore, et des portiques servant de dortoirs aux malades, auxquels le dieu indiquait en songe le remède qui les guérirait.

1002. Ausonie est le nom que donnent à l'Italie Enée et ses compagnons dans Virgile.

1003. Ovide avait sans doute vu dans le temple d'Epidaure la statue chryséléphantine d'Asclépios, œuvre de Thrasymédès de Paros, consacrée en 370 av. notre ère. Pausanias l'a décrite et on la reconnaît sur des monnaies et des bas-reliefs : le dieu y était représenté barbu, assis sur un trône, tenant d'une main un sceptre, caressant de l'autre la tête du serpent sacré, dressé contre le trône. D'autres monuments le montrent debout, ayant à la main un bâton autour duquel est enroulé un serpent. Tel il apparaît ici en songe à l'envoyé de Rome.

1004. Le serpent était pour les anciens un animal sacré et bienfaisant, associé au culte de plusieurs divinités et en particulier d'Asclépios et de sa fille Hygieia. Il était devenu le génie familier de la maison. On le représentait habituellement avec une haute crête. Les prêtres d'Epidaure avaient remis aux envoyés romains un des serpents sacrés nourris dans le sanctuaire. Pour Ovide, c'est le dieu lui-même, abandonnant son temple pour Rome.

1005. Le prêtre emploie la formule rituelle pour solliciter le recueillement de l'assistance.

1006. L'Aurore. Voir livre IX, n. 546.

1007. Il faut entendre ici le mot de Zéphyr (qui, étant le vent d'ouest, aurait été contraire) dans le sens général de vent favorable.

1008. Ovide décrit l'itinéraire du dieu arrivé sur les côtes d'Italie. Le cap Lacinium, où s'élevait un temple d'Héra Lacinia dont les ruines subsistent encore, et Scylacium, plus au sud, sont dans le Bruttium (Calabre) et non en Iapygie (Pouilles). — Amphrisia, Célennia, Rhométium ne sont pas identifiées. — Caulonia est entre Scylacium (Squillace) et Narycia, voisine de Locres. — Le navire franchit ensuite le détroit de Messine, passe en vue des îles Lipari (royaume d'Eole, fils d'Hippotès), de Tempsa ou Témésé (sur la côte ouest du Bruttium), de l'île de Leucosia (à la hauteur du cap Enipeum), de Pœstum (Posidonia), célèbre par ses roses et la douceur de son climat.

1009. Poursuivant sa route, le vaisseau du dieu longe, sur la côte de Campanie, l'île de Capreæ (Capri), le promontoire de Minerve (cap Campanella, en face de Capri), Sorrente, Herculanum, Stabies, Parthénopé (ancien nom de Néapolis ou Naples), et Cumes.

1010. Le voyage continue par Puteoli (Pouzzoles), qui avait des eaux thermales, Liternum, un peu plus au nord (où se retira et mourut Scipion l'Africain), l'embouchure du Volturne, Sinuessa, Minturnes, sur le Liris, dont les marais furent le refuge de Marius, Caiéta (voir livre XIV, n. 851), le Nord de la Sardaigne (*ibid.*, n. 855), Trachas (Terracine), le cap Circæum (*ibid.*, n. 834), Antium (Anzio).

1011. Apollon avait un temple à Antium.

1012. Castrum Inui, petite ville voisine d'Ardéa, était ainsi nommée d'Inuus, vieille divinité rustique latine. — Lavinium, à peu de distance de la côte, avait été fondée par Enée, qui lui donna le nom de sa femme Lavinia, fille de Latinus. Le navire aborde enfin à Ostie, fondée à l'embouchure du Tibre par Ancus Martius et devenue le grand entrepôt commercial de Rome.

1013. Les Vestales, chargées d'entretenir le feu sacré apporté de Troie par Enée. La coutume antique était que le fondateur d'une colonie apportât de la métropole le feu qui serait désormais entretenu au foyer de la cité nouvelle.

1014. Pour décrire la réception faite au dieu, Ovide s'est évidemment souvenu de l'accueil fait à Rome, en 204, à la pierre sacrée représentant la *Mater Idæa* (Cybèle), qu'une ambassade, sur le conseil des livres Sibyllins, était allée chercher à Pessinonte, en Phrygie (voir Tite-Live, XXIX, 10 et suiv.).

1015. C'est l'île du Tibre, reliée aux rives du fleuve par les ponts Fabricius et Cestius. Le temple d'Esculape, inauguré en 289, en occupait l'extrémité méridionale. Pour commémorer le voyage du serpent miraculeux, on avait artificiellement donné à l'île la forme d'un navire, dont un obélisque, au milieu, figurait le mât.

1016. Octave, neveu de César, adopté par lui en 45, est ici, conformément aux idées des anciens sur l'adoption, regardé comme son véritable fils par le sang.

1017. Ovide fait allusion à quelques-unes des campagnes de César : en Grande-Bretagne (54), en Egypte (guerre d'Alexandrie, 47), en Numidie, contre Juba, vaincu à Thapsus (46), en Asie, contre Pharnace, roi de Pont, fils de Mithridate le Grand (47). — César, auquel le Sénat vota plusieurs triomphes, n'en célébra que deux, l'un en 46 à la fois pour ses victoires en Gaule, en Egypte, en Afrique, en Pont, l'autre en 45, pour l'Espagne.

1018. Allusion au complot de Brutus et Cassius contre César, qui fut assassiné en 44. — César était Grand Pontife.

1019. Diomède avait, devant Troie, blessé Aphrodite, accourue au secours de son fils Enée (*Il.*, V, 330 et suiv.). Voir, livre XIV, v. 464 et suiv., le récit que fait Diomède de la vengeance d'Aphrodite.

1020. Le Grand Pontife était le chef suprême des Vestales. Il habitait la *Regia*, à côté du temple de Vesta, sur le Forum.

1021. Les trois Parques.

1022. Ces présages funestes qui précédèrent la mort de César sont énumérés aussi par Virgile (*Georg.*, I, 466 et suiv.) et par Tibulle (*Eleg.*, II, 5, 73).

1023. L'ivoire était employé dans les statues des dieux dites statues chryséléphantines. On l'entretenait par des onctions d'huile.

1024. Les haruspices examinaient les *exta* (foie, cœur, poumons, estomac, rate, reins), parmi lesquels le foie jouait le rôle le plus important. On en observait surtout les extrémités saillantes *(fibræ)*, dont la principale était appelée la tête *(caput)*. Si on la trouvait détachée *(cæsum)*, le présage, funeste, annulait les présages fournis par les autres parties de l'organe.

1025. C'est-à-dire au Sénat. Le meurtre de César eut lieu, non pas au Forum, dans la *Curia Hostilia* (incendiée au début du Ier siècle, reconstruite en 80 par Sylla, brûlée de nouveau en 52, au cours de l'émeute qui suivit l'assassinat de Clodius, et dont la reconstruction, reprise par le fils de Sylla, puis par César lui-même, en 44, n'était pas terminée), mais au Champ de Mars, dans une salle construite par Pompée, à l'est de son portique, et qui servait provisoirement aux réunions du Sénat.

1026. Paris, qui avait provoqué Ménélas en combat singulier, sur le point d'être étranglé par celui-ci, avait été sauvé par Aphrodite, qui, le couvrant d'un épais nuage, l'avait transporté dans le palais de Priam (*Il.*, III, 379 et suiv.). Enée, que Diomède allait achever, après lui avoir brisé la cuisse avec une énorme pierre, avait été protégé par sa mère, qui, l'enveloppant sans sa robe, l'avait enlevé du champ de bataille (*Il.*, V, 311 et suiv.).

1027. Ovide énumère les victoires d'Octave. En 43, avec les consuls Hirtius et Pansa, il bat sous les murs de Mutina (Modène) et contraint à la retraite Antoine, qui y assiégeait le gouverneur de la Cisalpine, Decimus Brutus. Il semble bien qu'Ovide intervertisse ici les rôles de l'assiégé et de l'assiégeant.

1028. ... *Pharsalia sentiet illum, / Emathiaque iterum madefient cæde Philippi*,... A Pharsale, en 48, César avait battu Pompée. A Philippes, en 42, Octave battit Brutus et Cassius, meurtriers de César. Ovide, dans le vers 824, reprend l'idée exprimée déjà par Virgile :

Ergo inter sese paribus concurrere telis
Romanas acies iterum videre Philippi,
Nec fuit indignum Superis bis sanguine nostro
Emathiam et latos Hæmi pinguescere campos.

(*Georg.*, I, 489-492.)

Le nom d'*Emathia*, qui désigne en réalité la Macédoine, est étendu par les deux poètes (comme par Lucain, *Phars.*, I, 1) à la Thessalie, où se trouvait Pharsale, et qui était rattachée à la Macédoine romaine.

Quant au mot *iterum*, si on le rapproche de *Philippi* (on peut aussi le rapprocher, dans Virgile, de *concurrere*, dans Ovide d'*Emathia caedes*), il signifierait simplement que la seconde bataille n'est que la seconde phase de la lutte contre les adversaires de César.

Par contre, on s'explique mal l'expression *Pharsalia sentiet illum*, qui semblerait indiquer, soit qu'Octave avait pris part à la bataille de Pharsale (mais il n'avait que quinze ans et aucun historien ne mentionne sa présence), soit qu'en se rendant à Philippes il avait fait un détour par Pharsale (mais il s'est certainement rendu directement en Macédoine par la *via Egnatia*, partant de Dyrrachium et passant par Thessalonique). Les manuscrits ne portent aucune variante.

1029. Le second fils de Pompée (dont Ovide rappelle ici le surnom de *Magnus*), Sextus, avait, après sa défaite à Munda, en Espagne, continué la guerre sur mer et longtemps tenu en échec la flotte d'Octave. Ses navires furent enfin détruits par Agrippa, à Mylæ, sur les côtes de Sicile, en 36.

1030. Antoine avait, en 36, épousé Cléopâtre, reine d'Egypte. — Canope, à l'est et à peu de distance d'Alexandrie, sur l'un des bras du Nil, était un centre religieux important. Le temple du Capitole était le plus vénéré de Rome. Ovide accuse donc Cléopâtre d'avoir voulu substituer les dieux égyptiens aux dieux romains.

1031. La victoire remportée, en 31, à Actium par Octave sur la flotte égyptienne et Antoine le rendit définitivement maître de la mer.

1032. Tibère, fils de Livie et de Tiberius Claudius Nero, avait été adopté par Auguste, en 4, à l'époque même où Ovide composait ses *Métamorphoses*.

1033. Voir livre XII, n. 696 et 698.

1034. Suétone (*Div. Iulius*, 88), rapporte que, lors des premiers jeux célébrés par Octave en l'honneur de César divinisé, pendant sept jours de suite brilla dans le ciel une comète que l'on considéra comme l'âme de César, devenue un astre.

1035. C'est le triple royaume du Ciel, des Mers et des Enfers.

1036. Voir livre XIV, n. 893, 921, 922.

1037. Voir ci-dessus n. 1020.

1038. La partie est du *Mons capitolinus* était occupée par l'*Arx* (la Citadelle) qui lui avait donné son nom; la partie ouest, où se trouvait le temple de Jupiter Capitolin, s'appelait primitivement *Tarpeius mons*. Le nom devait plus tard se restreindre au *Saxum Tarpeium*, la roche Tarpéienne, à l'extrémité S.-O. de la colline.

1039. Sur cet épilogue, voir l'Introduction, p. 6.

INDEX

Les chiffres romains renvoient aux livres, les chiffres arabes aux vers.

B

D

E

F

G

H

I

J

L

N

O

Q

R

S

T

U

V

X

Z

TABLE DES MATIÈRES

LES MÉTAMORPHOSES

LIVRE PREMIER

LIVRE DEUXIÈME

LIVRE TROISIÈME

LIVRE QUATRIÈME

LIVRE CINQUIÈME

LIVRE SIXIÈME

LIVRE SEPTIÈME

LIVRE HUITIÈME

LIVRE NEUVIÈME

LIVRE DIXIÈME

LIVRE ONZIÈME

LIVRE DOUZIÈME

LIVRE TREIZIÈME

LIVRE QUATORZIÈME

LIVRE QUINZIÈME

PUBLICATIONS NOUVELLES

ANSELME DE CANTORBERY
Proslogion (717).

ARISTOTE
De l'âme (711).

ASTURIAS
Une certaine mulâtresse (676).

BALZAC
Un début dans la vie (613). Le Colonel Chabert (734). La Recherche de l'absolu (755). Le Cousin Pons (779). La Rabouilleuse (821). César Birotteau (854).

BARBEY D'AUREVILLY
Un prêtre marié (740).

BICHAT
Recherches physiologiques sur la vie et la mort (808).

CALDERON
La Vie est un songe (693).

CHRÉTIEN DE TROYES
Le Chevalier au lion (569). Lancelot ou le chevalier à la charrette (556).

CONDORCET
Cinq mémoires sur l'instruction publique (783).

CONFUCIUS
Entretiens (799).

CONRAD
Typhon (796).

CREBILLON
La Nuit et le moment (736).Le Sopha (846).

DA PONTE
Don Juan (939). Les Noces de Figaro (941). Cosi fan tutte (942).

DANTE
L'Enfer (725). Le Purgatoire (724). Le Paradis (726).

DARWIN
L'Origine des espèces (685).

DOSTOÏEVSKI
L'Eternel Mari (610). Notes d'un souterrain (683). Le Joueur (866).

DUMAS
Les Bords du Rhin (592). La Reine Margot (798). La Dame de Monsoreau (850 et 851).

ESOPE
Fables (721).

FITZGERALD
Absolution. Premier mai. Retour à Babylone (695).

GENEVOIX
Rémi des Rauches (745).

GRADUS PHILOSOPHIQUE (773).

HAWTHORNE
Le Manteau de Lady Eléonore et autres contes (681). La maison aux sept pignons (585).

HUGO
Les Contemplations (843)

HUME
Les Passions. Traité sur la nature humaine, livre II - Dissertation sur les passions (557). La Morale. Traité de la nature humaine, livre III (702). L'Entendement. Traité de la nature humaine, livre I et appendice (701).

IBSEN
Une maison de poupée (792). Peer Gynt (805).

JEAN DE LA CROIX
Poésies (719).

JOYCE
Gens de Dublin (709).

KAFKA
Dans la colonie pénitentiaire et autres nouvelles (564). Un Jeûneur (730).

KANT
Vers la paix perpétuelle. Que signifie s'orienter dans la pensée. Qu'est-ce que les Lumières ? (573). Anthropologie (665). Métaphysique des mœurs (715 et 716). Théorie et pratique (689).

KIPLING
Le Premier Livre de la jungle (747). Le Second Livre de la jungle (748).

LA FONTAINE
Fables (781).

LAMARCK
Philosophie zoologique (707).

LEIBNIZ
Système de la nature et de la communication des substances (774).

LOCKE
Lettre sur la tolérance et autres textes (686).

LOPE DE VEGA
Fuente Ovejuna (698).

MALEBRANCHE
Traité de morale (837).

MARIVAUX
Les Acteurs de bonne foi. La Dispute. L'Epreuve (166). La Fausse Suivante. L'Ecole des mères. La Mère confidente (612).

MAUPASSANT
Notre cœur (650). Boule de suif (584). Pierre et Jean (627). Bel-Ami (737). Une vie (738).

MUSSET
Confession d'un enfant du siècle (769).

NERVAL
Les Chimères - Les Filles du feu (782).

NIETZSCHE
Le Livre du philosophe (660). Ecce homo – Nietzsche contre Wagner (572). L'Antéchrist (753).

PASTEUR
Ecrits scientifiques et médicaux (825).

PIRANDELLO
Ce soir on improvise - Chacun son idée - Six personnages en quête d'auteur (744). Feu Mattia Pascal (735).

PLATON
Ménon (491). Phédon (489). Timée-Critias (618). Sophiste (687). Théétète (493). Parménide (688). Platon par lui-même (785).

PLAUTE
Théâtre (600).

PLUTARQUE
Vies parallèles, I (820).

QUESNAY
Physiocratie (655).

RABELAIS
Gargantua (751). Pantagruel (752). Tiers Livre (767). Quart Livre (766).

RILKE
Lettres à un jeune poète (787).

RICARDO
Des principes de l'économie politique et de l'impôt (663).

ROUSSEAU
Essai sur l'origine des langues et autres textes sur la musique (682).

SHAKESPEARE
Henry V (658). La Tempête (668). Beaucoup de bruit pour rien (670). Roméo et Juliette (669). La Mégère apprivoisée (743). Macbeth (771). La Nuit des rois (756). Hamlet (762).

STEVENSON
L'Ile au Trésor (593). Voyage avec un âne dans les Cévennes (601). Le Creux de la vague (679). Le Cas étrange du Dr Jekyll et M. Hyde (625).

STRINDBERG
Tschandala (575). Au bord de la vaste mer (677).

TCHEKHOV
La Steppe (714). Oncle Vania - Trois sœurs (807).

TÉRENCE
Théâtre (609).

THOMAS D'AQUIN
Contre Averroès (713).

TITE-LIVE
La Seconde Guerre Punique I (746). La Seconde Guerre Punique II (940).

TOLSTOÏ
Maître et serviteur (606).

TWAIN
Huckleberry Finn (700).

VICO
De l'antique sagesse de l'Italie (742).

VILLIERS DE L'ISLE-ADAM
L'Eve future (704).

VILLON
Poésies (741).

VOLTAIRE
Candide, Zadig, Micromégas (811).

WAGNER
La Walkyrie (816). L'Or du Rhin (817). Le Crépuscule des dieux (823). Siegfried (824).

WHARTON
Vieux New-York (614). Fièvre romaine (818).

WILDE
Salomé (649).

GF – TEXTE INTÉGRAL – GF

96/01/51712-I-1996 – Impr. MAURY Eurolivres SA, 45300 Manchecourt.
N° d'édition FG009711. – 2e trimestre 1966. – Printed in France.